唐九卿考

（增订本）

郁贤皓　胡可先　著

胡可先　增订

凤凰出版社

图书在版编目（CIP）数据

唐九卿考 / 郁贤皓，胡可先著 ；胡可先增订. -- 增订本. -- 南京 ：凤凰出版社，2022.1
ISBN 978-7-5506-3546-3

Ⅰ. ①唐… Ⅱ. ①郁… ②胡… Ⅲ. ①九卿－研究－中国－唐代 Ⅳ. ①D691.42

中国版本图书馆CIP数据核字(2021)第248280号

书　　名	唐九卿考(增订本)
著　　者	郁贤皓　胡可先
增　　订	胡可先
责任编辑	李相东
装帧设计	徐　慧
出版发行	凤凰出版社(原江苏古籍出版社) 发行部电话025-83223462
出版社地址	江苏省南京市中央路165号,邮编:210009
照　　排	南京凯建文化发展有限公司
印　　刷	江苏凤凰通达印刷有限公司 江苏省南京市六合区冶山镇,邮编:211523
开　　本	880毫米×1230毫米　1/32
印　　张	21.25
字　　数	571千字
版　　次	2022年1月第1版
印　　次	2022年1月第1次印刷
标准书号	ISBN 978-7-5506-3546-3
定　　价	158.00元

(本书凡印装错误可向承印厂调换,电话:025-57572508)

目　录

凡　例

一、本书考证唐代九寺长官，即卿与少卿。其时限上自高祖武德元年(618)起，下至哀帝天祐四年(907)止。

二、本书共十卷。卷一为“唐九卿制度述论”，主要对九卿的沿革、职能、品级、编制、职权、属官、别称及其与中书、门下、尚书六部的关系的梳理阐述；卷二至卷十则分别对九寺正卿与少卿的任职情况加以考证。

三、唐代官制极为复杂，其官有正员、员外置同正员、试、摄、检校、判、兼、知官、斜封官等，以武后至玄宗时期最为复杂。本书仅收九卿中有实职者，凡正员官皆予以收录与考证。唯唐时兼、判、摄、权知虽非正除，然皆实职，故并收录之。检校官自唐初至肃宗世，亦时掌实职，故亦入录；代宗以后，加“检校”“试”“兼”者，多为节度使及其幕府人员之加官，但为虚衔，故不予著录。有些碑志目录中称“某某卿”而实为赠官，亦不收；凡“以某某卿致仕”者，亦非实职，本书亦一律不收。

四、唐驸马都尉授九卿官者，一般都是非正员官。但也有例外，如高履行尚东阳长公主，为驸马都尉，在永徽末至显庆初曾检校太常卿，考虑到其曾为户部尚书，未见有员外置的记载，则其检校太常卿很可能掌实职，故特予著录。又如开元年间宰相张说之子张垍，尚宁亲公主，为玄宗宠婿，据张九龄《张说墓志》，张垍开元十八年至二十年在卫尉卿任；后在天宝年间为太常卿，安禄山叛乱时被伪署中书令，皆为正员官，则其为卫尉卿当亦为正员官，故予以著录。

《新书·姜庆初传》:"旧制,驸马都尉多不拜正官,特拜庆初太常卿。"《册府元龟》卷三〇三:"姜庆初尚新平公主……驸马都尉鲜有授正员官者,庆初特拜授太常卿。"故九卿中为驸马都尉者,如无正员官的佐证,一般都不予著录。

五、本书属于年表性质。但为了节省篇幅和保持科学性,不采用逐年排列的体例,而将所能考知的九卿任职年代先后次序排列,先列九卿姓名,后列任职年代,下注所据资料。所列任职年代如"某某年—某某年",仅表示在此几年内在任,并不完全说明其起讫年限。凡署"约某某年"者,表示大致的任职年代,凡署"某某年?"者则表示不能肯定。

六、为节省篇幅,本书仅将直接说明任职年代的资料列于九卿姓名和任职年代之下,凡相同或类似的资料以及其他资料仅注"同""略同""又见"等字样,为读者提供研究线索。凡需要较多文字和引用较多资料才能考出任职年代者,本书重在注明资料出处和考证结论,对考证过程则尽可能作简明扼要的叙述。对资料本身已能说明问题者,则不作重复说明。

七、限于资料,九寺有些长官目前尚难考知其任职年代;有些资料互相矛盾,目前难以辨明者,则列入各卷末之"待考录"。

八、凡已辨明某种文献记载之九卿长官为讹误者,本书不再列入,以节省辨误的篇幅;唯在提及有关正确九卿资料时说明某种文献记载之误。

九、典籍中明显的错字以及因避讳而改之字,一般径予改正。如《册府元龟》中"检校"作"简较","太常"作"大尝";《全唐文》中"玄宗"作"元宗"等;文宗年号"大和"或写作"太和"者,本书径改为原字,不一一注明。但在引用资料中出现的特殊避讳字,不回改。

十、本书人名、地名以及引用资料中都保留原有的异体字,不改用正体,以便读者识别研究。有些地方多个异体字并用,亦不予统一。如隋朝的"隋",唐人石刻墓志及典籍中多写作"随",亦仍其字不改。

十一、本书搜集资料力求全备,包括《旧唐书》《新唐书》《资治通鉴》等历史资料，《全唐诗》《全唐文》等诗文资料，《册府元龟》《太平御览》等类书资料，《元和姓纂》《古今姓氏书辩证》等姓氏书资料，《大唐新语》《朝野佥载》等笔记资料，《金石萃编》《八琼室金石补正》等金石资料，《隋唐五代墓志汇编》《唐代墓志汇编》《唐代墓志汇编续集》《洛阳新获墓志》等贞石拓片和录文资料，《宋高僧传》等佛藏资料等等。并尽可能利用前人和今人的考证成果。但限于条件，难免有些缺漏和错误，有待今后补正。

十二、为节省篇幅，本书常用的资料名称采用简称：《旧唐书》称《旧书》，《新唐书》称《新书》，《资治通鉴》称《通鉴》，《唐会要》称《会要》，《册府元龟》称《元龟》，《全唐诗》称《全诗》，《全唐文》称《全文》，《元和姓纂》称《姓纂》，《新唐书・宰相世系表》称《新表》，《唐尚书省郎官石柱题名考》称《郎考》，《千唐志斋藏志》称《千唐志》，北京图书馆称北图，上海图书馆称上图等。

十三、本次增订，尽量利用新出土文献以及其他方面的重要文献，订正和补充唐代九卿的材料，凡增订之内容，统一用【增订】标示。

十四、本次增订，尽量吸收新的研究成果。订补较为集中的成果，为行文简省，除首次引用标注全称外，其他地方标注简称。胡可先、咸晓婷《〈唐九卿考〉订补》，《湖南大学学报》2009 年第 2 期，称《订补》；牛红广《〈唐九卿考〉辑补》，《山东图书馆学刊》2013 年第 4 期，称《辑补》；曾洞《〈唐九卿考〉订正》，《淮北职业技术学院学报》2015 年第 6 期，称《订正》；曾洞《〈唐九卿考〉增补》，《佛山科学技术学院学报》2016 年第 2 期，称《增补》。孔祥军《〈唐九卿考・司农寺〉订误举例》（山东大学硕士学位论文《唐代司农寺研究》附录）等论文对《唐九卿考》文字讹误与史实失察都有所考订，本次修订，对于指出文字讹误者径予改正，不加说明，对于指出史实失察者，则随文标出成果来源。已有订误成果凡条目较少者亦随文标注。

卷一　唐九卿制度述论

引　言

唐代官制，近因齐隋，远祖汉魏，与周代的礼制截然不同。但中国官制自周秦以来，经过两千余年的发展演变，到了隋唐，始称完备。隋朝国祚短暂，而唐代繁盛，传世近三百年，其官制最有代表性。后来的各个朝代，虽时有更易，然大体还是承袭唐制。《新唐书·百官志序》称：

> 唐之官制，其名号禄秩虽因时增损，而大抵皆沿隋故。其官司之别，曰省、曰台、曰寺、曰监、曰卫、曰府，各统其属，以分职定位。其辩贵贱、叙劳能，则有品、有爵、有勋、有阶，以时考核而升降之，所以任群材、治百事。其为法则精而密，其施于事则简而易行，所以然者，由职有常守，而位有常员也。[①]

至于唐代官制对前朝的继承与后朝的影响，明王鏊的《唐六典序》叙述最为精详：

> 国家官制则象《周官》，于唐制固若未暇，而亦未尝遗之；盖

① [宋]欧阳修、宋祁：《新唐书》卷四四，中华书局1975年版，第1181页。

唐以中书、门下、尚书三省参领天下之务,今六部虽分,顾犹尚书省之旧,而内阁则隐然中书,通政给事则门下之遗也。其余寺、监、府、院以分众职,品爵勋阶以叙群材,尚多唐旧,则居其官考其职,谓无所用于今,可乎?[①]

可见,唐代官制在中国官制史上有着重要的地位。唐代有九寺,是中央政府的重要组织机关,包括太常、光禄、卫尉、宗正、大理、鸿胪、司农、太府。九寺的长官就是九卿。九寺与台、省、监、卫、府一样,分理天下众务。"夫九卿者,所以参三公也。故历世王者,妙选英俊,以充其任,用举其职。"[②]因而对九卿进行研究,就有重要的意义。

今存有关唐代九卿制度的典籍,比较丰富。最为原始的材料,首推《唐六典》。该书题唐玄宗御撰,李林甫等奉敕注,实经张说、张九龄、徐坚、韦述等许多高手,自开元十年(722)起稿,约开元二十六年(738)书成。分正文与注文两个部分,正文备述盛唐职官建制,注文叙其沿革,内容兼及政治、经济、文物制度等许多方面。全书三十三卷,自卷一四至卷二〇,专记九卿制度。中唐杜佑所撰的《通典》,也是研究唐以前官制的权威著作。五代刘昫所编《旧唐书》,有《职官志》一门,宋代欧阳修、宋祁所编《新唐书》,有《百官志》一门,对于九卿的记载叙述,也切实详明,颇便利用。宋人王溥的《唐会要》,则是分门别类记载唐代典章制度沿革的专书,其中卷六五、卷六六也专述九卿五监等部门。宋人王钦若等编写的《册府元龟》专列《卿监部》,是唐代九卿资料的渊薮。马端临《文献通考》,成书于元初,其《职官考》部分,对于宋以前官制,考论详明,卷五五、卷五六专论九卿,学术价值与史料价值都极高。宋人章如愚《山堂考索》等书,缀述宋以前官制史料,条例分明,沿革清晰,对正史及其他典籍,起到很大的互补作用。

---

① [明]王鏊:《重刊唐六典序》,和刻本《唐六典》卷首,第3页。

② [宋]王钦若:《册府元龟》卷六二〇《卿监部》,中华书局1960年版,第7458页。

九卿的渊源。其时九卿多进为三公，各有署曹掾史，随事为员。与秦相比，汉时将奉常改名太常，郎中令改名光禄勋，典客改名大鸿胪，治粟内史改名大司农。秦汉的九卿是最重要的中央行政官僚的总称。当时有九卿之说，也有十二卿之说。十二卿之名始于汉刘熙的《释名·释爵位》。也就是在传统的九卿以外，加上执金吾、将作大匠和大长秋。执金吾掌管京师卫戍及皇帝仪仗队，即秦时的中尉；将作大匠掌管宫廷宗庙园陵营建修缮，即秦时的少府；大长秋主管皇后身边的事务。东汉以后，尚书省逐渐成为行政中心，其下的六曹也逐步发展为六部，承担了中央的主要行政职能，九卿的权力与作用也就逐渐减小了。

魏晋时与汉相同，唯晋以太常等九卿兼将作大匠、太后三卿、大长秋皆为列卿，各置丞、功曹、主簿五官等员额。宋、齐及梁初皆因旧制，至梁武帝天监七年，以太常加置宗正卿，以大司农为司农卿，三卿是为春卿；加置太府卿，以少府为少府卿，加置太仆卿，三卿是为夏卿；以卫尉为卫尉卿，廷尉为廷尉卿，将作大匠为大匠卿，三卿是为秋卿；以光禄勋为光禄卿，大鸿胪为鸿胪卿，都水使者为大舟卿，三卿是为冬卿，凡十二卿，皆置丞及功曹、主簿。后魏又以太常、光禄勋、卫尉谓之三卿，太仆、廷尉、大鸿胪、宗正、大司农、少府为六卿，各有少卿。

从北齐开始，九卿各机构均改名为“寺”，以太常、光禄、卫尉、宗正、太仆、大理、鸿胪、司农、太府，是为九寺①。长官都称为“寺卿”，又有少卿、丞、功曹五官、主簿、录事等员。“寺”义为侍，即侍奉皇帝，为朝廷办事的意思。溯其源即为先秦时侍奉皇帝之人——“寺人”。秦汉时“官舍通谓之寺”②，北齐以后，成为官署的名称，一直延

① [元]马端临：《文献通考》卷五五引晋荀勖曰：“九寺可并于尚书，后魏亦有三府九寺，则九卿称寺久矣。然通异名不连官号，其官寺连称，自北齐始也。”中华书局1986年版，第497页。

② [清]顾炎武：《日知录》卷二八《寺》，上海古籍出版社1985年版，第2098页。

续至清末。隋初有太常、光禄、卫尉、宗正、太仆、大理、鸿胪、司农、太府、国子、将作等十一寺,炀帝改国子、将作二寺为监,定为九寺。唐沿隋制,仍是九寺,寺之下再领若干署级机构。诸寺卿品级,隋初相同,至炀帝降光禄以下八寺卿阶品低于太常,而卿各加置二人。需要说明的是,寺本来属于官署名称,而在中国,佛教庙宇也称寺,这也与九卿官署名称具有一定的关系。宋叶梦得《石林燕语》卷八言:"东汉以来,九卿官府皆名曰'寺',与省台并称,鸿胪其一也。本以待四夷宾客,故摩腾、竺法兰自西域以佛经至,舍于鸿胪。今洛中白马寺,摩腾真身尚在。或云寺即汉鸿胪旧地。摩腾初来,以白马负经,既死,尸不坏,因留寺中,后遂以为浮屠之居,因名'白马';今僧居概称寺,盖本此也。"①

汉代以前,九卿是最为重要的行政长官,参与国家的行政事务,而像尚书等官署则非国家的行政机关,只是皇帝的秘书机关。但后来,尚书长官逐渐侵夺宰相之权,也就渐渐凌驾于九卿之上,至唐代,尚书省成为中央行政机关,而九卿就变成了朝廷的事务机关。如《旧唐书·刘祥道传》记载了刘祥道的一件事:"俄转司礼太常伯,罢知政事。麟德二年,将有事于泰山,有司议依旧礼,皆以太常卿为亚献,光禄卿为终献。祥道驳曰:'昔在三代,六卿位重,故得佐祠。汉、魏以来,权归台省,九卿皆为常伯属官。今登封大礼,不以八座行事,而用九卿,无乃徇虚名而忘实事乎!'高宗从其议,竟以司徒徐王元礼为亚献,祥道为终献。"②

唐九寺与北齐同,卿各一人,少卿各二人,丞以下人数不等。龙朔二年改九寺之名。凡卿皆加曰正卿,少卿皆曰大夫,诸如太常卿为奉常正卿,光禄卿为司宰正卿,卫尉卿为司卫寺正卿,宗正卿为司宗寺正卿,太仆卿为司驭寺正卿,大理卿为详刑正卿,鸿胪卿为同文正卿,司农卿为司稼寺正卿,太府卿为外府正卿。光宅元年,又改太常为司礼,光禄为司膳,卫尉为司尉,宗正为司属,太仆为司

① [宋]叶梦得:《石林燕语》卷八,中华书局 1984 年版,第 118 页。
② [后晋]刘昫:《旧唐书》卷八一,中华书局 1975 年版,第 2753 页。

仆，大理为司刑，鸿胪为司宾，太府为司府，司农不改。神龙初，又复太常等名，其光禄、卫尉、宗正、太仆、大理、鸿胪、太府等九寺名，并如故。

宋初虽有九卿，但皆以为命官之品秩而无职事。元丰正名，始有职掌。中兴初年，并省冗职，除太常寺、大理寺不罢外，宗正以太常兼，而卫尉、太仆并兵部，太府、司农并户部，光禄、鸿胪并礼部。绍兴初，复置宗正、太府、司农，其余都废除。

元代九卿机构也庞大复杂，有武备寺卿，掌缮治戎器；太仆寺卿，掌舆马之事；还有长信寺卿、长秋寺卿、承徽寺卿、长宁寺卿、宁徽寺卿等，都是掌管皇室的庶务。

寺作为官署的名称，一直保留到清代，但唐宋元时为九寺，而明清时只有五寺。且太常、光禄二寺均受制于礼部，太仆寺则受制于兵部，诸寺职权缩小，形同虚设。此外，明清还有大小九卿之别，其内涵也与过去不完全相同。明清时的九卿是指中央某些部门的官员。明代大九卿指：六部尚书、都察院都御使、大理寺卿和通政使，是九种最高层的官员。小九卿指：太常寺卿、太仆寺卿、光禄寺卿、詹事府詹事、翰林学士、鸿胪寺卿、国子监祭酒、苑马寺卿、尚宝司卿①。清代九卿说法不一，或以翰林院、詹事府、都察院、通政司、大理寺、太常寺、太仆寺、光禄寺、鸿胪寺各官为九卿②；或以都察院、通政司、大理寺、太常寺、太仆寺、光禄寺卿、顺天府尹、宗人府丞、理藩院为九卿③。

---

① 明代小九卿说法不一，此据［明］沈德符《万历野获编》卷二〇《小九卿》之说，中华书局1959年版，第519页。

② ［清］何德刚：《春明梦录》卷下，《〈青鹤〉笔记九种》，中华书局2007年版，第190页。

③ ［清］徐珂：《清稗类钞》第十三册《爵秩类·九卿》条，中华书局1984年版，第1321—1322页。

唐代九卿的职权与选任

一、处理本寺事务

唐代的九寺，事务极为复杂，大到朝廷典礼、庙廊议事、外交事务，小到宴享款待，都要由九寺官员负责，而九寺的正卿与少卿则具有更大的实权。各种文案，都要由正卿与少卿通判。《唐会要》卷六五《太常寺》载："大中四年七月，御史台奏：'司农寺文案，少卿不通判，有乖《六典》。'敕旨：'自今已后，九寺三监少列，宜与大卿通判文案。'"[①]甚至大理寺正卿还亲自断案，据《大唐新语》卷四《持法第七》载："唐临为大理卿，初莅职，断一死囚。先时坐死者十余人，皆他官所断。会太宗幸寺，亲录囚徒。他官所断死囚，称冤不已；临所断者，嘿而无言。太宗怪之，问其故，囚对曰：'唐卿断臣，必无枉滥，所以绝意。'太宗叹息久之，曰：'为狱固当若是。'囚遂见原。即日，拜御史大夫，太宗亲为之考词曰：'形若死灰，心如铁石。'"[②]

有时候，九卿为了行使自己的职权，不惜犯颜直谏。据《资治通鉴·贞观元年》记载，太宗以兵部郎中戴胄忠清公直，擢为大理少卿。太宗以选人多诈冒资荫，敕令自首，不首者死。不久，有诈冒事觉者，太宗欲杀之。戴胄上奏曰："据法应流。"太宗怒曰："卿欲守法而使朕失信乎？"对曰："敕者出于一时之喜怒，法者国家所以布大信于天下也。陛下忿选人之多诈，故欲杀之，而既知其不可，复断之以法，此乃忍小忿而存大信也。"太宗曰："卿能执法，朕复何忧！"[③]戴胄前后犯颜执法，言如涌泉，太宗皆从之，天下无冤狱。

再以鸿胪寺为例，据黎虎先生所作《唐代鸿胪寺及其外交管理

---

① [宋]王溥：《唐会要》卷六五《太常寺》，第1343页。

② [唐]刘肃：《大唐新语》卷四，中华书局1984年版，第54页。

③ [宋]司马光：《资治通鉴》卷一九二，中华书局1956年版，第6031页。

职能》一文[①]，及其所撰的《汉唐外交制度史》一书[②]，可以知道鸿胪寺的正卿、少卿与其他官员所从事的事务。鸿胪寺的职掌到了隋唐时期已经变为相对单一的外事管理部门。唐代的鸿胪寺除了管理高级官员的丧葬和二王之后之外，主要就是负责外交事务了。其所从事的事务有：1. 迎来送往；2. 辨其等位；3. 拟授官位；4. 执行册封；5. 接转文书奏事；6. 朝见礼宾；7. 接受贡献；8. 设宴款待；9. 馆待蕃客；10. 廪食供应；11. 医药丧葬；12. 蕃客活动安排与监督；13. 质子、留学生管理；14. 翻译；15. 了解蕃情；16. 衔命出使。尤其是出使方面，更为重要。“奉命出使的鸿胪寺官员多为鸿胪寺的高级长官卿、少卿，偶尔有以丞出使的。他们出使均负有外交重任，涉及外交的各个方面，故有册封使、吊祭使、和亲使、招慰使、报聘使、计会使、巡边使、礼会使等。以鸿胪寺官员出使，一方面是因为外交是其本职工作，另一方面也因为鸿胪官员一般具有较强的外交才能。”[③]也正因为唐代鸿胪寺是专职的外交机构，鸿胪寺卿、少卿及其他官员具有较强的外交能力，才在周边国家产生了极大的影响，以至他们仿照这一机构而设立本国的相应的外交机构。如日本就设有鸿胪馆。日本的“鸿胪馆，即太宰府下‘蕃客归化飨筵’的番客所，是仿照唐朝接待外国宾客的机构鸿胪寺而设。……鸿胪馆之名的初见记事在承和五年(838)，遣唐副使小野篁在太宰府鸿胪馆与唐人沈道古诗歌唱和，其最终记录在宽治五年(1091)，可见，存在于历史上四百多年”[④]。

二、处理特殊事务

唐代九卿在朝廷中占有重要地位，有向皇帝直接言事的权利，

① 《文史》第47辑，中华书局1998年版，第67—89页。

② 黎虎：《汉唐外交制度史》，兰州大学出版社1998年版。

③ 黎虎：《唐代鸿胪寺及其外交管理职能》，《文史》第47辑，第84页。

④ 苌岚：《7—14世纪中日文化交流的考古学研究》，中国社会科学出版社2001年版，第207页。

因此能够参与各种政策的制定与执行。对一些重大的案件,所参与处理及提出的意见,都能起到重要的作用。如文宗时王正雅为太常卿,这时宋申锡案件从朝廷内部而起,当时宰相重臣都不敢发言,只有王正雅与宰相崔琯上疏请付外考验其事,“由是狱情稍缓,申锡止于贬官,内外翕然推重之”①。

在国家遇到特殊情况与危机时,九寺长官可以根据自己的职权处理有利于国家的大事。如崔纵为大理少卿,兼汴西水陆运使,正逢“德宗蒙尘,四方握兵未有至者,纵先知之,潜告李怀光,说令奔命。怀光从之。纵乃悉敛军财与怀光俱往,调给甚备。怀光军士久战河外,及次河中,庸迁延安之。纵货币先渡河,谓众曰:‘若济,悉以分赐。’众利之,乃西至奉天,加右庶子,充使”②。

大理寺在国家遇到大狱之时,还与刑部组成三司,以审断特殊案件。

三、皇帝召见议事

皇帝遇事,常召中书门下宰相、六部尚书与九寺长官合议。因此,九卿的意见对于皇帝行使诏令,颁布政策,就会起很大的作用。唐高宗永徽初年,令狐德棻为太常少卿,高宗召中书门下三品及弘文馆学士于中华殿论议,高宗问曰:“何者为王道,何者为霸道?又孰为先后?”德棻对曰:“王道在德,霸道在刑。自三王以上,皆行王道,唯秦任伯术,汉则杂而行之。魏晋已下,王霸俱失。如欲用之,王道为最,而行之为难。”高宗听了以后,“甚悦,各赐以缯帛”③。又唐吴兢《贞观政要》卷八《刑法第三十一》载:“贞观元年,太宗谓侍臣……曰:‘古者断狱,必讯于三槐、九棘之官,今三公、九卿,即其职也。自今以后,大辟罪,皆令中书、门下四品已上及尚书九卿议之,

① [宋]王钦若:《册府元龟》卷六二二《卿监部》,第7485页。
② [宋]王钦若:《册府元龟》卷六二二《卿监部》,第7489页。
③ [宋]王钦若:《册府元龟》卷六二四《卿监部》,第7511页。

如此，庶免冤滥。'由是至四年，断死刑，天下二十九人，几致刑措。"[1]

四、荐贤举能

唐代九卿在朝廷命官中有举足轻重的地位，故他们还有荐贤举能的任务。他们发现贤才，或用之于本寺，或推荐于他曹，在唐代官僚机构中都发挥了很大的作用。

姜皎为太常卿，荐源乾曜公清有吏干，玄宗因召见与语。乾曜神气清爽，对答有伦序，玄宗非常高兴，乃行少府少监[2]。高郢为太常卿时，长安尉辛秘有学问，很受高郢的器重，上奏除秘太常博士[3]。韦渠牟为太府卿时，他的外甥卢伦为检校金部郎中。渠牟屡次称誉卢伦之才，于是"德宗召之内殿，令和御制诗，超拜户部郎中"[4]。尤其是薛珏，他在贞元初为司农卿，时诏天下荐举可以担任刺史或县令者殆百人，有诏令与群官询考。"珏乃延问人间疾苦及胥吏得失，取其有恻隐、通达事理者条举，十才一二。宰相将以词策校之，珏曰：'求良吏不可兼责以文学，宜以圣君爱人之本为心。'执政卒无以难之，皆叙进官，颇多称职。"[5]

五、九卿的选任

唐代九卿是国家的重要职官，故其选任颇为审慎，需忠正清直，为官称职者方能为之。《贞观政要》卷八《刑法第三十一》称："贞观十六年，太宗谓大理卿孙伏伽曰：'夫作甲者欲其坚，恐人之伤；作箭者欲其锐，恐人不伤。何则？各有司存，利在称职故也。朕常问法官刑罚轻重，每称法网宽于往代。仍恐主狱之司，利在杀人，危人自达，以钓声价，今之所忧，正在此耳！深宜禁止，务在宽平。'"[6]唐九

① ［唐］吴兢：《贞观政要》卷八，上海古籍出版社 1978 年版，第 238—239 页。

②③④ ［宋］王钦若：《册府元龟》卷六二三《卿监部》，第 7501 页。

⑤ ［宋］王钦若：《册府元龟》卷六二四《卿监部》，第 7511 页。

⑥ ［唐］吴兢：《贞观政要》卷八，第 250 页。

卿的选任,其大要有如下几个方面。

由六部郎官升任。唐初戴胄为兵部郎中,“贞观元年二月二十八日,上(太宗)谓封德彝曰:‘大理之职,人命所悬,此官极须妙选,公宜陈其堪者。’德彝未对。上曰:‘戴胄忠正清直,每事用心,即其人也。’于是除大理少卿”①。

由京兆尹兼任或迁任。如中唐时魏少游,“擢京兆尹……改卫尉卿。……贬渠州长史。复为京兆尹”②。又“裴武为京兆尹,领大司农,其间掌钱谷供馈之事,皆粗有劳绩”③。晚唐李蔚,咸通中“拜京兆尹、太常卿。寻以本官同平章事”④。唐末王彦昌,“出拜京尹。又左常侍大理卿,为本寺人所累,南迁”⑤。

由六部尚书兼任。如王起,会昌元年,由检校左仆射、东都留守入迁吏部尚书,兼判太常卿事,二年冬,以本官权知明年春贡举。三年春,迁左仆射,仍判太常卿⑥。孙简,会昌五六年之际,由太常卿迁吏部尚书。六年冬,复转太常卿⑦。则是九卿与六部尚书相互调任。

由左右仆射兼任。如中唐赵宗儒,“敬宗时,以简校左仆射兼太常卿”⑧。大和五年九月己未,以左仆射窦易直判太常卿⑨。令狐楚,大和九年六月癸巳,以左仆射兼吏部尚书兼太常卿⑩。中唐时尚书

---

① [宋]王溥:《唐会要》卷六五《大理寺》,第1356页。

② [宋]欧阳修、宋祁:《新唐书》卷一四一《魏少游传》,第4657页。

③ [宋]王钦若:《册府元龟》卷六二〇《卿监部》,第7460页。

④ [后晋]刘昫:《旧唐书》卷一七八《李蔚传》,第4627页。

⑤ [唐]王定保:《唐摭言》卷九《敕赐及第》,古典文学出版社1957年版,第98页。

⑥ 严耕望:《唐仆尚丞郎表》卷九《吏尚》,中华书局1986年版,第520页。

⑦ 严耕望:《唐仆尚丞郎表》卷九《吏尚》,第521页。

⑧ [宋]王钦若:《册府元龟》卷六二五《卿监部》,第7517页。

⑨ [后晋]刘昫:《旧唐书》卷一七下《文宗纪》下:大和五年九月,“己未,以左仆射窦易直判太常卿”(第543页)。

⑩ [后晋]刘昫:《旧唐书》卷一七下《文宗纪》下:大和九年六月,“癸巳,以吏部尚书令狐楚为太常卿”(第558页)。盖省书检校官衔。

诸卿常以检校仆射兼任，其望甚隆。故严耕望先生论述道：“此时期尚书诸卿常以检校仆射兼任，检校官为虚衔，名为‘兼’实即主要官位也。故纪传书事常只书兼官为本官，省书检校官。楚本以检校右仆兼吏尚改兼太常，必仍检校仆射，故新传作‘兼’，实亦改官，非以吏尚兼太常也。”①李程，开成元年闰五月甲申，以河中节度使李程为左仆射，判太常卿事。十一月，以左仆射李程兼吏部尚书②。

由宗室诸王等担任。唐代九寺之官非常紧要，故不少职位是由宗室诸王担任的。尤其是九卿中的宗正卿，乃沿袭前代制度，均由宗室担任，不能在其他官员中选举。唐玄宗开元“二十年七月七日，诏宗正寺官员以宗子为之”③。又开元“二十五年秋七月乙卯敕，诸陵庙并隶宗正寺，其官员悉以宗子为之”④。

在本寺官中选有勋绩者升任。如杨崇礼为太府少卿，“虽钱帛充牣，丈尺间皆躬自省阅，时议以为称职。擢拜太府卿，加银青光禄大夫，封洪（弘）农郡公。每岁勾剥省使，尝出数百万贯，在职二十年，公清如一。九十余授户部尚书致仕”⑤。

唐代九卿的属官

唐代九寺是庞大的官僚机构，处理国家各项繁杂的事务，执行中书、门下及尚书省的各种政策法令，而这些具体的事务，大多数又是九寺的属官办理的，因此属官很多。在这里，我们对唐代九寺的属官加以介绍，有助于我们对于唐代九卿的总体把握与认识，更有利于我们阅读本书后面有关九卿的考证。

---

① 严耕望：《唐仆尚丞郎表》卷九《吏尚》，第519页。

② ［后晋］刘昫：《旧唐书》卷一七下《文宗纪》下，第565—566页。

③ ［宋］王钦若：《册府元龟》卷六二一《卿监部》，第7569页。

④ ［宋］王钦若：《册府元龟》卷六二一《卿监部》，第7469—7470页。

⑤ ［宋］王钦若：《册府元龟》卷六二〇《卿监部》，第7460页。

一、丞

九卿中地位最高的属官是丞,他们是九寺正卿与少卿的辅佐,掌判寺事,帮助寺卿处理各项具体事务。

九寺中均有丞,丞即辅佐长官之义,然在九寺中,除长官之外,丞即总揽寺事。各寺之丞员额不等。太常、光禄、卫尉、鸿胪诸寺,皆因隋制,置丞二人。太常寺丞从五品上,其他从六品上。太仆寺丞四人。大理寺丞本八人,天册三年十月二十八日,省两员。大理寺丞六品,乃判尚书六曹所统各司及诸州之务。若一丞断事,诸丞共同参议签押。司农寺丞六人。宗正寺丞本一人,开元二十五年二月八日加一员。太府寺丞,武德初为五员,贞观元年省一员。

二、主簿与录事

主簿:主簿之名,始于战国秦昭王时代。九寺中常设主簿,负责文书簿籍及主管印鉴之事。九寺中主簿设立很早,太常、光禄、卫尉诸主簿为汉置,大理主簿魏置。梁天监七年十二卿,各置主簿一人。唐太常寺主簿置二人,"掌付事勾稽,省署钞目,监印,给纸笔等事"[①],其他各寺主簿职掌基本相同。各寺中主簿员额亦不等。太常、光禄、卫尉、太仆、大理、司农、太府寺主簿二人,宗正、鸿胪寺主簿一人,都是从七品上。

录事:录事官本掌录众官署文簿,举弹善恶,置于晋时。而唐朝九寺的录事,与一般意义上的录事有所不同。他在丞与主簿之下,丞承受卿与少卿的旨令后,再由主簿勾检按印,交由录事,故"录事掌受事发辰"[②]。各寺中录事的员额,太常、光禄、太仆、大理、鸿胪、司农、太府诸寺录事二人,卫尉、宗正诸寺录事一人,太常寺录事从九品下,他寺录事均从九品上。

---

① [唐]杜佑:《通典》卷二五《职官七》,中华书局 1988 年版,第 693 页。

② [后晋]刘昫:《旧唐书》卷四四《职官志》,第 1873 页。

三、府、史、亭长、掌固

府、史、亭长、掌固，都是为丞、主簿、录事等上级官员办事的人员。是下级的官吏，即流外之官，故诸书并没有记载他们的品级。府是掌管财币百官之官，史为掌管法规与记事之官。亭长之称，源于秦汉，因秦汉时每十里为一亭，设亭长一人，掌治安、诉讼等事。隋唐采用古亭长之名，作为流外官的称号。在尚书省和九寺各部衙门设置，负责省门开关和通传等事务，其职务与秦汉的亭长不同。掌固，汉代始置，为太常属官，掌管礼乐制度之事。唐代尚书省和九寺都有掌固，主守当仓库及陈设。又作"掌故"。至宋时则掌固之吏形同虚设①。唐朝九寺中的流外官，业绩卓著者也可以入流。如元和十五年大理寺奏："当司府史，许七考入流。"敕旨依奏②。

四、其他

唐代太常寺与大理寺，与其他寺监相比，地位更为紧要，它们主管国家的礼与法之事，这是封建社会中最重大的两件事，因此这两寺的官员，与其他七寺有所不同，除了以上所说的九寺共有的属官之外，这两寺还有如下的重要官员。

太常寺博士：九寺中唯太常寺设有博士四人，从七品上。西汉太常属官即有博士，掌通古今，或定礼制，或以《五经》教子弟。魏晋时执"掌引导乘舆，王公以下应追谥者，则博士议定之"③。太常寺博士始置于北齐，隋唐时沿制，太常寺仍设博士，"本四员，开元二十七年省一员。乾元元年二月十五日，卿韦陟奏请依旧四员，一人分京

---

① ［宋］洪迈：《容斋四笔》卷一一《寺监主簿》："绍兴中，太府寺公状文移，惟卿丞系衔，后来掌故之吏，昧于典章，遂一切与丞等。"（《容斋随笔》，上海古籍出版社 1978 年版，第 741 页）

② ［宋］王溥：《唐会要》卷六六《大理寺》，第 1358 页。

③ ［宋］郑樵：《通志》卷五四《职官略》四《太常卿》，中华书局 1987 年版，第 669 页。

留守”[①]。太常博士在唐代责任非常重大,“甚为清选,资位与补阙同。掌撰五礼仪注,导引乘舆,赞相祭祀,定诔谥及守祧庙,开闭坎室及祥瑞之事”[②]。“其位虽卑,所任颇重,至于选择,不易得人。郊祀礼仪,朝廷典法,举措取则,职事实繁”[③]。因此,虽然是从七品上的品位,但“所请俸料,宜准六品已下常参官例处分”[④]。其选任也较他官为特殊。选择委于吏部,“建中元年正月五日,大理法官、太常博士,委吏部择才,与本司同商量注拟”[⑤]。太常博士行事,不必与太常卿协商,而自己能够独专。比如大中九年八月,太常卿高铢决罚礼院礼生,博士李悫引故事见执政者,认为礼院虽系太常寺,但“从来博士自专,无关白者。太常三卿始莅事,博士无参集之礼,今之决罚,有违故典”,“铢惭而请退”[⑥]。

太常寺协律郎:是掌管音乐的官。西汉武帝时因李延年擅长新声,始置为协律都尉[⑦],晋时改为协律校尉,北魏始改置协律郎。太常寺协律郎则始于北齐。唐代即承袭这种制度,掌管举麾节乐,调和律吕,监试乐人典课等。“掌和六吕六律,辨四时之气,八风五音之节。凡太乐,则监试之,为之课限。若大祭祀飨宴奏于廷,则升堂执麾以为之节制,举麾工鼓柷而后乐作,偃麾戛敔而后止。”[⑧]

太常寺奉礼郎:汉时大鸿胪有理礼郎四十七人,晋理礼郎四人,属大行令。后魏理礼郎四人。北齐有奉礼郎三十人,属鸿胪寺之司仪署。隋有奉礼郎十六人,属太常寺,炀帝减至六人。唐太宗贞观二十三年前又曾名为治礼郎,因避高宗讳,改为奉礼郎。又一说高宗永徽二年前,称理礼郎,永徽二年始改理礼郎为奉礼郎[⑨]。隋唐时

---

① [宋]王溥:《唐会要》卷六五《太常寺》,第 1341 页。

② [宋]郑樵:《通志》卷五四《职官略》四《太常卿》,第 669 页。

③④⑤ [宋]王溥:《唐会要》卷六五《太常寺》,第 1342 页。

⑥ [宋]王溥:《唐会要》卷六五《太常寺》,第 1343 页。

⑦ [宋]李昉:《太平御览》卷二二九《协律郎》,中华书局 1960 年版,第 1087 页。

⑧ [后晋]刘昫:《旧唐书》卷四四《职官志》,第 1874 页。

⑨ [唐]杜佑:《通典》卷二五《职官典》七《太常卿》,第 694 页。

因北齐制度，太常寺置奉礼郎，从九品上。“唐初有理礼郎四员，掌设板位，执仪行事。至永徽二年以庙讳改为奉礼郎。开元二十三年减二员。”①

太常寺太祝：太祝由来很早，本为殷时职官，与太宰等官为“六太”。《周官》有太祝下大夫二人，上士四人，掌六祝之辞，以祈福祥。秦汉为奉常属官，为太祝令丞。太常寺太祝则始于北齐。唐时因北齐制度，太常寺置太祝，正九品上。“唐初有七人，后增为九人，开元二十三年减置三人。”②“掌出纳神主于太庙之九室，而奉享荐禘祫之仪。凡国有大祭祀，凡郊庙之祝版，先进取署，乃送祠所。将事，则跪读祝文，以信于神；礼成而焚之。”③太祝的员额与太庙相关，“本每室一人，共六人。开元十年七月二日，加至九员。二十七年，减六员留三员”④。

大理寺正：秦时有廷尉正，西汉景帝时随廷尉之改名大理，而称“大理正”。大理寺正始置于北齐时，隋唐沿北齐之制，大理寺置正二人，从五品下。“龙朔二年，改为详刑大夫。咸亨年，复旧。”⑤其职责是“通判寺事”⑥。“掌参议刑辟，详正科条之事。凡六丞断罪不当，则以法正之。”⑦又唐内外官及爵五品以上者，犯罪弃市时，并由大理卿、少卿、正等监决。

大理寺司直：北魏永安二年(529)置廷尉司直十员，大理寺司直

---

① [元]马端临：《文献通考》卷五五《职官》九《太常寺》，第 498 页。又曰：“奉礼本名理礼，国家撰《五代史志》，至永徽七年乃成，于时此官已改，故《隋书·百官志》谓北齐及隋时理礼，皆为奉礼。奉礼之名，虽见于前史，其改始自永徽。”(第 498 页)

② [元]马端临：《文献通考》卷五五《职官》九《太常寺》，第 498 页。

③ [后晋]刘昫：《旧唐书》卷四四《职官志》，第 1873 页。

④ [宋]王溥：《唐会要》卷六五《太常寺》，第 1341 页。

⑤ [宋]王溥：《唐会要》卷六六《大理寺》，第 1356 页。

⑥ [元]马端临：《文献通考》卷五五《职官》九《大理寺》，第 506 页。

⑦ [后晋]刘昫：《旧唐书》卷四四《职官志》，第 1884 页。

始置于北齐时。唐沿隋之制,大理寺置司直六人①,从六品上。"掌承制,出使,推覆。若寺有疑狱,则参议之。"②

大理寺评事:西汉宣帝地节三年(前 68),廷尉下置左、右评四人。魏晋以来无左右,直接称廷尉平,各置一人。隋炀帝始置大理寺评事四十八人。唐因隋制,"贞观二十二年十二月九日,置十员,掌出使推覆,后加二员,为十二员"③。元和十五年,又"敕减大理评事两员,以增六丞之俸"④。从八品下。大理评事官位虽低,责任却较为重大,选人必重资历,天宝九载三月十三日敕:"大理评事,今后子弟及至亲中,有未历畿县者,不得注授。"⑤

唐代九卿制度分论

一、太常寺

(一) 太常寺的设置与沿革

太常卿,唐虞时为秩宗,典三礼,皋夔典乐,以教胄子。周时称大宗伯,有卿一人,为春官掌邦礼。秦改称奉常,典宗庙礼仪。汉高祖时改为太常,谓欲令国家盛太常存,故称太常⑥。以列侯忠孝敬慎者居之,秩中二千石。至后魏时为上卿,位从一品下。南朝梁天监七年置十二卿,太常卿为一,掌宗庙礼仪及选事、国学事。陈因之。

---

① [宋]王溥:《唐会要》卷六六《大理寺》,第 1356 页。

② [元]马端临:《文献通考》卷五六《职官》九《大理寺》,第 506 页。

③ [宋]王溥:《唐会要》卷六六《大理寺》,第 1356 页。《文献通考》卷五五《职官》九《大理寺》:"唐贞观二十二年,褚遂良议重法官,复奏置评事十员,掌出使推覆。后加二人,为十二员。"(第 506 页)

④ [宋]王溥:《唐会要》卷六六《大理寺》,第 1358 页。

⑤ [宋]王溥:《唐会要》卷六六《大理寺》,第 1357 页。

⑥ [元]马端临:《文献通考》卷五五引颜师古曰:"太常者,王之旌也,画日月焉。王者有大事则建以行,礼官主奉持之,故曰奉常,后改为太,尊大之义也。"(第 497 页)

北齐置寺为府署，因称太常寺，置卿为主官，少卿为佐贰，下有丞及功曹等官，掌陵庙群祀礼乐仪制天文术数衣冠之属。历代多沿北齐之制。后周建六官，置大宗伯卿一人。隋称太常，置卿及少卿各一人，卿正三品。

唐初因隋旧制，置太常寺。“龙朔二年，改为奉常正卿。咸亨元年，复旧。光宅元年，改为司礼寺。神龙元年，复为太常卿。”①唐太常寺掌郊庙礼乐祭祀等事务，政令上承尚书省礼部。太常寺以卿一人为长官，正三品；少卿二人为副，正四品上。宋初为太常寺置判寺，元丰改制后称太常寺卿，秩正四品。金代升至从三品，元正三品，明时亦正三品，为“小九卿”之一。清沿明制，至清末废除。

太常少卿，后魏太和十五年，初置少卿官，太常少卿一人，第三品上，至二十三年，降为正四品上。炀帝时加置少卿二人，降为从四品。唐武德时置一人，贞观时加置一员②，正四品上。此后历代皆太常寺置少卿。清时且满、汉各置一人。清末废。

唐太常寺编制，卿一人，少卿二人，丞二人，主簿二人，录事二人，府十二人，史二十三人，博士四人，谒者十人，赞引二十人，太祝三人③，祝史六人，奉礼郎二人，赞者十六人，协律郎二人，亭长八人，掌固十二人，太庙斋郎京都各一百三十人，太庙门仆京都各三十二人④。

太常寺下设两京郊社署、诸陵署、永康兴陵二陵署、诸太子陵

---

① ［宋］王溥：《唐会要》卷六五《太常寺》，第 1340 页。

② ［唐］李林甫等《唐六典》卷一四谓：“武德中置一人，贞观中加置二人。”（中华书局 1992 年版，第 394 页）《文献通考》卷五五则谓：“太常少卿本一员，神龙中加一员。”（第 497 页）《唐会要》卷六五《太常寺》：“少卿，神龙元年七月三十日加一员，徐颜伯为之。”（第 1340 页）今从《唐六典》。

③ ［唐］李林甫等《唐六典》卷一四作“三人”（第 389 页），《旧唐书》卷四四《职官志》、《新唐书》卷四八《百官志》均作“六人”。

④ ［唐］李林甫等《唐六典》卷一四作“三十二人”（第 389 页），校记：“《旧唐书·职官志》作‘各三十人’，《新唐书·百官志》作‘各三十三人’，《册府元龟》卷五六三《掌礼部总序》同《六典》。”（第 415 页）

署、诸太子庙署、太乐署、鼓吹署、太医署、太卜署、廪牺署、汾祠署、两京齐太公庙署。

(二) 太常寺卿的职能与品位

太常卿之职,掌邦国礼乐、郊庙、社稷之事,总郊社、太庙、诸陵、太乐、鼓吹、太医、太卜、廪牺诸祠庙等署。少卿为之贰。凡国有大礼,则赞引礼仪;有司摄事,则为亚献;三公行园陵,则为副;大祭祀,省牲、器,则谒者为之导;小祀及公卿嘉礼,命谒者赞相。凡巡幸、出师、克获,皆择日告太庙,率太常官属,设乐以供其事。

太常少卿之职是协助太常卿佐理本寺事,"凡国有大礼,则赞相礼仪。有司摄事,则为之亚献。率太乐官属,宿设乐悬,以供其事。宴会,亦如之。若三公行园陵,则为之副,公服乘辂备卤簿而奉其礼。若大祭祀,则先省牲器。凡太卜占国之大事及祭祀卜日,皆往莅之于太庙南门之外。凡仲春荐冰及四时品物甘滋新成者,皆荐焉。凡有事于宗庙,少卿帅太祝、斋郎入荐香灯,整拂神幄,出入神主。将享,则与良酝令实樽罍。凡备大享之器服,有四院"①。

中国古代是很重礼乐的,唐代以礼制之政付尚书礼部,但礼部只掌政令颁行,是很少躬亲礼制方面的细节,具体事务还是归卿监百司。其中太常掌礼乐、郊庙之事,长官太常卿正三品,居于卿监百司之首。

汉时太常秩中二千石,周、隋时太常卿品第三。唐太常寺冠于九寺之首,以其职清重而位尊崇,高于其余八寺一等。卿一人,正三品。少卿,后魏太和十五年初置,第三品上,二十三年,降为正四品上。隋太常寺置少卿一人,正四品上,炀帝即位,加置二人,降为从四品。唐太常少卿正四品上。

(三) 太常寺卿的别称

中国古代,九卿设官,源远流长,其名常有更改,而唐人对九卿的称呼,或顺应当时,或沿袭前代,颇为复杂,故我们在分论中对九卿的称呼进行梳理,以便于阅读本书后面的考证部分,更为清晰与

① [后晋]刘昫:《旧唐书》卷四四《职官志三》,第1872页。

显豁。

奉常：秦置官名，汉景帝中元六年改名太常。《汉书·百官表上》："奉常，秦官，掌宗庙礼仪，有丞。景帝中六年更名太常。"颜师古注："太常，王者旌旗也，画日月焉。王有大事则建以行，礼官主奉持之，故曰奉常也。后改曰太常，尊大之(仪)〔义〕也。"[①]后世往往拟古称太常为奉常。宋苏辙《栾城集》卷二七《丁骘太常博士》："奉常礼乐之地，教化所从出也。"[②]

秩宗：先秦时主郊庙之礼官，故后世称太常亦源于此。《尚书·尧典》："帝曰：俞，咨伯，汝作秩宗。"孔安国传："秩，序。宗，尊也。主郊庙之官。"[③]三国吴韦昭《国语·郑语》注："秩宗之官，于周为宗伯，汉为太宰，掌国祭事。"[④]《汉书·百官公卿表》："伯夷作秩宗，典三礼。"颜师古注引应劭曰："典天神、地祇、人鬼之礼也。"[⑤]王莽遵古制，曾改太常为秩宗。《通典·职官典》："今太常者，亦唐虞伯夷为秩宗兼夔典乐之任也。"[⑥]又唐以后习称礼部为秩宗，张说《赠太尉裴公神道碑》："迁礼部尚书，加上柱国，又特降恩命，兼右卫大将军，夷典秩宗。"[⑦]盖古秩宗本一职，后分为二，《称谓录》卷一七："盖古止秩宗一职，而后分为二也。王莽时曾改太常卿曰秩宗。"[⑧]

司礼：唐光宅元年，改太常寺为司礼寺，太常卿为司礼正卿，少卿为司礼少卿，神龙元年复旧。《通典·职官典》："光宅元年，改太常为司礼，神龙元年复旧。"[⑨]

---

① [汉]班固：《汉书》卷一九上，中华书局1962年版，第726、727页。

② [宋]苏辙：《栾城集》卷二七，《苏辙集》，中华书局1990年版，第461页。

③ [唐]孔颖达：《尚书正义》卷三，《十三经注疏》，第131页。

④ 《国语》卷一六，上海古籍出版社1978年版，第514页。

⑤ [汉]班固：《汉书》卷一九上，第721、724页。

⑥ [唐]杜佑：《通典》卷二五《职官典》七《太常卿》，第691页。

⑦ [清]董诰等：《全唐文》卷二二八，第1018页。

⑧ [清]梁章钜：《称谓录》卷一七，中华书局1996年版，第266页。

⑨ [唐]杜佑：《通典》卷二五《职官典》七《太常卿》，第693页。

乐卿:唐太常卿的别称。杜牧《樊川文集》卷二《夏州崔常侍自少常亚列出领麾幢十韵》:“帝命诗书将,坛登礼乐卿。”[①]宋马永卿《懒真子》卷一:“自唐以来,呼太常卿为乐卿。或云太常礼乐之司,故有此名。然不呼为礼卿,何也?然此二字,古有之。《前汉·食货志》:武帝置赏官名,曰‘武功爵第八级曰乐卿’。故后之文人因取二字用之。”[②]宋洪迈《容斋四笔》卷一五《官称别名》:“唐人好以它名标榜官称……太常卿为乐卿,少卿为少常、奉常,光禄为饱卿,鸿胪为客卿、睡卿,司农为走卿,大理为棘卿。”[③]唐时“太常卿上事,庭设九部乐”[④]。太常与礼乐的关系,《贞观政要》卷七记贞观时君臣的一段讨论,颇能说明:“太常少卿祖孝孙奏所定新乐。太宗曰:‘礼乐之作,是圣人缘物设教,以为撙节,治政善恶,岂此之由?’御史大夫杜淹对曰:‘前代兴亡,实由于乐。陈将亡也为《玉树后庭花》,齐将亡也而为《伴侣曲》,行路闻之,莫不悲泣,所谓亡国之音。以是观之,实由于乐。’太宗曰:‘不然,夫音声岂能感人?欢者闻之则悦,哀者听之则悲,悲悦在于人心,非由乐也。将亡之政,其人心苦,然苦心相感,故闻之则悲耳。何乐声哀怨,能使悦者悲乎?今《玉树》《伴侣》之曲,其声具存,朕能为公奏之,知公必不悲耳。’尚书右丞魏徵进曰:‘古人称,礼云,礼云,玉帛云乎哉!乐云,乐云,钟鼓云乎哉!乐在人和,不由音调。’太宗然之。”[⑤]

礼院:清梁章钜《称谓录》卷一七:“礼院,《天中记》:‘太常,唐曰司礼寺,又曰礼院。’案《宋史·职官志》:‘宋初,别置太常礼院,虽隶本寺,其实专达。有判院、同知院四人,寺与礼院事不相兼。’”[⑥]按礼院乃唐时太常礼院的附设,掌议论礼仪。设有修撰、检讨、礼生等。

---

① [唐]杜牧:《樊川文集》卷二,上海古籍出版社 1978 年版,第 29 页。

② [宋]马永卿:《懒真子》卷一,景印《文渊阁四库全书》第 863 册,台湾商务印书馆 1986 年版,第 403—404 页。

③ [宋]洪迈:《容斋随笔》,第 795—796 页。

④ [宋]王溥:《唐会要》卷六五《太常寺》,第 1343 页。

⑤ [唐]吴兢:《贞观政要》卷七,第 233 页。

⑥ [清]梁章钜:《称谓录》卷一七,第 266 页。

宋时沿置，亦为太常寺下的官署。元代则合而为一，称太常礼仪院。盖因太常寺以掌管礼仪为主，故或以礼院代指太常寺之名。

曲台：《称谓录》卷一七："曲台，常衮《太常卿制》：'固可以处杨震植荣之位，领曲台太子之重。'案《字典》：'王彦威为《曲台新礼》三十卷，故太常称曲台。'"①按唐人诗文中又多称太常博士为曲台。

容台：《称谓录》卷一七："容台，《类要》：'太常亦称容台。'"②

二、光禄寺

（一）光禄寺的设置与沿革

光禄卿源于光禄勋。据《汉书·百官公卿表》载，秦时有郎中令，汉武帝太初元年，更名光禄勋，掌宫殿门户，秩中二千石。属官有光禄大夫、大中大夫、谏大夫、谒者等。唐时取光禄之名，职务与西汉时稍有不同。东汉光禄勋增掌郊祀三献之职，献帝时，改为郎中令，魏文帝黄初元年，复为光禄勋。梁天监七年置十二卿，除去"光禄勋"之"勋"字，加"寺"字，称光禄卿，掌膳食，使之居于冬卿之列，班次第十一。后魏时光禄卿为从第一品上阶，太和二十二年，重次职令，九卿并为第三品。北齐时光禄寺置卿，掌诸膳食帐幕器物肴藏。隋因之。开皇三年，废光禄入司农，十二年又复旧。炀帝即位，降卿为从三品。唐朝承炀帝之旧，"龙朔元年，改为司宰寺，卿为正卿。咸亨年，复旧名光禄寺。光宅年，改为司膳寺，卿随寺改。神龙年，复为光禄寺"③。唐光禄寺掌祭祀及朝会宴享之酒食供应，与殿中省尚食局主要掌管皇家膳食不同。为事务机关，政令上承尚书省礼部。宋初置判寺一人，以朝官以上充任。元丰改制后，以卿、少卿为长贰官。建炎三年，并入礼部，后复置，隆兴元年又并入太常寺。辽时改名崇祚寺。金归其职于宣徽院。元亦隶宣徽院，置卿四员，正三品。明洪武元年由宣徽院改称光禄寺，听命于礼部，设卿一人为长，为"小九卿"之一，从三品，少卿二人佐理。清沿明制，然职

---

①② ［清］梁章钜：《称谓录》卷一七，第266页。

③ ［宋］王溥：《唐会要》卷六五《光禄寺》，第1344页。

掌稍小,仅掌祭祀所用膳食馔料之事,卿、少卿满汉各置一员。光绪三十二年并入礼部。

光禄少卿,后魏太和十五年,初置少卿官,第三品上。至二十二年,降为正四品上,北齐因之。隋初因北齐,炀帝即位,加置一人,降为从四品。唐初少卿本一员,贞观时加置一员①。

唐光禄寺编制,卿一人,少卿二人,丞二人,主簿二人,录事二人,府十一人,史二十一人,亭长六人,掌固六人。

光禄寺下设珍羞署、良酝署、掌醢署。

(二)光禄卿的职掌与品位

唐光禄卿之职,掌邦国酒礼膳羞之事,总太官羞良酝掌醢四署之官属,修其储备,谨其出纳。

光禄少卿之职,辅佐光禄卿处理本寺事务。"国有大祭祀,则省牲镬,视濯涤。若三公摄祭,则为之终献。朝会宴享,则节其等差,量其丰约以供焉。"②

汉时光禄勋,秩中二千石,梁光禄卿品第三,隋炀帝时降入从三品。唐光禄寺卿一人,从三品。少卿,后魏太和十五年,官第三品上,二十二年,降为正四品上,隋炀帝时降为从四品,唐时为从四品上。

(三)光禄寺卿的别称

郎中令:本为秦官,主郎内诸官,故曰郎中令,掌宫门户,汉时因之。汉武帝太初元年更名光禄勋,东汉建安时,改为郎中令,魏文帝黄初元年,复为光禄勋。

光禄勋:秦时为郎中令,至汉武帝太初元年更名光禄勋,居宫中。凡光禄、大中、中散、谏议等大夫、羽林郎、五官、虎贲、左右等中郎将都归其管辖。魏晋后不复居宫中。《文献通考》卷五五:"应劭

① [唐]李林甫等:《唐六典》卷一五《光禄寺》:称少卿,"皇朝置一人,贞观中加置二人"(第443页)。而《唐会要》卷六五《光禄寺》:"少卿,本一员,景龙二年十一月四日,加一员,以刘正为之。"(第1344页)

② [后晋]刘昫:《旧唐书》卷四四《职官志》,第1877—1878页。

曰：'光，明也；禄，爵也；勋，功也。'如淳曰：'勋之言阍也。阍，古主门之官，光禄主宫门故也。"[①]东汉建安时，改为郎中令，魏文帝黄初元年，复为光禄勋。梁天监七年置十二卿，除去"光禄勋"之"勋"字，加"寺"字，称光禄寺卿。《称谓录》卷一八："光禄勋、冬卿。《隋书·百官志》：'以光禄勋为光禄卿，大鸿胪为鸿胪卿，都水使者为大舟卿，三卿是为冬卿。'《历代职官表》：今光禄寺，其名本出于汉之光禄勋。自《唐六典》《通典》诸书，皆以光禄勋载入光禄寺沿革。然考光禄勋乃郎中令改名，所掌为宿卫宫殿门户及典三署郎。《汉书·百官表》云'郎中令掌宫殿掖门户，武帝更名光禄勋'是也。故柏梁联句有'总领''从官'之语，其职当如今之领侍卫内大臣。自六朝除去勋字，谓之光禄卿，后魏又置少卿，北齐曰光禄寺，置少卿，兼掌诸膳食帐幕，遂为今光禄所自始。名虽相袭，而职务实迥殊也。"[②]

司中：本为星名，是文昌宫的第五星，王莽始建国元年改光禄勋为司中，与太御、大卫、奋武、正军、大赘官号称六监，位同九卿。东汉废除。

司膳：唐光宅元年，改光禄寺为司膳寺，光禄卿为司膳正卿，少卿为司膳少卿，神龙元年复旧。

总领：《称谓录》卷一八："总领，汉武帝《柏梁诗》光禄勋'总领从官柏梁台'。苏颋《光禄卿制》：'柏梁赋诗，俾闻于总领。'案，两汉官制，自光禄、太中、中散、谏议等大夫，及谒者、仆射、羽林郎、郎中、侍郎五官，武贲、左、右等中郎将，奉车、驸马二都尉，车、户、骑三将，并属光禄勋，故有总领之称。今则不然矣。"[③]

饱卿：宋王得臣《麈史》卷三："七寺闲剧不同，太府为忙卿，司农为走卿，光禄为饱卿。"[④]宋洪迈《容斋四笔》卷一五《官称别名》："唐人好以它名标榜官称……太常卿为乐卿，少卿为少常、奉常，光禄为

---

① [元]马端临：《文献通考》卷五五，第 499 页。

②③ [清]梁章钜：《称谓录》卷一八，第 272 页。

④ [宋]王得臣：《麈史》卷三，景印《文渊阁四库全书》第 862 册，第 644 页。

饱卿,鸿胪为客卿、睡卿,司农为走卿,大理为棘卿。”[1]宋时仍有是称,《称谓录》卷一六引《苏轼诗注》:“京师谓光禄为饱卿。”[2]

三、卫尉寺

(一)卫尉寺的设置与沿革

卫尉本为秦官,掌宫门卫屯兵,属官有公车司马、卫士、旅贲三令。汉时因之,景帝中六年更名为中大夫令,后元年复为卫尉,属官有公车、司马、卫士、旅贲令丞。荀绰《百官表》称卫尉品列第三,银章青绶,五时朝服。西汉虽有“卫尉寺”之称(见《汉旧仪》),然其时“寺”为卫尉官廨,未列为官衔。秦汉以来卫尉卿即为九卿之一。北齐始有“卫尉寺”正式官司之称[3],长官为卿,又有少卿为佐贰。梁天监七年置十二卿,卫尉加“寺”字,官加“卿”字,与廷尉大匠为秋卿,班第十二,位视侍中,兼统武库令。后魏卫尉卿,从第一品下,太和二十二年,降为第三品。隋卫尉掌军器、仪仗、帐幕,以监门卫掌宫门屯兵。开皇三年并入太常及尚书省,十三年复置。炀帝降卿为从三品。唐朝因隋之旧,“龙朔二年,改为司卫寺,卿为正卿。咸亨元年,复旧。光宅元年,改为司卫寺。神龙二年,复旧为卫尉寺”[4]。唐卫尉寺掌管朝廷及祭祀之仪卫与帐幕供设。为事务机关,政令上承尚书省兵部。宋初设判寺一人,以郎官以上充任,但仅为寄禄官,无所职掌。元丰改制后始以卿、少卿职掌仪卫兵械甲胄之政令等。建炎三年后并入兵部。金代置卫尉司,主官称中卫尉。元至元二十年改太仆院为卫尉院,设卿为长,二十四年即罢除。

卫尉少卿,后魏太和十五年,初置少卿官,第三品上。至二十二年,降为正四品上,北齐因之。隋炀帝降为从四品。唐初置一人,贞

---

① [宋]洪迈:《容斋随笔》,第795—796页。

② [清]梁章钜:《称谓录》卷一六,第272页。

③ [唐]杜佑:《通典》卷二五《卫尉卿》,第700页。

④ [宋]王溥:《唐会要》卷六五《卫尉寺》,第1345页。

观中，加置二人[①]。

唐卫尉寺编制，卿一人，少卿二人，丞二人，主簿二人，录事一人，府六人，史十一人，亭长四人，掌固六人。

卫尉寺下设两京武库、武器署、守宫署。

（二）卫尉卿的职掌与品位

唐卫尉卿之职，掌邦国器械、文物之政令，总武库、武器、守宫三署之官属。

卫尉少卿之职，协助卫尉卿处理本寺事务。"凡天下兵器入京师者，皆籍其名数而藏之。凡大祭祀大朝会，则供其羽仪、节钺、金鼓、帷帟、茵席之属。"[②]

汉时卫尉卿品秩第三，后魏卫尉卿从第一品下，太和二十二年，降为第三品，隋炀帝时降为从三品，唐卫尉寺卿一人，从三品；少卿，后魏太和十五年，第三品上，至二十二年，降为正四品上，隋炀帝降为从四品，唐时从四品上。

（三）卫尉寺卿的别称

暖卿：《宋人轶事汇编》卷二〇《故事》引《苏诗注》："世传京师谓光禄为'饱卿'，卫尉为'暖卿'。……暖卿，谓其管仪鸾供帐之属。"[③]因其掌管供设帐具、帷幕等避风设备而有暖卿之称。

四、宗正寺

（一）宗正寺的设置与沿革

宗正为秦时官，掌管王室亲族的事务。其名源于星座，《星经》卷上："宗正二星，在帝座东南。"[④]汉平帝元始四年，更名宗伯，王莽

---

① ［唐］李林甫等：《唐六典》卷一六《卫尉寺》：称少卿"贞观中置二人"（第459页）。然《唐会要》卷六五《卫尉寺》："少卿，本一员，景龙二年十一月四日，加一员，以傅忠孝为之。"（第1345页）

② ［后晋］刘昫：《旧唐书》卷四四《职官志》，第1879页。

③ 丁传靖：《宋人轶事汇编》卷二〇，中华书局1981年版，第1090页。

④ ［汉］甘公、石生：《星经》卷上，《丛书集成初编》，第49页。

并其官于秩宗。汉光武帝复置宗正。掌序录王国嫡庶之次第,宗室亲属之远近。故汉时宗正,均以宗室当之,不以他族。魏亦以宗室居之。晋时兼以庶姓,桓温奏省属太常。宋齐不置是官。梁天监七年置十二卿,宗正为春卿,位视列曹尚书,皆以宗室为之,班第十三。北齐始置大宗正寺为宗正卿府署。陈时因之,后魏亦称宗正卿,第二品上,北齐第三品。隋唐后径称宗正寺,专掌皇族事务,置卿一人为主官,少卿为副贰。开皇初,宗正卿正三品,炀帝为从三品。唐因隋旧,"龙朔元年,改为司宗寺,卿为宗正卿。咸亨元年,改为宗正寺。光宅元年,为司属寺。天宝七载五月十一日,升同太常寺,少卿及丞准此"[①]。唐宗正寺掌管皇室宗族的属籍,是事务机关,政令上承尚书省吏部。唐开元二十年后,宗正寺官员仍以宗室为之[②]。宋初置判寺事二人,以皇族两制以上官充任,若缺则以皇族朝官以上任知宗正丞事。元丰改制后仍以卿、少卿为长贰,但不专任皇族。宋陆游《老学庵笔记》卷六:"宗正卿、少卿,祖宗因唐故事,必以国姓为之,然不必宗室也。"[③]建炎三年并入太常寺,隆兴时复置。金元以来复称大宗正寺。

宗正少卿,后魏太和中,初置少卿,第三品,二十三年,为第四品。隋初正四品,炀帝降为从四品,唐因隋旧。唐时"少卿,本一员,景云二年十一月四日,加一员,以姜晞为之"[④]。

唐宗正寺编制,卿一人,少卿二人,丞二人,主簿二人[⑤],录事一人,府五人,史九人,亭长四人,掌固四人。

---

① [宋]王溥:《唐会要》卷六五《宗正寺》,第1347页。

② [宋]王溥:《唐会要》卷六五《宗正寺》:开元"二十年七月七日诏:'宗正寺官员,悉以宗子为之。'二十五年七月敕:'其宗正卿、丞及主簿,择宗室中才行者补授。'"(第1349页)《通志》卷五四《职官略》四《宗正卿》:"开元二十五年,制宗正等寺官属,皆以皇族为之。"(第671页)今从《唐会要》。

③ [宋]陆游:《老学庵笔记》卷六,中华书局1979年版,第73页。

④ [宋]王溥:《唐会要》卷六五《宗正寺》,第1347页。

⑤ [唐]李林甫等《唐六典》卷一六作"二人"(第463页),《旧唐书》卷四四《职官志》作"一人"(第1880页)。

宗正寺下设崇玄署。

（二）宗正寺卿的职掌与品位

宗正卿之职，掌皇九族六亲之属籍，以别昭穆之序，纪亲疏之列，并领崇玄署。

宗正少卿之职，协助宗正卿处理本寺事务。“九庙之子孙，继统为宗，余曰族。凡大祭祀及册命朝会之礼，皇亲诸亲应陪位预会者，则为之簿书，以申司封。若皇亲为三公子孙应袭封者，亦如之。”①

后魏宗正卿第二品上，北齐第三品，隋开皇初，正三品，炀帝降为从三品。唐宗正寺卿一人，唐初从三品，天宝七载五月一日升同太常寺，即正三品；少卿，后魏太和中第三品，二十三年降为第四品，隋炀帝降为从四品，唐时宗正少卿从四品上，天宝七载五月一日升为正四品上。

（三）宗正寺卿的别称

司宗：《唐会要》卷六五《宗正寺》：“龙朔元年，改为司宗寺。”②

司属：唐光宅元年改宗正寺为司属寺，卿为司属正卿，少卿为司属少卿，神龙初，复为宗正。

麟寺：戴埴《鼠璞》卷上《麟趾》：“今称宗正寺曰麟寺。”③

五、太仆寺

（一）太仆寺的设置与沿革

太仆为古官名，即太仆正，后无正字，唯名太仆。《周礼·夏官》有太仆下大夫二人，穆王命伯，冏为太仆正。掌舆马。《汉书·百官表》称太仆本为秦官，掌舆马及牧畜之事，秩中二千石。太仆卿之称，东汉已有，但“卿”字不必入衔。晋因汉制，晋太仆银章青绶，五

---

① ［后晋］刘昫：《旧唐书》卷四四《职官志》，第 1880—1881 页。

② ［宋］王溥：《唐会要》卷六五《宗正寺》，第 1347 页。

③ ［宋］戴埴：《鼠璞》卷上，景印《文渊阁四库全书》第 854 册，第 71 页。

时朝服,进贤两冠,佩水苍玉,品第四。晋成帝永和七年,省并于宗正。当其时,有事则权置此寺,无事则省。梁天监七年,置十二卿,太仆与太府、少府为夏卿,统南牧、左右牧、龙厩、内外厩,班第十。后魏太仆卿第二品上,又置少卿。太和二十二年,九卿并为第三品。北齐太仆寺以卿一员为主官,第四品,少卿为副贰。统骅骝、左右龙、左右牝、驼牛、司羊、乘黄、车府等署。后周因之。隋太仆寺统骅骝、乘黄、龙厩、车府、典牧牛羊等署。炀帝降卿为从三品,减骅骝署入殿内省尚乘局,改龙厩曰典厩署,又有左右驳皂二厩,加置主乘、司库、司廪官,罢牛羊署。唐时因隋之旧,而省驳皂等诸官。"龙朔二年,改为司驭寺,卿为正卿。咸亨元年,复为太仆寺。光宅元年,改为司仆寺。神龙元年,复为太仆寺。"①唐太仆寺掌厩牧舆辇。是事务机关,政令上承尚书省兵部的驾部司。宋初置判寺事一人,以朝官以上充任。元丰改制后,始以太仆卿、少卿为第贰。元时设群牧所,改尚牧监,又改太仆院,复改太仆寺,设卿二员。明称冏寺,掌马政,听命于兵部,洪武六年以群牧监令改太仆卿,为"小九卿"之一,从三品。清初附于兵部,卿满汉处置一人,从三品。光绪末并入兵部。

太仆少卿,后魏太和十五年,九卿各置少卿一人,品第三上,二十二年,降为正四品上,北齐因之。隋加至二员,炀帝降为从四品上。唐朝因隋之旧,本置一员,"景云元年八月,加一员,韩思复为之"②。

唐太仆寺编制,卿一人,少卿二人,丞四人,主簿二人,录事二人,府十七人,史三十四人,兽医六百人,兽医博士一人③,学生一百人,亭长四人,掌固六人。

唐太仆寺下设乘黄署、典厩署、典牧署、车府署、诸上牧监、少苑

---

①② [宋]王溥:《唐会要》卷六六《太仆寺》,第1353页。

③ [唐]李林甫等《唐六典》卷一六作"一人"(第476页),《旧唐书·职官志》《新唐书·百官志》作"四人"(第1881页)。

监等[①]。

（二）太仆寺卿的职掌与品位

唐太仆卿之职，掌邦国厩牧车舆之政令，总乘黄、典厩、典牧、车府四署，及诸监牧之官属。

太仆少卿之职，协助太仆卿处理本寺事务。“凡国有大礼及大驾行幸，则供其五辂属车之属。凡监牧羊马所通籍帐，每岁则受而会之，以上尚书驾部，以议其官吏之考课。凡四仲之月，祭马祖、马步、先牧、马社。”[②]但后来设立监牧使、闲厩使，太仆卿之权渐被侵夺。中唐后，马政实权更归飞龙使。

汉时太仆秩中二千石，后魏太仆卿第二品上，太和二十二年，降为第三品，隋炀帝时降为从三品。唐太仆寺卿一人，从三品；少卿，后魏太和十五年，第三品上，二十二年，降为正四品上，隋炀帝降为从四品上，唐太仆少卿从四品上。

（三）太仆寺卿的别称

司驭：唐龙朔二年改宗正寺为司驭寺，卿为司驭正卿，少卿为司驭少卿，咸亨中复为太仆寺。《曾巩集》卷二五《太仆卿制》：“司驭之选，汝惟克谐。”[③]

司仆：唐光宅元年改宗正寺为司仆寺，卿为司仆正卿，少卿为司仆少卿，神龙元年复为太仆寺。《称谓录》卷一八：“司驭、司仆、司驭寺、司仆寺。《五代史·百官志》：‘唐龙朔年改太仆曰司驭，又改为

---

① 太仆寺设监的情况，《通志》卷五四《职官略》四《太仆卿》：“按唐贞观初仅有牧牝三千匹，从赤岸泽徙之陇右。十五年，始令太仆卿张万岁干群牧，至麟德，四十年间，马至七十万六千匹，置八使，领六监。初置四十八监，跨兰、渭、秦、原四州之地，犹为隘陕，更增八监，布于河曲。其时天下以一缣易一马。仪凤三年，少卿李思文检校陇右诸牧监，方称使。尔后，或戎敌外侵，牧圉乖散，洎乎垂拱，潜耗太半。开元初牧马二十四万匹，十三年加至四十五万匹。初有牛三万五千头，是年亦五万头。初有羊十一万二千口，是年亦二十万六口。盛于垂拱。”（第671页）

② ［后晋］刘昫：《旧唐书》卷四四《职官志》，第1881页。

③ ［宋］曾巩：《曾巩集》卷二五，中华书局1984年版，第388页。

司仆。'《初学记》:'龙朔二年改太仆为司驭寺,亦曰司驭卿。咸亨中复旧。光宅元年改为司仆寺,亦曰司仆卿。神龙初复旧。'韦宏景《封还除太仆制》:'司仆正卿,位居九列。'"①

太仆正、太御:《称谓录》卷一八:"太仆正、太御。《书·小序》:'穆王命伯冏为太仆正,作《冏命》。'孔传:'太仆长。大御,中大夫。'孔疏:'正训长也。'《周礼》:'太御,中大夫。太仆,下大夫。'孔以此言太仆正则官高于太仆,故以为《周礼》太御。《文献通考》:'王莽改太仆为太御。'案,今世称太仆为冏卿,即仿此。"②按王莽始建国元年,改太仆为太御,与司中、太卫、奋武、正军、太赘官号称六监,位同九卿。东汉时废除。

左御:《称谓录》卷一八:"左御,孙逖《太仆卿制》:'俾升荣于左御。'"③

冏卿:《称谓录》卷一八:"冏卿,《广事类赋》:'周王命伯冏为卿。'案,《书》'伯冏为太仆正',故号太仆卿为冏卿。"④按明代太仆寺又称冏寺。

六、大理寺

(一) 大理寺的设置与沿革

大理为掌管刑法之官属。古谓掌刑为士,又称理。汉景帝加"大"字,取天官贵人之牢曰大理之义。大理本为星名,《星经》卷上《大理》:"大理二星,在宫门内,主刑狱事也。"⑤《唐六典》卷一八引《史记·天官书》称:"斗魁四星,贵人之牢曰大理。"⑥后用以作为掌刑法官的名称。《史记·五帝本纪》:"皋陶为大理,平民各伏得其

①②④ [清]梁章钜:《称谓录》卷一八,第 269 页。

③ [清]梁章钜:《称谓录》卷一八,第 270 页。

⑤ [汉]甘公、石生:《星经》卷上,《丛书集成初编》,第 18 页。

⑥ [唐]李林甫等:《唐六典》卷一八,第 501 页。中华本校记云:"曰大理,《史记·天官书》集解引孟康语'大'作'天'。"(第 509 页)

实。”①秦汉大理即为九卿之一。《汉书・百官表》称，廷尉为秦官，掌刑辟，有正、左右监，景帝时更名大理，秩中二千石。武帝复为廷尉，宣帝置左右廷尉，平帝时复为大理。王莽改为作士。东汉时复为廷尉，魏初为大理，后复为廷尉。至宋齐皆因之。梁天监七年置十二卿，将大理置于秋卿之列，班列十一。后魏时又置少卿、司直。北齐置寺为府署，其长官始定名为大理卿，第三品，掌决断刑狱。隋为大理寺，卿正三品，又置评事，唐时因之。“龙朔二年，改为详刑寺，卿为正卿。咸亨元年，复为大理寺。光宅元年，改为司刑寺。神龙元年，复为大理寺。”②唐大理寺掌管鞫狱，定刑名，并覆核诸州刑狱。是执法机关，政令上承尚书省刑部。凡诸司解送犯徒以上罪，百官九品以上判免官罪，百姓判流、死以上罪，皆由大理寺详正，并送刑部审覆。重大疑案则由大理寺、御史台、刑部组成三司会审。《资治通鉴》卷一九二载，贞观二年三月，“壬子，大理少卿胡演进每月囚帐；上命自今大辟皆令中书、门下四品已上及尚书议之，庶无冤滥”。所谓四品已上，即胡三省注所言：“自二省长贰而下至谏议大夫也。”③宋初设判寺一员，权少卿一员，掌断决天下奏狱。熙宁九年复置大理狱，始治狱事。元丰改制，职分左右，左断刑复审各地奏劾命官、将校及大辟囚以下疑案；右治狱审理京师百官刑狱。元祐时罢右治狱。元改为大宗正寺。明复置，又称棘寺，掌复审大案，平反冤狱，与刑部、都察院合“三法司”。清沿明制，秩正三品，满汉各置一人，光绪末改称大理院。

大理少卿，后魏置为第三品上，太和以后降为第四品，北齐第四品，隋因之。唐初“少卿，本一员，永徽六年八月十二日，初置。神龙元年，加一员，以侯善业为之”④。

唐大理寺编制，卿一人，少卿二人，正二人，丞六人，主簿二人，录事二人，府十八人，史五十六人，狱丞四人，狱史六人，亭长四人，掌固十八人，问事一百人，司直六人，评事十二人。

---

①　[汉]司马迁：《史记》卷一《五帝本纪》，第 43 页。

②④　[宋]王溥：《唐会要》卷六六《大理寺》，第 1356 页。

③　[宋]司马光：《资治通鉴》卷一九二，第 6048 页。

唐穆宗时,曾在大理寺一度设立“参酌院”,不久又取消。《新唐书》卷五六《刑法志》载:“穆宗童昏,然颇知慎刑法,每有司断大狱,令中书舍人一人参酌而轻重之,号‘参酌院’。大理少卿崔杞奏曰:‘……大理寺,陛下守法之司也。今别设参酌之官,有司定罪,乃议其出入,是与夺系于人情,而法官不得守其职。……臣以为参酌之名不正,宜废。’乃罢之。”①

(二)大理卿的职掌与品位

唐大理卿之职,管理大理寺的总体事务,掌邦国折狱详刑之事,以五听察其情:一曰气听,二曰色听,三曰视听,四曰声听,五曰词听;以三虑尽其理:一曰明慎以谳疑狱,二曰哀矜以雪冤狱,三曰公平以鞫庶狱。

大理少卿之职,协助大理卿处理本寺事务。“凡犯至流死,皆详而质之,以申刑部;仍于中书、门下详覆。凡吏曹补署法官,则与刑部尚书、侍郎议其人可否,然后注拟。”②

两汉时大理卿为中二千石,魏晋宋齐梁陈均为第三品,后魏为第二品上。太和以后,降为第三品。隋时为正三品。唐时降为从三品;少卿二人,后魏为第三品上,太和以后,降为第四品上,北齐第四品,隋因之,唐时降为从四品上。

(三)大理寺卿的别称

廷尉:官名,秦时始置,为九卿之一,掌刑狱。汉承秦制,秩中二千石。汉景帝中元六年更名大理,武帝建元四年复称廷尉。北齐至明清均称大理寺卿。《称谓录》卷一七:“《册府元龟》:‘秦制,廷尉掌刑部。’颜师古《汉书注》云:‘廷,平也。治狱贵平,故以为号。’《张释之传》:‘释之曰:廷尉,天下之平也。’《后汉·光武纪》:‘上听狱,质于朝廷,与众共之。尉,平也,故称廷尉。’案,廷尉,秦官。汉景帝中六年更名大理,武帝建四年复为廷尉,哀帝元寿二年复为大理。”③

---

① [宋]欧阳修、宋祁:《新唐书》卷五六,第1417—1418页。

② [后晋]刘昫:《旧唐书》卷四四《职官志》,第1884页。

③ [清]梁章钜:《称谓录》卷一七,第264—265页。

详刑：本指断狱详审，用刑谨慎。唐时始用作官名，唐高宗龙朔二年改大理寺为详刑寺，大理卿为详刑正卿，少卿为详刑少卿。《称谓录》卷一七："祥刑司。《历代沿革》：'大理寺，唐改为祥刑寺，则取《尚书》"祥刑"二字之义，自与祥刑不同。'"①"祥"应为"详"。

司刑：《周礼》置于秋官之列，掌五刑之法。唐光宅元年，改大理寺为司刑寺，大理卿为司刑正卿，少卿为司刑少卿，神龙元年复旧。《称谓录》卷一七："详刑、司刑。《通典》：'龙朔二年，改大理为详刑。咸亨元年复旧。光宅元年，改为司刑。神龙元年复旧。'故唐谓大理为司刑卿。"②

法司：《称谓录》卷一七："法司，《赵绰传》：'绰迁大理少卿，时禁行恶钱，有二人在市以恶钱易好者，上令悉斩之。绰谏曰：此人坐当杖，杀之非法。上曰：不关卿事。绰曰：陛下以臣置在法司，岂得不关臣事？上曰：撼大木不动者，当退。对曰：臣望感天心，何论动木？时薛胄为大理卿，俱名平恕。然胄断狱以情，而绰守法。'案今以都察院、刑部、大理为三法司，即本此也。"③

云司：唐陈子昂《为司刑袁卿让官表》："荣加天宠，职察云司。"④

棘卿：唐李涪《刊误》卷上《九寺皆为棘卿》条："凡言九寺，皆曰'棘卿'。《周礼》'三槐九棘'，槐者，怀也，上佐天子，怀来四夷。棘者，言其赤心以奉其君，皆三公九卿之任也。近代唯大理得言棘卿，下寺则否。九寺皆树棘木，大理则于棘下讯鞫其罪，所谓'大司寇听刑于棘木之下'。"⑤宋洪迈《容斋四笔》卷一五《官称别名》："唐人好以它名标榜官称……太常卿为乐卿，少卿为少常、奉常，光禄为饱卿，鸿胪为客卿、睡卿，司农为走卿，大理为棘卿，评事为廷平。"⑥

---

① ［清］梁章钜：《称谓录》卷一七，第 263 页。

② ［清］梁章钜：《称谓录》卷一七，第 264 页。

③ ［清］梁章钜：《称谓录》卷一七，第 262 页。

④ 《全唐文》卷二一一，上海古籍出版社 1990 年版，第 940 页。

⑤ ［唐］李涪：《刊误》卷上，《苏氏演义》（外三种），中华书局 2012 年版，第 238 页。

⑥ ［宋］洪迈：《容斋随笔》，第 795—796 页。

大棘:《称谓录》卷一七:"《郑氏谈绮》:'大理曰大棘。'"①

佐棘:指大理少卿。罗隐《寄大理寺徐郎中》诗:"佐棘竟谁同,因思证圣中。"注:"证圣中,徐有功为大理少卿,持法平恕,鹿城主簿潘好礼著论以美之也。"②本《周礼·秋官》:"朝士掌建邦外朝之法,左九棘,孤卿大夫位焉,群士在其后。右九棘,公侯伯子男位焉,群吏在其后。"郑玄注:"树棘以为位者,取其赤心而外刺,象以赤心三刺也。"③

七、鸿胪寺

(一)鸿胪寺的设置与沿革

周官有大行人,掌大宾客之礼;秦官有典客,掌诸侯及归义蛮夷。汉改为鸿胪,为九卿之一。景帝二年令,诸侯王薨,列侯初封及之国,大鸿胪奏谥诔策;列侯薨及诸侯、太傅初除之官,大行奏谥诔策。建中六年,改大鸿胪为大行令。汉武帝太初元年改大行令为大鸿胪,掌朝贺庆吊之赞导相礼。鸿胪之名始于此。鸿义为声,胪义为传。传声赞导,故曰鸿胪。故鸿胪原义为大声传呼,以引导宾客④。武帝太初元年,更名大鸿胪。东汉时大鸿胪卿一人。魏晋至宋齐不常置,有事则权置兼官,事毕则省。梁初犹依宋齐无卿名,天监七年置十二卿,以光禄勋为光禄卿,大鸿胪为鸿胪卿,都水使者为大舟卿,三卿是为冬卿。鸿胪卿位视尚书左丞,班第九,陈时品至第三。后魏大鸿胪第二品上,太和二十三年,降为第三品。北齐始置寺为府署,掌蕃客朝会、吉凶吊祭。置卿一人,秩第三品。隋朝建立,仍继承北齐制度,设置鸿胪寺,开皇三年并入太常,十二年复旧。炀帝降卿从第三品。唐时因隋之旧,龙朔二年,改为同文寺,卿为正卿。咸亨元年,复为鸿胪寺。光宅元年,改为司宾寺。神龙元年,复为鸿胪寺。开元二十五年,敕改隶宗正寺。唐鸿胪寺掌管诸蕃册封,

---

① [清]梁章钜:《称谓录》卷一七,第264页。
② [清]彭定求等:《全唐诗》卷六五九,第9565页。
③ [唐]贾公彦:《周礼注疏》卷三五,第877页。
④ [汉]班固:《汉书·百官公卿表上》,中华书局1962年版,第730页。

外使接待，凶仪丧葬等。是事务机关，政令上承尚书省礼部。宋初设判寺事一人，以朝官以上充任。元丰改制后，掌周边民族及外国朝贡等事。建炎三年并入礼部，绍兴二十五年复置，旋废。明洪武三十年由殿廷礼仪使改置，秩正四品。清沿明制，满汉各置卿一人。

鸿胪少卿，后魏太和十五年，九卿各置少卿一人，第三品上，二十三年，降为正四品上。北齐因之。后周有小宾部天下大夫一人。隋依北齐，炀帝加置少卿二人，降为从四品，唐武德中置一人，贞观中加置二人①。

唐鸿胪寺编制，卿一人，少卿二人，丞二人，主簿一人，录事二人，府五人，史十人，亭长四人，掌固六人。

鸿胪寺下设典客署、司仪署②。

（二）鸿胪卿的职掌与品位

唐鸿胪卿之职，掌宾客及凶仪之事，领典客、司仪二署，以率其官属，而供其职务。

鸿胪少卿协助鸿胪卿处理本寺事务。凡四方夷狄君长朝见者，辨其等位，以宾待之。凡二王之后及夷狄君长之子袭官爵者，皆辨其嫡庶，详其可否。若诸蕃大酋，有封建礼命，则受册而往其国。凡天下寺观三纲及京都大德，皆取其道德高妙为众所推者补充，上尚书祠部。凡皇帝、皇太子为五服之亲及大臣发哀临吊，则赞相焉。凡诏葬大臣，一品则卿护其丧事，二品则少卿，三品丞一人往，皆命司仪以示礼制。

---

①　[唐]李林甫等:《唐六典》卷一八《鸿胪寺》:少卿“皇朝武德中置一人，贞观中加置二人”(第505页)。而《唐会要》卷六六《鸿胪寺》:“少卿，本一员，景云二年十一月四日，加一员，以刘兴为之。”(第1361页)

②　鸿胪寺下设除以上二署外，中唐之后，还有礼宾院。《唐会要》卷六六《鸿胪寺》载:天宝“十三载二月二十七日，礼宾院自今后，宜令鸿胪勾当检校。应缘供拟，一物已上，并令鸿胪勾当”(第1361页)。《资治通鉴》卷二三二唐贞元三年条胡三省注:“鸿胪掌四夷之客，有礼宾院。”(第7493页)同书卷二四〇元和十四年条注:“唐有礼宾院，凡胡客入朝，设宴于此。元和九年，置礼宾院于长兴里之北。宋白曰:属鸿胪寺。”(第7758页)

鸿胪寺的职掌主要在外交方面,据黎虎先生研究,其外交职能主要有:1. 迎来送往;2. 辨其等位;3. 拟授官位;4. 执行册封;5. 接转文书奏事;6. 朝见宾客;7. 接受贡献;8. 设宴款待;9. 馆待蕃客;10. 廪食供应;11. 医药丧葬;12. 蕃客活动安排与监督;13. 质子、留学生管理;14. 翻译;15. 了解蕃情;16. 衔命出使。鸿胪寺的外交职掌,在唐代具有明显的两个特点:一是实行全方位的外交管理。这是鸿胪寺作为外交专职管理机构发展到唐代已臻成熟的表现,也是唐代外交空前发展的必然要求和结果。二是外交管理更为专业化。鸿胪寺发展到唐代已经成为地道的专职外交管理机构,从而使其负责外交事务的职能凸现出来①。

梁时鸿胪卿位视尚书左丞,班第九。陈时鸿胪品位第三。后魏大鸿胪卿为第二品上,太和二十三年,降为第三品。隋炀帝时降为从三品。唐鸿胪卿一人,从三品。少卿二人,后魏太和十五年,第三品上,二十三年,降为正四品上,隋炀帝时降为从四品,唐时为从四品上。

(三)鸿胪寺卿的别称

大行人:《周礼》秋官有大行人。主管天子诸侯间的重大交际礼仪。春秋、战国时各国皆有行人,汉代为大鸿胪官,后改称大行令。明代设行人司,复有行人之官。掌传旨、册封等事。

典客:秦代始置,掌管接待少数民族和诸侯来朝等事务。汉景帝中元六年改名大行令,武帝太初元年,改名大鸿胪。南朝宋以后,只掌管郊庙祭祀和朝觐的赞礼事务。《汉书·百官公卿表上》:"典客,秦官,掌诸归义蛮夷,有丞。景帝中六年更名大行令,武帝太初元年改名大鸿胪。"②《栾城集》卷二八《常安民鸿胪丞》:"典客之设,

---

① 黎虎《唐代鸿胪寺及其外交管理职能》(《文史》第47辑,第67—89页)。又鸿胪寺尚有外交场所职能:1. 宣示场所;2. 吊唁场所;3. 盟誓场所;4. 教授留学生场所。

② [汉]班固:《汉书》卷一九上,第730页。

号为优暇。"[1]

大鸿胪：秦时称典客，汉武帝太初元年更名大鸿胪，掌接待宾客等事，大鸿胪卿一人，秩中二千石。后渐变礼仪官，即鸿胪卿。

大行令：《周礼》秋官有大行人。主管天子诸侯间的重大交际礼仪。春秋、战国时各国皆有行人，汉代为大鸿胪官，汉景帝中元六年改称大行令，汉武帝太初元年更名大鸿胪。

同文：唐龙朔二年，改鸿胪寺为同文寺，鸿胪卿为同文正卿，少卿为同文少卿，咸亨元年复曰鸿胪。

司宾：唐光宅元年，改鸿胪寺为司宾寺，鸿胪卿为司宾卿，少卿为司宾少卿，神龙元年复为鸿胪。

客卿：《称谓录》卷一八："《容斋四笔》：'唐人称鸿胪为客卿、睡卿。'"[2]

睡卿：宋王得臣《麈史》卷三《谐谑》："鸿胪卿为睡卿。……睡卿掌四夷宾客之事。"[3]宋洪迈《容斋四笔》卷一五《官称别名》："唐人好以它名标榜官称……太常卿为乐卿，少卿为少常、奉常，光禄为饱卿，鸿胪为客卿、睡卿，司农为走卿，大理为棘卿。"[4]

八、司农寺

（一）司农寺的设置与沿革

《周官》冢宰有太府下大夫，郑注："太府为治藏之长，若今司农矣。"[5]《汉书·百官表》称，治粟内史，秦官，掌谷货，有两丞。景帝更名大农令，武帝更名大司农，秩中二千石。王莽改大司农为羲和，后更为纳言。东汉改为大司农，魏因之，品第三。梁天监七年，置十二

---

① ［宋］苏辙：《栾城集》卷二八，《苏辙集》，第 470 页。

② ［清］梁章钜：《称谓录》卷一八，第 277 页。

③ ［宋］王得臣：《麈史》卷三，景印《文渊阁四库全书》第 862 册，第 645 页。

④ ［宋］洪迈：《容斋随笔》，第 795—796 页。

⑤ ［唐］贾公彦：《周礼注疏》卷一，第 642 页。

卿,以署为寺,以官为卿,司农为春卿,班第十一。后魏大司农第二品上,太和二十二年,改为第三品。北齐始置寺为府署,掌仓市薪菜、园池果实,以卿为长官,少卿为佐贰。后周依周官,有司农上士一人,掌三农九谷稼穑之政令。隋沿北齐之制,有司农卿一人,正三品,炀帝降为从三品。司农但统上林、太仓、钩盾、导官四署,罢典农、华林二署,以平准京市,隶太府寺,掌苑囿、薪刍、蕴炭、市易、度量。唐朝因隋之旧,"龙朔二年,改为司稼寺,卿为正卿。咸亨元年,改为司农寺"①。唐司农寺掌仓储委积,供给京师百官禄廪及朝会、祭祀所需。是事务机关,政令上承尚书省户部。宋初置判寺事二人,以两制或朝官以上充任,掌供籍田、祭祀所需物品及平粜利农之事。元丰五年,并其职事于户部右曹,建炎三年罢,次年复置。金时改为司农司,设大司农为主官,员一人,卿、少卿为佐官,各三员。明朱元璋吴元年置司农卿一人为长,秩正三品,洪武间屡置屡罢,后以其职掌归户部。

司农少卿,后魏初置少卿,第三品上,太和二十二年,为正第四品上,北齐因之,后周司农有中士一人,隋与后周、北齐相同,炀帝加置二人,降为从四品。唐时"少卿,武德初,四员。贞观二年,减两员"②。

唐司农寺编制,卿一人,少卿二人,丞六人,主簿二人,录事二人,府三十八人③,史十一人,史七十六人,计史三人,亭长九人,掌固七人。

司农寺下设上林署、太仓署、钩盾署、导官署、龙门等诸仓、温泉汤监、京都苑总监、京都苑四面监、诸屯监、九成宫总监。④

(二)司农寺卿的品位与编制

唐司农卿之职,掌邦国仓储委积之政令,总上林、太仓、钩盾、导

①② [宋]王溥:《唐会要》卷六六《司农寺》,第1362页。

③ [唐]李林甫等《唐六典》卷一九作"三十八人"(第519页),据《旧唐书》卷四四《职官志》应为"二十八人"(第1886页)。

④ 唐司农寺编制,《资治通鉴》卷一九三贞观二年九月胡三省注:"司农官属,有丞、主簿,上林、太仓、钩盾、道官四署令、丞,太仓、永丰、龙门等仓。司竹、庆善、石门、温泉汤等监,京都诸宫苑总监,诸园、苑监,苑四面监,九成宫监,诸盐池监,诸屯监,各有监副、监丞,苑总监又有主簿,诸盐池、诸屯监无副监。"(第6057页)

官四署与诸监之官属。谨其出纳而修其职务。

司农少卿之职，协助司农卿处理本寺事务。凡京都百司、官吏、禄廪，皆仰给焉。凡朝会、祭祀、供御所须，及百官常料，则率署监所贮之物，以供其事。凡孟春吉亥，皇帝亲籍田之礼，有事于先农，则舂进耒耜。

汉时大司农，秩中二千石，魏时为第三品，后魏升为第二品，太和二十二年，改为第三品，隋初为正三品，炀帝降为从三品，唐司农卿一人，从三品。少卿，后魏初置一人，官第三品，太和二十二年，为正四品上，炀帝加置二人，降为从四品。唐为从四品上。

（三）司农寺卿的别称

治粟内史：官名。秦置，掌谷食钱货。汉初因之，景帝后元元年更名大农令。武帝太初元年改称大司农。属官有太仓、均输、平准、都内、籍田五令丞，斡官、铁市两长丞。唐代司农卿即渊源于此。

大农令：本为汉代官名，为九卿之一。秦有治粟内史，掌谷货。汉景帝后元元年，改为大农令。武帝太初元年，更名大司农。

大司农：本为汉代官名，为九卿之一。秦有治粟内史，掌谷货。汉景帝后元元年，改为大农令。武帝太初元年，更名大司农，其属有太仓令、平准令、导官令等。掌管租税钱谷盐铁等事。东汉末改为大农。魏以后，或称司农，或称大司农。唐代为司农卿。清代因户部主管钱粮田赋，故俗称户部尚书为大司农，与古代不同。

大农：古官名。《史记·三代世表》褚先生补曰："文王之先为后稷……尧知其贤才，立以为大农，姓之曰姬氏。"[①]汉大司农、大农丞、治粟内史都称大农。其职即相当于后世的司农卿。后亦称司农寺为大农，宋王得臣《麈史》卷三《杂志》："予在大农，忽得目疾，已而挂冠。"[②]

① ［汉］司马迁：《史记》卷一三，第505页。

② ［宋］王得臣：《麈史》卷三，景印《文渊阁四库全书》第862册，第647页。

司稼:唐龙朔二年,改司农寺为司稼寺,司农卿为司稼寺正卿,少卿为司稼寺少卿,咸亨中复称司农。

走卿:宋洪迈《容斋四笔》卷一五《官称别名》:"唐人好以它名标榜官称……太常卿为乐卿,少卿为少常、奉常,光禄为饱卿,鸿胪为客卿、睡卿,司农为走卿,大理为棘卿。"①

九、太府寺

(一)太府寺的设置与沿革

《周礼·天官》有太府下大夫、上士、下士,掌九贡、九赋、九功之式,以受其货贿之入,颁其货于受藏之府,颁其贿于受用之府。其官职与唐之太府官相类。秦汉时不置其官,其职并于司农少府,少府亦位列九卿之列。太府寺之名始于北齐。南朝梁天监七年,置十二卿,于少府卿外另置太府卿,班第十三,掌金帛府币,统右藏令、上库丞、太市、南市、北市令、关津亦属之。并与少府、太仆二卿合称夏卿。陈因梁旧,官品第三。后魏孝文帝改少府为太府,置卿一人,秩三品,又置少卿一人。后周有太府中大夫,又有计部中大夫。北齐改寺为府署,置大府寺,卿为主官,秩三品,下置少卿、丞等官员。隋承北齐之制。太府寺,卿一人,正三品上,统左藏、左内、右内、三上方司等署,各置令丞。炀帝分太府寺,置少府监,管三尚方及司染、掌染等署,而太府寺管左右藏及两市平准等署。又加置少卿二人。大业四年,降为从三品。唐朝因隋之旧,"龙朔二年,改为外府寺,卿为正卿。咸亨元年,复为太府寺。光宅元年,改为司府寺。神龙元年,复为太府寺"②。唐太府寺是中央掌管财货、廪藏、贸易的事务机关。政令上承尚书省户部。太府寺根据度支所行文书,司储藏出纳,度支则凭本寺所申账目,以核其实数。《咸淳临安志》卷六《太府寺》:"周官三百六十名,存于今而职不异者,大(太)府一官耳。"③知

---

① [宋]洪迈:《容斋随笔》,第795—796页。

② [宋]王溥:《唐会要》卷六六《太府寺》,第1363页。

③ 《咸淳临安志》卷六,《宋元方志丛刊》,中华书局1990年版,第3414页。

《周礼》三百六十官，名与职相符而沿用至宋朝者，只有太府一官。宋初置判寺事、同判寺事各一人，以两制或带职朝官、京官分任，仅掌供祠祭香巾等。元丰改制后，始掌全国财之政令，设卿、少卿为长贰。金元时犹设太府监，明时始废。

太府少卿，后魏孝文帝改少府为太府，置少卿一人，第四品上；北齐因之；炀帝加至二人，降为从四品。唐时“少卿，武德初，置二人。贞观元年，省两员。龙朔二年正月十五日，加一员，以韦思齐为之。太极元年十二月十八日，又加一员，分为两京检校，以崔谔为之”①。

唐太府寺有卿一人，少卿唐初一人，贞观中复置二人，丞四人，主簿二人，录事二人，府二十五人②，史五十人，计史四人，亭长七人，掌固七人。

太府寺下设两京诸市署、平准署、左藏署、右藏署、常平署。

（二）太府卿的职掌与品位

唐太府卿之职，掌邦国财货之政令，总京都四市平准、左右藏、常平八署之官属，举其纳目，修其职务。

太府少卿协助太府卿处理本寺事务。以二法平物，一为度量，二为权衡。凡四方贡赋，百官俸秩，谨其出纳，为之节制。凡祭祀，则供其币。

陈时太府卿官品第三，隋初为正三品上，大业四年，降为从三品。唐时太府寺卿一人，从三品。少卿，后魏孝文帝时第四品上，隋炀帝降为从四品。唐时为从四品上。

（三）太府寺卿的别称

司府：唐光宅元年，改太府寺为司府寺，卿为司府正卿，少卿为司府少卿，神龙元年复为太府寺。宋时犹拟唐之称，《栾城集》卷三〇《韩宗道太府少卿宋光庭太常少卿》：“隋唐以来，政在中台，则寺

---

① ［宋］王溥：《唐会要》卷六六《太府寺》，第 1364 页。

② ［唐］李林甫等《唐六典》卷二〇作“二十五人”（第 538 页），《旧唐书》卷四四《职官志》作“十五人”（第 1889 页）。

监之事,盖无几矣。然至于奉常司府,礼乐财赋之所在。”①

外府:本为掌国内财货的出纳之官。《周礼·天官·外府》:“外府掌邦布之出入,以共百物,而待邦之用。”②与后世太府的职掌相似。唐至龙朔二年,改太府寺为外府寺,卿为外府正卿,少卿为外府少卿,咸亨元年复称太府。宋时犹拟唐之称,《攻愧集》卷三五《太府寺丞沈作宾刑部郎官》:“养资外府,而后迁焉。”③

唐代九寺与六部等中央机构的关系

唐代的中央机构,主要由三个部分组成:一是三省六部,为唐代的中枢政务机关与宰相机构,三省中的中书、门下,是朝廷的机要之司,尚书则总管百司机构,唐代的宰相机构也与前朝后代不同,除三省长官外,又有同平章事,议事之所专有政事堂;二是监察机关,纠绳朝廷与地方的不法之事;三是卿监百司,分务而治,是唐代的事务机关。

唐代中央职官中,有台省官与卿监官之别,故宋人所编《册府元龟》将“台省部”与“卿监部”分列。“台省”一般指中书、门下、尚书三省和御史台,“卿监”一般指九卿五监。唐代九寺,长官称卿,五监,长官称监。此外,秘书、殿内、内侍三省虽然官署称省,但长官也称监,它们也是管理朝廷事务的机关,因而与九卿五监统称“卿监百司”。他们的地位具有明显的差别,“‘台省’是中枢政务机关和监察机关,高居百司之上;而‘卿监’则掌具体事务,接受台省(具体来说是尚书省)的指令而办理各种专门事务,即所谓‘总群官而听曰省,分务而专治曰寺’”④。

卿监与部省的关系,唐以前就甚为密切。《文献通考》卷五五

---

① [宋]苏辙:《栾城集》卷三〇,《苏辙集》,第518页。

② [唐]贾公彦:《周礼注疏》卷六,第679页。

③ [宋]楼钥:《攻愧集》卷三五,《丛书集成初编》,第485页。

④ 杨志玖、张国刚:《发展变化中的唐五代官制(二)》,《文史知识》1985年第8期,第86页。

说:“自昔三代以上分置六卿,至周明备,至秦及汉,虽事不师古,犹制度未繁。后汉有三公九卿,而尚书之任,又益重矣。魏晋以降,职制日增,后周依周礼置六官而年代短促,人情相习已久,不能革其视听,故隋氏复废六官,多依北齐之制,官职重设,庶务烦滞,加六尚书似周之六卿,又更别立寺监,则户部与太府分地官司徒职事,礼部与太常分春官宗伯执事,刑部与大理分秋官执事,工部与将作分冬官司空职事,自余百司之任,多类于斯,欲求理要,实在简省。”①严耕望《唐仆尚丞郎表》卷一:“汉代国家政令,丞相总其纲,而九卿分掌之;尚书乃皇帝之秘书机关,非行政机关。西汉之末,尚书已渐侵宰相之权;东汉魏晋以下,权势益隆,既夺宰相之权,兼分九卿之职,直接参预行政。……自汉季以来,尚书六部虽侵九卿之权,参预行政,而九卿亦沿置不废,与尚书皆承君相之命,分行政务,故尚书六部与九卿之职权常至重复混淆,不能析辨。”②

唐代的九寺,即太常寺、光禄寺、卫尉寺、宗正寺、太仆寺、大理寺、鸿胪寺、司农寺、太府寺;又有六部,即吏部、户部、兵部、刑部、礼部、工部。九寺与六部之间,具有紧密的联系。从史书职官志记载的表面上看,六部的职掌似乎与九寺相重复,如司农、太府两寺与户部,太常、鸿胪、光禄三寺与礼部,太仆、卫尉两寺与兵部,大理寺与刑部,均有交叉的现象。对于九寺与六部的关系,前辈史家多有论述,现摘录具有代表性的几段文字如下。

岑仲勉《隋唐史》云:“近人论九寺系统,以为宗正隶吏部,司农、太府隶户部,太常、鸿胪隶礼部,太仆、卫尉隶兵部,大理隶刑部,各承其部而执行,唯光禄不言所承云云。今检《六典》及《旧书·职官志》所记九寺职掌,都无上承某部之规定,不确者一。如八寺各有所承,应按吏户礼兵刑工之次第分叙,且不应光禄独缺,不确者二。唐制如大理注拟官吏,上之刑部,太常仆受监牧羊马所通籍帐,上之驾部以议其官吏考课等等,则犹诸近包两机关会办之制度,与隶属显

① [元]马端临:《文献通考》卷五五,第497页。
② 严耕望:《唐仆尚丞郎表》卷一,第1页。

有分别。常寻绎九寺所掌,多属于中央或皇室之繁琐事项,故特分官以专责成,未得全目为事务重复,议者无非惑于《周礼》六官,以为可包罗一切而已。”①

严耕望《论唐代尚书省之职权与地位》说:“余尝就《六典》、两《志》叙六部与寺监职掌之文,慎思精析,发现户部与司农、太府两寺虽皆掌财计,礼部与太常、鸿胪、光禄三寺虽皆掌礼乐,兵部与太仆、卫尉两寺虽皆掌兵事与甲仗,刑部与大理寺虽皆掌刑法,工部与少府、将作两监虽掌缮作;然作者用字遣词却截然不同,并时露六部与寺监间之关系。……尚书六部与九寺、诸监,其职掌之性质大异,而有下行上承之关系。盖尚书六部之职是‘掌政令’,以‘行(君相之)制命’;而九寺诸监之职掌是‘掌诸事’,以‘行(尚书之)政令’。即尚书六部上承君相之制命,制为政令,颁下于寺监,促其施行,而为之节制;寺监则上承尚书六部之政令,亲事执行,复以成果申于尚书六部。故尚书六部为上级机关,主政务;寺监为下级机关,掌事务。六部为政务机关,故官员不必多;寺监为事务机关,事类丛琐,故组织常庞杂。六部长官为政务官,故地位特崇隆;寺监长官为事务官,故权势自远逊。苏冕谓:‘九寺三监各勤所守以奉职事。尚书准旧章立程度以颁之。’尚书与寺监性质地位之不同如此。”②

在此基础上,严耕望对于尚书六部的地位加以确认:“尚书六部职权之性质,尚书六部与九寺、诸监、诸卫、东宫官属、诸道州府之关系,以及上下公文之运行既如此,则尚书省在唐代全部行政机构中所居之地位自显。大抵尚书六部上承君相之制命,而总其政令,于天下大政无所不综,然直接由六部执行者则甚少。凡事属地方性质者,则下地方政府执行之,尚书只处于颁令节制之地位。凡事属中央性质者,小部分盖亦最重要部分,由六部自己执行,如吏部兵部之铨选、礼部之贡举是也;大部分则符下寺监等事务机关执行之,尚书

① 岑仲勉:《隋唐史》,高等教育出版社 1957 年版,第 532 页。

② 严耕望:《论唐代尚书省之职权与地位》,载《严耕望史学论文集》,上海古籍出版社 2009 年版,第 262—263 页。

六部亦只处于颁令节制之地位，如财计、兵政、刑狱、缮作是最显者。故尚书省上承君相，下行中外百司，为全国行政之总枢纽，为政令之制颁而节制之机关，非实地执行之机关也。”①

黎虎先生也说：“唐代的九寺是从汉代的九卿发展而来的，但是唐代的九寺已完全成为事务机构，它接受作为政务机构的尚书省及其所属诸司的领导，在尚书诸司政令指导之下完成各项具体事务。”②

唐代九卿，其地位低于省，掌管的事务也比较专门，权力也较省为小。大历五年，唐代宗在诏书中说：“令、仆以综详朝政，丞、郎以弥纶国典，法天地而分四序，配星辰而统五行，元本于是乎在。九卿之职，亦中台之辅助，小大之政，多所关决。”③《新唐书·杨收传》也说：“总群官而听曰省，分务而专治曰寺。”④卿的数目各代不一，汉有三公六卿之说，隋代寺的数目尚不止九个，唐代有九寺，寺的长官为卿，故亦称“九寺大卿”。

根据前辈与时贤的研究，我们就可以知道六部与九寺五监的职掌各有侧重，六部为国家行政管理机构，具有领导的职能，颁布政令，由卿监百司施行，九寺在行政上受六部的节制，是中央内部的事务性机关。例如工部有关营缮之事，“则下少府、将作，以供其事”⑤。六部与寺监的关系大致为：礼部颁布政令，由太常寺、鸿胪寺、光禄寺、国子监施行；户部颁行政令，由太府寺、司农寺施行；吏部颁行政令，由宗正寺施行；兵部颁行政令，由太仆寺、卫尉寺施行，刑部颁部政令，由大理寺施行，遇有重大案件，刑部还与御史台、大理寺联合组成三司；工部颁布政令，由少府监、将作监施行。比如同为外交系统的鸿胪寺与尚书省的主客司就有密切的关系，黎虎先生说：“唐代中央的专职外交管理机构，仍如两汉魏晋南北朝时期以九卿系统的

① 严耕望：《唐仆尚丞郎表》卷一《述制》，第3页。

② 黎虎：《汉唐外交制度史》，兰州大学出版社1998年版，第395页。

③ [后晋]刘昫：《旧唐书》卷一一，第295页。

④ [宋]欧阳修、宋祁：《新唐书》卷一八四，第5394页。

⑤ [后晋]刘昫：《旧唐书》卷四四《职官志》，第1840页。

鸿胪寺和尚书系统的主客司(曹)共同构成双轨管理体制。由于这个时期三省六部制的确立和完善,尚书与卿监关系的相对协调,这两个部门之间的关系也进一步顺畅,即主客司主管外交政令,鸿胪寺主管外交事务,职责分明,分工明确,密切配合,共同完成有关各项外交职事。像魏晋南北朝时期那样职事相互交错重叠,相互侵权的情况已经基本不见。"①

具体说来,如尚书省的礼部,掌管全国的礼仪,但主要限于政令的颁布、礼仪原则的制订,偏重于政策性问题,而对于礼制的具体细节,极少过问。这些具体细节就归之于太常寺。太常寺除有正卿与少卿等官员外,还有两京郊社、鼓吹、太医、太卜、廪牺、汾祠及诸祠庙等八署。

又如大理寺,是唐代的司法部门,与御史台及尚书省的刑部有密切的关系。一般来说,是执行刑部下达政令的。《唐六典》卷一八《大理寺》对大理卿职掌的记载非常明确:

> 大理卿之职,掌邦国折狱详刑之事。以五听察其情:一曰气听,二曰色听,三曰视听,四曰声听,五曰词听。以三虑尽其理:一曰明慎以谳疑狱,二曰哀矜以雪冤狱,三曰公平以鞫庶狱。②

但唐朝还有规定,凡诸百司所送案犯,罪至流、死,皆由大理寺上刑部,覆于中书、门下。有时还以大理寺、御史台、刑部组成三司,对重大案件进行审理。

唐代六部的设立,标志着我国中央政府行政机关的规范化与官制的严密化。唐杜佑《通典》卷二二称:"(尚书省)都堂居中,左右分司。都堂之东,有吏部、户部、礼部三行,每行四司,左司统之。都统之西,有兵部、刑部、工部三行,每行四司,右司统之。凡二十四司,

---

① 黎虎:《唐代鸿胪寺及其外交管理职能》,《文史》第47辑,第67页。

② [唐]李林甫等:《唐六典》卷一八,第502页。

分曹共理，而天下之事尽矣。”[①]从九寺五监在皇城的位置看，他们也具有密切的联系。据清徐松《唐两京城坊考》卷首《西京皇城图》，尚书省居中，其左依次为大理寺、卫尉寺、尚辇局、尚食局、司农寺；其右依次都水监、光禄寺、军器监；其下有司天监、御史台、宗正寺、太仆寺、太府寺、鸿胪寺、太常寺；右下为少府监。

九寺与六部的主要区别表现在：第一，六部组织简单而精干，九寺组织庞大而复杂。从人员编制上说，据《唐六典》所载，尚书六部编制为 1292 人，而九寺五监编制人员达 11312 人，两者相差十倍左右。第二，六部为决策机构，九寺为执行机构。在公文往来时，六部对寺监曰“下”“颁”等，而寺监对六部则称“申”“上”“报”。

唐代六部与九寺的关系比以前要顺畅得多，即以外交职能而言，鸿胪寺与尚书主客司就有着密切的关系。据黎虎先生研究，隋唐时期的专职外交管理机构，仍然是九卿系统的鸿胪寺和尚书系统的主客司这两个部门。不过由于这个时期三省六部制的确立和完善，尚书与卿监关系的相对顺畅，这两个部门之间的关系也相应进一步协调，即主客司主管外交政务，鸿胪寺主管外交事务，职责分明，分工明确，密切配合，相互协作，完成有关外交职事。由于长期纠缠不清的尚书与卿监关系逐步协调，像魏晋南北朝时期那样的职事相互交错重叠，相互侵权的情况已经大为减少[②]。

唐设官九卿，其弊端也不小。宋人林駉《论汉唐宋九卿》云：“论汉之九卿，当究其权之轻重，论唐之九卿，当究其职之烦省。……然尔彼唐之九卿吾惑焉，既有六尚书合周官数，又有九卿寺同汉官之名。杜佑言其繁之弊，则曰官名职务迁易不同，空存虚称，皆无事实，故有二皋陶、二垂、二契、二伯夷、二伯益、四伯禹之说。陆长源言其旷之弊，则曰光禄不供酒，卫尉不供幕，官曹虚设，禄俸枉请。是时也，其任分则其数必繁，其数繁则其事必旷。大农、少府复分于户部，太常、宗正复散于礼部。仪仗一事也，既掌于卫尉，又掌于库

① [唐]杜佑：《通典》卷二二《职官典》，第 590 页。

② 黎虎：《汉唐外交制度史》，第 311—312 页。

部。饮膳一事也,既任于光禄,又任于膳部。其余三寺亦多分散,此唐职任过繁之由也。”①

除了与六部关系甚为密切之外,九寺与五监也具有密切的关系。九寺与五监都是朝廷的事务机关,他们都秉承尚书省之命,而行皇帝的政令,具体处理事务时,又各有所主。大体有如下几个方面:

第一,宗正寺、殿中省、内侍省,掌管皇族的宫廷事务。

第二,太常寺、光禄寺、鸿胪寺、国子监、秘书省,掌管礼乐、典仪、文化、教育方面的事务。

第三,司农寺、太府寺、将作监、少府监、都水监,掌管农业、手工业、金谷贮藏方面的事务。

第四,大理寺,专掌刑狱方面的事务。唐代还以大理寺、御史台、刑部组成三司,作为审理重大狱案的司法机关。

第五,卫尉寺、太仆寺、军器监,掌管兵器与军事方面的事务。

唐九卿考及其相关问题

关于唐代重要官员的考证,自清代以来,经过学者们的努力,取得了重大的成果,举其荦荦大者,考证宰相及其世系的,有清人沈炳震的《唐书宰相世系表订讹》②及今人赵超的《新唐书宰相世系表集校》③;考证中央六部长官的,有严耕望的《唐仆尚丞郎表》④;考证各省郎官的,有清人劳格的《唐尚书省郎官石柱题名考》⑤及岑仲勉的

① [明]唐顺之:《稗编》卷一〇一,景印《文渊阁四库全书》第955册,第258—259页。

② [清]沈炳震:《唐书宰相世系表订讹》,《二十五史补编》本,中华书局1955年版。

③ 赵超:《新唐书宰相世系表集校》,中华书局1998年版。

④ 严耕望:《唐仆尚丞郎表》,中华书局1986年版。

⑤ [清]劳格:《唐尚书省郎官石柱题名考》,中华书局1992年版。

《郎官石柱题名新考订》[①]；考证方镇长官的，有吴廷燮的《唐方镇年表》[②]；考证方镇幕僚的，有戴伟华的《唐方镇文职僚佐考》[③]；考证州郡长官的，有郁贤皓的《唐刺史考》[④]与《唐刺史考全编》[⑤]；考证翰林学士的，有岑仲勉《翰林学士壁记注补》[⑥]，傅璇琮的《唐翰林学士传论》及《唐翰林学士传论·晚唐卷》。[⑦]

根据以上的检讨，我们可以看出，唐代中央与地方的重要官员，自清代以来，均有学者作了专门的考证，这颇便于唐代文史研究的进一步展开。至今尚没有考证的唐代重要官员，尚有九寺长官即九卿，五监长官，御史台官员等。在没有考证的诸曹长官中，九卿尤为重要，故我们搜集有关这方面的材料，并进行排比参证，写成这部《唐九卿考》。

本书共十卷，第一卷为《唐九卿制度述论》，第二卷至第十卷为唐九寺正卿与少卿的考证，每寺一卷。《述论》主要对九卿的沿革、职能、品级、编制、职权、属官等方面进行宏观的论述，“考证”则对九寺中的长官“卿”与“少卿”进行全面的考证。为了查阅的方便，我们在书后编制了人名索引。由于我们学识有限，可能还有不少九卿的资料没有搜集到，有关唐人的墓志，也在不断地出土，其中也会有一些唐代九卿的资料，有待于补充本书。在资料考证方面，本书也可能有很多错误。因此，我们诚恳地希望专家学者的批评指正，以便于我们日后进一步搜集、考证、补充、修订，以使本书日臻完善。

---

① 岑仲勉：《郎官石柱题名新考订》，上海古籍出版社 1984 年版。

② 吴廷燮：《唐方镇年表》，中华书局 1980 年版。

③ 戴伟华：《唐方镇文职僚佐考》，天津古津出版社 1994 年版。

④ 郁贤皓：《唐刺史考》，江苏古籍出版社 1987 年版。

⑤ 郁贤皓：《唐刺史考全编》，安徽大学出版社 2000 年版。

⑥ 岑仲勉：《翰林学士壁记注补》，上海古籍出版社 1984 年版。

⑦ 傅璇琮：《唐翰林学士传论》、《唐翰林学士传论·晚唐卷》，辽海出版社 2005、2007 年版。

卷二 太常寺

太常卿考

郑元璹 武德元年—四年(618—621)

《旧书》本传:“义师至河东,元璹以郡来降,征拜太常卿,及定京城,以本官兼参旗将军。”又《突厥传上·颉利可汗传》:“[武德]四年四月,颉利自率万余骑,与马邑贼苑君璋将兵六千人共攻雁门,定襄王李大恩击走之。先是汉阳公瓌、太常卿郑元璹、左骁卫大将军长孙顺德等各使于突厥,颉利并拘之。”《新书》本传、《突厥传上》略同。又《李琛传》:“隋义宁初,封襄武郡公,与太常卿郑元璹持女伎聘突厥始毕可汗,约和亲。”又见《通鉴·武德元年》,《元龟》卷一二二、三九一,《新书·高祖纪》。《会要》卷四五:“[武德]三年二月十日诏曰:……太常卿沛国公元璹……奏事及侍立并令升殿。”《全文》卷二高祖《令裴寂等升殿奏事侍立诏》:“太常卿沛国公元璹。”《大诏令集》卷六一此文署“武德二年二月”。《通鉴·武德五年》:八月,“辛酉,上谓群臣曰:‘突厥入寇而复求和,和与战孰利?’太常卿郑元璹曰:‘战则怨深,不如和利。’”《元龟》卷六五四:“郑元璹,武德中以太常卿使突厥,还,高祖劳之。”又卷六六二:“襄武公琛,与太常卿郑允璠赍女妓遗突厥始毕可汗以结和亲。”“允璠”为“元璹”之讹。又卷六六三:“唐郑元璹为太常卿,时突厥始毕可汗弟乙力设代其兄为叱罗可汗。……元璹来还,高祖劳之曰:‘卿在虏庭,累载拘系,苏武弗之过也。'拜鸿胪卿。"注:"武德四年四月,突厥寇并,拘我行人汉阳公环(瑑)、太常卿郑元璹、左骑卫大将军长孙顺德,高祖大怒,亦留其使人。后郑元璹数岁得还,高祖谓曰:'卿古之苏武、张骞弗之过也。'凡五使突厥,几于死者数焉。"又卷六八六:"郑元璹,隋末为文城郡守。高祖起义太原,遣将张纶西略地,至文城,元璹坚守不下,攻拔其城,擒致军门。及平京城,拜太常卿、授上柱国。"

窦　诞　　武德四年—贞观元年(621—627)

《隋唐五代墓志汇编》陕西卷第三册《大唐故光禄大夫工部尚书使持节都督荆州刺史驸马都尉上柱国莘安□窦公(诞)墓志铭》(贞观二十二年八月):"武德三年,迁刑部尚书……四年,授太常卿、上柱国……其年遭容公忧……夺情起复太常卿,仍摄参旗军将,判刑部尚书事。贞观元年,除使持节都督梁集洋巴兴壁六州诸军事梁州刺史。"《旧书》本传:"从太宗征薛举,为元帅府司马,迁刑部尚书,转太常卿。……出为梁州都督。"《新书》本传略同。《会要》卷三四:"(武德)四年九月二十九日,诏太常乐人……若已经仕宦,先入班流,勿更追补,各从品秩。"注:"乐工之杂士流,自兹始也。太常卿窦诞又奏用音声博士,皆为大乐鼓吹官僚。"《元龟》卷七八:"窦诞为太常卿,加上柱国,高祖诸少子荆王元景等未出宫者十余王,所有国司家产之事悉宜诞检校焉。"《全文》卷二九七裴耀卿《太子宾客赠太子太师窦希球神道碑》:"祖讳诞,驸马都尉,殿中、国子祭酒,并州总管,镇北将军,太常卿,刑部尚书,右光禄大夫,赠工部尚书、荆州大都督、莘国安公,见《太宗实录》。"《通鉴·武德八年》:"[五月]辛亥,复置十二军,以太常卿窦诞等为将军。"《唐仆尚丞郎表》卷一九《刑尚》:"窦诞,武德初,约二三年,由元帅府司马迁刑尚,转太常卿。"

萧　瑀　　约贞观元年—四年(约627—630)

《新书·礼乐志十一》:"《七德舞》者,本名《秦王破阵乐》。……[太宗]即位,宴会必奏之。……太常卿萧瑀曰……"又本传:"起为晋州都督,入拜太常卿,迁御史大夫,参预朝政。"《旧书·太宗纪下》：贞观四年二月，“太常卿萧瑀为御史大夫，与宰臣参议朝政”。《新书·太宗纪》及《宰相表上》同。《通鉴·贞观四年》作“太常少卿”，疑误。《元龟》卷三三六：“唐萧瑀为太常卿兼领御史大夫，与宰相参议朝政。瑀多词辨，每有评议，房玄龄等不能抗。”

萧　瑀　　贞观六年—八年（632—634）

《旧书》本传：“［贞观］六年，授特进，行太常卿。八年，为河南道巡省大使。”《新书》本传：“罢为太子少傅，加特进，复为太常卿，拜河南道巡省大使。九年，复参预政事。”《通鉴·贞观七年》：正月，“癸巳，宴三品已上及州牧、蛮夷酋长于玄武门，奏《七德》《九功》之舞。太常卿萧瑀上言……”。又《贞观八年》：正月，“乃命［李］靖与太常卿萧瑀等凡十三人分行天下”。《贞观政要》卷七《礼乐》第二九：“贞观七年，太常卿萧瑀奏言：‘今《破阵乐舞》，天下之所共传，然美盛德之形容，尚有所未尽。前后之所破刘武周、薛举、窦建德、王世充等，臣愿图其形状，以写战胜攻取之容。’”

杨师道　　约贞观八年—十年（约634—636）

《旧书》本传：“累转太常卿，封安德郡公。贞观十年，代魏徵为侍中。”《新书》本传：“尚桂阳公主，除吏部侍郎，改太常卿，封安德郡公。贞观十年，拜侍中，参豫朝政。”按《旧书·太宗纪下》：贞观十年六月，“甲戌，太常卿、安德郡公杨师道为侍中”。《新书·太宗纪》《宰相表上》同。《通鉴》作“壬申”。《元龟》卷七二作“十六年”，误。又见《元龟》卷三〇一、卷三〇三。

韦　挺　　贞观十年—约十八年（636—约644）

拓本《大唐故赠司徒虢王妃刘氏志并序》（上元二年十二月三日）：“以贞观十年三月诏使太常卿韦挺册拜虢王妃。”《全文》卷九太宗《册韦挺长女为齐王妃文》：“惟尔兼太常卿扶风郡开国男韦挺长女。”《旧书》本传：“时泰有宠，太子承乾多过失，太宗微有废立之意。中书侍郎杜正伦以漏泄禁中语左迁，时挺亦预泰事，太宗……特原之。寻迁太常卿。"《新书》本传略同。又见《元龟》卷四一。按杜正伦左迁事在贞观十七年。《通鉴·贞观十四年》：十一月，"以太常卿韦挺等为封禅使"。《会要》卷七：贞观十五年，"诏太常卿韦挺为检校封禅大使"。又卷一八："贞观十六年四月二十九日……太常卿韦挺等一十八人议曰……"又卷三九："[贞观]十八年九月，茂州童子张仲文忽自称天子。……太常卿摄刑部尚书韦挺奏……"又见《旧书·礼仪志三》《礼仪志六》《颜师古传》《袁天纲传》。《通鉴·贞观十八年》："上将征高丽，秋七月……以太常卿韦挺为馈运使。"《旧书·崔仁师传》："征辽之役，诏太常卿韦挺知海运，仁师为副。"又见《元龟》卷七八。按征辽为贞观十八年冬事。《贞观政要》卷二《求谏》第四："太常卿韦挺尝上疏陈得失，太宗赐书曰：'所上意见，极是谠言，辞理可观，甚以为慰。'"《元龟》卷四八三："唐韦挺，贞观中为太常卿。时太宗伐辽东，令挺先运粮河北诸州以便宜从事。帝亲解貂裘及内厩马二匹赐之。"又卷四九八："太宗贞观十七年，时征辽东，先遣太常卿韦挺于河北诸州征军粮，贮于营州。又令太仆少卿萧锐于河南道诸州转粮入海。至十八年八月，锐奏称：海中古大人城西去黄县二十三里。"又卷五八五："韦挺为太常卿，贞观十六年四月，有司言将行禘祭，依今礼祫享功臣配享于庙廷。"又卷六一七："韦挺为太常卿，摄刑部尚书。时茂州童子张仲文忽自称天子，口署其流辈数人为官司，大理以为指斥乘舆，虽会赦，犹斩。"《唐仆尚丞郎表》卷一九《刑尚》："韦挺，贞观十八年九月，以太常卿摄刑尚。"《文博》1994年第4期陈尊祥、郭聆生《唐韦几墓志考》引《大唐象州使君第六息故韦君(几)之墓志铭》(贞观廿一年五月五日)："父挺，唐太常卿、扶阳男，出为象州刺史。"《隋唐五代墓志汇编》陕西卷第三册《大唐故长乐公主墓志铭》(贞观十七年九月二十一日)："□□□□韦挺监护，守鸿胪少卿崔仁师为副。"所阙四字疑为"诏太常卿"。【增订】《法书要录》卷三《唐徐浩古迹记》："贞观十三年十二月装成部帙。……兼太常卿扶阳县开国男臣韦挺。"同书卷四《唐卢元卿法书录》："贞观十三年十二月十九日，起居郎褚遂良……兼太常卿扶阳县开国男臣韦挺。"《长安新出墓志》第171页《唐故德阳郡什郇县令韦府君(长卿)墓志铭并序》:"曾祖,皇朝银青光禄大夫、黄门侍郎、御史大夫、太常卿讳挺。"

尉迟敬德　贞观十八年—十九年(644—645)

《旧书》本传:"及太宗将征高丽,敬德奏言……太宗不纳,令以本官行太常卿,为左一马军总管,从破高丽于驻跸山。军还,依旧致仕。"《新书》本传略同。又见《元龟》卷四〇七。《大诏令集》卷一三〇《破高丽诏》:"又命检校太常卿鄂国公敬德,领黄门之军乐,奏玄云之雅歌。将帅闻之增愤,士卒由其作气。……贞观十九年四月。"虽称"检校",实为行卿事。

杨师道　贞观十九年—二十一年(645—647)

《八琼室金石补正》卷三四《晋祠铭碑阴题名》有"太常卿驸马都尉杨师道"。此碑拓本额有飞白书"贞观廿年正月廿六日"九字。证知其时已在太常卿任。《旧书》本传:"从征高丽,摄中书令。及军还,有毁之者,稍贬为工部尚书,寻转太常卿。二十一年卒。"《新书》本传略同。《唐仆尚丞郎表》卷二一《工尚》:"杨师道,贞观十九年十一月二十三丁亥,由吏尚、摄中书令罢为工尚。十二月,或二十年正月,转太常卿。……据传,在工部不久即转太常卿。按《八琼》三四《晋祠铭碑阴题名》,杨师道衔'太常卿驸马都尉'。时在二十年正月二十六日……则转太常不能迟过此日,或在十九年十二月。"《元龟》卷六二〇:"杨师道为太常卿,贞观二十一年卒,赠吏部尚书、并州都督,陪葬昭陵,赐东园秘器,并为立碑。"《旧书》本传:"累转太常卿,封安德郡公。贞观十年,代魏徵为侍中。"此为首任。《新书》本传略同。《元龟》卷九四〇:"唐杨师道尚高祖女桂杨公主,为太常卿、驸马都尉。"此为再任。

李　勣　贞观二十二年(648)

《旧书》本传:"[贞观]二十二年,转太常卿,仍同中书门下三品,旬日,复除太子詹事。二十三年,太宗寝疾……乃出为叠州都督。"

《新书》本传："晋王为皇太子，授詹事，兼左卫率，俄同中书门下三品。……后帝自将征高丽，以勣为辽东道行军大总管……碛北遂定。改太常卿，仍同中书门下三品。"《全文》卷一五高宗《大唐故司空太子太师上柱国赠太尉扬州大都督英贞武公李公（勣）碑》："破延陁于乌德鞬山。又授太常卿。出为叠州都督。"拓本《大唐故司空太子太师赠大尉扬州大都督上柱国英国公勣墓志铭并序》（总章三年二月六日）："师旋，加领太常卿。廿三年，以公事降授叠州都督。"

辛偃武　　贞观中？

《千唐志》六八六《唐故鼎州三原县令卢府君夫人辛氏墓志铭并序》（开元十六年十月二十三日）："祖偃武，唐太常卿、洺州刺史。……父义同，屯田郎中、邓州刺史。……夫人即使君之第七女也。"开元五年六月卒，春秋六十五。按《姓纂》卷三天水辛氏："武，唐洛（洺）州刺史。"

豆卢宽　　贞观中

【增订】《西安新获墓志集萃》第 94 页《阎孝慈夫人豆卢宽墓志》："父宽，唐殿中监、太常卿、礼部尚书、上柱国、芮国公，赠特进、使持节并州都督。"墓主载初元年卒，年六十六。按，《豆卢宽碑》载其永徽元年卒，而未载其为太常卿事。

萧　锐　　贞观末

【增订】《秦晋豫新出墓志搜佚》三〇九《阎仲连墓志》："夫人兰陵萧氏……祖锐，皇朝驸马都尉、太常卿，岐、恒、汾三州刺史。"墓主圣历二年卒，年四十七。按，萧锐贞观二十年在太仆少卿任，永徽二年在恒州刺史任。推其任职太常卿在贞观末年。《洛阳新出土墓志释录》载《萧守规墓志》："父锐，驸马都尉、太常卿、益州长史、岐州刺史，袭宋国公，尚文武圣皇帝女，襄城长公主。"曾涧《唐九卿考订正》：《旧唐书·萧瑀传》："子锐嗣，尚太宗女襄城公主，历太常卿、汾州刺史。"《新唐书》卷七一下："锐，驸马都尉，太常卿。"《新唐书》卷八三:"襄城公主,下嫁萧锐。……锐卒,更嫁姜简。永徽二年薨。"知襄城薨于永徽二年,而此前"锐卒",则锐之卒,必在永徽二年前。锐贞观二十年正月为太仆少卿,见《元龟》卷一六一,则其卒当在贞观二十年正月后。另据《大慈恩寺三藏法师传》卷七载,萧锐永徽二年正月为恒州刺史朝休在京。时间有疑问,录之存参。

李道宗　　贞观二十二年—永徽四年(648—653)

《旧书》本传:"[贞观]二十一年,以疾请居闲职,转太常卿。永徽元年,加授特进,增实封并前六百户。"《新书》本传略同。又《忠义传上》记功臣有"特进、太常卿、江夏王道宗"。《会要》卷四六:永徽三年五月,"先是,有诏追录前代忠鲠子孙,周相州总管尉迟迥曾孙文礼诉言:'迥忠于周室,为隋所诛。'上遣议之。太常卿江夏王道宗等议,皆以迥死节于周,宜有甄录"。《旧书·高宗纪上》:永徽四年二月,"戊子,特进、太常卿、江夏王道宗配流桂州"。《通鉴·永徽四年》:二月乙酉,"太常卿、江夏王道宗……并坐与房遗爱交通,流岭表"。

张文收(?)　　永徽四年—五年(653—654)

《会要》卷九五:"[永徽]五年,[新罗王][金]真德卒,高宗为举哀于永光门,使太常卿张文收持节吊祭之。"两《唐书》本传未及。按文收卒咸亨年间,官终四品之太子率更令,似未尝达三品之太常卿。疑《会要》有误。

柳　亨　　永徽五年—六年(654—656)

《旧书》本传:"[贞观]二十三年,以修太庙功,加金紫光禄大夫。久之,拜太常卿,从幸万年宫,检校岐州刺史。永徽六年卒。"《金石萃编》卷五〇《万年宫碑铭碑阴题名》:"太常卿兼摄岐州刺史、上柱国、寿陵县开国侯臣柳亨。"永徽五年五月十五日建。《姓纂》卷七河东解县柳氏:"亨,岐州刺史、太常卿。"《新表三上》柳氏同。《唐研究》第七卷王育龙、陈蕊萍《陕西西安新出唐代墓志铭五则》载《唐韦昊夫人河东柳氏墓志》(开元十八年十月四日):“曾祖亨,金紫光禄大夫、太常卿、寿陵县开国侯,赠礼部尚书。”【增订】《太唐西市博物馆新藏墓志》一一〇《柳子阳墓志》:“父亨,皇朝光禄卿,太常卿,上柱国,寿陵侯,赠礼部尚书、幽州都督,谥曰敬。”

高履行　　永徽末—显庆元年(? —656)

《旧书·高士廉传》:“子履行……永徽元年,拜户部尚书、检校太子詹事、太常卿。显庆元年,出为益州大都督府长史。”《新书》本传未及。《全文》卷二一五陈子昂《唐故循州司马申国高君墓志》:“父慜,字履行,秦府军直千牛,滑州刺史,将作大匠,金紫光禄大夫、太常卿,洪州都督,上柱国、申国公,尚东阳长公主、驸马都尉。”《通鉴·显庆元年》:“是岁,以太常卿、驸马都尉高履行为益州长史。”

薛景山　　显庆间?

《全文》卷一四五于志宁有《唐故太常卿上柱国汾阴献公薛府君碑》(阙字太多,不可辨)。《千唐志》七一三《大唐故右领军卫将军上柱国新城县开国伯薛府君(璿)墓志文并序》(开元二十年八月二十日):“曾祖景山,金紫光禄大夫,太常、光禄卿,谥曰恭。”未知即其人否。按薛景山,两《唐书》无传。《新表三下》薛氏,“景山”名下未署官职。又,于志宁《碑》称“献公”,而《志》称景山“谥曰恭”,似为两人。

源直心　　龙朔二年(662)

《元龟》卷六九:“高宗龙朔二年五月丙申……左肃机源直心为奉常正卿。”《新书·窦德玄传》:“高宗以旧臣,自殿中少监为御史大夫,岁中迁司元太常伯。时帝又以源直心为奉常正卿,刘祥道为司刑太常伯,上官仪为西台侍极,郝处俊为太子左中护,凡十余人,皆帝自择,以示宰相李勣等,皆顿首谢。”两《唐书·源乾曜传》皆只称“父直心,高宗时太常伯,流死岭南”,唯未及奉常卿。

李　宽　麟德二年(665)

【增订】原书列李宽于“高宗时”。《姓纂》卷七北海朱虚县丙氏：“宽，太常卿。”乃丙粲子。《新表二上》李氏丹杨房：“宽，奉常正卿。”《旧书·李元纮传》：“祖宽，高宗时为太常卿，别封陇西郡公。”《新书·李元纮传》同。曾润《订正》云：《李孟常碑》：“(龙朔二年)五月，策拜右威卫大将军……仍奉敕兼检校右典戎卫率。……因万姓之心，应二仪之眷。徙县嵩岳，登封介丘。关中之任，责成斯□。乘舆发轫，令公与奉常正卿李宽等留守京城。……车驾还京，仍依本职。”唐玄宗《纪泰山铭》：“洎于高宗，重光累盛，承至理，登介丘。”故知“登封介丘”，盖指封禅泰山。高宗麟德二年二月车驾幸洛，十月发自东都，乾封元年正月泰山封禅，四月车驾还京。李宽以奉常正卿留守京城正在其时。新出土刘祎之撰《大唐故太常卿上柱国陇西公李府君(宽)之碑并序》：“麟德初，幸九成宫，复于西京留守。以公年在迟暮，勤于巡警，特敕乘小蜀马，听于宫中检校。萧文忠之重寄，车丞相之殊恩，兼而有之，独光时论。秋方禁卫，载肃宸居，春官宗伯，实伫人望。拜太常卿，从物议也。属区宇宁晏，有事介丘，天齐东拒，眷升中而徙跸；地乳西临，资老成而出镇。銮舆既驾，检校岐州刺史，寻追西京留守。”(胡可先藏拓片)新出土《大唐故太常卿上柱国陇西郡公李府君(宽)墓志铭并序》：“麟德初，驾幸九成宫，于西京留守。以公德优齿暮，事总务繁，特降殊恩，听宫中乘小蜀马，缙绅之士，以为荣观。寻拜太常卿。銮驾登封，检校岐州刺史。”(浙江大学图书馆藏拓片)

田仁会　总章二年—咸亨元年(669—670)

《旧书》本传：“仁会，总章二年迁太常正卿，咸亨初又转右卫将军，以年老致仕。仪凤四年卒。”《新书》本传未及。

裴明礼　仪凤二年(677)

《旧书·礼仪志一》：“仪凤二年，又诏显庆新修礼多有事不师古，其五礼并依周礼行事。……时有太常卿裴明礼、太常少卿韦万石相次参掌其事。"《广记》卷二四三引《御史台记》:"唐裴明礼,河东人。贞观中,自右台主簿拜殿中侍御史,转兵、吏员外,中书舍人,累迁太常卿。"《郎官柱》吏部郎中有裴明礼。

扶余隆　　永淳元年(682)前

【增订】《扶余隆墓志》见《隋唐五代墓志汇编》洛阳卷第六册,第87页。题为"大唐故光禄大夫行太常卿使持节熊津都督带方郡王扶余君墓志"。志云:"勋庸累著,宠命日隆,迁秩太常卿,封王带方郡。……春秋六十有八,薨于私第。……以永淳元年岁次壬午十二月庚寅朔廿四日癸酉葬于北邙清善里,礼也。"

王德真　　约高宗末—嗣圣元年(?—684)

《新书·后妃上·高宗则天顺圣皇后武氏传》:"嗣圣元年,太后废帝为庐陵王,自临朝,以睿宗即帝位。后坐武成殿,帝率群臣上号册。越三日,太后临轩,命礼部尚书摄太尉武承嗣、太常卿摄司空王德真册嗣皇帝。"《旧书·则天皇后纪》:文明元年二月,"太常卿、豫王府长史王德真为侍中"。《新书·则天皇后纪》《宰相表》《通鉴》同。【增订】《大唐西市博物馆藏墓志》一八七《王泰墓志》:"考德真,自神尧皇帝挽郎,授密王府典签,太子舍人,兵、吏部员外郎、郎中,乾封令,中书舍人,户部、中书二侍郎,同中书门下三品,太常卿,金紫光禄大夫,加侍中,上柱国,乐平县开国男,赠尚书左仆射。"

武承嗣　　嗣圣元年(684)

《旧书》本传:"嗣圣元年,以承嗣为礼部尚书。寻除太常卿、同中书门下三品。垂拱中,转春官尚书,依旧知政事。"《元龟》卷三〇一同,《新书》本传略同。《新书·则天皇后纪》:文明元年,"闰月甲子,礼部尚书武承嗣为太常卿、同中书门下三品"。《宰相表上》同。《通鉴·光宅元年》:八月,"丙午,太常卿、同中书门下三品武承嗣罢为礼部尚书"。《唐仆尚丞郎表》卷一五《礼尚》:"武承嗣,光宅元年正二月,迁礼尚。闰五月十三甲子,迁太常卿、同中书门下三品。八月二十七丙午,复罢为礼尚。垂拱元年二月二十九乙巳,复以本官同凤阁鸾台三品。三月十六辛酉,罢相。”按嗣圣元年、文明元年、光宅元年乃一年之中三次所改年号。嗣圣为中宗年号,文明为睿宗年号,光宅为武后年号。武承嗣为太常卿仅在本年闰五月十三日至八月二十七日。【增订】《秦晋豫新出墓志搜佚》二六六《魏王武承嗣墓志》:“咸亨四年,起家授尚辇奉御。……俄封周国公,本官如故。山河带砺,茅土封疆,从看刑马之盟,且见回龟之印。亭封万岁,异代均荣;户给千家,殊年竞宠。未几,历宗正卿。周征肜伯,汉任刘平,忠规有序于宗亲,茂秩式分于河海。又授麟台监。迁春官尚书,寻授司礼卿、同中书门下三品。俄改封恒国公,又授春官尚书。”

薛　绍　　高宗时

【增订】西安碑林博物馆藏新出土《薛崇简墓志》:“考绍,驸马都尉、太常卿、左千牛将军,尚镇国太平公主。”按,薛绍卒于垂拱四年。

唐松龄　　高宗时?

《新表四下》唐氏:“松龄,太常卿。”乃武德中礼部尚书唐俭子。

窦孝谌　　约垂拱中

北图藏拓片《大唐前赵郡司士参军王昔故妻扶风窦氏墓志铭并序》(天宝七载十二月二十四日):“祖孝谌,皇朝太常卿。父希瑊,皇朝太子少傅、司空、邠国公。司空即帝之元舅。……夫人即司空之少女。”夫人卒天宝七载,年三十二。《全文》卷一〇〇滕王湛然《太子少傅窦希瑊神道碑》:“太常卿、润州刺史、赠太尉荆州大都督、上柱国、豳国公孝湛(谌)之元子也。”又卷二九七裴耀卿《太子宾客赠太子太师窦希球神道碑》:“考孝谌,太常卿、润州刺史、并州大都督,赠太保、豳国公。”唯《旧书》本传称:“则天时,历太常少卿、润州刺史。长寿二年……孝谌左迁罗州司马而卒。”谓“太常少卿”。岂先为少卿后为正卿?抑《旧书》误?

武重规　　约垂拱中—天授元年(? —690)

《旧书·武承嗣传》:“天授元年,于东都创置武氏七庙……于是封承嗣为魏王……司礼卿重规为高平王。”《元龟》卷三〇一同。《姓纂》卷六沛国武氏:“重规,高平王、司礼卿,神龙朔方大总管、礼部尚书。”《全文》卷二四四李峤《为武重规让司礼卿表》:“伏奉今月十五日制书,加臣中大夫兼司礼卿……谨封所让人状如前,不任惭惧屏营之至。”

欧阳通　　天授二年(691)

《旧书》本传:“天授元年,封夏官尚书。二年,转司礼卿,判纳言事。”《新书》本传同。《则天皇后纪》称二年八月。《忠义传上》记功臣有“司礼卿、判纳言事、渤海县子欧阳通”。《新书·宰相表上》:天授二年,“八月戊申……夏官尚书欧阳通为司礼卿,兼判纳言事。……十月己酉,长倩、辅元、通被杀”。《通鉴》同。

武攸暨　　约武后前期

《旧书》本传:“历迁司礼卿、左散骑常侍,加特进。神龙中,拜司徒。”《姓纂》卷六沛国武氏:“攸暨,驸马、司礼卿、定王、司徒、楚公。”《全文》卷二四四李峤《为武攸暨让兼知司礼寺事表》:“伏奉恩制,命臣兼知司礼寺事。”

豆卢钦望　　证圣元年(695)

《旧书》本传:“证圣元年,[李]昭德坐事左迁涪陵尉,则天以钦望等不能执正……乃左迁钦望为赵州刺史……其年,钦望入为司礼卿,迁秋官尚书。”《全文》卷二四二李峤《授豆卢钦望太府卿制》:“银青光禄大夫、检校司礼卿、上柱国、芮国公豆卢钦望……可太府卿。”《唐仆尚丞郎表》卷一九《刑尚》:“豆卢钦望,万岁通天元年或明年,由新除司府卿迁秋尚,时阶银青光禄大夫。圣历元年,卸。九月为太子宫尹。……《旧传》:‘……其年,钦望入为司礼卿,迁秋官尚书,封芮国公。’《新传》无年份,而‘司礼’作‘司府’。考《全唐文》卷二四二李峤《授豆卢钦望太府卿制》:‘银青光禄大夫、检校司礼卿、上柱国、芮国公豆卢钦望……可太府卿。’又《授钦望秋官尚书制》:‘新除司府卿(勋、封)豆卢钦望……可银青光禄大夫、守秋官尚书。’则司礼、司府均不为误。按:钦望贬赵州在证圣元年正月,据《旧传》,其年入为司礼卿,制作检校司礼卿,则在司礼任必不太久,其迁秋尚当即在万岁通天元年也。”

陆元方　　久视元年(700)

《新书·则天皇后纪》:久视元年腊月,“庚寅,陆元方罢[为]司礼卿”。两《唐书》本传未及。《通鉴·久视元年》:腊月,“太后问鸾台侍郎陆元方以外事……由是忤旨。庚寅,罢为司礼卿”。

崔神庆　　约长安四年—神龙元年(约704—705)

《旧书》本传:“俄历司刑、司礼二卿。神庆尝受诏推张昌宗,而竟宽其罪。神龙初,昌宗等伏诛,神庆坐流于钦州。”又《张行成传》:“行成族孙易之、昌宗。……及则天卧疾长生院,宰臣希得进见,唯易之兄弟侍侧,恐祸变及己,乃引用朋党,阴为之备。人有榜其事于路,左台御史中丞宋璟请按之。则天阳许,寻敕宋璟使幽州按都督屈突仲翔,令司礼卿崔神庆鞫之。”《新书》本传、《张易之传》并称神庆为司刑卿。拓本《唐故光禄卿崔公(瑶)墓志铭并序》(天宝八载十月二十三日):“户部侍郎、太常卿、赠太子少傅神庆之第四子也。”《旧书·中宗纪》:神龙元年正月,“司礼卿崔神庆等下狱”。《元龟》卷八六六:“崔义玄为御史大夫、蒲州刺史。子神基司宾卿、同凤阁鸾台平章事。神基弟神庆历司刑、司礼二卿。神庆子琳等皆至大官。……琳与弟太子詹事珪、光禄卿瑶俱列棨戟,时号三戟崔家。琳位终太子少保。”《唐两京城坊考》卷五《积善坊》:“司礼卿、赠幽州都督崔神庆宅。”【增订】《全唐文补遗·千唐志斋新藏专辑》第217页《崔杰墓志》:“太常卿赠太子少傅讳神庆府君之孙。”

薛元嗣　　武后时？

《千唐志》七一三《大唐故领军卫将军上柱国新城县开国伯薛府君(璿)墓志文并序》(开元二十年八月二十日)："大父元嗣，司农、太常卿，岐、贝州刺史，洛州长史。"《新表三下》薛氏："元嗣，洛州长史。"据《志》，元嗣父景山为太常卿，元嗣子温亦为太常卿，未知误否，姑系于此。

张希望　　武后时

《朝野佥载》卷二："周司礼卿张希望，移旧居改造，见鬼人冯毅见之曰：'当新堂下，有一伏尸，晋朝三品将军，极怒，公可避之。'望笑曰：'吾少长已来，未曾知此事。公毋多言。'后月余日，毅入，见鬼持弓矢随希望后，适登阶，鬼引弓射中肩膊间。望觉背痛，以手抚之，其日卒。"又见《广记》卷三二九引《志怪》。

柳子阳　　约武后时

《唐研究》第七卷王育龙、陈蕊萍《陕西西安出土墓志铭五则》载《唐韦昊夫人河东柳氏墓志铭》(开元十八年十月四日)："祖子阳，太中大夫、袭寿陵侯、太常卿、安东都护府长史。"按其曾祖柳亨为太常卿在永徽五、六年，则子阳为卿应在武后时。

杨元英　　则天时

戴孚《广异记・杨元英》："杨元英，则天时为太常卿。"又见《广记》卷三三〇引。

武崇训　　神龙元年—二年(705—706)

《旧书》本传："神龙元年，拜驸马都尉，迁太常卿。"又《李重俊传》："二年秋，立为皇太子。……俄以秘书监杨璬、太常卿武崇训并为太子宾客。"《姓纂》卷六沛国武氏："崇训，驸马、太常卿、太子宾客。"《四校记》卷六："尚中宗女安乐公主，见《会要》六。《广记》二三六引《国史纂异》，景龙中驸马武崇训。"《新书・武三思传》："中宗复位,擢[武]崇训驸马都尉、太常卿、兼左卫将军。"《元龟》卷七一五:"唐杨璬,中宗世为秘书监,太常卿武崇训并检校太子宾客。在职不能谠言正议,以申调护之礼,唯以打球猥戏取媚于太子,故大为时论所讥。"

武延秀 景龙二年—景龙四年(708—710)

《旧书》本传:安乐公主出降,"延秀拜席日,授太常卿,兼右卫将军、驸马都尉"。《新书·武承嗣传》:"[延秀]宗兄崇训尚安乐公主,数与宴昵。……会崇训死,遂私侍主,后因尚焉。以太常卿兼右卫将军,封恒国公。"《通鉴·景龙二年》:十一月,"以[武]延秀为太常卿兼右卫将军"。又《景云元年》六月,"宗楚客与太常卿武延秀……共劝韦后遵武后故事"。《新书·礼乐志十一》:"[张]文收既定乐,复铸铜律三百六十、铜斛二……斛左右耳与臀皆方,积十而登,以至于斛,与古玉尺、玉斗同。皆藏于太乐署。武后时,太常卿武延秀以为奇玩,乃献之。"作"武后时",疑为"中宗时"之误。《元龟》卷三〇六:"武延秀尚中宗女安乐公主,为太常卿兼右卫将军。"《姓纂》卷六沛国武氏:"延秀,驸马、太常少卿,桓公。"作"少卿",疑亦误。

梁载言? 约中宗时

北图藏拓片《唐故处士裴府君夫人祖氏墓志铭并序》(天宝七年十月二十三日):"府君讳珣,以才行见称,为太常卿梁载言表荐,有□就征,遁逃不起者。"按两《唐书·文苑传》称载言终怀州刺史,未及为太常卿。未知误否?《千唐志》五五〇《大唐故朝议大夫行洋州长史上柱国王府君(震)墓志铭并序》(景龙三年十月二十六日):"使持节怀州诸军事、怀州刺史梁载言撰。"

李 璡 景龙四年(710)

《旧书·后妃·中宗韦庶人传》:"[临淄王]分遣万骑诛其党与韦温……卫尉卿王哲、太常卿李璡、将作少匠李守质及韦氏、武氏宗族,无少长皆斩之。"考《旧书·中宗纪》:景龙四年六月,"庚子夜,临淄王讳举兵诛诸韦、武，皆枭首于安福门外，韦太后为乱兵所杀”。《新纪》《新表》在辛巳。《通鉴》卷二〇九：景云元年六月，“斩太子少保、同中书门下三品韦温于东市之北”。日期亦稍异。

卢　玢　景云元年(710)

《芒洛四编》卷五《大唐故左屯卫将军卢府君(玢)墓志铭并序》(景云二年四月九日)：“俄除并州大都督府长史，未及祗命，以居守之重，拜左屯卫将军东都留守，兼判左卫及太常卿事。……春秋五十有四，景云元年十一月廿九日遘疾终于东都官舍。”

薛崇胤　景云二年(711)

《新表三下》薛氏西祖房：“崇胤，太常卿、寿阳王。”乃左散骑常侍、驸马都尉薛绍之子。《旧书·太平公主传》只称其为“渔阳王”。《新书·太平公主传》只及三子崇简、崇敏、崇行，睿宗时封王，“余皆祭酒、九卿”。【增订】《开元释教录》卷九：“睿宗景云二年辛亥，于大荐福寺复译……等经……太常卿卫国公薛崇胤监护。”由此证知，薛崇胤为太常卿可定为景云二年(711)。

李　范　景云二年—开元二年(711—714)

《旧书》本传：“睿宗践祚，进封岐王，又加实封五百户，拜太常卿，兼左羽林大将军。先天二年，从上讨窦怀贞、萧至忠等。”《新书》本传略同。《全文》卷二五五苏颋《为岐王让太常卿表》：“伏奉制书，以臣为太常卿兼检校左羽林将军……将何以典司礼乐，综理韬钤，伏乞太阳回光……旁求贤俊。”《全文》卷二一玄宗《授岐王范华州刺史薛王业同州刺史制》：“太常卿兼左卫率并州大都督岐王范……可使持节华州诸军事兼华州刺史，太常卿勋封如故。”《大诏令集》卷三五《岐王范华州刺史等制》具“开元二年十月二十九日”。《旧书·玄宗纪上》：开元二年七月，“太常卿岐王范为华州刺史”。《元龟》卷五七〇：“则天时，《高丽乐》犹二十五曲。……开元中岐王范为太常卿，复奏置焉。”【增订】《唐九卿考》初版云：拓本《大唐故雍王赠章怀太子墓志铭并序》(神龙二年七月一日):“太常卿兼左卫率岐王□书。”《旧书·音乐志二》:“《百济乐》,中宗之代,工人死散。岐王范为太常卿,复奏置之,是以音伎多阙。”《新书·礼乐志十二》略同。《订补》云:按,李范为太常卿应系于景云二年(711)。《唐九卿考》据拓本《大唐故雍王赠章怀太子墓志铭并序》,题“太常卿兼左卫率岐王□书”,并以其葬年为神龙二年(706)。考雍王为李贤,其墓志有两方,一为《大唐故雍王墓志铭并序》,志书其葬年为神龙二年七月一日,然未署撰书人;二为《大唐故雍王赠章怀太子墓志铭并序》,署“太常卿兼左卫率岐王范书”。此为合祔墓志,葬于景云二年(711)(《大唐故雍王墓志铭并序》,载《唐代墓志汇编》,第1060页;《大唐故雍王赠章怀太子墓志铭》,载《唐代墓志汇编》,第1130页)。《唐九卿考》将二志混淆,而产生此误。故李范为太常卿时间应移正。

姜　皎　　开元二年—五年(714—717)

《旧书》本传:“玄宗以皎在藩之旧,皎又有先见之明……寻迁太常卿,监修国史。……侍中宋璟以其权宠太盛,恐非久安之道,屡奏请稍抑损之。开元五年下敕曰:‘……太常卿、上柱国、楚国公、监修国史姜皎……宜放归田园,以恣娱乐。’”《新书》本传略同,又见《通鉴·开元五年》。《全文》卷二五一苏颋《授姜皎太常卿制》:“殿中监、上柱国、楚国公姜皎……宜守太常卿,勋封如故。”《新书·后妃传上·高宗则天顺圣皇后武氏传》:“开元四年,追号则天皇后。太常卿姜皎建言:‘则天皇后配高宗庙,主题天后圣帝,非是,请易题为则天皇后武氏。’制可。”《旧书·礼仪志五》:“开元四年,睿宗崩,及行祔庙之礼……时太常卿姜皎复与礼官上表曰。”《会要》卷一二:“开元四年七月十八日,太常卿姜皎……等上七庙昭穆议曰。”又卷一五:“开元四年十二月,太常卿姜皎与礼官陈贞节等上表。”《旧书·韦安石传》:“安石初在蒲州时,太常卿姜皎有所请托,安石拒之。”又见《新书·韦安石传》。《旧书·源乾曜传》:“开元初……太常卿姜皎荐乾曜公清有吏干,因召见与语。”又见《新书·源乾曜传》。戴孚《广异记·李暠》:“唐兵部尚书李暠,时之正人也。开元初，有妇人诣嵩，容貌风流，言语学识，为时第一，嵩不敢受。会太常卿姜皎至，嵩以妇人与之。”又见《广记》卷三二九引。《元龟》卷五八八：“姜皎为太常卿，玄宗开元四年七月戊子敕，宜令礼官上七庙昭穆议。皎及礼官奏议曰。”又卷六二三：“姜皎太常卿，荐源乾曜公清有吏干，因召见与语。乾曜神气清爽，对答皆有伦序。帝甚悦之，乃行少府少监。”又卷九〇九：“韦安石为尚书左仆射，同中书门下三品。后罢知政事，出为蒲州刺史，属太常卿姜皎有所请托，安石拒之。”姜皎为太常卿，又见《元龟》卷一〇〇、卷一七二。《全文》卷二六玄宗《练兵诏》、卷三四玄宗《放姜皎归田敕》、卷二三六姜晞《姜遐碑》等。【增订】《全唐文补遗》第八辑第18页王珣《窦淑墓志铭》：“前太常卿、楚国公姜皎书盖。”墓主开元九年(721)八月廿七日葬。

薛　温　　约开元初期

《千唐志》七一三《大唐故右领军卫将军上柱国新城县开国伯薛府君(璿)墓志文并序》(开元二十年八月二十日)：“烈考温，银青光禄大夫、太常卿、右散骑常侍、制兵部尚书，谥曰昭。”璿卒开元二十年，春秋五十二。按《新表三下》薛氏：“温，膳部郎中。”未知误否？

韦希仲　　约开元初期

《姓纂》卷二京兆杜陵东眷韦氏：“希仲，刑部郎中，宗正、太常卿，扶阳公。”《新表四上》韦氏逍遥公房：“希仲，太常卿，扶阳公。”乃湖州刺史景先父。景先为湖州刺史在天宝十二载，见《嘉泰吴兴志》卷一四《郡守题名》。按希仲为宗正卿，乃苏颋行制，约在开元初。

郑　杲　　约开元初期

【增订】《大唐西市博物馆藏墓志》三七五《卢沐夫人郑氏墓志》：“夫人郑氏之长女，国朝太常卿、赠礼部尚书、归昌孝公讳杲，其曾祖也。”墓主长庆三年十月四日卒。推其曾祖年代约在开元初。

李法祥　　约开元中

《新书·宗室世系表上》蔡王房:"太常卿、蔡国公法祥。"乃宗正卿李崇嗣子。仕历约为开元中。

李　宪　　开元九年—十四年(721—726)

《旧书》本传:"开元九年兼太常卿。十四年,停太常卿,依旧为开府仪同三司。"《新书》本传:"徙王宁,又兼太常卿。开元十四年,表解卿。"《旧书·礼仪志三》:"开元十二年,文武百僚……上书请修封禅之礼……。是后太常卿宁王宪奏请郊坛时祭,并依此先奠璧而后燔柴、瘗埋,制从之。"《会要》卷八同。《元龟》卷三六作"开元十三年八月己未"。拓本《唐故济阴郡王(李嗣庄)墓志铭并序》(开元九年十一月六日):"开元皇帝之侄,开府仪同三司兼太常卿宁王(宪)之第二子也。"《全文》卷二九玄宗《答宁王宪手诏》:"开府仪同三司兼太常卿宁王宪……顷以茂亲,典司宗社。……成而不居,谦以自牧。固辞兼领,情所重违。宜遂雅怀,俾停剧务。"又卷九九李宪《让兼领太常卿表》:"臣本愚劣,累忝荣任。叨居礼乐之司,实乖河海之任。……愿矜其庸昧,授以良能,人无异言,官无旷位。"《元龟》卷二九四称"开元十四年",作"宋王成器"。按,成器即李宪。

崔日知　　开元十四年(726)

《旧书》本传:"日知素与张说友善,说荐之,奏请授御史大夫。上不许,遂以为左羽林卫大将军,而以河南尹崔隐甫为御史大夫,隐甫由是与说不叶。日知俄迁太常卿。"《新书》本传:"[张]说执政,荐为御史大夫,帝不许,遂为左羽林大将军,而自用崔隐甫。……日知俄授太常卿。"按张说开元十三年十一月壬寅为中书令,十四年四月庚申罢为尚书右丞相,见《新书·宰相表中》。《广记》卷一八七引《国史异纂》:"崔日知历职中外,恨不居八座。及为太常卿,于都寺厅事后起一楼,正与尚书省相望,时人谓之崔公望省楼。"《全文》卷二二六张说有《金紫光禄大夫太常卿上柱国中山郡公崔日知写真图赞》。《元龟》卷九三九:"崔日知为太常卿,自以历仕年久,每朝士参集，与尚书同列，时人号为尚书里行，遂为口实。”

李　暠　　开元十八年（730）

《旧书》本传：“开元初，授汝州刺史。……俄入授太常少卿，三迁黄门侍郎，兼太原尹。……久之，转太常卿，旬日，拜工部尚书、东都留守。”《新书》本传未及。《全文》卷三一三孙逖《太子少傅李公（暠）墓志铭》：“历……兵部、黄门二侍郎，太原尹，太常卿，工部尚书，东都留守，兵部、吏部尚书，太子少傅。”《元龟》卷七九四：“唐李暠为太常卿，历工部尚书，东都留守。风仪秀整，所历皆以威重见称。”严耕望《唐仆尚丞郎表》卷二一谓开元十八年由太常卿迁工尚，可从。

李　景　　开元十八年（730）

《隋唐五代墓志汇编》陕西卷第一册《国皇叔祖故国子祭酒嗣韩王志文并序》，题：“银青光禄大夫行太常卿李景撰。”又按志称墓主“以开元十七年十一月七日，薨于长安布政里之私宫也。……于□年六月七日祔于富平县界牌阳之原。”“年”字前所缺仅一字，则当为“明”字。

李朝隐　　约开元十九年—二十二年（731—734）

《旧书》本传：“代崔隐甫为御史大夫。……俄转太常卿。二十一年，兼判广州事，仍摄御史大夫、充岭南采访处置使。”《新书》本传略同。《元龟》卷一六二：开元“二十三年二月……辛亥，初置十道采访处置使，命御史中丞卢绚为都畿采访使……太常卿、广州事岭南经略使李朝隐为岭南道采访使……太仆卿、兼判凉州都督、持节河西节度等副大使牛仙客为河西道采访使。”据《会要》卷七八：“采访处置使，宰相张九龄奏置。开元二十二年二月十九日，初置十道采访处置使。”可证《元龟》“二十三年”为“二十二年”之误。又《元龟》卷六一七：“李朝隐，玄宗开元中为大理卿，冀州武强县令裴景仙犯乞取赃五千匹。事发，帝大怒。”

韦　縚　开元二十二年—天宝九载(734—750)

《旧书·韦叔夏传》:“子縚,太常卿。”《新书》本传:“縚,开元时历集贤修撰、光禄卿,迁太常。”《姓纂》卷二东眷韦氏郧公房:“縚,太常卿、太子少师。”《四校记》卷二:“(韦縚)开元九年除国子司业,历卫尉少卿,太常少卿,至二十三年二月,迁太常卿,天宝九载三月,除太子少师,见《会要》三七及各卷。《广记》三八九引《戎幕闲谈》,安石弟縚为太常卿礼仪使,卒官。作‘弟’误,乃安石侄也。徐灵府《天台山记》,开元二十五年太常卿修礼仪使韦縚。《青城山投龙壁记》,开元十八年六月立,结衔行太常少卿韦縚(《唐文续拾》三)。《孟浩然集叙》,天宝九载正月作,结衔为特进行太常卿礼仪使韦滔,‘滔’应作‘縚’。”按《元龟》卷五八九:“裴耀卿为侍郎,开元二十二年,制曰:‘服制之纪,或有所未通,宜令礼官学士详议闻奏。’太常卿韦縚奏曰……”又《元龟》卷五八九:“韦縚为太常少卿。……[开元]二十一年五月縚奏……寻迁太常卿。二十三年正月,制以笾豆之荐,或未能备物,宜令礼官学士详议具奏。”是其二十二年已为太常卿,《四校记》称二十三年,误。《会要》卷三七:“开元九年正月,韦縚除国子司业,仍知太常礼仪事,至二十三年二月,凡四改官,至太常卿并带礼仪事。又至天宝九载正月,除太子少师,方罢礼仪事。”又同卷:“开元二十三年正月十八日敕文……太常卿韦縚奏曰。”又卷三二:“[开元]二十五年,太常卿韦縚令博士韦逌……等,铨叙前后所行用乐章为五卷。”《旧书·音乐志三》同。《会要》卷一三:开元二十七年,“于是太常卿韦縚奏曰:顷在四月,已行禘享。”又卷三二:“[天宝]七载正月二十八日,太常卿韦韬(縚)奏……”《旧书·崔沔传》:“[开元]二十四年,制令礼官议加笾豆之数及服制之纪,太常卿韦縚奏请加宗庙之奠,每坐笾豆各十二。”《新书·崔沔传》《通鉴》同。《旧书·礼仪志五》作“开元二十五年正月”,疑误。又《礼仪志四》:“开元二十六年,玄宗命太常卿韦縚每月进《月令》一篇。”又《礼仪志六》:“至二十七年,凡经五禘、七祫。其年夏禘讫,冬又当祫。……于是太常卿韦縚奏曰……”《新书·百官志三》:“开元二十四年,以宗庙所奉不可名以署,太常少卿韦縚奏废太庙署,以少卿一人知太庙事。”按是时韦縚已为太常卿，作“太常少卿”误。又《礼乐志十二》：“太清宫成，太常卿韦縚制《景云》《九真》《紫极》《小长寿》《承天》《顺天乐》六曲。”又《姜抚传》：“开元末，太常卿韦縚祭名山，因访隐民。”《元龟》卷五六四：“开元二十六年四月己亥朔，始令太常卿韦縚读时令于宣政殿，百寮于殿上列坐而听之。”《全文》卷三八玄宗《册谥让皇帝文》：“维开元二十九年岁次辛巳十一月戊申朔二十五日壬申……今遣使尚书左丞相裴耀卿、副使太常卿韦縚等持节礼册。”又卷三一〇孙逖《令嗣郑王希言分祭五岳敕》：“宜令……太常卿韦縚祭西岳。”又卷三一一孙逖《为宰相请不停千秋宴会表》：“臣等伏见太常卿韦縚奏称：京兆尹韩朝宗面承进止云。”《元龟》卷三三记此事为天宝元年。《孟浩然集叙》，天宝九载正月作，结衔为“特进行太常卿礼仪使韦滔”。“滔”应正作“縚”。太常卿韦縚事迹，又见《新书·李宪传》，《旧书·玄宗纪下》《舆服志》，《元龟》卷三三、卷八五、卷二九六等。

张　垍　　约天宝九载—十三载（约750—754）

《新书·百官志三》：“天宝十二载，驸马都尉张垍为太常卿，得幸，又以太庙诸陵署隶太常。”《旧书·玄宗纪下》：天宝十三载，“三月丁酉，太常卿张垍贬卢溪郡司马”。《大唐新语》卷九：“驸马张垍，以太常卿、翰林院供奉官赞相礼仪，雍容有度。玄宗心悦之，谓垍曰：‘朕罢希烈相，以卿代之。’垍谢不敢当。杨贵妃知之，以告杨国忠，杨国忠深忌之。时安禄山入朝，玄宗将加宰相，命垍草诏。国忠谏曰：‘禄山不识文字，命之为相，恐四夷轻于唐。’玄宗乃止。……力士对曰：‘禄山恨不得宰相，颇有言。’国忠遽曰：‘此张垍告之也。’玄宗……大怒，黜垍为卢溪郡司马。”又见两《唐书》本传、《新书·姜庆初传》。《新表二下》张氏：“垍，太常卿、驸马都尉。”《元龟》卷六二一：“张垍为驸马都尉、太常卿，又以承恩太常，复奉陵庙，自后宗正、太常奉者数四。”《杜诗详注》卷二《赠翰林张四学士垍》黄鹤注：“诗云‘此生任春草，垂老独漂萍’，意是天宝九载自河南归时作。”岑仲勉《翰林学士壁记注补》：“《旧唐书》纪九：天宝十三载，‘三月丁酉

(朔),太常卿张垍贬卢溪郡司马,垍兄宪部尚书均贬建安太守。'又谓垍自正卿外贬,欲沟合其同异,似垍初自太常少卿入充,后迁正卿仍充为较合事理;盖开元二十六年至天宝十三载,后先凡十七年,垍未必毫无升转也。《故事》垍名下有'贬卢溪郡司马'一句,本记缺,合而校之,可补文曰:'天宝十三载三月一日,贬卢溪郡司马出院。'"

张　垍　天宝十三载—至德元载(754—756)

《旧书》本传:"帝怒,尽逐张垍兄弟……岁中召还,再迁为太常卿。"《新书》本传略同。《通鉴·至德元载》:五月,"太常卿张垍荐夷陵太守虢王巨有勇略"。此为再任。《元龟》卷九二三:"唐张均为大理卿,均弟垍为太常卿。禄山之乱……均兄弟果受禄山伪命。"【增订】新出土韦述撰《唐故给事中宜春郡司马广阳子张府君(埱)墓志铭并序》:"乃拜给事中。……君又与太常同于翰林待良,论思献纳,并入双飞。金马崇严,且类东莱之路;石渠清秘,无异平舆之泉。呜呼!满盈有亏,高明必瞰,四时代序,天道之常。即以明年三月左迁宜春郡员外司马,驱驿赴任,太常亦出佐卢溪,涉素浐而南上,尚书又谪守闽越,出青门而左转。"这里"太常"即指张垍,"尚书"即指张均,与张埱三人同时被贬,亦曾在朝同时为翰林待诏。

杨　暄　至德元载(756)

《旧书·杨国忠传》:子暄,"暄为太常卿兼户部侍郎……暄死于马嵬"。《新书·杨国忠传》略同。又《玄宗纪》:天宝十五载六月,"丁酉,次马嵬,左龙武大将军陈玄礼杀杨国忠及御史大夫魏方进、太常卿杨暄。赐贵妃杨氏死"。《新表一下》杨氏河中永乐房:"暄,太常卿。"《元龟》卷三〇六:"国忠子暄为太常卿兼户部侍郎,尚延和郡主。"《唐两京城坊考》卷三《亲仁坊》:"驸马都尉、太常卿、兼户部侍郎杨暄宅。"《唐仆尚丞郎表》卷一二《户侍》:"杨暄,天宝末,以太常卿兼户侍。至德元载六月十四丙申,诛。"按杨暄兼太常卿必在张垍后,即是至德元载五月后,而其六月即被诛,盖为太常卿时间甚短。

韦　陟　乾元元年—二年(758—759)

《会要》卷六五《太常寺》:“博士本四员,开元二十七年省一员。乾元元年二月十五日,卿韦陟奏请依旧四员。”《旧书》本传:“乾元二年,入为太常卿。吕諲再入相,荐为礼部尚书、东京留守,判尚书省事,兼东京畿观察处置等使。”《新书》本传略同。按乾元二年三月吕諲入相,韦陟迁礼部尚书亦当于是年。则韦陟入为太常卿当依《会要》在乾元元年。《旧传》之“二年”误。《旧书·肃宗纪》,乾元二年七月,“以礼部尚书韦陟充东京留守”。《唐仆尚丞郎表》卷一五《礼尚》:“韦陟,乾元二年,由太常卿迁礼尚。七月一日乙丑朔,以本官充东京留守、东京畿观察使。上元元年四月十四甲辰,迁吏尚。”

李　瑀　乾元二年(759)

《大唐传载》:“汉中王瑀为太常卿,早起朝,闻永兴里人吹笛,问:‘是太常乐人否?’曰:‘然。’已后因阅乐而挞之,问曰:‘何得某日卧吹笛?’又见康昆仑弹琵琶,云:‘琵声多,琶声少,亦未可弹五十四丝大弦也。’自下而上谓之琵,自上而下谓之琶。”又见《广记》卷二〇〇、卷二〇五引《大唐传载》。《唐语林》卷三:“王瑀为太常卿,早起,闻永兴里人吹笛,问:‘是太常乐人否?’曰:‘然。’已后因阅乐而挞之。问曰:‘何得罪?’曰:‘卧吹笛。’”周勋初校证:“王瑀,原书上有‘汉中’二字,当据补。”据《旧书》本传:“天宝十五载,从玄宗幸蜀,至汉中,因封汉中王,仍加银青光禄大夫、汉中郡太守。乾元二年,以特进试太常卿,送宁国公主至回纥,充册立使。”【增订】《大唐西市博物馆藏墓志》三〇六《李桔妻裴氏墓志》题署:“舅太常卿汉中郡王瑀撰。”墓主贞元二年正月廿五日卒,同月廿九日葬。按,乾元二年至贞元二年相距时间较远,俟再考。

李齐物　约乾元二年—上元元年(约759—760)

《旧书》本传:"至德初,拜太子宾客,迁刑部尚书、凤翔尹、太常卿、京兆尹。"《新书》本传未及。按《旧书·肃宗纪》,李齐物于乾元元年十月由凤翔尹为刑部尚书。

王　玙　上元元年—二年(760—761)

《旧书·肃宗纪》:上元元年闰四月,"壬午,以刑部尚书王玙为太常卿"。又本传:"肃宗即位,累迁太常卿,以祠祷每多赐赉。乾元三年七月,兼蒲州刺史,充蒲、同、绛等州节度使。中书令崔圆罢相,乃以玙为中书侍郎、同中书门下平章事。……岁余,罢知政事,为刑部尚书。"《新书》本传略同。按两传叙官历、年代皆误。据《旧书·肃宗纪》《新书·宰相表》《通鉴》,王玙乾元二年三月乙未罢为刑尚,乾元二年七月出为蒲州刺史。上元元年二月已由崔寓为蒲州刺史,见《旧书·肃宗纪》,则王玙当于是时又入为刑尚,闰四月迁太常卿。《唐仆尚丞郎表》卷一九《刑尚》:"《旧纪》:乾元二年七月已书:'刑部尚书王玙为蒲州刺史、充蒲同绛三州节度使。'而上元元年闰四月又书:'壬午,以刑部尚书王玙为太常卿。'盖误。或者玙为蒲州刺史果如《旧传》所谓'兼'任,是年二月崔寓为蒲州代玙,玙还原官耶?存疑。"今录之存参。又按《全诗》卷二七六卢纶《和太常王卿立秋日即事》,卷二八〇同人又有《奉和太常王卿酬中书李舍人中书寓直春夜对月见寄》,卷二九二司空曙《和王卿(一作"太常")立秋即事》,疑即指王玙。刘初棠《卢纶诗集校注》谓指王纮,然王纮实为太常少卿,似不当称"太常王卿"。究为孰是,容后再考。

刘　晏?　上元二年(761)

《会要》卷一九:"上元二年,礼仪使、太常卿刘晏奏:'让皇帝庙,请停四时享献。每至禘祫月,则一祭焉。乐用登歌一部,牲牢樽豆之礼,同太庙一室之仪。'"同卷下文《诸太子庙》又云:"上元二年二月,礼仪使、太常卿杜鸿渐奏议曰。"所奏内容与上同。按杜鸿渐上元二年春正月在越州刺史任,不久入为户部侍郎、迁尚书右丞、吏部侍郎，至宝应元年始为太常卿。故上元二年二月之太常卿不可能为杜鸿渐。然按两《唐书·刘晏传》，均未及为太常卿事，故亦可疑。姑系于此。

杜鸿渐　宝应元年—广德二年(762—764)

《旧书·礼仪志一》："宝应元年，杜鸿渐为太常卿、礼仪使。"《新书·黎干传》《礼乐志三》《会要》卷九下同。《旧书·代宗纪》：宝应二年五月，"太常卿杜鸿渐奏"。广德二年正月，"太常卿杜鸿渐为兵部侍郎、并同中书门下平章事"。《新书·代宗纪》《宰相表》《通鉴·广德二年》同。《旧书》本传："襄州大将康楚元、张嘉延盗所管兵，据襄州城叛，刺史王政遁走。嘉延南袭荆州，鸿渐闻之，弃城而遁。……岁余，征拜尚书右丞、吏部侍郎、太常卿，充礼仪使。二圣晏驾，鸿渐监护仪制。山陵毕，加光禄大夫，封卫国公。广德二年，代宗将享郊庙，拜鸿渐兵部侍郎、同中书门下平章事。"《新书》本传略同。《全文》卷三六九元载《故相国杜鸿渐神道碑》："皇帝正位建元之二年，巡狩至陕郊。季冬，旋轸镐京。乃春王正月，临前殿延群臣制诏，太常卿卫公鸿渐，研机味道，国翰人师，俾时不迷，倚以为相。"《元龟》卷五九〇："黎干为谏议大夫，宝应元年，礼仪使、太常卿杜鸿渐与水部员外郎薛颀、归崇敬等议，以神尧受命之主，非始封之君，不得为太祖以配天地。"同卷："杜鸿渐为太常卿，充礼仪使，代宗广德二年正月，命有司定祀典。"《唐仆尚丞郎表》卷一八《兵侍》："杜鸿渐，广德二年正月二十五癸亥，由太常卿、礼仪使迁兵侍、同中书门下平章事。"

苏　震　广德二年(764)

《新书》本传："为泰陵、建陵卤簿使，以劳封岐国公。拜太常卿。代宗将幸东都，复以震为河南尹，未行，卒。"《元龟》卷六七一："苏震为太常卿。是岁，东都耆老表乞行幸，帝重违其心，乃选耆旧勋贤为之牧守，遂以震为河南尹兼御史中丞，仍充东都畿内观察使。"按《旧书·代宗纪》：广德二年十月，"甲寅，河南尹苏震卒"。

姜庆初　永泰元年—大历二年(765—767)

《旧书·姜皎传》:“天宝六载,授皎男庆初等官。……天宝十载,诏庆初尚新平公主,授驸马都尉。永泰元年,拜太常卿。”《新书·百官志三》:“永泰元年,太常卿姜庆初复奏以陵庙隶太常,大历二年复旧。”又本传:“旧制,驸马都尉多不拜正官,特拜庆初太常卿。会修植建陵,诏为之使,误毁连冈,代宗怒,下吏论不恭,赐死。”《旧书·代宗纪》:大历二年八月,“壬寅,太常卿、驸马都尉姜庆初得罪,赐自尽”。《元龟》卷三〇三:“姜庆初尚新平公主……驸马都尉鲜有授正员官者,庆初特拜太常卿。”

于休烈　大历二年(767)

《姓纂》卷二河南洛阳于氏:“烈,太常卿、工部尚书、东海公。”《旧书》本传:“代宗即位……乃拜右散骑常侍,依前兼修国史,寻加礼仪使。迁工部侍郎。又改检校工部尚书,兼判太常卿事,正拜工部尚书。”《新书》本传:“拜右散骑常侍,兼修国史,加礼仪使,迁太常卿,累进工部尚书,封东海郡公。”《唐仆尚丞郎表》卷二一《工尚》:“于休烈,大历二年七月一日戊申朔,由右散骑常侍迁检校工尚,兼判太常卿。盖旋卸。”

畅　璀　大历五年(770)

《旧书》本传:“大历五年,兼判太常卿,迁户部尚书。十年七月卒,赠太子太师。”

杨　绾　大历七年—十二年(772—777)

《旧书·代宗纪》:大历七年正月,“辛丑,太常卿杨绾兼充礼仪使。……(十二年)夏四月壬午,以朝议大夫、守太常卿、兼修国史杨绾为中书侍郎……并同中书门下平章事。”又见《新书·代宗纪》《宰相表中》,《通鉴·大历十二年》,《元龟》卷七三,《会要》卷三七。《旧书》本传:“[元]载贪冒日甚,天下清议,亦归于绾,上深知之,以载久在枢衡,未即罢遣,仍遣绾为太常卿,充礼仪使。……是年三月,载伏诛，上乃拜绾中书侍郎、同中书门下平章事。”《新书》本传略同。《全文》卷四一二常衮《授杨绾太常卿制》：“朝议大夫、守国子祭酒、兼修国史、赐紫金鱼袋杨绾……可守太常卿，依旧兼修国史，散官如故。”又卷四六代宗《授杨绾中书侍郎常衮门下侍郎并同中书门下平章事制》：“朝议大夫、守太常卿、兼修国史、赐紫金鱼袋杨绾……绾可中书侍郎、同中书门下平章事、集贤殿崇文馆大学士、修国史，散官勋赐如故。”《唐大诏令集》卷四五此文下署“大历十二年四月”。《洛阳新获墓志》七七《唐故尚书右仆射赠司空裴府君（遵庆）神道碑》（大历十一年二月二十日），题撰人：“朝议大夫、□太常卿、兼修国史、充礼[仪]使、赐紫金鱼袋上柱国杨绾文。”【增订】新出土《杨绾墓志》：“改尚书左丞、吏部侍郎。……历国子祭酒，领太常卿、礼仪使。……于是策授中书侍郎同平章事。”（赵振华《唐代宰相杨绾墓志跋》，《唐史论丛》第二十一辑）

韩　滉　　大历十四年(779)

《旧书·德宗纪上》：大历十四年闰五月，“以户部侍郎判度支韩滉为太常卿”。又本传：“俄改太常卿，议未息，又出为晋州刺史。”《新书》本传：“德宗立，恶滉掊刻，徙太常卿。议者不厌，乃出为晋州刺史。”《全文》卷五三〇顾况《检校尚书左仆射同中书门下平章事上柱国晋国公赠太傅韩公（滉）行状》：“拜户部侍郎、判度支，管诸道青苗税户。……服勤九年，出利百倍。……拜太常卿，出为晋州刺史。”《元龟》卷五一一：“韩滉，代宗时为户部侍郎、判度支。大历十二年秋，霖雨害稼。……俄改太常卿，群议未息，又出为晋州刺史。”《唐仆尚丞郎表》卷一二《户侍》：“韩滉，大历六年，由右丞换户侍、判度支。……十四年闰五月二十七丙申，徙太常卿，罢判使。”

臧彦昭　　约大历中

《全文》卷三三九颜真卿《东莞臧氏纠宗碑铭》：“迨乎今上当宁，而诸孙……金紫太仆卿涉，特进殿中监玠……并不幸早世。……特进鸿胪卿均,特进太常卿彦昭,开府太常卿彦暠……银青鸿胪少卿涣,鸿胪卿赜。”按臧彦昭无传,未知是否为职事官,姑系于此。

臧彦暠　约大历中

《全文》卷三三九颜真卿《东莞臧氏纠宗碑铭》:“迨乎今上当宁,而诸孙……金紫太仆卿涉,特进殿中监玠……并不幸早世。……特进鸿胪卿均,特进太常卿彦昭,开府太常卿彦暠……银青鸿胪少卿涣,鸿胪卿赜。”

史道德　代宗时

【增订】周玲《辑补》:《秦晋豫》七五六《史孝章墓志》(开成三年十月廿日卒,四年二月八日葬):“公讳孝章,字得仁,其先北海人。曾祖道德,皇太常卿、怀泽郡王。”按,志主史孝章卒于开成三年,享年卅九。史道德为史孝章的曾祖,史书不载,仅见于史宪诚传、《史孝章碑》和墓志。据志载,“公之出也,实系天枝,其本葛氏,因功赐姓,附广陵王房”。“葛氏”指后突厥葛勒可汗部。《唐会要》:玄宗天宝六年,“逸标苾卒,子磨延啜立,国人号为葛勒可汗。磨延啜勇悍,善用兵。十五载,回纥、吐蕃遣使请和亲,助国讨逆。葛勒可汗太子叶护以精骑三千随朔方节度使郭子仪讨贼”,以助唐平安史之乱。肃宗于乾元元年七月“册命葛勒可汗为英武威远毗伽可汗,封幼女为宁国公主以降焉”。则墓志载史道德、史周洛父子分别被唐封作怀泽郡王、北海郡王,盖因史道德父子也曾为唐代政权的巩固做出贡献。其任太常卿,大约在唐代宗时期。

韦　伦　建中元年(780)

《旧书·德宗纪上》:建中元年五月,“戊辰,以太常少卿韦伦为太常卿,复使吐蕃”。《通鉴·建中元年》《会要》卷九七、《元龟》卷三三九同。《旧书》本传:“德宗即位,选堪使绝域者,征伦拜太常少卿、兼御史中丞,持节充通和吐蕃使。……使还,迁太常卿、兼御史大夫,加银青光禄大夫。再入吐蕃,奉使称旨,西蕃敬服。……又为宰相卢杞所恶，改太子少保，累加开府仪同三司。"《新书》本传略同。又见两《唐书·吐蕃传下》。《元龟》卷六五二："韦伦，德宗建中初为太常少卿，使吐蕃。初宣谕皇恩，次述国家威德远振，蕃人悦之。……伦回，迁太常卿。"又卷六六二："韦伦为郴州防御使，坐事贬隋州司马。建中初，德宗选堪使绝域者，擢拜伦太常少卿兼中丞，持节充通和吐蕃使。伦至蕃中，宣谕皇恩，次述国家威德远振。蕃人大悦，赞普入献方物。使还，迁太常卿，再入吐蕃，西蕃畏服。"又卷八〇八："唐韦伦为太常卿，为宰相卢杞所恶，改太子少保。"又卷九八〇："建中元年四月，太常少卿韦伦至自吐蕃。……五月，以韦伦为太常卿，复使吐蕃。"

萧　定　约建中二年—四年(约 781—783)

《旧书》本传："大历中，有司条天下牧守课绩，唯定与常州刺史萧复、豪州刺史张镒为理行第一。……寻迁户部侍郎、太常卿。朱泚之逆，变姓名藏匿里闾间。"《新书》本传略同。又见《元龟》卷六八四、《太平御览》卷五六。《新表一下》萧氏齐梁房："定字梅臣，太常卿。"《全文》卷六二八吕温《裴氏海昏集序》："遂与我外王父故屯田郎中集贤殿学士河东柳公讳某……洎故太常卿兰陵萧公定……为尘外之交，极心期之赏。"《元龟》卷一三九：兴元元年，"十月，以前太常卿萧定为太子少师"。《唐仆尚丞郎表》卷一二《户侍》："萧定，大历十四年八月，由润州刺史入迁户侍。建中初，徙太常卿。"《文博》2000 年第 2 期崔庚浩、王京阳《华阴发现的两方唐墓志》载《唐故华州司仓参军萧公(鄭)墓志铭并序》："烈考定，典乐太常。""烈考太常，又命司卿。"

敬　釭?　建中四年(783)

《通鉴·建中四年》：九月，"先是[源]休以才能，[张]光晟以节义，[蒋]镇以清素，都官员外郎彭偃以文学，太常卿敬釭以勇略，皆为时人所重，至是皆为泚用"。按敬釭两《唐书》无传，《旧书·朱泚传》称朱泚僭即伪位后，敬釭等为节度使。《新书·朱泚传》则称朱泚以敬釭为御史大夫。

樊　系　　建中四年(783)

《新书·朱泚传》:"泚僭即皇帝位于宣政殿……逼太常卿樊系为册,册成,仰药死。"按《旧书·朱泚传》称:朱泚僭位后,以"樊系为礼部侍郎、礼仪使",疑误。按建中二年时在太常少卿任。

刘　献　　兴元元年(784)

【增订】《全唐文补遗》第九辑《刘献墓志》:"洎建中初授恒王府司马,四年迁太子詹事。兴元初,授光禄大夫、太常卿。自百之位迁九寺之荣,卅年间一门荣显。时所贵者卿相,公则再任为卿;古所称者侯伯,公则迁封为伯。"按,兴元仅一年。

郑叔则　　贞元二年—三年(786—787)

《旧书·柳冕传》:"贞元初,为太常博士。二年,昭德王皇后之丧……遂命太常卿郑叔则草奏,以冕议为是。"《会要》卷三八:"贞元二年十一月,德宗王皇后崩……遂命太常卿郑叔则草议。"《全文》卷七八四穆员《福建观察使郑公墓志铭》:"转尚书左丞,未几,兼御史大夫,抚淮夷反侧之俗。……复命,迁太常卿。国有大事,主办多仪,加银青光禄大夫,转京兆尹。"按《全文》卷七八五穆员有《为淮西宣慰使郑右(左)丞祭颜太师文》,"淮西宣慰使郑右(左)丞"当即郑叔则。又卷四六三陆贽《诛李希烈后原宥淮西将士并授陈仙奇节度诏》:"宜令尚书左丞郑叔则充淮西宣慰使。"又按《旧书·德宗纪上》,诛李希烈及命陈仙奇为淮西节度为贞元二年四月事,证知其时郑叔则尚在尚书左丞任。

董　晋　　贞元三年—五年(787—789)

《旧书·柳冕传》:"二年,昭德王皇后之丧,论皇太子服纪。……遂命太常卿郑叔则草奏,以冕议为是。……及董晋为太常卿,德宗谓之曰:'皇太子所行周服,非朕本意。'"又《天文志下》:"德宗贞元三年八月辛巳朔，日蚀。有司奏，准礼请伐鼓于社，不许。太常卿董晋谏曰……”又本传：“迁左金吾大将军，改尚书左丞。……复拜太常卿。五年，迁门下侍郎、同平章事。”《新书·畅当传》：“宰相乃令太常卿郑叔则草奏……及董晋代叔则为太常卿，帝曰……”又见《新书·礼乐志六》《通鉴·贞元五年》《会要》卷四二、《元龟》卷三四、卷五八、卷一八〇。《全文》卷五六七韩愈《故金紫光禄大夫检校尚书左仆射同中书门下平章事兼汴州刺史充宣武军节度副大使知节度事管内支度营田汴宋亳颖等州观察处置等使上柱国陇西郡开国公赠太傅董公(晋)行状》：“由大金吾为尚书左丞，又为太常卿。由太常拜门下侍郎平章事。”按《新书·宰相表中》：贞元五年二月庚子，“大理卿董晋为门下侍郎，并同中书门下平章事”。“大理卿”乃“太常卿”之误。又按《会要》卷二二：“[贞元二年]五月十五日，太常卿董晋奏，五岳四渎，准开元元年礼。”“二年”误，其时董晋尚未为太常卿。据《元龟》卷三四，此事在贞元四年五月。《唐仆尚丞郎表》卷七《左丞》：“董晋，贞元二年八月十三己巳，由左金吾大将军迁左丞。十二月见在任。约三年春，徙太常卿。”

崔　纵　　约贞元五年—七年(约789—791)

《旧书》本传：“寻检校礼部尚书、东畿唐汝邓都观察使、河南尹。……征拜太常卿。贞元七年六月卒官。”《新书》本传略同。《会要》卷三：“贞元六年七月九日，太常卿崔纵奏。”又卷八四：“贞元七年六月，太常卿崔纵为汴西水陆运两税盐铁等使。”《旧书·德宗纪下》：贞元七年六月，“乙巳，太常卿崔纵卒”。《全文》卷四八〇崔恭《唐右补阙梁肃文集序》：“总名实，树遗风，作……《太常卿常山郡开国公崔公神道碑》。”又卷七八五穆员《崔太常长女墓志铭》：“先笄之某年，不幸遘疠。未几，丁烈考太常卿赠吏部尚书常山公难。至哀乘之，共迫正气，以贞元七年秋八月己酉夭于东郡。”北图藏拓片《卢逢时妻李氏墓志铭》(咸通四年五月二十九日)：“外六代祖尊讳玄暐，特进、中书令、封博陵郡王。……曾王父尊讳纵，太常卿，赠吏部尚书。”按《会要》卷二三：“贞元元年二月十七日，太常卿崔纵奏：立春后丑日,祀风师。”“元年”当为“六年”之误。因贞元元年崔纵尚未为太常卿。【增订】《洛阳新获墓志二〇一五》三四五《唐故太仆少卿崔公墓铭并序》:“王父尊讳[纵],皇太常卿。”

裴　郁　　贞元七年—十一年(791—795)

《旧书·礼仪志六》:“贞元七年十一月二十八日,太常卿裴郁奏曰:‘禘祫之礼,殷周以迁庙皆出太祖之后,故得合食有序。’”又见《新书·陈京传》《会要》卷一三。《新书·礼乐志三》误作“贞元十七年”。《新表一上》中眷裴氏:“郁,太常卿、河东县公。”《全文》卷五〇七权德舆《司徒兼侍中上柱国北平郡王赠太傅马公(燧)行状》:贞元十一年八月十七日卒,“二十七日,命太常卿裴郁、副使少府少监路恕备礼持节册命”。又卷五六八韩愈有《祭裴太常文》。《旧书·德宗纪下》:贞元十六年九月,“丙午,前太常卿裴郁卒”。《元龟》卷五九〇:“裴郁为太常卿,贞元七年十一月奏疏曰……”又同卷:“李嵘为太子左庶子,贞元八年正月,议太常卿裴郁所论之禘祫礼曰……”裴郁为太常卿,又见《会要》卷一八、卷三八,《元龟》卷三一九,《全文》卷五一五陈京《祧献懿二祖议》。

刘希阳　　贞元十二年前(796 前)

《崇雅堂碑录补》卷三:“《太常卿刘希阳及夫人韩氏墓志》,张传礼撰,正书,贞元十二年四月。”

杜　确　　贞元十四年(798)

《旧唐书·德宗纪下》:贞元十四年九月,“以太常卿杜确为同州刺史、本州防御长春宫使”。《全唐诗》卷三二五权德舆《奉和张监阁老过八陵院题赠杜卿崔员外》诗,杜卿即杜确。

齐　抗　　贞元十四年—十六年(798—800)

《旧书》本传:“又为河南尹,历秘书监、太常卿,代郑余庆为中书侍郎、同中书门下平章事。”《新书》本传略同。《旧书·德宗纪下》:

贞元十六年九月，“庚申，以太常卿齐抗为中书侍郎、同平章事”。《新书·德宗纪》《宰相表中》《元龟》卷七三同。《元龟》卷五九一：“齐抗为太常卿，贞元十四年十二月奏曰……”《会要》卷二五：“贞元十四年二月，太常卿齐抗奏。”又卷二三：“贞元十五年十二月一日，太常卿齐抗等奏。”又卷七四：“[贞元]二十三年五月，齐抗以太常卿代郑余庆为中书侍郎平章事。”“二十三年”误。《大诏令集》卷四六权德舆《齐抗平章事制》：“中散大夫、守太常卿、上柱国、赐紫金鱼袋齐抗……可守中书侍郎、同中书门下平章事，散官勋赐如故。……贞元十六年九月。”

韦渠牟　　贞元十六年—十七年(800—801)

《旧书·德宗纪下》：贞元十六年十一月，“戊申，以太府卿韦渠牟为太常寺卿”。十七年七月，“乙酉，太常卿韦渠牟卒”。《旧书》本传：“居无何，迁太府卿，赐金紫，又转太常卿。贞元十七年卒，时年五十三，赠刑部尚书，仍谥曰忠。”《新书》本传略同。《全文》卷五〇六权德舆《唐故太常卿赠刑部尚书韦公(渠牟)墓志铭并序》：“维贞元十七年秋七月乙酉，太常韦公讳渠牟，年五十三，启手足于靖恭里。”《长安志》卷八《靖恭坊》：“太常卿韦渠牟宅。”

高　郢　　贞元十七年—十九年(801—803)

《旧书》本传：“拜礼部侍郎。……凡掌贡部三岁……拜太常卿，贞元十九年冬，进位银青光禄大夫，守中书侍郎、同中书门下平章事。”《新书》本传略同。按高郢知贞元十五、十六、十七年三年贡举，见《登科记考》卷一四、卷一五。当于十七年秋冬拜太常卿。《旧书·德宗纪下》：贞元十九年十一月，“庚申，以太常卿高郢为中书侍郎、同中书门下平章事”。《新书·德宗纪》《元龟》卷七三同。《新书·宰相表中》《通鉴》作十九年十二月庚申。《元龟》卷六二三：“高郢为太常卿，长安尉辛秘，郢爱其学，奏除太常博士。”高郢为太常卿，又见两《唐书·辛秘传》《全文》卷四四九高郢《谢太常卿并举官自代表》、卷五八八柳宗元《先君石表阴先友记》、卷五九一柳宗元

《唐故秘书少监陈公(京)行状》、卷六八二牛僧孺《昭义军节度使辛公(秘)神道碑》。《唐仆尚丞郎表》卷一六《礼侍》:“高郢,贞元十四年冬,以中书舍人权知十五、十六年两春贡举,放榜。盖十六年,正拜礼侍,续知十七年春贡举,放榜。其年冬,徙太常卿。”《全诗》卷三二六权德舆《酬张秘监阁老喜太常中书二阁老与德舆同日迁官相代之作》,太常阁老即高郢。【增订】《秦晋豫新出墓志搜佚续编》第1091页《唐杜式方墓志》:“再迁太常主簿。始德宗孝文皇帝以诸侯方强,质其子于京师,邸第富盛,皆以弋猎球酒相倾,唯公弟兄闭门读书,不与交通。上嘉之,拜太常丞,遂刻心为政,擒摘奸吏,而整齐乐工,使有节法。曹事修治,高郢为太常,岁终奏课,以为第壹。”墓主长庆二年三月卒。

杜黄裳　贞元二十一年(805)

《旧书》本传:“贞元末,为太常卿。王叔文之窃权,黄裳终不造其门。”《新书》本传略同。《通鉴·永贞元年》:四月,“先是,太常卿杜黄裳为裴延龄所恶,留滞台阁,十年不迁,及其婿韦执谊为相,始迁太常卿”。七月,“又以太常卿杜黄裳为门下侍郎……并同平章事”。《旧书·顺宗纪》:贞元二十一年七月,“以太常卿杜黄裳为门下侍郎,左金吾卫大将军袁滋为中书侍郎,并同中书门下平章事”。《新书·顺宗纪》《宰相表中》《元龟》卷七三略同。《全文》卷五五顺宗《授杜黄裳门下侍郎袁滋中书侍郎并平章事制》称:“银青光禄大夫、守太常卿、充礼仪使、上柱国、郑县开国公杜黄裳。”《大诏令集》卷四六此文下署“永正(贞)元年七月”。又见卷五六〇韩愈《顺宗实录》四。《元龟》卷五九一:“杜黄裳为太常卿,贞元二十一年正月,顺宗即位,二月乙卯奏曰……”卷六二三:“杜黄裳贞元中为太常卿,时顺宗即位,王叔文之窃权,黄裳终不造其门。后语其子婿韦执谊,令率百官请皇太子出,以安人情。执谊遽曰:‘丈人才得一官,宁可复开口议禁中事也?’黄裳勃然:‘自黄裳受恩三朝,岂可以一官见骂?’拂衣而去。”又卷七八一:“杜黄裳为太常卿,时顺宗即位,王叔文之窃权,黄裳终不造其门。”

高　郢　　元和元年—三年(806—808)

《旧书》本传:"元和元年冬,复拜太常卿,寻除御史大夫。"《新书》本传略同。又见《杜式方传》。《全文》卷四四九高郢《谢再除太常卿充礼仪使表》:"伏奉今月二十一日恩命,除臣太常卿充礼仪使者。"《会要》卷二九:元和二年,"其年二月,御史大夫李元素、太常卿高郢等上言"。《旧书·宪宗纪上》:元和三年十月,"癸亥,以太常卿高郢为御史大夫"。

李元素　　元和三年—四年(808—809)

《旧书》本传:"李锜为乱江南,遂授元素浙西道节度观察处置等使。数月受代,入拜国子祭酒,寻迁太常卿。转户部尚书、判度支。"《新书》本传未及。《旧书·宪宗纪上》:元和四年四月,"以太常卿李元素为户部尚书、判度支"。《唐仆尚丞郎表》卷一一《户尚》:"李元素,元和四年四月二十五庚子,由太常卿迁户尚、判度支。"

权德舆　　元和四年—五年(809—810)

《旧书·宪宗纪上》:元和四年四月,"甲辰,以兵部侍郎权德舆为太常卿,仍赐金紫"。五年九月,"丙寅,制以正议大夫、守太常卿、上柱国、襄武县开国侯、赐紫金鱼袋权德舆可守礼部尚书、同中书门下平章事"。又见《新书·宪宗纪》《宰相表中》《通鉴·元和五年》《元龟》卷七三、两《唐书》本传、《李繁传》《新书·王承宗传》。《全文》卷四八六权德舆有《谢除太常卿表》。又卷四八七《太常卿举人自代状》:"通议大夫、守太常卿……臣权德舆。"又卷四八八《恒州招讨事宜状》:"元和四年十月十七日,太常卿权某上奏。"又《山东行营事宜状》:"元和五年三月二十七日,通议大夫守太常卿臣权德舆奏状。"又卷五〇四权德舆《王妣夫人宏农杨氏祔葬墓志铭并序》:"元和五年,岁直庚寅,德舆忝太常卿。"又卷五六二韩愈《唐故相权公(德舆)墓碑》:"转户、兵、吏三曹侍郎,太子宾客,复为兵部,迁太常卿。……因拜礼部尚书、同中书门下平章事。"《大诏令集》卷四六《权德舆平章事制》:"正议大夫、守太常卿……权德舆……可守礼部尚书、门下平章事,散官勋封如故。元和五年九月。”北图藏拓片《权氏殇子墓志铭并序》(元和十二年七月十五日):“生之日,大父始为太常,故以奉常名焉。……以元和十二年六月廿四日夭于兴元大父理所,享年九岁。”“大父德舆,山南西道节度使。”按元和十二年九岁,则生于元和四年。由此更可证知是年权德舆始为太常卿。《嘉定镇江志》卷一八:“权德舆字载之,皋子,居丹阳练塘。……元和初,历兵部、吏部侍郎,坐累徙太子宾客,俄还前官,迁太常卿,五年拜礼部尚书、同中书门下平章事。”《元龟》卷八〇八:“权德舆为太常卿,时李繁者,宰相泌之子,初与翰林学士梁肃友善。”《唐仆尚丞郎表》卷一八《兵侍》:“权德舆,元和三年三月二十五丁未以前,由太子宾客复迁兵侍。……四年四月二十九甲辰,徙太常卿,时阶通议大夫。”

崔　邠　　元和五年—八年(810—813)

《旧书·宪宗纪上》:元和五年十二月,“以吏部侍郎崔邠为太常卿”。《旧书》本传:“为礼部侍郎,转吏部侍郎……后改太常卿,知吏部尚书铨事。故事,太常卿初上,大阅《四部乐》于署,观者纵焉。邠自私第去帽亲导母舆,公卿逢者回骑避之,衢路以为荣。居母忧,岁余卒,元和十年三月也。”《新书》本传略同,谓“以母忧解,卒于丧”。《全文》卷四八七权德舆《礼部尚书举人自代状》:“准制举自代官、正议大夫、守太常卿、上柱国、清河县开国子、赐紫金鱼袋崔邠。”“右件官……自中书舍人历礼部、吏部二侍郎,太常卿,皆与臣交代,谙其政事。”又卷六一〇刘禹锡《故朝散大夫检校尚书吏部郎中兼御史中丞赐紫金鱼袋清河县开国男赠太师崔公(陲)神道碑》:“生才子六人:长曰邠,及公终时已为左拾遗,后至太常卿。……惟夫人……特封清河郡太君……元和八年三月十六日捐馆舍。”证知崔邠丁母忧解太常卿职在是年。《新表二下》清河小房崔氏:“邠字处仁,太常卿,谥曰文简。”《会要》卷五七:元和六年十月,“于是太常卿崔邠,召礼官等参议……太常卿崔邠、博士卫中行、冯宿等,并同所见”。《旧书·宪宗纪下》:元和十年三月,“赠故太常卿崔邠礼部尚书”。又见

《会要》卷六五。《南部新书》卷乙："五方师子本领出在太常，靖恭崔尚书邠为乐卿……自靖恭坊露冕从板舆入太常寺棚中，百官皆取路回避，不敢直冲，时论荣之。"同书卷戊："博陵崔倕，缌麻亲同爨。贞元以来，言家法者，以倕为首。倕生六子，一登相辅，五任大僚。太常卿邠、太府卿酆、外台尚书郾、廷尉郇、执金吾鄯、左仆射平章事郸。"《元龟》卷七七七："崔郾与兄邠等皆有令誉，而郾疏财恢廓，弟兄所不及。郾位至浙西观察使，邠至太常卿。"又卷七八二："崔邠为吏部侍郎，兄弟同时奉朝请者四人。后改太常卿。故事，大卿初上，大阅《四部乐》于官署，观者纵焉。"《增订唐两京城坊考》卷三《靖恭坊》："太子太保崔彦昭宅应为太常卿崔邠宅。"《唐仆尚丞郎表》卷九《吏尚》："崔邠，元和七年冬，或五年冬，以太常卿知吏尚铨事。"

郑余庆　　元和八年—九年(813—814)

《旧书》本传："改太子少傅，兼判太常卿事。……九年，拜检校右仆射，兼兴元尹，充山南西道节度观察使。"《新书》本传："累迁吏部尚书。……改太子少傅，兼判太常卿事。自朱泚乱，都辇数惊，太常肄乐禁用鼓。余庆以时久平，奏复旧制。出为山南西道节度使。"又《韦公肃传》："元和初，为太常博士兼修撰。……太子少傅、判太常卿事郑余庆庙有二祖妣，疑于祔祭，请诸有司。"《全文》卷四七八郑余庆《祭杜佑太保文》："维元和八年，岁次癸巳，四月癸未朔，九日辛卯，银青光禄大夫、守太子太保、兼判太常寺事郑余庆。"按《会要》卷三四："[元和]六年，太子少傅兼判太常卿郑余庆奏，太常习乐，请复用大鼓。"又卷一九："[元和]七年十一月，太子少傅判太常卿事郑余庆，建立私庙，将祔四代神主。"其"六年""七年"当为"八年""九年"之误。盖崔邠于八年丁母忧解职，郑余庆始判太常卿事。

韩　皋　　元和九年(814)

《旧书》本传："元和八年六月，加检校吏部尚书，兼许州刺史，充忠武军节度等使。……入为吏部尚书，兼太子少傅，判太常卿事。元和十一年三月，皇太后崩，以皋充大明宫使。"《新书》本传未及。

《唐仆尚丞郎表》卷九《吏尚》:“韩皋,元和九年十月十九壬戌,由检校吏尚、忠武节度使入迁吏尚。十一月十一甲申,转太子宾客。”

权德舆　元和十年(815)

《旧书》本传:“寻以检校吏部尚书为东都留守,后拜太常卿,改刑部尚书。”《新书》本传略同。《全文》卷五〇九权德舆《祭子婿独孤少监文》称:“维元和十年,岁次乙未,四月壬寅朔,六日丁未,外舅太常卿权某。”又卷五六二韩愈《唐故相权公(德舆)墓碑》:“以吏部尚书留守东都……复拜太常,转刑部尚书。”又卷五六五韩愈《秘书少监赠绛州刺史独孤府君墓志铭》:“[元和]十年正月……卒于其家。……夫人天水权氏……故相今太常德舆之女。”《唐仆尚丞郎表》卷一九《刑尚》:“权德舆,元和十年,由太常卿迁刑尚。”

许孟容　元和十年—十一年(815—816)

《旧书》本传:“征拜吏部侍郎。会十年六月,盗杀宰相武元衡,并伤议臣裴度。……后数日,度果为相,而下诏行诛。时孟容议论人物,有大臣风彩。由太常卿为尚书左丞,奉诏宣慰汴宋、陈许、河阳行营诸军,俄拜东都留守。”《新书》本传未及。按十年六月尚在吏部侍郎任,十一年八月宣慰诸军。《唐仆尚丞郎表》卷一〇《吏侍》:“许孟容,元和七年冬,以河南尹知吏部选事。八年十一月,入迁吏侍。十年六月,见在任。年冬或明年,徙太常卿。……十二年五月已由左丞他迁,则由吏侍迁太常,不能迟过十一年。”同书卷七《左丞》:“许孟容,约元和十一年,由太常卿迁左丞。……《旧传》:‘由太常卿为尚书左丞,奉诏宣慰汴宋、陈许、河阳诸军。’《新传》省太常。按《册府》一三六:‘元和十一年……八月,命尚书右丞许孟容宣慰汴宋(略)诸军。’作右丞,今从纪传。是十一年八月已在任也。又按十年六月孟容尚在吏侍任,则由太常迁左丞当在十一年。”

郑　絪　约元和十一年—十二年(约816—817)

《旧书》本传:“出为岭南节度观察等使、广州刺史、检校礼部尚书,以廉政称。为工部尚书，转太常卿，又为同州刺史、长春宫使，改东都留守。"《新书》本传未及。按元和九年五月丁未朔始为工部尚书，十三年三月丙申，由同州刺史为东都留守，见《旧书·宪宗纪下》。

幸南容?　　约元和十二年—十三年(约817—818)

柳宗元《唐故开国子祭酒文贞公(幸南容)墓志铭》："历官太常卿，寻迁国子祭酒，无何，又褒封渤海开国子爵。而予辈屡蒙窜黜……自是与公音问虽常不辍，而去公亟丈盖已久矣。……元和十四年仲秋节吉日，赐进士第、柳州刺史、年弟柳宗元子厚，甫顿首拜撰。"(《文学遗产》1989年5期彭石居《柳宗元的佚文〈幸南容墓志铭〉》)《全文》卷五七七柳宗元《送辛南容归使联句诗序》："渤海幸君，既登于太常之籍，又膺邯郸之召。"未及为卿，未知佚文中"太常卿"确否?

封孟绅　　元和中

《唐诗纪事》卷三九："孟绅，贞元十五年高郢下进士第一人，终于太常卿。"计其为太常卿当在元和中。

郑余庆　　元和十五年(820)

《元龟》卷一七二：元和十五年，"三月，以检校司空兼太子少师判国子祭酒事郑余庆为检校司徒，余如故，加太子少傅兼判太常卿事"。两《唐书》本传未及。按郑余庆于是年十一月卒。

赵宗儒　　元和十五年—长庆二年(820—822)

《旧书》本传：元和"十四年九月，拜吏部尚书。穆宗即位……复拜太子少傅，判太常卿事。长庆元年二月，检校右仆射，守太常卿。太常有《师子乐》，备五方之色，非会朝聘享不作。幼君荒诞，伶官纵肆，中人掌教坊者移牒取之。宗儒不敢违，以状白宰相。宰相以为事在有司执守，不合关白。以宗儒怯不任事，改太子少师"。《新书》本传略同。又《新书·吐蕃传下》："长庆元年……乃遣使者尚绮力陀思来朝,且乞盟,诏许之。……诏宰相与尚书右仆射韩皋……太常卿赵宗儒、司农卿裴武……及吐蕃使者论讷罗盟京师西郊。”《全文》卷六四八元稹《授韩皋吏部尚书赵宗儒太常卿制》:“银青光禄大夫、守吏部尚书赵宗儒……宗儒可守太子少傅、兼太常卿事,散官勋封如故。”据卞孝萱《元稹年谱》,制作于元和十五年。又元稹《授赵宗儒尚书左仆射制》:“银青光禄大夫、守太子少傅、兼判太常卿事赵宗儒……可检校尚书左仆射、兼太常卿,散官勋如故。”此即长庆元年二月事。《旧书·穆宗纪》:长庆二年闰十月,“以太常卿赵宗儒为吏部尚书”。《唐摭言》卷一五:“赵相宗儒为太常卿,赞郊庙之礼,罢相三十余年,年七十六,众论其精健。”又见《广记》卷四九七引《摭言》及同卷引《卢氏杂说》。《唐仆尚丞郎表》卷九《吏尚》:“赵宗儒,长庆二年闰十月三日庚寅,由太常卿迁吏尚。四年六月二十九丁未,复转太常卿。……按稹知制诰止于长庆元年十月,则此制行于元年,因此可知此任吏尚前之原衔必为‘银青光禄大夫、检校尚书左仆射、兼太常卿。”【增订】《洛阳出土鸳鸯墓志释录》第225页《赵宗儒墓志》:“改吏部尚书。日南至,皇帝有事泰坛,命公为太子少傅,判太常卿事,充礼仪使,加左仆射,复领秩宗,乃作司列。历太子少师。”

杨於陵　　长庆二年—三年(822—823)

《旧书·穆宗纪》:长庆二年闰十月,“以户部尚书杨於陵为太常卿”。又本传:“长庆初,拜太常卿,充东都留守。年高,拜章辞位。宝历二年,授检校右仆射、兼太子太傅。”《新书》本传未及。《全文》卷六二九李翱《唐故金紫光禄大夫尚书右仆射致仕……杨公(於陵)墓志铭》:“明年迁户部尚书,又一年改太常卿,又一年改东都留守。”《唐仆尚丞郎表》卷一一《户尚》:“杨於陵,元和十五年二月二十九辛丑,由户侍迁户尚。……二年闰十月五日壬辰,转太常卿。”

赵宗儒　　长庆四年(824)

《旧书·敬宗纪》:长庆四年六月,“丁未,以吏部尚书赵宗儒为太常卿”。八月，“甲子，以太常卿赵宗儒为太子少师”。《元龟》卷六二五：“赵宗儒，敬宗时以检校左仆射兼太常卿。……宰相责以怯懦不任事，除太子少师。”《唐仆尚丞郎表》卷九《吏尚》：“赵宗儒，长庆二年闰十月三日庚寅，由太常卿迁吏尚。四年六月二十九丁未，复转太常卿。”此再任。

崔　从　长庆四年—宝历二年(824—826)

《旧书·敬宗纪》：长庆四年十月，“辛巳，以吏部侍郎崔从为太常卿”。宝历二年八月，“癸丑，以太常卿崔从检校吏部尚书、判东都尚书省事、兼御史大夫、东都留守、东畿汝都防御使。”又本传：“[长庆]四年，入为吏部侍郎，寻改太常卿。宝历二年，检校吏部尚书，充东京留守。”又见《会要》卷三四。《新书》本传未及。《洛阳新获墓志》一〇〇《唐故陇西郡夫人李氏(春)墓志铭》(大和五年)：“[崔从]入除吏部侍郎、太常卿、东都留守。”《唐仆尚丞郎表》卷一〇《吏侍》：“崔从，长庆四年六月稍后，盖八九月，由鄜坊丹延节度使入迁吏侍。十月六日辛巳，徙太常卿。”

李　绛　大和元年—三年(827—829)

《旧书·文宗纪上》：大和元年正月辛丑，“以太子少师、分司东都李绛检校司空，兼太常卿”。七月，“癸亥，太常卿李绛进封魏国公”。三年正月，“甲辰，以太常卿李绛检校司空，兼兴元尹、山南西道节度使”。又本传作二年出为兴元尹，误。又见《新书》本传。《全文》卷六〇五刘禹锡《唐故相国李公(绛)集序》：“五为尚书，历御史大夫、左仆射，一以三公领太常……大和三年，以司空镇南郑。”又卷六八二牛僧孺《崔相国群家庙碑》：“至于初终密行，具于旧相今太常赵郡李公绛神道碑文。”

王　涯　大和三年—四年(829—830)

《旧书·文宗纪上》：大和三年正月，“己酉，以前山南西道节度使王涯为太常卿”。又《文宗纪下》：大和四年正月，“丙申，以太常卿王涯为吏部尚书,充诸道盐铁转运使”。《旧书》本传:“大和三年正月,入为太常卿。文宗以乐府之音,郑卫太甚,欲闻古乐,命涯询于旧工,取开元时雅乐,选乐童按之,名曰《云韶乐》。乐曲成,涯与太常丞李廓、少府监庾承宪押乐工献于梨园亭,帝按之于会昌殿。上悦,赐涯等锦彩。四年正月,守吏部尚书、检校司空,复领盐铁转运使。”又见《新书》本传。《全文》卷六〇八刘禹锡《唐兴元节度使王公(涯)先庙碑》:“今年自梁州请觐,上思用旧臣为羽仪,遂领太常,其公府如故。”《元龟》卷五六九:大和三年“九月庚辰,太常卿王涯、少府监庾承宪、太常丞李廓等领《云韶》乐工于梨园会昌殿”。

崔　群　大和四年(830)

《旧书·文宗纪下》:大和四年三月,“甲辰,以前荆南节度使崔群检校右仆射、兼太常卿”。又本传:“改检校吏部尚书、江陵尹、荆南节度观察使。逾岁,改检校右仆射,兼太常卿。大和五年,拜检校左仆射,兼吏部尚书。”《新书》本传未及。《全文》卷六九三李虞仲《授崔群右仆射兼太常卿制》:“前荆南节度管内观察处置等使、银青光禄大夫、检校吏部尚书、江陵尹……崔群……可检校尚书右仆射、兼太常卿,散官勋封如故。”《唐仆尚丞郎表》卷九《吏尚》:“崔群,大和四年十月十三甲寅,由检校右仆、兼太常卿迁检校左仆、兼吏尚。六年八月一日辛酉朔,卒官。”

郭　钊　大和四年(830)

《旧书·文宗纪下》:大和四年十月,“甲寅,以前剑南西川节度使、检校司空郭钊为太常卿,代崔群。[崔群]为吏部尚书”。闰十二月,“壬申,太常卿郭钊卒,赠司徒”。《旧书》本传:“以疾求代。四年入为太常卿、检校司徒。十二月,在道卒,诏赠司徒。”又见《新书》本传。【增订】李虞仲撰《唐故检校司空兼太常卿赠司徒郭公(钊)墓志铭并序》:“明年检校司空,专统西蜀。洎蛮寇败走,二蜀复安。累疏请觐,旋授太常卿,仍检校司空。礼乐之重,朝廷以公为宜在其选,上思宴喜,驲骑频去。公得疾中途,薨于嘉陵之行次,享年五十九,

时大和庚戌年十二月庚申也。”(浙江大学图书馆藏拓片)

窦易直　　大和五年(831)

《旧书·文宗纪下》:大和五年九月,“己未,以左仆射窦易直判太常卿”。十一月,“癸亥,以尚书左仆射、判太常卿事窦易直检校司空,为凤翔陇右节度使”。《旧书》本传:“五年,入为左仆射,判太常卿事。十一月,检校司空、凤翔尹、凤翔陇节度使。”又见《新书》本传。《唐仆尚丞郎表》卷五《左仆》:“窦易直,大和四年九月十五丙戌,由检校左仆、平章事、山南东道节度使入迁左仆。五年九月二十四己未,判太常卿事。十一月二十九癸亥,出为检校司空、凤翔陇右节度使。”

王　璠　　大和五年—六年(831—832)

《旧书·文宗纪下》:大和五年十二月,“戊寅,以左丞王璠兼判太常卿事”。六年八月,“乙丑,以尚书右(左)丞、判太常卿王璠检校礼部尚书、润州刺史、浙西观察使”。《旧书》本传:“四年七月,拜京兆尹、兼御史大夫。十二月,迁左丞,判太常卿事。六年八月,检校礼部尚书、润州刺史、浙西观察使。”又见《新书》本传。《唐仆尚丞郎表》卷七《左丞》:“王璠,大和四年十二月十六丙辰,由京兆尹迁左丞。五年十二月十四戊寅,兼判太常卿事。六年八月五日乙丑,出为检校礼尚、浙西观察使。”

丁公著　　大和六年(832)

《旧书·文宗纪下》:大和六年八月,“壬申,以前浙西观察使丁公著为太常卿”,九月,“丁未,太常卿丁公著卒”。又见两《唐书》本传。《吴郡志》卷二二:“丁公著,字平子,吴人。……以清静闻,终太常卿。”又见《嘉定镇江志》卷一四:“丁公著……上以浙西灾寇求良帅,命检校户部尚书领之,诏赐米七万石以赈给,浙民赖之。改授太常卿。”《嘉泰会稽志》卷二:“丁公著,自礼部尚书、翰林侍读学士授,长庆三年九月追赴阙。案唐本传:入为太常卿。”岑仲勉《唐史余沈》

卷三《新丁公著传之纰缪》条:"《新传》又继云:'久之,入为太常卿,大和中,以病丐身还乡里,卒。'按《旧纪》一七下,大和六年八月'乙丑,以尚书右丞判太常卿王璠检校礼部尚书、润州刺史、浙西观察使。……壬申,以前浙西观察使丁公著为太常卿。……九月……丁未,太常卿丁公著卒。'王璠盖代公著者,赈米之后,未及三月,非'久之'也。壬申诏为太常卿,去其卒仅一月也。传于此始提大和中,非得《旧纪》对读,几令人无从追摸矣。《旧传》云'改授太常卿,以疾请归田里,未至而终',与纪文恰相印证,《新传》增'久之'二字,省'未至而'三字,掺'大和中'三字,遂至蒙头盖面,改修之不可不慎也如此。"

庾承宣　大和七年—九年(833—835)

《旧书·文宗纪下》:大和七年二月,"己巳,以吏部侍郎庾承宣为太常卿"。八年正月,"令太常卿庾承宣摄太尉,遍告九室,迁神主于便殿"。九年正月,"以太常卿庾成(承)宣检校吏部尚书,充天平军节度使,代殷侑"。又见《元龟》卷三〇。

令狐楚　大和九年—开成元年(835—836)

《旧书·文宗纪下》:大和九年六月,"癸巳,以吏部尚书令狐楚为太常卿"。十一月,"癸丑,以左仆射令狐楚判太常卿事"。又本传:"九年六月,转太常卿。十月,守尚书左仆射。"盖九年六月为太常卿,十月迁左仆射,十一月复判太常卿事。又见《新书》本传。《全文》卷六〇五刘禹锡《唐故相国赠司空令狐公(楚)集序》:"以吏部尚书征,续换太常卿,真拜尚书左仆射。大和九年冬十一月,京师有急兵起,上方御正殿,即日还宫,是夕召公决事禁中。"《元龟》卷四六四:"令狐楚,大和七年为检校尚书右仆射,兼吏部尚书。……后以左仆射兼吏部尚书,固让仆射,优诏许之。转太常卿。"《唐仆尚丞郎表》卷九《吏尚》:"令狐楚,大和七年六月二十九乙酉,由河东节度使入迁检校右仆、兼吏尚。……九年六月十九癸巳,转兼太常卿。"同书卷五《左仆》:"令狐楚,大和九年十月三日乙亥,由检校右仆、兼太常卿迁左仆。十一月十二癸丑，复判太常卿事。同月二十四乙丑，兼充诸道盐铁转运榷茶使。……开成元年四月二十五甲午，出为检校左仆、山南西道节度观察使。”

李　程　　开成元年(836)

《旧书·文宗纪下》：开成元年闰五月，“甲申，以河中节度使李程为左仆射、判太常卿事”。又本传：“开成元年五月，复入为右(左)仆射、兼判太常卿事。十一月，兼判吏部尚书铨事。”《新书》本传未及。《会要》卷三三：“大和八年十月，宣太常寺，准《云韶乐》旧用人数，令于本寺阅集进来者。至开成元年十月，教成。其年，太常卿李程进上。”

王　起　　开成元年—四年(836—839)

《旧书·文宗纪下》：开成元年十一月，“壬午，以兵部尚书、皇太子侍读王起兼判太常卿”。又本传：“转兵部尚书。以庄恪太子登储，欲令儒者授经，用兼太子侍读，判太常卿，充礼仪详定使。……三年，以本官充翰林侍讲学士。……四年，迁太子少师，判兵部事，侍讲如故。”《新书》本传略同。《金石文钞》卷八《唐冯宿神道碑》题：“银青光禄大夫、守工部尚书、充皇太子侍读、兼判太常卿事、上柱国、晋阳县开国子、食邑五百户王起撰。”冯宿开成元年十二月卒，二年五月葬。丁居晦《重修承旨学士壁记》：“王起，开成三年五月五日自工部尚书、判太常卿事充皇太子侍读充侍讲学士，依前判太常卿事充。四年三月十二日，授太子少师兼兵部尚书。”《会要》卷一九：“开成三年二月，兵部尚书判太常卿事王起等奏。”按《会要》卷九下引《旧书·王播传》称“弟起，大和九年判太常卿，充礼仪详定使”。又卷二三：“大和九年十一月，兵部尚书、判太常卿、充礼仪详定使王起请创造礼神九宝玉。”似王起于大和九年十一月即判太常卿。然《旧书·文宗纪下》明载大和九年八月王起“为兵部尚书判户部事”，开成元年四月壬申尚在“判户部”任，见《元龟》卷六九。则《会要》之“大和九年”或为“开成元年”之误。又《元龟》卷五九二：“唐王起为兵部尚书、充皇太子侍读、兼判太常卿事,开成二年二月,太常博士丘濡奏:祠祭圭玉,请依礼文。诏令有司详定。"《唐仆尚丞郎表》卷一七《兵尚》:"王起,大和九年八月一日甲戌朔,由检校右仆、山南东道节度使复入迁兵尚、判户部事。时阶银青光禄大夫。开成元年四月三日壬申,尚在兵尚、判户部任。盖同月二十七丙申或稍前,罢判户部事,尚书如故。十一月十七壬午,兼判太常卿事。三年五月五日辛酉,兼充侍讲学士。四年三月十二甲午,迁太子少师,仍兼兵尚、充学士。五年正月七日甲申,进阶金紫光禄大夫,守本官出院。"

崔　郸　　开成四年—五年(839—840)

《旧书·文宗纪下》:开成四年三月,"以[崔]郸为太常卿"。七月,"甲辰,以大中大夫、守太常卿、上柱国、赐紫金鱼袋崔郸可本官同中书门下平章事"。《新书·文宗纪》《宰相表下》《通鉴·开成四年》七月同。《旧书》本传:"四年,入为太常卿。七月,以本官同中书门下平章事,寻加中书侍郎、银青光禄大夫。"又见《新书》本传。《全文》卷七〇文宗《授崔郸平章事制》:"中大夫、守太常卿、上柱国、赐紫金鱼袋崔郸……可守本官同中书门下平章事,散官勋封如故。"《大诏令集》卷四九此文下署"开成四年七月"。《全文》卷六一〇刘禹锡《故朝散大夫检校尚书吏部郎中兼御史中丞……赠太师崔公(陲)神道碑》:"生才子六人:……季曰郸,自太常卿加同中书门下平章事,今为尚书侍郎,平章事如故。"《旧书·武宗纪》:开成五年二月,"太常卿崔郸、户部尚书判度支崔珙并本官同中书门下平章事"。【增订】《洛阳新获七朝墓志》第352页《唐崔郸墓志》:"出为宣歙观察使,兼御史大夫。瞻风而畏爱,下车而化治。罔思封己,唯务便人。宣之氓以茶为业,时茶法甫归郡县,其法茶户率就官造茶,官给帖出卖。或有贫民赍铢两无公帖者皆被刑,严刻如是,人不聊生,然而悬赏以给捕吏。税有余,则长吏已降资于家,长吏往往至合入二千万钱于私。公一缗不受,乃为废捕吏,弛旧禁,贡上无乏,编户遂安。及入拜太常,赤子累累千百万徒,拥辕遮路,望公号泣而言曰:父母去矣!莫知所倚。其惠之人人也至此。以开成四年七月二十五日守本官同中书门下平章事。”

李　珏　开成五年(840)

《新书·宰相表下》:开成五年八月庚午,“[李]珏贬太常卿”。又本传:“迁门下侍郎,为文宗山陵使。会秋大雨,梓宫至安上门陷于泞,不前,罢为太常卿。”《通鉴·开成五年》:秋八月,“庚午,门下侍郎、同平章事李珏坐为山陵使龙輴陷,罢为太常卿”。《全诗》卷三六二刘禹锡《奉和吏部杨尚书太常李卿二相公策免后即事述怀赠答十韵》,“杨尚书”指杨嗣复,是年五月罢相为吏部尚书,八月出为湖南观察使。“太常李卿”即指李珏,是月由太常卿出为桂州刺史。卞孝萱《刘禹锡年谱》开成五年:“禹锡此诗,作于杨、李罢相之后,离京之前。”

郑　肃　会昌元年(841)

《旧书》本传:“会昌初,武宗思太子永之无罪,尽诛陷永之党。……召拜太常卿,累迁户部、兵部尚书。”《新书》本传:“出为检校礼部尚书、河中节度使。武宗知太子无罪,特困于谗,而朝廷谓肃临义不可夺,侹侹有大臣节,召为太常卿。迁山南东道节度使。”《唐仆尚丞郎表》卷一五《礼尚》:“郑肃,会昌二年或稍前后,由太常卿迁礼尚,又迁户尚。”

王　起　会昌元年—四年(841—844)

《旧书》本传:“会昌元年,征拜吏部尚书,判太常卿事。三年,权知礼部贡举。明年,正拜左仆射,复知贡举。”《新书》本传:“武宗立,为章陵卤簿使、东都留守。召为吏部尚书,判太常卿。帝患选士不得才,特命起典贡举。进尚书左仆射,封魏国公。”《旧书·礼仪志四》:会昌二年正月四日,“检校左仆射太常卿王起、广文博士卢就等献议”。《会要》卷一〇下作“会昌元年十二月”。又卷七六:“[会昌]四年二月,权知贡举、左仆射、太常卿王起,放及第二十五人。”《唐摭言》卷三:“会昌三年……十二月十七日,宰臣遂奏:依前命左仆射兼太常卿王起主文。"《元龟》卷六四四:"武宗会昌四年二月,权知贡举、左仆射、判太常卿王起下及第二十五人。续奏五人,堪放及第。杨知至、窦缄、杨严、郑朴、源重,奏敕只放杨严及第,余并落下。"《全文》卷七〇四李德裕有《让司空后举太常卿王起自代状》。陈寅恪《读书札记二集》一八六页《刘宾客集之部》:"《旧书》四三《职官志》:吏部尚书,龙朔二年,改为司列太常伯,光宅元年,改为天官尚书,神龙复为吏部尚书也。《旧唐书》一六四《王播传》附《起传》:'宰相李吉甫镇淮南,以监察充掌书记。……武宗即位……寻检校左仆射、东都留守,判东都尚书省事。会昌元年,征拜吏部尚书,判太常卿事。……起前后四典贡部,所选皆当代辞艺之士,有名于时,人皆赏其精鉴徇公也。'举之以吏部尚书判太常卿事,故曰天官太常伯,甚确。王起之征为吏部,未知为会昌元年何月?"《唐仆尚丞郎表》卷九《吏尚》:"王起,会昌元年,由检校左仆、东都留守入迁吏尚、兼判太常卿事。二年冬,以本官权知明年春贡举。三年春,迁左仆,仍判太常卿。"同书卷五《左仆》:"王起,会昌三年春,由吏尚、判太常卿、知贡举迁左仆,仍判太常。十二月十七辛未,复特敕以本官知贡举。四年四月二十五戊寅,加平章事,出为山南西道节度观察使。"

孙　简　　会昌四年—五年(844—845)

拓本《唐故银青光禄大夫检校司空兼太子少师分司东都上柱国乐安县开国侯孙公(简)墓志铭并序》(大中十□年):"出镇山南西道……后三为太常卿,相武宗。"按会昌三年至四年在山南西道任。北图藏拓片《唐故朝议郎前守蓬州刺史乐安孙府君(说)墓志铭并序》(某年七月三十日):"烈考府君讳简……历刑、吏侍郎、尚书左丞,两拜吏部尚书,四总铨务,三授太常卿,两任东都留守,后除检校司空、太子少师,薨于位,累赠太师。蓬州府君即太师公第三子也。"《全文》卷七〇〇李德裕《上尊号玉册文》:"维会昌五年岁次乙丑,正月己酉朔一日己酉,光禄大夫守太尉兼门下侍郎同中书门下平章事臣德裕……及文武百官大中大夫太常卿臣孙简等六千二百二人言……"《旧书·武宗纪》:会昌五年正月,"太常卿孙简等率文武百僚上徽号曰仁圣文武章天成功神德明道皇帝”。按会昌六年九月孙简在吏部尚书任,见《元龟》卷五九二。则孙简当在会昌四年首次为太常卿,至迟在五年底六年初迁吏部尚书。

孙　简　　约会昌六年—大中元年(846—847)

《孙说志》称其为卢商度支巡官,“不旬岁,卢公秉执大政,归于庙算,府君以相幕体例,合得优升,遂除太常寺协律郎。会太保公(即孙简)授任卿长,复以卑解”。按《新书·宰相表下》,卢商于会昌六年九月为中书侍郎兼工部尚书、同中书门下平章事,大中元年三月罢相,出为武昌军节度使。则孙简当在此期间二次为太常卿。

封　敖?　　约大中三年—四年(约849—850)

《旧书·宣宗纪》:大中三年正月,“以太常卿封敖检校兵部尚书,为兴元尹、山南西道节度使”。按本传称封敖在大中四年由吏部侍郎出为兴元尹,则“三年”当为“四年”之误。疑本传于吏侍后省太常卿欤?

孙　简　　约大中四年—五年(约850—851)

《孙简墓志》:“圣敬文思和武光孝皇帝御□之十一年,□□东都居守左仆射孙公陈□□病□□其任,天子优宠元老,乃拜检校司空兼太子少师,分司东都。……出拜东京留守,检校左仆射,再为吏部尚书,又为东都留守。”《旧书·李固言传》:“宣宗即位,累授检校司徒、东都留守、东畿汝都防御使。大中末,以太常卿孙简代之,拜太子太傅,分司东都。”按李固言大中三年再为东都留守,见《千唐志》一一一四《张季戎志》,则孙简代之为东都留守约在大中五年。孙简第三次为太常卿当在此之前,约大中四年至五年。

高　铢　　约大中五年—九年(约851—855)

《新书》本传:“大中初,迁礼部尚书判户部,徙太常卿。”《旧书》本传未及。《会要》卷六五:“[大中]九年八月,太常卿高铢决罚礼院礼生,博士李瓌引故事见执政,以礼院虽系太常寺,从来博士自专,无关白者。太常三卿始莅事,博士无参集之礼,今之决罚,有违故典。时宰相以铢旧德,不能诘责。铢惭而请退。”《唐仆尚丞郎表》卷一二《户侍》:“《新传》:‘大中初,迁礼部尚书、判户部,徙太常卿。’按《会要》六五《太常卿》条,铢以大中九年罢太常卿。判户部在前,不知何时。然自五年至十年间,户部不阙判使,则铢判户部不能迟过四五年。”

苏　涤　　大中十一年(857)

《旧书·宣宗纪》:大中十一年二月,“以荆南节度使、银青光禄大夫、检校兵部尚书、兼江陵尹……苏涤为太常卿”。八月,“以太常卿苏涤为兵部尚书、权知吏部铨事”。两《唐书》无传。《唐仆尚丞郎表》卷一七《兵尚》:“苏涤,大中十一年八月,由太常卿迁兵尚、权知吏尚铨事。”

封　敖　　大中十一年—十二年(857—858)

《旧书·宣宗纪》:大中十一年八月,“以银青光禄大夫、守散骑常侍、上柱国、渤海郡开国伯、食邑七百户封敖为太常卿”。《会要》卷六五:“[大中]十二年十月,太常卿封敖左授国子祭酒。”《旧书》本传:“[大中]十一年,拜太常卿,出为淄青节度使,入为户部尚书,卒。”《新书》本传:“大中中,历平卢、兴元节度使。……加检校吏部尚书。还为太常卿。始视事,廷设九部乐,敖宴私第,为御史所劾,徙国子祭酒。”《东观奏记》卷下:“太常卿封敖于私第上事。御史台弹奏,左迁国子祭酒。故事:太常卿上日,庭设九部乐,尽一时之盛。敖拜太常卿,欲便于亲阅,遂就私第视事。”

封　敖　　约大中末—咸通初

《新书》本传:“还为太常卿……为御史所劾,徙国子祭酒。复拜太常。进尚书右仆射……卒。”《旧书》本传未及。此三任。

崔慎由　　约咸通二年—三年(约861—862)

拓本《唐太子太保分司东都赠太尉清河崔府君(慎由)墓志自撰》(咸通九年八月二十九日):“入拜刑部尚书,改御史大夫,检校尚书右仆射兼太常卿,检校尚书右仆射兼华州刺史、御史大夫、潼关防御镇国军等使。”两《唐书》本传并未及太常卿事。按慎由大中十二年至咸通二年为剑南东川节度使,咸通五年为河中节度使,见吴廷燮《唐方镇年表》。其为华州刺史约在咸通三年至五年,则其为太常卿当在卸东川后、任华州前,即咸通二、三年。

王　某　　咸通中

《唐摭言》卷三:“咸通中,进士及第过堂后,便以骡从,车服侈靡之极;稍不中式,则重加罚金。蒋泳以故相之子,少年擢第。时家君任太常卿,语泳曰:‘尔门绪孤微,不宜从世禄所为,先纳罚钱。慎勿以骡从也。”据《新表五下》蒋氏,蒋泳为蒋伸之子。蒋伸大中十二年十二月入相,咸通三年出为河中节度使。按“家君”指《唐摭言》作者王定保之父,名不详。

李　蔚　　约咸通七年(约866)

《旧书》本传:“[咸通]六年,拜礼部侍郎,转尚书右丞。……寻拜京兆尹、太常卿。”《新书》本传:“俄拜京兆尹、太常卿。出为宣武节度使。徙淮南。”按李蔚咸通六年由礼侍迁右丞,寻迁京兆尹。咸通九年正月由吏部侍郎出为宣武节度使。其为太常卿在卸京兆尹后,为吏侍前,约咸通七年。

孔温裕　　约咸通十四年—乾符元年(约873—874)

《全文》卷八一二郑仁表《左拾遗鲁国孔府君(纾)墓志铭并序》:“咸通十五年三月,侍讲学士、右仆射、太常孔公以疾辞内署职,其元子左拾遗养疾亦病。逾二旬,太常公疾少间,拾遗疾亦间。又旬日,太常公薨,拾遗哭无时,后七十六日亦终。……公讳纾……父温裕,皇任检校右仆射兼太常卿,充翰林侍讲学士。册赠司空。”两《唐书》

附于其父孔戣传,未及太常卿。岑仲勉《补僖昭哀三朝翰林学士记》卷上:“孔温裕,约咸通十四年自检校右仆射、太常卿充侍讲学士。……《纾志》云:‘咸通十五年三月,侍讲学士、右仆射、太常孔公以疾辞内署职,其元子左拾遗养疾,亦病逾二旬,太常公疾少间,拾遗疾亦间。又旬日,太常公薨。’余按《旧唐书》纪一九上,咸通十三年三月,以吏部尚书萧邺等考试弘词选人,试日萧邺替,差右丞孔温裕权判,未称曰讲学及太常卿,故疑温裕约于十四年由右丞转太常卿入充也。《新唐书》一〇一《萧仿传》叙宣宗时事,称温裕为侍讲学士,殆即涉此度充任而误会者。十五年三月,以病出院。是年十一月始改元乾符,故《纾志》称咸通十五年,志之‘以疾辞内署职’,即辞侍讲也。”

李　蔚　　乾符二年—三年(875—876)

《旧书·僖宗纪》:乾符二年四月,“前淮南节度使李蔚为太常卿”。三年三月,“以太常卿李蔚本官同平章事”。六月,“太常卿、平章事李蔚为中书侍郎”。《元龟》卷七四:“[乾符]三年二月,太常卿李蔚守本官同平章事。”又卷三二二:“李蔚乾符三年为太常卿、平章事,加门下侍郎兼吏部尚书,五年九月,以检校右仆射为东都留守。”此为第二次。《旧书》本传误将两任太常卿合为一次云:“寻拜京兆尹、太常卿。寻以本官同平章事,加中书侍郎,与卢携、郑畋同辅政。”《新书》本传未及二次太常卿。

李　当　　乾符三年(876)

【增订】《秦晋豫新出墓志搜佚续编》第1312页《唐故范阳君夫人卢氏墓志铭并序》,题署:“夫金紫光禄大夫检校尚书右仆射兼太常卿上柱国陇西县开国子食邑五百户李当撰。”志主以乾符三年五月二十日葬。《旧书·僖宗纪》:乾符三年九月,“兵部尚书、兼太常卿李珰检校尚书右仆射、太常”。两《唐书》无传。《唐仆尚丞郎表》卷一七《兵尚》疑“李珰”为“李当”,是。

赵　隐　乾符三年—广明元年(876—880)

《旧书》本传:"乾符中罢相,检校兵部尚书、润州刺史、浙西观察等使。入为太常卿,转吏部尚书。"《新书》本传:"僖宗初,罢为镇海军节度使。王郢之乱,坐抚御失宜,下除太常卿。广明初,为吏部尚书。"按王郢之乱在乾符三年正月。《唐仆尚丞郎表》卷九《吏尚》:"赵隐,广明元年,由太常卿迁吏尚。"

李　琢　广明元年(880)

《旧书·僖宗纪》:广明元年四月,"丁酉,制以检校吏部尚书、前太常卿、上柱国、陇西郡开国公、食邑三千户李琢为光禄大夫、检校尚书右仆射、御史大夫,充蔚朔等州诸道行营招讨使"。《新书》附其父李听传,未及太常卿。

孔　纬　广明元年—中和元年(880—881)

《旧书》本传:"执政怒之,改太常卿。黄巢之乱,从僖宗幸蜀,改刑部尚书,判户部事。"《新书》本传:"三迁吏部侍郎,权要私谒至盈几,一不省,当路不悦,改太常卿。从僖宗西到蜀,以刑部尚书判户部。"

牛　丛　中和元年—光启元年(881—885)

《旧书》本传:"黄巢之乱,从幸西川,拜太常卿。以病求为巴州刺史,不许。驾还,拜吏部尚书。"《新书》本传略同。《旧书·礼仪志五》:"中和元年夏四月,有司请享太祖已下十一室,诏公卿议其仪。太常卿牛丛与儒者同议其事。"《唐仆尚丞郎表》卷九《吏尚》:"牛丛,光启元年,由太常卿迁吏尚。"

崔　厚　光启中

《旧书·礼仪志五》:"中和元年夏四月,有司请享太祖已下十一室,诏公卿议其仪。太常卿牛丛与儒者同议其事。……及左丞崔厚为太常卿,遂议立行庙。以玄宗幸蜀时道宫玄元殿之前,架幄幕为十一室。又无神主,题神版位而行事。达礼者非之,以为止之可也。明年,乃特造神主以祔行庙。"《会要》卷一六同。又见《元龟》卷三一。

卢　渥　　文德元年(888)

《全文》卷八〇九司空图《故太子太师致仕卢公(渥)神道碑》:"乃拜公户部尚书领兴元留事知节度使事。……至京,尚以检校司空、太常卿畴庸,迁尚书右仆射。……寻以检校司徒致仕。"按僖宗还京在文德元年二月。两《唐书》无传。《唐仆尚丞郎表》卷六《右仆》:"卢渥,文德、龙纪中,由检校司空、兼太常卿迁右仆。"

卢知猷　　约大顺二年(约891)

《旧书》本传:"迁尚书右丞、兵部侍郎。历太常卿,工部、户部尚书,复领太常卿。"《新书》本传:"僖宗还京,召拜工部侍郎、史馆修撰。历太常卿、户部尚书,至太子太师。"按卢知猷约大顺中为兵侍,《全文》卷八三七有薛廷珪《授卢知猷兵部侍郎制》,称"前尚书右丞"。

刘崇望　　景福元年—乾宁二年(892—895)

《旧书》本传:"时溥与朱全忠争衡,全忠谋兼徐、泗,上表请以重臣镇徐,乃以崇望守本官,充武宁军节度使。溥不受代,行至华阴而还,拜太常卿。"《新书》本传略同。按《新书·宰相表下》:景福元年,"二月,崇望罢为检校司徒、同中书门下平章事、武宁军节度使"。由此证明拜太常卿在景福元年。《通鉴·乾宁二年》:五月,"初,崔胤除河中节度使,河东进奏官薛志勤扬言曰:'崔公虽重德,以之代王珂,不若光德刘公于我公厚也。'光德刘公者,太常卿刘崇望也。"按崔胤为"检校尚书左仆射、同平章事、河中尹"为乾宁二年三月事,见《旧书·昭宗纪》。

卢知猷　　约乾宁二年—三年(约895—896)

《旧书》本传:"历太常卿,工部、户部尚书,复领太常卿。昭宗在华下,加检校右仆射,守太子少师。"《新书》本传记太常卿仅一次,且历官次序异，见前。按“昭宗在华下”乃乾宁三年七月事。

孙 储? 约乾宁三、四年(约 896、897)

《全文》卷八三五钱珝《代户部孙相公谢授兄太常卿表》：“伏奉今月某日敕命，授臣亲兄太常卿、检校右仆射者。”按“户部孙相公”当为孙偓。检《新表三下》孙氏：孙偓有亲兄备、储、伾、俭四人及弟伉、佾二人，其中唯孙储官终京兆尹，封乐安郡侯。《新书》附《孙偓传》称：“兄储，历天雄节度使，终兵部尚书。”未及太常卿。未知即其人否。

张 祎 约光化、天复间

《旧书》本传：“从昭宗在华……贬衡州司马。昭宗还京，征拜礼部尚书、太常卿，充礼仪使。迁兵部尚书。”按昭宗自华州还京乃光化元年八月事，见《旧书·昭宗纪》。光化元年拜礼部尚书，迁太常卿当在此后。

崔 棍 约昭宗时

《新表二下》南祖崔氏：“棍字制之，太常卿。”《旧书》附其父《崔安潜传》，云：“景福中为起居郎……累官至尚书。”

李 就 昭宗时

《新书·宗室世系表上》大郑王房：“太常卿就。”乃太子太傅同平章事李福子。按李福同平章事在咸通中，计其子仕历当在昭宗时。

王 溥 约天复三年—天祐二年(约 903—905)

《新书》本传：“罢为太子宾客，分司东都。未几，召拜太常卿、工部尚书。会朱温侵逼，贬淄州司户参军，赐自尽。”《旧书·哀帝纪》：天祐元年十月，“礼仪使、太常卿王溥与一子八品正员官”。二年正月，“甲子，太常卿王溥上大行皇帝谥号、庙号”。二月，“庚戌，制以太常卿王溥为工部尚书”。

张廷范　　天祐二年(905)

《旧书·哀帝纪》:天祐二年三月,“壬申,以检校司徒、和王傅张廷范为太常卿。……和王傅张廷范者,全忠将吏也,以善音律,求为太常卿,全忠荐用之”。五月,“又以将卜郊禋,预调雅乐,宜以太常卿张廷范充修乐悬使”。庚午敕:“仪仗车辂宜令太常卿张廷范判。”八月,“癸卯,敕太常卿张廷范宜充南郊礼仪使”。十月,“太常卿张廷范改谥[昭宗谥号]曰恭灵庄闵孝皇帝,庙号曰襄宗”。十二月,“敕右常侍王巨、太常卿张廷范……等,随册礼使柳璨魏国行事”。“又敕:‘太常卿张廷范,太常少卿裴磵、温銮……共为朋扇……廷范可责授莱州司户。……’又敕:‘张廷范性唯庸妄,志在回邪……宜除名,委河南府于都市集众,以五车分裂”。《会要》卷九下:“天祐二年五月庚午,敕所司定今年十月九日有事郊丘……仪仗车辂宜令太常卿张廷范判。”又见《全文》卷九四哀帝《责授张廷范等敕》。《会要》卷五二:“天祐元年四月,和王傅张廷范善音律,求为太常卿。……宰相裴枢以廷范非乐卿之才,不允所荐。”又见《新书·哀帝纪》、本传,两《唐书·裴枢传》,《元龟》卷三一、《通鉴·天祐二年》。

赵光逢　　天祐二年—四年(905—907)

《旧书》本传:“昭宗迁洛,起为吏部侍郎,复为左丞,历太常卿。鼎没于梁,累官至宰辅。”《旧五代史》本传:“除吏部侍郎、太常卿。入梁为中书侍郎、平章事。”《新表三下》赵氏:“光逢,字延吉,太常卿。”按昭宗于天祐元年闰四月迁洛,见《旧书·昭宗纪》。

裴　迪　　天祐四年(907)

《元龟》卷八九九:“裴迪,唐末太常卿。受禅之岁,拜尚书右仆射。后一年,上章告老,为司空致仕。”

杨　涉　约唐末

【增订】《全唐文补遗》第八辑《张荷墓志》："今左仆射杨公相国卿太常日，奏修撰，兼洛阳县尉。"按，《旧五代史》卷一二八《杨凝式传》："杨凝式，华阴人也。父涉，唐末梁初，再登台席，罢相守左仆射卒。"《新五代史》卷三五《杨涉传》："哀帝即位，拜中书侍郎、同中书门下平章事。……唐亡，事梁为门下侍郎、同中书门下平章事，在位三年，俛首无所施为，罢为左仆射，知贡举，后数年卒。"可证墓志"左仆射杨公"为杨涉。其为太常卿在唐末首次入相之前。

待考录

李　晦

《全文》卷九九二阙名《大唐故秋官尚书河间公碑》："公讳晦……贞观末授通事舍人，转尚太常卿（阙六字）左卫率□府事。"按两《唐书》本传称：乾封中为营州都督，垂拱中为秋官尚书，永昌元年卒。似贞观末高宗初不可能为太常卿。因阙字，且"太常卿"前有"尚"字，不知何意。

李居士

《新书·宗室世系表上》蔡王房：袭襄武郡公俭"裔孙太常卿居士"。按《郎考》卷二六主客员外郎有李居士，在王思善、王玄鉴后，独孤守忠、周子敬前，约高宗、武后时人。未知为正员官抑员外官。

李嗣真

《新表二上》赵郡李氏西祖房："嗣真，太常卿。"两《唐书》本传未及太常卿，只称曾为太常（司礼）丞，永昌中拜右御史中丞知大夫事。

武攸望

《旧书·武承嗣传》："中宗时，嗣宗至曹州刺史……相次病卒。攸望至太常卿，左迁春州司马而死。"按《新书·武承嗣传》："攸望以太府卿贬死春州。"《姓纂》卷六沛国武氏:"攸望,会稽王、少府监,察(蔡)公。"《新表四上》武氏:"攸望,少府监、蔡公。"疑《旧传》有误。

张敬宗

《千唐志》九二六《唐故吏部常选中山张府君(颜)墓志铭并序》(大历八年闰十一月十九日):"父敬忠,兵部侍郎、朔方节度、太常卿。……君即太常之第四子也。"颜卒建卯月(宝应元年)九日,春秋三十七。又同书九二七《唐故鄂州永兴县主簿中山张府君(愿)墓志铭并序》(大历八年闰十一月十九日):"父敬宗,兵部侍郎、朔方节度、太常卿。……君即太常府君之第六子也。"愿卒于大历八年。按张敬忠,《新书》附《张仁愿传》云:"累迁吏部郎中,开元七年拜平卢节度使。"未及太常卿。又按敬忠开元十一年四月为河西节度使,十二、十三年为剑南节度使,见《方镇年表》。其为朔方节度亦当在开元中。唯太常卿未知是正员官抑加官或赠官。

窦　总

《洛阳新获墓志》九二《唐故处州刺史崔公后夫人窦氏墓志并铭》(元和十二年闰五月十三日):"皇太常卿、汾州刺史总之曾孙,皇尚书屯田员外郎俨之孙,皇宁州真宁县令少广之长女。"窦氏卒元和十二年,享年七十五。按《姓纂》卷九河南洛阳窦氏:"普行生总,汾州刺史。总生弘俨,屯田员外。"《新表一下》同。则太常卿为检校官欤?

李从乂

《新书·宗室世系表上》大郑王房:"太常卿从乂。"仕历年代不详。

李楚珪

《新书·宗室世系表下》江王房:"陇西郡公、左领军卫大将军、太常卿楚珪。"其仕历年代不详。

李　某

《全诗》卷二五八蒋涣《故太常卿赠礼部尚书李公及夫人挽歌二首》其一："白简尝持宪，黄图复尹京。能标百郡则，威肃一朝清。典秩崇三礼，临戎振五兵。更闻传世业，才子有高名。"名字不详。

窦献诚

《新表一下》三祖窦氏："献诚，太常卿。"乃安邑府别将眘惑子，仕历年代不详。

崔　敦

《新表二下》清河小房崔氏："敦，太常卿。"仕历年代不详。

张晏之

【增订】《邙洛碑志三百种》载《燕张惟恭墓志》："五代祖太常卿、北徐州刺史晏之。"墓主圣武二年(758)七月五日卒，年五十三。

附考：

本卷太常卿大和五年原列王正雅：《元龟》卷六二二："王正雅为太常卿，宋申锡狱自内起，宰相重臣无敢言者，正雅与京兆尹崔琯上疏请付外考验其事，由是狱情稍缓，申锡止于贬官，内外翕然推重之。"据《旧纪》崔琯为京兆尹在大和四年十二月丙辰至五年五月丙寅，知王正雅大和五年为太常卿。【增订】《订补》云：王正雅此时任"大理卿"，《册府元龟》误作"太常卿"。据《旧唐书》本传："入为大理卿。会宋申锡事起……正雅与京兆尹崔琯上疏请出造事者付外考验其事。"《新唐书》本传："入为大理卿，会争宋申锡狱，坚甚，申锡不得死。"《册府元龟》卷六一七："王正雅，文宗时为大理卿，会宋申锡事起狱，自内出，无支证可验。"又《册府元龟》卷六九一、《新唐书·宋申锡传》《新唐书·崔琯传》《资治通鉴·大和五年》所载同。《唐九卿考》卷七大理卿"王正雅，大和五年"条无误，卷二太常卿"王正雅，大和五年"条应删去。

太常少卿考

李仲文　武德二年—四年(619—621)

《新书·刘武周传》:“武德二年,总兵二万入寇……诏遣太常少卿李仲文御之,为贼所执,举军没,仲文逃还。”《旧书·刘武周传》同,唯未载年代。《通鉴·武德二年》:四月,“戊午,诏太常卿李仲文将兵救并州”。“太常卿”当为“太常少卿”之误。《新书·高祖纪》:武德四年二月,“乙巳,太常少卿李仲文谋反,伏诛”。

祖孝孙　武德七年—贞观二年(624—628)

《旧书》本传:“高祖受禅,擢孝孙为著作郎,历吏部郎、太常少卿,渐见亲委,孝孙由是奏请作乐。时军国多务,未遑改创,乐府尚用隋氏旧文。武德七年,始命孝孙及秘书监窦琎修定雅乐。”又《音乐志一》作“武德九年,始命孝孙修定雅乐,至贞观二年六月奏之”。又《音乐志三》:“贞观二年,太常少卿祖孝孙既定雅乐,至六年,诏褚亮、虞世南、魏徵等分制乐章。”《会要》卷三二:“武德九年正月十日,始命太常少卿祖孝孙考正雅乐,至贞观二年六月十日,乐成奏之。”“太宗文皇帝留心雅正……乃命太常少卿祖孝孙正宫调。”又见《新书·礼乐志十一》,《通鉴·武德九年》正月、《贞观二年》六月、十二月,两《唐书·窦琎传》《王珪传》,《旧书·张文收传》,《广记》卷二〇三引《谭宾录》,《元龟》卷一七五,《全文》卷四七七杜佑《改定乐章论》。《姓纂》卷六范阳祖氏:“孝孙,唐吏部郎中、太常少卿。”《贞观政要》卷七《礼乐》第二九:“太常少卿祖孝孙奏所定新乐。太宗曰:‘礼乐之作,是圣人缘物设教,以为撙节,治政善恶,岂此之由?’御史大夫杜淹对曰:‘前代兴亡,实由于乐。陈将亡也为《玉树后庭花》,齐将亡也而为《伴侣曲》,行路闻之,莫不悲泣,所谓亡国之音。以是观之,实由于乐。’太宗曰:‘不然,夫音声岂能感人?观者闻之则悦,哀者听之则悲,悲悦在于人心,非由乐也。将亡之政,其人心苦,然苦心相感,故闻之则悲耳。何乐声哀怨,能使悦者悲乎?今《玉树》

《伴侣》之曲，其声具存，朕能为公奏之，知公必不悲耳。'尚书右丞魏徵进曰：'古人称，礼云，礼云，玉帛云乎哉！乐云，乐云，钟鼓云乎哉！乐在人和，不由音调。'太宗然之。"《元龟》卷五六九：武德"九年正月，命秘书监窦琎、太常少卿祖孝孙修定雅乐。"又卷七九九："吕才，博州清平人。少好学，善阴阳方伎之书。贞观初，太子左庶子杜正伦、太常少卿祖孝孙表荐之，诏令直弘文馆。"【增订】《文献通考》卷一二九："唐太宗贞观初，合考隋氏所传南北之乐，梁陈尽吴楚之声，周齐皆胡虏之音。乃命太常卿祖孝孙正宫调，起居郎吕才习音韵，协律郎张文收考律吕，平其散滥，为之折衷。""太常卿"或为"太常少卿"之误。

欧阳询 约贞观初

《全文》卷四四七窦臮《述书赋下》："书有大小欧阳。"注："欧阳询……官至率更令、太常少卿。子通，亦能继美。"两《唐书》本传未及，未知误否？

傅 奕 约贞观初

《隋唐嘉话》卷中："贞观中，西域献胡僧，咒术能死生人。太宗令于飞骑中拣壮勇者试之，如言而死，如言而苏。帝以告太常卿傅奕。奕曰：'此邪法也。臣闻邪不犯正，若使咒臣，必不得行。'帝召僧咒奕，奕对之，初无所觉。须臾，胡僧忽然自倒，若为所击者，便不复苏。"按《广记》卷二八五引《国朝杂记》作"太常少卿"，《刘宾客嘉话录》作"宗正卿"。今天从《广记》引《国朝杂记》。

崔敦礼 贞观七年—九年(633—635)

《全文》卷一四五于志宁《太子少师中书令开府仪同三司并州都督上柱国固安昭公崔敦礼碑》："[贞观]六年授员外散秩常侍、行中书舍人。七年守太常少卿。三雍七郊之礼，则□之于灵台，九成□英之乐，□□之于……九年属有国哀，灵驾进发，以公摄侍中，□人□丧事。十年授□□少(阙十字)兵部侍郎。"又卷一四七颜师古《为留守群官谢恩诏表》:“守太常少卿崔敦礼至京师,俯降神笔,曲垂诲奖。”两《唐书》本传略而未及。

裴怀节　约贞观十年(636)前后

拓本《大唐故宫府大夫兼检校司驭少卿裴君(皓)墓志铭并序》(龙朔三年十月五日):“父怀节,随举孝廉,释褐太仆丞……皇朝授秦王府录事参军,转太子詹事丞,门下给事中,为扬、荆二大都督府司马,迁荆府长史,征拜工部侍郎、太子少詹事、太常少卿,银青光禄大夫、行扬州都督府长史兼越王府长史,除洛州诸军事、洛州刺史,加上护军。薨,谥曰定。”又见《河东出土墓志录·裴皓墓志铭》。皓卒龙朔二年,年五十五。按贞观十七年为洛州刺史,见《会要》卷六八。为太常少卿当在此前若干年。

元　达　约贞观中

《新中国出土墓志》河南卷二一四《大唐故通议大夫上柱国剑州刺史晋阳县开国男郭府君夫人新郑郡君河南元氏(婉)权殡墓志》(天宝五年二月三日):“曾祖达,太常少卿。祖德,简州司马。父玄祐,亳州城父县令。”夫人卒天宝五载,年六十七,计其曾祖元达为太常少卿约在贞观中。

独孤延寿　约贞观中

《姓纂》卷一〇独孤氏(岑校补):“延寿,太常少卿、新蔡公。”《千唐志》七五九《大唐我府君故汉州刺史独孤公(炫)墓志铭并序》(开元二十四年十一月二十七日):“烈祖延寿,皇光禄、太常卿,泽、渝、湖三州刺史。”据《姓纂》,其为光禄、太常当都是“少卿”。按延寿父陁,隋上开府、领左右将军、上大将军,《隋书》有传。又按炫卒开元二十四年,春秋七十。计其祖为太常少卿约在贞观中。《金石录》卷三有《独孤使君碑》,贞观十九年立,云:“君讳某,字延寿。”

白君恕　　约贞观中

【增订】《全唐文补遗》第七辑《白庆先墓志》："曾祖君恕，唐任太常少卿，邵陵郡开国公。"按，志云："御史中丞、兼幽府长史张守珪知君诚恳，奏充判官。……今年二月廿二日，使差给熟奚粮，奚叛遇害，非命而卒。……春秋卌有八。"未明言卒年。考《唐代墓志汇编续集》第635页《李永定墓志》："［开元］贰拾柒载，以卢龙塞下降奚内叛，节度使张守珪令公张皇陆师，斩刈枭孽，流血色水，僵尸满原。天书降临，改授右清道率。曩载骚扰余烬北奔。贰拾捌载，节度使李适之差公领马骑讨袭，大破奚军。"是知白庆先应卒于开元二十七载(739)。以此推其曾祖时代约略在贞观中。

杨　纂　　约贞观十六年—十八年(约642—644)

《旧书》本传："俄又除吏部侍郎，前后典选十余载……。后历太常少卿、雍州别驾，加银青光禄大夫，复为尚书左丞，迁太仆卿，检校雍州别驾，迁户部尚书。永徽初卒。"《新书》本传未及。拓本《大周朝散大夫行定王府掾独孤府君(思敬)故夫人杨氏墓志铭并序》(长安三年二月十七日)："祖纂，唐尚书左右丞，吏部侍郎，太常少卿，银青光禄大夫行雍州长史，太仆卿，度支、户部两司尚书，柱国、长平公，赠幽易妫檀燕平六州诸军事幽州刺史，谥曰敬。"按杨纂贞观十年至十六年在吏侍任，见《唐仆尚丞郎表》卷一〇。二十年正月已在尚书左丞任，见《元龟》卷一六一。其为太常少卿当在此期间。

令狐德棻　　永徽元年—三年(650—652)

《元龟》卷六一二："高宗永徽元年，敕太尉长孙无忌……太常少卿令狐德棻……等共撰定律令格式。"《全文》卷九九一阙名《大唐故金紫光禄大夫彭阳宪公碑》："永徽二(阙六字)宏文馆学士，仍监修国史，(阙五字)，寻改授(阙五字)太常少卿，依旧修史。"又卷一一高宗《详定刑名诏》："诏太尉、扬州都督、监修国史、上柱国、赵国公无忌……太常少卿令狐德棻、吏部侍郎高敬言、刑部侍郎刘燕客……等爰逮朝贤，详定法律。"《旧书·刑法志》："永徽初，敕太尉长孙无忌……太常少卿令狐德棻……等,共撰定律令格式。"《唐大诏令集》卷八二《颁行新律诏》:"太常少卿令狐德棻……永徽二年九月。"《新书·艺文志二·刑法类》:"《留本司行格》十八卷。"注:"太尉无忌……太常少卿令狐德棻……等奉诏撰定。……永徽三年上。"又见《会要》卷三九。并称"太常少卿"。两《唐书》本传称"太常卿",夺"少"字。《元龟》卷六二四:"唐令狐德棻,永徽初为太常少卿。高宗召中书门下三品及弘文馆学士于中华殿论议,帝问曰:'何者为王道,何者为霸道,又孰为先后?'"又卷五六四:"令狐德棻累官太常卿,撰《皇帝封禅仪》六卷。""卿"亦疑"少卿"之夺。

韦　琨　　永徽二年—显庆三年(651—658)

《旧书·礼仪志一》:"高宗初(《会要》卷三七作永徽二年),议者以《贞观礼》节文未尽,又诏太尉长孙无忌……太常少卿韦琨……等重加缉定,勒成一百三十卷,至显庆三年奏上之。"《新书·艺文志二·仪注类》:"《永徽五礼》一百三十卷。"注:"长孙无忌、侍中许敬宗、兼中书令李义府、黄门侍郎刘祥道许圉师、太常卿韦琨……等撰。……显庆三年上。"《新书·礼乐志一》称"太常卿韦琨",夺"少"字。《元龟》卷五六四:"显庆三年正月,太尉长孙无忌……太常少卿韦琨……等修新礼成,凡一百三十卷,二百九十九篇,奏上之。"按韦琨在显庆时为少卿,诸书所记正卿皆误。

于立政　　显庆元年(656)

【增订】曾涧《增补》:欧阳棐《集古录目》:"《唐太子少师崔敦礼碑》,唐尚书左仆射于志宁撰,太常少卿于立政书。……碑以显庆元年十月立。"《宝刻类编》卷二,于立政、太常少卿,所书碑四,其三《太子少师崔敦礼碑》,显庆元年十月立。按立正(政)显庆元夏为虢州刺史,见《太平广记》卷三九三引《广古今五行记》,知其入为太常少卿在是年夏秋。

孔志约　　龙朔二年(662)

《广弘明集》卷二五《叙朝宰会议沙门致拜君亲事九首并序》："龙朔二年五月十五日，大集文武官僚九品已上并州县官等千有余人总坐中台都堂，将议其事。……时司礼大夫孔志约执笔述状。"按志约永徽至显庆时为太常博士，见《新书·艺文志一》及《艺文志二》。显庆二年至四年在礼部郎中兼太子洗马弘文馆大学士任，见《会要》卷八二及《新书·艺文志三》"《图经》七卷"注。其年九月五日在礼部侍郎任，见《会要》卷三六及卷二一。两《唐书》无传。

长孙润　　高宗时

《新表二上》长孙氏："润，太常少卿、金城县子。"乃无忌少子。疑其于高宗时为此职。

韦万石　　上元二年—调露元年(675—679)

《旧书》本传："上元中，自吏部郎中迁太常少卿。当时郊庙乐调及宴会杂乐，皆万石与太史令姚玄辩增损之，时人以为称职。寻又知吏部选事，卒官。"《新书》本传略同。《旧书·礼仪志一》："仪凤二年，又诏显庆新修礼多有事不师古，其五礼并依周礼行事……时有太常卿裴明礼、太常少卿韦万石相次参掌其事。……仪凤二年七月，太常少卿韦万石奏曰……"又《音乐志一》："仪凤二年十一月六日，太常少卿韦万石奏曰：'据《贞观礼》，郊享日文舞奏《豫和》《顺和》《永和》等乐。'""三年七月，上在九成宫咸亨殿宴集，有韩王元嘉、霍王元轨及南北军将军等。乐作，太常少卿韦万石奏称……"又见《新书·礼乐志十一》《沈伯仪传》，《会要》卷九上、卷一二、卷三二、卷三三、卷三八，《通鉴·仪凤三年》，《大唐郊祀录》卷五，《全文》卷一五三刘思立《劾韦万石奏》。《姓纂》卷二京兆杜陵东眷韦氏："万石，吏部郎中、太常少卿，知吏部选。"《新表四上》韦氏逍遥公房略同。《唐仆尚丞郎表》卷一〇谓万石知选在调露元年十一月后。

尹文操　　约开耀中(未任)

《全文》卷一六五员半千《大唐宗圣观主银青光禄大夫天水尹尊师碑》:"尊师讳文操,字景先……高宗大悦……乃授尊师银青光禄大夫、行太常少卿。尊师固让不得已,辞官而受散职焉。"

窦孝谌　　约垂拱中

《旧书》本传:"则天时,历太常少卿、润州刺史。长寿二年,后母庞氏被酷吏所陷,诬与后咒诅不道,孝谌左迁罗州司马而卒。"按拓本天宝七载十二月二十四日《赵郡司士参军王昔妻窦氏志》与《全文》卷一〇〇《太子少傅窦希瑊神道碑》及卷二九七《太子宾客窦希球神道碑》并称"孝谌,太常卿",或其先为少卿后为正卿,抑《旧书》误,待考。【增订】新出土《窦希瓘神道碑》:"公讳瑰,字希瓘,扶风平陵人也。……考讳孝谌府君,太常卿、润州刺史、赠太尉、豳国公。"(李明、刘呆运《唐窦希瓘神道碑研究》,《考古与文物》2014 年第 5 期)

傅游艺　　天授二年(691)

《旧书》本传:"守鸾台侍郎、依旧同平章事。其年九月革命,改天授元年,赐姓武氏。二年五月,加银青光禄大夫。……逾月,除司礼少卿,停知政事。"《新书》本传未及。《宰相表上》:天授二年,"九月壬辰,游艺自杀"。【增订】《河洛墓刻拾零》第 207 页《唐傅游艺墓志》:"加银青光禄大夫、同中书门下平章事。……遂为逆竖来俊臣所疑陷,降授太常少卿。天授二年九月六日终于私第。"

李怀远　　武后时

《旧书》本传:"累除司礼少卿。出为邢州刺史,以其本乡,固辞不就,改授冀州刺史。俄历扬、益等州大都督府长史,未行,又授同州刺史。……入为太子左庶子,兼太子宾客,历迁右散骑常侍、春官侍郎。大足年,迁鸾台侍郎,寻同凤阁鸾台平章事。"《新书》本传略同。则其为司礼少卿约在武后前期。

张询孝　　武后时

北图藏拓片《唐故通议大夫持节开州诸军事开州刺史上柱国荥阳郑公(沂)墓志铭并序》(开元二十四年十一月七日):“夫人清河张氏,祖侍中公文收,父银青光禄大夫行太常少卿赠殿中监询孝。”按《新表二下》清河东武城张氏作“孝询,太常少卿”;又重出“询孝,太仆少卿”。

刘守敬　　大足元年(701)

《嘉泰吴兴志》卷一四《郡守题名》:“刘守敬,贞观二十一年自洛州刺史授;迁太常少卿。《统纪》云:圣历二年授。”按《姓纂》卷五彭城刘氏:“德智,施州刺史。生崇直、守敬、延嗣、守约、守悌。”岑仲勉《四校记》卷五引《吴兴志》,云:“由其先代历官推之,《统纪》较可信。”按《嘉泰吴兴志》同卷接刘守敬者为陈骞之,引《统记》云:“大足元年授。”岑仲勉《四校记》卷三以为《统纪》之说可信。则刘守敬由湖州刺史迁太常少卿当为大足元年。

郑　杲　　长安二年(702)

《通鉴·长安二年》:九月,“辛巳,又以相王旦为并州道元帅,[武]三思与武攸宜、魏元忠为之副,姚元崇为长史,司礼少卿郑杲为司马;然竟不行。”按郑杲圣历二年在吏部侍郎任,见《会要》卷七五。又按《旧书·宋璟传》载“天官侍郎郑善果”谓璟何以呼张易之为卿,《唐仆尚丞郎表》卷一〇已指正“郑善果”当为“郑杲”之误,此事在长安三年末,则是时郑杲亦在吏侍任。盖二年曾改为太常少卿,三年复为吏侍。

张同休　　长安二年—四年(702—704)

《旧书·张行成传》:“行成族孙易之、昌宗。……长安二年,易之赃赂事发,为御史台所劾下狱,兄司府少卿昌仪、司礼少卿同休皆贬黜。”又《杨再思传》:“再思为御史大夫时,张易之兄司礼少卿同休尝奏请公卿大臣宴于司礼寺。”又《桓彦范传》:“神龙元年正月……

斩易之、昌宗于廊下,并就第斩其兄汴州刺史昌期、司礼少卿同休,并枭首于天津桥南。”又见《新书·杨再思传》《则天皇后纪》,《元龟》卷三三九。《通鉴》记坐赃下狱事在长安四年七月。《新表二下》中山张氏:“同休,司礼少卿。”

崔　融　　长安四年(704)

《旧书》本传:“[长安]四年,除司礼少卿,仍知制诰。……及易之伏诛,融左授袁州刺史。”《新书》本传未及。《会要》卷二六:“长安四年,司礼少卿崔融上表曰:‘……谨按读时令,自魏晋已来,创有此礼。’”《元龟》卷五五〇:“崔融,长安四年除司礼少卿、知制诰。融为文典丽,当时罕有其比。”又卷五五一:“崔融为司礼少卿、知制诰,时张易之兄弟颇招集文学之士,融与纳言李峤、凤阁侍郎苏味道、麟台少监王绍宗等俱以文才降节事之。”【增订】拓本《崔翘墓志》:“考中书舍人、通议大夫、太常少卿、国子司业、修国史、上柱国、清河县开国子、赠卫州刺史、谥曰文融。”(《书法丛刊》2006 年第 2 期,第 51 页)又《洛阳新出土墓志释录》第 107 页崔翘撰《崔尚墓志》:“中书舍人、修国史,太常少卿兼知制诰、国子司业上柱国清河子、赠卫州刺史文公融,君之叔父也。”《洛阳新获七朝墓志》第 277 页崔巨撰《崔异墓志》:“皇朝通议大夫、礼部郎中、知制诰、中书舍人、太常少卿、国子司业、修国史、上柱国、清河子,赠卫州刺史文公讳融,则我之烈祖也。”

孙　俭　　约武后时

【增订】《秦晋豫新出墓志搜佚续编》第 646 页《唐孙守谦墓志》:“父俭,皇鄂、睦二州刺史,太常少卿,右卫右金吾将军,冠军大将军,兼幽州都督节度诸军大使,会稽郡开国公。”

韦叔夏　　神龙元年—三年(705—707)

《旧书》本传:“神龙初,转太常少卿,充建立庙社使。以功进银青光禄大夫。三年,拜国子祭酒。”《新书》本传略同。又见《新书·张齐贤传》《礼乐志四》,《会要》卷一〇下、卷二二。《全文》卷一七中宗《册崔元暐妻为博陵郡王妃文》："维神龙元年，岁次乙巳，六月己酉朔，六日甲寅……今遣银青光禄大大夫、行尚书右丞、上柱国苏瓌，副使通议大夫、守太常少卿韦叔夏持节赍册，于是命尔为博陵郡王妃。"

徐彦伯　　神龙元年—二年(705—706)

《旧书》本传："神龙元年，迁太常少卿，兼修国史。……未几，出为卫州刺史。"《新书》本传略同。《会要》卷六五："[太常寺]少卿，神龙元年七月三十日加一员，徐彦伯为之。"又卷六三："神龙二年五月九日，左散骑常侍武三思、中书令魏元忠、礼部尚书祝钦明及史官太常少卿徐彦伯……等，修《则天实录》二十卷，《文集》一百二十卷，上之。"又载开元四年十一月十四日姚崇奏曰："神龙二年五月，监修国史、中书令魏元忠，与史官太常少卿徐彦伯，国子司业崔融等，修《则天实录》三十卷成，封元忠一子为县男，赐物一千段；彦伯等各赐爵二等，物五百段。"拓本《大唐永泰公主志石文》(神龙二年五月十八日)："太常少卿兼修国史臣徐彦伯奉敕撰。"公主陪葬乾陵。《全文》卷二〇六姚崇《请褒赏刘子玄吴兢奏》："又神龙二年五月，监修国史中书令魏元忠与史官太常少卿徐彦伯、国子司业崔融等修《则天实录》三十卷成。"《全诗》卷九四吴少微《哭富嘉谟并序》："太常少卿徐公，鄜州刺史尹公，中书徐、元二舍人，兵部张郎中，未尝值我不叹于朝。"太常少卿徐公即徐彦伯。又见《广记》卷二三五引《御史台记》。按富嘉谟神龙二年三月卒。《元龟》卷五五四："魏元忠为中书令，神龙元年十二月，制左散骑常侍静德郡王武三思与元忠及礼部尚书祝钦明及史官太常少卿徐彦伯、秘书少监柳冲、国子司业崔融、中书舍人岑羲、徐坚等修《则天实录》。"同卷："神龙二年五月，监修国史、中书令魏元忠与史官太常少卿徐彦伯、国子司业崔融等修《则天实录》三十卷成。"又见卷五五六。

元希声　　约神龙二年—景龙元年(约706—707)

《全文》卷二八〇崔湜《故吏部侍郎元公(希声)碑》："屡乞外补，

上优而不许。转太常少卿。无何,吏部缺……乃拜吏部侍郎。……春秋四十有六,景龙元年某月,终于某。”又卷二三一张说《故吏部侍郎元公碑铭》:“麟阁书仙,凤池墨妙。太常国礼,少宰邦教。”两《唐书》无传。

冯太和　约神龙中—景龙中

《旧书·韦温传》:“温,神龙中累迁礼部尚书,封鲁国公。……后(韦后)妹夫陆颂为国子祭酒,冯太和为太常少卿,太和寻卒,又适嗣虢王邕。”按《广记》卷二八八引《朝野佥载》:“唐逆韦之妹,冯太和之妻,号七姨。……太和死,嗣虢王娶之。韦之败也,虢王斫七姨头送朝堂。”则太和卒于韦后败之前。又按《姓纂》卷一诸郡冯氏:“中书舍人冯大和,并长安人。”当即此人。

郑　愔　景龙二年—三年(708—709)

《旧书·韦巨源传》:“景龙二年,顺天翊圣皇后衣箱中裙上有五色云起,久而方歇,巨源以为非常佳瑞,请布告天下,许之。……时有骁卫将军迦叶志忠、太常少卿郑愔、兵部尚书宗楚客……等,或相讽谕,或上表章,谬说符祥。”又《岑羲传》:“再迁吏部侍郎。时吏部侍郎崔湜、太常少卿郑愔、大理少卿李允恭分掌选事,皆以赃货闻。羲最守正,时议美之。”又《后妃·中宗韦庶人传》:“右骁卫将军、知太史事迦叶志忠上表曰:‘……谨进《桑条歌》十二篇,伏请宣布中外,进入乐府,皇后先蚕之时,以享宗庙。’帝悦而许之……太常少卿郑愔又引而申之,播于舞咏,亦受厚赏。”《新书·后妃·中宗庶人韦氏传》略同。又见《通鉴·景龙二年》二月。《会要》卷六四:“至景龙二年四月二十二日,修文馆增置大学士四员、学士八员、直学士十二员,征攻文之士以充之。……二十五日,敕秘书监刘宪、中书侍郎崔湜、吏部侍郎岑羲、太常卿郑愔……并为学士。”“太常卿”当为“太常少卿”之夺。《旧书·中宗纪》:景龙三年二月(三月)戊寅,“太常少卿兼检校吏部侍郎郑愔同中书门下平章事”。《新书·中宗纪》《宰相表上》作“三年二月”。又见《元龟》卷七二。《通鉴·景龙三年》误作“太常卿”。《全文》卷二七四刘子玄《上萧至忠论史书》:“如张尚书、崔岑二吏部、郑太常等,既迫以吏道,不可拘之史任。”《元龟》卷八九三:“韦后用事,太常少卿郑愔作《桑条歌》十篇,上之。”《全诗》卷五三宋之问《春日郑协律山亭陪宴饯郑卿同用楼字》诗,卷六七田游岩《泛舟送郑卿入京》诗,郑卿疑即郑愔。【增订】《长安碑刻》第86页《韦泚墓志铭》,题署:“太常少卿兼检校吏部侍郎修文馆学士兼修国史荥阳县开国子上柱国臣郑愔奉敕撰。”墓主景龙二年十一月十四日葬。

元行冲　　景龙三年—景云元年(709—710)

《旧书》本传:“九迁至陕州刺史,兼陇右、关内两道按察使,未行,拜太常少卿。……开元初,自太子詹事出为岐州刺史。”《新书》本传:“景云中,授太常少卿。”《会要》卷六三:“景龙三年十二月,太常少卿元行冲以本族出于后魏,未有编年之文,乃撰《魏典》三十卷。事详文简,为学者所称。”《元龟》卷五五六:“元行冲为太常少卿,景龙三年十二月,行冲以本族出于后魏,未有编年之史,乃撰《魏典》三十卷,事详文简,为学者所称。”则行冲景龙三年已在任。《隋唐嘉话》卷下:“元行冲宾客为太常少卿,有人于古墓中得铜物,似琵琶而身正圆,莫有识者。元视之曰:‘此阮咸所造乐具。’乃令匠人改以木,为声甚清雅,今呼为阮咸者是也。”又见《广记》卷二〇三引《异纂》《太平御览》卷六一二引《国朝传记》。

韦　玢　　景龙三年—景云元年(709—710)

《全文》卷二五一苏颋《授韦玢司农少卿制》:“正议大夫行太常少卿上柱国薛县开国男韦玢,……可兼司农少卿,散官勋封如旧,仍分司东都。”按苏颋景龙三年九月至景云元年十一月在中书舍人任。

郑休远　　景云元年(710)

《新书·后妃上·上官昭容传》:“母郑,太常少卿休远之姊。”《嘉泰吴兴志》卷一四《郡守题名》:“郑休远,垂拱元年自金州刺史授,迁越州都督。《统纪》云:景云元年太常少卿授,迁滑州刺史。”按《统纪》是。《郎考》卷二二“祠部员外”引作“郑休远”。

薛　稷　景云元年(710)

《新书》本传:“睿宗在藩,喜之,以其子伯阳尚仙源公主。及践阼,迁太常少卿,封晋国公,实封三百户。”《旧书》本传未及。《旧书·中宗纪》:景龙四年六月,“丙午,新除太常少卿薛稷为黄门侍郎、参知机务”。《新书·睿宗纪》《宰相表上》同。又见《通鉴·景云元年》六月,《元龟》卷七二。

苏　颋　景云元年(710)

《旧书》本传:“神龙中,累迁给事中,加修文馆学士,俄拜中书舍人。……俄迁太常少卿。景云中,[父]瓌薨,诏颋起复为工部侍郎。”《新书》本传略同。《全文》卷二三八卢藏用《太子少傅苏瓌神道碑》:“长子颋,字廷硕,历给事中、中书舍人、修文馆学士、太常少卿。”按景云元年六月颋尚在中书舍人任。是年十一月其父苏瓌薨。其为太常少卿当在是年七月至十一月间。《唐仆尚丞郎表》卷二二《工侍》:“苏颋,开元元年春,由前太常少卿迁工侍,进阶银青光禄大夫。”郁贤皓《苏颋年谱》(《中国典籍与文化论丛》第二辑):景云元年庚戌,“在中书舍人任,十一月前迁太常少卿。俄丁父忧”。又景云二年辛亥,“居家守父丧”。先天元年壬子:“是年仍居家守丧。”开元元年癸丑,“是年春服阕就职,由前太常少卿迁任工部侍郎,袭父爵许国公。十二月擢任中书侍郎。”《苏颋事迹考》(《唐代文学研究》第三辑):“似景云元年十一月苏瓌薨之前,苏颋已在太常少卿任,今《全唐文》卷二五八苏颋有《唐中宗孝和皇帝谥议册文》《和恩皇后哀册文》,乃景云元年十月、十一月所作,可能其时为太常少卿、仍知制诰欤?苏颋于景云元年十一月居父丧,至先天二年春服阕就职,由前太常少卿迁工部侍郎。是年三月在工部侍郎任。”

卢崇道　　约景云二年—开元元年(约 711—713)

《大唐新语》卷六:"陆南金博涉经史,言行修谨。开元初,太常少卿卢崇道犯赃,自岭南逃归,匿于南金家。"又见两《唐书·陆南金传》。《新表三上》卢氏:"崇道,太常少卿。"《唐诗纪事》卷一三:"[卢]崇道为太常卿,坐其婿崔湜反,俱流岭南。还归至都,为其子娶崔氏女,有内给使取充贵人,崇道赂之,令别娶一崔氏女入内。事败,并男三人皆敕杖至殒。盖睿宗时也。"按"太常卿"当为"太常少卿"之夺。《朝野佥载》卷一:"太常卿卢崇道坐女婿中书令崔湜反,羽林郎将张仙坐与薛介然口陈欲反之状,俱流岭南。经年,无日不悲号,两目皆肿,不胜凄楚,遂并逃归。"又见《广记》卷一四六。亦误称"太常卿"。崔湜流岭南乃先天二年事,则卢崇道流岭南亦当于是年,其为太常少卿当在此前。《元龟》卷八五二:"陆南金,开元初为奉礼郎,太常少卿卢崇道犯罪流岭表,逃归来都,南金哀而纳之。崇道俄为雠人所发。侍御史王旭按其事,遂捕获崇道,连引南金。"

唐　晙　　约景云二年—开元元年(约 711—713)

《旧书·唐俭传》:"[曾孙]晙,先天中为太常少卿,坐与太平连谋伏诛。"《新书·唐俭传》略同。《新表四下》唐氏:"晙,太常少卿。"

唐　绍　　先天二年(713)

《新书》本传:"睿宗即位,数言政损益,再迁给事中,兼太常少卿。先天二年,玄宗讲武骊山,绍以典仪坐失军容,当斩。"《旧书》本传未及太常少卿。又《玄宗纪上》:开元元年十一月,"给事中摄太常少卿唐绍以军礼有失,斩于纛下"。

姜　晦　　开元二年—三年(714—715)

《新书》本传:"开元初,擢御史中丞。……转太常少卿。……除黄门侍郎,辞不拜,改兵部。"《全文》卷三九六崔令钦《教坊记序》:"玄宗之在蕃邸,有散乐一部……及膺大位,且羁縻之,常于九曲阅太常乐。卿姜晦,嬖人楚公皎之弟也,押乐以进,凡戏辄分两朋,以判优劣。”按“卿”当作“少卿”。《会要》卷七二:“开元二年九月,太常少卿姜晦上疏,请以空名告身,于六胡州市马,率三十四马酬一游击将军。”《元龟》卷六二一同。《新书·兵志》同,未载年月。《元龟》卷一二四:开元二年十月,“仍令兵部侍郎裴璀、太常少卿姜晦往军州计会”。

崔子璟　开元四年(716)

《元龟》卷一一三:“开元四年十二月,甲辰,帝将幸东都,以……太常少卿崔子璟充桥道使。”两《唐书》无传。

王仁忠　开元五年(717)

《旧书·礼仪志二》:“[开元]五年正月,幸东都,将行大享之礼。太常少卿王仁忠、博士冯宗、陈贞节等议,以武氏所造明堂,有乖典制。”《会要》卷一一同,唯名作“王忠仁”。《通鉴·开元五年》:七月,“太常少卿王仁惠奏则天立明堂不合古制。”作“王仁惠”。并误。《全文》卷二六四李邕《赠安州都督王仁忠神道碑》:“及皇上御极,元妃升后,迁太子仆。……鸣珮(阙二字)载迁鸿胪少卿。……转太常少卿。九乐备陈,三礼大举。观诸侯之会,知天子之尊。除左千牛卫将军。……春秋六十有一,以开元十年三月癸酉朔,捐馆宇于京兆兴宁里之私第。”两《唐书》无传。《元龟》卷五六四:“玄宗开元五年正月,幸东都将行太享之礼,太常少卿王仁忠、博士冯宗、陈贞节等议以武氏所造明堂,有乖典制。诏令所司详议奏闻。”

李　暠　开元七年(719)

《旧书》本传:“开元初,授汝州刺史。……俄入授太常少卿,三迁黄门侍郎,兼太原尹。……久之,转太常卿,旬日,拜工部尚书、东都留守。”《新书》本传未及。《元龟》卷一四四:开元七年七月诏曰:“即令礼部侍郎王丘、太常少卿李暠分往华岳、河渎祈求。”又见《全文》卷二八玄宗《遣官祈雨诏》。《全文》卷三一三孙逖《太子少傅李公(暠)墓志铭》:“历尚书工部、司勋员外,屯田郎中,太仆、卫尉、太常三少卿，汝、汴二州刺史。”

薛　儆　　开元八年(720)前

山西省考古研究所编《唐代薛儆墓发掘报告》载《唐银青光禄大夫驸马都尉上柱国汾阴郡开国公赠兖州都督薛君(儆)墓志铭》(开元九年七月)：“转岐州刺史……复留京师，换太常少卿，比贤也。……旋拜右常侍。”开元八年十二月卒，年四十二。

何　鸾　　开元十一年(723)

《旧书·音乐志三》：“玄宗开元十一年祭地祇于汾阴乐章十一首……送文舞出迎武舞入用《舒和》，太簇宫，太常少卿何鸾作。”又见《全诗》卷一二郊庙歌辞《祭汾阴乐章·舒和》。

李承家　　开元中

【增订】《秦晋豫新出墓志搜佚续编》第711页《唐李承家墓志》：“改河南少尹，从容简惠，群议推服。乃拜太常少卿。……转卫尉卿。……迁右金吾将军。……乃以公为贝州刺史。”李承家开元十五年卒，享年六十八。

韦　縚　　开元十二年—二十二年(724—734)

《旧书·礼仪志三》：“玄宗开元十二年，文武百僚、朝集使、皇亲及四方文学之士……上书请修封禅之礼并献赋颂者，前后千有余篇，玄宗谦冲不许。中书令张说又累日固请，乃下制曰：……。于是诏中书令张说、右散骑常侍徐坚、太常少卿韦縚……与礼官于集贤书院刊撰仪注。”《新书·礼乐志四》略同。又见《旧书·张说传》，《会要》卷八，《元龟》卷三六误作“太常卿”。《唐文续拾》卷三韦縚《青城山投龙壁记》：“金紫光禄大夫、行太常少卿、专知礼仪集贤院修撰、上柱国、沛郡开国公韦□，中大夫、行□给事、上柱国张奉及等……开元十八年六月七日庚申，入净斋醮，十一日甲子敬投龙璧。”《会要》卷一三：“开元十七年四月十日，禘享太庙九室，命有司摄行礼。……时礼官太常少卿韦縚奏曰……”又卷二二:“十八年十二月二十九日,有龙见于兴庆池,因祀而见也,敕太常[少]卿韦縚草祭仪。”又卷一九:“太庙署旧隶太常。至开元二十一年……五月十六日,太常少卿韦縚奏曰……”《新书·百官志三》:“开元二十四年,以宗庙所奉不可名以署,太常少卿韦縚奏废太庙署,以少卿一人知太庙事。”《元龟》卷五八九:“韦縚为太常少卿,开元十七年四月,禘享太庙九室。……二十一年五月,縚奏……。縚寻迁太常卿。二十三年正月。”《元和姓纂四校记》卷二:“(韦縚)开元九年除国子司业,历卫尉少卿,太常少卿,至二十三年二月,迁太常卿,天宝九载三月,除太子少师,见《会要》三七及各卷。《广记》三八九引《戎幕闲谈》,安石弟縚为太常卿礼仪使,卒官。作‘弟’误,乃安石侄也。徐灵府《天台山记》,开元二十五年太常卿修礼仪使韦縚。《青城山投龙壁记》,开元十八年六月立,结衔行太常少卿韦縚(《唐文续拾》三)。《孟浩然集叙》,天宝九载正月作,结衔为特进行太常卿礼仪使韦滔,‘滔’应作‘縚’。”按韦縚开元二十二年已迁太常卿,详本书太常卿考。

贺知章　　开元十二年—十三年(724—725)

《旧书》本传:“兵部尚书张说为丽正殿修书使,奏请知章及秘书员外坚徐坚……皆入书院,同撰《六典》及《文纂》等,累年,书竟不就。后转太常少卿。十三年,迁礼部侍郎。”《新书》本传未及。《旧书·音乐志三》:“玄宗开元十三年,禅社首山祭地祇乐章八首,迎神用《顺和》,太常少卿贺知章作。”《全诗》卷一二《禅社首乐章》:“前七章太常少卿贺知章撰。”《全文》卷四四七窦臮《述书赋下》:“狂客风流。”注:“贺知章字维摩……历官太常少卿、礼部侍郎。”《大唐新语》卷一一《褒赐第二四》:“贺知章自太常少卿迁礼部侍郎,兼集贤学士。一日并谢二恩。时源乾曜与张说同秉政。”《独异志》卷上:“唐贺知章,会稽永兴人,进士擢第,太常少卿、秘书监,为太子诸王侍读。”《唐仆尚丞郎表》卷一六《礼侍》:“贺知章,开元十三年,由太常少卿迁礼侍。”

张九龄　开元十三年—十四年(725—726)

《旧书》本传:"无几,[张]说果为[宇文]融所劾,罢知政事,九龄亦改太常少卿,寻出为冀州刺史。九龄以母老在乡,而河北道里辽远,上疏固请换江南一州……改为洪州都督。"《新书》本传略同。又见《全文》卷四四〇徐浩《唐尚书右丞相中书令张公(九龄)神道碑》。《唐大诏令集》卷七四《令卢从愿等祭岳渎敕》:"太常少卿张九龄祭南岳及南海。……开元十四年正月。"又见《全文》卷二九玄宗《遣官祭五岳四渎风伯雨师诏》。《元龟》卷一四四作"开元十四年六月丁未"。《张曲江集》附录有《转太常少卿制》:"中书舍人、上柱国、曲江县开国男张九龄……可中散大夫、守太常少卿,勋封如故。"末署:"开元十三年十一月十六日。"又有《授冀州刺史制》:"中散大夫、守太常少卿、上柱国、曲江县开国男张九龄,可持节冀州诸军事、冀州刺史。"末署:"开元十四年五月十四日。"

薛　縚　开元十六年(728)

《新书·李瑛传》:"开元三年,立为皇太子。……十六年,诏九品官息女可配太子者,有司采阅待进止,以太常少卿薛縚女为妃。"按《大诏令集》卷三一《开元十九年皇太子纳妃制》作"开元十九年十月"。《新书·薛愿传》:"父縚,太常卿。""卿"当为"少卿"之夺。《旧书·薛愿传》仅称"父縚,礼部郎中",《新表三下》同。

萧　华　开元二十一年(733)

《旧书·张果传》:"玄宗好神仙,而欲果尚公主,果固未知之,谓秘书少监王迥质、太常少卿萧华曰:'谚云娶妇得公主,真可畏也。'迥质与华相顾,未晓其言。"《新书·张果传》略同,并记此事称"开元二十一年"。两《唐书》本传未及。

郑少微　开元二十—二十三年(约732—735)

《全文》卷九九三阙名《唐故慈州刺史[赠]光禄卿郑公(曾)碑》:"长曰长裕,国子司业。……次子□□,历□部郎中,中书舍人,鸿胪、太常□少卿,□□□侍郎。□□薛景伯器标公辅珪璋之特秀,铉翼之良材。”据《旧书·郑余庆传》,祖长裕,长裕弟少微,为中书舍人、刑部侍郎。按开元二十五年在刑侍任,见《唐仆尚丞郎表》卷二〇。【增订】《洛阳新获七朝墓志》第209页《高慈墓志》,末署:“大唐开元廿二年岁次甲戌五月辛酉朔廿四日甲申,太常少卿郑少微文。”

贺　华　开元二十五年(737)

【增订】《大唐西市博物馆藏墓志》二二二《贺睿墓志》:“以开元廿五年七月十七日,寝疾薨于亲仁里之私第,春秋五十有六。……以其年冬十一月辛未十四日甲申,葬于先茔之南神和原,礼也。……长子曰华,中大夫,太常少卿,上柱国,兰陵县开国男。”

张　垍　开元二十六年(738)

《全文》卷四五五韦执谊《翰林院故事记》:“[开元]二十六年始以翰林供奉改称学士,由是遂建学士[院],俾专内命。太常少卿张垍、起居舍人刘光谦等首居之。”又见《会要》卷五七,误作“张洎”。岑仲勉《翰林学士壁记注补》:“张垍,太常卿充。……据《故事》文,垍系开元二十六年太常少卿充,顾题名内又称‘自太常卿充’,所职不符。考《旧唐书》九七:‘天宝十三年正月,范阳节度使安禄山入朝……及禄山还镇……帝怒,尽逐张垍兄弟,出均为建安太守,垍为卢溪郡司马,埱为宜春郡司马,岁中召还,再迁为太常卿。’《新唐书》传略同,则谓垍被贬召还后始除正卿。考《通鉴》二一五,天宝四载五月下,称垍方为兵部侍郎,就官阶言,侍郎低于太常少卿一阶,太常卿三阶,唯兵侍为要官,常少是闲员,自常少改兵侍,未得谓之贬。”

韦　恒　开元二十九年(741)

《旧书·韦嗣立传》:“[子]恒,开元初为砀山令……历度支左司等员外、太常少卿、给事中。二十九年,为陇右道河西黜陟使。”《新书》本传未及。《元龟》卷一六二:“[开元]二十九年五月,命……太常[少]卿韦常(恒)、班景倩分行天下。"《全文》卷三〇九孙逖《授韦恒太常少卿制》:"朝议大夫守给事中郑县开国男韦恒……可守太常少卿。"所叙官历误倒。因《元龟》卷一六二:开元二十三年,"十一月,诏令给事中韦常巡关内道"。

班景倩　开元二十九年(741)

《元龟》卷一六二:"[开元]二十九年五月,命……太常[少]卿韦常(恒)、班景倩分行天下。"按两《唐书》附《班宏传》,并未及太常少卿。

刘　晃　开元中

《姓纂》卷五尉氏刘氏:"晃,给事中、太常少卿。"《新表一上》尉氏刘氏:"晃,太常卿,袭乐城公。""太常卿"当为"太常少卿"之夺。两《唐书》附《刘仁轨传》,《旧书》误作"冕",称"开元中为秘书少监",《新书》称"开元中为给事中"。按张说有《同刘光(晃)喜雨》《和同刘晃喜雨》诗,又有《温泉冯刘二监客舍观妓》诗,刘监亦为刘晃。晃开元十一年在司勋郎中任,见《旧书·音乐志三》。《全文》卷六〇六刘禹锡《连州刺史厅壁记》载"前二千石"有"幸卿刘晃"。【增订】《河洛墓刻拾零》第535页陈夷行《刘煟墓志》:"王父讳晃,给事中、太常少卿。"

赵颐贞　开元中

《宋高僧传》卷九《唐均州武当山慧忠传》:"薄游吴楚,以至于顺阳川焉。卜居党子之林泉,四十余祀。……开元年中,刺史前中书侍郎开国公王琚、司马太常少卿赵颐贞,信潭以清,闻风而悦,税驾扣寂,杳然虚空。……上奏玄宗,征居香刹,则龙兴寺也。"按顺阳川属邓州地。《全文》卷三一九李华《衢州龙兴寺故律师体公碑》:"信安王祎、赵太常颐真(贞)……皆为此州,躬往围绕。赵太常敬因长老立文殊万圣之象。"按赵颐贞开元二十六年为衢州刺史,见《嘉靖衢州府志》卷七。开元二十年为衡州司马,见《舆地碑记目》卷二《铨德观碑》《容斋随笔》卷八《赏鱼袋》条。开元十四年十二月为安西副大都护,见《通鉴》。《旧书》无传,《新书》附《赵冬曦传》,仅言"颐贞,安西都护"。

李　颙　开元中

《旧书·李知本传》:"知本孙瑱,开元中为给事中、扬州刺史。知隐孙颙,有文词,亦历给事中、太常少卿。"《新书·李知本传》略同。

郑　鼎　开元中

【增订】《秦晋豫新出墓志搜佚续编》第760页《唐郑鼎墓志》:"中宗即世,韦氏作孽……今上定策禁中,廓清宇内,深谋忠决,无不与焉。以勋加银青光禄大夫、荥阳郡开国公、食邑二千户、实封七百户。迁国子司业,寻除太常少卿、驸马都尉,册封主曰永昌公主,迁公秘书监。"按,郑鼎开元二十八年卒于卫尉卿任。

李林宗　开元末—天宝初

《全文》卷三〇九孙逖《授李林宗太常少卿制》:"朝议大夫、守卫尉少卿、上柱国李林宗……可守太常少卿。"又《授李林宗太仆卿制》:"中大夫、守太常少卿、上柱国李林宗……可太仆卿。"又卷三三三苑咸《为李林甫谢兄林宗为太仆卿状》:"臣伏承今日恩制,除臣兄太常少卿林寇(宗)为太仆卿。……拔自奉常,正于群仆。臣久居宰辅,职忝进贤。"两《唐书》无传。《新书·宗室世系表上》郇王房:"林宗,字直木。"未署官职。乃玄宗相李林甫之兄。【增订】《邙洛碑志三百种》载《唐李遥墓志》:"皇考林宗,累迁终太常大卿。"

梁　涉　天宝四载(745)

【增订】《全唐文补遗·千唐志斋新藏专辑》载《李庭芝墓志》题署:"中散大夫、守太常少卿安定梁涉撰。"末署:"天宝四载岁次乙酉七月丁巳朔十七日癸酉刻。"

韦　斌　　约天宝四载—五载(745—746)

《旧书》本传:“天宝中,拜中书舍人,兼集贤院学士。兄陟先为中书舍人,未几迁礼部侍郎,陟在南省,斌又掌文诰。改太常少卿。天宝五载,右相李林甫构陷刑部尚书韦坚,斌以亲累贬巴陵太守”。《新书》本传略同。《全文》卷三二六王维《大唐故临汝郡太守赠秘书监京兆韦公(斌)神道碑铭》:“乃拜中书舍人……转太常少卿……俄入觐,累贬巴陵太守,稍迁寿春太守,又迁临汝太守。”《通鉴·天宝五载》:七月,“太常少卿韦斌贬巴陵太守”。《元龟》卷七九四:“韦斌好修整,尚文艺,容止严厉,有大臣体。位至太常少卿。”又卷九四〇:“韦斌为太常少卿,天宝五载,右相李林甫构刑部尚书韦坚,贬苍梧太守。七载又重贬江夏别驾。坚兄弟四人并赐死于贬所。”

姜　度　　天宝中

《旧书·李林甫传》:“太常少卿姜度,林甫舅子,度妻诞子,林甫手书庆之曰:‘闻有弄麞之庆。’客视之掩口。”两《唐书》无传。

李　玙　　天宝十一载(752)

《旧书·李林甫传》:“有子二十五人……玙为太常少卿。”《新书·李林甫传》:“[杨]国忠劾其奸。帝怒,诏林甫淫祀厌胜,结叛虏,图危宗社,悉夺官爵,斫棺剔取含珠金紫……诸子司储郎中崿、太常少卿屿及岫等悉徙岭南、黔中。”又《宗室世系表上》郇王房:“太常少卿玙。”《全文》卷三三玄宗《削李林甫官秩诏》:“男……前太常少卿玙,配流临封郡,仍并除名,即纲驰驿领送。”

姚子彦　　约天宝十三载—十四载(754—755)

《全文》卷三九一独孤及《唐故秘书监赠礼部尚书姚公(子彦)墓志铭》:“由是迁公殿中侍御史、礼部员外郎、礼部郎中知制诰、中书舍人、太常少卿。天宝十四载,奉诏宣慰江东淮南,览观风俗。无何,二京陷覆。”两《唐书》无传。《元龟》卷一六二:“[天宝]十四年三月……太常少卿姚子彦往河南、河北、江淮宣慰。”

张守志　约天宝中

【增订】《洛阳新出土墓志释录》载《张林墓志》:“烈考守志,历河南少尹,丹、齐、易、陕四州刺史,兼水陆运使,终太常少卿。”按,张林大历九年(774)卒,年六十。

于休烈　至德二载—乾元二年(757—759)

《旧书》本传:“值禄山构难,肃宗践祚,休烈自中部赴行在,擢拜给事中。迁太常少卿,知礼仪事,兼修国史。肃宗自凤翔还京,励精听受。”又《音乐志一》:“寻而肃宗克复两京,将行大礼,礼物尽阙。命礼仪使太常少卿于休烈使属吏与(于)东京留台[押]领,赴于朝廷,诏给钱,使休烈造伎衣及大舞等服,于是乐工二舞始备矣。”又《礼仪志四》:“乾元元年十二月丙寅立春,肃宗御宣政殿,命太常[少]卿于休烈读《春令》。”《会要》卷三七:“[乾元]二年九月七日,太常少卿于休烈除工部侍郎,充礼仪使。”又见《新书》本传、《礼乐志五》,《会要》卷二三、卷二六、卷三三。《姓纂》卷二河南洛阳于氏:“休征、休烈。烈,太常卿、工部尚书、东海公。”《四校记》卷二:“《广记》一六四引《谈宾录》,肃宗即位,拜休烈给事中,迁太常少卿。”《元龟》卷五五四:“于休烈为太常少卿,修国史,至德二年,肃宗谓休烈曰:‘君举必书,朕有过,卿书之否?’”又卷五五六:“于休烈肃宗时为太常少卿,兼修国史。至德二年十一月二十七日奏曰:‘《国史》一百六卷……并在兴庆宫史馆。’”卷五六四:“肃宗乾元元年十二月丙寅立春,帝御宣教殿,太常少卿于休列(烈)读《春令》,常参官五品以上正员,并升殿序坐而听之。”

王　玙　乾元元年(758)

《会要》卷三七:“至乾元元年四月,太常少卿王玙兼知礼仪事;其月十八日,除中书侍郎、同中书门下平章事,充礼仪、祠祭等使。”《旧书·肃宗纪》:乾元元年五月,“以太常少卿、知礼仪事王玙为中书侍郎、同中书门下平章事”。《新书》本传、《宰相表中》《通鉴·乾元元年》五月、《元龟》卷七三同。按两《唐书》本传未及为太常少卿事，叙其历官混乱，见郁贤皓《唐刺史考全编》卷七九“蒲州”。

李　勉　　宝应元年(762)

《旧书》本传：“追入为大理少卿。谒见，面陈王晬无罪……肃宗嘉其守正，乃除太常少卿。”《新书》本传：“进梁州刺史。……羌、浑、奴剌寇州，勉不能守，召为大理少卿。然天子素重其正，擢太常少卿，欲遂柄用。而李辅国讽使下己，勉不肯，乃出为汾州刺史。”按宝应元年建辰月甲午，奴剌寇梁州，观察使李勉弃城走，见《通鉴》。又按广德元年李勉已为虢州刺史。《元龟》卷六二三：“李勉为太常少卿，肃宗将大用勉，会李辅国宠任，意欲勉降礼于己。勉不为之屈，竟为所抑，出汾州、虢州刺史。”又卷六七四：“李勉为梁州刺史都督，山南西道观察使。……肃宗嘉其守正，即日除太常少卿。后为京兆尹。”又卷七八一：“李勉初为太常少卿，肃宗将大用，会李辅国宠任，意欲勉降礼于己。勉不为之屈，竟为所抑，出汾、虢二州刺史。”又卷八七一：“李勉为梁州都督、山南西道观察使。勉以故吏前密县尉王晬勤干，俾摄南郑令。俄有诏处死。勉问故，乃为权幸所诬。……(勉)飞表上闻，晬遂获宥，而竟为执政所非。追入为大理卿，谒见，面陈王晬无罪，政事修举，尽力吏也。肃宗嘉其守正，即日除太常少卿。”

杨　绾　　宝应中

《全文》卷三六六贾至《授杨绾礼部侍郎制》：“太常少卿兼修国史杨绾……可守礼部侍郎，仍修国史。”两《唐书》本传未及。按贾至广德元年由中书舍人迁尚书右丞，故此制不能迟于宝应二年(即广德元年)。又按杨绾宝应二年六月二十日在礼侍任，见《会要》卷七六。【增订】新出土《杨绾墓志》：“自右拾遗授起居舍人、知制诰，三迁悉掌书命。底绩中禁，王言孔章。自太常少卿转礼部侍郎、修国史。”(赵振华《唐代宰相杨绾墓志跋》，《唐史论丛》第二十一辑)

韩　液　广德元年(763)

《全文》卷三六七贾至《授萧昕秘书监等制》:“行礼部侍郎萧昕……行给事中韩液……昕可守秘书监,液可守太常少卿。”按萧昕广德元年春尚在礼部侍郎任知贡举,约于是后不久徙秘书监,则韩液徙太常少卿亦当于此时。两《唐书》无传。《姓纂》卷四河东韩氏:“液,给事中。”

李　某　广德中?(764?)

《全文》卷三八九独狐及《太常少卿厅壁记》:“故事:自御史中丞、给事中、中书舍人迁秩为亚卿者,必于是司。故官因职雄,地以人贵,余八卿不敢与太常齿。广德中,上尤审官,注意礼乐,其选也,以才能不以资,以恩泽不以劳,谓李公卿材也,是用超拜。”

独孤卓　永泰中—大历初

《旧书·后妃·代宗贞懿皇后独孤氏传》:“大历初,后宠遇无双,以恩泽官其宗属,叔太常少卿卓为少府监。”又见《元龟》卷三〇一。《新书·后妃传》称“官其宗叔卓少府监”,未及太常少卿。

韦光胄　约大历中

《姓纂》卷二东眷韦氏郧公房:“光胄,太常少卿。”《新表四上》同。按其弟光辅,大历十年任太府少卿,则光胄为太常少卿亦当在大历中。

李　琬　约大历中?

《广记》卷二〇五引《羯鼓录》:“广德中,蜀客前双流县丞李琬者亦能之。调集至长安,居务本里,尝夜闻羯鼓。……叩门请谒,谓鼓工曰……。工大异之曰:‘……某太常工人也……。’……工泣而谢之,即言于寺卿。奏为主簿。后累官至太常少卿、宗正卿。”

韩　浑　　大历中?

《新表三上》韩氏:"浑,太常少卿。"乃韩滉弟。

王　纨　　大历中—十二年(? —771)

《新表二中》河东王氏:"纨,太常少卿。"乃王维、王缙弟。《旧书·代宗纪》:大历十二年四月,"太常少卿王纨、起居舍人韩会等十余人,皆坐元载贬官也"。《全诗》卷二七六卢纶《和太常王卿立秋日即事》、卷二八〇同人《奉和太常王卿酬中书李舍人中书寓直春夜对月见寄》,刘初棠《卢纶诗集校注》谓"太常王卿"即指王纨。按《全诗》卷二九二司空曙又有《和王卿(一作"太常")立秋即事》。

田　华　　约大历十三年(778)

《全文》卷四四四裴抗《魏博节度使田公(承嗣)神道碑》(大历十三年九月卒,年七十五):"三子华,皇太常少卿、驸马都尉,尚永乐长公主;永乐薨,复尚新都长公主;赠工部尚书。"《新表五下》田氏:"华,太常少卿、驸马都尉。"《旧书·田承嗣传》:"[大历]十三年九月卒……有子十一人……华,太常少卿、驸马都尉,尚永乐公主,再尚新都公主。"《新书·田绪传》:"[弟]华,太常少卿,尚永乐、新都二公主。"

辛　浩　　大历十三年(778)

《宝刻丛编》卷七引《京兆金石录》:"《唐太常少卿辛浩墓志》,唐成朝秀撰,韩秀实分书,大历十三年。"

董　晋　　约大历十三年—十四年(约 778—779)

《旧书》本传:"历秘书、太府、太常少卿监,左金吾将军。旬日,德宗嗣位,改太常卿。"《全文》卷五六七韩愈《故金紫光禄大夫检校尚书左仆射同中书门下平章事兼汴州刺史充宣武军节度副大使知节度事……董公(晋)行状》:"迁秘书少监,历太府、太常二寺亚卿,为左金吾卫将军。今上即位,以大行皇帝山陵出财赋,拜太府卿。……始公为金吾,未尽一月,拜太府,九日又为中丞。"

赵　涓　约大历末—建中初

《旧书》本传:"河南副元帅王缙奏充判官,授检校兵部郎中、兼侍御史,迁给事中、太常少卿,出为衢州刺史。"《新书》本传未及。按赵涓建中三年六月由前衢州刺史迁尚书左丞,见《旧书·德宗纪上》。又按常衮有《授赵涓给事中制》:"朝议郎、检校尚书吏部郎中、兼御史中丞、赐绯鱼袋赵涓……可守给事中。"常衮大历元年至九年为中书舍人,则赵涓为给事中最迟在大历九年。又卢纶有《和赵给事白蝇拂歌》,"赵给事"当即赵涓。诗亦作于大历中。由此证知,赵涓由给事中迁太常少卿最迟约大历末。

韦　伦　大历十四年—建中元年(779—780)

《旧书·德宗纪上》:大历十四年八月,"乙巳,遣太常少卿韦伦使吐蕃"。建中元年五月,"戊辰,以太常少卿韦伦为太常卿,复使吐蕃"。又本传:"德宗即位,选堪使绝域者,征伦拜太常少卿、兼御史中丞,持节充通和吐蕃使。……使还,迁太常卿、兼御史大夫,加银青光禄大夫。再入吐蕃,奉使称旨,西蕃敬服。……又为宰相卢杞所恶,改太子少保,累加开府仪同三司。"又《吐蕃传下》:"[大历]十四年八月,命太常少卿韦伦持节使吐蕃,统蕃俘五百人归之。……建中元年四月,韦伦至。……五月,以韦伦为太常卿,复使吐蕃。"又见《新书》本传及《吐蕃传下》,《通鉴·大历十四年》,《元龟》卷三三九,《会要》卷九七。《元龟》卷六五二:"韦伦,德宗建中初为太常少卿,使吐蕃。初宣谕皇恩,次述国家威德远振,蕃人悦之。……伦回,迁太常卿。"又卷六六二:"韦伦为郴州防御使,坐事贬隋州司马。建中初,德宗选堪使绝域者,擢拜伦太常少卿兼中丞,持节充通和吐蕃使。伦至蕃中,宣谕皇恩,次述国家威德远振。蕃人大悦,赞普入献方物。使还,迁太常卿,再入吐蕃,西蕃畏服。"又卷九八〇:"德宗以大历十四年五月即位,八月,命太常少卿韦伦持节使吐蕃。统蕃俘五百人归之。建中元年四月,太常少卿韦伦至自吐蕃。……五月，以韦伦为太常卿，复使吐蕃。"《姓纂》卷二东眷韦氏南皮公房："伦，太常少卿。"

樊　系　　建中二年—四年？(781—783？)

北图藏拓片《鸿胪少卿阳济故夫人彭城县君刘氏墓志铭并序》(建中二年十一月三十日)："太常少卿赐紫金鱼袋樊系撰。"《新书·朱泚传》："泚僭即皇帝位于宣政殿……逼太常卿樊系为册，册成，仰药死。"未知建中四年已由少卿迁正卿，抑《新书》误夺"少"字？

包　佶　　建中三年(782)

《旧书·德宗纪上》：建中三年八月，"戊辰，以江淮盐铁使、太常少卿包佶为汴东水陆运两税盐铁使"。《新书》本传未及。

刘　滋　　建中四年—兴元元年(783—784)

《旧书》本传："迁司勋郎中，累拜给事中。从幸奉天，转太常少卿，掌礼仪。兴元元年，改吏部侍郎。"《新书》本传未及。

洪经纶　　建中四年(783)

《旧书》本传："及朱泚反，伪授太常少卿。"又《朱泚传》：建中四年十月八日，"伪署……洪经纶为太常少卿"。《新书·朱泚传》略同。

沈　房　　建中四年(783)

《元龟》卷一三六：兴元元年，"四月，帝在梁州，以屯田郎中沈房为太常少卿、兼御史中丞"。《旧书·吐蕃传下》：兴元元年，"四月，命太常少卿、兼御史中丞沈房为入蕃计会及安西、北庭宣慰使"。《新书·吐蕃传下》略同。《全文》卷四六四陆贽《慰问四镇北庭将吏敕书》："今故遣太常少卿兼御史大夫沈房及中使韩朝彩等往彼宣谕。"

裴郁　贞元二年—三年(786—787)

《元龟》卷三四:贞元二年四月,“诏太常少卿裴郁等十人,各就方镇,祭岳镇海渎等”。《会要》卷二二:“风师坛旧在通地门外道北二里。贞元三年闰五月二十一日,以宫城喧呼……诏有司于浐水东择地移之。其年七月二十一日,遣太常少卿裴郁致祭告移之。”

崔溉　贞元十七年—十八年(801—802)

《新表二下》清河大房崔氏:“溉,太常少卿。”乃刑部尚书隐甫孙,河南少尹微子。拓本《唐故太常少卿清河崔公故夫人荥阳郑氏合祔墓志铭并序》(元和八年正月十五日):“年十有一归于崔公。崔公,刑部尚书赠太保隐甫之孙,河南少尹微之子。”北图藏拓片《唐故登仕郎前守河南府阳翟县尉清河崔公(行规)夫人荥阳郑氏合祔墓志铭并序》(咸通九年十月十三日):“大父讳溉,皇任太常少卿,赠右仆射。”《全文》卷五九三柳宗元《为韦京兆祭太常崔少卿文》:“京兆尹韦夏卿谨以清酌庶羞之奠,敬祭于亡友故太常少卿崔君之灵。……我尹京兆,公亚奉常。”按韦夏卿贞元十七年至十八年为京兆尹。

杨凭　约贞元十七年—十八年(约801—802)

《旧书》本传:“累迁起居舍人,左司员外郎,礼部、兵部郎中,太常少卿,湖南、江西观察使。”《新书》本传略同。《旧书·德宗纪下》:贞元十八年,“九月乙卯朔,以太常少卿杨凭为潭州刺史、湖南观察使”。

许孟容　贞元十九年—二十一年(803—805)

《旧书》本传:“[贞元]十九年夏旱,孟容上疏曰……。孟容以讽谕太切,改太常少卿。元和初,迁刑部侍郎、尚书右丞。”《新书》本传略同。又见《旧书·杨於陵传》,《全文》卷六三九李翱《唐故金紫光禄大夫尚书右仆射致仕杨公(於陵)墓志铭》。《全文》卷五八八柳宗元《先君石表阴先友记》:“许孟容……为给事中,尝论事,由太常少卿为刑部侍郎。”又卷五六〇韩愈《顺宗实录一》：贞元二十一年正月，“二十六日即位……又命中书侍郎平章事高郢撰哀册文，礼部侍郎权德舆撰谥册文，太常［少］卿许孟容撰议文”。按贞元二十一年十月已在刑部侍郎任，见《会要》卷一。

崔　枢　　元和元年(806)

【增订】《唐会要》卷一：顺宗，元和元年正月十九日崩，“七月，葬丰陵，谥曰至德大圣大安孝皇帝，庙号顺宗。哀册文，礼部侍郎赵宗儒撰；谥册文，礼部侍郎崔汾撰；谥议，太常寺少卿崔枢撰。”《宝刻类编》卷五：“《宣州刺史崔衍碑》，从孙枢撰。元和三年立。”

任迪简　　约元和三年(约808)

《旧书》本传：“除丰州刺史、天德军使，自殿中授兼御史大夫，再加常侍。追入，拜太常少卿、汝州刺史、左庶子。”《新书》本传略同。按迪简贞元二十年至约元和三年在丰州刺史任，约元和三年或四年为汝州刺史。

武少仪　　元和三年—四年(808—809)

《旧书·南诏蛮传》：“［元和］三年十二月，以异牟寻卒，废朝三日。四年正月，以太常少卿武少仪充吊祭使。”《新书·南诏传下》略同。《会要》卷九九作“太常卿”，夺“少”字。《元龟》卷六六二：“武少仪为太常少卿，元和四年，命少卿兼御史中丞，持节充册立南诏及吊祭使。”《全诗》卷三一六武元衡《酬太常从兄留别》诗，太常从兄即武少仪。岑仲勉《唐人行第录》第71页：“武元衡《酬太常从兄留别》，一作《送太常十二兄罢册南诏却赴上都》，不注名，按《旧》一九七《南诏传》，元和三年异牟寻卒，‘四年正月，以太常少卿武少仪充吊祭使，仍册牟寻之子骠信苴蒙阁劝为南诏’。《新》二二二中略同，则武十二为少仪无疑。”

裴次元　　元和四年—五年(809—810)

拓本《唐故崇陵挽郎荥阳郑府君(绍方)墓志铭并序》(元和五年正月八日),题撰人为:"朝散大夫、守太常少卿、上柱国、赐紫金鱼袋、河东裴次元撰。"志载《考古》1986 年第 5 期中国社会科学院考古研究所河南第二工作队《河南偃师杏园村的六座纪年唐墓》。《增订唐两京城坊考》卷三《永崇坊》:"朝散大夫守太常少卿上柱国赐紫金鱼袋裴次元宅。1985 年秋偃师县杏园村(洛阳首阳山电厂)出土裴次元撰写的《唐故崇陵挽郎荥阳郑府君(绍方)墓志铭并序》志文称:郑绍方为裴次元之妻兄,'君之女弟,早岁归我'。郑绍方于元和四年十二月二十五日,终于永崇里裴次元宅,元和五年正月八日,窆于万年县龙首乡之孟村从先府君之茔,元和九年迁葬偃师县万安山之南归祔祖域(中国社会科学院考古研究所河南第二工作队《河南偃师杏园村的六座纪年唐墓》,载《考古》1986 年第 5 期)。"

崔　宽　　元和六年?(811?)

《隋唐五代墓志汇编》陕西卷第四册《故左羽林军胄曹参军崔君(纮)墓志铭并序》(元和六年八月二十二日):"父宽,皇太常少卿。……公,太常之元子也。"元和六年卒,年三十七。

穆　赏　　元和七年?(812?)

《姓纂》卷一〇河南穆氏:"赏,太常少卿。"按两《唐书》附其父《穆宁传》,旧传未载仕历,新传仅云监察御史。《全文》卷六九〇符载《淮南节度使灞陵公杜佑写真赞并序》,作于贞元十九年,称"部从事殿中侍御史穆赏作《灞陵志》",又卷七八四穆员《秘书监致仕穆(宁)元堂志》,贞元十年作,"赏以监察御史叫帝阍解兄难",其时仕历尚浅。颇疑元和七年林宝修《姓纂》时,赏即在太常少卿任。

蒋　乂　　元和七年—八年(812—813)

《旧书》本传:"五年,书(《德宗实录》)成奏御,以功拜谏议大夫。明年,监修国史裴垍罢相,李吉甫再入,以乂、垍之修撰,改授太常少卿。久之,迁秘书监。"《新书》本传略同。《姓纂》卷七义兴蒋氏:"乂,太常少卿。"按裴垍罢相在元和五年十一月,李吉甫再入相在元和六年正月,见《新书·宰相表中》。又按《姓纂》乃林宝元和七年所修,则其时蒋乂正在太常少卿任。

韦　缥　　元和十一年(816)

《旧书·韦贯之传》:弟缥,"缥累官至太常少卿。"又《后妃·顺宗庄宪皇后王氏传》:"元和十一年三月,崩于南内之咸宁殿,谥曰庄宪皇后。初,太常少卿韦缥进谥议,公卿署定。"又见《会要》卷三。

李直方　　元和十四年(819)

【增订】《大唐西市博物馆藏墓志》三七一《唐韦羽及夫人崔成简墓志》,题署:"中散大夫守太常少卿上柱国李直方撰。"墓主以元和十四年正月四日卒,其年五月七日葬。

李　建　　元和十四年—十五年(819—820)

《旧书》本传:"与宰相韦贯之友善,贯之罢相,建亦出为澧州刺史。征拜太常少卿,寻以本官知礼部贡举。……明年,除礼部侍郎。"《新书》本传未及。《白居易集笺校》卷四一《有唐善人墓碑》:"公官历校书郎……京兆少尹,澧州刺史,太常少卿,礼部、刑部侍郎,工部尚书。"长庆元年卒,年五十八。《全文》卷六五五元稹《唐故中大夫尚书刑部侍郎上柱国陇西县开国男赠工部尚书李公(建)墓志铭》:"出刺澧州,入以亚太常。……遂为礼部侍郎,迁刑部。"按韦贯之元和十一年八月罢相,李建即出为澧州刺史。约元和十四年入为太常少卿,权知十五年贡举。《唐摭言》卷一四:"元和十五年闰正月十五日,太常少卿知贡举李建下二十九人,至二月二十九日,拜礼部侍郎。"《唐语林》卷六:"元和十五年,太常少卿李建知举,放进士二十九人。时崔嘏舍人与施肩吾同榜。肩吾寒进。为嘏瞽一目,曲江宴赋诗,肩吾云:'去古成段,著虫为蝦。二十九人及第,五十七眼看花。'"《登科记考》卷一八:元和十五年,"知贡举:太常少卿李建"。

《唐仆尚丞郎表》卷一六《礼侍》:“李建,以太常少卿权知元和十五年春礼部贡举,放榜。榜日为闰正月十五戊午。其始事盖上年冬。二月二十九辛丑,正拜礼侍。”

裴　茝　　元和中

【增订】《大唐西市博物馆藏墓志》四三四《萧儹墓志》:“补弘文馆明经,调授同州参军。丁司空公之忧,柴立茹荼,自毁不欲生。丧纪终制,复调授左龙武胄曹参军。故太常少卿裴公茝,即公之姨兄也,谓公礼学优深,宜就科选。”

陈中师　　长庆元年(821)

《白居易集》卷五一《陈中师除太常少卿制》:“敕:尚书吏部郎中、兼侍御史陈中师……可太常少卿。”按白居易元和十五年至长庆二年知制诰。

李宗闵　　长庆二年(822)

【增订】《秦晋豫新出墓志搜佚续编》第 1091 页《唐杜式方墓志》,题署:“朝请大夫守太常少卿上柱国李宗闵撰。”墓主长庆二年三月二十九日卒,十一月四日葬。

杜　悰　　长庆二年(822)

【增订】《秦晋豫新出墓志搜佚续编》第 1091 页《唐杜式方墓志》:“其第三子曰悰,最知名,元和中……遂拜殿中少监,诏尚岐阳公主。悰素以文雅持身,及治主第,如儒者之室,主又柔和慈孝,其奉舅姑如士妻。由是,朝论翕然,擢拜太常少卿。”墓主长庆二年三月卒。同书第 1137 页《唐杜式方妻李氏墓志》:“悰由少奉常、大司农而尹京兆,累振官业,实扬政声。”墓主大和七年四月卒,年六十七。

郑　絪　　约长庆二年(约 822)

《广记》卷三六五引《灵怪录》:“唐阳武侯郑絪罢相,自岭南节度入为吏部尚书，居昭国里。弟缊为太常少卿，皆在家。……数日，少卿卒。相国相次而薨。”按《新表五上》南祖郑氏：“缊，职方郎中。”未及为太常少卿。《灵怪录》事涉荒诞。又按郑絪元和五年至八年为岭南节度，入为工部尚书，转太常卿，长庆元年检校刑部尚书、东都留守，迁吏部尚书，二年闰十月徙太子太傅，并非由岭南节度入为吏尚而卒。今暂置于此，以俟再考。

王正雅　　约长庆四年（约 824）

《旧书》本传：“迁户部郎中，寻加知台杂事，再迁太常少卿，出为汝州刺史，充本州防御史。”《新书》本传未及。按长庆三年正雅在户部郎中任，见《会要》卷三九。

冯　宿　　长庆四年（824）

《旧书》本传：“宿归朝，拜中书舍人，转太常少卿。敬宗即位，宿常导引乘舆，出为华州刺史。”《新书》本传未及。【增订】《秦晋豫新出墓志搜佚》三编载《大唐乡贡进士清河崔君（鹄）墓志铭并序》（国家图书馆出版社 2020 年版，第 746 页）：“君实婿于太常少卿长乐冯宿之女，生子二女。”墓主长庆四年二月三日卒，享年四十三岁。其时冯宿在太常少卿任。

萧　祐　　约宝历元年—大和元年（825—827）

《旧书》本传：“出为虢州刺史，入为太常少卿，转谏议大夫。逾月，为桂州刺史、御史中丞、桂管防御观察使。”《新书》本传未及。按大和元年九月出为桂管观察使，见《旧书·文宗纪上》。

陆　亘　　宝历二年（826）

《旧书》本传：“自虞部员外郎出为邓州刺史。其后入为户部郎中、秘书少监、太常少卿，历刺兖、蔡、虢、苏四郡。”又《李繁传》：“宝历二年六月，敬宗降诞日，御三殿，特诏兵部侍郎丁公著、太常少卿陆亘与繁等三人抗浮图道士讲论。”《新书》本传、《李繁传》同。【增订】《洛阳新出土墓志释录》载《陆亘墓志》:“除右庶子。关东未乂,又出刺虢略;修明礼乐,又征为少奉常。朝廷以三吴奥区,苏台为首,贡入之厚,冠于江南。衣冠错居,号为难理,拜公为本郡太守。”《姑苏志》卷三:“陆亘,自虢州刺史多任,大和三年九月迁越州。”称以虢州刺史移任苏州,误。据《册府元龟》卷一四〇,陆亘宝历元年在虢州刺史任。《旧书》李繁传则载其宝历二年在太常少卿任。为苏州刺史则在太常少卿后。

陈　岵　宝历二年(826)

《会要》卷五六:“[宝历]二年九月,以新授濠州刺史陈岵为太常少卿。”按《旧书·刘宽夫传》称“宝历中……少列陈岵进注《维摩经》,得濠州刺史。”

狄兼谟　宝历中

【增订】《河洛墓刻拾零》载《唐狄兼谟墓志》:“改太常少卿,又出为苏、郑二郡守。”按,郁贤皓《唐刺史考全编》第1923页考狄兼谟为苏州刺史在约大和元年至二年。故其为太常少卿,即当在宝历中。

贾　餗　大和元年—二年(827—828)

《旧书》本传:“大和初,入为太常少卿。二年,以本官知制诰。”又《庞严传》:“大和二年二月,上试制举人,命严与左散骑常侍冯宿、太常少卿贾餗为试官。”又《文宗纪上》:大和二年三月,“以……太常少卿贾餗……为考制策官。”又见《刘蕡传》,《会要》卷七六。《全文》卷七一文宗《试制举人诏》:“左散骑常侍冯宿、太常少卿贾餗、库部郎中庞严,宜并充考策官。”又卷六九三李虞仲《贾餗等中书舍人制》:“朝散大夫守太常少卿知制诰上柱国贾餗……可守中书舍人,散官勋如故。”

崔玄亮　大和元年—四年(827—830)

《旧书》本传:“大和初,入为太常少卿。四年,拜谏议大夫。”《新书》本传略同。《白居易集》卷七〇《唐故虢州刺史赠礼部尚书崔公(玄亮)墓志铭并序》:"入为秘书少监,改曹州刺史、兼御史中丞,谢病不就,拜太常少卿,迁谏议大夫。"大和七年卒,年六十六。《元龟》卷四五八:"崔玄亮自太常少卿为谏议大夫,朝廷以其名望宿旧,由谏议迁右散骑常侍。"

庞　严　大和四年—五年(830—831)

《旧书》本传:"严复入为库部郎中。大和二年二月,上试制举人,命严与左散骑常侍冯宿、太常少卿贾𫗧为试官……严再迁太常少卿。五年,权知京兆尹"。《新书》本传略同。《旧书·文宗纪下》:大和五年五月,"太常少卿庞严权知京兆尹"。《全诗》卷五七四贾岛《贺庞少尹除太常少卿》,"庞少尹"即庞严。大和三年为京兆少尹,至大和四年秋迁太常少卿,详见李嘉言《长江集新校·附录·贾岛年谱》。

郑　肃　大和四年—六年(830—832)

《旧书》本传:"[大和]六年,转太常少卿。"又《李永传》:"[大和]六年,上以王年幼,思得贤傅辅导之……因以户部侍郎庾敬休守本官,兼鲁王傅,太常[少]卿郑肃守本官,兼王府长史。"《新书》本传及《李永传》均作"大和四年"。按《唐代墓志汇编续集》大和〇二六《唐故朝议郎行大理评事上柱国范阳卢公(方)墓志铭并序》(大和四年二月二十八日):"外弟中大夫守太常少卿上柱国荥阳县开国男郑肃撰。"《会要》卷六七:"大和六年,上以鲁王永年渐长,择名儒为其府属……太常少卿郑肃兼长史。"《元龟》卷七〇八:"庾敬休为户部侍郎,文宗大和六年,以敬休守本官兼鲁王傅,又以太常少卿郑肃守本官兼鲁王府长史。"

冯　定　大和九年—开成元年(835—836)

《旧书》本传:"大和九年八月,为太常少卿。……寻迁谏议大夫、知匦事。"《新书》本传略同。又《礼乐志十二》误作"太常卿"。《元龟》卷四〇:开成元年,“十一月,又诏兵部尚书王起进国朝以来能诗人名字。冯定为太常少卿,统乐立于廷,帝以端凝若植,问其姓名。”按两《唐书》本传以此事为大和九年事。又《元龟》卷五六九:大和“九年五月丁巳,太常少卿冯定押进云韶乐官三百八十人上于麟德殿观阅。翌日,以乐成,颁赐有差。”

陈夷行 大和九年—开成元年(835—836)

《旧书》本传:“[大和]九年八月,改太常少卿,知制诰、学士侍讲如故。开成二年四月,以本官同平章事。”按开成二年陈夷行乃以工部侍郎为同平章事,见两《唐书·文宗纪》《新书·宰相表》《通鉴》等,旧传误。《新书》本传未及“太常少卿”。丁居晦《重修承旨学士壁记》:“陈夷行,大和七年□月自吏部员外郎充,八月二十三日授著作郎知制诰兼皇太子侍读,八年九月六日赐绯,七日迁谏议大夫,九年二月十六日罢侍读,开成元年五月二十二日改太常少卿,二十九日兼太子侍读,开成元年五月二十三日加承旨,六月二十四日迁工部侍郎知制诰,八月七日赐紫,二年四月五日出守本官平章事。”则其为太常少卿似仅一个月,且“开成元年”四字重复,疑前“开成元年”四字衍。《元龟》卷七〇八:“王起为兵部尚书判户部事,大和九年七月,以起及翰林学士、太常少卿、知制诰陈夷行并充皇太子侍读,仍每五日一入长生院,对皇太子。”

韦 温 开成元年—二年(836—837)

《旧书》本传:“郑注诛,转考功员外郎。寻知制诰,召入翰林为学士。……俄兼太子侍读……太子幼,不能行其言。称疾,上不悦,改太常少卿。未几,拜给事中。”《新书》本传:“[郑]注诛,由考功员外郎拜谏议大夫。未几,为翰林学士。……换知制诰。引疾徙太常少卿。宰相李固言荐温给事中。”按李固言大和九年七月辛亥入相,是年九月丁卯出为山南西道节度使;开成元年四月甲午又入相,二年十月戊申出为西川节度使。见《新书·宰相表下》。《全文》卷七五五杜牧《唐故宣州观察使御史大夫韦公(温)墓志铭并序》:“当大和九年，文宗思拔用德行超出者……故公自考功不数月拜谏议大夫，召为翰林学士……不半岁转太常少卿，一岁迁给事中。”

杨敬之　　开成二年(837)

《新书》本传：“坐李宗闵党，贬连州刺史。文宗尚儒术，以宰相郑覃兼国子祭酒，俄以敬之代。未几，兼太常少卿。是日，二子戎、戴登科，时号‘杨家三喜’。”《新书》本传未及。按大和九年七月敬之贬连州刺史，见《旧书·文宗纪下》。开成元年八月郑覃兼国子祭酒，见《新书·宰相表下》。《唐摭言》卷八：“杨敬之拜国子司业，次子戴，进士及第，长子三史登科，时号‘杨三喜’。”《登科记考》卷二一据此录杨戴、杨戎于开成二年登科，则敬之兼太常少卿亦当于是年。

裴　识　　约开成末、会昌初

《新中国出土墓志》河南卷三七四《唐故邠宁庆等州节度使管内观察营田处置等使银青光禄大夫检校尚书右仆射兼御史大夫□□□□□□公食邑三千户袭食实封一百五十户赠司空裴公(识)墓志铭并序》(咸通五年八月十八日)：“[迁]太常少卿、将作监、司农卿，旋拜检校右散骑常侍兼寿州刺史、本州团练使。”两《唐书》本传并未及太常少卿。《旧书》本传：“识以荫授官，累迁至通议大夫、检校右散骑常侍、寿州刺史、本州团练使……大中初，改潭州刺史、御史中丞，充河南都团练观察使。”《新书》本传：“擢累大理少卿。王师讨刘稹，为供军使。稹平，改司农卿，进湖南观察使。”按吴氏《方镇年表》大中二年至五年裴识为湖南观察使。此前当为寿州刺史，按墓志所叙历官次序，寿州刺史前为司农卿，再前为将作监。再前为太常少卿，约在开成末、会昌初。

崔　俦　　约会昌四、五年(约844—845)

《全文》卷七二六崔嘏《授崔璹等给事中制》：“惟尔璹以宾筵雅度，早践霜台；俦以正殿雄词，超升省署。……迭居贰尹之雄，并处亚卿之列。……璹可给事中，俦可太常少卿。”两《唐书》无传。按

《新书·李德裕传》:"德裕之斥,中书舍人崔嘏……坐书制不深切,贬端州刺史。……[嘏]历邢州刺史,刘稹叛,使其党裴问戍于州,嘏说使听命,改考功郎中,时皆谓遴赏。至是,作诏不肯巧傅以罪。"由此可知崔嘏入为考功郎中约在会昌三年末,其间当由知制诰然后正拜中书舍人。其贬端州当在大中元年李德裕被贬崖州时。崔俦为太常少卿之制约在会昌四年崔嘏知制诰时。

杨 发 约大中四年—六年(约 850—852)

《旧书》本传:"大中三年,改左司郎中。宣宗追尊顺宗、宪宗等尊号……以发议为是。改授太常少卿,出为苏州刺史……还,改福州刺史、福建观察使。"《新书》本传:"累官左司郎中。宣宗追加顺、宪二宗尊号,有司议改造庙主,署新谥,诏百官议。发与都官郎中卢搏以为改作主,求古无文,执不可。知礼者韪之。改太常少卿,为苏州刺史。"按追谥顺宗、宪宗乃大中三年十二月事,见《旧书·宣宗纪》。

蒋 偕 约大中七年—八年(约 853—854)

《旧书·魏谟传》:"修成《文宗实录》四十卷,上之。其修史官给事中卢耽、太常少卿蒋偕。"又《宣宗纪》:大中八年三月,"宰相监修国史魏谟修成《文宗实录》四十卷,上之,修史官给事中卢耽、太常少卿蒋偕、司勋员外郎王沨、右补阙卢吉,颁赐银器、锦彩有差"。《会要》卷六三同。《新书》本传:"累迁太常少卿。大中八年,与卢耽、牛丛、王沨、卢告撰次《文宗实录》。"《元龟》卷五五六:"魏谟为相,监修国史。大中八年三月,纂修成《文宗实录》四十二卷,上之。史官给事中卢耽、太常少卿将(蒋)偕……颁赐银器锦彩有差。"

萧 僎 大中十年(856)前

【增订】《大唐西市博物馆藏墓志》四三四《萧僎墓志》:"迁太子左庶子,转京兆少尹,复改太常少卿,俱优贤之秩也。复授左庶子。七年之内,两命宫相。怡然自处,时论高之。迁光禄卿,祀事孔严,新规俱举。无何，遘疾深痼，更历寒暑，渐至绵惙。以大中十年七月五日，薨于长安兴化里之私〔第〕，享年七十有六。”

崔　钧　　大中十一年(857)

《旧书·宣宗纪》：大中十一年十月，“以太常少卿崔钧为苏州刺史”。《郎考》卷八“司勋员外郎”有崔钧，在李远后，李潘前。又卷二二“祠部员外郎”在杜宣猷、韦尚敬后，任宪前。

郑　颢　　约大中十一年—十二年(约857—858)

北图藏拓片《唐故河中少尹范阳卢府君(知宗)墓志铭并序》(咸通十五年四月二十一日)：“前娶荥阳郑夫人，即相国太子少师赠司空谥德朗之女也。……今夫人即荥阳夫人堂妹也。……夫人先考讳颙，太常少卿。大父讳珣瑜，吏部尚书、平章事，赠太师，谥文献。”按郑颢于大中七年九月自舒州刺史迁湖州刺史，约大中十年或十一年除太仆少卿，见《嘉泰吴兴志》卷一四《郡守题名》。其为太常少卿当在此后。

杨　假　　大中十三年？(859?)

《旧书》本传：“由司封郎中知杂事，转太常少卿。出为常州刺史，卒官。”《新书》本传未及。

郑　薰　　大中十四年(860)

《新书》本传：“懿宗立，召为太常少卿，擢累吏部侍郎。”按大中十四年十二月为吏部侍郎，见《会要》卷八一。其为太常少卿当在此前。《全文》卷七六五杜宣猷《郑左丞祭梓华府君碑阴记》：“今左丞郑公之廉宣城也，视人如子。……自(阙)王傅改太常少卿，扬历数四，备极华显。……咸通七年七月十一日宣歙观察使兼御史大夫杜宣猷记。”

段成式　咸通四年(863)

《新书》本传："擢累尚书郎，为吉州刺史，终太常少卿。"《唐诗纪事》卷五七："成式……终太常少卿。"段成式《酉阳杂俎序》题："唐太常少卿段成式撰。"《广记》卷三五一引《南楚新闻》："太常[少]卿段成式，相国文昌子也。与举子温庭筠亲善，咸通四年六月卒。"《齐乘》卷六："段志玄，临淄人。房、秦、段皆凌烟功臣，志玄孙文昌仕至太尉。文昌子成式太常少卿，并有才名。"按《旧书》本传："咸通初，出为江州刺史。"未及太常少卿。《唐两京城坊考》卷三《修行坊》："太常少卿段成式宅。"温庭筠有《段少常柯古》诗，又有《和太常杜少卿东都修行里有嘉莲》诗，"杜"疑为"段"之讹。段少卿为段成式。【增订】考段成式《酉阳杂俎》前集卷一八："成式修行里私第大松堂前有五鬣松两株。"证知段成式所居在修行里。刘得仁有《初夏题段郎中修竹里南园》，"段郎中"即段成式，"修竹里"为"修行里"之误，因唐代两京并无修行里。《唐九卿考》初版疑温庭筠诗中"杜郎中"为杜宣猷，实误。今删去该条，增补本条。方南生《段成式年谱》(中华书局本《酉阳杂俎》附录)懿宗咸通四年癸未："成式于本年六月卒于长安，享年约六十一岁。《新唐书·段成式传》作'终太常少卿'，是成式离江州返京后，曾任太常少卿。《旧唐书·段成式传》则作：'咸通初，出为江州刺史，解印，寓居襄阳，以闲放自适。'与已往史实有出入。按咸通初，徐商已离襄阳入京师，成式解印寓居汉上，如在咸通初，自难参与徐幕盛会，更无贺山灯、祝上元诗什之往还。而成式有'大中十三年秋，予闲居汉上'之语可证。《新传》书'终太常少卿'，与温庭筠《和段少常柯古》诗合，诗云：'称觞惭座客，怀刺即门人。素向宁知贵，清谈不厌贫。野梅江上晚，堤柳雨中春。未报淮南诏，何荣问白苹。'诗中隐约回顾襄阳盛事：当时成式闲居，颠沛窘迫，故有'清谈不厌贫'句。今成式已官至太常少卿，正四品上，故有'素向宁知贵'语。后四句似是飞卿诉离襄阳、客江陵，旅程苦况，故有'野梅江上晚'之喻，'堤柳雨中春'之慕，并有未得引援、登龙无期之叹。唐尉迟枢《南楚新闻》云：'太常(少)卿段成式，相国文昌子也，与举子温庭筠亲善，咸通四年六月卒。'其卒年月，他史均阙，此书所记，实难能可贵。但后段记殁后送柬致函，语涉荒诞，甚至有所谓‘哀归短数’‘荆州牧段成式顿首’云云，更属信笔而书，咸不可信。”

李　骘　　咸通五年—七年(864—866)

《全文》卷七二四李骘《徐襄州(商)碑》：“今天子咸通五年，公为御史大夫……明年二月，襄之父老请词于公之旧军副使、太常少卿、弘文馆学士李骘。”丁居晦《重修承旨学士壁记》：“李骘，咸通七年三月二十四日自太常少卿宏文馆直学士入，二十七日加知制诰，七月迁中书舍人。”岑仲勉《翰林学士壁记注补》：“《英华》八七〇李骘《徐襄州(商)碑》，咸通六年二月，襄之父老请词于公之旧军副使、太常少卿、弘文馆学士李骘，则先年骘已官常少也。常少，正四品上，依《会要》六四，长庆三年七月，弘文馆奏请准集贤史馆元和中定例，其登朝五品以上充学士，六品以下充直学士，是骘之结衔，应如碑称学士，本记直学士之‘直’衍。”

薛　逢　　咸通七年—约九年(866—约868)

《旧书》本传：“又出为蓬州刺史。[杨]收罢相，入为太常少卿。给事中王铎作相，逢又有诗云……。铎又怨之。……迁秘书监，卒。”《新书》本传：“[杨]收罢，以太常少卿召还，历给事中。[王]铎为宰相，逢又以诗訾铎。”按杨收于咸通七年十月罢相，检校工部尚书、宣歙池观察使。王铎于咸通十一年十一月辛亥以礼部尚书、判度支同中书门下平章事，见《新书·宰相表下》。薛逢为太常少卿当在此间前期。

裴德符　　咸通十三年(872)

《嘉泰吴兴志》卷一四《郡守题名》：“裴德符，咸通十二年七月自绛州刺史授，迁太常少卿。”接裴德符者为张搏，“咸通十三年七月自中大夫拜。”则裴德符由湖州刺史迁太常少卿在咸通十三年。

王　龟　　咸通十三年(872)

《旧书》本传:“咸通末,以弟铎在中书,不欲在禁掖,改太常少卿,寻检校右散骑常侍、同州刺史。”《新书》本传:“咸通中,知制诰。铎为相,改太常少卿,同州刺史。”按咸通十三年在同州刺史任,是年十一月迁越州刺史,见《嘉泰会稽志》卷二。《全诗》卷六四三李山甫《寄太常王少卿》诗,当即王龟。

冯　岩　　约咸通十三年(约872)

《淳熙严州图经》卷一:“冯岩,咸通十二年十二月十三日,自太府少卿拜。”《全诗》卷八三三贯休有《追忆冯少常》诗,冯少常即冯岩。诗云:“至今新定郡,犹咏袴襦歌。”知冯岩自睦州刺史入为太常少卿。岩自睦州刺史入为太常少卿应在咸通十三年或稍后。

裴虔余　　乾符二年(875)

《旧书·僖宗纪》:乾符二年五月,“兵部郎中裴虔余为太常少卿”。按《全诗》卷五九七《裴虔余小传》:“乾宁初,官太常少卿。”“乾宁”当为“乾符”之误。

崔　浑　　乾符三年(876)

《旧书·僖宗纪》:乾符三年十一月,“太常少卿崔浑贬康州刺史”。两《唐书》无传。

卢知猷　　约乾符中

《旧书》本传:“改吏部郎中、太常少卿。出为商州刺史。征拜给事中,转中书舍人。僖宗幸山南,襄王伪署,乃避地金州。”《新书》本传未及。按《郎考》卷三“吏部郎中”有卢知猷,在杨严后,陆勋前。

杜致美　　景福中?

《全文》卷八三七薛廷珪《授杜致美太常少卿杨拙库部郎中制》:“如闻右司郎中杜致美……各谓当才,无忝并命。可依前件。”按薛廷珪大顺初累迁司勋员外郎、知制诰，正拜中书舍人，乾宁三年改左散骑常侍，光化中复为中书舍人，见《旧书·薛廷珪传》。则此制或在景福中作欤？

孙　偓　景福中？

【增订】《洛阳新获墓志二〇一五》第368页《唐丞相梁司空致仕赠司徒乐安孙公墓志铭并序》（贞明五年三月七日）：“僖宗召以谏议大夫。……始命大臣张渎自左绵告疾而回。中外佥论非府君不可。皇帝临轩慰勉，面赐金紫，奔一车之命，践不测之地，夙驾载燧，复安二境。济大行山陵之用，昭宗郊天之费，皆府君之力也。后为同人所谮，左迁黔巫。居二年，拜秘少、太常少卿。再授大谏，宣抚南方数镇。”夏婧《孙偓行实考》考订孙偓征还朝官时间约在景福中。该文载于《唐研究》第二十四卷，北京大学出版社2019年版，第431—462页。

崔　就　乾宁中？

《全文》卷八三一钱珝《授棣王府司马崔就太常少卿赐紫制》：“遂以奉常之亚，命服之朝，欲尔听六乐之和，以平其气。”按钱珝由宰相王抟荐知制诰，进中书舍人，抟得罪，珝贬抚州司马。见《新书·钱徽传》。又按王抟景福二年十一月入相，光化元年罢相。

刘崇谟　乾宁末

《旧书》本传：“乾宁末，为太常少卿、弘文馆直学士。”《新表一上》河南刘氏：“崇谟字成禹，太常少卿、弘文馆直学士。”

徐彦枢　昭宗时

《旧书·徐彦若传》：“弟彦枢，位至太常少卿。”按《全文》卷八三七薛廷珪有《授徐彦枢礼部员外郎制》《礼部员外郎徐彦枢改授户部员外郎制》。按薛廷珪大顺初累迁司勋员外郎、知制诰，正拜中书舍人，乾宁三年改左散骑常侍，光化中复为中书舍人，见《旧书·薛廷珪传》。

郑韬光　天祐元年(904)

《旧书·昭宗纪》:天祐元年六月,"甲寅,以京兆少尹郑韬光为太常少卿"。

裴　磵　天祐二年(905)

《旧书·哀帝纪》:天祐二年十二月癸丑,"太常少卿裴磵、温銮……磵可青州北海尉,銮临淄尉……并员外置"。

温　銮　天祐二年(905)

《旧书·哀帝纪》:天祐二年十二月癸丑,"太常少卿裴磵、温銮……磵可青州北海尉,銮临淄尉……并员外置"。

萧　彧　唐末

《全诗》卷七五四徐铉《和太常萧少卿近郊马上偶吟》《和萧少卿见庆新居》、卷七五五《和江西萧少卿见寄》《文彧少卿文山郎中交好深至二纪已余暌别数年二子长逝奉使岭表途次南康吊孙氏之孤于其家睹文彧手书于僧室慷慨裴叹留题此诗》。萧少卿即萧彧,《全诗》卷七五七萧彧小传:"萧彧,字文彧,官少卿。"

待考录

郑元璹　永徽二年(651)

《宝刻丛编》卷八引《京兆金石录》:"《唐太常少卿郑元璹碑》,永徽二年立。"按元璹武德中已官太常卿及鸿胪卿,若非贬谪,其终官不当为太常少卿。录此存参,并以俟再考。

窦义积

《新表一下》三祖窦氏:"义积,太常少卿。"乃陕州刺史德冲子。未知任职年代。

窦　称

《新表一下》三祖窦氏："称，太常少卿。"乃德阳郡司户参军崇礼子。未知任职年代。

李　谓

《新书·宗室世系表上》大郑王房："太常少卿谓，字伯英。"乃太子少傅、郑国公李遵子。未知任职年代。

卷三　光禄寺

光禄卿考

李　密　　武德元年(618)

《旧书》本传:"于是从入关者尚二万人。高祖遣使迎劳。……及至京师,礼数益薄,执政者又来求贿,意甚不平。寻拜光禄卿,封邢国公。"《新书》本传略同。《元龟》卷一六四:武德元年"十月,李密为王世充所败,率众二万来降。高祖礼之,尝呼为弟,拜为光禄卿、上柱国,封邢国公"。又卷九九:"武德元年十一月,遣光禄卿李密往瀍雒收其余众。"《通鉴·武德元年》:十月,"既而以密为光禄卿、上柱国,赐爵邢国公。……十一月,尝遇大朝会,密为光禄卿,当进食,深以为耻"。《新书·高祖纪》:武德元年十二月,"庚子,光禄卿李密反,伏诛"。《全文》卷一四一魏徵《唐故邢国公李密墓志铭》:"乃眷西顾,举兹东夏,载驱周道,来谒承明。帝曰念功,降兹休命,上柱国、邢国公,拜光禄卿。"又见《广记》卷一八九引《谭宾录》、卷二〇〇引《河洛记》。

宇文歆　　武德初

《旧书·突厥传上》:"高祖入长安,薛举犹据陇右,遣其将宗罗睺攻陷平凉郡,北与颉利连结。高祖患之,遣光禄卿宇文歆赍金帛以赂颉利。"《新书·突厥传上》略同。

刘政会　武德中

《旧书》本传："寻而刘武周进逼并州，晋阳豪右薛深等以城应贼，政会为贼所擒，于贼中密表论武周形势。贼平，复其官爵。历刑部尚书、光禄卿，封邢国公。贞观初，累转洪州都督。"《新书》本传略同。

张　亮　贞观五年(631)

《旧书》本传："贞观五年，历迁御史大夫，转光禄卿，进封鄅国公，赐实封五百户。后历豳、夏、鄜三州都督。七年……行相州大都督长史。"

李袭誉　贞观七年?(633?)

《旧书》本传："太宗讨王世充，以袭誉为潞州总管。时突厥与国和亲，又通使于世充，袭誉掩击，悉斩之。因委令转运以馈大军。后历光禄卿、蒲州刺史，转扬州大都督府长史。"考《旧书·太宗纪》贞观八年春正月有"扬州大都督长史李袭誉"，其为光禄卿、蒲州刺史约在七年或稍前。

豆卢揩　贞观中

《隋唐五代墓志汇编》洛阳卷第一一册《唐故岐王府祭酒崔公豆卢夫人墓志铭并序》(天宝四载五月二十七日)："故金紫光禄大夫、光禄卫尉鸿胪三卿、郢城郡开国公揩，夫人大王父也。祖玄俨，集饶二郡太守、上柱国。父志静，大中大夫、坊延二郡太守、袭郢城公。"夫人卒天宝四载三月廿四日，春秋六十六。按豆卢玄俨总章二年在饶州刺史任，则其父揩当仕贞观中。

王　俨　贞观中?

北图藏拓片《大唐陇西李公夫人(王氏)墓志铭并序》(光启二年七月五日)："遂为琅琊郡人。其后子孙冠盖相继，略而不书。至于皇朝，光禄卿、检校荆州长史俨，是其后也。"夫人中和三年八月十七日卒,享年七十四。

柳　亨　永徽元年(650)

【增订】曾涧《增补》:考《豆卢宽墓志》,永徽元年六月四日薨,陪葬昭陵,"仍令金紫光禄大夫、行光禄卿柳□监护"。《元龟》卷六二〇:"柳亨为光禄少卿,贞观二十三年以修太庙功加金紫光禄大夫。"疑此"柳□"即柳亨,贞观二十三年为光禄少卿,以功加金紫光禄大夫,至次年已迁光禄卿。【增订】《大唐西市博物馆新藏墓志》一一〇《柳子阳墓志》:"父亨,皇朝光禄卿,太常卿,上柱国,寿陵侯,赠礼部尚书、幽州都督,谥曰敬。"

萧　符　约高宗初

北图藏拓片《唐故朝议郎并州清源县令张妻萧墓志铭》(开元十年五月廿一日):"夫人其先兰陵人,梁文帝七代孙。曾祖符,光禄卿。祖卿,雍州三原县令。父礼,潭州衡山令。"夫人开元十年卒,春秋廿有六。

卢承庆　显庆二年—四年(657—659)

《旧书》本传:"会高宗将幸汝州之温汤,擢承庆为汝州刺史。入为光禄卿。显庆四年,代杜正伦为度支尚书,仍同中书门下三品。"《新书·突厥传下》:"贺鲁已灭,裂其地为州县,以处诸部。……昆陵都护,领五咄陆部;……濛池都护,领五弩失毕部……各赐帛十万,以光禄卿卢承庆持册命之。"《通鉴·显庆二年》:十二月,"乙丑,分西突厥地置濛池、昆陵二都护府……遣光禄卿卢承庆持节册命"。

殷令名　显庆四年(659)

【增订】曾涧《增补》:考《宝刻丛编》卷九引《集古录目》:"《唐兰陵长公主碑》,唐吏部尚书兼知中书门下事李义府撰。……碑以显庆四年十月立。"《新唐书》卷六一,显庆四年八月壬子,中书令李义府"兼吏部尚书、同中书门下三品"。是年八月乙巳朔,壬子为八日,是义府之得有碑上署衔，应在是年八月八日以后。由此可见，兰陵公主当薨于显庆四年，《全唐文》刊印之显庆三年误。令名显庆三年监护尉迟敬德墓葬时为光禄少卿，至显庆四年兰陵主丧葬时已升职为光禄卿了。近出长安三年《殷仲容墓志》："父令名，唐光禄卿、上柱国，袭建安县开国男。"（陕西省考古研究所《唐殷仲容夫妇墓发掘简报》，《考古与文物》2007 第 5 期，第 18—30 页）正可与此印证。

薛　瓘　　龙朔二年（662）

《新表三下》西祖房薛氏："瓘，光禄卿、驸马都尉。"乃饶州刺史怀昱子。《元龟》卷六九："高宗龙朔二年五月丙申……守司宰正卿、驸马都尉薛瓘为司宗正卿。"《通鉴・开耀元年》：五月，"至是，始选光禄卿汾阴薛曜之子绍尚（太平公主）焉。绍母，太宗女城阳公主也"。按太宗女城阳公主先降杜荷，荷诛，再降薛瓘。则《通鉴》之"薛曜"乃"薛瓘"之误。

韦怀质　　仪凤四年（679）

《姓纂》卷二京兆杜陵西眷韦氏："怀质，光禄卿。"乃韦弘敏从兄。《新表四上》韦氏平齐公房同。按韦怀质约贞观十八年时在繁畤令任，见两《唐书・韦挺传》。则其仕至光禄卿约在高宗时。《广记》卷一九七引《朝野佥载》："唐太宗问光禄卿韦某，须无脂肥羊肉充药，韦不知所从得，乃就侍中郝处俊宅问之。"今本《朝野佥载》已佚。按郝处俊为侍中乃高宗仪凤四年事，见《旧书・郝处俊传》及《新书・宰相表上》，则"唐太宗"当为"唐高宗"之误。

李行伟　　永淳中

北图藏拓片《唐故朝散大夫行宋州虞城县令上柱国李府君（昕）墓志铭》（开元十四年十一月八日）："父行伟，国子司业兼光禄卿，弘文馆学士。"李昕卒于先天元年八月十七日，年六十一。按李行伟永淳元、二年在国子司业任，见《旧书・礼仪志三》《新书・礼乐志四》。

薛景山　高宗时

《千唐志》七一三《大唐故右领军卫将军上柱国新城县开国伯薛府君(璿)墓志文并序》(开元二十年八月二十日):“曾祖景山,金紫光禄大夫,太常、光禄卿,谥曰恭。”璿卒于开元二十年七月一日,春秋五十二。

王　□　高宗时

《隋唐五代墓志汇编》洛阳卷第九册《唐故游击将军守左领军卫右郎将上柱国□煌县开国公太原王公(字逊之)墓志铭并序》:“祖□,金紫光禄大夫、守光禄卿、兼检校吏部尚书、□武郡开国公,谥曰□。”逊之卒开元十七年二月十四日,未言享年。

王同人　高宗时

【增订】《全唐文补遗·千唐志斋新藏专辑》第354页阙名《王德进墓志》:“高祖同人,卫尉司属光禄三寺卿、亳州刺史。”据曾润《订正》:《李元祥墓志》:调露二年七月廿七日薨,“使宗正卿王同人为使……赠司徒、并州大都督”。知同人调露二年为宗正卿。按《新唐书》卷七二中,唐有两王同人,一为泗州刺史,武后时宰相王璿子;一为亳州刺史、光禄少卿,隋江都县正大观子。泗州刺史王同人,见《泗州刺史王同人墓志》。

崔万石　高宗时

【增订】《全唐文补遗》第七辑《卢元衡墓志》:“夫人博陵崔氏,唐光禄卿万石之女。”墓主景龙三年(709)卒葬。

李知十　垂拱元年(685)

《隋唐五代墓志汇编》陕西卷第一册《大唐故雍王赠章怀太子墓志铭并序》(景云二年十月):“垂拱元年四月廿二日,皇太后使司膳卿李知十持节册命追封为雍王。”

刘　藏　　高宗、武后时

【增订】曾涧《增补》：《刘默墓志》："父藏，唐将作少匠，司农、太仆、光禄卿，复州、抚州刺史，上柱国、义成县子。"圣历二年二月卒，年四十七。

阎嘉宾　　武后时

【增订】新出土《阎仲连墓志》："父嘉宾，皇朝幽、岐、汾、同四州刺史，宗正、光禄两寺大卿。"墓主圣历二年卒，年四十七。（《苏州大学学报》2015 年第 1 期《新出阎仲连、萧守规墓志与唐代萧氏及其他文化世家姻亲研究》）

杨思谦　　武后时

《新表一下》杨氏观王房："思谦，光禄卿。"乃主爵郎中、平阿公杨纲子，高祖相杨恭仁侄。北图藏拓片《唐故房陵郡太守卢府君（全操）夫人弘农郡君杨氏墓志铭并序》（天宝十一载十月二十九日）："曾祖纲，皇岩州刺史，平河（阿）公。祖思谦，皇银青光禄大夫，司宰、司稼卿。"夫人卒天宝十一载六月廿八日，享年七十一。

元应善　　武后时

《全文》卷七八五穆员《河南兵曹元公（盛）墓志铭》："皇朝金紫光禄大夫、司膳卿汝阳公善应之曾孙，集州司马崇敏之孙，处士履清之季子。"元盛卒贞元十一年六月十五日，年五十五。《姓纂》卷四河南洛阳元氏："善应，司宾卿，同州刺史。"与《元盛志》异。

麴　昭（麴昭祖）　　武后时？

《新书·西域上·高昌传》："［麴］智湛，麟德中以左骁卫大将军为西州刺史。……有子昭，好学……昭历司膳卿，颇能辞章。"《元龟》卷八四〇："麴昭祖为司膳卿，颇以诗咏流誉，有文集二十卷。""祖"字疑衍。

武延安　　武后时

《姓纂》卷六沛国武氏:“延安,光禄卿、邢公。”《新表四上》同。乃武后相武承嗣子。

王方则　　武后时?

《新表二中》王氏:“方则,字玄宪,光禄卿。”乃中书舍人王弘让子,兰州刺史王景父,王方庆从兄。

杨　裕　　武后时?

《全文》卷一七四张鷟《光禄寺卿杨裕状称掌醢署令吕建居官清整不邀名誉忠肃奉公未蒙进考》。

许钦淡　　武后时?

《新表三上》安陆许氏:“钦淡,深州刺史、光禄卿。”乃凉州都督、安西大都护许钦明弟。

田归道　　武后末

《旧书》本传:“擢拜归道夏官侍郎,甚见亲委。累迁左金吾将军、司膳卿,兼押千骑。”《新书》本传:“迁左金吾将军、司膳卿,押千骑宿卫玄武门。桓彦范等诛二张,而归道不豫闻。”按圣历元年十月擢夏官侍郎,见《通鉴》。

赵承恩　　神龙元年(705)

《通鉴·神龙元年》:五月,“以……赵承恩为光禄卿”。按景龙二年时赵承恩行鸿胪卿,见《全文》卷二五七苏颋《张良娣碑》。《新书·忠义传上》记功臣有“冠军大将军、左羽林军大将军、光禄卿、天水县公赵承恩”。

王同皎　　神龙二年(706)

《旧书·桓彦范传》:“[神龙]二年,光禄卿、驸马都尉王同皎以武三思与韦氏奸通，潜谋杀之。”又本传：“敬晖等讨张易之兄弟也，遣同皎与右羽林将军李多祚迎太子于东宫。……寻加银青光禄大夫，迁光禄卿。神龙二年，同皎以武三思专权任势，谋为逆乱，乃招集壮士，期以则天灵驾发引，劫杀三思。”《新书》本传略同。《旧书·中宗纪》：神龙二年三月，“庚戌，杀光禄卿、驸马都尉王同皎”。《新书·中宗纪》《通鉴·神龙二年》同。又见《旧书·王丘传》《新书·忠义传上》《会要》卷四五、《全文》卷一〇〇泽王湛《光禄卿王公墓志铭并序》、《唐文拾遗》卷五三阙名《武德以来功臣约为三等奏》。《元龟》卷六二二：“王同皎为光禄卿，时武三思专权任势，谋为逆乱。同皎乃招集壮士，谋以则天灵驾发引日诛之。为冉祖雍所告，遂遇害。”【增订】《秦晋豫新出墓志搜佚续编》第499页《大唐故驸马都尉光禄卿赠左卫大将军王公(同皎)墓志铭并序》：“拜左千牛将军、驸马都尉、琅琊郡开国公、食实封五百户，崇象路也。无何，除光禄卿。”按，墓志未载王同皎卒年，景云二年十月八日葬。

杨元琰　景龙三年(709)

《旧书》本传：“转卫尉卿。明年，李多祚等被诛，元琰以曾与多祚同立功，亦被系狱问状。赖中书侍郎萧至忠保明之，竟得免罪，又转光禄卿。景云中，抗疏请削在身官爵，回赠父官。中宗许之，乃追赠其父越州长史。睿宗即位，三迁刑部尚书。”《新书》本传未及。【增订】《订补》云：《全唐文补遗》第七辑第27页岑羲《杨再思碑》：“令光禄卿杨光(元)琰监护。”墓主景龙三年六月薨。由此证知杨元琰为光禄卿可定于景龙三年(709)。

房光义　景龙中

《全文》卷二五一苏颋《授房光义光禄卿制》：“宣威将军、上柱国房光义……可太中大夫、守光禄卿，勋如故。”《会要》卷二一《昭陵陪葬名氏》：“光禄卿房光义，并男原州别驾晖、咸阳县丞曜。”按苏颋景龙二年至四年为中书舍人。

韦慈藏　景龙中

《旧书·张文仲传》:“[韦]慈藏,景龙中光禄卿。”《新书·张文仲传》同。

武崇谦　中宗时?

《姓纂》卷六沛国武氏:“崇谦,光禄卿、梁公。”《新表四上》武氏同。乃武三思子。

李守礼　景云元年—二年(710—711)

《旧书》本传:“景云二年,带光禄卿,兼幽州刺史,转左金吾卫大将军,遥领单于大都护。”《新书》本传:“中宗即位,复故封,拜光禄卿,实封户五百。唐隆元年,进封邠王。”《隋唐五代墓志汇编》陕西卷第一册《大唐故雍王赠章怀太子墓志铭并序》(景云二年十月):“嗣子光禄卿邠王守礼。”《元龟》卷八六二:“邠王守礼为前光禄卿,丁母忧,起复左金吾卫将军。”

杨慎交　先天元年?(712?)

《全文》卷二九二张九龄《故特进赠兖州都督驸马都尉观国公杨公(慎交)墓志铭并序》:“坐事左出巴州刺史,入为光禄卿,复出为亳、襄、陈、邓四州刺史。”开元十二年卒,春秋五十。按景云元年六月杨慎交贬巴州刺史,见《通鉴》。

崔日知　先天元年—开元元年(712—713)

《全诗》卷八八张说《酬崔光禄冬日述怀赠答并序》:“崔光禄述志论文,首贻雅唱……以文会友,以友辅仁,崔公近之矣。”又卷九一韦嗣立《自汤还都经龙门北溪赠张左丞崔礼部崔光禄并序》:“仆自汤还都,经龙门北溪庄宿,张左丞、崔礼部、崔光禄并枉垂光顾。”又《酬崔光禄冬日述怀赠答并序》:“光禄崔卿公怀通识济时,良具材器。”又同卷崔泰之《同光禄弟冬日述怀并序》:“韦祭酒、张左丞二公,并廊庙伟才,朝廷旧相。”注:“韦祭酒,嗣立;张左丞,说;光禄,日知也。”按张说景云二年十月罢相为尚书左丞，韦嗣立开元初为国子祭酒。崔泰之先天元年为礼部侍郎。

单思远 开元前

【增订】曾润《订正》：原书引《唐两京城坊考》，列待考录。按清徐松《城坊考》，本自宋宋敏求《长安志》，其卷八“宣阳坊”有“光禄卿单思远宅”。思远先天二年为魏州刺史，见《元龟》卷六七三；开元四年为河南尹，见《元龟》卷五〇一。其为光禄卿似在开元前。

窦希瓘 开元元年—二年(713—714)

《元龟》卷三〇一：“窦希瓘者，睿宗窦后之族也。玄宗先天二年九月戊寅，以光禄豳国公希瓘……各食实封二百户，以舅氏特宠之也。”按先天二年即开元元年。《旧书·玄宗纪上》：开元二年七月，“辛未，光禄卿窦希瓘为太子太(少)傅。”又见《元龟》卷三〇三、《通鉴·开元二年》闰二月。《全文》卷一〇〇李湛然《太子少傅窦希瓘神道碑》：“先天元年，迁金紫光禄大夫、右散骑常侍、兼检校光禄卿。无何，又正除光禄。……开元二年，迁太子少傅，袭爵豳国公。”

马怀素 开元三年(715)

《旧书·玄宗纪上》：开元三年十月，“以光禄卿马怀素为左散骑常侍”。又见《会要》卷二六。《唐文拾遗》卷二玄宗《命马怀素侍读制》：“光禄卿马怀素……可左散骑常侍。”清魏锡曾《绩语堂碑录》有《大唐大理卿崔公故夫人荥阳县君郑氏墓志铭并序》：“光禄卿上柱国常山县开国公马怀素撰。”并云墓主崔昇夫人郑氏：“以长安三年八月廿四日终于京兆府永乐里之第，以开元三年十月廿五日窆于恒州之旧茔，礼也。”又引《常山贞石志》：“大理卿崔昇夫人郑氏墓志铭，在获麟县北新村三官庙内。马怀素撰，侄璆书。怀素，两《唐书》有传。据碑列衔有常山县开国公，传有之，惟不载其为光禄卿、上柱国。《旧书·元宗纪》：开元三年冬十月甲寅，制以光禄卿马怀素左散骑常侍，褚无量并充侍读。所称光禄卿正与碑合。”《全文》卷九九五阙名《故银青光禄大夫秘书监兼昭文馆学士侍读上柱国常山县开国公赠润州刺史马公(怀素)墓志铭》:"转户部侍郎。上以河南蝗旱,令公驰驿赈给。……使回,拜光禄卿,迁左散骑常侍,转秘书监。"开元六年卒,年六十。《大唐新语》卷一一:"开元初,左常侍褚无量与光禄卿[马]怀素隔日侍读。"《元龟》卷五九九:"马怀素为光禄卿,开元三年十月,制曰:'……光禄卿马怀素,静专动直,资忠履信。词赋成于鼓吹,典坟富于泉海。'"【增订】《订补》云:陆继辉《八琼室金石补正续编》卷二五《崔夫人郑氏墓志铭》:"《(缺)唐大理卿崔(缺)故夫人荥阳县君郑氏墓志铭并序》,光禄卿、上柱国、常山县开国公马怀素撰。"志云:"以长安三年八月廿四日,终于京兆府永乐里之私第,以开元五年十月廿五□□窆于恒州之旧茔,礼也。"(《续修四库全书》本,第900册,第13页)而《唐九卿考》据《绩语堂碑录》引其卒年在开元三年(715)。与此不同,今录之存参。

韦　逞　　开元初期?

《姓纂》卷二东眷韦氏郧公房:"逞,光禄卿。"《新表四上》韦氏郧公房同。乃隋尚衣奉御匡伯孙,思言子,尚书右丞、司稼正卿思齐侄。

李　祎　　约开元八年(约720)

《旧书·李恪传》:子琨,"琨子祎……开元后,累转蜀、濮等州刺史。政号清严,人吏畏而服之。渐见委任,入为光禄卿,迁将作大匠。丁母忧去官,起复授瀛州刺史。又上表固请终制,许之。十二年,改封信安郡王"。

司马铨　　开元十年?(722?)

北图藏拓片《大唐故薛王傅上柱国司马府君(铨)墓志铭并序》(开元十九年十一月二十七日):"久之,除慈州刺史……丁内忧去职,服阕授户部郎中,转太子家令,迁光禄卿。……三入改仙州刺史,入为薛王府长史,转宋州刺史,授薛王傅。"开元十九年六月廿二日卒，春秋六十七。按开元十一年在仙州刺史任，十七年在宋州刺史任。又北图藏拓片《大唐正议大夫使持节仙州诸军事守仙州刺史上柱国司马公故夫人范阳郡君卢氏墓志铭并序》（开元十二年三月十日），卢氏卒开元十一年十二月十八日。其时铨在仙州刺史任。为光禄卿当在此前。

许辅乾　　开元十一年(723)

《旧书·许绍传》："嫡孙力士袭爵，官至洛州长史，卒。子钦寂嗣。……［钦寂］子辅乾，开元中官至光禄卿。"《新书·忠义传上》记功臣有"左监门卫中侯、光禄卿、申国公许辅乾"。《姓纂》卷六安陆许氏："辅乾，右金吾大将军、光禄卿。"《四校记》卷六："辅乾至光禄卿，见《旧书》五九。《会要》四五倒为'乾辅'，封申国公。万岁通天元年钦寂死节，则天授其子辅乾左监门卫中侯，见《元龟》三七三。《全文》二五二苏颋制：'云麾将军、检校右羽林将军、赐绯鱼袋、上柱国、申国公许辅虔……可左羽林军将军。'当即此人。"【增订】《秦晋豫新出墓志搜佚续编》第573页《许辅乾墓志》，题为"大唐故银青光禄大夫光禄卿赠兵部尚书"，下当泐蚀"许公墓志铭"五字。志云："有唐虎臣光禄申国许公，其先高阳人。……改封申国公，食实封二百户。久之出典夔沧等郡，右卫将军，右金吾大将军，光禄卿。……享年不永，春秋五十六，开元十一年夏四月十九日薨于位，赠兵部尚书。"同书第713页《唐许辅乾妻李少君墓志》，题为"唐故银青光禄大夫光禄卿上柱国申国公赠兵部尚书许辅乾故夫人凉国夫人陇西李氏墓志铭并序"。

孟温礼　　开元十三年—十四年(725—726)

《大诏令集》卷七四《命卢从愿等祭岳渎敕》："宜令光禄卿孟温［礼］祭风伯。……开元十四年正月。"《元龟》卷一四四作"开元十四年六月"。《全文》卷二三〇张说《鄎国长公主神道碑铭》："开元十三年二月庚午薨于河南县之修业里，春秋三十有七。……有诏光禄卿温礼监护丧葬，京兆尹冯延休副焉。"

裴 □ 开元十七年(729)

【增订】曾润《增补》:《山右石刻丛编》卷六《庆唐观纪胜铭碑阴》题名:"检校光禄少卿上柱国裴□。""开元十七年及岁己巳九月己丑朔三日辛卯建。"

李 璆 开元中

《旧书·李素节传》:少子琳、瓘、璆。"璆初为嗣泽王,降为郢国公、宗正卿同正员,特封褒信郡王。进《龙池皇德颂》,迁宗正卿、光禄卿、殿中监。天宝初,重拜宗正卿。"《新书·李素节传》略同。

陆景裔 开元中?

《新表三下》陆氏:"景裔,光禄卿。"乃玄宗相陆象先、工部尚书景融弟。按《姓纂》卷一〇陆氏:"景裔,兵部员外。"与《新表》异,未知孰是。

田宾庭 开元中

《旧书·田归道传》:"子宾庭,开元中为光禄卿。"《新书·田归道传》同。

崔通理 约开元时

【增订】《全唐文补遗·千唐志斋新藏专辑》第272页王嵩《崔珣墓志》:"考通理,金紫光禄大夫、光禄卿。"墓主天宝七载(748)卒,年六十二。

萧 衡 开元二十一年(733)

【增订】曾润《增补》:《金石录》卷二六《唐立梁宣帝明帝二陵跋》:"开元二十一年,其裔孙嵩追建。其前题'银青光禄大夫、黄门侍郎、同中书门下平章事',而姓名已残缺。按《唐纪》:开元二十一年,韩休实为此官。然则此《碑》乃休之文也。《碑》后题'金紫光禄大夫、行光禄卿、驸马都尉',而姓名亦残缺,盖嵩之子衡也。"《舆地碑记目》卷三“荆门军碑记”:“《后梁宣明二帝碑》,唐韩休撰。”考《旧唐书·萧嵩传》:开元二十一年二月,“玄宗遣嵩择相,嵩以右丞韩休长者,举之”。休之入相,既为嵩举,承情作碑,亦人之常情。

韦　縚　　约开元二十一年—二十三年(约733—735)

《旧书·司马承祯传》:“[开元]十五年,又召至都。玄宗令承祯于王屋山自选形胜,置坛室以居焉。……俄又令玉真公主及光禄卿韦縚至其所居修金箓斋,复加以赐赍。”《新书·司马承祯传》略同。《新书》本传:“縚,开元时历集贤修撰、光禄卿,迁太常卿。”《会要》卷三六:“[开元]二十三年正月,敕中书令张九龄、光禄卿韦縚与礼官就集贤院撰《耤田仪注》。”《元和姓纂四校记》卷二:“[韦縚]开元九年除国子司业,历卫尉少卿,太常少卿,至二十三年二月,迁太常卿,天宝九载三月,除太子少师,见《会要》三七及各卷。《广记》三八九引《戎幕闲谈》,安石弟縚为太常卿礼仪使,卒官。作‘弟’误,乃安石侄也。徐灵府《天台山记》,开元二十五年太常卿修礼仪使韦縚。《青城山投龙壁记》,开元十八年六月立,结衔行太常少卿韦縚(《唐文续拾》三)。《孟浩然集叙》,天宝九载正月作,结衔为特进、行太常卿、礼仪使韦滔,‘滔’应作‘縚’。”【增订】牛红广《辑补》:河洛藏拓《唐故处士京兆韦府君(衍)墓志铭并序》:“曾祖縚,皇朝光禄卿。”

贺　衡　　开元二十五年(737)

【增订】《大唐西市博物馆藏墓志》二二二《贺睿墓志》:“以开元廿五年七月十七日,寝疾薨于亲仁里之私第,春秋五十有六。……以其年冬十一月辛未十四日甲申,葬于先茔之南神和原,礼也。……次子曰衡,光禄大夫,行光禄卿,上柱国,沛县开国子,驸马都尉。”

张　宥　　开元二十七年(739)

《旧书·吐蕃传上》:“[开元]二十七年七月……诏以华州刺史张宥为益州长史、剑南防御使。……俄而[章仇]兼琼入奏,盛陈攻取安戎之策,上甚悦,徙张宥为光禄卿,拔兼琼令知益州长史事,代张宥节度。”《通鉴·开元二十七年》:十一月,“丁巳,以[张]宥为光禄卿。十二月,以兼琼为剑南节度使”。

郑潜曜　　开元二十八年(743)

【增订】《秦晋豫新出墓志搜佚续编》第760页《唐郑鼎墓志》:“开元二十八载五月十九日遘疾薨于亲仁里之私第,春秋五十八。……嗣子潜曜,尚临晋公主,银青光禄大夫、光禄卿、驸马都尉、荥阳县开国男。”

李　昇　　约开元末

《新书·宗室世系表上》大郑王房:“光禄卿昇。”乃清河郡公、灵州都督李孝节孙,郑州刺史李瑜子。按李昇开元二十七年在卫尉卿任,见《会要》卷六五。

李希言　　天宝元年—三载(742—744)

《会要》卷二二:“至天宝元年十二月二十八日,诏今岁西成,颇为善熟,宜令光禄卿嗣郑王希言等,分祭五岳。”又见《大诏令集》卷七四,《元龟》卷三三,《全文》卷三一〇孙逖《令嗣郑王希言分祭五岳敕》。《元龟》卷三三:天宝三载,“四月丙辰,遣使分祀岳渎。诏曰:‘……光禄卿嗣郑王希言祭中岳……光禄少卿彭果祭河渎’”。

杨玄珪　　天宝四载(745)

《旧书·后妃·玄宗杨贵妃传》:“天宝初,进册贵妃。……叔玄珪,光禄卿。”《新书·后妃上·玄宗妃杨氏传》同。《通鉴·天宝四载》:“八月壬寅,册杨太真为贵妃。……以其叔父玄珪为光禄卿。”乐史《杨太真外传》卷上:“册妃日……叔玄珪为光禄卿、银青光禄大夫,再从兄钊拜为侍郎,兼数使。”

郑潜曜　　天宝四载(745)

《全文》卷三六〇杜甫《唐故德仪赠淑妃皇甫氏神道碑》:“以开元二十三年岁次乙亥十月癸未朔薨于东京某宫院,春秋四十有二。……有子曰鄂王讳瑶……有故在疚而卒。……有女曰临晋公主,出降代国长公主子荥阳潜曜,官曰光禄卿,爵曰驸马都尉。”《杜诗详注》卷二五引黄鹤曰:“碑云自我之西,岁阳载纪。按《尔雅》:自甲至癸,为岁之阳。妃以开元二十三年乙亥薨,至天宝四载乙酉,为岁阳载纪矣。碑当立于是年也。”《唐文拾遗》卷二二独孤及《郑驸马孝行记》:“特进、驸马都尉、荥阳郑潜曜字某,睿宗外孙,玄宗之甥,代国长公主之才子也。……公开元二十八年尚玄宗第十二女临晋长公主。……历太仆、光禄,嗣荥阳郡公。”

崔　瑶　　天宝八载(749)

《旧书·崔神庆传》:神庆子琳,“开元、天宝间,中外族属无缌麻之丧,其福履昌盛如此。东都私第门,琳与弟太子詹事珪、光禄卿瑶俱列棨戟,时号‘三戟崔家’”。《新书·崔琳传》略同。《新表二下》南祖崔氏:“瑶,光禄卿。”《隋唐五代墓志汇编》洛阳卷第一一册《唐故光禄卿崔公(瑶)墓志铭并序》(天宝八载十月二十三日):“年甫弱冠,尚永和县主。……擢卫尉少卿。……亲累贬忠州别驾。……除宣州刺史,内忧去职,制阕转兖府都督,又移睦州刺史。……拜光禄卿。”天宝八载九月二十五日卒,年七十二。《元龟》卷八六六:“崔义玄为御史大夫、蒲州刺史。子神基司宾卿、同凤阁鸾台平章事。神基弟神庆历司刑、司礼二卿。神庆子琳等皆至大官。……琳与弟太子詹事珪、光禄卿瑶俱列棨戟,时号‘三戟崔家’。琳位终太子少保。”【增订】《全唐文补遗·千唐志斋新藏专辑》第217页《崔杰墓志》:“光禄卿讳瑶府君之长子。……天宝八载秋九月,又丁光禄卿府君忧。”

王守和　　天宝中

王仁裕《开元天宝遗事》卷下《天宝下》:“光禄卿王守和,未尝与人有争,尝于几案间大书'忍'字,至于帏幌之属,以绣画为之。明皇知其姓字,非时引对,问曰:'卿名守和,已知不争,好书忍字,尤见用心。'奏曰:'臣闻坚而必断,刚则必折,万事之中,忍字为上。'帝曰:'善。'赐帛以旌之。"

窦庭萱 天宝中?

《新表一下》三祖窦氏:"庭萱,光禄卿。"乃卫尉少卿庭兰弟,虢州刺史义节孙。

马 暹 天宝中?

《姓纂》卷七扶风茂陵马氏:"暹,光禄卿。"乃安州都督马正会子,马璘伯父。

李 憕 天宝十四载(755)

《旧书》本传:"[天宝]十四载,转光禄卿、东京留守,判尚书省事。"《新书》本传略同。《全文》卷三三玄宗《遣官祭元冥风伯雨师诏》:"宜令太子太师陈希烈祭元冥,光禄卿李憕祭风伯,国子祭酒李麟祭雨师。仍取今年二十三日,各申诚请,务令蠲洁,如朕意焉。"《元龟》卷一四四记此事称"天宝十四载三月诏"。

哥舒曜 天宝十四载—至德元载(755—756)

《新书》本传:"累迁光禄卿。以翰陷贼,哀愤号恸,故吏裴冕、杜鸿渐等见之叹息。"

论惟贞 至德二载(757)

《新书》本传:"肃宗在灵武,以卫尉少卿募兵绥、银,阅旬,众数万。从还凤翔,迁光禄卿,为元帅前锋讨击使。"

李 晊 乾元二年(759)

拓片《唐故正议大夫丰王府长史兼光禄卿李府君墓志铭并序》,

墓主李晊，乾元二年六月二十一日卒，显圣元年十月十日与妻合葬。志于 1985 年出土于河南郑州郭庄村，载《中原文物》1988 年 1 期。未知是否为虚衔加官。

周　皓　　乾元二年(759)

《隋唐五代墓志汇编》陕西卷第四册《唐故赞善大夫周府君(晓)墓志铭并序》(乾元二年七月十八日)："长兄特进、光禄卿、汝南郡开国公皓，次兄朝议郎、守太子仆昉，皆国之良也。"晓卒乾元元年正月十九日，年十七。【增订】《大唐西市博物馆藏墓志》二七三《周以悌夫人高氏墓志》："孝孙长曰皓，特进，光禄卿，汝南郡开国公。次曰昉，朝议郎，守太子仆。以乾元二年七月十八日，迁窆于万年县义善乡凤栖原之西，礼也。"

郭幼明　　肃宗时

【增订】《大唐西市博物馆藏墓志》二八五《郭幼明墓志》："天宝末臣弄兵，时惟元昆，实统朔方，内孽任奸，玄宗南幸。公将门高名，为贼重购，山藏莽伏，坚明臣节。朝廷既宁，赏唯称首，拜鸿胪少卿。国重申甫之勋，门比荀陈之盛。迁光禄卿，加银青光禄大夫，封太原郡开国公，食邑五百户。"

姚子彦(姚伯英)　　上元二年？(761？)

《全文》卷三九一独孤及《唐故秘书监赠礼部尚书姚公(子彦)墓志铭》："二京陷覆，太夫人捐馆……乘舆反正，公适外除，拜太子右庶子。……俄又授公中书舍人、礼部侍郎、光禄卿、左散骑常侍，加银青光禄大夫，复知制诰。广德二年授秘书监。"大历二年四月卒。《唐仆尚丞郎表》卷一六《礼侍》："姚子彦，以中书舍人知上元元年春贡举，放榜。其始事盖上年冬。榜后正拜礼侍。续知二年春贡举，放榜。是年或明年(宝应元年)，徙光禄卿。……又按：宝应元年停贡举，子彦徙光禄不知在上元二年抑宝应元年。"

殷仲卿　宝应元年—广德元年(762—763)

《通鉴·宝应元年》考异:"七月,[殷]仲卿自左羽林大将军为光禄卿。"《旧书·吐蕃传上》:"吐蕃将入京师也,前光禄卿殷仲卿逃难而出,鞍马衣服尽为土贼所掠。"《新书·吐蕃传上》:"代宗幸陕,子仪退趋商州。高晖导虏入长安……衣冠皆南奔荆、襄……光禄卿殷仲卿率千人壁蓝田。"又见《新书·郭子仪传》《通鉴·广德元年》。

孟子周　代宗初期

《唐文续拾》卷六常衮《授孟子周太子宾客制》:"前守光禄卿、骑都尉、赐紫金鱼袋孟子周……可守太子宾客。"

王　训　大历二年(767)

北图藏拓片《大唐故光禄卿王公(训)墓志铭并序》(大历二年八月七日):"祖同皎,皇光禄卿、驸马都尉,赠太子少保,尚定安长公主。父繇,皇特进、太子詹事、驸马都尉,赠太傅,尚永穆长公主。……公文备四教,学通六艺……三岁尚辇奉御,四转至光禄卿。早年娶嗣纪王铁城之季女也。夫人寻逝。……后尚博平郡主。癸卯岁居邓州别业,因中风疾,遂还京师。"大历二年四月癸巳卒,春秋四十一。《全文》卷一〇〇泽王溓《光禄卿王公墓志铭并序》同。《咸宁县志》卷一六《金石志》:"光禄卿王训墓志,大历二年八月,嗣泽王溓撰并正书,厝于浐川乡浐川原,今在田家湾。"(《石刻史料新编》本)钱大昕《潜研堂金石文跋尾》卷七:"《光禄卿王训墓志》,大历二年。……前秘书监嗣泽王溓撰并书。训字训,光禄卿、驸马都尉皎之孙,驸马都尉繇之子。由尚辇奉御四转至光禄卿,娶嗣纪王铁城女,后尚博平郡主。"毕源《关中金石记》卷三:"《光禄卿王训墓志》,大历二年八月立,嗣泽王溓撰文并正书,在咸宁浐川原。训字训,琅玡临沂人,永穆大长公主之仲子,安定长公主之孙,永穆尚王繇。繇,同皎之子也。安定尚同皎。训后尚博平郡主,官至光禄卿。卒葬于浐川原。其阀阅世系如是。"又清武亿《授堂金石跋·金石二跋》卷三有《唐光禄卿王训墓志铭》跋。《隋唐五代墓志汇编》陕西卷第二册《唐故博平郡主陇西李氏墓志铭并序》（建中元年八月庚申）：“年廿九宠膺封号，乃□俪于琅玡王公。公……官至光禄卿，先郡主十三年而没。”郡主建中元年七月丁丑卒，享年四十九。北图藏拓片《大唐故奉义郎行京兆府泾阳县主簿王府君（郊）墓志铭并序》（贞元十九年闰十月七日）：“父训，累授光禄卿，娶嗣纪王铁诚（城）之季女也。”墓主卒贞元十九年八月九日，享年五十七。又见《唐文拾遗》卷一二嗣泽王润文。

蒋　涣　　大历中

《全文》卷四一〇常衮《授蒋涣右散骑常侍制》：“银青光禄大夫、光禄卿、上柱国、汝南郡开国公蒋涣……可右散骑常侍。”常衮大历元年至九年为中书舍人。

萧　升　　大历中？

《全文》卷五一九梁肃《药师琉璃光如来画像赞并序》：“惟唐代宗孝武皇帝之甥，某邑长公主之子，曰兰陵萧位。……大历中，丁先人银青光禄大夫、光禄卿、赠汝州刺史府君之忧。”按《新表一下》萧氏齐梁房：“升，太仆卿、驸马都尉。”有子位、佩等。又按《新书·萧复传》称：弟升，尚郜国大长公主，肃宗女也。升早卒。【增订】《全唐文补遗》第七辑第128页庾游方《庾游方妻萧氏墓志》：“祖升，光禄卿、驸马都尉。素风雅望，克振家声。薨赠礼部尚书。”

吴令瑜　　大历中

北图藏拓片《唐陕虢都防御押衙朝议郎试抚州司马上柱国冯公夫人吴氏阴堂志》（开成元年十月十三日）：“王父令瑜，开府仪同三司、光禄卿。皇考湾，朝议大夫、秘书郎、河中府田曹参军。……秘书即章敬皇太后之从父弟也。……夫人秘书第二女也。”开成元年四月卒，享年五十五。按《旧书·吴溆传》：宝应二年，“中郎将［吴］令瑜为开府仪同三司、太子谕德、济阳郡公。”又见《旧书·后妃·肃宗章敬皇后吴氏传》《新书·吴溆传》。

崔　解　大历中?

《新表二下》博陵大房崔氏:"解,光禄卿。"乃武后、中宗相崔玄暐孙。

卢知远　肃宗、代宗时

【增订】曾涧《增补》:《卢翊墓志》(贞元廿三年):"祖知远,银青光禄大夫、资州刺史、光禄卿父。"(《唐代墓志汇编》)知远天宝八载为襄阳郡司马,见《卢复墓志》(《唐代墓志汇编》)。

李　涵　大历十四年—建中二年(779—781)

《旧书》本传:"德宗即位,以涵和易,无刬割之才,除太子少傅,充山陵副使。……由是改涵为检校工部尚书、兼光禄卿,仍充山陵副使。"《新书》本传:"除太子少傅、山陵副使。以父讳徙光禄卿。"又见《旧书·吕渭传》,《元龟》卷六九。《会要》卷八三:"建中元年十一月十六日敕:宜令礼仪使与博士及宗正卿李琬、汉中王瑀、光禄卿李涵,约古今旧仪及开元礼,详定公主、郡主、县主出降觌见之仪。"又卷九八:"[建中]二年六月,以兼光禄卿李涵为散骑常侍,充吊册回纥使。"《大诏令集》卷四〇《甄叙皇属敕》:"其中有才行学艺为众所推,及嗣郡王尝经任使,灼然著声绩者,宜委宗正卿琬、汉中王瑀、光禄卿涵,录其名实,具状闻荐。"又见《全文》卷四四肃宗文。《元龟》卷八六三:"李涵为太子少傅,充代宗山陵副使。……改涵检校工部尚书兼光禄卿。"

源　休　建中三年(782)

《旧书》本传:"建中初,杨炎执政……炎风闻休、[严]郢有隙,遂擢休自流人为京兆少尹,俾令伺郢过失。休既职久,与郢亲善,炎怒之,奏令以本官兼御史中丞,奉使回纥。……休履危而还,宰相卢杞又恐复命之日以口辩结恩,将至太原,遽奏为光禄卿。"《新书·朱泚传》:"或说泚迎天子,泚顾望咢然。光禄卿源休至,请间,教以不臣,诡称符命,泚悦。……初,源休为京兆尹,使回纥,将还,卢杞畏其辩，能结主恩，次太原，奏为光禄卿。"《通鉴・建中三年》：五月，"[源]休有口辩，卢杞恐其见上得幸，乘其未至，先除光禄卿"。

窦　乂　贞元元年(785)

【增订】新出土韩皋撰《大唐故银青光禄大夫光禄卿致仕上柱国扶风郡开国公扶风窦公(乂)墓志铭并序》："贞元元年，授光禄卿，致仕，益封扶风郡公，食邑一千五百户。"(《碑林集刊》第二〇辑，第104页)

裴　腆　贞元初—五年(？—789)

《全文》卷五九一柳宗元《银青光禄大夫右散骑常侍轻车都尉宜城县开国伯柳公(浑)行状》："俄以本官同中书门下平章事。……贞元初……时上相与光禄卿裴腆不协，候公休沐，以御酒或阙，阴请贬之，制命既行，公坚执不下。……腆竟获宥，克复本职。"《旧书・德宗纪下》：贞元五年，"六月乙未，以光禄卿裴腆为桂管观察使"。

韦光宪　贞元末

《全文》卷五六三韩愈《昭武校尉守左金吾卫将军李公(道古)墓志铭》："今夫人韦氏，无子。父光宪，光禄卿。"道古卒元和十五年，享年五十三。北图藏拓片《唐故太原王府君(修本)夫人韦氏墓志铭并序》(大中十二年八月十四日)："大王父讳昭训，皇太子仆。王父讳光宪，皇光禄卿。"夫人卒丁丑中秋之五日，享年五十六。按，韦光宪贞元十三年在太仆少卿任，推其为光禄卿应在贞元末。

能　暹　贞元间

北图藏拓片《唐故女道士前永穆观主能师铭志并序》(大和四年十月二十日)："祖元皓，皇礼部尚书、淄青兖郓等八州节度使。父暹，皇银青光禄大夫、光禄卿。"能师卒大和四年，年六十三。

杨　晅　贞元、元和间？

北图藏拓片《唐故太府寺主簿弘农杨府君(迥)墓志铭》(大和八

年八月二十四日):“曾大父玄珪,任银青光禄大夫守工部尚书,赠太子少保。大父锜,任银青光禄大夫、守卫尉卿、驸马都尉,尚万春公主,赠太常卿。父晅,任中散大夫、守光禄卿,尚宜□县主。”迥卒大和七年十月十七日,享年五十三。又见《唐文拾遗》卷二八贾文度文。

韦　洸　　元和五年(810)

《元龟》卷六二五:“韦洸,宪宗时仕为光禄卿。元和五年十二月坐赃免官,仍削银青阶。”

张茂宣　　元和八年—九年(813—814)

【增订】新出土《张茂宣墓志》:“稍迁虔王傅,虽梁园置醴,而利刃犹匣。改太仆少卿,位亚九列,职司五辂,在公未几,能事已彰,除右羽林军将军。……今天子即位,宠三朝之旧,特加御史大夫。而累上表章,亟论边事,拜左金吾将军,转鸿胪卿并兼御史大夫。元和七年春,以本官加检校工部尚书,充持节回鹘使,奉命星驰,车无停轨,曾未累月,达单于庭。……八年春复命,诏授检校户部尚书兼光禄卿。明年三月廿七日,寝疾,薨于怀远里之私第,春秋四十有六。”(李宗俊、周正《唐张茂宣墓志考释》,《中国边疆史地研究》2015年第4期)

严　绶　　元和十年(815)

《新书》本传:“乃徙山南东道节度使,加淮西招抚使。……宰相裴度谓绶非将才,以太子少保召还,检校司徒,判光禄卿事。进少傅。”按严绶元和十年为太子少保,见《旧书·宪宗纪下》。《全文》卷六五五元稹《故金紫光禄大夫检校司徒兼太子少傅赠太保郑国公……严公行状》:“后累岁迁山南东道节度观察处置支度营田等使兼襄州刺史,司空、大夫皆如故,就加淮西招抚使。征拜太子少保,依前检校司空。换检校司徒兼太子少保,判光禄卿事。复换太子少傅,依前检校司徒。”长庆二年五月二十七日卒。

周　晧　　元和十年(815)

【增订】《白居易集》卷一五有《题周皓大夫新亭子二十二韵》："劝尝光禄酒，许看洛川神。"自注："周兼光禄卿，有家妓数十人。"朱金城《白居易集笺校》卷一五、谢思炜《白居易诗集校注》卷一五均系此诗于元和十年。按，"周皓"，新出石刻均作"周晧"。周晧乾元二年(759)已为光禄卿，相距多达五十余年。而兴元元年至元和十年又为太仆卿。故文献所载其为光禄卿和太仆卿事颇有疑窦。白诗自注称"周兼光禄卿"，是否为实职，尚待详考。盖是时周晧应已年逾八十。谢思炜注白居易《宴周皓大夫光福寺》云："白居易又有《题周皓大夫新亭子二十二韵》：'十载歌钟地，三朝节钺臣。'陆贽《奉天荐袁高等状》：'周皓，曾任丹延鄜观察使。'盖即此人。《太平广记》卷二一三《周昉》(出《画断》)：'长兄晧善骑射，随哥舒往征吐蕃，收石堡城，以功授执金吾。时德宗修章敬寺，召晧问曰：卿弟昉善画，朕欲请画章敬寺神，卿特言之。'以时代、身分考之，当即一人，晧、皓或传写之异。然以时间论，其人至元和间年当逾八十。"

范传正　　元和十二年(817)

《旧书》本传："擢为宣歙观察使，受代至京师，宪宗闻其里第过侈，薄之，因拜光禄卿。以风恙卒。"《新书》本传略同。《全文》卷七六一褚藏言《窦庠传》："迁泽州刺史，秩满，时光禄卿范公由吴郡领宛陵，奏公试太子中允兼侍御史，为团练副使。"按范传正元和七年至十一年在宣歙观察使任。北图藏拓片《大唐故范氏女墓志铭并序》(长庆三年四月十三日)："皇光禄卿赠左散骑常侍顺阳□次女字阿九，年十六，以长庆二年十二月十九日疾终于京兆长兴里。"按范传正顺阳人，"顺阳□"当即范传正。《元龟》卷九四六："唐范传正为宣歙观察使，元和中受代至京师。宪宗闻其理第过侈，薄之，拜光禄卿。"《增订唐两京城坊考》卷二：长兴坊，"光禄卿赠左散骑常侍范传正宅"。

王　遂　　元和十三年—十四年(818—819)

《旧书》本传:“乃用为宣州刺史、宣歙观察使。淮蔡平,王师东讨,召拜光禄卿,充淄青行营诸军粮料使。以光禄职当祠祭,改检校左散骑常侍、兼御史大夫。……时分[李]师道所据十二州为三镇,乃以遂为沂州刺史、沂兖海等州观察使。”《新书》本传略同。《元龟》卷五一〇:“王遂为光禄卿,充供军使。元和十四年讨郓州李师道,调兵食三百万,及贼平,遂进羡余一百万。繇是拜沂海等州观察使。”

房　署　　元和中

《新表一下》河南房氏:“署,光禄卿。”乃谏议大夫房密子,元和五年至七年宣歙观察使房式侄。按卢纶有《和李中丞酬万年房署少府过汾州景云观因以寄上房与李早年同居此观》诗。《郎官柱》度支员外郎有房署,在张季略后,元□方、魏弘简前。岑仲勉《郎官石柱题名新考订》(十三)“度支郎中”:“房署,继[张]季略后,三本均缺,又见度外。德宗时任。”

郭　铦　　元和中?

《新表四上》华阴郭氏:“铦,光禄卿。”乃郭子仪孙,郭暎子。

韦　屺　　元和中?

《隋唐五代墓志汇编》洛阳卷第十三册《右监门卫胄曹参军故夫人京兆韦氏墓铭》(宝历元年二月):“光禄卿、宋郑虢三州刺史屺之季女,监察御史楚材之妹。”甲辰年(长庆四年)卒,春秋廿七。

李　宪　　元和十五年—长庆二年(820—822)

《旧书》本传:“入为宗正少卿,迁光禄卿。穆宗即位,以太和公主降回鹘,命金吾大将军胡证充送公主使,命宪副之。”又《回纥传》:“长庆二年闰十月,金吾大将军胡证、副使光禄卿李宪……送太和公主至自回纥。”《旧书·穆宗纪》《新书·回鹘传下》《会要》卷九八略同。

李　锐　宝历元年—二年(825—826)

《旧书·吐蕃传下》:“[宝历元年]九月,遣光禄卿李锐为使以答之。”《会要》卷九七:“[宝历]二年十一月,诏遣光禄卿兼御史大夫李锐持节入蕃,充答和好使。”

刘　础　大和六年(832)

北图藏拓片《唐幽州节度衙前兵马使王公夫人故陇西李氏墓志铭并序》(大和六年五月八日):“正议大夫、检校右散骑常侍、兼光禄卿、上柱国、赐紫金鱼袋刘础撰并书。”

韦　让　开成四年(839)

《旧书·文宗纪下》:开成四年十二月,“癸丑,贬光禄卿、驸马都尉韦让为澧州长史”。按大中三年六月在义成军节度使任,见《旧书·宣宗纪》。尚宪宗女汾阳公主,见《新书·诸帝公主传》。宣宗时,驸马都尉韦让求为京兆,宰相周墀“持不与”,见《新书·周墀传》。

田　某　开成四、五年(839、840)

【增订】本书初版田某为光禄卿在大和中。所据《全诗》卷五〇〇姚合《宴光禄田卿宅》。又同人《酬光禄田卿末伏见寄》:“贵寺虽同秩,闲曹只管书。”又《酬光禄田卿六韵见寄》。约大和中作。周衡《唐九卿考献疑一则》考证应为开成四年冬至五年初。从之。该文载于《江海学刊》2010 年第 1 期。

钱　朗　开成中

《真仙通鉴》卷四五:“钱隐居,名朗,字内光,洪州南昌人也。少居西山,读书精勤,有节操,五经登科,累历世胄,清直著称。……开成初,为安南都护副使,后为光禄卿,归隐庐山,情澹好道,师东岳道士徐钧,得补脑还元服炼长生之术。”《全诗》卷五〇六章孝标《次韵和光禄钱卿二首》《赠庐山钱卿》诗,钱卿即钱朗。

韦正贯　开成、会昌间

《全文》卷七六四萧邺《岭南节度使韦公(正贯)神道碑》:“又改太原行军司马兼御史中丞,加金紫,从狄仆射之幕,征为太府少卿。改泗州刺史,历光禄卿、晋州刺史,入拜司农卿。时内尚食供亿县官有阙,为其奏累,贬均州刺史。”《新书》本传未及。

马　植　会昌中

《新书》本传:“徙黔中观察使。会昌中,召拜光禄卿,迁大理。”《旧书》本传未及,唯云:“转黔中观察使。会昌中,入为大理卿。”《广记》卷二二三引《前定录》:“杜悰通贵日久……马埴罢黔南赴阙,取路至西川……悰……厚币赠之。……埴至阙方知。……寻除光禄卿。……稍进大理卿。”

萧　僎　大中十年(856)

【增订】《大唐西市博物馆藏墓志》四三四《萧僎墓志》:“复授左庶子。七年之内,两命宫相。怡然自处,时论高之。迁光禄卿,祀事孔严,新规俱举。无何,遘疾深痼,更历寒暑,渐至绵惙。以大中十年七月五日,薨于长安兴化里之私[第],享年七十有六。”

韦　宙　大中十二年(858)

《通鉴·大中十二年》:十月,“上以光禄卿韦宙父丹有惠政于江西,以宙为江西观察使,发邻道兵以讨毛鹤。”《新书》本传未及光禄,唯云:“还为大理少卿。久之,拜江西观察使。”

李　播　约大中末

【增订】新出土裴澈撰《唐故平卢军节度副使检校国子博士兼侍御史赐绯鱼袋裴府君(滈)墓志铭并序》(咸通十五年九月):“后娶赵君郡李氏,故光禄卿播之女。”拓片与录文见于张丽芳、杨振威、罗火金《唐代东眷裴氏裴滈墓志考》,载于《中原文物》2016 年第 5 期,第 109—114 页。

崔　鐬　　约咸通初

【增订】《全唐文补遗·千唐志斋新藏专辑》崔沆《崔鐬墓志》："寻拜将作监兼内作使。度用省费，时推称职，改光禄卿。……去岁春孟，府君白宰执，乞假抵东周，越月，授宋州刺史，非所求也。"咸通三年(862)正月卒于宋州刺史任，享年四十七。

朱友文　　景福中

《唐文拾遗》卷四七陶谷《右军书黄庭经续跋》："此乃明州刺史李振景福中罢任过浚郊，遗光禄朱卿。朱卿名友文，即梁祖之子，后封博王。王薨，予获于旧邸，时贞明庚辰秋也。"两《五代史》本传未及。

韦师贞　　乾宁中

《全文》卷八三一钱珝《授前虔王傅赐紫韦师贞光禄卿制》："具官韦师贞……祭祀之事，系尔所司。往为列卿，勉戒郡吏。可依前件。"按韦师贞事迹无考。又按钱珝约乾宁中知制诰，进中书舍人。则此制当作于乾宁中。

韦　韬　　光化中？

《全文》卷八三七薛廷珪《授韦韬光禄卿等制》："以韬儒素承家，直方守道。"按韦韬事迹无考。又按钱珝大顺初累迁司勋员外郎、知制诰，正拜中书舍人，乾宁三年改左散骑常侍，光化中复为中书舍人，见《旧书·薛廷珪传》。则此制或作于光化中欤？

张　权　　约昭宗时

【增订】《全唐文补遗》第八辑《张荷墓志》："考权，皇任光禄卿，累赠工部尚书。公即尚书第九子也。……洎随计入贡，凡六上，登第于故致仕司空河东裴相国之门。"墓主乾化三年九月二十四日卒。文中"裴相国"即裴贽，大顺元年(890)、二年、光化元年(898)三知贡举。张荷及进士第在此数年中，推其父为光禄卿亦约为昭宗时。

崔　某　　唐末

《全诗》卷六六三罗隐《送光禄崔卿赴阙》:“一年极目望西辕,此日殷勤圣主恩。上国已留虞寄命,中朝应听范汪言。官从府幕归卿寺,路向干戈见禁门。鹓侣寂寥曹署冷,更堪呜咽问田园。”

待考录

姜　逵

《宝刻丛编》卷九引《京兆金石录》:“《唐光禄卿姜逵碑》。”撰书人及立碑年均不详。

独孤肃

《姓纂》卷一〇独孤氏(岑仲勉补):“肃,比部郎中、光禄卿。”

李　绾

《旧书》本传:“本名浥,顺宗第十五子。母庄宪王皇后,宪宗同出。初授光禄卿,封河东郡王,贞元二十一年进封,咸通元年,特册拜司空。明年薨。”未知为正员官抑员外置。

光禄少卿考

独孤延寿　　贞观初

《千唐志》七五八《大唐故汉州刺史独孤公(炫)墓志铭并序》(开元二十四年十一月二十七日):“烈祖延寿,皇光禄、太常卿,泽、渝、湖三州刺史。”炫卒开元二十四年三月廿四日,春秋七十。据《姓纂》卷一〇独孤氏(岑氏依劳说据《通志》补):“延寿,太常少卿、新蔡公。”知为少卿。

宇文规　　贞观中

《姓纂》卷六濮阳宇文氏:“规,光禄少卿。”为宇文定及子。定及为德州刺史。《新表一下》宇文氏："规，光禄少卿。"

柳楚贤　贞观中

《姓纂》卷七河东解县柳氏："楚贤，光禄少卿、杭州刺史。"乃隋黄门侍郎柳庄孙，柳庆孙子。《新表三上》东眷柳氏："楚贤，光禄少卿、杭州刺史。"《旧书·柳冲传》："父楚贤……贞观中累转光禄少卿。"

柳　亨　贞观二十三年(649)

《旧书》本传："以谴出为邛州刺史，加散骑常侍，被代还，数年不调。因兄葬，遇太宗游于南山，召见与语，颇哀矜之。数日，北门引见，深加诲奖，拜银青光禄大夫，行光禄少卿。……二十三年，以修太庙功，加金紫光禄大夫。"《新书·柳泽传》："曾祖亨……持兄丧。方丧，会太宗幸南山，因得召见，哀之。数日，入对北门，拜光禄少卿。"《元龟》卷六二〇："柳亨为光禄少卿，太宗每诫之曰：'与卿旧亲，情素兼宿，卿为人交游多，今授此职，宜存简静。'"同卷："柳亨为光禄少卿，贞观二十三年，以修太庙功加金紫光禄大夫。"又卷八九七："柳亨拜光禄大夫、行光禄少卿，太宗每诫之曰：'与卿邻亲，情兼宿素，卿为人多有往还。'"唐临《冥报记》卷下《唐柳智感》条："河东柳智感以贞观初为兴州长举令……明旦到州告刺史，刺史李怀凤遣人往。……智感今尚存，任慈州司马，光禄卿柳亨为临说之。亨为邛州刺史，见智感亲问云然。"按作"卿"误，又见《广记》卷二九八引《冥报录》。按诸书多误"光禄少卿"为"光禄卿"。

郭仁勖　约贞观末或高宗初

《姓纂》卷一〇诸郡郭氏："光禄少卿郭仁勖，冯翊人，或云本党氏。"《制诏集》二〇作骠骑将军光禄卿仁最。勖、最形近。考《元龟》卷六九四郭仁勖为同州留守，则作勖者是。《全文》卷四二〇常衮《咸阳县丞郭君墓志铭》："曾祖骠骑将军、光禄卿仁最，祖汝州司马茂伟，父济州刺史崇礼。"郭君卒开元十八年四月二八日，三十六岁。

殷令名　　显庆三年(658)

《隋唐五代墓志汇编》陕西卷第三册《大唐故开府仪同三司鄂国公尉迟君(敬德)墓志并序》(显庆四年四月十四日):“显庆三年十一月廿六日终于隆政里之私第,春秋七十有四。……仍令鸿胪卿琅玡郡开国公萧嗣业监护,光禄少卿殷令名为副。”《全文》卷一五二许敬宗《唐并州都督鄂国公尉迟恭碑》:“葬事所须,并宜官给。……仍令鸿胪卿琅玡郡开国公萧嗣业监护,光禄少卿殷令名为副使,务从优厚,称朕意焉。”卷一五三李义府《大唐故兰陵长公主碑》:“以显庆三年八月□八日□疾薨于雍州万年县之平里第。……仍敕卫尉卿阎立行、光禄卿殷令名为副,监护丧事。”殷令名贞观十一年为金部员外郎,见《裴镜民碑》。【增订】拓本《大周故通议大夫行麟台丞上柱国建安县开国子殷府君墓志铭并序》:“君讳仲容,字元凯,即陈郡长平人也。……父令名,唐光禄卿、上柱国,袭建安县开国男。并岳气朝跻,德星夜朗,一日七士,千里比肩,学富海□,文清江月。”(《考古与文物》2007年第5期,第26页)参“光禄卿”显庆四年条。

薛敏恭　　龙朔二年(662)

《唐大诏令集》卷三九上官仪《册赠渤海王文》:“维龙朔二年,岁次壬戌,五月十三日,皇帝使大司成、彭阳郡开国侯令狐德棻,副使正议大夫、行司宰少卿薛敏恭持节册命曰……”《全文》卷一四高宗《册赠渤海王文》:“维龙朔二年,岁次壬戌,五月十五日,皇帝使大司成、彭阳郡开国侯令狐德棻,副使正议大夫、行司宰少卿薛敏恭持节册命。”《新表三下》西祖房薛氏:“敏恭,司宰卿。”乃泽州刺史昭子。卿为少卿之误。

泉男产　　乾封二年(667)

《旧书·高丽传》:乾封元年,“盖苏文死,其子男生代为莫离支,与其弟男建、男产不睦……总章元年……十一月,拔平壤城,虏高藏、男建等。十二月至京师……男产先降,授司宰少卿”。《新书·东夷·高丽传》:乾封二年,“十二月,帝坐含元殿,引见勣等,数俘于庭。以[高]藏素胁制，赦为司平太常伯，男产司宰少卿。”

姜　遐　　调露二年—永淳二年(680—683)

《昭陵碑石》所载姜晞《姜遐碑》：“寻检校光禄少卿，明试以功，满岁为正。……时公春秋卌矣。少登棘寺，朝无与二焉。永淳二年，驾幸嵩岳，以公为左卫将军。”遐卒天授二年，年五十二，则生于贞观十五年，年卌，即调露二年。参曾洵《订正》。

魏叔玉　　高宗时

《旧书·魏徵传》：“征四子：……叔玉袭爵国公，官至光禄少卿。”《新书·魏徵传》同。《新表二中》馆陶魏氏：“叔玉，光禄少卿。”孙三锡《昭陵碑考》卷一二《昭陵陪葬考》：“侍中、左光禄大夫魏徵。……子光禄少卿叔玉祔。《会要》《长安志》《文献通考》俱有，在丞郎三品中，云：‘卫尉卿魏叔玉祔。新旧史陪葬无文，盖其父也。’”

赖文雅

《姓纂》卷八赖氏：“文雅，唐光禄少卿。”库本“少卿”作“大夫”，恐非是。

宋元爽　　武后时

《全文》卷二四二李峤《授宋元爽司膳少卿制》：“敕：朝请大夫守司仆少卿宋元爽……可检校司膳少卿。”元爽圣历元年官文昌左丞，见《新书·突厥传》。神功元年官洛州长史，见《旧书》卷八九。

武延祚　　武后时

《姓纂》卷六沛国武氏：“延祚，光禄少卿，郐公。”据《旧书》卷一八三及《新书》卷二〇六，封郐国公者乃重规。若延祚则《旧书》云降咸安郡公也。《新表四上》武氏：“延祚，光禄少卿、郐公。”乃骁卫大将军承业子，承嗣侄。《廿二史考异》卷五〇：“延祚，光禄少卿、郐公。按《旧书·外戚传》,延祚本咸安郡王,降封咸安郡公,与此互异。且新旧传并云,重规降封郤国,而《表》属之延祚,恐误。”

韦　项　景龙初?

《隋唐五代墓志汇编》陕西卷第一册《唐故银青光禄大夫卫尉卿扶阳县开国公护军韦公(项)墓志铭并序》(开元六年七月廿九日):“俄迁宗正少卿,又转光禄少卿……又迁卫尉卿,加银青光禄大夫。”开元四年四月十日卒,春秋八十一。

契苾贞　武后时

《旧书·契苾何力传》:“有三子:明、光、贞。……贞,司膳少卿。”按契苾何力仪凤二年卒,其子历官当在武后时。

张　沛　武后末

《全文》卷二四二李峤《授张沛司膳少卿制》:“新除齐州刺史张沛……宜回负海之驾,俾登象河之列,可司膳少卿。”按《旧书·张文瓘传》,沛卒于中宗时,官同州刺史。

李　微　神龙二年—唐隆元年(706—710)

【增订】《长安新出墓志》第165页《大唐故银青光禄大夫守太子詹事赠幽州大都督上柱国嗣道王墓志铭并序》:“王讳微,字逸少,陇西狄道人也。……孝皇践祚,不失旧物,随例征还,授朝散大夫,守尚食奉御,仍袭旧封,食实赋四百户。既叶苴茅之命,载歌棠棣之诗。二年,拜光禄少卿,兼润州别驾。景龙四年,加银青光禄大夫。唐[隆]元年检校右金吾将军。……谯王重福作逆洛师,以王为东都留守。和帝山陵抗表,请赴,事毕,判宗正卿。俄而即真,以薛王业为宗正卿,王为员外置同正,寻复旧。太极元年,拜左卫大将军刘德为宗正。”尚小康《唐嗣道王李微墓志考释》:“神龙以后,李微所任职官不断晋升。神龙二年,拜光禄少卿,从四品上,兼润州别驾;景龙四年,加银青光禄大夫,从三品;唐隆元年,检校右金吾将军,从三品。而《资治通鉴》卷二百九载:'(景云元年)光禄少卿嗣道王微,检校右金吾卫大将军。微,元庆之孙也。'右金吾卫大将军为正三品,按照晋升的顺序,应当是检校右金吾卫大将军一职。同时,墓志与《通鉴》记载都能证明李微曾任光禄少卿,此条可补《唐九卿考》之缺。"(《兰台世界》2013 年第 12 期)

李　讷　　神龙中

《隋唐五代墓志汇编》陕西卷第一册《嗣韩王李讷志文并序》(开元十八年六月七日):"神龙启运,天步中兴……拜青州别驾……寻授光禄少卿。……迁左卫将军,转太仆卿,改左千牛将军。"开元十七年十一月七日卒,年四十八。

韦　婴　　中宗时

《新书·武平一传》:"(韦)后宴两仪殿,帝命后兄光禄少卿婴监酒,婴滑稽敏给,诏学士嘲之,婴能抗数人。……平一上书谏曰……"

李　邕　　中宗时

【增订】《千唐志斋藏志》载《李邕墓志》:"娶韦庶人妹崇国夫人,加银青光禄大夫、行光禄少卿、秘书监、殿中监兼内外闲厩使。"

豆卢钦奭(爽)　　约中宗时

《姓纂》卷九昌黎棘城豆卢氏:"钦奭,光禄少卿。"《新表四下》豆卢氏:"钦爽,光禄少卿。"乃武后、中宗相钦望弟。

杨　均　　景龙四年(710)

《旧书·后妃上·中宗韦庶人传》:"(景龙)四年正月望夜,帝与后微行市里,以观烧灯。……光禄少卿杨均以调膳侍奉,皆出入宫掖。"《新书·后妃·中宗庶人韦氏传》:"国子祭酒叶静能善禁架,常侍马秦客高医,光禄少卿杨均善烹调,皆引入后廷。均、秦客烝于后。”《新表一下》杨氏观王房:“均,光禄少卿。”乃太子少师郑懿公崇敬孙,吏部员外郎志诚子。

卢炅之　景云二年(711)

【增订】《碑林集刊》第九辑第182页《大唐故襄城县主墓志铭并序》,题署:“正议大夫行光禄少卿上柱国卢炅之撰。”末署:“景云二年五月廿七日。”按,卢炅之即卢照己,照己墓志见《文物》2007年第6期,谓“迁光禄少卿,出为豫州刺史”。

刘　正　景云二年(711)

【增订】曾涧《增补》:《唐会要》卷六五:“(光禄)少卿,本一员,景龙二年十一月四日加一员,以刘正为之。”同书又载景云二年十一月四日同日增置卫尉、鸿胪、宗正少卿各一员,知“景龙二年”,实乃“景云二年”之讹。

韦　淮　约睿宗时

《姓纂》卷二东眷韦氏韦庶人房:“灌(淮),光禄少卿,曹国公。”元希子。按《新表四上》韦氏驸马房:“淮,光禄少卿、曹国公。”乃隋坊州刺史仁曾孙,玄希子,太仆卿、驸马都尉濯兄。按下文注温之兄亦名灌,从祖兄弟中不当同名,《姓纂》作“灌”误。按韦濯景云元年参与韦后之乱。

杜元逞　开元元年(713)

《全文》卷二五一苏颋《授杜元逞殿中少监制》:“银青光禄大夫、行光禄少卿、上柱国、金城县开国子杜元逞……可殿中少监,散官勋封如故。”《元龟》卷一六二:“(先天)二年七月壬申……光禄少卿杜元逞宣抚陇右道。”按先天二年改元开元元年。

卢崇道　开元二年(714)

《旧书·王旭传》:“开元二年,累迁左台侍御史。时光禄少卿卢崇道以崔湜妻父，贬于岭外。”同书《王珪传》：“长子崇基……崇基孙旭，开元初，为左司郎中，兼侍御史。时光禄少卿卢崇道犯罪配流岭南，逃归匿于东都，为雠家所发，玄宗令旭究其狱。”《元龟》卷五二一：“王旭玄宗时为左台侍御史，开元初光禄少卿卢崇道以崔湜妻父贬于岭外，逃归匿于东都，为雠家所发。诏旭究其狱。”又卷八〇四：“陆南金，初为奉礼郎。开元初，太常少卿卢崇道犯罪流岭表，逃归东都，时南金以母丧在家。”

王　玙　开元初

《全文》卷二二八张说《唐故夏州都督太原王公神道碑》：“垂拱三年闰正月二十九日葬于咸阳原。……神龙中兴，以陷酷吏，例复官爵。……有子故光禄少卿玙，今秘书监珣，皆笃行纯孝。”岑仲勉《贞石证史·王方庆六世孙玙》(《金石论丛》第123页)谓玙为光禄少卿在开元初。

窦希球　开元初

《全文》卷二九七裴耀卿《太子宾客赠太子太师窦希球神道碑》：“开元初，累迁都水使者、光禄少卿，特阶金紫光禄大夫、将作少监，封冀国公。又加银青光禄大夫、太子左谕德、宗正少卿、郯王傅，又迁太子宾客，春秋七十有一，以开元二十一年正月十九日遇疾薨于长安布政里之赐第。”

姚　彝　开元四年(716)

《旧书·崔沔传》：“睿宗时，征拜中书舍人。时沔母老疾在东都，沔不忍舍之，固请闲官，以申侍养，由是改为虞部郎中。无何，检校御史中丞。……又姚崇之子光禄少卿彝，留司东都，颇通宾客，广纳贿赂，沔又将按验其事。姚、卢(怀慎)时在政事，遽荐沔有史才，转为著作郎，其实去权也。”又《姚崇传》：“是时，上初即位……崇独当重任，明于吏道，断割不滞。然纵其子光禄少卿彝、宗正少卿异广引宾客，受纳馈遗，由是为时所讥。”“崇长子彝，开元初光禄少卿。”

《全文》卷二七三崔沔《朝议大夫光禄少卿虢县开国子吴兴姚府君(彝)神道碑》:"乃拜邓州刺史,兼检校商州运漕。……朝廷嘉之,征拜光禄少卿。……粤以开元四年,岁次景辰,八月廿六日,遘疾终于东都慈惠里第,春秋四十。"按拓本见于《洛阳新获墓志》五十。《金石录》卷五:"《唐光禄少卿姚彝碑》,撰人姓名残缺,徐峤之书,开元五年四月。"钱大昕《潜研堂金石文跋尾》卷五:"《光禄少卿姚彝碑》,开元五年四月。……彝官终光禄少卿,而《宰相世系表》但云'邓、海二州刺史',亦考之未审。"又清武亿《授堂金石跋·金石二跋》卷二有《唐光禄少卿姚府君神道碑跋》。《元龟》卷三三七:"姚崇为紫微令,纵其子光禄少卿彝等广引宾客,受纳馈遗。"《全诗》卷七三苏颋《送光禄姚卿还都》:"汉室有英台,荀家宠俊才。九卿朝已入,三子暮同来。"姚卿即姚彝。【增订】《秦晋豫新出墓志搜佚续集》第522页《唐故光禄少卿上柱国虢县开国子姚君(彝)墓志铭并序》:"俄而刺举海州。……拜光禄少卿。……以开元四年岁次景辰七月十四日遘疾,敕尚药奉御李宗斋药理护,八月二十六日不闲,终于河南慈惠里第。"同书第772页《唐故正议大夫行光禄少卿上柱国虢县开国子姚府君夫人陇西郡君李氏墓志铭并序》,墓志卒于天宝八载,春秋七十一。同书第834页《唐姚辟墓志》:"父司膳少卿彝,长才促龄,天不悼惜。"

王子麟　　开元五年(717)

北图藏拓片《大唐故正议大夫行光禄寺少卿太原王府君(子麟)墓志铭并序》(开元六年正月十四日):"君讳子麟,字楚子……历尚辇直长,太子典设郎,符玺郎,泽州司马,常州长史,黄、沔、歙、果四州刺史,左卫中郎将,潭、越贰府都督,光禄少卿。……寻而谢疾退荣,怡情田里,以大唐开元五年,岁次丁巳,十二月丙寅朔,十贰日丁丑,薨于大同里第,春秋五十有八。"《嘉泰会稽志》卷二:"王子麟,开元二年自右卫中郎将授,拜光禄卿。"当为"少卿"之夺。《增订唐两京城坊考》卷五《大同坊》:"正议大夫行光禄寺少卿王子麟宅。王子麟,字楚子,太原祁人。开元五年十二月十二日,薨于大同里第。夫人冯氏，六年正月十四日，合葬于金谷乡原(汴博)。"

裴虚己　　开元八年(720)

《新表一上》东眷裴氏："虚己，光禄卿、驸马都尉。"乃隋绛州留守文度曾孙，司列员外郎大方孙，太子少詹事居士子，左赞善大夫虚舟兄。《通鉴·开元八年》：冬十月，"上禁约诸王，不使与群臣交结。光禄少卿、驸马都尉裴虚己与岐王范游宴，仍私挟谶纬；戊子，流虚己于新州，离其公主。"

张嘉祐　　开元八年？(720?)

《全文》卷三五八柳贲《唐故左金吾将军范阳张公(嘉祐)墓志铭并序》："副燕公军使经略太原，节制河外。……俄兼卫尉少卿，进副大使。……转光禄少卿，晋京上党。……拜右金吾将军，金章紫绶，当元昆为中书令，君子以为兄相弟将，一门双美。"按"元昆"即张嘉贞，据《新书·宰相表中》：开元八年五月丁卯，"嘉贞为中书令"，"十一年二月己酉，嘉贞贬豳州刺史"。

贾　曾　　开元十四年(726)

《旧书》本传："继历庆、郑等四州刺史，入拜光禄少卿，迁礼部侍郎。十五年卒。"《全文》卷二七七《贾曾小传》："坐事贬洋州刺史，徙庆州、郑州，入拜光禄少卿，迁礼部侍郎。"《唐仆尚丞郎表》卷一六："贾曾，盖开元十四年，由光禄少卿迁礼侍。"

王同人　　开元十五年？(727)

《新表二中》太原大房王氏："同人，亳州刺史、光禄少卿。"《关中金石文字存逸考》卷一《唐故太中大夫使持节泗州诸军事泗州刺史琅玡王公(同人)墓志铭并序》(开元十七年八月廿六日)："入拜工部员外郎，转屯田郎中。应列宿之精，绾冬卿之务。……除使持节泗州诸军事、泗州刺史。……以开元十六年七月十三日寝疾，终于郡馆，春秋五十有七。"按梁天监七年称光禄勋为光禄卿，大鸿胪为鸿胪卿,都水使者为大舟卿,统称冬卿。考上图藏拓片《大唐故泗州刺史琅玡王(公)妻河东裴郡君夫民墓志铭并序》:"夫民,故尚书工部员外郎、屯田郎中、泗州刺史、琅玡王公讳同人之妻河东裴郡君也。……先君以开元十六年七月十三日薨于泗州官舍。"其为光禄少卿在开元十六年前。

徐　谷　开元十六年(728)

《全文》卷三一八李华《庆王府司马徐府君(坚)碑》:"开元十六年四月二十九日终于洛阳南郊居,春秋六十八。……夫人赞皇县君赵郡李氏……后君六岁而终,合祔于济源之燕川南原。……嗣子光禄少卿谷、前蜀郡兵曹参军殷、句容尉毅。"《姓纂》卷二东海郯州徐氏:"蛟,光禄少卿,安定太守。"乃有功孙。《新表》作"谷"。按有功三子之名皆从"殳",故知作"蛟"非是。《四校记》卷二:"三子之名,右旁皆从殳。罗校亦云:'案蛟,《唐世系表》作谷。'"

高　愻　开元十七年(729)

北图藏拓片《唐故银青光禄大夫行光禄少卿上柱国渤海郡开国公高府君(愻)墓志铭并序》(开元十八年):"历泽、亳、曹、潞、瀛五州刺史,入为光禄少卿。"开元十七年卒,春秋六十六。《增订唐两京城坊考》卷五《尚贤坊》:"银青光禄大夫行光禄少卿上柱国渤海郡开国公高愻宅。高愻字志肃,渤海蓨人。曾任尚书职方员外,太常殿中丞,迁都水使者兼判大理、卫尉两卿。开元十七年岁在荒落,遘疾薨于河南之尚贤里,以明年龙集庚午,葬于北邙先茔之南原。"

郑长裕　开元二十七年(739)

北图藏拓片《大唐故通议大夫鄂州刺史上柱国卢府君夫人清河郡君墓志铭并序》(开元二十七年八月十二日):"中散大夫、守光禄少卿郑长裕撰。"

窦　瑗　　约开元中

《新表一下》三祖窦氏："瑗，光禄少卿。"乃遂州刺史玮、京兆少尹琏弟。《长安志》卷一〇有"光禄少卿窦瑗宅"。《类编长安志》卷四："光禄少卿窦瑗宅。昭成太后之从父弟。按咸通中河中节度使窦璟，与弟河东节度使瀚同居崇贤第，家富于赀。疑是瑗之后。"又见《唐两京城坊考》卷四。《姓纂》卷九河南洛阳窦氏："瑗，光禄卿。"乃孝礼子。当为"光禄少卿"之夺。【增订】《全唐文补遗·千唐志斋新藏专辑》第318页《窦劝墓志》："曾祖瑗，皇正议大夫、光禄少卿。"新出土韩皋撰《大唐故银青光禄大夫光禄卿致仕上柱国扶风郡开国公扶风窦公（乂）墓志铭并序》："父瑗，皇朝议大夫、光禄少卿。"（《碑林集刊》第二十辑，第104页）

张履冰　　开元中

【增订】牛红广《辑补》：《秦晋豫新出土墓志搜佚》第730页陶翰《唐故云麾将军右金吾将军上柱国邓国公张府君（履冰）墓志铭并序》："府君讳履冰，字微言，南阳人也。……府君即昭公之元子也。……外除授卫尉、光禄二少卿，殿中少监。开元廿五载，府君垂垂白矣，而昭公无恙。"

温　曦　　开元中

【增订】牛红广《辑补》：洛阳师范学院河洛文化研究中心藏唐代墓志拓片《唐故明州司马温府君（曦）墓志铭并序》："解褐千牛，转豫州司士参军，以选尚梁国长公主，拜驸马都尉，除太子家令、光禄少卿。"志主开元十四年卒，年四十二。按，《元和姓纂》卷四太原温氏："曦，驸马、太仆卿。"《新唐书·宰相世系表二中》温氏："曦，太仆卿、驸马都尉。"《唐九卿考》卷六亦收录。而墓志称温曦"拜驸马都尉，除家太子家令、光禄少卿"，与传世文献相抵牾。【增订】按，应以墓志为是，盖温曦生前仅至"光禄少卿"，而传世文献之"太仆卿"或为后来之赠官。

姚　异　　开元中

【增订】《秦晋豫新出墓志搜佚续编》第 626 页《唐姚异墓志》："改将作监丞、蒲卫二州司马、京太庙令、太常丞、太子中舍人、太仆少卿，复转光禄、卫尉、太仆少卿，加银青光禄大夫，出特坊许二州。"

张敬舆　　开元中

【增订】《秦晋豫新出墓志搜佚续编》第 736 页《唐张敬舆墓志》："迁洛阳令。……迁光禄少卿。……除济阴郡太守。"张敬舆天宝三载九月十一日薨，春秋七十九。

尹日昇　　约开元中

《姓纂》卷六河间尹氏："日昇，郑州刺史，光禄少卿。"其父元贞，高宗末为曲阿令，为徐敬业所杀。

李全昌　　约开元中

《新表二上》赵郡李氏东祖房："全昌，光禄少卿。"乃沂州刺史李志子，洋州刺史全壁弟，懿德太子庙丞登父。

彭　果　　天宝三载(744)

《全文》卷三二玄宗《遣使分祀岳渎诏》："光禄卿嗣郑王希言祭中岳，宗正卿濮阳郡王彻祭西岳……卫尉卿嗣吴王祇祭淮渎，光禄少卿彭果祭河渎。"又《流彭果诏》："岭南五府经略采访使、光禄少卿、兼南海郡太守、摄御史中丞彭果……即就大理寺门决六十，除名长流溱溪郡，仍差使驰驿领送至彼，捉搦勿许东西。"《元龟》卷三三：天宝三载，"四月丙辰，遣使分祀岳渎。诏曰：'……光禄卿嗣郑王希言祭中岳……光禄少卿彭果祭河渎。'"

韩　倩　　天宝七载

【增订】《风引薤歌:陕西历史博物馆藏墓志萃编》第 81 页《唐故相韩公夫人河东郡夫人柳氏墓志文》："皇唐天宝七载八月十三日

壬午，故相文惠公、韩公夫人柳氏终于安兴里第，春秋六十有二矣。粤以十一月四日庚午合祔于少陵原之坟，依周制也。……公之季曰倩，今为光禄少卿。业富词学，志轻轩冕。将拍洪崖之肩，且蹈留侯之迹。”

张　埱　天宝中

【增订】曾涧《增补》：《张埱墓志》：“迁符宝郎。……家艰去职，礼终，授河南功曹，换京兆府法曹，历蓝田令、金部员外郎、太子中舍人、光禄少卿。……乃拜给事中。”（赵耀辉《新见唐徐浩书张埱墓志考》，《青少年书法》2014 年第 4 期，第 45—49 页）天宝十三载三月卒，春秋卌四。张埱为盛唐名臣张说之子，天宝十三载自给事中贬宜春郡司马，见《新唐书 · 张说传》。

史　巽　约天宝中

《姓纂》卷六河南史氏：“巽，光禄少卿。”乃史思元子。垂拱中司仆卿史晡（睐）孙。

张光奇　天宝末

《全文》卷三六七贾至《授张光奇光禄少卿制》：“始安充经略使张光奇……可兼光禄少卿，勋封如故。”贾至撰制在天宝末。

魏　珏　至德元载（756）

【增订】《秦晋豫新出墓志搜佚续编》第 850 页《大燕魏珏墓志》：“又迁鸣赡光禄寺少卿。周掌大宾之礼，汉为郎中之令。凡莅厥职，实□□□，属大燕勃兴，舍过宥罪，特拜公河南府少尹。”魏珏顺天二年四月十七日卒，享年五十四。为魏知古子。

李行周　肃宗时

《新书 · 宗室世系表下》纪王房：“嗣纪王、光禄少卿行周。”乃纪王慎孙、嗣纪王定州刺史李澄子。

崔　崨　　肃、代时?

《新表二下》博陵第二房崔氏:“崨,光禄少卿。”越、广二州都督承福孙,先志子,邓州刺史先意侄。

韦之晋　　上元二年前(761前)

《全文》卷三四六刘长卿《首夏干越亭奉饯韦卿使公赴婺州序》:“今年春王正月,皇帝居紫宸正殿,择东南诸侯,以我公为少光禄。自姑苏行春于东阳,爱人也。顷公之在吴,值欃枪构戾,南犯北斗,波动沧海,尘飞金陵,公夷险一心,忠勇增气,四面皆敌,姑苏独静。……竟使浙西士庶,不见烟尘,公之力也。朝廷闻而多之,以为姑苏之人已理,东阳之人未化,是拜也,宜哉。”考《全诗》卷一四七刘长卿有《余干夜宴奉饯前苏州韦使君新除婺州作》,是由苏州转婺州。韦刺苏在上元二年,见《全文》卷三八九独孤及《豫章冠盖盛集记》。知其为光禄少卿在上元二年前。

李林光　　广德元年(763)

《全文》卷四一九常衮《华州刺史李公(怀让)墓志铭》:“广德元年九月三日薨于华州军府。……有子四人:前光禄少卿林光等,孝因天性,哀过礼经。”

郭幼儒　　大历初

【增订】《唐九卿考》卷三原列郭幼儒为光禄少卿附考中。清朱士端《宜禄堂收藏金石记》卷三九《唐赠太保郭敬之家庙碑》题:“正议大夫、光禄少卿兼汉州别驾赐紫金鱼袋上柱国幼儒。”乃郭敬之子。按新出土赵玗撰《唐故正议大夫成都少尹上柱国赐紫金鱼袋郭公墓志铭并序》:“公讳幼儒,字幼儒,其先太原人也。……公尝出入戎事,勤劳王家,遂拜试光禄少卿,昭其功也。后改为秦州、绵州长史,蜀汉二州别驾。”大历八年四月卒,享年六十二。推其为试光禄少卿在大历初。墓志见于网络发布。又按,此或非光禄少卿正官,暂录于此。

李　鷫　约大历中

【增订】《全唐文补遗·千唐志斋新藏专辑》李助《李鷫墓志》："乾元中，稍迁宋州刺史。……征拜光禄少卿。……改为洋州刺史。寻加中大夫，再迁泽州刺史。"兴元元年(784)卒。按，李鷫大历十四年(779)至建中三年(782)在泽州刺史任，见《唐刺史考全编》第1261页。

柳　温　约代宗时

《姓纂》卷七河东解县柳氏："温，光禄少卿。"乃柳岑子，柳潭兄。

韦　哲　约代宗时

《姓纂》卷二东眷韦氏南皮公房："哲，光禄少卿。"《旧书》卷一〇八："哲终秘书监。"《新表四上》韦氏南皮公房："哲，光禄少卿。"乃玄宗相见素子。

王　宰　建中初

《新书·郭曜传》："后卢杞秉政，忌勋族，子仪婿太仆卿赵纵、少府少监李洞清、光禄卿王宰皆以次得罪。……独宰相张镒力保护。"《元龟》卷一三七作少卿。

蒋　谏　建中时

《姓纂》卷七义兴蒋氏："先谏，光禄少卿。"《四校记》卷七："《旧书》一八五上云：'洌子鍊'名见《精舍碑》及《郎官柱》之户外、吏外、左外，字均作'鍊'(唯劳考二误'练')。劳考二引此云：'原误谏。'是也。'先'字亦疑衍文。蒋鍊受朱泚伪官御史中丞，见《奉天录》一。《全文》三七六任华《西方变画赞》：'前殿中侍御史蒋鍊，鍊弟前右拾遗镇，镇弟前无锡尉镝，镝弟前千牛鏠，鏠弟前协律郎锜等。'《广记》二五五引《大唐新语》，朱泚伪黄门侍郎蒋练，字亦讹。"蒋谏授伪御史中丞在建中四年，见《新书》卷二二五中《朱泚传》。

郭　锋　　约贞元初

《姓纂》卷一〇华阴郭氏:“锋,光禄少卿。”《新表四上》华阴郭氏:“锋,光禄少卿。”乃郭子仪孙,太子少保郭曜子。按郭锋贞元五年,以鸿胪卿吊祭回纥,见《会要》卷九八。惟《旧书》讹“郭降”。十七年在麟州刺史任内,为吐蕃所杀,见《旧书》卷一三。

窦克良　　贞元中

《新书·代宗女寿昌公主传》:“寿昌公主,下嫁光禄少卿窦克良。薨贞元时。”《元龟》卷三〇〇:“窦克良为光禄少卿,尚代宗女寿昌公主。”

崔　穆　　贞元八年(792)

《旧书·德宗纪下》:贞元八年五月,“戊午,以光禄少卿崔穆为黔州观察使”。

李　词　　贞元十八年(802)

《嘉泰吴兴志》卷一四《郡守题名》:“李词,贞元十六年自万年县令授,迁光禄少卿。”接李词者为田敦,“贞元十八年五月自衢州刺史授。《统记》作十六年”。按《统纪》误。《舆地碑记目》卷一《湖州刺史厅壁记》后题:“贞元十七年刺史李词。”可证田敦接替李词在贞元十八年。

冯　枰　　贞元二十年(804)

《元龟》卷一六一:贞元二十年,“光禄少卿冯枰”。

刘士泾　　元和七年(812)

《姓纂》卷五诸郡刘氏:“平原节度刘琩,汴州人。生泾,驸马,光禄少卿。”岑校云:“据《旧书》一五二,刘昌,汴州开封人,官至泾原节度。子士泾,德宗朝尚主(顺宗女云阳公主),官至少列。同书一六:长庆元年士泾迁太仆(《旧书》一五二误府)卿,云:士泾父昌有边功,久为少列十余年。元稹授制云：'访其班资，则曰亚诸卿之间尝十年矣。'合勘之，知瑁为昌之讹，泾为士泾之夺，光禄卿乃《姓纂》修撰时见官也。又依《载之集》一二及《旧书》一三，平原应正作泾原。"按《全文》卷六四九元稹《授刘士泾太仆卿制》，知士泾长庆元年始为正卿，此前均任少列、亚卿，则"光禄卿"亦当为"光禄少卿"之误。

卢长卿　　元和八年(813)

《全文》卷五三八裴度《刘府君(太真)神道碑铭并序》："于是门生之在朝廷者，谏议大夫杜羔、中书舍人裴度……光禄少卿卢长卿；……在藩牧者，浙东观察都团练使御史中丞李逊，黔中观察经略使御史中丞李道古，泽州刺史御史中丞卢顼，嘉州刺史王良士，复州刺史郑群，沔州刺史严公弼，慈州刺史刘元鼎。"《神道碑》作于元和八年。

严　绅　　元和中

《姓纂》卷五冯翊严氏："绅，光禄少卿。"《全文》卷五三一武元衡《刘商郎中集序》："冯翊严绅，绅弟绶。"《全诗》卷三〇二刘商有《听严绅巴童唱竹枝歌》。卷三一六武元衡有《送严绅游兰溪》。

卢常师　　元和中

《新表三上》第四房卢氏："常师，光禄少卿。"乃剑南东川节度卢坦弟。

杨元卿　　元和十三年(818)

《旧书》本传："元和十三年，授蔡州刺史、兼御史中丞。未行，改授光禄少卿。"《新书》本传："宪宗拜元卿岳王府司马，与李愬议侨置蔡州，以元卿为刺史。……更授光禄少卿。蔡平，超拜左金吾卫将军。……出为汾州刺史。"《元龟》卷六二五："杨元卿为光禄少卿，宪宗元和末，淮西平，元卿初闻得蔡州，请见帝，曰：'淮西甚有宝货及犀带，臣知往取必得。'帝曰：'朕本讨贼，为人除害。今贼平人安，则我求得矣,宝货犀带非所求也。'命勿言。"拓本《唐故光禄大夫太子太保赠司徒弘农杨公(元卿)墓志铭》(大和九年七月二十八日):"改太子仆,旋兼御史中丞,为蔡州刺史。……未果行,除光禄少卿。"按此志2001年4月出土于河南洛阳伊川县万安山南浥涧村北之坡上。载《书法丛刊》2001年第4期。

李　宪　　元和十五年(820)

《元龟》卷六五四:"胡证为金吾大将军,穆宗即位,以太和公主出降回鹘,证以本官检校工部尚书,充和亲使,光禄少卿李宪为副使。还,证拜工部侍郎,宪迁检校右散骑常侍,兼太府卿。"

李　逢　　约元和末

【增订】李慧、曹发展《陕西杨陵区文管所四方唐墓志初探》:"《唐故陇西李夫人墓志》,撰于大和五年(831)。志记'夫人皇族也。……父逢,进士登科,任台州刺史。移官于南,寻复□为光禄少卿致仕。'"(《考古与文物》2004年第1期,第81页)《全唐文补遗》第八辑第147页李贞《李夫人墓志》:"父逢,进士登科,任台州刺史,移官于南。寻复以为光禄少卿致仕。"墓主大和五年(831)七月十三日葬。按,李逢为台州刺史在元和十二年(817),见《册府元龟》卷七〇〇,则其为光禄少卿当在元和末。

刘从政　　宝历元年(825)

《旧书·敬宗纪》:宝历元年八月,"时有道士刘从政者,说以长生久视之道,请于天下求访异人,冀获灵药。仍以从政为光禄少卿,号升玄先生"。

柳公度　　大和中?

《旧书》本传:"公度善摄生,年八十余……位止光禄少卿。"《新书·柳子华传》:"子公器、公度。公度善摄生,年八十余,有强力。……位光禄少卿。"《新表三上》柳氏:"公度,光禄少卿。"乃检校金部郎中子华子。《元龟》卷七八四:"柳公度善摄生,年八十余步履轻便。位止光禄少卿。"

杜中立　　开成初

《新书》本传:"开成初,文宗欲以真源、临真二公主降士族……诏宗正卿取世家子以闻。中立及校书郎卫洙得召见禁中,拜著作郎。月中,迁光禄少卿、驸马都尉,尚真源长公主。"《元龟》卷三〇〇:"杜中立,授银青光禄大夫、检校光禄少卿、驸马都尉,尚宪宗女真源公主。"【增订】《全唐文补遗·千唐志斋新藏专辑》第368页李茂元《杜夫人墓志》:"兄光禄少卿、驸马都尉中立,及嫂真源公主。"

崔　某　　大中四年(850)

【增订】《全唐文补遗·千唐志斋新藏专辑》李佑之《唐光禄崔少卿故荥阳郑夫人(归)墓铭并序》:"庚午岁正月廿六日,魂归于岱岳,享年三十七。"编者按:"此庚午岁当为大中四年之庚午岁。"

李　玕　　大中五年、六年(851、852)

《全文》卷七五〇杜牧《李玕贬抚州司马制》:"朝散大夫守光禄少卿李玕……有司弹劾,事状昭著……俾佐名郡,尚曰宽恩,可守抚州司马员外置同正员,仍即驰驿发遣。"按杜牧大中五年八月以考功郎中知制诰,六年迁中书舍人,冬卒。制文作于此间。

李敬立　　约大中时

《新书·宗室世系表下》惠庄太子房:"光禄少卿敬立。"乃凤、齐、乾、婺、安五州刺史弘让弟。

崔　鐬　　约大中时

【增订】《全唐文补遗·千唐志斋新藏专辑》第403页崔沆《崔鐬墓志》:"武宗皇帝……特敕擢授府君殿中丞。……后历太府、光禄、司农三少卿。"当在宣宗大中时。

李贻厚　大顺二年(891)

北图藏拓片《大唐奉圣保忠功臣左神策军散兵观使押衙充昭□都都知兵马使金紫光禄大夫检校刑部尚书兼御史大夫上柱国弘农杨公夫人陇西县君李氏墓志铭并叙》(大顺二年二月十七日):"朝散大夫守光禄少卿柱国赐绯鱼袋李贻厚撰并书。"

李　授　约光启末

《全文》卷八一三刘崇望《授前峡州刺史李授光禄少卿制》:"光禄古官也,而比朝于今,兼索尤重。是命尔司少其事。"按刘崇望约光启二年六月至龙纪元年正月在翰林学士、知制诰任。

赵　峦　昭宗时

《全文》卷八三七薛廷珪《授前将作少监赵峦等光禄少卿制》。按薛廷珪大顺初累迁司勋员外郎、知制诰,正拜中书舍人,乾宁三年改左散骑常侍,光化中复为中书舍人,见《旧书·薛廷珪传》。制作于是时。

卢贻殷　昭宗时?

《旧书·卢简辞传》:"简辞无子,以简求子贻殷、玄禧入继。贻殷终光禄少卿。"《新表三上》第四房卢氏:"贻殷,光禄少卿。"乃山南东道节度使简辞子。

郭师简　约昭宗时

【增订】新出土郭子仪五代孙《郭在岩墓志》:"公之王父也,任光禄少卿,讳师简。"(《文博》2014年第6期,第65页)按,《全唐文》卷八三二钱珝有《授郭师简右卫制置使右羽林将军制》。推之郭师简仕历或在昭宗时。

待考录

崔　瑛

《新表二下》清河大房崔氏:“瑛,光禄少卿。”乃千牛将军忱子,驸马都尉垔父。

韦　倚

《新表四上》韦氏彭城公房:“倚,光禄少卿。”乃徐州别驾銛子。

卷四　卫尉寺

卫尉卿考

段偃师　　武德初

北图拓片《大唐故朝请大夫行晋陵郡长史护军段府君(承宗)墓志铭并序》(天宝十三载闰十一月十一日):"高祖偃师,皇卫尉卿、左常侍兼礼部尚书,加光禄大夫,益都县开国公,谥曰忠信公。……曾祖志玄。"承宗卒天宝十二载六月十六日,春秋六十八。北图藏拓片《隋故银青光禄殷州刺史志铭》:"君讳师,字大师……及皇泰嗣兴,君为佐命,改授卫尉卿兼司禁旅。……乃以君为殷州诸军事殷州刺史。"贞观十九年卒,春秋七十有五,贞观廿年十一月将同祔于北邙。《姓纂》卷九齐郡邹平县段氏:"偃师,唐太子家令,今贯河南。"为段志玄父。按《旧书·段志玄传》:"父偃师……从高祖起义,官至郢州刺史。"是其为卫尉卿亦当在武德中。

郭弘道　　武德三年(620)

《元龟》卷一七二:武德三年"三月戊辰,隋尚食奉御郭弘道自东都来归。……拜同州刺史,在州思慕,不肯理事,征拜卫尉卿"。又武德三年官同州刺史,见《会要》卷四五。仕隋时历通事舍人,沧州长史,尚食奉御,见《御览》卷七三一。《姓纂》卷一〇华阴郭氏:"弘道,同州刺史,部公。"

李　瓌　　武德七年前(624 前)

《旧书·李瓌传》:李恭弟瓌,“武德元年,封汉阳郡公。五年,进爵为王。……拜左武侯将军,转卫尉卿,代兄孝恭为荆州都督”。考《会要》卷六八:“江陵府……(武德)七年二月十八日改为大都督府,以濮(汉)阳王瓌为之。”

豆卢宽　　贞观元年—三年(627—629)

【增订】曾润《增补》:《豆卢宽碑》:“(武德)九年,授殿中监。……贞观二年,转卫尉卿。……三年,除礼部尚书。”(《昭陵碑石》)永徽元年薨,年六十九。考《元龟》卷九九一:“(武德九年)九月丙戌,遣殿中监卢宽、将军赵绰送突厥还蕃。”卢宽即豆卢宽,高祖改其姓为卢氏,永徽中复,见《旧唐书·豆卢钦望传》。证知宽武德九年九月尚为殿中监。复考《旧唐书·太宗纪上》:贞观元年九月辛酉,“中书令、郢国公宇文士及为殿中监。”《新唐书·宰相表上》同。则宽之转卫尉卿,必在贞观元年九月士及任殿中监前,《碑》之“贞观二年”,当为“贞观元年”之讹。

刘弘基　　贞观七年(633)

《旧书》本传:“太宗即位,顾待益隆。李孝常、长孙安业之谋逆也,坐与交游除名。岁余,起为易州刺史,复其封爵,征拜卫尉卿。九年,改封夔国公,世袭朗州刺史,例停不行。”《新书》本传:“贞观初,李孝常等谋反,坐与交,除名为民。岁余,起为易州刺史,复封爵。召授卫尉卿,改封夔国。”《新书·忠义传上》记功臣有“卫尉卿、夔国公刘弘基”。《元龟》卷三一九:戴胄卒,“遣卫尉卿刘弘基监护丧事”。据《旧书·戴胄传》,胄贞观七年卒。又《元龟》卷八九九:“刘弘基为卫尉卿,以年老乞骸骨,拜辅国大将军。”

唐　俭　　贞观九年前(625 前)

《隋唐五代墓志汇编》陕西卷第三册《大唐故开府仪同三司特进户部尚书上柱国莒国公唐君(俭)墓志铭并序》(显庆元年十一月廿

四日):"转卫尉卿,寻为遂州都督。……寻转鸿胪卿,迁户部尚书,加位光禄。"显庆元年十月三日卒,春秋七十八。《唐仆尚丞郎表》卷一一《户尚》:"唐俭,贞观九、十年,由遂州都督入迁民尚。……按:图形凌烟阁在十七年,《新传》删之是也。又靖破颉利在四年二月,《新传》四年亦是。据此推论,俭为民尚当在贞观五六年。然五年至九年已有戴胄、窦静,年代抵触。……俭官民尚自十一年六月以后常见载籍,而十年以前却不一见,盖任民尚当即始于九、十年。"《隋唐石刻拾遗》上《重刻莒国公唐俭碑》:"贞观元年,授使持节都督遂、樟、普等五州诸军事(下阙七字),加鸿胪卿……春秋七十八薨。""元年"或为"九年"之讹。"元"误"九"乃古籍中常见现象。

于志宁　　贞观十八年—二十年(644—646)

《全文》卷一三七令狐德棻《大唐故柱国燕国公于君碑并序》:"(贞观)十八年,拜金紫光禄大夫、行卫尉卿、判太常卿事。……廿一年,迁礼部尚书。"《唐仆尚丞郎表》卷一五《礼侍》:"于志宁,贞观二十一年,由卫尉卿、判太常卿事迁礼尚,时阶金紫光禄大夫。"《全诗》卷三八杜之松有《和卫尉寺柳》诗,《初学记》卷二八、《英华》卷三二三均作《敬和卫尉于卿柳》,于卿即于志宁。【增订】曾涧《增补》:按近出《庞廓碑》,碑立于贞观廿年十月廿六日,志宁结衔为"金紫光禄大夫、行卫尉卿、检校雍州别驾、上柱国、黎阳县开国公"(李雪芳《新见唐代庞廓碑考释》,《文博》2011年第6期,第52—55页)知其时志宁已卸任。

高履行　　贞观二十二年(648)

《旧书·高士廉传》:"子履行……十九年,除户部侍郎,加银青光禄大夫。无几,遭父艰。……俄起为卫尉卿,进加金紫光禄大夫。袭爵申国公。"按其父高士廉以贞观二十一年正月壬辰薨,见两《唐书》本纪、《新表》《通鉴》等。则履行起为卫尉卿,当在二十二年或稍后。

徐仲宗　约贞观中

《姓纂》卷二东阳徐氏："仲宗，卫尉少卿、任城公。"乃北齐徐之范孙，武后时司农少卿徐庆父。

郑　筠　约贞观中

《隋唐五代墓志汇编》洛阳卷第八册《大唐王屋县丞白知新妻荥阳郑氏墓志铭并序》（景云二年十月十九日）："曾祖筠，唐卫尉卿，眉、邛、绵、梓四州诸军事、四州刺史。祖孝昇，桂州始安县令。父瑞，安南都护府法曹参军。"夫人景云二年五月二十九日卒，春秋四十。

豆卢揩　贞观中

《隋唐五代墓志汇编》洛阳卷第一一册《唐故岐王府祭酒崔公卢夫人墓志铭并序》（天宝四载五月二十七日）："故金紫光禄大夫、光禄卫尉鸿胪三卿、郢城郡开国公揩，夫人大王父也。祖玄俨，集、饶二郡太守，上柱国。父志静，大中大夫、坊延二郡太守，袭郢城公。"夫人卒天宝四载三月廿四日，春秋六十六。按豆卢玄俨总章二年在饶州刺史任，则其父揩当仕贞观中。

薛怀昱　约贞观中

北图藏拓片《大唐故万泉县主薛氏（豆卢光祚妻）墓志铭并序》（景云元年十一月二十五日）："曾祖怀昱，司卫卿，绛、卫二州刺史，河东侯。……祖瓘，尚城阳公主，驸马都尉，奉宸将军。……父绍，驸马都尉，散骑常侍，右武卫将军，平阳县开国子。……豆卢君作藩近甸，县主义在从人。……年廿四，景云元年八月廿一日遘疾终于延州官舍。"志为卢藏用撰。考《御览》卷七二六："城阳公主初适杜如晦之子……贞观中为尚衣奉御，坐承乾事伏诛。公主改适饶州刺史薛昱子子瓘。""薛昱"应为"薛怀昱"之省。

邓　某　　贞观中?

《全文》卷九九二阙名《大唐故秋官尚书河间公碑》:"公讳晦……永昌元年二月廿七日薨于位,春秋六十有三。……夫人陇西郡夫人□邓氏,河南(阙七字)公之孙,卫尉卿、驸马都尉之女也。"

李　纬　　永徽初

《全文》卷二〇一李尚一《开业寺碑并序》:"曾孙纬,皇朝宗正、卫尉、司农三寺卿,金紫光禄大夫、荆州大都督府长史、幽州都督、户部尚书、太子詹事、怀洛蒲三州刺史,袭高都公。"考《旧书·房玄龄传》:贞观"二十一年,太宗幸翠微宫,授司农卿李纬为民部尚书。……遽改授纬洛州刺史"。按李纬贞观二十一年为司农卿,永徽五年为宗正卿。

许敬宗　　永徽三年—永徽六年(652—655)

《旧书》本传:"永徽三年,入为卫尉卿,加弘文馆学士,兼修国史。六年,复拜礼部尚书。"《新书·高宗则天顺圣皇后武氏传》:"而中书舍人李义府、卫尉卿许敬宗素险侧,狙鸷即表请昭仪为后,帝意决。"《通鉴·永徽六年》:七月,"于是卫尉卿许敬宗、御史大夫崔义玄、中丞袁公瑜皆潜腹心于武昭仪矣"。《新书·高宗纪》:显庆二年八月,"辛未,卫尉卿许敬宗为侍中"。《宰相表上》同。《金石文钞》卷上《唐万年宫铭碑阴》:"金紫光禄大夫、卫尉卿、上柱国、高阳县开国男臣许敬宗。"碑建于永徽五年五月丙午朔。《唐仆尚丞郎表》卷一五《礼尚》:"许敬宗,永徽六年九月一日戊辰朔,由卫尉卿复迁礼尚。显庆元年正月十九甲申,兼太子宾客。二年八月十五辛未,迁侍中。……《新纪》《表》,显庆二年八月'辛未,卫尉卿许敬宗为侍中'。原衔与《旧纪》、两传、《通鉴》均不合,必误。又敬宗于永徽六年十一月见衔礼尚,见《会要》四《储君》条;十二月五日见衔礼尚、弘文馆学士,见《会要》二六《待制官》条;显庆元年十月衔同,见《会要》三六《修撰》条;二年六月见衔礼尚,见《旧》二三《礼仪志》三;同年七月衔同,见《旧》二一《礼仪志一》。此皆《新纪》《新表》原衔'卫尉卿'

必误无疑。”

扶余义慈　显庆二年(657)

北图藏拓片《大唐故光禄大夫行太常卿使持节熊津都督带方郡郡王扶余君(隆)墓志》:“父义慈,显庆年授金紫光禄大夫、卫尉卿。”《姓纂》卷二扶余氏:“义慈,大唐拜带方郡王、金紫光禄大夫,贞观入朝。”《旧书》卷一九九上,义慈拜带方郡王在贞观十五年。

阎立行　显庆四年(659)

【增订】《全文》卷一五三李义府《大唐故兰陵长公主碑》:“以显庆三年八月□八日□疾薨于雍州万年县之平乐里第。……即以其年岁次己未十月甲辰朔廿九日□□迁窆于□陵□□十里安乐原,礼也。……仍敕卫尉卿阎立行、光禄卿殷令名为副监护丧事。”按,该碑典籍录文不同,《金石萃编》卷五二作“显庆四年八月□八日□”,《昭陵碑录》作“显庆四年八月十八日”。又《宝刻丛编》卷九引《集古录目》:“《唐兰陵长公主碑》,唐吏部尚书兼知中书门下事李义府撰……碑以显庆四年十月立。”是以“显庆四年”为是,《全唐文》误。参曾涧《订正》。

房仁裕　龙朔二年(662)

《隋唐五代墓志汇编》陕西卷第四册《大唐法云寺尼辩惠禅师神道志铭并序》(天宝十四年二月十二日):“俗姓房氏,清河人也。……曾祖父皇金紫光禄大夫、卫尉卿、赠兵部书、清河忠公讳仁裕。王父皇银青光禄大夫、冀州刺史、胶东成公讳先质。”天宝十三载卒,享年五十三。同书同卷第一册《唐故雍王赠章怀太子墓志铭并序》(景云二年十月):“妃清河房氏,皇左领军大将军卫尉卿赠兵部尚书仁裕之孙,银青光禄大夫、宋州刺史、赠左金吾卫大将军先忠之女也。”妃景云二年卒,春秋五十四。《旧书·礼仪志七》:“龙朔二年八月……司礼太常伯陇西郡王博乂等奏称:‘……得司卫正卿房仁裕七百三十六人议,请一依司礼状。’”《会要》卷三七:“龙朔二年八月,有司奏:同文正卿萧嗣业嫡继母改嫁身亡,请申心制。……得司卫正卿房仁裕等七百三十六人议请一依司礼状。"孙三锡《昭陵碑考》卷一二《昭陵陪葬考》:"兵部尚书房仁裕。《会要》《长安志》《文献通考》俱有。《长安志》作卫尉卿、齐国公,《五礼通考》作户部尚书,云见《京兆金石录》。"【增订】新出土《大唐故左千牛将军赠左金吾卫大将军清河郡开国公房公(先忠)墓志铭并序》:"父仁裕,皇朝洛州长史、司卫大卿、左领军卫大将军,赠兵部尚书,谥曰忠。"(《碑林集刊》第二十辑,第91页)

田仁汪　　麟德二年(665)

《隋唐五代墓志汇编》陕西卷第三册《故兼司卫正卿田君(仁汪)墓志》(乾封元年十一月十日):"寻授洛阳宫总监,又除司农少卿……授兼司卫正卿。"麟德二年八月廿二日卒。同书同卷同册《唐故司卫正卿田府君夫人扶风窦氏墓志铭并序》(长寿三年一月二十五日),夫人卒于垂拱二年九月十日,春秋六十七。田君当即田仁汪。

李　弼　　乾封二年—咸亨五年(667—674)

《旧书·李勣传》:"(乾封)二年,加太子太师……其年寝疾,诏以勣弟晋州刺史弼为司卫正卿,使得视疾。"《新书·李勣传》:"弟弼,始为晋州刺史。以勣疾,召为司卫卿,使省视。"《新书·东夷·新罗传》:"咸亨五年,纳高丽叛众,略百济地守之。帝怒,诏削官爵,以其弟右骁卫员外大将军、临海郡公仁问为新罗王,自京师归国。诏刘仁轨为鸡林道大总管,卫尉卿李弼、右领军大将军李谨行副之,发兵穷讨。"《新表五下》徐氏:"弼,司卫正卿。"乃世勣同祖从弟。世勣赐姓李。《元龟》卷一三三:"李勣为司空……高宗又命写形焉,仍亲为之序。勣尝侍从坠马,帝亲问,以所乘马赐之。后勣寝疾,诏以勣弟晋州刺史弼为司卫正卿,使得视疾。"又见同书卷三一九。又卷六二〇:"李弼高宗时为卫尉卿,上元元年九月,帝御含元殿东翔鸾阁观大酺,是日,弼暴卒于宴所。帝为之废酺一日,赠工部尚书。"

《旧书·高宗纪下》：咸亨五年二月，“壬午，遣太子左庶子、中书门下三品刘仁轨为鸡林道大总管，以讨新罗，仍令卫尉卿李弼、右领军大将军李谨行副之。”《元龟》卷一一九同。《通鉴·总章二年》：十一月，“司空、太子太师、英贞武公李勣寝疾……一旦，忽谓其弟司卫少卿弼曰。”司卫少卿疑当作司卫正卿。又《通鉴·咸亨五年》：九月，“卫尉卿李弼暴卒于晏所”。

泉献诚　　总章元年(668)

《新书·东夷·高丽传》：乾封三年十二月，“以献诚为司卫卿”。按乾封三年改元总章元年。北图拓片《大唐故特进行右卫大将军兼检校右□□军仗内供奉上柱国卞国公赠并州大都督泉君(男生)墓志铭并序》：“以仪凤四年正月廿九日遘疾薨于安东府之官舍，春秋卌有六。……哀子卫尉寺卿献诚，夙奉庭训。”《金石录》卷二六《卫尉正卿泉君碑》(开元十五年立)：“泉君者，高丽盖苏文之孙，泉男生之子也。高宗时与男生同归朝，仕为卫尉卿。按《唐书》及《元和姓纂》皆云名献诚，今此碑用云‘讳实’，字行于代而阙其字不书。又《姓纂》云‘献诚生元隐’，而《碑》但云名隐而已。”《丙寅录》引《蒿里遗文目录续编》有《右羽林大将军名泉献诚墓志》，大足元年立。又引志言：长子玄隐。又拓本调露元年《泉南生志》称哀子卫尉寺卿诚。献诚为来俊臣诬其谋反，缢杀之，见《元龟》卷五二二，事在长寿元年。天授元年，迁左卫大将军，见《旧书》卷一八四。《献诚志》则言死于天授二年。

尉迟宝琳　　总章二年(669)

《宝刻丛编》卷九引《集古录目》：“《唐司卫卿尉迟宝琳碑》，唐侍中、中书令、行右相许敬宗撰，膳部员外郎、直弘文馆王知敬书。宝琳字元瑜，敬德之子，位至司卫卿，碑以咸亨元年正月立。”北图藏拓片《大唐故胡国公嫡孙许州鄢陵县丞秦府君(利见)墓志》(景龙元年十月六日)：“外祖尉迟琳，卫尉卿。”神龙二年八月廿五日卒，未言享年。《姓纂》卷一〇河南洛阳尉迟氏：“宝林，司卫卿，右卫将军。”乃敬德子。“林”,《旧书》《会要》《御览》卷二二七、《英华》《集古录目》均作“琳”。琳碑以咸亨元年立(亦见《金石录》)。《旧书·尉迟敬德传》:“子宝琳嗣,官至卫尉卿。”《新书·刘藏器传》:“高宗时为侍御史。卫尉卿尉迟宝琳胁人为妾,藏器劾还之。”按宝琳于显庆四年曾为卫尉少卿。孙三锡《昭陵碑考》卷一二《昭陵陪葬考》:“尉迟敬德子卫尉卿尉迟宝琪。《会要》《长安志》《文献通考》俱有,皆作大将军。《长安志》作尉迟宝林,旧史云官至卫尉卿,无陪葬事,盖子孙听其祖父葬也。《读礼通考》据《京兆金石录》,又有尉迟宝琳,《醴泉志》疑即一人分为二也。”

韦知人　　高宗时

《新表四上》韦氏南皮公房:“知人,司戎大夫。”乃考功郎中叔谦子,右庶子维父。按韦叔谦太宗时为考功郎中,见孙逖撰《韦虚心碑》,是韦知人为司戎大夫应在高宗时。

杨思止　　高宗时

《隋唐五代墓志汇编》陕西卷第一册《大唐故金紫光禄大夫鄜州刺史赠户部尚书上柱国河东忠公杨府君墓志铭并序》(开元十五年九月三日):“考思止,皇司驭、司卫二寺卿,德、潞二州刺史,湖城公。”执一卒开元十四年,享年六十五。按杨思止麟德二年为司稼少卿。

薛子绍　　高宗时

北图藏拓片《大唐故银青光禄大夫行太仆卿驸马都尉中山郡开国公豆卢公(建)墓志铭并序》(天宝三载八月十二日):“父皇正议大夫、丹延坊三州刺史、上柱国、开国公光祚,母皇万泉县主薛氏,外祖皇金紫光禄大夫、卫尉卿、驸马都尉、上柱国子绍,外祖母皇镇国太平公主。”建卒天宝三载三月廿四日,享寿三十九。

丘孝忠　　高宗时

《姓纂》卷五河南丘氏:“孝忠,卫尉卿,广州都督、安南公。”乃丘和子。贞观十九年孝忠官征辽总管，见《元龟》卷一一七。贞观二十一年九月，遣中郎将丘孝忠造船，见《元龟》卷九八五。龙朔初，丘孝忠为莱州刺史，《山左遗文·王庆志》：东莱人，"龙朔初，刺史河南丘孝忠引为谈客"。

高正臣　高宗时

《广记》卷二〇八引《书断》："高正臣，广平人，官至卫尉卿。习右军之法，睿宗爱其书。"《全诗》卷七二小传："高正臣，广平人。襄州刺史、卫尉卿。习右军书法。睿宗最爱其笔。"按正臣有《高氏三宴诗集》，陈子昂为之序，唱和者有崔同、韩仲宣、周彦昭、高球、弓嗣初、高瑾、王茂时、徐皓、高绍、郎余令、陈嘉言、周彦晖、高峤、刘友贤、周思钧等，皆高宗时人。

魏叔玉　高宗时

《会要》卷二一昭陵陪葬名氏："卫尉卿魏叔玉……卫尉卿房光敏。"孙三锡《昭陵碑考》卷一二《昭陵陪葬考》："侍中、左光禄大夫魏徵。……子光禄少卿叔玉祔。《会要》《长安志》《文献通考》俱有，在丞郎三品中，云：'卫尉卿魏叔玉祔。新旧史陪葬无文，盖其父也。'"

房光敏　高宗时

《会要》卷二一昭陵陪葬名氏："卫尉卿魏叔玉……卫尉卿房光敏。"孙三锡《昭陵碑考》卷一二《昭陵陪葬考》："卫尉卿房光敏，《会要》《长安志》《文献通考》俱有。《文献》作房光谦。"

王同人　高宗时

【增订】《全唐文补遗·千唐志斋新藏专辑》庾准《崔藏之夫人王氏墓志》："曾祖同人，皇朝卫尉卿。"同书阙名《王德进墓志》："高祖同人，卫尉司属光禄三寺卿、亳州刺史。"按，唐有两王同人，此为高宗时王同人。参曾润《订正》。

王思泰　高宗时

【增订】《大唐西市博物馆藏墓志》一三九《王美畅墓志》:“父思泰,唐累任比部郎中,东宫中允,国子司业,卫尉卿,使持节郑州诸军事,守郑州刺史。拜春闱之中允,居卫尉之正卿。”墓主圣历元年正月八日卒。

柴令将　约高宗时

【增订】牛红广《辑补》:《搜佚》第737页《唐故贬邵阳郡邵阳县尉岳阳县开国伯平阳柴府君(阅)墓志铭并序》:“大父令将,举秀才,历侍御史、中书舍人、工部侍郎、卫尉大理二寺卿、蒲□及兖三州牧,寻加银青,迁太子宾客,封岳阳县伯,食邑千户。”柴阅天宝十一年卒,年三十五。

陈贤德　约高宗时

【增订】曾涧《增补》:《晋州刺史白府君妻陈氏志》:“曾祖叔达……祖贤德,皇卫尉□。□□邦家,允光棘署之列。”墓主天宝六载十一月卒,春秋六十有五。“棘署”为九卿之通称,“卫尉□”即“卫尉卿”。《新唐书》卷七一下:陈叔达相高祖,子“贤德,水部郎中”。《姓纂》卷三:“贤德,水部郎中、汾州刺史。”《崔望之墓志》(大历十二年):“太夫人颍川陈氏,侍中叔达之孙,汾州刺史贤德之女。”

王及善　约高宗末

《旧书》本传:“寻除右千牛卫将军,高宗谓曰……俄以病免,寻起为卫尉卿。垂拱中,历司属卿。”《新书》本传:“高宗闻,赐绢百匹。除右千牛卫将军。……病免,召为卫尉卿。垂拱中,历司属卿。”

齐　璿　载初元年(689)

【增订】新出土《大唐故太中大夫益州大都督府长史赠礼部尚书

高阳公齐府君碑铭并序》:“拜洛州司马。……又除卫尉卿,鸾台侍郎里行,未即真。司北宫之八屯,掌东垣之九奏。辛毗忠谠,方息芒山之役,扬雄雅讽,更止长杨之畋。载初元年,诏公京城留守,代苏良嗣知事。”(《碑林集刊》第一三辑,第81页)

陆元方　约神功时—圣历二年(约697—699)

《新书》本传:“迁鸾台侍郎、同凤阁鸾台平章事。坐附会李昭德,贬绥州刺史。擢天官侍郎,兼司卫卿。或言其荐引皆亲党,后怒,免官,令白衣领职。”《全文》卷二三一张说《文昌左丞陆公墓志》:“公讳元方,字希仲。……检校春官、又试天官二侍郎兼司尉卿,复除鸾台侍郎同凤阁鸾台平章事,转右庶子,转文昌左丞。”大足元年卒,年六十三。《唐仆尚丞郎表》卷一〇《吏侍》:“陆元方,约神功圣历中,由检校春侍迁试天侍,兼司卫卿。圣历二年八月二十六丁未,迁鸾台侍郎同凤阁鸾平章事。”

唐休璟　圣历二年—久视元年(699—700)

《旧书》本传:“圣历中,为司卫卿,兼凉州都督,右肃政御史大夫,持节陇右诸军州大使。久视元年秋,吐蕃大将麹莽布支率骑数万寇凉州。”《元龟》卷四二八:“唐休璟圣历为司卫卿兼凉州都督、右肃正御史大夫,持节陇右诸军大使。久视元年秋,吐蕃大将麹莽布支率骑数万寇凉州,入自洪源谷,将围昌松县,休璟以数千人往击之。”【增订】《长安碑刻》第164页《慕容瑰墓志铭》:“祖宣超,字上仙,唐使卫尉卿唐休璟持节册嗣可汗、青海国王;妣姑臧县主。”

武嗣宗　武后时

《新书·武承嗣传》:“嗣宗终司卫卿。”【增订】《长安新出墓志》第137页《唐故赠太子少保管国公武府君墓志铭并序》:“公讳嗣宗,字嗣宗,太原文水人。……寻以本职历兼蒲、寿、濮、曹、陕五州刺史。……复以表仪子弟敦叙宗室,征拜司属卿。无何,转泽、汾、怀三州刺史，一如前莅之政也。□□□司□司卫二卿。……重迁陕州刺史……改封□□□，食邑三千□□□国子祭酒。……于是首拜公豳州刺□。"墓主神龙三年卒，年五十。是知武嗣宗并非终于卫尉卿，《新唐书》误载。

韦　纪　　武后时

《姓纂》卷二东眷韦氏郧公房："纪，卫尉卿、怀宁公。"乃龙朔中外府少卿思齐子。《新表四上》韦氏郧公房："纪，卫尉卿、怀宁公。"乃尚书右丞、司稼正卿思齐子。思齐为右丞在永徽、显庆中，则其子历官卫尉卿当在武后时。

张昌宗　　武后时

《新表二下》中山张氏："昌宗，司卫卿、邺国公。"

孙　行　　武后时

【增订】曾涧《增补》：徐彦伯《大周故太子中允孙公（行）志文并序》："尝摄凤阁鸾台夏官三司侍郎，左台御史大夫，司礼卿。"（赵文成、赵君平《新出唐墓志百种》，杭州西泠印社出版社 2010 年版），久视元年卒，春秋六十。则天光宅元年改太常卿为司礼卿，神龙元年复故，见《唐六典》，则行之为司礼卿，当在则天时。孙行，天授中为凤阁侍郎，见《旧唐书·孙思邈传》。

杨冲寂　　约武后时

北图藏拓片《前京兆府蓝田县丞窦公夫人弘农杨氏（莹）墓志铭并序》（大历十二年十一月二十二日）："曾祖冲寂，皇司卫卿。大父愿，汝州刺史。烈考廙，太子右赞善大夫。……夫人即赞善之第四女也。"大历十二年三月卒，春秋三十一。《全文》卷二二六张说《大周故宣威将军杨君（令一）碑并序》："隋司徒观王之元孙，周孝明高后之归孙，今司卫卿之元子。"此杨某恐即杨冲寂。

裴　昭　　约武后时

《全文》卷五〇一权德舆《唐故朝议郎使持节温州诸军事温州刺史充静海军使赐绯鱼袋河东裴府君（希先）神道碑铭并序》："曾祖昭，历司门、度支二郎中，卫尉、太府二寺卿。"希先贞元六年卒。其父怀节贞观十七年至二十年为洛州刺史。复考《全文》卷七八四穆员《河南少尹裴公（济）墓志铭》："唐贞元八年冬十月二十有八日，前河南少尹裴公讳济字庄时，春秋五十，卒于京师靖安里之旅舍。……高祖怀节，皇朝洛州刺史，生太府少卿昭。昭生蔡州刺史刚。刚生扶风郡雍县令据。公则雍县府君之长子也。"合参之，其官历当在武后时。

薛　灵　　约武后时

《隋唐五代墓志汇编》陕西卷第四册《唐故金紫光禄大夫持节蔚州诸军事守蔚州刺史横野军钱监等使上柱国河东薛公（坦）墓志铭并序》（大历十三年正月二十六日）："曾祖灵，银青光禄大夫、卫尉卿，赠秦州刺史，谥曰献。"坦卒大历十一年十二月廿三日，享年四十八。

赫连梵　　约武后时

【增订】曾涧《增补》：《赫连钦若墓志》："皇考梵，刑部郎中、卫尉卿、邠州刺史。"（《新出唐墓志百种》）墓主开元十七年卒，春秋六十七。按赫连梵为司勋员外郎，见《唐尚书省郎官石柱题名考》卷八，其时约在高宗末、则天初，则烛卫尉卿在则天时。

魏元忠　　神龙元年（705）

《旧书・中宗纪》：神龙元年"夏四月乙丑，端州尉魏元忠为卫尉卿、同中书门下三品"。《元龟》卷七二同，《新纪》作丁卯，《通鉴》同。《旧书》本传："中宗即位，其日驿召元忠，授卫尉卿、同中书门下三品。旬日，又迁兵部尚书，知政事如故。"《新书・宰相表上》：神龙元年四月"甲戌，元忠为兵部尚书……并同中书门下平章事"。《通鉴》

同。《新书》本传:“中宗复位,召为卫尉卿、同中书门下三品。”《全文》卷一七六小传:“中宗即位,驿召授卫尉卿,同中书门下三品,迁兵部尚书。”《元龟》卷一七二:“神龙元年四月……又以卫尉卿同平章事魏元忠为兵部尚书。”《唐仆尚丞郎表》卷一七《兵尚》:“魏元忠,神龙元的四月二十五甲戌,由卫尉卿、同中书门下平章事迁兵尚、同中书门下三品。”

杨元琰　神龙元年—二年(705—706)

《通鉴·神龙元年》:五月,“以……杨元琰为卫尉卿”。《隋唐五代墓志汇编》陕西卷第一册《大唐故雍王墓志铭并序》(神龙二年七月一日):“神龙二年又加制命,册赠雍王。……敕金紫光禄大夫行卫尉卿上柱国西河郡开国公杨元琰……监护丧事。”《旧书》本传:“及[敬]晖等得罪,元琰竟以先觉获全。寻加金紫光禄大夫,转卫尉卿。明年,李多祚等被诛,元琰以曾与多祚同立功,亦被系狱问状。赖中书侍郎萧至忠保明之,竟得免罪,又转光禄卿。”《新书》本传:“晖等死,独元琰全。再迁卫尉卿,又上官封。……李多祚死太子难,元琰坐厚善,系狱,萧至忠救之,免。睿宗立,数上书乞骸骨,不听。”

崔从礼　景龙三年(709)

《全诗》卷八七六《时人崔无诐语》:“崔无诐,韦后中表,为卫尉卿。时中书令萧至忠甚承中宗恩顾,无诐婚至忠女,后为女家,中宗为儿家,供拟甚厚。”考《新书·宰相表上》:景龙三年八月乙酉,“至忠为中书令”。景云元年六月壬寅,“至忠贬许州刺史”。戊申,“至忠为中书令”。七月壬戌,“至忠为晋州刺史”。开元元年“正月乙亥,吏部尚书萧至忠为中书令”。“七月甲子,至忠、[岑]羲诛”。《全诗》称其事发生在中宗时,则其为卫尉卿在景龙三年。然崔无诐天宝末在荥阳郡、陕郡太守任,不可能早在景龙中为卫尉卿。考《旧书》本传:“父从礼,中宗韦庶人之舅,景龙中卫尉卿。”由此知《全诗》误将崔无诐父之官职移于崔无诐。

突骑施守忠　景龙三年(709)

《旧书·中宗纪》:景龙三年七月,“壬午,遣使册骁卫大将军兼卫尉卿、金河王突骑施守忠为归化可汗”。

张　洽　中宗时

《旧书·张文瓘传》:“四子:潜、沛、洽、涉。中宗时,潜官至魏州刺史,沛同州刺史,洽卫尉卿,涉殿中监。”《新书·张文瓘传》:“四子:……洽,卫尉卿。”

武重规　中宗时

《新书·武承嗣传》:“中宗复位……重规[封]郐国……终卫尉卿。”

杨执一　景龙四年(710)

拓本《大唐故金紫光禄大夫行鄜州刺史上柱国河东忠公杨府君(执一)墓志铭并序》(开元十五年九月三日):“景龙四载,维帝念功,擢拜卫尉卿,还复勋爵,俄除剑州刺史。”《全文》卷二二八张说《赠户部尚书河东公杨君神道碑》:“公讳执一……贬徙沁州刺史,不知事仍长任……久之,尽削官封,放还侍母……寻而大勋不废,天道复反,归既夺之井邑,起故时之将军。擢卫尉卿,复初封爵。……又授公剑州刺史。”

王　哲　景龙四年(710)

《旧书·后妃·中宗韦庶人传》:“[临淄王]分遣万骑诛其党与韦温……,卫尉卿王哲、太常卿李璵、将作少匠李守质及韦氏武氏宗族,无少长皆斩之。”考《旧书·中宗纪》:景龙四年六月,“庚子夜,临淄王讳举兵诛韦、武,皆枭首于安福门外,韦太后为乱兵所杀”。《新纪》《新表》在辛巳。《通鉴》卷二〇九:景云元年六月,“斩太子少保、同中书门下三品韦温于东市之北”。日期亦稍异。

韦　璿　　景云元年(710)

《通鉴·景云元年》:六月,“韦后秘不发丧,自总庶政。癸未,召诸宰相入禁中,征诸府兵五万人屯京城,使驸马都尉韦捷、韦灌,卫尉卿韦璿……分领之。”按景云元年被杀。景龙三年九月璿官太府少卿,见《全文》卷一七。《新表》作濬,误。《旧书》卷一八三韦温传云族弟璿。《姓纂》卷二东眷韦氏韦庶人房:“璿,卫尉少卿。”乃元昭子。《新表四上》驸马房韦氏:“璿,卫尉少卿。”乃弘素孙,玄昭子。称“卫尉少卿”与《通鉴》异。

薛崇暕　　景云元年(710)

《大诏令集》卷一二三《平内难赦》:“太平公主男卫尉卿薛崇暕,与前同州朝邑县尉刘幽求、总监钟绍京,日夜共谋,誓诛逆党。……薛崇暕封立节郡王,食实封五百户,赐物三千段。”《通鉴·景云元年》:六月,“隆基乃与太平公主及公主子卫尉卿薛崇暕……谋先事诛之”。《全文》卷九九襄王重茂《大赦诏》:“相王第三子临淄郡王隆基,纠合同盟,忠勇奋怒,志除凶党,保护邦家。……太平公主男卫尉卿薛崇简,与前同州朝邑县尉刘幽求、总监钟绍京日夜共谋,誓诛逆党。……薛崇简封立节郡王,食实封五百户,赐物三千段。”

朱谔之　　景云中

《隋唐五代墓志汇编》洛阳卷第九册《□□大夫太府卿少府监赠□州都督上柱国赵国公崔府君(谔之)墓志》(开元七年十月二十二日):“预谋刘章……中夕事集,□□君临,国步载康。帝座……封赵国公,食邑□□□,拜卫尉卿、将作少匠,滑州刺史、太府卿、汾州刺史、少府监、检校司农卿,加银青光禄大夫、太府卿、兼检校御史中丞,□拜少府监。……春秋卌□,以开元七年岁次己未八月景戌朔三日戊□薨于东都永丰里私第。”

徐彦伯　　景云二年(710)

《旧书》本传:“俄转蒲州刺史,入为工部侍郎,寻除卫尉卿,兼昭文馆学士。景龙三年，中宗享拜南郊，彦伯作《南郊赋》以献，辞甚典美。景云初，加银青光禄大夫，迁右散骑常侍、太子宾客，仍兼昭文馆学士。"据此，似为蒲刺、工侍及卫尉卿不能过景龙三年。然《全诗》卷五上官昭容《驾幸新丰温泉宫献诗三首》注云："景龙三年十二月十二日，中宗皇帝驾幸新丰温泉宫，敕蒲州刺史徐彦伯入仗。"《会要》卷一："景龙四年六月二十二日，(中宗)崩于神龙殿，景云元年十一月己酉葬定陵。……哀册文，工部侍郎徐彦伯撰。"则卫尉卿当在此后。《唐仆尚丞郎表》卷二二《工侍》："徐彦伯，景云元年，由蒲州刺史入迁工侍。时阶太中大夫。是年秋冬，见在任。盖二年，徙卫尉卿。"

魏奉古　约开元初

【增订】牛红广《辑补》：《洛阳新获七朝墓志》第248页《唐故朝散大夫前行河内郡河内县令上柱国巨鹿魏公(兼爱)墓志铭并序》："父奉古，皇吏部侍郎、卫尉卿、巨鹿县男。"志主天宝五年卒，年五十六。

李延昌　开元二年(714)

《大诏令集》卷一三〇《命姚崇等北伐制》："宜令卫尉卿李延昌、左羽林将军杨敬述等，至冬检阅。……开元二年二月二十八日。"《全文》卷二一玄宗《命李延昌等屯兵秦州制》："卫尉卿、兼检校左金吾大将军、凉国公李延昌……可充陇右道防御大使。"同书卷二五二苏颋《授李延昌左金吾卫大将军制》："卫尉卿、兼检校左金吾卫大将军、上柱国李延昌……可右云麾将军、守左金吾卫大将军，勋封如故，仍充朔方后军大总管。"

韦　项　开元四年前(716前)

北图藏拓片《大唐故银青光禄大夫卫尉卿扶阳县开国公护军韦公(项)墓志名并序》(开元六年七月二十九日)："公讳项，字砺己……俄迁宗正少卿，又转光禄少卿。……又迁卫尉卿，加银青光禄大夫。"开元四年四月十日卒，春秋八十一，开元六年七月廿九日合葬。又《大唐故魏国太夫人河东裴氏墓志并序》(景龙三年七月十九日):"夫人……卫尉卿京兆韦公之内子也。"《咸宁长安两县续志》卷一二:"《卫尉卿韦项墓志》,开元六年七月苏晋撰,正书。盖题'大唐卫尉卿韦公墓志铭'十字,篆书。按志,公字砺己,京兆杜陵人。开元四年薨于永乐坊,春秋八十有一。夫人裴氏葬城南毕原,开元六年奉公之神驾,合葬于魏国夫人之旧茔。石出县南李王村,见藏县教育局。"(《石刻史料新编》本)

韦　鐬　开元六年(718)

北图藏拓片《大唐故银青光禄大夫卫尉卿扶阳县开国公护军韦公(项)墓志名并序》(开元六年七月二十九日):"公讳项,字砺己……俄迁宗正少卿,又转光禄少卿。……又迁卫尉卿,加银青光禄大夫。"开元四年四月十日卒,春秋八十一,开元六年七月廿九日合葬。"有子驸马都尉银青光禄大夫彭城开国公上柱国右金吾将军卫尉卿左出歙州别驾鐬。"又《大唐故魏国太夫人河东裴氏墓志并序》(景龙三年七月十九日):"夫人……卫尉卿京兆韦公之内子也。……神龙元年,我皇立天御历,大造寰宇,卫尉公以懿戚承恩,首绾朱绂,拜河东县君。景龙二年第二子太仆少卿驸马都尉鐬加银青光禄大夫,拜河东□□。……夫人……景龙三年二月廿六日薨于永宁私第之适寝,春秋六十有六,赠魏国夫人。制曰:银青光禄大夫行太仆少卿城县开国男驸马都尉韦鐬母裴氏。"景龙三年七月十九日葬。【增订】新出土《大唐故顺妃墓志铭并序》:"妃讳秀,京兆胄里人也。……皇考鐬,驸马都尉,尚永寿公主,银青光禄大夫,卫尉卿,太仆卿,右金吾将军,食实封二百户,封彭城郡开国公,食邑二千户,赠兖州都督。"(《唐史论丛》第23辑,第280页)

李　瓘　开元六年—十一年(718—723)

《旧书·李素节传》:少子琳、瓘、璆,"瓘,开元十一年为卫尉卿,以抑伯上金男不得承袭,以弟璆继之,遽谴瓘为鄂州别驾"。《新书·李素节传》:子琳、瓘、璆、钦古。"开元初,封琳为嗣越王,璆嗣泽王。琳至右监门卫将军。……瓘为卫尉卿，以抑上金子不得封，贬鄂州别驾。”《全文》卷一〇〇许王瓘传：“开元十一年为卫尉卿，下迁鄂州别驾。”《元龟》卷二八四：“神龙初封瓘为嗣许王，瓘开元十一年为卫尉卿。”【增订】《订补》云：李瓘任卫尉卿的时间应改正为“开元六年—开元十一年（718—723）”。《全唐文补遗·千唐志斋新藏专辑》第128页阙名《李琎墓志铭》：“第十二弟卫尉卿嗣许王瓘等。”墓主开元六年十二月一日葬，是李瓘开元六年已在卫尉卿任。《唐九卿考》仅考证李瓘为卫尉卿在开元十一年（723），应加以补正。牛红广《辑补》云：《新获》第169页《大唐故许王第三子（李璟）墓志铭并序》：“第十二弟卫尉卿、嗣许王瓘等，痛埋玉之无追，哀陟岗之靡觌。衔哀备礼，克建丘茔。粤以开元六年岁次戊午十二月庚申朔一日庚申永迁窆于河南府龙门乡之平原，从吉兆也。”据是志，李瓘开元六年已任卫尉卿。

李承家　开元中

【增订】《秦晋豫新出墓志搜佚续编》第711页《唐李承家墓志》：“改河南少尹，从容简惠，群议推服。乃拜太常少卿。……转卫尉卿。……迁右金吾将军。……乃以公为贝州刺史。”李承家开元十五年卒，享年六十八。

李　邕　开元十五年前（727前）

《旧书·李凤传》：“神龙初，封凤嫡孙邕为嗣虢王。……累迁卫尉卿。开元十五年卒。”《新书·李凤传》：“中宗更以凤孙邕嗣王……贬沁州刺史，不事。……累迁卫尉卿。薨。”【增订】《唐研究》第十二卷《唐嗣虢王李邕墓志考》载《李邕墓志》：“改太仆卿，转卫尉卿，出守贝州刺史，入为秘书监，又拜卫尉卿。……开元十五年七月八日薨于东都嘉善里之私第。”

皇甫忠　开元十七年（729）

《旧书·皇甫无逸传》“孙忠，开元中为卫尉卿。”开元十年自杭州刺史授越州都督,十一年拜许州刺史,见《会稽掇英总集》卷一六《唐太守题名记》。《山右石刻丛编》卷六开元十七年《庆唐观碑铭阴》称:"卫尉卿安定县开国伯皇甫忠。"

王毛仲　开元前期

《全文》卷二一玄宗《亲征吐蕃制》:"卫尉卿检校左金吾大将军王毛仲为左一军总管。……左武卫大将军李昌右一军总管。"考《通鉴·开元十三年》:十一月,"上初即位,牧马有二十四万匹,以太仆卿王毛仲为内外闲厩使,少卿张景顺副之。至是有马四十三万匹,牛羊称是。……上嘉毛仲之功,癸巳,加毛仲开府仪同三司"。知毛仲为卫尉卿当在开元中。按王毛仲开元十九年被杀。

张　垍　开元十八年—二十年(930—732)

《全文》卷二九二张九龄《张公墓志并序》:"长子均,中书舍人。次曰垍,驸马都尉、卫尉卿。季曰椒(埱),符宝郎。"志为开元二十年八月迁窆作。《全诗》卷一六八李白《玉真公主别馆苦雨赠卫尉张卿二首》《秋山寄卫尉张卿及王征君》诗。卫尉张卿即张垍。说见郁贤皓《李白丛考·李白与张垍交游新证》。

泉　隐　开元二十一年(733)

《隋唐五代墓志汇编》洛阳卷第十册《唐故宣德郎骁骑尉淄川县开国子泉君(毖,字孟坚)墓志铭并序》(开元二十一年十月十六日):"父光禄大夫卫尉卿上柱国卞国公隐撰文。……父光禄大夫卫尉卿卞公隐。"毖卒开元十七年九月十四日,春秋二十二。

李　昇　开元二十七年(739)

《会要》卷六五:"开元二十七年十一月……卫府卿李昇奏。""卫府卿"为"卫尉卿"之误。北图藏拓片《亡妻李氏墓志铭并叙》(元和七年八月七日):"孤子荇载述并书。夫人姓李氏……卫尉卿昇之孙,吏部尚书暠之堂侄孙,房州刺史逞之女。"夫人卒贞元十一年三月十二日，年三十六。志又载《唐文拾遗》卷二八。《唐文拾遗》卷二一李昪小传："开元末官卫尉卿。"

郑　鼎　　开元二十八年(743)

【增订】《秦晋豫新出墓志搜佚续编》第760页《唐郑鼎墓志》，全称为"大唐故银青光禄大夫卫尉卿赠工部尚书驸马都尉上柱国荥阳郡开国公郑府君墓志铭并序"，志云："复以亲累贬为青州别驾，非其罪也。未行，迁卫尉。保和全真，探道乐性……开元二十八载五月十九日遘疾薨于亲仁里之私第，春秋五十八。"

裴巨卿　　开元中

《旧书·裴子余传》："次弟巨卿，卫尉卿；耀卿，别有传。"

刘体微　　开元中

《姓纂》卷五彭城刘氏："体微，谏议大夫，卫尉卿。"乃德智孙，崇直子。《新表一上》刘氏："体微，谏议大夫，卫尉卿。"乃嘉州刺史崇直子，滁州刺史德智孙。景云二年为始平主簿，见《会要》卷七五。开元二年立《周公祠碑》，见《平津馆读碑记》卷五，称朝请大夫行令博阳县开国男。《全文》卷三〇九孙逖制：称太中大夫前使持节郑州诸军事守郑州刺史上柱国博阳县开国男刘体微。

贾　晋　　开元中

《新表五下》贾氏："晋，卫尉卿。"乃刑部郎中、滑州刺史敬言孙，礼部员外郎令思子，司门外郎、池州刺史恒兄。晋开元十二年为渭南尉，见岑仲勉《元和姓纂四校记》卷七。

崔　礼　　开元中

【增订】《秦晋豫新出墓志搜佚续编》第729页《唐崔光墓志》："父礼，银青光禄大夫、卫尉卿，赠工部尚书、齐国公。"墓主天宝三载六月十八日卒，春秋五十有一。

李　衹　天宝元年—三年(742—744)

《大诏令集》卷七四孙逖《令嗣郑王希言会祭五岳敕》:"宜令光禄卿嗣郑王希言祭东岳……太常卿韦縚祭西岳。卫尉卿嗣吴王衹祭南岳,宗正卿濮阳郡王彻祭北岳。"《全文》卷三二玄宗《遣使分祀岳渎诏》:"光禄卿嗣郑王希言祭中岳,宗正卿濮阳郡王彻祭西岳……卫尉卿嗣吴王衹祭淮渎。"考《会要》卷二二:"至天宝元年十二月二十八日,诏今岁西成,颇为善熟,宜令光禄卿嗣郑王希言等,分祭五岳。"是李衹为卫尉卿亦在天宝元年。《元龟》卷三三:天宝三载"四月丙辰,遣使分祀岳渎,诏曰:……卫尉卿嗣吴王衹祭淮渎"。

韦光乘　天宝初

《新表四上》韦氏南皮公房:"光乘,朔方节度使、卫尉卿。"乃玄奖子,江西观察使韦儇父。光乘为朔方节度使在开元二十九年,是其为卫尉卿当在天宝初。

张介然　天宝十四载(755)

《旧书》本传:"及天宝中,王忠嗣、皇甫惟明、哥舒翰相次为节将,并委以营田支度等使。进位卫尉卿,仍兼行军事马,使如故。……哥舒翰追在西京,荐为少府监。"《旧书·玄宗纪下》:天宝十四载十一月,"以卫尉卿张介然为陈留太守、河南节度采访使"。《元龟》卷一二二作"卫尉卿员外置同正员"。《新书·玄宗纪》:天宝十四载十一月,"卫尉卿张介然为河南节度采访使……以讨安禄山"。本传:"始为河、陇支郡太守。王忠嗣、皇甫惟明、哥舒翰踵领节度并署营田、支度等使。……翰荐为少府监,历卫尉卿。"同书《安禄山传》:"以封常清为范阳、平卢节度使……卫尉卿张介然为汴州刺史……驰驿讨贼。"《会要》卷三二:"元宗朝,卫尉卿张介然为河陇行军司马,因入奏上言曰:臣今三品,合立棨戟。臣河东人,若得本乡立之,百代荣盛。"《南部新书》卷甲:"张介然,天宝中为尉卫卿,因入奏曰:'臣今三品,合列棨戟,若列于帝城,乡里不知。臣河东人也,请列戟于故乡。'"按"尉卫"应作"卫尉"。

杨　洄　　天宝中

《新表一下》杨氏观王房："洄，驸马都尉，卫尉卿。"乃驸马都尉、秘书监慎交子，驸马都尉悦父。按杨慎交景龙三年为驸马都尉，与吐蕃使打球，见《旧书·吐蕃传上》。则其子仕历当在开元中。

杨　锜　　天宝中

北图拓片《唐故太府寺主簿弘农杨府君（迺）墓志铭》（大和八年八月二十四日）："曾大父玄珪，任银青光禄大夫，守工部尚书，赠太子少保。大父锜，任银青光禄大夫，守卫尉卿，驸马都尉，尚万春公主，赠太常卿。父晅，任中散大夫守光禄卿尚宜□县主。"迺大和七年十月十七日卒，享年五十三。《唐文拾遗》卷二八收作贾文度撰。按玄珪任工部尚书在天宝末，见《唐仆尚丞郎表》卷二一。则其子仕历当在天宝中。

韦婴齐　　天宝中

《姓纂》卷二东眷韦氏郿城公房："婴齐，卫尉卿。"乃韦迪子，天宝十三载麟游尉宅相、天宝十三载朝城主簿夏有弟。

李傆傆　　玄宗时

《新书·李琬传》："琬男女五十八人……傆卫尉卿。"同书《宗室世系表下》玄宗诸子："卫尉卿李傆。"乃静恭太子琬之子。

李　微　　玄宗时

《新书·宗室世系表下》玄宗诸子："卫尉卿微。"乃棣王琰子。

窦　绎　　约玄宗时

《姓纂》卷九河南洛阳窦氏："绎，驸马，卫尉卿。"《新表一下》三祖窦氏："绎，驸马都尉，卫尉卿。"乃京兆少尹琏子，荆府长史窦绍弟。《会要》卷六："窦泽尚玄宗女常山公主。""泽"乃"绎"讹。王维有《给事中窦绍为亡弟故驸马都尉于孝义寺浮图画西方阿弥陀变赞序》,驸马,即绎也。

颜杲卿　至德元载(756)(未之任)

《通鉴·至德元载》:正月,“征杲卿为卫尉卿。朝命未至,常山已陷。”北图藏拓片《唐故秘书省著作郎夔州都督府长史上护军颜君(勤礼)神道碑》(大历十四年刻):“杲卿忠烈,有清识吏干,累迁太常丞,摄常山太守。……迁卫尉卿兼御史中丞。”《全文》卷四二肃宗《追赠颜杲卿太子太保诏》:“故卫尉卿兼御史丞恒州刺史颜杲卿……可赠太子太保。”同书卷三三六颜真卿《谢赠官表》:“臣堂兄故卫尉卿兼御史中丞杲卿,即元孙之子。”同书卷三三九颜真卿《晋侍中右光禄大夫本州大中正西平靖侯颜公大宗碑》:“杲卿,字昕,常山太守。禄山反,开土门,拜卫尉卿兼(御史)中丞,赠太子少保,谥曰忠节。”同书卷三四〇颜真卿有《唐故通议大夫行薛王友柱国赠秘书少监国子祭酒太子少保颜君碑铭》。同书卷三四一颜真卿《摄常山郡太守卫尉卿兼御史中丞赠太子太保谥忠节京兆颜公(杲卿)神道碑铭》:“承业从弟随中官入奏,皆蒙超奖,拜公卫尉卿兼御史中丞,追赴京,以履谦为太守,深为司马。”同书卷三四四颜真卿《祭伯父豪州刺史文》:“二兄杲卿,任常山郡太守,忠义愤发,首开土门,擒斩逆竖,挫其凶慝,先盖授卫尉卿兼御史中丞。”《唐文拾遗》卷五三阙名《武德以来功臣约为三等奏(建中元年九月五日史馆)》:“三十四人第三等:……卫尉卿颜杲卿。”《旧书》本传:“玄宗寻知杲卿之功,乃加卫尉卿、兼御史大夫,以袁履谦为常山太守。”又乾元元年五月诏曰:“故卫尉卿、兼御史中丞、恒州刺史颜杲卿。”《新书》本传:“乃拜杲卿卫尉卿兼御史中丞,履谦常山太守。”《新书·忠义传上》记功臣有“恒州刺史、卫尉少卿、兼御史中丞颜杲卿”。“少卿”盖误。

郭　曜　至德初

《新书》本传:“至德初,推子仪功,授卫尉卿,累进太子詹事、太原郡公。”【增订】新出土杜黄裳撰《大唐故银青光禄大夫守太子少保兼判詹事府事上柱国太原郡开国公赠太子太傅郭府君墓志铭并序》:“公讳曜,字曜,……至德初,以父任擢试卫尉卿。是岁汾阳王靖难中原,法驾来复,公参护警跸,式遏外虞。”墓志载郑旭东《唐郭曜及夫人王氏墓志研究》,《吐鲁番学研究》2019年第1期,第54—63页。

李嗣业　至德二载(757)

《旧书》本传:“至德二年九月,嗣业从广平王收复京城。……子仪遂收东都。嗣业以功加开府仪同三司、卫尉卿,封虢国公。……(乾元二年)卒。……诏曰:‘……故卫尉卿、兼怀州刺史、充北庭行营节度使、虢国公李嗣业……以其子佐国袭其官爵。”《新书》本传:“兼卫尉卿,封虢国公,实封户二百。兼怀州刺史、北庭行营节度使。”《新书·忠义传上》记功臣有“镇西北庭行营节度使、开府仪同三司、卫尉卿、兼怀州刺史、虢国公李嗣业”。《全文》卷四三肃宗《赠李嗣业武威郡王诏》:“故卫尉卿兼怀州刺史充北庭行营节度使虢国公李嗣业……可赠武威郡王。……以其子佐国袭其官爵,实封二百户。”《会要》卷四五:“至德二载十二月朔日赦文:……左金鱼叶卫大将军、四镇伊北庭行军兵马使李嗣业,加兼卫尉卿,封虢国公,实封二百户。”又见《元龟》卷八七、一二八、三八五。

白元光　至德二载(757)

《新书》本传:“长安平,率兵清宫,进击余寇,身被数创,肃宗躬为傅药。转卫尉卿,兼朔方先锋。”

荔非元礼　乾元二年(759)

《旧书·肃宗纪》:乾元二年三月,“辛卯,以卫尉卿荔非元礼为怀州刺史、权镇西北庭行营节度使”。

韦　伦　乾元二年(759)

《旧书》本传:“荆襄二州平,诏除崔光远襄州节度使,征伦为卫尉卿。旬日,又以本官兼宁州刺史、招讨处置等使,寻又兼陇州刺史。”《新书》本传:“襄州裨将康楚元乱,自称东楚义王,刺史王政弃城遁。……伦调兵屯邓州，厚抚降贼。寇盖怠，乃击禽楚元以献，收租庸二百万缗。召为卫尉卿，俄兼宁、陇二州刺史。”

魏少游　乾元二年(759)

《旧书》本传：“肃宗至灵武……累迁卫尉卿。乾元二年十月，议率朝臣马以助军，少游与汉中郡王瑀沮其议，上知之，贬渠州长史。”《新》本传：“擢京兆尹。李辅国以其不附己，改卫尉卿。会率群臣马助军，少游与汉中王瑀持异，帝怒，贬渠州长史。复为京兆尹。”

张　休　宝应元年(762)

《全文》卷四〇九崔祐甫《卫尉卿洪州都督张公(休)遗爱碑颂并序》：“今天子终谅暗易月之期，不言既言之日……遽以制书就拜卫尉卿兼洪州都督张公为御史中丞广州刺史岭南节度经略观察等使。”《全文》卷三八七独孤及《送宇文协律赴江西序》：“复周正之年，天子以润州刺史张公林(本集作休)为豫章太守。”

韦　胜　广德二年(764)

【增订】曾涧《增补》：《金石萃编》卷七九《韦□题名》：“银青光禄大夫、守太常卿、使持节延州都督、侍御史、上柱国、岐阳县开国男韦□，以广德二年二□□七日越自师旅，将诣朝廷。”李榕荫《华岳志》卷四、毛凤枝《关中金石文字存逸考》卷八，“韦□”并作“韦胜”。

崔　秀　大历十一年(776)

【增订】《大唐西市博物馆藏墓志》二九二《崔秀夫人李氏墓志》，全题为《大唐故卫尉卿京留守赠工部尚书清河崔府君故金城郡夫人陇西李氏墓志》：“崔府君秀，时推著姓，门殷大族。”墓主大历十年十一月五日卒。

张　浚　大历十二年(777)

《全文》卷三三一杨绾《汾阳王妻霍国夫人王氏神道碑》：“享年

七十三，以大历十二年正月辛未终于平康里之私第……即以其年六月二日卜葬于万年县凤栖之原。……次女适卫尉卿张浚。”

薛　洽　大历中

《隋唐五代墓志汇编》陕西卷第四册《唐故坊州中部县令柳府君夫人河东薛氏合祔墓志铭并序》（丁卯岁十一月四日）：“夫人同郡薛氏，绵州刺史赠礼部尚书光之孙，银青光禄大夫洺州刺史卫尉卿洽之女。”按《新表三下》薛氏，洽兄雄，大历中曾为卫州刺史。证之“丁卯岁”当为贞元三年。

吴士彦　大历中

《姓纂》卷三濮阳鄄城吴氏：“士彦，驸马，卫尉卿。”据《会要》卷六，代宗女普宁公主降吴士广，《新书》卷八三同，当即此人。彦、广未详孰是。

程　谏　大历中

《全文》卷三七四小传：“开元二十七年进士，再选蓝田尉。累迁著作郎、大理司直、汾州巡官，入为卫尉卿、京兆少尹，终密州刺史。”

李　诚　大历中

《新书·宗室世系表下》代宗诸子：“新兴郡王、卫尉卿诚。”乃端王遇子。

胡　超　大历中

【增订】《大唐西市博物馆藏墓志》第653页《胡超夫人李氏墓志》，全题为《唐故卫尉卿胡公夫人陇西县君李氏墓志铭并序》，志云：“建中二年十月廿九日，故卫尉安定胡公讳超，葬于万年县神禾原之先茔。……以大历十四年八月十七日，捐馆于城南簟宿川之私第。”

田希鉴　兴元元年(784)

《通鉴·兴元元年》:“闰(十)月丙子,以泾源节度使田希鉴为卫尉卿。”丁丑,晟诛希鉴。

李楚琳　贞元初

《旧书·韦伦传》:“从驾梁州,还京,又欲擢用卢杞为饶州刺史,伦又上表切言不可,深为忠正之士所称叹。以年逾七十,表请休官,改太子少师致仕,封郢国公。时李楚琳以仆射兼卫尉卿,李忠诚以尚书兼少府监,伦上言曰:‘楚琳凶逆,忠诚蕃戎丑类,不合厕列清班。’”《新书·韦伦传》:“进太子少师、郢国公,致仕。时李楚琳以仆射兼卫尉卿,李忠诚以尚书兼少府监。”

李　铝　贞元中

《全文》卷五〇二权德舆《金紫光禄大夫司农卿邵州长史李公(铝)墓志铭并序》:“贞元二年真拜右庶子,三年复以本官兼御史中丞充入蕃使,寻兼御史大夫。……以久次迁卫尉卿,秩致金紫。乃命大司农,为国之泉首。……左迁邵州长史。”十三年卒。

王　震　贞元中

北图藏拓片《唐故监察御史太原王公(永)墓志铭并序》(贞元十七年二月十日):“祖忠嗣……长曰震,终卫尉寺卿。公即卫尉之孟子也。”贞元十六年六月七日卒,年五十一。

张　滂　贞元十年—十一年(794—795)

《旧书·德宗纪下》:贞元十年“十一月乙酉,诸道盐铁转运使张滂为卫尉卿”。贞元十一年四月,“卫尉卿张滂汀州长史”。又见《通鉴》。北图藏拓片《唐故中大夫户部侍郎兼御史大夫诸道盐铁转运等使清河张公(滂)墓志铭并序》(贞元十七年九月二十六日):“[贞元]十年除卫尉卿,十一年贬汀州长史。”十六年十月十九日卒,年七十六。又《唐前卫尉卿赐紫金鱼袋张公(滂)夫人太原郡君郭氏墓志铭并序》(贞元十五年□月二十八日):"皇朝户部侍郎、御史大夫、诸道盐铁转运等使清河张滂之妻……贞元十四年十一月廿六日遘疾薨于汀州开元寺。……夫清河张滂撰。"《崇雅堂碑录补》卷三:"《卫尉卿张滂夫人郭氏墓志》,正书,贞元十四年十一月。"《新书·班宏传》:"[窦参]得罪,宏为有力。卒,年七十三。……后二年,滂亦罢为卫尉卿。"《全诗》卷二六六顾况《送大理张卿》诗注:"一题作《送张卫尉》。"诗云:"春色依依惜解携,月卿今夜泊隋堤。"作大理张卿误。

郑云逵 贞元十四年(798)

北图藏拓片《大唐同州澄城县令郑公德政碑铭并序》(贞元十四年正月二十五日):"卫尉卿郑云逵书。"又载《金石萃编》卷一〇四《郑楚相德政碑》。《唐仆尚丞郎表》卷二〇《刑侍》:"《旧传》:'拜大理卿,迁刑部、兵部二侍郎。'似由大理迁刑侍者。然前张彧条考证引《旧·郑余庆传》及《郑楚相德政碑》,云逵十三年秋冬在大理卿任,十四年正月在卫尉卿任,下距二十年尚远,不知中间改他官否也。"

张 彧 贞元十四年(798)

《元龟》卷四八一:"张彧,贞元十四年自刑部侍郎除卫尉卿。初有诏,令三司使推按僧法凑狱,不叶颇甚,中丞宇文邈上表辞官,不许。彧时又疾病,请归休意。帝以为假托事故,彧改官。"《唐仆尚丞郎表》卷二〇《刑侍》:"张彧,贞元十三年秋冬,在刑侍任。十四年,徙卫尉卿。"

李 缮 永贞元年(805) 即贞元二十一年

《旧书》本传:"本名况,顺宗第十六子。初授卫尉卿,封洛交郡王,贞元二十一年进封。"

程　异　约元和十一年—十三年(约816—818)

《旧书》本传:“入为太府少卿、太卿,转卫尉卿,兼御史中丞,充盐铁转运副使。时淮西用兵……由是专领盐铁转运使,兼御史大夫。十三年九月,转工部侍郎、同中书门下平章事,领使如故。”《旧书·宪宗纪下》:元和十二年“六月己未朔,以卫尉卿程异为盐铁使,代王播”。又:元和十三年九月,“以卫尉卿充诸道盐铁转运使程异为工部侍郎、同中书门下平章事,依前充使”。《新书》本传:“稍迁淮南等道两税使。……入迁累卫尉卿、盐铁转运副使。方讨蔡,异使江表调财用。”《全文》卷五八《授程异工部侍郎同平章事制》:“朝散大夫守卫尉卿御史大夫充诸道盐铁转运等使赐紫金鱼袋程异……可守尚书工部侍郎同中书门下平章事,依前充诸道盐铁转运使。”同书卷四五五程异小传:“累迁卫尉卿,为盐铁使兼御史大夫。元和十三年以工部侍郎同中书门下平章事,犹领使。”《会要》卷八七:元和十三年,“以播守礼部尚书,以卫尉卿程异代之”。《元龟》卷四八五:“程异为卫尉卿、盐铁使,进绢十万匹,号羡余。”《唐仆尚丞郎表》卷一四《盐运》:“程异,元和十二年正月以前,以卫尉卿兼御中丞充盐铁转运副使。是月见在副使任,出巡江淮。六月一日己未朔,兼御史大夫,进充盐铁转运使。十三年九月二十三日甲辰,迁工侍、同中书门下平章事,仍充使职。十四年四月二十四辛未薨。”

薛存规　元和中

《新表三下》西祖房薛氏:“存规,卫尉卿。”乃左拾遗胜子,宪宗时给事中存诚弟,右拾遗庭杰父。

金献贞　元和中

《全文》卷七一八小传:“元和时官卫尉卿。”

郭　钬　元和末

《旧书》本传:“钬累官至卫尉卿、驸马都尉,改殿中监。穆宗即位,钬为叔舅,改右金吾卫大将军。”

杨同逊　约元和末

【增订】《全唐文补遗·千唐志斋新藏专辑》王起《杨府君墓志铭》："刺邓、宋二州。再为大理少卿、宫相、卫尉卿、太子宾客。"按，杨同逊为大理少卿约在元和末，参下文所考。推其为卫尉卿应在元和末。

李　锐　长庆二年(822)

《旧书·穆宗纪》："[长庆二年]闰十月戊子朔，入回纥使金吾大将军胡证、副使光禄卿李宪、婚礼使卫尉卿李锐、副使宗正少卿李子鸿等，送太和公主自蕃中回。"《旧书·回纥传》："长庆二年闰十月，金吾大将军胡证、副使光禄卿李宪、婚礼使卫尉卿李锐、副使宗正少卿李子鸿……送太和公主至自回纥。"

刘遵古　宝历元年—二年(825—826)

《旧书·敬宗纪》：宝历元年九月，"丁丑，卫尉卿刘遵古役人安再荣告前袁王府长史武昭谋害宰相李逢吉，诏三司鞫之"。又见《元龟》卷一五三。又《旧书·敬宗纪》：宝历二年正月，"甲午，以卫尉卿刘遵古为湖南观察使"。《旧书·裴度传》："而奸邪之党，使卫尉卿刘遵古从人安再荣告事，言武昭欲谋害李逢吉。"同书《李逢吉传》："宝历初，度连上章请入觐。逢吉之党坐不安席，如矢攒身，乃相与为谋，欲沮其来。张权舆撰'非衣小儿'之谣，传于闾巷。……既不能沮，又令卫尉卿刘遵古从人安再荣告武昭谋害逢吉。"

殷　侑　宝历二年—大和三年(826—829)

《旧书·文宗纪上》：大和三年七月，"癸丑，以卫尉卿殷侑检校工部尚书，为齐德沧节度使"。《旧书》本传："宝历元年，检校右散骑常侍、洪州刺史，转江西观察使。所至以洁廉著称。入为卫尉卿。文宗初即位，沧州李同捷叛。"《新书》本传："宝历元年，徙江西。所至以洁廉称。入为卫尉卿。文宗即位，李同捷叛。"《通鉴·大和二年》："七月甲辰，诏中书集百官议其事，宰相以下莫敢违，卫尉卿殷侑独以为:‘廷凑虽附凶徒,事未甚露,宜且含容,专讨同捷。’”又《大和三年》八月:“癸丑,以卫尉卿殷侑为齐德沧景节度使。”《元龟》卷五三三:“殷侑,文宗初为卫尉卿,会沧镇不定,兵久未解,诏令五品已上都省集议。时宰臣方务剪除贼寇,莫敢异议,独侑抗疏。”

桂仲武　　大和四年(830)

《旧书·文宗纪下》:大和四年三月,“丁亥,以卫尉卿桂仲武为福建观察使”。《淳熙三山志》卷二一:“大和四年,桂仲武。由卫尉卿为福建观察使。”

杨景复　　大和四年(830)

《全文》卷六三九李翱《唐故金紫光禄大夫尚书右仆射致仕杨公(於陵)墓志铭》:“大和四年十二月癸亥以疾薨于新昌第,享年七十有八。……子景复,卫尉卿。曰嗣复,户部侍郎。……大卿、侍郎以翱之恩也久,来请为志。”《新表一下》杨氏越公房:“景复,卫尉卿。”乃左仆射於陵子。

周君巢(周居巢)　　大和五年(831)

《旧书·路随传》:“及随进《宪宗实录》后,文宗复令改正永贞时事,随奏曰:‘……近见卫尉卿周居巢、谏议大夫王彦威、给事中李固言、史官苏景胤等各上章疏,具陈刊改非其便宜。’”作“居巢”。《新书·路隋传》:“文宗嗣位,以中书侍郎同中书门下平章事,监修国史。初,韩愈撰《顺宗实录》……帝诏隋刊正。隋建言:‘卫尉卿周居巢、谏议大夫王彦威……皆上言改修非是。’”《元龟》卷五六二:“韩愈,宪宗元和中为比部郎中、史馆修撰,撰《顺宗实录》五卷。至大和五年,敕宰臣、监修国史路隋等重加刊正。隋等奏曰:‘臣自奉宣旨,寻取史本,欲加笔削。近伏见卫尉卿周君巢、谏议大夫王彦威、给事中李固言及史官苏景裔(胤)等各上草疏,具陈刊改非宜。’”

柏元封　　大和六年(832)

拓本《唐故中散大夫守卫尉卿上柱国赐紫金鱼袋赠左散骑常侍魏郡柏公(元封)墓志铭》(大和六年十一月):“公讳元封,字子上。……召拜太子宾客兼御史大夫,分司东都。……遂拜卫尉卿以来之。病益笃,以大和六年六月廿一日启手足于河南县履信里之寓居,享年六十有五。”志载《考古与文物》一九九二年第二期。

王彦威　　开成二年—三年(836—837)

《旧书·文宗纪下》:开成二年[九月]“戊子,以尚书户部侍郎判度支王彦威为卫尉卿,分司东都”。三年七月“甲子,以卫尉卿王彦威检校礼部尚书,充忠武军节度使”。《旧书》本传:“开成元年,召拜户部侍郎,寻判度支。……彦威大结私恩……宰臣恶其所为,令摄度支人吏付台推讯。彦威略不介怀,入司视事。及人吏受罚,左授卫尉卿,停务,方还私第。三年七月,检校礼部尚书,代殷侑为许州刺史,充忠武军节度、陈许溵观察等使。”《新书》本传:“时宦者仇士良、鱼弘志用事,彦威乃奏复与直,悦媚士良等。又劾王播贡羡赢以冀速进。会边兵诉所赐不时,缣皆敝恶,摄吏送台狱,而彦威视事自如,及诏停务,始惶恐就第。贬卫尉卿。俄检校礼部尚书。”《元龟》卷四六:“(开成)三年七月甲子,以卫尉卿王彦威为忠武节度。”又卷五一一:“王彦威为户部侍郎判度支,会边军上诉衣物不时。……及人吏受罚,左授卫尉卿。”《唐仆尚丞郎表》卷一二《户侍》:“王彦威,开成元年七月二十七甲午,由平卢节度使入迁户侍、判度支。……二年……九月二十七戊子,徙卫尉卿、分司东都。”

冯　定　　开成四年(838)

《旧书》本传:“[开成]四年,迁卫尉卿。”《新书》本传:“及改元,天子御前殿,仇士良请以神策仗卫殿门,定力争罢之。又请许左右史从宰相至延英记所言,执政不悦,改太子詹事。……换卫尉卿,以左散骑常侍致仕。”

韩　宥　文宗时

《新表三上》韩氏:"宥,卫尉卿。"德宗相韩滉孙,礼部员外郎群子,明州刺史察弟。按韩察长庆元年为明州刺史。则其第为卫尉卿约在文宗时。

元　晦　大中元年(847)

《会稽掇英总集》卷一六《唐太守题名记》:"元晦,会昌五年七月自桂管观察使授,大中元年五月追赴阙。中路除卫尉(卿),分司东都。"

韦　博　大中六年(852)

《新书》本传:"为京兆尹。与御史中丞嚣竞不平,皆得罪,下除博卫尉卿。出为平卢节度使、检校礼部尚书,徙昭义。"《全文》卷七六三沈珣《授韦博淄青节度使制》:"守卫尉卿韦博,文苑腾芳,儒林擢秀。……顷自移曹九棘,缓步八砖,冲澹安身,卷舒惟道,应兹图任,允叶佥谐。"按韦博为京兆尹在大中五年十月,见《旧书·宣宗纪》,为平卢军节度使约在大中六年,见《唐方镇年表》。则其为卫尉卿当在大中六年。

刘　略　咸通九年(868)

《洛阳新获墓志》一一六《唐故朝请大夫守卫尉卿柱国分司东都赐紫金鱼袋刘公(略)墓志铭并序》(咸通九年闰十二月一日):"迁太仆少卿,转太府少卿。……乞以牧守自效,遂出为洋州、濮州二刺史。……擢授卫尉卿,赐紫金鱼袋。……咸通九年十月十八日薨于永通门外别墅,享年六十有九。"

李　峄　乾符三年(876)

【增订】曾涧《订正》:《旧书·僖宗纪》:乾符三年六月,"以检校右散骑常侍、卫尉卿李铎为太府卿"。九月,"以太府卿李峄检校工部尚书、滑州刺史、御史大夫,充义成军节度、郑滑颍观察处置等使”。与“李铎”应为同一人。又《旧唐书》卷一九下：乾符元年五月，“太子右庶子李峄为太仆卿”。乾符二年二月，“太府卿李峄为宗正卿”。《新唐书·辛谠传》有“峄时为大同防御使”，卷二二五下有“诏滑州节度使李峄壁原武”。是应作“李峄”为是。

裴思谦　乾符三年(876)

【增订】曾涧《增补》：《旧书·僖宗纪》：乾符三年六月，“以凉王傅分司裴思谦为卫尉卿”。《新唐书》卷七一上：“思谦字自牧，左散骑常侍兼大理卿。”

萧　宽　乾符三年(876)

《旧书·僖宗纪》：乾符三年九月，“卫尉卿萧宽为鸿胪卿，充闲厩使。”

崔彦昭　懿宗、僖宗时

【增订】曾涧《增补》：宋敏求《长安志》卷九靖康坊：“太子太傅崔彦昭宅。”注引《秦中记》：“靖恭崔公尚书为乐卿，自靖恭宅露冕从板舆入太常，观者乐之。”彦昭为太常卿，两《唐书》本传不及。

王　鄯　昭宗时

《全文》卷八三一钱珝《授前盐淄青催勘使检校左散骑常侍王鄯卫尉卿制》：“具官王鄯等……是用进尔于朝，且升卿列，宜奉警巡之事，如专行役之心。”

裴　谣　约昭宗时

【增订】《全唐文补遗》第八辑《裴谣墓志》：“又拜太仆卿，仍腰金印。未几，转卫尉卿。间岁，除大司农。”墓主天复三年(903)十二月十三日卒。

待考录

裴　颍

《新表一上》东眷裴氏:“颍,卫尉卿,驸马都尉。”乃国子祭酒、驸马都尉、魏国裴巽孙,国子司业齐闵子。

许　某

《全文》卷四二五于邵《为卫尉许卿请留男表》:“臣男某官某,顷年二十有二……遂交游非类,妄用钱物……臣某年任宁州刺史,表请碛西效力。……近节度使差奏军事,会臣待罪辇毂,重与相见。……伏乞圣慈回鉴,许为父子如初,便留效节东军,与叔冀逐急征讨。”

卢　屈

《新表三上》大房卢氏:“屈,卫尉卿。”乃荆州刺史大道曾孙,当涂令元珪,丰令征子。

李有裕

《长安志》卷八《永宁坊》:“卫尉卿李有裕宅。”又见《唐两京城坊考》卷三《永宁坊》。

卫尉少卿考

刘政会　　武德元年—二年(618—619)

《旧书·刘文静传》:“文静初为纳言时,有诏以太原元谋立功……吏部侍郎殷开山、鸿胪卿刘世龙、卫尉少卿刘政会……等十四人约免一死。”又本传:“武德初,授卫尉少卿,留守太原。”《新书·裴寂传》:“初,高祖论太原首功,诏……鸿胪卿刘世龙、卫尉少卿刘政会……等十四人恕一死。”又本传“武德初,授卫尉少卿,留守太原。”《会要》卷四五:“武德元年八月六日诏曰:……卫尉少卿刘政会……等并恕一死。”《通鉴·武德二年》：九月，“卫尉少卿刘政会在太原，为(刘)武周所虏，政会密表论武周形势”。《元龟》卷六九二：“刘政会，武德初以卫尉少卿留守太原，内辑军士，外和戎狄，远近莫不悦服。”

于志宁　　武德末—贞观元年(? —627)

《全文》卷一三七令狐德棻《大唐故柱国燕国公于君碑并序》：“父宣道。”“公……又从太宗讨杨干于泾州，拒匈奴于北地，奉教判天策府从事中郎，寻进爵为伯，邑五万户，前后赏物七百段。及乎(阙十六字)之(阙三字)卫尉少卿，进爵为侯，邑七百户。贞观元年拜御史府长史。……三年，进中书侍郎。”

冯智戴　　贞观二年？(628?)

《新书》本传：“后入朝，帝劳赐加等，授卫尉少卿。”

韩世恭　　贞观五年后(631 后)

《嘉泰吴兴志》卷一四：“韩世恭，正(贞)观五年自金吾将军授，迁卫尉少卿。”

裴　勣　　贞观中？

《隋唐五代墓志汇编》北京卷第一册《大唐故左亲卫裴君(可久)墓志铭并序》(咸亨四年二月二十九日)：“祖勣，卫尉少卿，邢州刺史，翼城公。父居业，梁州都督司马。”可久卒咸亨三年七月廿八日，年廿五。四年三月廿九日葬。此志又载《唐文拾遗》卷六四。

尉迟宝琳　　显庆三、四年(658、659)

《隋唐五代墓志汇编》陕西卷第三册《大唐故开府仪同三司鄂国公尉迟君(敬德)墓志并序》(显庆四年四月十四日)：“显庆三年十一月廿六日终于隆故里之私第，春秋七十有四。……有子银青光禄大夫上柱国卫尉少卿宝琳。”又同卷第一册《大唐故司徒公并州都督上柱国鄂国公夫人苏氏墓志铭并序》(显庆四年四月十四日):“大业九年岁次癸酉,五月丁丑朔,廿八日甲辰,终于马邑郡平城乡畿里之第,春秋廿有五。……可赠鄂国夫人,粤以显庆四年岁次己未四月丁未十四日庚申合葬于昭陵东南十三里安乐乡普济里之所。……其子银青光禄大夫行卫尉少卿上柱国宝琳,早遇偏艰,晚丁极罚。”

豆卢怀让　显庆四年(659)

《唐文拾遗》卷六四阙名《大唐故驸马都尉卫尉少卿息豆卢君(逊)墓志铭并序》:“父怀让,驸马都尉,尚辇奉御(缺四字)府卫尉少卿。……君即卫尉第三子也。”逊卒显庆四年,年二十七。《宝刻丛编》卷九引《金兆金石录》:“《驸马都尉豆卢怀让碑》,永徽元年立。”年月有误。《咸宁长安两县续志》卷一二:“《驸马都尉卫尉少卿息豆卢逊墓志铭》,显庆四年八月正书。按志,君讳逊,太祖武皇帝之外孙,太宗文皇帝之甥,卒常乐里第,春秋一十七,窆少陵原。石藏三原李氏。”(《石刻史料新编》本)

武惟良　显庆五年—乾封元年(660—666)

《旧书·武承嗣传》:“及则天立为皇后……寻又加赠士彟为太尉,杨氏改封为荣国夫人。时……惟良为卫尉少卿,荣国夫人恨其畴日薄己,讽皇后抗疏请出元庆等为外职……惟良为始州刺史。”《新书·后妃上·高宗则天顺圣皇后武氏传》:“元庆为宗正少卿,元爽少府少监,惟良司卫少卿。……夫人怒,讽后伪为退让,请惟良等外迁,无示天下私。繇是,惟良为始州刺史;元庆,龙州;元爽,濠州。”《新书·武士彟传》:“后立,封(母)杨代国夫人,进为荣国。……于是元庆已官宗正少卿,元爽少府少监,兄子惟良卫尉少卿。杨讽后上疏出元庆等于外,以示退让。由是元庆斥龙州,元爽濠州,惟良始州。”《姓纂》卷六沛国武氏:“惟良,卫尉卿。”盖为“少卿”之误。《旧书·高宗纪下》:乾封元年八月,“丁未,杀司卫少卿武惟良”。又见《通鉴》。

王思泰　　总章元年前(668前)

【增订】《秦晋豫新出墓志搜佚》三编《大唐故司卫少卿郑州刺史王君墓志铭并序》:"君讳思泰,字灿物,太原祁人也。……迁国子司业,转驭仆大夫。……俄而有诏授司卫少卿,寻除郑州刺史。"总章元年十二月二十三日卒,年七十八。

毕　憬　　龙朔时

《旧书·毕构传》:"父憬,则天时为司卫少卿。"《全文》卷五六六韩愈《河南府王屋县尉毕君(坰)墓志铭》:"毕氏出东平……入国朝,有为司卫少卿、贝邢庐许州刺史者曰憬。憬之子构……是为景公。景公生抗,为广平太守,抗安禄山。……赠户部尚书。尚书生坰。"坰元和六年二月二日卒,年六十一。《姓纂》卷一〇东平毕氏:"憬,唐卫尉少卿,许州刺史。"按《旧书》及《新表》、墓志均作司卫少卿。据《旧书》卷四四卫尉寺,龙朔改为司卫寺,咸亨复。史料记载或作卫尉,或作司卫,疑即改制前后历官。《旧书·毕构传》称"则天时"误。

杨思俭　　咸亨二年(671)

《旧书·武承嗣传》:"咸亨二年,荣国夫人卒,则天出内大瑞锦,令敏之造像追福,敏之自隐用之。又司卫少卿杨思俭女有殊色,高宗及则天自选以为太子妃,成有定日矣,敏之又逼而淫焉。"《新书·武士彟传》:"荣国[夫人]卒,后出珍币建佛庐徼福,[贺兰]敏之乾匿自用;司卫少卿杨思俭女选为太子妃,告婚期矣,敏之闻其美,强私焉;杨丧未毕,褫衰粗,奏音乐。"《新表一下》杨氏:"思俭,卫尉少卿。"乃隋司隶校尉絣子,岳州刺史思礼兄。《全文》卷二〇三小传:"思俭,龙朔中官卫尉少卿。"言"龙朔中"误。《通鉴·咸亨二年》:"司卫少卿杨思俭女,有殊色,上及后自选以为太子妃,婚有日矣。敏之逼而淫之。"

樊　文　　约载初元年(约689)

《隋唐五代墓志汇编》洛阳卷第七册《大周银青光禄大夫司卫少卿上柱国新城郡开国公樊君(文)墓志铭并序》(长安二年三月六日):"徙授定州司马,累加中大夫、行洛阳、永昌二县令。……寻授司卫少卿,显忠良也。大周受命,□被黎元,制以公为河北道存抚使。"大足元年十月三日卒,春秋七十。《姓纂》卷四南阳湖阳县樊氏:"文,司卫少卿。"《通鉴》卷二〇三:光宅元年,"嵩阳令樊文献瑞石",时代相合,即此人。《广记》卷三九一引《宣室志》:"上元初,有洛川部城县民,因采药于山,得之,以献县令樊文。……后中宗御历,樊文男钦贲以石记本上献。"

成大辨　　约天授中

《全文》卷一九四杨炯《唐赠荆州刺史成公神道碑》:"我周叙洪范,作武成……制赠荆州刺史。……长子司卫少卿兼检校魏州刺史大辨,中子左鹰扬将军大方,少子朝议大夫行司汉主簿大琬等。"同书卷二一八崔融有《为魏州成使君贺白狼表》。

周行謇　　高宗、武后间

【增订】《隋唐五代墓志汇编》陕西卷第四册《唐故赞善大夫周府君(晓)墓志铭并序》(乾元二年七月十八日):"曾祖行謇,坊、成二州刺史,卫尉卿。大父以悌,宕、岷州刺史,四镇经略史。……考仪,河西节度使。"晓乾元元年卒,年十七。宋本《辩证》引《姓纂》:"唐金部郎中周敏道,卫尉少卿行謇。"与墓志异。新出土《唐故朝散大夫行尚书兵部员外郎兼侍御史陈府君(允农)夫人汝南周氏墓记》:"曾祖行謇,皇朝坊成二州刺史,卫尉少卿。"(《碑林集刊》第十九辑,第43页)三方墓志有两方记其为"少卿",故以少卿为宜。《元和姓纂四校记》卷五周氏:"金部郎中周行誉。《大典》本作'行谟',宋本《辩证》则引作'唐金部郎中周敏道,卫尉少卿行謇',考《郎官柱》金中有周敏道,但无'周行某'其人,'郎中'下应依宋本《辩证》补'周敏道,卫尉少卿'七字,'誉''谟''謇'三字孰正,待考。"

武延寿　　武后时

《姓纂》卷六沛国武氏："延寿，卫尉少卿、燕公。"《新表四上》武氏："延寿，卫尉少卿、燕公。"乃武后相承嗣子。

薛崇简　　武后时

【增订】西安碑林博物馆藏新出土《薛崇简墓志》："幼以皇家之出，封鄎国公，拜太中大夫、司礼丞。遂荒南纪，作属春卿。乘礼乐之中和，启荆巫之土宇。转赞善大夫，历尚辇奉御，拜卫尉少卿，加银青光禄大夫。及封燕国公，辅三善于青宫，升六尚于丹禁。"

张易之　　神功元年（万岁通天二年）—圣历二年（697—702）

《旧书·张易之传》："行成族孙易之、昌宗。……则天临朝，通天二年，太平公主荐易之弟昌宗入侍禁中，既而昌宗启天后曰：'臣兄易之器用过臣，兼工合炼。'即令召见，甚悦。由是兄弟俱侍宫中。……俄以昌宗为云麾将军，行左千牛中郎将；易之为司卫少卿。……圣历二年，置控鹤府官员。"《全诗》卷八〇张易之小传："则天临朝，与弟昌宗俱入侍禁中。俄为司卫少卿。圣历二年，置控鹤府，以易之为控鹤监内供奉。"《全文》卷二三九小传："武后临朝，为司尉少卿。"《新书》本传："武后时，太平公主荐其弟昌宗，得侍。昌宗白进易之材用过臣，善治炼药石。即召见，悦之。兄弟皆幸……即日拜昌宗云麾将军、行左千牛中郎将，易之司卫少卿。"《通鉴·神功元年》：正月，"昌宗累迁散骑常侍，易之为司卫少卿"。又：圣历二年正月，"以司卫[少]卿张易之为控鹤监"。

魏知古　　长安中—神龙二年（？—706）

《旧书》本传："长安中，历迁凤阁舍人、卫尉少卿。"《新书》本传："以著作郎修国史，累迁卫尉少卿，检校相王府司马。神龙初，为吏部侍郎。"《全文》卷二三七小传："长安中历迁凤阁舍人、卫尉少卿，神龙初，擢拜吏部侍郎。"《唐仆尚丞郎表》卷一〇《吏侍》："魏知古，神龙二年，由卫尉少卿迁吏侍，寻进阶银青光禄大夫。"

李承训　　神龙初

《旧书·李多祚传》:"神龙初……遂与柬之等定谋易之兄弟,以功进封辽阳郡王,食实封八百户,仍拜其子承训为卫尉少卿。"《新书·李多祚传》:"中宗复位,专移李多祚辽阳郡王,食实户八百,子承训为卫尉少卿。"

李　杰　　神龙二年(706)

《通鉴·神龙二年》:二月,"选左右台及内外五品以上官二十人为十道巡察使。……卫尉少卿釜阳李杰皆预焉"。《旧书》本传:"神龙初,累迁卫尉少卿,为河东道巡察黜陟使,奏课为诸使之最。"《元龟》卷六五三:"李杰,神龙初为卫尉少卿,为河东道巡察黜陟使,奏课为诸使之最。"

李隆基　　景龙二年(708)

《旧书·玄宗纪上》:"神龙元年,迁卫尉少卿。景龙二年四月,兼潞州别驾。"《新书·玄宗纪》:"累迁卫尉少卿、潞州别驾。"

刘茂道　　景龙三年(709)

《全文》卷二五七苏颋《司农卿刘公神道碑》:"以景龙三年太岁癸酉十二月十五日薨于长安光德里之私第。……其孤卫尉少卿曰茂道……三年之制,丧过乎哀。"

傅忠孝　　景云二年(711)

《会要》卷六五:"卫尉寺,少卿本一员,景云二年十一月四日加一员,以傅忠孝为之。"

李　暠　　景云中

《旧书》本传:"睿宗时,累转卫尉少卿。丁忧去职。……开元初,授汝州刺史。……俄入授太常少卿。"《新书》本传:"始为枝江丞……累擢卫尉少卿。居母丧,柴瘠,讫除,家人未尝见言笑。与兄昇、弟晕相友。开元初，为汝州刺史。"《全文》卷三一三孙逖《太子少傅李公(暠)墓志铭》："历尚书工部、司勋员外，屯田郎中，太仆、卫尉、太常三少卿，汝、汴二州刺史。"

韦　濯　睿宗时

《新书·中宗女安定公主传》："神龙时，又嫁韦濯。濯即韦皇后从祖弟，以卫尉少卿诛。"《姓纂》卷二东眷韦氏韦庶人房："濯，驸马，太仆。"《会要》卷三："元和四年，德宗皇帝妃韦氏卒。……妃祖濯，尚中宗女安定公主，官至卫尉少卿。"又"父会昌中为义王驸马"云云。按韦妃之父，断不能生存至会昌时。盖其名为会，故误作会昌也。据《旧书》，玄宗子王比，开元十三年封义王，但王婿不得称驸马。考《旧书》卷一〇五《王珙传》："定安公主男韦会任王府司马。……珙遣贾季邻收于长安狱，入夜缢之。"则"驸马"为"司马"之讹，"会昌中"殆"天宝中"之讹夺。

萧仲豫　开元前

【增订】曾涧《增补》:《萧遇墓志》："高祖钧，皇朝中书舍人、弘文崇文馆学士，赠常州刺史。学士生国子监丞、赠吏部尚书曰灌。尚书生卫尉少卿、绛州刺史曰仲豫。绛州生太府少卿、彭州刺史、赠秘书监、彭城县开国男曰晋。……以贞元十三年三月十六日终于兴化里之私第，享年七十一。"(《西安碑林博物馆新藏墓志续编》)《新唐书》卷七一下："仲豫，绛州刺史。"乃玄宗开元时宰相萧嵩之兄。

窦希瓘　开元元年(713)

《元龟》卷三〇一："先天二年九月戊寅，以……卫尉少卿(窦)希瓘各食实封二百户，以舅氏特宠之也。"

袁嘉祚　开元元年(713)

《广记》卷八二"袁嘉祚"条："明复至朝，果为二相(岑羲、萧至忠)所召，迎谓曰：'知公迹素高，要公衔朝命充使，今以公为卫尉少卿,往蠮螉国报聘,可乎?'嘉辞以不才。二相日行文下,嘉祚大恐。……间一日,二相皆诛。……嘉祚竟不去。"按岑羲、萧至忠于开元元年七月被诛,见《新书·宰相表中》。

王　晖　　开元二年(714)

《全文》卷二五七苏颋《高安长公主神道碑》:"惟开元二年龙集摄提格夏五月哉生明,高安长公主薨于长安永平里第,享年六十有六。……始封宣城公主,下嫁乎王氏。……天授中,圣后从权革命,驸马非罪婴酷,公主复归于后庭。……三子:……长曰暐,银青光禄大夫太仆少卿;仲曰晖,朝请大夫卫尉少卿;季曰暕,尚舍奉御。"

崔　涤　　开元二年(714)

《元龟》卷一五〇:"玄宗开元二年九月己亥,诏曰:……卫尉少卿崔涤竭诚奉国,忘躯事君。"又见卷一七二。《全文》卷二六玄宗《免崔涤从坐诏》:"卫尉少卿崔涤,竭诚奉国,忘躯事君……涤家除兄湜一房外,余并不须为累。"

李　暠　　开元四年(716)

《元龟》卷一三六:开元"四年十二月,命卫尉少卿李暠赍玺书慰劳朔方降户"。

郑孝式　　约开元初

《全文》卷二五一苏颋《授郑孝式卫尉少卿制》:"朝议大夫守太子率更令郑孝式……俾移名于白简,宜亚宠于丹棘,可守卫尉少卿,散官如故。"

窦希琬　　约开元初

《姓纂》卷九河南洛阳窦氏:"希琬,卫尉少卿。"乃孝谌子。《新表一下》三祖窦氏:"希琬,卫尉少卿。"乃润州刺史孝谌子,太仆少卿窦锋父,隋州刺史窦昱祖父。考《旧书·窦孝谌传》:"则天时,历太常少卿、润州刺史。长寿二年，后母庞氏被酷吏所陷，诬与后咒诅不道，孝谌左迁罗州司马而卒。”推知希琬历官当在开元初。

陈　宪　开元初

《隋唐五代墓志汇编》洛阳卷第九册《陈宪墓志》（开元十四年十一月十六日）：“迁给事中、中书舍人，策勋上柱国，除大理少卿，出为虢州刺史，复大理少卿，迁工部侍郎，又出为兖州都督，入拜卫尉少卿，复工部侍郎，又出为蒲州刺史，入拜太子右庶子，迁太子宾客。”开元十三年九月廿五日卒，春秋七十八。志又载《全文》卷九九五阙名卷。《唐仆尚丞郎表》卷二二《工侍》：“陈宪，开元初叶，由大理少卿迁工侍，出为兖州都督。后又由卫尉少卿迁工侍，出为蒲州刺史。”

窦崇喜　约开元初

《新表一下》三祖窦氏：“崇喜，卫尉少卿。”乃广陵太守崇道兄。《姓纂》卷九河南洛阳窦氏：“崇嘉，考功郎中。”乃怀质侄。与“崇喜”当为一人。《广记》卷一四三引《朝野佥载》：“唐开元三年……司马宋庆宾、长史窦崇嘉相继而卒。”

吴　兢　开元五年—八年（717—720）

《旧书》本传：“开元三年服阕……乃拜谏议大夫，依前修史。俄兼修文馆学士，历卫尉少卿、左庶子。居职殆三十年，叙事简要，人用称之。末年伤于太简。《国史》未成，十七年，出为荆州司马，制许以史稿自随。”又《韦述传》：“开元五年，为栎阳尉。秘书监马怀素受诏编次图书，乃奏用左散骑常侍元行冲、左庶子齐澣、秘书少监王珣、卫尉少卿吴兢并述等二十六人，同于秘阁详录四部书。”【增订】《大唐西市博物馆藏墓志》一八〇《杨献墓志》，题署：“卫尉少卿兼修国史弘文馆学士长垣县开国男陈留吴兢撰。”墓主开元八年卒。

张嘉祐　　开元八年前(720)

《全文》卷三五八柳贲《唐故左金吾将军范阳张公(嘉祐)墓志铭并序》:“副燕公军使经略太原,节制河外。……俄兼卫尉少卿,进副大使。……转光禄少卿,晋京上党。……拜右金吾将军,金章紫绶,当元昆为中书令,君子以为兄相弟将,一门双美。”按“元昆”即张嘉贞,据《新书·宰相表中》:开元八年五月丁卯,“嘉贞为中书令”。

韦　縚　　开元十一年(723)

《旧书·礼仪志一》:“玄宗即位,开元十一年十一月,亲享圆丘。时中书令张说为礼仪使,卫尉少卿韦縚为副。”《新书·礼乐志》:“开元十一年,亲享圆丘。中书令张说,卫尉少卿韦縚为礼仪使。”《会要》卷九上引《通典》:“开元十一年十一月,亲享圜丘,中书令张说为礼仪使,卫尉少卿韦縚为副。”《姓纂四校记》卷二:“开元九年除国子司业,历卫尉少卿,太常少卿,至二十三年二月,迁太常卿,天宝九载三月,除太子少师,见《会要》三七及各卷。《广记》三八九引《戎幕闲谈》,安石弟縚为太常卿礼仪使,卒官。作‘弟’误,乃安石侄也。徐灵府《天台山记》,开元二十五年太常卿修礼仪使韦縚。《青城山投龙壁记》,开元十八年六月立,结衔行太常少卿韦縚(《唐文续拾》三)。《孟浩然集叙》,天宝九载正月作,结衔为特进行太常卿礼仪使韦滔,‘滔’应作‘縚’。”

李昇期　　开元十三年(725)

《新书·许景先传》:“(开元)十三年,帝自择刺史,景先由吏部侍郎为刺史治虢州。……卫尉少卿李昇期邢州。”《元龟》卷六七一所载较详:“源光裕开元十三年以大理卿为郑州刺史,杨承令以尚书左丞为汾州刺史,许景先以吏部侍郎为虢州刺史,寇泚以兵部侍郎为宋州刺史,郑温琦以礼部侍郎为邠州刺史,李昇以宗正卿为邢州刺史,袁仁敬以大理少卿为杭州刺史,崔志廉以鸿胪少卿为襄州刺史,蒋挺以国子司业为湖州刺史,裴观以左威卫将军为沧州刺史,崔诚以左司御率府副率为遂州刺史。”称以宗正卿为邢州,与《新传》不合，待考。

李林宗　约开元二十八年（约740）

《全文》卷三〇九孙逖《授李林宗太常少卿制》："朝议大夫、守卫尉少卿、上柱国李林宗……可守太常少卿。"

张光庭　约开元中

《全文》卷四二一常衮《凉王妃张氏墓志铭》："祖光庭，皇朝中散大夫卫尉少卿。……天宝八载，纳为凉王妃。……以广德二年五月十三日终于上都之内邸，春秋三十七。"

高　术　开元中

《新表一下》高氏："术，卫尉少卿。"乃高履行孙，循州司马高琁子。

裴巨卿　开元中

《新表一上》南来吴裴氏："巨卿，卫尉少卿。"乃裴守真子，玄宗相耀卿兄。

高　愻　开元中

北图藏拓片《唐故银青光禄大夫行光禄少卿上柱国渤海郡开国公高府君（愻）墓志铭并序》（开元十八年）："迁都水使者，兼判大理、卫尉两卿，使持节隰州刺史，加银青光禄大夫，换云麾将军，左卫副率判大理卿……又除银青光禄大夫，历泽亳曹潞瀛五州刺史，入为光禄少卿。"开元十七年卒，春秋六十六。疑"判大理、卫尉两卿"当为"判大理、卫尉两少卿"之夺。

姚怀亮　开元中

北图藏拓片《故朝散郎行临海郡乐安县尉姚府君（晅）墓志铭并序》（天宝二年十月二十日）："父怀亮，唐召拜殿中侍史内供奉，迁少府监丞、司农寺丞、殿中丞,迁营缮监少留守京检校菌菀宫城总监事,摄卫尉寺少卿、大中大夫、河东县开国男。”晅天宝元年十一月六日卒,春秋五十。

张履冰 开元中

【增订】牛红广《辑补》:《秦晋豫新出土墓志搜佚》第730页陶翰《唐故云麾将军右金吾将军上柱国邓国公张府君(履冰)墓志铭并序》:“府君讳履冰,字微言,南阳人也。……府君即昭公之元子也。……外除授卫尉、光禄二少卿,殿中少监。开元廿五载,府君垂垂白矣,而昭公无恙。”

郑长裕 开元二十六年(738)

【增订】牛红广《辑补》:河洛藏拓《故银青光禄大夫使持节婺州诸军事守婺州刺史上柱国荥阳县开国男郑府君(杳)墓志铭并序》:“以开元廿六年四月廿三日薨于本郡荥泽县之里第,享年七十有五。祔葬于先茔之北溹城原,礼也。……堂侄朝请大夫守卫尉少卿长裕纂。”按,《唐九卿考》卷三已收录“中散大夫、守光禄少卿郑长裕,开元二十七年”。据郑杳墓志所记,可知郑长裕开元二十六年任卫尉少卿。

姚　异 开元中

【增订】《秦晋豫新出墓志搜佚续编》第626页《唐姚异墓志》:“改将作监丞、蒲卫二州司马、京太庙令、太常丞、太子中舍人、太仆少卿,复转光禄、卫尉、太仆少卿,加银青光禄大夫,出特坊许二州。”

李　岫 天宝初

《全文》卷三一〇孙逖《封李岫长乐县侯制》:“门下,朝议大夫守卫尉少卿上柱国清水县开国伯李岫……可封长乐县开国侯。”又卷三〇九孙逖《授李岫卫尉少卿制》:“朝议大夫行秘书丞上柱国清水县开国伯李岫……可守卫尉少卿。”傅璇琮等《唐五代人物资料综合索引》第395页："《郎考》之李岫，为司勋员外郎，当唐玄宗时。按孙逖有《授李岫司勋员外郎制》，又有《授李岫卫尉少卿制》，后文称'父在枢衔，固守范宣之让'。据《旧唐书》李林甫传，李林甫有子岫，官将作监。据此，则此李岫为天宝时，李林甫子。"按孙逖于开元二十四年至天宝初为中书舍人。

李　霅　　天宝五载(746)

《通鉴·天宝五载》：四月"庚寅，以适之为太子少保，罢政事。其子卫尉少卿霅尝盛馔召客，客畏李林甫，竟日无一人敢往者。"郑处诲《明皇杂录》卷上："李适之既贵且豪……俄为李林甫所陷，贬宜春太守。适之男霅，为卫尉少卿，亦贬巴陵郡别驾。适之至州，不旬日而终，时人以林甫迫杀之。霅乃迎丧至都，李林甫怒犹未已，令人诬告于河南府，杖杀之。"又见《广记》卷三六二引。据《旧书·玄宗纪下》：天宝五载七月，"太子少保李适之贬宜春太守，到任，饮药死"。

窦庭兰　　天宝九载(750)

【增订】新出土韦述撰《张子渐墓志》，末题："中散大夫守卫尉少卿上柱国扶风县开国男窦庭兰书。"志主天宝九载六月廿六日卒。《文博》2016年第2期刘强《新见韦述撰唐代张子渐墓志考释》。

王　准　　天宝九载—十一载(750—752)

《旧书·王鉷传》："九载五月，兼京兆尹。……林甫子岫为将作监，供奉禁中；鉷子准卫尉少卿，亦斗鸡供奉，每谑岫，岫常下之。"《新书·王鉷传》："子准，为卫尉少卿，以斗鸡供奉禁中。"郑处诲《明皇杂录》卷上："王鉷之子准为卫尉少卿，出入宫中以斗鸡侍帝左右。时李林甫方持权恃势，林甫子岫为将作监，亦入侍帷幄。岫常为准所侮，而不敢发一言。"又见《广记》卷一八八引。《通鉴·天宝十一载》：三月，"林甫子岫为将作监，(王)鉷子准为卫尉少卿，俱供奉禁中"。

李　澣　天宝十载(751)

《元龟》卷三三：天宝十载“二月己亥……分遣卫尉少卿李澣祭江渎广源公。”《旧书·礼仪志四》：十载正月，“卫尉少卿李澣祭江渎广源公”。

窦希瓘　天宝中

【增订】新出土《窦希瓘神道碑》：“公讳瑰，字希瓘，扶风平陵人也。……历太子仆、少府少监，贤人之崇让也。复转卫尉、太仆二少卿，□□八屯，驭兹五辂，经论国体，公实佐之。加金紫光禄大夫、上柱国、毕国公，食实封二百户。执圭胙土，佩玉登朝。比诸侯而争宠，视尚书而益贵。改右□□□□王傅。”(李明、刘呆运《窦希瓘神道碑研究》，《考古与文物 2014 年第 5 期》)

元　瓌　天宝中

《隋唐五代墓志汇编》陕西卷第一册《唐故金紫光禄大夫颍王府司马上柱国元府君(瓌)墓志铭并序》(大历四年二月十日)：“拜卫尉少卿，除虢州刺史，改怀州刺史。……加银青光禄大夫，除丰王府长史。属狂寇称乱，中原不安。”上元元年七月八日卒，未言享年。

崔　瑶　天宝中

《隋唐五代墓志汇编》洛阳卷第十一册《唐故光禄卿崔公(瑶)墓志铭并序》(天宝八载十月二十三日)：“年甫弱冠，尚永和县主。……擢卫尉少卿。……亲累贬忠州别驾。……除宣州刺史，内忧去职，制阕转兖州都督，又移睦州刺史。……拜光禄卿。”天宝八载九月二十五日卒，年七十二。孙三锡《昭陵碑考》卷一二《昭陵陪葬考》：“清河郡王赠鸿胪卿窦庭兰。《会要》《长安志》《文献通考》俱有，《宰相世系表》，庭兰，义节孙，官终卫尉少卿。”

窦庭兰(兰)　天宝中

《姓纂》卷九河南窦氏：“兰，国子司业。”乃卫尉少卿萱弟。《新

表一下》三祖窦氏："庭兰，卫尉少卿。"乃虢州刺史义节孙，左监门将军诚言子。考《千唐志》天宝四载《高備志》："前晋陵郡晋陵县主簿窦兰撰。"

窦　萱　天宝中

《姓纂》卷九河南洛阳窦氏："萱，卫尉少卿。"乃戒言子。《新表》作光禄卿。按《姓纂》称"戒言生萱、兰"，考《千唐志》天宝四载《高備志》："前晋陵郡晋陵县主簿窦兰撰。"

韦　淑　约天宝中

《姓纂》卷二东眷韦氏韦庶人房："淑，卫尉少卿。"乃弘度孙。《新表四上》韦氏驸马房："淑，卫尉少卿。"乃隋坊州刺史仁曾孙，弘度孙。

楚　璆　天宝末

《全文》卷三六七贾至《授第五琦殿中侍御史等制》："南海长史楚璆等……楚璆可守南海长史兼卫尉少卿，余如故。"据《旧传》，贾至天宝末为中书舍人。

吴仲孺　天宝末

《全文》卷三六七贾至《授吴仲孺试光禄卿制》："守卫尉少卿充朔方经略副使吴仲孺……升其阶序，列在正卿，可中大夫试光禄卿。"

臧希晏　约天宝末

《全文》卷三六四张孚《金紫光禄大夫左金吾卫将军赠扬州大都督臧府君(希晏)神道碑铭并序》："广德二年八月五日朔，左金吾卫将军臧公薨于(阙)都安邑里之私第，享年五十有三，大历五年十月十五日葬于三原县长坳乡。……累迁至卫尉少卿，寻加西受降城使。河曲之间，威声载路。属三水之地，五载未巡……逆以公为东

(阙)皇城使,迁左监门将军兼麟州刺史,无何,转庆州刺史。……特拜太仆卿兼宁州刺史。”按希晏为庆州刺史约在宝应中。

薛嗣先　玄宗时

《新表三下》西祖房薛氏:“嗣先,卫尉少卿。”乃润州刺史宝积孙,陕州司马侃子,光禄卿苍父。按薛宝积为润州刺史在武后时,推知其孙仕历约在玄宗时。

论惟贞　至德元载(756)

《新书》本传:“肃宗在灵武,以卫尉少卿募兵绥、银,阅旬,众数万。从还凤翔,迁光禄卿。”

李　錬　至德二载(757)

《大诏令集》卷三八贾至《嗣道王錬云安等五郡节度等使制》:“卫尉少卿嗣道王錬……可充云安、夷陵、南浦、南平、巴东等五郡节度采访处置防御等使。至德二年正月五日。”又见《全文》卷三六七。

张献诚　至德二载(757)

《隋唐五代墓志汇编》洛阳卷第一二册《唐故开府仪同三司检校户部尚书知省事赠太子太师御史大夫邓国公张公(献诚)墓志铭并序》(大历四年二月三日):“肃宗清华夏之岁,恩明薰横猾之谋,有诏遥授公卫尉少卿,旌其善也。”

程楚宾　上元元年(760)

《旧书·吕諲传》:“諲既为相,用妻父程楚宾为卫尉少卿,子震为员外郎。”《新书·吕諲传》:“里人程氏财雄于乡,以女妻諲……諲引妻之父楚宾为卫尉少卿,楚宾子震为郎官。中人马尚言者,素暱于諲,为人求官。……罢諲为太子宾客。”《元龟》卷三三七:“吕諲,上元初为相,引妻父程楚宾为卫尉少卿。”考《新书·宰相表中》:乾元“二年三月甲午,兵部侍郎吕諲同中书门下平章事,判度支”。“七月辛卯，逦以母丧罢。十月壬戌，起复。”“十二月甲午，逦充勾当度支使；丙午，为黄门侍郎。”上元元年五月“壬子，逦罢为太子宾客。”知其引程楚宾当在上元元年。

严　武　上元元年(760)

北图藏拓片《巴州城南二里有古佛龛一所》(乾元三年四月十三日)：“右山南西道度支判官卫尉少卿兼侍御史内供奉严武奏：臣顷牧巴州，其州南二里有前件古佛龛一所。”又收入《金石苑》及《唐文拾遗》卷二二。清朱士端《宜禄堂收藏金石记》卷三五：“《巴州□□□楠木歌》，卫尉少卿兼侍御史严武。”跋云：“右唐严武《巴州南龛楠木歌》，碑在四川巴州。毛季海宰巴州所赠也。士端桉，《新唐书》称武以荫调太原府参军事，累迁侍御史。至德初，拜京兆少尹，坐琯事败，贬巴州刺史。作诗或在此时。然碑结衔云：‘卫尉少卿兼侍御史’，而史不言卫尉少卿，此碑可补欧史之阙。”

张廷皋　大历五年(770)

《全文》卷三三八颜真卿《抚州宝应寺律藏院戒坛记》：“大历三年，真卿忝刺抚州……明年秋七月，真卿绩秩将满，有观察使尚书御史大夫赵国魏公，愿以我皇帝降诞之辰，奏为宝应寺。……冬十月二十三日，圣恩允许。……明年三月，乃请钦登坛而董振铎焉。……而文士正议大夫前卫尉少卿张廷皋脱俗归真，其名曰瓌纲，为称首焉。……有唐大历辛亥岁春三月，行抚州刺史鲁郡开国公颜真卿书而志之。”

沈　明　贞元二年(786)

《新书·代宗女长林公主传》：“长林公主，下嫁卫尉少卿沈明。贞元二年具册礼。”

于　郢　贞元初

《姓纂》卷二河南洛阳于氏隋太尉房：“郢，卫尉少卿。”乃抱诚子,于邵弟。《新表二下》于氏:"郢,卫尉少卿。"乃成州刺史抱诚子,礼部侍郎邵弟。按于邵为礼部侍郎在建中元年,二年四月贬桂州长史。见严耕望《唐仆尚丞郎表》卷一六。

韦　俛　　贞元初

《姓纂》卷二东眷韦氏南皮公房:"俛,卫尉少卿。"与下文彭城公房者同姓名。《元龟》卷一四四,贞元元年五月有鸿胪少卿韦俛,或是此人。《新表四上》韦氏南皮公房:"俛,卫尉少卿。"乃朔方节度使、卫尉卿光乘子。

韩秀弼　　贞元五年(789)

北图藏拓片《大唐潼关镇国军陇右节度使检校尚书右仆射兼御史大夫华州刺史李痳功昭德颂并序》(贞元五年十月十一日):"朝散大夫守卫尉少卿淮阳县开国男韩秀弼书。"又《金石萃编》卷九五《臧希晏碑》,大历五年立,题"朝议郎守卫尉少卿淮阳县开国男赐绯鱼袋韩秀弼书"。与前异。《姓纂》卷四广陵韩氏:"弼,国子司业。"乃择木子。

李　愬　　贞元六、七年(790、791)

《旧书》本传:"愬以父荫起家,授太常寺协律郎,迁卫尉少卿。"丁母忧,"既练,丁父忧"。按其父李晟卒于贞元九年。《新书》本传:"以荫补协律郎,迁累卫尉少卿。早丧所生,为晋国王夫人所鞠。"

李　忲　　贞元八年(792)

《会要》卷三八:贞元"八年九月……前卫尉少卿李忲为韶王傅"。《元龟》卷三八八:"李晟……妻卒,诏以晟子愿依前为太子宾客,前卫尉少卿忲为韶王傅。"

裴　会　　贞元八年—九年(792—793)

《全文》卷五〇六权德舆《唐故正议大夫卫尉少卿闻喜县开国伯

赐紫金鱼袋裴君(会)墓志铭并序》:“贞元……八年,转卫尉少卿,九年戊申终于位,享年四十六。”

狄博济　　贞元九年(793)

《元龟》卷一三一贞元九年诏称:“前利州刺史狄博济……可卫尉少卿。”《全文》卷五二德宗有《授狄博济卫尉少卿诏》。

武少仪　　贞元十一年(795)

《旧书·德宗纪下》:贞元十一年正月乙未,“卫尉少卿武少仪为邕管经略使”。

崔　适　　贞元十一年—十二年(795—796)

《全文》卷五〇二权德舆《朝散大夫使持节饶州诸军事守饶州刺史上柱国崔君墓志铭并序》:“贞元十一年春,以西诸侯之师转粟调食,特拜仓部郎中兼御史中丞以董其事。其年冬,征拜卫尉少卿,明年改邓州刺史。”

赵　植　　贞元十三年?(797?)

《旧书·赵隐传》:“祖植……贞元初,迁郑州刺史。郑滑节度使李融奏兼副使。十年,融病,军府之政委于植。……入为卫尉少卿,三迁尚书工部侍郎。十七年,出为广州刺史。”

张　凭　　贞元十五年?(799?)

《全文》卷五〇四权德舆《前京兆府咸阳县丞权公故夫人清河张氏墓志铭并序》:“兄凭,又以卫尉少卿、简王傅世其官。”夫人大历十二年既笄归于天水权公。贞元十八年卒。北图藏拓片《唐故王侍御(永尝)夫人南阳张氏墓志铭并序》(开成五年二月十三日):“父凭,卫尉少卿、简王傅兼通事舍人。”夫人卒元和十二年六月七日,享年五十七。

李正臣　贞元十八年(802)

《旧书·德宗纪下》:贞元十八年“十二月乙巳,贬大理卿李正臣为卫尉少卿”。【增订】新出土《崔元略墓志》:“夫人江夏李氏,北海太守邕之曾孙,大理卿正臣之女,先公而殁。”志载《文物》2005年第2期,第60页。新出土李师稷撰《前黔中经略观察等使检校左散骑常侍兼御史大夫崔公故夫人博陵县君江夏李氏墓志铭》:“皇考讳正臣,大理卿。夫人,大理府君之女也。灵源德门,保和翁粹,流庆浚远,钟美淑哲。”志载《文物》2005年第2期,第61页。

韦　聿　贞元中

《全文》卷五〇六权德舆《唐故朝议大夫太子右庶子上柱国赐紫金鱼袋韦君(聿)墓志铭并序》:“贞元十二年征为水部员外,转比部郎中,德宗召见,赐以金紫命服。俄迁卫尉少卿、国子司业,用久次拜右庶子。元和三年九月景戌,以官寿殁于长兴里,春秋七十五。”

张　倜　贞元中

《隋唐五代墓志汇编》陕西卷《唐故庆州军事判官试协律郎张府君(邵)墓志铭并序》(乾符二年十月二十一日):“高祖去逸,皇太仆卿,赠尚书左仆射。曾祖倜,皇卫尉少卿,赠鸿胪卿。”【增订】《西安新获墓志集萃》第189页《张回墓志铭》:“父倜,卫尉少卿,赠鸿胪卿。”按张回元和十五年卒于卫尉少卿任,推其父之任官应在贞元中。

侯幼平　永贞元年(805)

《旧书·吐蕃传下》:永贞元年,“十一月,以卫尉少卿、兼御史中丞侯幼平充入蕃告册立等使。”《元龟》卷九八〇:“宪宗永贞元年十一月,以通王府长史孙杲(杲)为鸿胪少卿兼御史中丞,持节充册立回纥使。其月,以卫尉少卿侯幼平兼御史中丞,充入吐蕃告册立等使。”

郭　钊　　元和七年(812)

《姓纂》卷一〇华阴郭氏:“钊,卫尉少卿。”此其修《姓纂》时见官也。《新表四上》华阴郭氏:“钊,卫尉少卿。”乃郭子仪孙,郭暧子。《旧书·宪宗纪下》,元和九年十一月除邠州刺史。张读《宣室志》卷二《犬报德》条:“郭司空钊,大和中,自梓潼移镇西凉府,时有阍者甚谨朴,钊念之,多委以事。”

裴行立　　元和中

《新书》本传:“以军劳累授沁州刺史,迁卫尉少卿。”

郑　何　　元和中

【增订】《全唐文补遗》第八辑奚敬玄《郑何墓志铭》:“宪宗皇帝亲宠弥厚,又封普安为长公主,拜公为卫尉少卿,赐爵开国侯。……寻除少府少监。”

韦行立　　元和十二年—长庆元年(817—821)

《全文》卷六四九元稹《授韦行立处州刺史制》:“守卫尉少卿、袭邢国公韦行立……可使持节处州刺史。”按元稹知制诰在元和十五年至长庆元年。【增订】《订补》云:“韦行立任卫尉少卿的时间应改正为‘元和十二年—长庆元年(817—821)’。拓本《韦行全墓志铭》题撰人:‘兄朝议郎守卫尉少卿赐绯鱼袋行立撰。’(《考古与文物》2005年第3期,第88页)墓主葬于元和十二年(817)七月,是韦行立元和十二年已在卫尉少卿任。《唐九卿考》仅考证韦行立为卫尉少卿在长庆元年(821),应加以补正。”

张　回　　元和十五年

【增订】《西安新获墓志集萃》第189页《张回墓志铭》:“除坊州刺史。……迁卫尉少卿。实公之世官,受宠若惊,追感兼极。孝之所至,人得而称。以元和十五年三月二十一日遘疾,终于延寿里之私第,享年七十有六。”

刘士泾　长庆元年(821)

《旧书·韦弘景传》:“刘士泾以驸马交通邪幸,穆宗用为太仆卿,弘景与给事薛存庆封还诏书……宰臣不得已,改卫尉少卿。”《元龟》卷四六九:“韦弘景为给事中,长庆元年正月,以简较大理少卿、驸马都尉刘士泾为太仆卿。弘景与薛存庆封还诏书。……宰臣不得已,请改授卫尉少卿。”

齐　煚　大和元年(827)

北图拓片《唐故乡贡进士京兆韦府君(行素)墓志铭并序》(大和元年十月八日):“使文学俱成,垂誉于世,皆叔舅卫尉少卿齐公煚之致。宝历岁秋赴宾荐,应进士举,芳声蔼然……不幸短命,志业无就。夫人高阳齐氏,即卫尉少卿长女也。”大和元年十月二日卒,享年三十五。《千唐志·唐故京兆韦府君夫人高阳齐氏墓志铭并序》(大中十四年十月二十一日):“烈考煚,皇朝朝议大夫、卫尉少卿。”夫人卒大中十四年八月十八日,享年五十九。

尉迟汾　大和三年(829)

北图藏拓片《府尹王侍郎准制拜岳因状嵩高灵胜寄呈三十韵》:“朝散大夫、守卫尉少卿尉迟汾。”大和三年六月十日刻。《金石录补》卷二〇:“《唐嵩岳灵胜诗》。右诗题云:‘府尹王侍郎准制拜岳因状嵩高灵胜寄呈三十韵,朝散大夫、守卫尉少卿尉迟汾。’后云‘大和三年六月十日’。”又见《金石萃编》卷一〇八《状嵩高灵胜诗刻》。《全诗》卷八八七小传:“尉迟汾,守卫尉少卿。”又卷四九九姚合《题寄尉迟少卿郊居》诗,尉迟少卿即尉迟汾。朱金城《白居易交游续考》(《白居易研究》第110页):“《郎官石柱题名考》卷二二祠部员外郎有汾名,并引石刻尉迟汾《府尹王侍郎准制拜岳因状嵩高灵胜寄呈三十韵》诗结衔为‘朝散大夫、守卫尉少卿尉迟汾,河南登封,大和三年’。考此石虽刻于大和三年,诗则作于大和三年前,盖河南尹王播于大和二年十月入尚书右丞,见《旧唐书》卷一六九《王播传》。又据白氏大和三年所作之《答尉迟少尹问所须》诗推测,汾或于是年自卫尉少卿迁河南少尹也。又……姚合《寄题尉迟少卿郊居》诗云：‘卿仕在关东，林居思不穷。’此‘尉迟少卿’亦指尉迟汾，视诗意亦方仕于东都也。”

郑仁弼　开成二年(837)

《淳熙严州图经》卷一：“郑仁弼，开成二年八月七日，自卫尉少卿拜。”

萧　本　开成二年(837)

《旧书·后妃·穆宗贞献皇后萧氏传》：“时有闽人萧本者，复称太后弟。……本历卫尉少卿、左金吾将军。开成二年，福建观察使唐扶奏，得泉州晋江县人萧弘状，自称是皇太后亲弟，送赴阙庭。诏送御史台按问，事皆伪妄，诏逐还本贯。开成四年，昭义节度使刘从谏上章，论萧本伪称太后弟。”《新书·后妃下·穆宗贞献皇后萧氏传》：“会闽有男子萧本又称太后弟……擢本赞善大夫……历卫尉卿、金吾将军。”与《旧传》不同，今从《旧传》。

崔　某　约文宗时

《全诗》卷四九八姚合《同卫尉崔少卿九月六日饮》，又卷五〇〇同人《春日同会卫尉崔少卿宅》。

李正卿　会昌初

《千唐志·唐故绵州刺史江夏李公(正卿)墓志铭并序》(会昌四年十二月十九日)：“拜安州刺史……优诏征入，拜司农少卿，历卫尉少卿，复为淄州刺史。……卒岁拜绵州刺史。”会昌四年四月十一日卒，年七十四。

杜中立　大中初

《新书》本传：“迁光禄少卿、驸马都尉，尚真源长公主。……转太仆、卫尉二少卿，历左右金吾大将军。……迁司农卿。”按杜中立大中十二年在义成节度使任。

王端章　　大中十年—十一年(856—857)

《通鉴·大中十年》:“十一月辛亥,册拜(回鹘可汗)为嗢禄登里罗汩没密施合俱录毗伽怀建可汗,以卫尉少卿王端章充使。”《旧书·宣宗纪》:大中十一年十月,“卫尉少卿王端章贬贺州司马。”又见《元龟》卷一五三,《通鉴》同。《大诏令集》卷一二九《大中十一年册回鹘可汗文》:“今遣使臣朝议郎、检校秘书监兼卫尉[少]卿、御史中丞、上柱国、赐紫金鱼袋王端章,副使臣朝议郎检校尚书工部郎中兼国子礼记博士、御史、赐绯鱼袋李浔,持节备礼,册命为九姓回鹘嗢禄登里罗汩没施合俱录毗伽怀建可汗。”又见《全文》卷八二。

李　某　　约大中时

《全诗》卷五三六许浑《同韦少尹伤故卫尉李少卿》。

李应规　　约宣宗时

北图藏拓片《唐故朝散大夫汉州刺史赐紫金鱼袋李公(惟贤)墓志铭并序》(乾符三年十一月十七日):“烈考应规府君,皇卫尉少卿,累赠太傅。公卫尉府君第三子。”【增订】《秦晋豫新出墓志搜佚续编》第1261页《唐故乡贡进士赵郡李府君(凝)墓志铭并序》(咸通七年四月二十日):“曾祖讳应规,皇卫尉少卿,赠右仆射。”

郭仲谦　　约宣宗时

《新表四上》华阴郭氏:“仲谦,卫尉少卿。”乃郭子仪曾孙,郭暧孙,郭钊子。按郭钊仕历在文宗前后。

孔温裕　　咸通中

《全文》卷八一二郑仁表《左拾遗鲁国孔府君(纾)墓志铭并序》:“仆射太常公罢(天平)镇居洛中,拾遗伏安定省,不尝言仕宦,旋以万年尉复帖文职，无西笑意。仆射征拜司戎贰卿，拾遗由侍行乃赴职。……公讳纾……父温裕，皇任检校右仆射兼太常卿，充翰林侍讲学士。”孔温裕咸通十五年三月卒，孔纾后七十六日卒。岑仲勉《补僖昭哀三朝翰林学士记》卷上：“孔温裕，约咸通十四年自检校右仆射、太常卿充侍讲学士。……《纾志》云：‘咸通十五年三月，侍讲学士右仆射太常孔公以疾辞内署职，其元子左拾遗养疾，亦病逾二旬，太常公疾少间，拾遗疾亦间。又旬日，太常公薨。’余按《旧唐书》记一九上，咸通十三年三月，以吏部尚书萧邺等考试弘词选人，试日萧邺替，差右丞孔温裕权判，未称曰讲学及太常卿，故疑温裕约于十四年由右丞转太常卿入充也。《新唐书》一〇一《萧仿传》叙宣宗时事，称温裕为侍讲学士，殆即涉此度充任而误会者。十五年三月，以病出院。是年十一月始改元乾符，故《纾志》称咸通十五年，志之‘以疾辞内署职’，即辞侍讲也。”由此推知，温裕为卫尉少卿（“司戎贰卿”）当在咸通中。

李惟贤　咸通中

北图藏拓片《唐故朝散大夫汉州刺史赐紫金鱼袋李公（惟贤）墓志铭并序》（乾符三年十一月十七日）：“烈考应规府君，皇卫尉少卿，累赠太傅。公卫尉府君第三子。……遂授秘书省校书、武宁军节度巡官，府罢，授河南府陆浑尉，直弘文馆，秩满，除国子广文博士，依前直弘文。故冯尚书审雅□□□。公出居左辅，拜请为长春宫判官。冯公□代，公以殿中丞□朝，改太子右谕德，卫尉少卿。□授左谕德、太子左右庶子，岁□加朝散阶，后为右庶子，拜慈郡焉。中谢日，懿宗皇帝宠爱其材，特赐金紫。……廉使高相国骈累表闻荐……罢郡三年，年七十四寝疾终于上都通义里。”

柳　珪　咸通中

《新书》本传：“迁右拾遗，而给事中萧仿、郑裔绰谓珪不能事父，封还其诏。……终卫尉少卿。”《全诗》卷五六六小传：“大中中，擢进士，杜悰表为西川幕府，后以蓝田尉直弘文馆，迁右拾遗，终卫尉少卿。"《新表三上》柳氏:"珪字郊玄,一字镇方,卫尉少卿。"乃天平节度使仲郢子。

裴　某　咸通中

北图藏拓片《唐知盐铁陈许院事侍御史内供奉赐绯鱼袋孙虬故室河东裴氏墓志铭并序》(咸通十四年二月二十五日):"元昆故卫尉少卿裴君尝言:'非清懿令绪才实兼之者,不足以付吾女弟。'其后果得归我季氏。"咸通十四年二月二十五日卒,年三十二。

崔敬嗣　乾符中

《洛阳新获墓志》一二二《崔敬嗣墓志》:"领殿中少监,转鸿胪少卿,转卫尉少卿,转太仆少卿,迁太子左庶子。"按敬嗣广明二年五月二十五日卒。

范希越　中和三年(883)

《云笈七籤》卷一二〇杜光庭《道教灵验记》:"范希越,成都人也。……驾驻成都,上知其道术。……授太常寺奉礼郎,累迁主客员外郎、卫尉少卿,锡以朱绂。黄巢捷至,果符圣梦之言。"

裴　钵　天复四年(904)

【增订】《全唐文补遗》第八辑第 234 页《裴谣墓志》署:"再从弟、朝散大夫、前守卫尉少卿、柱国钵书。"墓主天复四年(904)四月七日葬。

裴　纾　天祐二年(905)

《旧书・哀帝纪》:天祐二年五月,"卫尉少卿裴纾曹州南华尉"。

敬　沼　天祐二年(905)

《旧书・哀帝纪》:天祐二年六月,"癸巳敕:卫尉少卿敬沼……可贬徐州萧县尉"。《全文》卷九四哀帝《贬敬沼敕》:"卫尉少卿敬沼，是裴贽之甥，常累于舅。……可贬徐州萧县尉。”

待考录

韩　华

《新表三上》韩氏：“华，卫尉少卿。”乃隋邓州刺史柳贤五代孙，获嘉主簿僎孙，光期子，涪州刺史君祐父。

郭在徽

《新表四上》华阴郭氏：“在徽，卫尉少卿。”乃濮州刺史琜孙，太原令端夫子。郭子仪五代孙。【增订】新出土郭子仪五代孙《郭在岩墓志》：“鸿胪少卿在徽，公之亡兄也。”（《文博》2014 年第 6 期，第 65 页）按，据《资治通鉴・后唐纪》，郭在徽任鸿胪少卿在后唐时。

卷五　宗正寺

宗正卿考

李神通　　武德元年—二年(618—619)

《旧书》本传:"从平京师,拜宗正卿。武德元年,拜右翊卫大将军,封永康王,寻改封淮安王,为山东道安抚大使。"《新书》本传:"从平京师,为宗正卿,典兵宿卫。王永康郡,俄徙淮安。武德初,拜山东安抚大使。"《隋唐五代墓志汇编》陕西卷《大唐故宗正卿右翊卫大将军河北道行台左仆射左武卫大将军玄戈军将开府仪同三司上柱国司空公淮安靖王(寿字神通)墓志》:"义宁元年十一月,拜宗正卿。……武德元年,拜右翊卫大将军,进爵永康郡王,临轩授册,又改封淮安郡王。……武德四年,又授河北道行台尚书左仆射。……五年拜左武卫大将军,仍授玄戈军将。"贞观四年十二月卒,春秋五十有四。《全文》卷九九二阙名《右卫将军赠左武卫大将军代州都督柱国淄川公李府君(孝同)碑》:"父光禄大夫、宗正卿、左领都督右卫大将军、山东道行台尚书、左仆射、右卫大将军、元武军将、开府仪同三司、上柱国,赠司空、淮安靖王。"孝同总章二年十二月卒,年六十二。《元龟》卷二九一:"唐淮安王神通……从平京师,为宗政(正)卿。武德二年,攻宇文化及之魏县。"《增订唐两京城坊考》卷四《延福坊》:"宗正卿右翊卫大将军淮安靖王李寿宅。1973 年陕西省三原县焦村出土李寿墓志。志载:李寿字神通,太祖景皇帝之孙,郑孝王之嫡子。贞观四年十二月，薨于京城延福里第。贞观五年十二月十四日，葬于雍州三原县之万寿原（《文物》1974 年第 9 期《唐李寿墓发掘简报》）。”

李　粲　　武德初

《旧书·李元纮传》：“本姓丙氏。曾祖粲……及义旗入关，粲率其众归附，拜宗正卿，封应国公，赐姓李氏。”《新书·李元纮传》：“曾祖粲……高祖与之厚，及兵入关，以众归，授宗正卿、应国公，赐姓李。”【增订】《新中国出土墓志》北京卷《唐故奉议郎前守瀛州长史赐绯鱼袋摄檀州长史李府君（藤）墓志铭并序》：“五代祖粲，隋左卫大将军并庆州道廿四州总管，唐宗正卿、膺国公。”新出土《大唐故太常卿上柱国陇西郡公李府君（宽）墓志铭并序》：“考粲，随左屯卫大将军，并州总管，庆州道廿四州总管，皇朝宗正卿。”（浙江大学图书馆藏拓片）

独孤修德　　武德初

拓本天宝十四载《唐陇右节度随身官昭武校尉守绛郡崇乐府折冲都尉赐绯鱼袋上柱国云公故夫人独孤氏墓志铭并序》：“高祖修德，故宗正卿。曾祖恽，鄜州司马。祖万石，台州司兵。考温，安陆郡都督府士曹参军。”独孤氏卒天宝十四载，年卅七。《通鉴考异》卷九：“独孤修德杀世充，《旧传》作独孤修，今从《河洛记》。”《通鉴》卷一八九武德四年下：独孤机之子定州刺史修德。《元龟》卷八九六：“独孤修德为宣（定）州刺史，武德中，高祖徙王世充于蜀，修德以雠人，请而杀之。”

李孝恭　　武德八年—贞观元年（625—627）

【增订】《旧书》本传：“孝恭既破公祏，江淮及岭南皆统摄之。……寻征拜宗正卿。九年，赐实封一千二百户。贞观初，迁礼部尚书。”《新书》本传：“行台废，更为扬州大都督。……或诬其反，召还，颇为宪司镌诘，既无状，赦为宗正卿。赐实封千二百户。历凉州都督、晋州刺史。”据曾涧《订正》所考,李孝恭为宗正卿在武德八年至贞观元年。《唐九卿考》初版据《唐仆尚丞郎表》定于贞观中不确,盖因《唐仆尚丞郎表》考证有误。

李神符　　贞观三年(629)

《旧书》本传:“贞观初,再迁宗正卿。后以疾辞职。”《新书》本传:“迁扬州大都督……累擢宗正卿,以足不良改光禄大夫,归第,月给羊酒。”《唐文续拾》卷一四《大唐司空开府仪同三司扬州荆州二大都督并州大总管上柱国襄邑恭王(神符)之碑铭》:“贞观元年入为将作大匠兼散□常侍……寻转宗正卿,余官如故。”永徽二年五月卒,年七十三。《元龟》卷二七七:“襄邑郡王神符,贞观三年为宗正卿,后以疾辞位。”

李百药　　贞观三年(629)

《会要》卷四八:“贞观三年十二月一日诏……破刘武周于汾州,立宏济寺,宗正卿李百药为碑铭。……以上并贞观四年五月建造毕。”

李百药　　贞观十年—十五年(636—641)

《旧书》本传:“[贞观]十年,以撰《齐史》成,加散骑常侍,行太子左庶子,赐物四百段。俄除宗正卿。十一年,以撰《五礼》及律令成,进爵为子。”《新书》本传:“四年,授太子右庶子。……迁散骑常侍,进左庶子、宗正卿,爵为子。”《新表二上》汉中李氏:“百药,礼部侍郎、宗正卿、安平文公。”《元龟》卷九七:“李百药除宗正卿,后致仕归家,太宗尝制《帝京篇》,令百药和之,手诏答曰:省所和事,极为佳作,何身之老而才之壮,何齿之宿而意之新乎?”又卷七八四:“李百药,贞观中任宗正卿,卒时年八十五。”卷七七七:“唐李百药,德林子也。以名臣之子,才行相继,四海名流,莫不宗仰。位至宗正卿。”又卷八九九:“李百药为宗正卿,及悬车告老,怡然自得。穿池筑山,文酒宴赏,以舒平生之志。”《全文》卷一四二小传:“武德中授泾州司户，太宗朝累官宗正卿。贞观二十二年卒。”【增订】以其所记时代推之，百药与太宗同作《帝京篇》约在贞观十五年前后。新出土《大唐故宗正卿安平公李府君（百药）墓志铭》：“公讳百药，字重规，博陵安平人也。……又奉敕修《礼》及《齐史》，刊定则锱铢贾马，声震曲台；笔削则孕育荀袁，誉高延阁。史成，拜散骑常侍，行右庶子，俄除宗正卿。……公以年鬓渐颓，上表致仕，蒙敕允请，方就闲居，而映弩成灾，奠楹为祟。……贞观廿二年二月廿六日寝疾，薨于京师胜业里第，春秋八十五。”（《文学遗产》2016 年第 6 期）《大唐西市博物馆藏墓志》二六〇《李夷吾墓志》：“曾祖，皇宗正卿、同中书门下平章事府君讳百药。”

窦　诞　贞观十八年(644)

《隋唐五代墓志汇编》陕西卷第三册《大唐故光禄大夫工部尚书使持节都督荆州刺史驸马都尉上柱国莘安□窦公（诞）墓志铭》（贞观二十二年八月）：“贞观元年，除使持节都督梁集洋巴兴壁六州诸军事、梁州刺史。……十八年，除宗正卿。”二十二年二月卒，春秋六十八。《旧书》本传：“贞观初，召拜右领军大将军，转大理卿、莘国公。……复为殿中监，以疾解官，复拜宗正卿。”《新书》本传：“贞观初，召授右领军大将军，进莘国公。为宗正卿。”【增订】《全唐文补遗》第八辑第 18 页王珣《窦淑墓志铭》：“祖诞，皇朝宗正卿、礼部尚书、上柱国、莘国公。”

李　义　贞观中

《全文》卷二九九张嘉贞《赵州瘿陶令李怀仁德政碑》：“父义，持节丹松商恒四州长史，使持节都督丹州松州商州恒州等州诸军事、恒州刺史，征拜宗正卿，转左骁卫大将军、上柱国、陇西郡公。……出总六条，入参九棘。……（怀仁）永徽元年，以宗室子弟敕授朝议郎，行瘿陶县令。”

段纶　贞观中

《隋唐五代墓志汇编》陕西卷第一册《大唐故邳国夫人段氏(莹璧)墓志铭并序》(永徽二年八月二十三日):“父纶,大丞相府属,蜀郡太守,剑南道招慰大使,益蒲二州都督,熊州刺史,散骑常侍,秘书监,宗正卿,礼部尚书,三为工部尚书,右光禄大夫,尚高密大长公主,驸马都尉,纪国公。”夫人卒永徽二年四月四日,春秋三十五。《姓纂》卷九辽西段氏:“纶,工部尚书、驸马都尉、纪国公。”《宝刻丛编》卷九引《京兆金石录》有《驸马都尉工部尚书杞(纪)国公段纶碑》。纶武德初任益州刺史,见《会要》卷九八。尚高祖女高密公主,见同书卷六。武德九年工尚段纶,见《续高僧传》卷一四《三慧传》。贞观三年六月遣工尚段纶祈雨,见《元龟》卷一四四。七年,工尚段纶奏进巧人,见《贞观政要》卷八。《全文》卷一五一许敬宗有《为工部尚书段纶请致仕表》。《元龟》卷六二〇:“段纶为宗正卿。卒,太宗甚伤悼,为不视朝,将出临之。太常奏帝祭致斋不得哭而止。”《唐仆尚丞郎表》卷二一《工尚》:“段纶,贞观三年六月,见在工尚任。七年冬,仍见在任。十五年,致仕。”其为宗正卿在致仕前。

李博乂　永徽二年(651)

《会要》卷六五:“永徽二年九月二十一日,召宗正卿李博文问曰:‘比闻诸亲,何以得有除属者。’”《元龟》卷六二一:“高祖(宗)永徽二年九月二十一日,召宗正卿李博文曰:‘比闻诸亲,何以得有除属者。’”李博文应作“李博乂”,详下文龙朔三年。【增订】《大唐西市博物馆藏墓志》三八三《李愻墓志》:“高祖讳博乂,蜀王中子。以文武才略,佐定大业,先蜀王一年封陇西王。自武德至咸亨,凡刺七郡,位至特进,太常伯,宗正卿。”

李纬　永徽五年(654)

《金石文钞》卷三《唐万年宫铭碑阴》:“金紫光禄大夫、行宗正卿、上护军、高都县开国男臣李纬。”碑建于永徽五年五月丙午朔。《全文》卷二〇一李尚一《开业寺碑并序》:“曾孙纬,皇朝宗正、卫尉、司农三寺卿，金紫光禄大夫、荆州大都督府长史、幽州都督、户部尚书、太子詹事、怀洛蒲三州刺史，袭高都公。”按《旧书·房玄龄传》：“二十一年，太宗幸翠微宫，授司农卿李纬为民部尚书。”

李崇义　永徽中

《洛阳新获墓志》五七《大唐故益州大都督参军陇西李公(尚旦)墓志铭并序》(天宝二年)：“父崇义，宗正卿，蒲同等州刺史。封谯国公，食实封一千二百户。”尚旦□□二年二月廿九日卒于罗州，年卅一。妻豆卢氏，卒天宝二载，享年八十三。《旧书·李孝恭传》：“子崇义嗣……历蒲同二州刺史、益州大都督府长史，甚有威名。后卒于宗正卿。”《新书·李孝恭传》：“子崇义、晦。崇义嗣王，降封谯国公，历蒲同二州刺史、益州都督府长史，有威名，终宗正卿。”考《旧书·裴漼传》：“父琰之，永徽中为同州司户参军，时年少，美容仪，刺史李崇义初甚轻之。”

李博乂　显庆元年(656)

《元龟》卷一六一：“显庆元年正月，令宗正卿陇西郡王博文……于畿内诸州巡抚百姓。”李博文应作“李博乂”，详下条龙朔三年。

薛　瓘　龙朔二年(662)

《新表三下》西祖房薛氏：“瓘，光禄卿、驸马都尉。”乃饶州刺史怀昱子。《元龟》卷六九：“高宗龙朔二年五月丙申……守司宰正卿、驸马都尉薛瓘为司宗正卿。”

李博乂　龙朔三年—麟德元年(663—664)

《旧书》本传：“高祖时，历宗正卿、礼部尚书，加特进。”“高祖时”应为“高宗时”。《大诏令集》卷三八《册陇西郡王博乂特进司宗卿文》：“维龙朔三年，岁次癸亥，十二月庚辰朔，二十四日癸卯，皇帝若曰：……惟尔光禄大夫、行司礼太常伯、陇西郡王博乂……是用命尔为特进行司宗正卿，封如故。”又见《全文》卷一四。《新书·李孝协传》:"麟德中,坐赃抵死,司宗卿陇西王博乂等为言于高宗求贷,帝不许,遂自杀。"同书《宗室世系表上》梁王房:"宗正卿、陇西恭王博义,以蜀王第二子继。"乃梁王李澄之子,唐高祖李渊侄。"义"乃"乂"之讹。《元龟》卷五八:"高宗麟德元年二月丙午,魏州刺史郇国公孝协坐赃赐死,宗正卿陇西王博文等奏。"《全文》卷九九小传:"武德元年封陇西王,高宗时历宗正卿、礼部尚书,加特进,咸亨二年薨。"《唐仆尚丞郎表》卷一五《礼尚》:"李博乂,龙朔二年五月十五癸卯,见在司礼太常伯任。八月,亦见在任。三年十二月二十四癸卯,转司宗正卿,阶由光禄大夫进特进。……《新传》:'高宗时,擢累礼部尚书、特进。'是也。《旧传》:'高祖时,历宗正卿、礼部尚书,加特进。'高祖为高宗之误,'宗正''礼尚'当乙。"

王同人　调露二年(680)

【增订】《全唐文补遗·千唐志斋新藏专辑》阙名《王德进墓志》:"高祖同人,卫尉司属光禄三寺卿、亳州刺史。"按,唐有两王同人,此为高宗时王同人。参曾涧《订正》。

豆卢贞松　高宗时

北图藏拓片《大唐故银青光禄大夫行太仆卿驸马都尉中山郡开国公豆卢公(建)墓志铭并序》(天宝三载八月十二日):"祖皇金紫光禄大夫宗正卿上柱国邠国公贞松,祖母皇邠国夫人窦氏。父皇正议大夫丹延坊三州刺史上柱国开国公光祚,母皇万象县主薛氏,外祖皇金紫光禄大夫卫尉卿驸马都尉上柱国子绍,外祖母皇镇国太平公主。"建卒天宝三载三月廿四日,享寿三十九。《姓纂》卷九昌黎棘城豆卢氏:"贞松,宗正卿、中山公。"劳格云:"《宝刻丛编》八有《唐金州刺史卢贞松碑》,疑即此人也。"若然,则称卢或豆卢,似不一致。但考豆卢,唐高祖曾改豆卢为卢氏,贞松时尚未复姓,故称卢。其孙建已复姓,故曰豆卢也。贞松父怀让尚高祖女万春公主,故贞松得为宗正卿。《新表四下》豆卢氏:"贞松,宗正卿,中山公。"乃怀让子,光祚父,建祖父。孙三锡《昭陵碑考》卷一二《昭陵陪葬考》:"《宰相世系表》，贞松，怀让子，官宗正卿，封中山公。俗本《文献通考》有作虞赤松，《陕西通志》作卢赤松，皆误也。疑贞松似字非名。余有《豆卢逊墓志》，称逊字贞顺，驸马都尉怀让之第三子，贞松，逊之兄也。兄弟名字自当一律，皆当以贞字为是。贞松当别有一人，但不显于时，乃以字行也。唐人名显则以名行，字显则以字行，初无一定也。”

李德懋　　高宗时

《全文》卷九一三承远《大唐□□寺故比丘尼法琬法师碑文》：“法师讳法琬，俗姓李……应天神龙皇帝之三从姑焉。……祖神□□□空荆扬并三州大都督、上柱国、襄邑王，谥曰恭。……父德懋，故金紫光禄大夫、少府监、宗正卿、兵部尚书、上柱国、临川公，谥曰孝。爵列公侯，地隆勋戚。”法师卒垂拱四年九月，年四十九。《唐仆尚丞郎表》卷一七《兵尚》：“李德懋，高宗世，盖中叶，官至兵尚。”其为宗正卿则在中世之前。

薛克勤　　高宗时

《新表三下》西祖房薛氏：“克勤，宗正卿。”乃贝州刺史大鼎子。按薛大鼎为贝州刺史在贞观中，是其子仕历应在高宗时。

李　厥　　高宗时

【增订】《洛阳新出土墓志释录》载《李怀墓志》：“文皇乃公之高祖，生皇太子恒山愍王，王生青州刺史、宗正卿讳厥，卿生汉州刺史、左右羽林将军讳昶。”《新唐书·则天皇后纪》载，则天永昌元年“九月庚戌，杀恒山郡王承乾之子厥”，是知李厥为宗正卿在高宗时。但此宗正卿或为赠官，俟考。参曾涧《订正》。

武承嗣　　上元元年(674)

《旧书·高宗纪下》：咸亨五年“四月辛卯，以尚辇奉御、周国公武承嗣为宗正卿。”《通鉴》同。按咸亨五年即上元元年。【增订】《洛阳碑志拓片博物馆名人书法拓本》第5页《魏王武承嗣墓志》：“咸亨四年,起家授尚辇奉御。……俄封周国公,本官如故。山河带砺,茅土封疆,坐看刑马之盟,且见回龟之印。亭封万岁,异代均荣;户给千家,殊年竞宠。未几,历宗正卿。周征彤伯,汉任刘平,忠规有序于宗亲,茂秩式分于河海。又授麟台监。"

韦思谦　约永淳元年(约682)

《旧书》本传:"则天临朝,转宗正卿,会官名改易,改为司属卿。光宅元年,分置左右肃政台,复以思谦为右肃政大夫。"又:"韦思谦……仁约字思谦,以音类则天父讳,故称字焉。"《新书》本传:"帝崩,思谦扶疾入临,涕泗冰须,俯伏号绝,诏给扶侍。转司属卿。复为右肃政大夫。"《隋唐五代墓志汇编》陕西卷第三册《大唐故纳言上轻车都尉博昌县开国男韦府君(仁约)墓志铭并序》(载初元年正月七日):"神皇临驭区宇,转授宗正卿。右台初建,复授右肃政御史大夫,同凤阁鸾台三品兼知左台事,迁纳言,封博昌县开国男。"永昌元年九月廿八日卒,春秋七十九。《全文》卷一八六小传:"高宗朝累迁尚书左丞,进御史大夫,转司属卿、右肃政大夫,封博昌县男,同凤阁鸾台三品。"《唐仆尚丞郎表》卷七《左丞》:"韦仁约(思谦),调露元年夏,迁左丞。盖开耀中,迁御史大夫。"

李仲玄　永淳二年(683)

《旧书·高宗纪下》:永淳二年,"二月甲午,洛州长史李仲玄为宗正卿"。

王及善　垂拱四年(688)

《旧书·则天皇后纪》:垂拱四年二月,"诏司属卿王及善、司府卿欧阳通、冬官侍郎狄仁杰巡抚赈给"。《旧书》本传:"垂拱中,历司属卿。……寻拜春官尚书、秦州都督。"《新书》本传:"垂拱中,历司属卿。山东饥,诏为巡抚赈给使,拜春官尚书。"《唐仆尚丞郎表》卷一五《礼尚》:"王及善,约垂拱末,由司属卿迁春尚,出为秦州都督。"

武重规　　万岁通天元年—圣历元年(696—698)

《旧书·突厥传上·默啜传》:万岁通天元年,“俄进寇妫檀等州,则天令司属卿武重规为天兵中道大总管……率兵三十万击之”。《旧书·则天皇后纪》:圣历元年八月,“命司属卿、高平王重规……等率兵二十万逆击,乃放延秀还”。《新书·则天纪》:圣历元年八月,“司属卿武重规为天兵中道大总管”。《通鉴》同。《新书·突厥传上》:“诏淮阳王武延秀,聘其女为妃……默啜猥曰:‘我以女嫁唐天子子,今乃后家子乎!……’即囚延秀等,妄号[阎]知微为可汗,自将十万骑南向击静难、平狄、清夷等军……虏入围妫、檀,后诏司属卿武重规为天兵中道大总管。”《全文》卷二四二李峤《授武重规司属卿制》:“右千牛卫大将军、上柱国、高平郡王重规……可司属卿。”同卷同人《授武懿宗武重规左右金吾卫大将军制》:“右金吾卫大将军兼检校洛州长史上柱国河内郡王懿宗、司属卿兼检校并州长史上柱国高平郡王重规……懿宗可左金吾卫大将军,依旧检校洛州长史,重规可右金吾卫大将军,依旧检校并州长史。”

樊德庆(樊庆德)　　武后时

《隋唐五代墓志汇编》洛阳卷第十册《唐故镇军大将军行右卫大将军赠户部尚书广平公(程伯献)墓志铭并序》(开元廿七年正月二十七日):“夫人南阳樊氏,讳周,字大雅,司宗卿德庆之孙,恒州长史瓘之仲女。”又《大唐故蔚州刺史王府君夫人南阳郡君樊氏墓志铭并序》(开元二十九年三月二十一日):“祖庆德,皇金紫光禄大夫、宗正寺卿、南阳县、上柱国、乐安公。”

武懿宗　　武后时

《隋唐五代墓志汇编》陕西卷第三册《大唐故怀州刺史赠特进耿国公武府君(懿宗)墓志铭并序》(景龙元年十一月二十六日):“天授建元之初,朝廷徙鼎之义,乃分太社,俾侯东藩,封河内郡王。……复为左右金吾大将军,三为司属卿,三为洛州长史,历魏汴同许四州刺史,三为怀州刺史。”神龙二年六月十八日卒,享年六十六。

武嗣宗　　武后时

《隋唐五代墓志汇编》陕西卷第三册《大唐左卫高思府果毅都□长上谯国公夫人武氏墓志》(开元三年二月二十一日):"父嗣宗,周封临川郡王,宗正寺卿。后封管国公,豳州刺史。……夫人即管公之长女也。"墓主先天二年九月七日卒。【增订】《长安新出墓志》第137页《唐故赠太子少保管国公武府君墓志铭并序》:"公讳嗣宗,字嗣宗,太原文水人。……寻以本职历兼蒲、寿、濮、曹、陕五州刺史。……复以表仪子弟敦叙宗室,征拜司属卿。无何,转泽、汾、怀三州刺史,一如前莅之政也。□□□司□司卫二卿。……重迁陕州刺史……改封□□□,食邑三千□□□国子祭酒。……于是首拜公豳州刺□。"墓主神龙三年卒,年五十。

李崇嗣　　约武后时

《新书·宗室世系表上》蔡王房:"平原王崇嗣,丹冀贝三州刺史,宗正卿,谥曰懿。"乃隋右领军大将军、赵郡怀公、西平怀王李安之孙。

杨志操　　武后时

《新书·杨玚传》:"玚伯父志操……位终司属卿、安平县男。"

武攸归　　武后时

《姓纂》卷六沛国武氏:"攸归,九江王、宗正卿。"

武崇敏　　武后时

《姓纂》卷六沛国武氏:"崇敏,宗正卿、上党王。"

李　琇　　武后时

《新书·宗室世系表上》大郑王房:"淮安忠公、宗正卿琇。"乃盐州刺史孝锐之子。《长安志》卷八《宣平坊》:"街东宗正卿李琇宅。"又见《唐两京城坊考》卷三。按李孝锐为盐州刺史在高宗时,则其子之仕历当在武后时。

李　徽　　武后时

《元龟》卷六二一："濮阳郡王徽为宗正卿，颇承恩，奏请宗正奉陵庙。"按《旧书·太宗诸子传》：濮王泰"二子欣、徽。欣封嗣濮王，徽封新安郡王。欣，则天初陷酷吏狱，贬昭州别驾，卒"。未知是否一人。

阎嘉宾　　武后时

【增订】新出土《阎仲连墓志》："父嘉宾，皇朝幽、岐、汾、同四州刺史，宗正、光禄两寺大卿。"墓主圣历二年卒，年四十七。(《苏州大学学报》2015 年第 1 期《新出阎仲连、萧守规墓志与唐代萧氏及其他文化世家姻亲研究》)

徐彦伯　　武后末

《新书》本传："奉迎中宗房州，进给事中。武后撰《三教珠英》……而彦伯、李峤居首。迁宗正卿，出为齐州刺史。帝复位，改太常少卿。"《全诗》卷七六小传："徐彦伯，名洪，以字行。……预修《三教珠英》，由宗正卿出为齐州刺史，移蒲州。"

李　俊　　神龙元年(705)

《元龟》卷二九五："归政郡王俊，吴王恪第四子，本名琨，中兴初封归政郡王、宗正卿。坐兄千里事贬南州司马卒。景云元年追复宗正卿、归政郡王官爵。"《旧书·李恪传》：子"琨，中兴初封归政郡王，历宗正卿，坐千里事贬南州司马，卒"。《新书》本传："神龙初，封归政郡王，历宗正卿，坐千里事，贬南州司马。"

韦　温　　神龙初

《新书》本传："神龙初，擢宗正卿，迁礼部尚书，封鲁国公。"《唐仆尚丞郎表》卷一五《礼尚》："韦温，约神龙末，由宗正卿迁礼尚。景龙三年三月二十一戊寅,迁太子少保、同中书门下三品。"

李思训　神龙初

《旧书·李叔良传》:"子孝协嗣……孝协弟孝斌……孝斌子思训……神龙初,中宗初复宗社,以思训旧齿,骤迁宗正卿,封陇西郡公,实封二百户。历益州长史。开元初,左羽林大将军,进封彭国公。"《新书》本传:"中宗复位,以耆旧擢宗正卿,封陇西郡公,历益州都督府长史。"《全文》卷二六五李邕《唐故云麾将军右武卫大将军赠秦州都督彭国公谥曰昭公李府君神道碑并序》:"公讳思训,字建,陇西狄道人也。……征拜太常寺丞,渐也。未月迁太府员外少卿,五旬擢宗正,即真彤伯,加陇西郡开国公,食邑二千户。"

李　晋　景云元年(710)

《旧书·中宗纪》:景龙四年六月,"宗正卿晋封新兴王"。

李　微　景云元年(710)

《旧书·李元庆传》:"次子询……询子微,神龙初,封为嗣道王。……景云元年,宗正卿,卒。"《新书·李元庆传》:"九子,诱为嗣,王临淄,为澧州刺史,坐赃削爵。更以次子询之子微嗣,终宗正卿。"又《宗室世系表下》道王房:"嗣王、宗正卿微。"乃道孝王元庆孙,东安郡公寿州刺史李询子。【增订】《长安新出墓志》第165页《大唐故银青光禄大夫守太子詹事赠幽州大都督上柱国嗣道王墓志铭并序》:"王讳微,字逸少,陇西狄道人也。……景龙四年,加银青光禄大夫。唐[隆]元年检校右金吾将军。……谯王重福作逆洛师,以王为东都留守。和帝山陵抗表,请赴,事毕,判宗正卿。俄而即真,以薛王业为宗正卿,王为员外置同正,寻复旧。太极元年,拜左卫大将军刘德为宗正。"

李隆业　景云二年(711)

《元龟》卷六二一:"睿宗景云二年四月,以秘书监薛王隆业为宗正卿。”《旧书》本传：“睿宗即位，进封薛王，加封满一千户，拜秘书监，兼右羽林大将军。俄转宗正卿。”【增订】《长安新出墓志》第165页《大唐故银青光禄大夫守太子詹事赠幽州大都督上柱国嗣道王（李微）墓志铭并序》：“谯王重福作逆洛师，以王为东都留守。和帝山陵抗表，请赴，事毕，判宗正卿。俄而即真，以薛王业为宗正卿，王为员外置同正，寻复旧。”

李　微　太极元年（712）再任

【增订】参前二条引《长安新出墓志》第165页《大唐故银青光禄大夫守太子詹事赠幽州大都督上柱国嗣道王（李微）墓志铭并序》。

姜　晞　先天元年（712）

《全文》卷一九睿宗《遣宣劳使诰》：“朕恭已无为，留神元默，俯顺历数，佥谋公卿，式命元子，祇膺宝位。今庶政逌新，光华肇启，但恐天下至广，未达朕心，故临遣使臣，宣扬朝典。……宗正卿姜晞为河东道宣劳使。”

李　儆　开元元年（713）

《元龟》卷九七九：“玄宗先天二年七月，金城公主上言吐蕃赞普之母死。乃命左清道率李儆摄宗正卿，持节使于吐蕃会葬也。”

陆余庆　开元二年（714）

《全文》卷二五一苏颋《授陆余庆大理卿制》：“宗正卿、上柱国、广平郡开国公、判尚书左丞陆余庆……可大理卿，勋封如故。”余庆先天二年官太子右庶子，见《元龟》卷一六二。开元四年官少府监，见同书卷二五八苏颋《李乂碑》。自右丞转洛州长史，见《广记》卷二五九引《朝野佥载》。《广记》卷三二八引《御史台记》：“余庆……久视中，迁凤阁舍人，历陕州刺史、洛州长史、大理卿、少府监，主睿宗辒车不精，出授沂州刺史。”《姓纂》卷一〇陆氏：“余庆，尚书左丞、太子詹事。”《唐仆尚丞郎表》卷七《左丞》：“陆余庆，开元初，四年以前，以宗正卿判左丞事。后换大理卿。……《全唐文》二五一苏颋《授陆余庆大理卿制》:'宗正卿、上柱国、广平郡开国公、判尚书左丞陆余庆……可大理卿,勋封如故。'在《授张暐鸿胪卿制》前。按暐事在开元二三年。颋知制诰亦在开元初。四年十二月为相后不知制诰。则余庆此事不能迟过四年。"刘知柔由鸿胪卿迁工尚在开元三年,见鸿胪卿考。又苏颋有《奉和崔尚书赠大理陆卿鸿胪刘卿见示之作》,按"崔尚书"当指崔日用,本年在吏部尚书任,见《旧书·音乐志》及《唐会要》卷二二。"大理陆卿"指陆余庆,《新书·陆余庆传》:"开元初,为河南、河北宣抚使……大理卿。""鸿胪刘卿"指刘知柔,本年由尚书右丞任鸿胪卿。

李　濬　开元初

《隋唐五代墓志汇编》洛阳卷第十三册《前试太常寺协律郎荥阳郑公故夫人李氏墓志铭并序》(大和三年十月二十日):"曾祖濬,皇宗正卿。"夫人大和二年五月十八日卒,享年廿五。按《旧书》本传:"开元初,置诸道按察使,盛选能吏,授濬润州刺史、江东按察使。……寻拜虢、潞二州刺史,又拜益州长史、剑南节度使,摄御史大夫。……八年卒官。"未知是否同人。

韦希仲　约开元初

《英华》卷三九六苏颋《韦希仲宗正卿制》:"中卫司阶,已崇于命将;上卿为府,尤重于睦亲。左卫将军上柱国兼通事舍人内供奉韦希仲……宜辍鱼钤之委,叙于麟族之盟,可宗正卿,余如故。"《姓纂》卷二京兆杜陵东眷韦氏:"希仲,刑部郎中、宗正、太常卿、扶阳公。"乃韦晏孙。

李　邕　开元初

【增订】《唐研究》第一二卷《唐嗣虢王李邕墓志考》载拓本《李邕墓志》:"除陇州刺史,迁宗正卿,移虢州刺史。"按,此为嗣虢王李邕,开元十五年(727)薨。非书法家李邕。

姜　晦　　开元五年—十年(717—722)

《旧书·姜皎传》:"弟晦,又历御史中丞、吏部侍郎,兄弟当朝用事。……开元五年下敕曰:……又迁晦为宗正卿,以去其权。"《新书》本传:"皎被放,晦亦左除宗正卿,贬春州司马。"按姜皎初放在开元十年。《通鉴》卷二一一:开元五年,"上微时,与太常卿姜皎亲善,及诛窦怀贞等,皎预有功,由是宠遇群臣莫及,常出入卧内,与后妃连榻宴饮,赏赐不可胜纪。弟晦,亦以皎故累迁吏部侍郎。宋璟言皎兄弟权宠太盛,非所以安之,上亦以为然。秋七月,庚子,以晦为宗正卿,因下制曰:'西汉诸将,以权贵不全;南阳故人,以优闲自保。皎宜放归田园,散官、勋、封皆如故。'"《唐仆尚丞郎表》卷一〇《吏侍》:"姜晦,开元四年,由兵侍迁吏侍。五年七月三日庚子,徙宗正卿。"

李昇期　　开元十三年(725)

《元龟》卷六七一:"源光裕开元十三年以大理卿为郑州刺史,杨承令以尚书左丞为汾州刺史,许景先以吏部侍郎为虢州刺史,寇泚以兵部侍郎为宋州刺史,郑温琦以礼部侍郎为邠州刺史,李昇[期]以宗正卿为邢州刺史,(袁仁敬以大理少卿为杭州刺史)……崔志廉以鸿胪少卿为襄州刺史,蒋挺以国子司业为湖州刺史,裴观以左威卫将军为沧州刺史,崔诚以左司御率府副率为遂州刺史。"《新书·许景先传》:"(开元)十三年,帝自择刺史,景先由吏部侍郎为刺史治虢州。……卫尉少卿李昇期邢州。"称以卫尉少卿为邢州,与《新传》不合,待考。

李志暕　　开元十五年(727)

【增订】《唐研究》第十二卷《唐嗣虢王李邕墓志考》载拓本《嗣虢王邕墓志》,末署:"银青光禄大夫、宗正卿、上柱国、嗣彭王志暕书。"墓主开元十五年(727)十二月葬。

李　佺　　开元二十年—二十二年(732—734)

《旧书·突厥上·毗伽可汗传》:"[开元]二十年,小杀……既卒,国人立其子为伊然可汗。诏宗正卿李佺往申吊祭。"《新书·突厥传下》:"默棘连请昏既勤,帝许可,于是遣哥解栗必来谢,请昏期。俄为梅录啜所毒,忍死杀梅录啜,夷其种,乃卒。帝为发哀,诏宗正卿李佺吊祭,因立庙,诏史官李融文其碑。"《旧书·李神符传》:"少子文暕最知名。……文暕子佺,开元中为宗正卿。"《新书·宗室世系表上》大郑王房:"宗正卿佺。"乃魏国公、幽州大总管李文暕子。《通鉴·开元二十二年》:"突厥毗伽可汗为其大臣梅录啜所毒,未死,讨诛梅录啜及其族党。既卒,子伊然可汗立,寻卒,弟登利可汗立。"《考异》曰:"《旧传》:伊然立,诏宗正卿李诠吊祭,册立伊然,为立碑庙。无几,伊然病卒,又立其弟为登利可汗。"作"诠"稍异。《元龟》卷六二一:开元"二十年七月七日,诏宗正寺官员以宗子为之"。又卷九六四:开元二十年,"是年,突厥可汗小杀卒,国人立其子为伊然可汗,诏宗正卿李佺册立。"

李　彻　　开元二十五年(737)

《旧书·李凤传》:"第五子东莞郡公融……子彻,神龙三年袭封东莞郡公。开元五年继密王元晓,改为嗣密王。十二年,改封濮阳郡王,历宗正卿、金紫光禄大夫,卒。"《新书·百官志三》:"[开元]二十五年,濮阳王彻为宗正卿,恩遇甚厚。"又《宗室世系表下》虢王房:"濮阳郡王、宗正卿彻。"乃虢庄王凤孙,东莞郡公茂融子。又《姜庆初传》:"故事,太常职奉陵庙。开元末,濮阳王彻为宗正卿,有宠,始请宗正奉陵。"同书《李元晓传》:"开元五年,更诏元晓再从孙东莞郡公彻嗣,徙封濮阳郡王,历宗正卿、金紫光禄大夫。"《大诏令集》卷七四孙逖《令嗣郑王希言分祭五岳敕》:"宜令光禄卿、嗣郑王希言祭东岳……宗正卿、濮阳郡王彻祭北岳。"《全文》卷三〇九孙逖《授濮阳郡王彻宗正卿制》:"金紫光禄大夫、行太仆卿员外置同正员、上柱国、濮阳郡王彻……可行宗正卿,散官勋如故。"又卷四〇六小传:"密贞王元晓再从孙,初封东莞郡王,徙封濮阳郡,历宗正卿。"《元龟》卷六二一：开元“二十五年秋七月乙卯，敕诸陵庙并隶宗正寺，其官员悉以宗子为之”。《大诏令集》卷三八《濮阳郡王澈宗正卿制》：“金紫光禄大夫行太仆卿员外置同正员上柱国濮阳郡王澈……可行宗正卿，散官勋如故。”

李道坚　　开元二十五年—二十七年(737—739)

《会要》卷六五：“开元二十五年二月二日，宗正卿鲁王道坚奏：今年正月七日敕，道士、女冠并隶宗正寺，其崇元署今既鸿胪不管，其署请属宗正寺。敕旨依奏。”《旧书·李灵夔传》：“次子蔼。……封蔼子道坚为嗣鲁王……开元二十二年，兼检校魏州刺史，未行，改汴州刺史、河南道采访使。……道坚特以清毅闻。入为宗正卿，卒。”《新书·李灵夔传》：子蔼，蔼子道坚，“开元中，选授汴州刺史、河南道采访使。……入为宗正卿，薨”。又《宗室世系表下》鲁王房：“嗣王、宗正卿道坚。”乃灵夔孙。北图藏拓片《大唐故谯郡城父县尉卢府君(复)墓志铭》(天宝九载二月十三日)：“哲妇陇西李氏，即故宗正卿赠礼部尚书嗣鲁王道坚之女。”北图藏拓片《唐故朝散大夫太子左赞善大夫陇西李府君(咄)墓志铭并序》(天宝十四载十一月十一日)：“请授晋陵郡武进县主簿。……主上虑宗子有才，精加搜择，宗正卿嗣鲁王以公有曹冏之文史，兼刘歆之经术，抗表闻荐，特拜大理评事。”天宝十三载十二月十三日卒，春秋五十八。

李伯潜　　开元中

《新书·宗室世系表下》虢王房：“袭公、宗正卿伯潜。”乃虢庄王凤孙，中山郡公尧臣子，郑州刺史韬父。

庞承宗　　开元中

《姓纂》卷一南安今颍川庞氏：“承宗，右金吾大将军、宗正卿、南安侯。”按开元七年时为詹事，见《张说之集》卷一四；其碑称太子宾客，二十八年立，见《金石录》卷六；《宝刻丛编》卷六引《访碑录》则作洺州司马；卒赠幽州都督，谥恭，见《会要》卷七九。

韦元珪　开元中

《姓纂》卷二东眷韦氏彭城公房:"元珪,宗正卿。"《新表四上》韦氏彭城公房:"元珪,宗正卿。"乃刑部尚书韦坚父。按开元七年官兖州刺史,见《山左金石志》卷一二《阙里孔庙碑》。

李　璆　开元中

《大诏令集》卷三八孙逖《褒信郡王璆宗正卿制》:"银青光禄大夫殿中监上柱国褒信郡王璆……可宗正卿。"又见《全文》卷三〇九。《全文》卷二八三张九龄《龙池圣德颂并序》:"宗子宗正卿褒信郡王璆等若干人,伯父伯兄,仲叔季弟,聚族相与,诣阙上言。"

刘承颜　约开元中

《姓纂》卷五彭城刘氏:"承颜,宗正卿。"乃延景子。《新表一上》刘氏:"承颜,宗正卿。"乃陕州刺史延景子,刑部尚书德威孙。《金石录》卷二五《陕州刺史刘延景碑》。碑载延景四子:温玉、承颜、玙、琪。碑以景云二年立。

李　暹　约开元末

【增订】《全唐文补遗·千唐志斋新藏专辑》崔植《李佶墓志》:"祖暹,太中大夫、邠宁灵等州刺史、宗正卿。"墓主贞元十三年(797)十月十五日卒。按,叶梦得《避暑录话》卷下:"余在建康,有李氏子自言唐宗室后,持其五代而上告五通,援赦书求官。缣素虽弊,字画犹如新。其最上'广川郡公、汾州刺史李暹'一告尤精好。其初书旧衔'赵州刺史',次云'右可汾州刺史'云云。然后书告词,先言'门下',末言'主者施行',犹今之麻词也。开元二十年七月六日下。""汾""邠"形近易误,应从墓志作"邠州"。由此知李暹为宗正卿当在开元二十年(732)以后。

李　济　天宝初

《新书·宗室世系表上》郇王房:"宗正卿济。"乃新兴郡公、户部尚书李晋之子。李晋为户部尚书在开元元年，见《唐仆尚丞郎表》卷一一。

李　彻　　天宝三载(744)

《元龟》卷三三：天宝三载，“四月丙辰，遣使分祀岳渎。诏曰：……宗正卿、濮阳郡王彻祭西岳。”

李道邃　　约天宝七载(约747)

《旧书·李灵夔传》：“道坚弟道邃……天宝中为右丞，大理、宗正二卿，卒。”《新书·宗室世系表下》鲁王房：“戴国公、宗正卿道邃。”乃宗正卿道坚弟。按道邃为大理在天宝六载，故为宗正当在大理后。又据《唐仆尚丞郎表》卷八《右丞》：“李道邃，天宝八载九月，在右丞任。其始任不能早过上年。……据《新传》，右丞当在大理后。考《册府》三三：‘天宝八载九月，命(略)尚书右丞李通迁祭河渎。’时间与道邃相当，‘通迁’殆‘道邃’之形误耳。是始任不能早过七年。”故其为宗正卿约在天宝七载。

李　璆　　天宝七载—八载(748—749)

《会要》卷六五：天宝“七载五月二十九日，宗正卿褒信王璆奏：皇妹及女准礼出嫁后，各降本亲一等，今后并降为第二等，臣以为执礼破亲，有亏常典，宜请一切依服属等第为定，不在降服限”。《元龟》卷三三：天宝八载，“九月，命宗正卿、褒郡信(应乙)王璆祭西岳。……宜令宗正卿、褒信郡王璆等即分往五岳四渎及四海致祭。”又见《会要》卷二二。《新书·李素节传》：子璆，“初封嗣泽王，降为郢国公，官宗正、光禄卿，进封褒信王。……天宝初，复拜宗正卿”。证知李璆两次为宗正卿。《元龟》卷二七四：“褒信郡王璆，许王素节子，为宗正卿，友弟聪敏，宗子中有一善无不荐拔。”《全文》卷三二玄宗《遣使祭岳渎四海诏》：“宜令宗正卿褒信郡王璆等，即分往五岳四渎及四海致祭。”

李　玚　约天宝时

《旧书·李业传》:子十一人,“玚,宗正卿、荥阳郡王”。《新书·李业传》:“十一子,其闻者瑗、玚、琄。……玚荥阳王、宗正卿。”

李慎名　约天宝中

《隋唐五代墓志汇编》洛阳卷第十二册《连州桂阳县主簿杜府君(佚)之夫人陇西李氏墓志铭并序》(大历九年十二月七日):“祖慎名,皇朝宗正卿,赠工部尚书。父自下,皇朝司门员外。夫人即员外之长女也。”大历八年二月十六日卒,春秋三十六。【增订】《大唐西市博物馆藏墓志》三八三《李愻墓志》:“祖讳慎名,襄州元子。天宝中,以德行冠宗属,历官京兆尹,左金吾大将军,东都留守,太原尹,宗正卿。”

李　晔(李煜)　至德中

《全文》卷三六七贾至《授李煜宗正卿制》:“前宏农太守李煜……可守宗正卿。”贾至天宝末为中书舍人。《全文》卷三七六作“李煜”。按至德二载李煜为凤翔尹,见《会要》卷六八。劳格谓此李煜即李晔。乾元二年刑部侍郎李晔与凤翔尹严向皆贬岭下尉,见《通鉴》。又按贾至在至德中为中书舍人,乾元元年出为汝州刺史,二年又贬岳州司马。约宝应元年复为中书舍人,迁尚书左丞。则李晔为宗正卿当在至德中。《全诗》卷二一五李晔小传:“李晔,宗室子,官弘农太守、宗正卿。贾至常为撰制词。”

李　岘　约至德二载(757)

《旧书》本传:“代宗即位,征岘为荆南节度、江陵尹,知江淮选补使。入为礼部尚书、兼宗正卿。属銮舆幸陕,岘由商山路赴行在。既还京师,拜岘为黄门侍郎、同中书门下平章事。”《全文》卷三二一李华《故相国兵部尚书梁国公李岘传》:“出守零陵,再迁御史中丞、荆州等五道副元帅,征为宗正卿、凤翔太守。时兵荒之后,两京未复。公为政,人不劳而公赋足,智矣哉!……迁为御史大夫兼江陵尹、节度观察使。入为礼部尚书、宗正卿，加黄门侍郎平章事。"《唐仆尚丞郎表》卷七《左丞》："李岘，至德二载，由凤翔太守入迁左丞，又迁礼尚；迁卸均不出本年春至秋。"同书卷一五《礼尚》："李岘，至德二载，由左丞迁礼尚，时阶银青光禄大夫，十二月十五戊午，迁御史大夫兼京兆尹，进阶光禄大夫。"又据《唐方镇年表》卷五，李岘为荆南节度使在至德元载、二载。【增订】新出土徐浩撰《李岘墓志》："初以江陵兼御史中丞，山、岭、江南、黔中四道都副大使，采访使，入宗正卿。及为凤翔太守又兼中丞。"（河南美术出版社《唐李岘墓志》单行本）

李承寀　至德二载（757）

《旧书·肃宗纪》：至德二载九月，"敦煌王承寀自回纥使还，拜宗正卿"。《旧书·回纥传》："［至德］二载二月，回纥又使首领大将军多揽等十五人入朝。九月戊寅，加承寀开府仪同三司，拜宗正卿，纳回纥公主为妃。"《新书·李守礼传》：子承寀，"敦煌王，拜宗正卿，与仆固怀恩使回纥和亲，即纳其女为妃，封毗伽公主"。又《回纥传》："肃宗即位，使者来请助讨禄山，帝诏敦煌郡王承寀与约……可汗喜，以可敦妹为女，妻承寀，遣渠领来请和亲，帝欲固其心，即封虏女为毗伽公主。……帝因册毗伽公主为王妃，擢承寀宗正卿。"

李　遵　至德二载—上元二年（757—761）

《旧书·肃宗纪》：至德二载"十二月戊午朔，上御丹凤门，下制大赦。……宗正卿李遵郑国公，兼进封邑"。又见《会要》卷四五。《会要》卷一七："至乾元元年四月二十八日，宗正卿李遵奏。"《元龟》卷二九七："嗣虢王巨，肃宗乾元初为河南尹……宗正卿李遵构之，发其赃，贬为遂州刺史。"又卷六一九："敬羽为御史中丞。太子少傅，宗正卿李遵为宗正，太子通事舍人李水告其赃私，诏羽案。"《大诏令集》卷一二三《至德二载收复两京大赦》："银青光禄大夫宗正卿兼工部侍郎李遵，义切维城，勋参定国，加特进、封郑国公，实封二百户。”又见《全文》卷四四肃宗文。《全文》卷三九一独孤及《唐故特进太子少保郑国公李公(遵)墓志铭》:“肃宗以余骑十数次于彭原,公顿首迎谒。……上乃即皇帝位,拜公尚书工部侍郎,领宗正卿。乘舆南旋,公封郑伯。旧京始复,公典营建。……乾元二年,论功行封,策为郑国公……加特进、工部尚书,宗正如故。……宝应二年拜鸿胪。”《旧书·李巨传》:“[至德]三年夏四月,加太子少师、兼河南尹,充东京留守,判尚书省事,充东畿采访等使。……宗正卿李遵构之,发其所犯赃贿,贬为遂州刺史。”《新书·李巨传》:“其妃即张皇后从女弟,内不睦。……宗正卿李遵素私张,发巨赃事,贬遂州刺史。”《旧书·李敬羽传》:“上元中,擢为御史中丞。太子少傅、宗正卿、郑国公李遵,为宗子通事舍人李若冰告其赃私,诏羽按之。……肃宗以勋旧舍之,但停宗正卿。”《全文》卷四三三小传:“肃宗即位,拜工部侍郎,领宗正卿,封郑伯。乾元二年进封公,加特进、工部尚书。坐贿下狱。由太子少傅贬袁州刺史。宝应二年拜鸿胪。”《唐仆尚丞郎表》卷二二《工侍》:“李遵,至德元载秋冬,由彭原太守迁工侍,领宗正卿。二载冬,见在任。十二月十五戊午,见在工侍兼宗正卿任,阶由银青光禄大夫进特进。乾元二年,迁工尚,仍兼宗正。”同书卷二一《工尚》:“李遵,乾元二年,由工侍兼宗正卿迁工尚,仍兼宗正,时阶特进。上元元年四月,见在任。是年或明年,徙太子少傅。”

李芝芳　　肃宗时?

《会要》卷二一:昭陵陪葬名氏,“宗正卿李芝芳”。按《四川成都志》卷一一:至德三载,“李之芳以黄门侍郎知蜀郡军府事充剑南节度采访使”。未知是否一人。

李　粹　　约肃宗时

《新书·宗室世系表下》恒山愍王房:“宗正卿粹。”乃承乾曾孙,玄宗相李适之侄。按李适之天宝元年以刑部侍郎为左相,见《新唐书·宰相表中》。

李齐物　　上元二年(761)

《旧书·肃宗纪》:上元元年五月,"壬子,太子少傅、宗正卿李齐物卒"。《旧书》本传:"至德初,拜太子宾客,迁刑部尚书、凤翔尹、太常卿、京兆尹。……晚年除太子太傅、兼宗正卿。上元二年五月卒,辍朝一日。诏曰:'故金紫光禄大夫、太子太傅、兼宗正卿齐物……可赠太子太师。"《新书》本传:"坐与李适之善,贬竟陵太守,还,迁京兆尹,太子太傅,兼宗正卿,卒。"《全文》卷四三肃宗《赠李齐物太子太师诏》:"故金紫光禄大夫太子太傅兼宗正卿齐物……可赠太子太师。"同书卷三四二颜真卿《金紫光禄大夫守太子太傅兼宗正卿赠司空上柱国陇西郡开国公李公(齐物)神道碑铭》:"迁将作少匠、殿中少监、太府少卿、怀陕二州刺史。……特加银青光禄大夫、鸿胪卿。……拜河南尹,仍水陆运使。……贬竟陵郡太守。……天宝末征拜将作监,重授鸿胪卿。"

李　岘　　广德元年(763)

《旧书·代宗纪》:广德元年,"八月,以荆南节度使李岘为宗正卿"。十二月,"宗正卿梁国公李岘为黄门侍郎、同中书门下平章事"。《元龟》卷七三及《通鉴》同。《旧书》本传:"代宗即位,征岘为荆南节度、江陵尹,知江淮选补使。入为礼部尚书、兼宗正卿。属銮舆幸陕,岘由商山路赴行在。既还京师,拜岘为黄门侍郎、同中书门下平章事。"《新书》本传:"代宗立,改荆南节度,知江淮选补使。入为礼部尚书兼宗正卿。乘舆在陕,由商山走帝所。"《全文》卷三二一李华《故相国兵部尚书梁国公李岘传》:"出守零陵,再迁御史中丞、荆州等五道副元帅,征为宗正卿、凤翔太守。时兵荒之后,两京未复。公为政,人不劳而公赋足,智矣哉!……迁为御史大夫兼江陵尹、节度观察使。入为礼部尚书、宗正卿,加黄门侍郎平章事。"《全文》卷三七二小传:"代宗即位,入为礼部尚书兼宗正卿,拜黄门侍郎同中书门下平章事。"此再任。

李　錬　　广德中

《旧书·李元庆传》:次子询,询子微,微"子錬,开元二十五年,袭封嗣道王。广德中,官至宗正卿"。《新书·李元庆传》:"更以次子询之子微嗣,终宗正卿。子錬嗣。广德中,亦至宗正卿。"《新书·宗室世系表下》道王房:"嗣王、宗正卿錬。"乃宗正卿李微子,京兆尹李实父。

李　祇　　大历元年(766)

《旧书·代宗纪》:永泰二年十月,"己丑,宗正卿吴王祇奏上《皇室永泰新论》二十卷,太常博士柳芳撰"。又见《会要》卷三六、《元龟》卷六二一。《新书》本传:"累迁陈留太守,持节河南道节度采访使。历太仆、宗正卿。代宗大历时,祇既宗室老,以太子宾客为集贤院待制。"《大诏令集》卷三八常衮《嗣吴王祇太子宾客制》:"光禄大夫检校工部尚书兼宗正卿上柱国嗣吴王祇……掌宗卿而九族益亲……可兼太子宾客,其检校工部尚书及散官勋封如故。"又见《全文》卷四一二常衮文。

李　檝　　约大历中

《新书·宗室世系表下》让皇帝房:"嗣宁王、宗正卿檝。"乃让皇帝李宪孙,嗣宁王琳子。按《旧书·睿宗诸子传》:"琳封嗣宁王,历秘书员外监。从玄宗幸蜀郡,至德二载卒。"则琳之子约仕大历中。

李　琬　　约大历中—建中元年(?—780)

《会要》卷八三:"建中元年十一月十六日敕:宜令礼仪使与博士及宗正卿李琬、汉中王瑀、光禄卿李涵,约古今旧仪及开元礼,详定公主、郡主、县主出降觌见之仪。"《全文》卷四一二常衮《授李琬宗正卿制》:"三从叔祖银青光禄大夫、前婺州刺史、本州团练守捉使、上柱国、荆国公琬……固可以居宗室大臣之位,叙文昭武穆之亲。怀德任贤,敬兹休命,可宗正卿,散官勋封如故。"《广记》卷二〇五引《羯鼓录》:"广德中,蜀客前双流县丞李琬者亦能之。调集至长安,居务本里，尝夜闻羯鼓。……叩门请谒，谓鼓工曰……。工大异之曰：'……某太常工人也。……'工如所教，果相谐协，声意皆尽。工泣而谢之，即言于寺卿。奏为主簿。后累官至太常少卿、宗正卿。"《大诏令集》卷四〇《甄叙皇属敕》："其中有才行学艺为众所推者，及嗣郡王尝经任使，灼然著声绩者，宜委宗正卿琬、汉中郡王瑀、光禄卿涵，录其名实，具状闻荐。"又见《全文》卷四四肃宗文。《元龟》卷六二〇："李琬为幽州刺史、宗正卿，代宗大历六年，赐琬杂彩一百匹，衣一袭，以其职奉陵寝，绩用可称褒之，曰：'琇、珪为司农少卿，迁大卿，在卿曹十余年，德宗以为可任腹心。'"

李　干　　贞元初

《新书·李锜传》："贞元初，迁至宗正少卿。尝与卿李干争议，锜以直不坐，德宗两置之。"《元龟》卷九一八："唐李锜为宗正少卿，尝以公事与太卿李干忿争，锜辞稍直，朝廷两秘之。"

李　访　　贞元四年(788)

《会要》卷四六：贞元四年四月，封"丹王子访宗正卿、宁朔郡王"。疑为宗正卿员外置同正员。《新书·宗室世系表下》代宗诸子："宁朔郡王、宗正卿访。"乃丹王逾子。按《旧书》丹王逾本传："建中四年，改丹王。"

李　翼　　约贞元六年(约 790)

《新书·宗室世系表上》大郑王房："宗正卿、太子宾客、陇西县子翼，字则之。"乃泗州刺史孟犨之子。按《全文》卷三七一李袗《泗州刺史李君(孟犨)神道碑》："开元十九年十一月十九日终于大梁旅馆，享年五十有五。"【增订】《偃师碑志选粹》第 200 页《唐故中散大夫守太子宾客上柱国赐紫金鱼袋赠工部尚书河东薛府君夫人陇西县君李氏(饶)墓志铭》："虞部郎中、赠郑州刺史、袭胶西公讳孟犨，公生银青光禄大夫、陕虢观察使、宗正卿、陇西县开国子、谥曰敬讳翼，敬公娶东都留守兼河南尹裴公迴之女，实生女子子，是为夫人。"

李饶长庆三年卒,年五十七。按,李翼为陕虢观察使在贞元五年,其为宗正卿约在贞元六年或稍后。

李　翰　贞元七年(791)

《旧书・德宗纪下》:贞元七年八月,“丙申,贬宗正卿李翰为雅王傅”。

李　复　贞元八年(792)

《旧书》本传:“迁广州刺史、兼御史大夫、岭南节度观察使。……征拜宗正卿,加检校工部尚书。未一岁,会华州节度李元谅卒,以复为华州刺史、潼关防御镇国军使,仍检校户部尚书,兼御史大夫。”《新书》本传:“转岭南节度使……召拜宗正卿。历华州刺史。”《全诗》卷四六五杨衡《广州石门寺重送李尚赴朝时兼宗正卿》,“尚”下脱“书”字,李尚书即李复。

李齐运　贞元十二年前(796 前)

《旧书》本传:“贞元中,蝗旱方炽,齐运无政术,乃以韩洄代之,改宗正卿、兼御史大夫、闲厩宫苑使。改检校礼部尚书,兼殿中监。寻正拜礼部尚书、兼殿中监,使如故。……贞元十二年卒。”《新书》本传:“久之,大蝗旱,齐运不能政,乃以韩洄代之,改宗正卿、闲厩宫苑使。进至礼部尚书。”《新书・宗室世系表下》蒋王房:“宗正卿齐运,字仲达。”乃蒋王恽曾孙,中山王李据子。《唐文拾遗》卷二四小传:“李晟壁渭桥,齐运时拜京兆尹,督刍粟饷晟。贼平,颇有助,改宗正卿,进至礼部尚书。”《唐仆尚丞郎表》卷一五《礼尚》:“李齐运,贞元十二年三月十三乙巳,由检校礼尚、兼殿中监、闲厩宫苑使正拜礼尚,仍兼殿中监、充使职。十七年九月十八丁丑,卒官。”

李　巘　贞元十三年—十五年(797—799)

《会要》卷三八:“贞元十三年五月,宗正卿、嗣义王巘奏:简王府谘议参军嗣宁王子谢葬,请卤簿。”《元龟》卷六〇作“十三年七月,宗正卿、嗣吴王献奏”。《元龟》卷二七一:“嗣吴王巘,贞元中为宗正卿。”又见卷二九三。《旧书·德宗纪下》:贞元十五年五月,“戊辰,宗正卿、嗣吴王巘薨。”《新书》本传:“祇薨,兄岵得罪,乃以巘嗣王。累至宗正卿,检校刑部尚书。”

李　纾　贞元二十一年(805)

《全文》卷五六〇韩愈《顺宗实录一》:贞元二十一年正月,“二十六即位……以检校司空平章事杜佑摄冢宰兼山陵使,中丞武元衡为副使,宗正卿李纾为按行山陵地使”。

李　扞(杆)　约贞元末

北图藏拓片《唐故中散大夫秘书监致仕上柱国赐紫金鱼袋赠左散骑常侍东平吕府君(让)墓志铭并序》(大中十年四月十三日):“公夫人陇西县君李氏,外王父桂府观察使、宗正卿、魏国公扞,泣训诸子,称家卒事。”长男焕撰。让卒大中九年十月廿四日,享年六十三。【增订】《大唐西市博物馆藏墓志》载吕让撰《李从易墓志》:“烈考杆,宗正、鸿胪二卿,桂州观察使兼御史中丞,赠尚书左仆射。”墓主开成元年十一月十一日卒,享年五十八。

李　词　元和四年(809)

《大诏令集》卷六三《册赠吴少诚司徒文》:“维元和四年岁次己丑十二月壬申朔二十七日戊戌……咨尔故彰义军节度支度营田申光蔡等州观察处置等使……使持节蔡州诸军事、兼蔡州刺史、上柱国、濮阳郡王吴少诚……今遣使权知宗正卿李词、副使起居舍人裴度持节册赠尔为司徒。”又见《全文》卷六三宪宗文。《白居易集》卷五七《答宗正卿李词等贺德音表》:“卿等任重宗卿,恩连属籍。”

王　涯　元和八年(813)

《会要》卷二一:元和“八年七月,宗正卿王涯奏”。

李上公　元和十一年(816)

《会要》卷一七:"元和十一年正月,宗正寺奏建陵黄堂南面丹景门,去年十一月被贼斫破门戟四十七竿。诏曰:……宗正卿李上公罚一月俸。"《唐文拾遗》卷六宪宗《惩宗正卿李上公等诏》:"宗正卿李上公罚一月俸。"

李道古　元和十三年—十五年(818—820)

《旧书》本传:"元和十三年,入为宗正卿。"《新书》本传:"淮西平,加检校御史大夫,召为宗正卿、左金吾将军。"《通鉴·元和十三年》:"宗正卿李道古先为鄂岳观察使,以贪暴闻,恐终获罪,思所以自媚于上,乃因皇甫镈荐山人柳泌,云能合长生药。"《全文》卷五六三韩愈《昭武校尉守左金吾卫将军李公(道古)墓志铭》:"(元和)十三年,征拜宗正。转左金吾。上即位……"《唐文拾遗》卷二六小传:"代柳公绰镇鄂岳,召为宗正卿。以荐所善柳泌斥为循州司马。"

李　翻　元和十五年(820)

《旧书·穆宗纪》:元和十五年十一月,"以宗正卿李翱为华州刺史、潼关防御、镇国军使"。《会要》卷二一:"(元和)十五年二月,山陵使奏:……李翱官是宗正卿。"按"李翱"为"李翻"之误,说详岑仲勉《唐史余沈·钱大昕两李翱之误》条。《旧书·李宗闵传》:"父翻,宗正卿,出为华州刺史、镇国军潼关防御等使。""穆宗即位,拜中书舍人。时翻自宗正卿出刺华州,父子同时承恩制,人士荣之。"

李　拭　元和十五年(820)

《全文》卷六四九元稹《授李拭宗正卿韦虔度殿中监制》:"拭可检校左散骑常侍兼宗正卿,虔度可守殿中监。"卞孝萱《元稹年谱》系于元和十五年,并云:"《旧唐书·穆宗纪》云:元和十五年十一月辛亥,'以宗正卿李翱(翻)为华州刺史、潼关防御、镇国军使。'李拭或接替李翻为宗正卿,此制当撰于元和十五年十一月辛亥。"《新书·李鄘传》:"子拭,仕历宗正卿、京兆尹、河东凤翔节度使。"《新书·宗室世系表上》蜀王房:“宗正卿栻,初名檀。”乃都官郎中李嗣瓌子,宗正卿李仍叔父。

李　锐　　大和五年—七年(831—833)

《旧书·韦温传》:“大和五年,太庙第四、第六室缺漏,上怒,罚宗正卿李锐、将作王堪,乃诏中使鸠工补葺之。”《新书·韦温传》:“大和五年,太庙室漏罅,诏宗正、将作营治,不时毕,文宗怒责卿李锐、监王堪。”《会要》卷一八:大和“五年五月,太庙第四室六室缺漏,上怒,罚宗正卿李锐”。《元龟》卷三〇作“李铣”。《旧书·文宗纪下》:大和七年二月,“癸酉,以宗正卿李诜为陕州防御使,代崔咸”。

李仍叔　　大和七年—八年(833—834)

《旧书·文宗纪下》:大和八年七月,“诏宗正卿李仍叔启告修塞”。又十二月,“以宗正卿李仍叔为湖南观察使”。前条又见《会要》卷二一。《旧书·五行志》:大和八年,“七月辛酉,定陵台大风雨,震,东廊之下地裂一百三十尺,其深五尺。诏宗正卿李仍叔启告修之”。《新书·宗室世系表上》蜀王房:“宗正卿仍叔,字周美,初名章甫。”乃宗正卿李栻子,检校水部员外郎兼岭南节度副使李焜父。《唐文续拾》卷五小传:“元和五年登第,历官右补阙、水部部中、宗正卿、湖南观察使、太子宾客。”《白居易集》卷二九《履信池樱桃岛上醉后走笔送别舒员外兼寄宗正李卿考功崔郎中》诗,李卿即李仍叔,诗作于大和七年秋末,说详朱金城《白居易交游续考》(收入《白居易研究》第107页)。

李弘泽　　开成元年(836)

《元龟》卷六二一:“开成元年闰六月乙未,召宗正卿李弘泽问图谱。”《新书·宗室世系表上》郇王房:“宗正卿弘泽,字德润。”乃李林甫孙。

李　玭　开成三年(838)

《会要》卷六五:“开成三年正月,宗正卿李玭奏。”又见卷一五八。《全文》卷七六三沈珣《授李玭凤翔节度使制》:“刑部尚书兼宗正卿李玭……洎擢处月卿,掌我天族,不忝维城之寄,副予同姓之求。今以昆夷来朝,愿纳故壤。”

李践方　开成四年(839)

《元龟》卷三〇:开成四年“四月壬戌……遂召宗正卿李践方至。”

李仍叔　会昌三年(843)

《新书·宪宗女定安公主传》:“定安公主,始封太和,下嫁回鹘崇德可汗。会昌三年来归,诏宗正卿李仍叔、秘书监李践方等告景陵。”此再任。

魏　扶　大中三年前(849前)

【增订】李商隐《(为弟作)谢座主魏相公启》:“大宗正之荐贤,又蒙抽擢。未淹旬日,再授班资,任重本枝,职齐载笔。”按,魏扶以兵部侍郎入相在大中三年四月,其为宗正卿在以兵部侍郎入相前。

李文举　大中五年—六年(851—852)

《全文》卷七四八杜牧《李文举除睦州刺史制》:“正议大夫权知宗正卿上柱国陇西县开国伯……李文举……可使持节睦州诸军事守睦州刺史,散官勋封赐如故。”《樊南文集》卷六《为李兵曹祭兄濠州刺史文》:“汉有宗正,委之亲贤。贰彼惟月,人宁我先。外夷求聘,无子忧边。皇华始赋,紫绶俄悬。雄其出塞之任,假以中台之权。……严陵山水,钟离控扼。”冯浩注:“此李君是以宗正卿出使外夷,归而贬郡者也。……惟大中五年十二月书盗斫景陵神门戟,京兆尹韦博罚两月俸,贬宗正卿李文举睦州刺史。……盖先刺睦继刺濠而卒。”《旧书·宣宗纪下》:大中五年十二月,“贬宗正卿李文举睦州刺史”。又大中七年春正月，“宗正卿李文举贬睦州刺史”。系年均误。考《淳熙严州图经》卷一《题名》：“李文举，大中六年四月十三日自宗正卿拜。”《会要》卷一七：“大中五年十二月，景陵有贼惊动，斫损神门戟架等，至六年四月下诏曰：……其日，贬宗正卿李文举为睦州刺史。”

李宏简　　大中六年(852)

《全文》卷七九一小传：“大中六年官宗正卿。”

李弘甫　　大中十二年(858)

《旧书·宣宗纪》：大中十二年正月，“以安南本管经略招讨处置使……安南都护……李弘甫为宗正卿”。《新表三上》李氏姑臧房：“弘甫，宗正卿、泾原节度使。”乃秘书监李上公子。

李　汉　　大中时

《全文》卷七四四小传：“大中时召拜宗正卿卒。”

李　定　　大中时

【增订】《大唐西市博物馆藏唐墓志》四六八《韦公夫人周氏墓志》云：“少男燕，以荫调得仕，为盩厔、富平二令，作宰畿赤，亦雅有能名。燕娶陇西李氏，宗正卿定之女。夫人常敬黄老之术，授道师正一箓，享年六十四，有唐乾符五年八月十六日以疾而殁。”李定为宗正卿，约在大中时。

李　胶　　咸通六年(865)

《隋唐五代墓志汇编》河北卷《唐故魏博节度开府仪同三司检校太尉兼中书令魏州大都督府长史充魏博观察处置等使上柱国楚国公食邑三千户食实封一百户赠太师庐江何公(弘敬)墓志》：“咸通六年……册拜公检校太尉兼中书令，三月辛巳下诏，乙丑公薨于位，癸巳驲骑上闻，皇帝震悼，不视朝三日，遣大宗正胶，鸿胪少卿段元昱驰传莅吊其孤。"

李　峄　　乾符二年(875)

《旧书·僖宗纪》:乾符二年二月,"太府卿李峄为宗正卿"。

李知柔　　乾宁元年前(894 前)

《新书》本传:"嗣王,再为宗正卿。久之,擢京兆尹。"按《旧书·昭宗纪》:乾宁二年,"六月丁亥朔,以京兆尹、嗣薛王知柔兼户部尚书、判度支,兼诸道盐铁转运等使"。

李　涪　　乾宁二年(895)

《新书·王行瑜传》:"始,行瑜乱,宗正卿李涪盛陈其忠,必悔过。至是帝怒,放死岭南。"据《旧书·昭宗纪》,王行瑜乱在乾宁二年五六月间,李涪为宗正卿亦当是时。

李龟年　　乾宁四年(897)

《全文》卷九三三杜光庭《历代崇道记》:"皇帝驻骅西蜀,中和二年八月九日进到,帝令宣示内外。三年三月十一日,亳州刺史潘锎差道士马含章、孙栖梧等奏:太清宫自乾宁四年已累有逆寇侵犯真源。……(九月)十二日,帝令宣示百官,中书侍郎平章事韦昭度、户部侍郎平章事萧遘、门下侍郎平章事郑畋、御史中丞张渎、宗正卿嗣曹王龟年表贺曰……"

李　逊　　昭宗时

《全文》卷八三一钱珝《授宗正卿嗣郑王逊大理卿李克助宗正卿等制》:"大宗正卿与廷尉实次奉常焉,易官而处,惟典之章。"按钱珝昭宗时因宰相王抟荐知制诰,进中书舍人。

李克助　　昭宗时

《全文》卷八三一钱珝《授宗正卿嗣郑王逊大理卿李克助宗正卿

等制》："大宗正卿与廷尉实次奉常焉，易官而处，惟典之章。"按钱珝昭宗时因宰相王抟荐知制诰，进中书舍人。

李克勤　天祐元年(904)

《旧书·哀帝纪》：天祐元年九月，"宗正卿李克勤充按行使"。按此李克勤，疑即上条之李克助。

李　震　天祐三年(906)

《元龟》卷二九七："邠王震为宗正卿，昭宗天祐三年七月敕曰：震就列朝行，守官宗寺，俄从私便，久去上京……停见任，并落下袭封。"《旧书·哀帝纪》：天祐三年七月，"检校工部尚书、守宗正卿、嗣邠王震停见任，落下袭封，以请告于外也"。

待考录

李大可

《广记》卷四三一："宗正卿李大可尝至沧州，州之饶安县有人野行，为虎所逐。"

任　干

【增订】《中原文物》2000 年第 6 期《河南博物院新藏唐代墓志》载拓本《任瑗墓志》："曾祖干，宗正、司农二寺卿，袭封乐[安]公。"墓主年七十一卒，天宝十三载(754)葬。未详卒于何年。

宗正少卿考

独孤瑛　武德初

【增订】《西安新获墓志集萃》第 49 页《独孤瑛墓志》："高祖太武皇帝诞膺乐推，援旗拯溺。龙飞晋水，凤翥参墟。奔关甸以推亡，临轵途而约法。公明逾去亳，义叶归曹。爰以旧姻，俄登显秩。拜宗正少卿。武德初,除司勋郎中。"显庆三年卒,年七十一。曾涧《增补》:《独孤法王墓志》(永徽三年十月):"父瑛,宗正少卿,鼎观饶汴定洛六州诸军事,六州刺史。"(《西安碑林博物馆新藏墓志续编》)《杨守澹墓志》(龙朔三年):"夫人河南独孤氏,洛定二州刺史、冠军公瑛之第二女也。"(《西安碑林博物馆新藏墓志续编》)《元和姓纂》载独孤善,"随河内公。孙暎,司勋郎中、洛州长史"。独孤暎即独孤瑛,"暎"当为"瑛"之误。

长孙冲　　贞观十七—十九年(643—645)

【增订】《金石萃编》卷四六太宗《祭比干文》:"维大唐贞观十九年岁次乙巳二月己亥朔廿日戊午,皇帝敬遣太府卿萧钦、宗正少卿、驸马都尉长孙冲等,持节以少牢之奠,祭殷故少师比干之灵。"又《隋唐五代墓志汇编》陕西卷第三册《大唐故长乐公主墓志铭》(贞观十七年九月二十一日):"七年降嫔于宗正少卿河南长孙冲,即司徒、太子太师赵国公无忌之长子也。"贞观十七年八月十日卒。所谓"七年降嫔于宗正少卿",盖言贞观十七年撰志时官职,而追述贞观七年婚姻之事。

长孙敞　　贞观中

《旧书》本传:"出为杞州刺史。贞观初,坐赃免。……寻拜宗正少卿致仕。"《姓纂》卷七河南洛阳长孙氏:"敞,宗正少卿、汴州总管。"《新表二上》长孙氏:"敞,宗正少卿、平原安男。"乃后周绛州刺史、平原公兕子。《古志石华》卷八《长孙氏志》:"曾祖敞,随金紫光禄大夫、宗正卿、平原郡开国公。"据《旧书》卷一八三:敞任宗正少卿,非宗正卿,与封平原郡公皆太宗时事。志统以隋代,误也。《丛编》卷九引《京兆金石录》有《赠幽州都督长孙敞碑》,永徽中立。《元龟》卷三〇一:"长孙敞,太宗文德皇后之叔父也。……贞观初坐赃免,寻拜宗正卿,及致仕,加金紫光禄大夫,封平原郡公。"又见同书卷三〇五。

高季通　　永徽二年(651)

《旧书·高季辅传》:“永徽二年,授光禄大夫,行侍中,兼太子少保。以风疾废于家,乃召其兄虢州刺史季通为宗正少卿视其疾。”《新书·高季辅传》:“永徽初,加光禄大夫、侍中、兼太子少保。感疾归第,有诏以其兄虢州刺史季通为宗正少卿,视疾,遣中使日候增损。”《新表一下》高氏:“季通,宗正少卿。”乃隋万年令高衡之子,太宗高宗时宰相冯兄。《元龟》卷三一九:“高季辅为中书令……永徽初辞职,优诏不许。……以风疾不视事,高宗令追其兄虢州刺史季通除宗正少卿以视疾。”

李　震　　永徽三年—四年(652—653)

《隋唐五代墓志汇编》陕西卷第一册《大唐故梓州刺史赠使持节都督幽州诸军事幽州刺史李公(震)墓志铭并序》(麟德二年十一月):“永徽三年,除中大夫守宗正少卿。……四年,出为使持节泽州诸军事、泽州刺史。”

武元庆　　显庆五年—乾封元年(660—666)

《旧书·武承嗣传》:“及则天立为皇后……寻又加赠士彟为太尉,杨氏改封为荣国夫人。时元庆仕为宗正少卿,元爽为少府少监,惟良为卫尉少卿。荣国夫人恨其畴日薄己,讽皇后抗疏请出元庆等为外职……于是元庆为龙州刺史。”《新书·武士彟传》:“始,士彟娶相里氏,生子元庆、元爽,又娶杨氏,生三女。……士彟卒后,诸子事杨不尽礼,衔之。后立,封杨代国夫人,进为荣国。后姊韩国夫人。于时元庆已官宗正少卿,元爽少府少监,兄子惟良卫尉少卿。杨讽后上疏出元庆等于外,以示退让。由是元庆斥龙州,元爽濠州,惟良始州。”《新书·后妃上·高宗则天顺圣皇后武氏传》:“士彟娶相里氏,生子元庆、元爽。又娶杨氏,生三女:伯嫁贺兰越石,蚤寡,封韩国夫人,仲即后。……始,兄子惟良、怀运与元庆等遇杨及后礼薄,后衔不置。及是,元庆为宗正少卿,元爽少府少监,惟良司卫少卿。……夫人怒,讽后伪为退让,请惟良等外迁,无示天下私。由是,惟良为始州刺史;元庆,龙州;元爽,濠州。"《新表四上》武氏:"元庆,宗正少卿。"乃武士彟子。《元龟》三〇一:"则天立为皇后,以元庆为宗正少卿。"《姓纂》卷六沛国武氏:"元庆,宗正少卿。"《通鉴·乾封元年》:八月,"元庆自右卫郎将为宗正少卿。……皇后乃上疏请出……元庆为龙州刺史。……元庆至州以忧卒。"【增订】《秦晋豫新出墓志搜佚续编》第738页韦述撰《裴光庭夫人武氏墓志》:"夫人姓武氏,荆州都督赠太师周忠孝王士彟之曾孙,宗正少卿赠梁宣王元庆之孙,司空梁宣王三思之女,则天圣后之归孙,侍中赠太师裴忠献公之夫人也。"

李　续　　乾封元年(666)

《全文》卷九九二阙名《纪国先妃陆氏碑》:"银青光禄大夫行司属少卿东平郡王续等,茹荼婴慕,集蓼缠哀。"妃麟德二年六月廿六日卒于泽州馆舍,春秋三十五。乾封元年十二月九日葬。【增订】《秦晋豫新出墓志搜佚》第501页李䜣《李行淹墓志》:"父讳续,银青光禄大夫、行宗正少卿、东平郡王。"

杨守讷　　上元二年(675)

《全文》卷二一六陈子昂《周故内供奉学士怀州河内县尉陈君(该)石人铭》:"上元元年州贡进士,对策高第,释褐授将仕郎,其明年制敕天下文儒,司属少卿杨守讷荐君应词殚文律,对策高第。"

李言思　　高宗时

《新书·宗室世系表上》大郑王房:"宗正少卿言思。"乃襄邑恭王神符孙,文举子。

武攸归　　武后时

《新书·武承嗣传》:"[武]攸归历司属少卿,至齐州刺史。……三人死太后时,不及削封。"

韦　项　　武后时

《隋唐五代墓志汇编》陕西卷第一册《大唐故银青光禄大夫卫尉卿扶阳县开国公护军韦公(项)墓志铭并序》(开元六年七月二十九日):"公讳项,字励己……俄迁宗正少卿,又转光禄少卿。……又迁卫尉卿,加银青光禄大夫。"开元四年四月十日卒,春秋八十一,开元六年七月廿九日合葬。

采怀敬　　武后时

《姓纂》卷六北平采氏:"怀敬,吏部郎中、宗正少卿。"乃唐初给事中、刑部侍郎采宣明子,今《郎官柱》吏中有怀敬。按采怀敬为吏部郎中,在李至远前二人,为司勋郎中在李至远前一人。吏中为二员,则采怀敬为李至远前任。据《旧书·良吏传》:素立"孙至远,……长寿中为天官郎中,内史李昭德重其才,荐于则天,擢令知流内选事"。又《唐会要》卷七四:"如意元年九月,天官郎中李至远知侍郎。"

韦　琨　　武后时

《姓纂》卷二东眷韦氏韦庶人房:"琨,宗正少卿。"乃元诞子,韦璿堂弟。《新表四上》韦氏驸马房:"琨,宗正少卿。"乃玄诞子。按《姓纂》称"岌生元郁、元谔、元诞。郁生璿,职方郎中"。按韦璿为卫尉卿,景云元年被杀,见本书卫尉卿考。则韦琨仕历应在武后时。

韦令仪　　武后时

《新表四上》韦氏逍遥公房:"令仪,宗正少卿。"乃武后相待价子。《姓纂》卷二谓司门郎中、梁州都督。考《唐文拾遗》卷二七《韦武神道碑》:"曾祖皇朝金紫光禄大夫、尚书左右仆射、同中书门下三品讳待价……祖银青光禄大夫梁州都督讳令仪。"【增订】《大唐西市博物馆藏墓志》二〇一《韦嘉娘墓志》:"父令仪,司门郎中,少府少监,银青光禄大夫,宗正少卿,褒州都督,扶阳肃公。夫人即第五女也。"志主开元十年卒,年四十七。《秦晋豫新出墓志搜佚续编》第

613页《唐韦蒌墓志并盖》:"父令仪,银青光禄大夫、少府监、宗卿、褒州都督、扶阳肃公。""宗卿"疑即"宗正少卿"之脱误。

李 胤 神龙初

《千唐志》九七一《有唐山南东道节度使赠尚书右仆射嗣曹王(李皋)墓铭并序》(贞元十五年六月二十四日):"宗正少卿讳胤,神龙初,上以少卿贤,复封于曹,则王之大王父也。"

姜 晞 景云二年—先天元年(711—712)

《会要》卷六五"宗正寺":"少卿本一员,景云二年十一月四日加一员,以姜晞为之。"《元龟》卷一六二:"玄宗先天元年,太上皇诏曰:……宗正卿姜晞为河东道宣劳使。"疑当为少卿。

韦 璆 开元元年(713)

《姓纂》卷二东眷韦氏阆公房:"璆,宗正卿。"乃德敏子。《毗陵集》卷一一《元曾墓志》:"衢州刺史鲁县康公璆之子。"同集卷一二《元诚志》亦作"衢"。《新表》作"卫州"及"元城"均误。又《新表》、墓志均不书宗正卿,《元龟》卷一六二:"(先天)二年七月壬申……宗正少卿韦璆宣抚江南及淮南道。"与《姓纂》不合,今从《元龟》。

姚元景 开元二年(714)

《全文》卷三二八胡皓《嶲州都督赠幽州都督吏部尚书谥文献姚府君(懿)碑铭并序》:"以(龙朔)二年十二月一日终于官舍……以[开元]三年七月十五日藁葬于硖石县安阳公之原。……公初娶张氏李氏,并早殂殁。后娶刘氏,累封彭城郡夫人,则隋左常侍降之孙,唐襄州长史志逵之女。今紫微令崇、故宗正少卿元景之母也。"又1983年出土于陕县石刻尚有《唐故银青光禄大夫嶲州都督长沙郡公赠幽州都督吏部尚书文献公姚府君玄堂记》,载《华夏考古》1987年第1期。《隋唐五代墓志汇编》北大卷第二册《唐故濮州临濮令赵郡李公夫人吴兴姚氏(品)墓铭并序》(大中十年四月二十三日):"有唐中书令梁国文贞公曾侄孙，宗正少卿府君讳元景之嫡曾孙，汝州司马府君讳算之孙，相州临河县令赠太子右庶子府君之季女。”大中八年八月十三日卒，享龄六十九。《新表四下》陕郡姚氏：“元素，宗正少卿。”乃姚崇弟。按《新表》误。清武亿《授堂金石跋·金石二跋》卷二：“《表》列懿凡三子：‘元景，潭州刺史。元之名崇，相武后、中、睿、玄。元素，宗正少卿。’以《碑》考之，景乃为宗正少卿，而非元素。又《碑》言：‘二子少孤。’明非三子，疑《表》误入元素，乃致乖错不符，当一以《碑》为正。”【增订】《秦晋豫新出墓志搜佚》第 984 页载《姚合墓志》：“渤海太守五城侯讳禋之生后魏祠部郎中讳滂，七世至我唐初巂州都督赠吏部尚书长沙文献公讳善意。文献公生宗正少卿赠博州刺史讳元景，即开元初中书令梁国文贞公之母弟，而公之曾王父也。”《秦晋豫新出墓志搜佚续编》第 512 页《大唐故中散大夫宗正少卿上柱国魏县开国子吴兴姚君墓志铭并序》：“君讳景之，字元昭，吴兴人也。……除洛阳令，申贞干也。……乃辞疾去官，归闲养性，优哉琴酒，萧然田园。……未几，起除宗正少卿。虽顺帝之则，而非适其愿。加以素尚匪懈，终事克勤，不遑芝术，遂中风露，以开元二年十一月十六日遘疾，终于河南慈惠里之私第，春秋五十有二。”为姚善意之子，姚崇之弟，与诸典籍所记元景为同一人。

姚　异　开元四年(716)

《通鉴·开元四年》：十一月，“崇子光禄少卿彝、宗正少卿异，广通宾客，颇受馈遗，为时所讥”。《旧书·姚崇传》：“是时，上初即位……崇独当重任，明于吏道，断割不滞。然纵其子光禄少卿彝、宗正少卿异广引宾客，受纳馈遗，由是为时所讥。”【增订】《秦晋豫新出墓志搜佚续编》第 626 页《唐姚异墓志》：“改将作丞、蒲卫二州司马、京太庙令、太常丞、太子中舍人、太仆少卿，复转光禄、卫尉、太仆少卿，加银青光禄大夫，出牧坊许二州。”

崔　秀　开元初

《全文》卷三五玄宗《迁擢宗正少卿崔秀等敕》:"宗正少卿崔秀等,名行早著,朝廷所推,各效一官,已经四载。器能有适,久次当迁。宜副佥谐,俾膺兹命。"《全文》卷二五二苏颋《授崔秀太子左庶子等制》:"宗正少卿崔秀等,名迹早著,朝廷所推,各效一官,已经四稔。诚器能有用,久次当迁。"

王同晊　约开元十年(722)

《全文》卷三一三孙逖《赠太子詹事王公(同晊)神道碑》:"洎睿宗受命……授公申王府主簿,寻又增秩朝散大夫……居岁余,制摄安州都督府司马,除太子舍人,转太子中舍人,历太子家令,拜宗正少卿,迁左庶子。东封之岁,表请归闲,制授亳州刺史致仕。凡官历二纪,将更五君。"开元十六年卒,春秋八十四。

崔　澄　开元十一年(723)

《大诏令集》卷六八张九龄《开元十一年南郊赦》:"自开元十一年十一月十六日昧爽已前,罪无轻重,已发觉未发觉,已结正未结正,系囚见徒,大辟罪已下,咸赦除之。……宗正少卿崔澄各赐物三百匹。"

郑　繇　开元十四年(726)

《大诏令集》卷七四《命卢从愿等祭岳渎敕》:"宗正卿郑繇祭淮渎。……开元十四年正月。"《全文》卷二九玄宗《遣官祭五岳四渎风伯雨师诏》:"太常少卿张九龄祭南岳及南海……宗正少卿郑繇祭淮渎。……宜令光禄卿孟温祭风伯。"作少卿,与《诏令集》异。按玄宗制,将其列于太常少卿张九龄后,则当为少卿。《元龟》卷一四四:开元"十四年六月丁未,以久旱分命六卿祭山川,诏曰:……宗正少卿郑繇祭淮渎"。

李　汕　　开元十四年(726)

【增订】《全唐文补遗·千唐志斋新藏专辑》李昇期《宗正少卿李汕墓志铭》:"俄而有制,授宗正少卿。……以开元十四年七月十一日,终于东京崇柔里之私第,春秋七十有一。"

窦希球　　开元十六年?(728?)

《全文》卷二九七裴耀卿《太子宾客赠太子太师窦希球神道碑》:"开元初,累迁都水使者、光禄少卿,特阶金紫光禄大夫、将作少卿,封冀国公。又加银青光禄大夫,太子左谕德、宗正少卿、郯王傅,又迁太子宾客。"春秋七十一,开元二十一年正月十九日卒。

康子元　　开元十八年(730)

《元龟》卷五三:开元十八年十月,"宗正少卿康子元……等于三殿侍讲。"《新书》本传:"乘舆自岱还,减从官,先次东都,唯子元、毋煚、韦述以学士从。久乃徙宗正少卿,以疾授秘书监,致仕。"《全文》卷二九九裴光庭《请以三殿讲道德经编入史策奏》:"遂命集贤院学士、中书舍人陈希烈,谏议大夫王迥质,侍讲学士、宗正少卿康子元,赞善大夫冯朝隐等于三殿侍讲。"同书卷三五一小传:"开元中举能治易老庄者,擢侍读,迁秘书少监兼集贤侍讲学士,徙宗正少卿,以疾授秘书监。"

崔　秀　　开元二十五年(737)

《元龟》卷一五八:开元二十五年"七月,以宗正少卿崔秀为太子右庶子"。

杜令怡　　开元中

《姓纂》卷六扶风郿县杜氏:"唐宗正少卿杜令怡。"按开元十四年有海州刺史杜令昭,见《太平寰宇记》卷二二,疑即此人。怡、昭字近,未详孰是。

殷承业　　开元末

《全文》卷三〇九孙逖《授殷承业太子左谕德王利涉国子监丞制》:“朝议大夫、宗正少卿殷承业,行宗正丞王利涉等……承业可太子左谕德,利涉可国子监丞。”《姓纂》卷四陈郡长平殷氏:“承业,宗正少卿。”乃仲容子。《新书》卷一九九作“承业”,开元初任秘书丞,见《会要》卷六四。

李成裕　　天宝十载(751)

《元龟》卷三三:天宝十载“二月己亥,分遣……宗正少卿李成裕祭北岳安天王”。《旧书·礼仪志四》:“十载正月……宗正少卿李成裕祭北岳安天王。”

李少连　　天宝中

《新书·宗室世系表上》毕王房:“宗正少卿少连。”乃睢阳太守李少康弟。按李少康天宝元年至三载为睢阳太守,见独孤及《唐故睢阳太守赠秘书监李公(少康)神道碑铭》。

李　覞　　天宝末

《新书·宗室世系表下》纪王房:“狄道县男、宗正少卿覞。”乃纪王慎曾孙、汝州刺史行休子。按李行休为汝州刺史在开元中,则其子仕历约在天宝末。

李　杙　　肃宗时

《新书·宗室世系表下》让皇帝房:“宗正少卿杙。”乃汝阳王李琎子。按李琎为太仆卿在开元中,见本书太仆卿考。知李杙仕历约为肃宗时。

李　涵　　宝应元年(762)

《元龟》卷一六三:“代宗宝应元年冬,以初平河朔,拜宗正少卿李涵左庶子兼御史中丞、河北宣慰使。”又卷五二二:“吕渭为殿中侍御史，德宗初即位，以李涵为太子少傅，充山陵副使。……寻有人言：涵昔为宗正少卿，此时无言，今为少傅，渭妄有奏议。……由是改涵为简较工部尚书兼光禄少卿，仍充山陵副使。”《旧书》本传：“肃宗大悦，除右司员外郎，累至司封郎中、宗正少卿。宝应元年，初平河朔，代宗以涵忠谨洽闻，迁左庶子、兼御史中丞、河北宣慰使。”《新书》本传：“朔方留后杜鸿渐等条士马仓庪，使涵奉笺驰谒肃宗。涵既见，敷奏明辩，肃宗悦，除左司员外郎，再迁宗正少卿。宝应初，河朔平，涵方母丧，夺哀持节宣慰。”

李　粹　广德元年—大历二年（763—767）

【增订】《大唐西市博物馆藏墓志》二七九《李粹墓志》，全称为《唐故银青光禄大夫行宗正少卿上柱国赠宗正卿李公墓志》，志云：“至广德元年，拜银青光禄大夫、试宗正少卿。明年，有命即真，濯缨凡卌余载，中外所莅，官簿亦深。……以大历二年二月遘疾，四月甲辰终于新昌里之私第，享年六十有四。”

李　瀚　大历中

《全文》卷四一二常衮《授李瀚宗正少卿制》：“银青光禄大夫前亳州刺史本州团练守捉使上邽县开国男李瀚……以亲九族，乃立贰卿，宜叙周文之昭，用毗刘德之任。可行宗正少卿，散官封如故。”常衮大历元年至九年为中书舍人。《新书·李齐运传》：“由工部郎中为长安令，政颇修办。宗正少卿李瀚从子有所讼，齐运于瀚为卑行，而不礼讼者。”北图藏拓片《唐故承务郎试左武卫兵曹参军摄无极县令天水赵公（全泰）墓志铭并序》（大和五年正月二十七日）：“夫人陇西李氏，宗正卿、亳州刺史瀚之孙，都水监丞颍王府参军陕州夏县丞迈之女。”大和四年十二月廿九日卒，享年五十四。又见《唐文拾遗》卷六七阙名卷。

李　解　约代宗时

《新书·宗室世系表下》许王房：“嗣王、宗正少卿解。”乃许王素节孙,嗣许王、秘书监瓘之子。按李瓘天宝六载卒,其子解、需皆幼。见《旧书·高宗诸子传》。

李　锜　贞元初

《新书·李锜传》:"贞元初,迁至宗正少卿。尝与卿李干争议,锜以直不坐,德宗两置之。"《元龟》卷九一八:"唐李锜为宗正少卿,尝以公事与太卿李干忿争,锜辞稍直,朝廷两秘之。"

李　藻　约贞元中

北图拓片《唐故王侍御(永)夫人南阳张氏墓志铭并序》(开成五年二月十三日):"外五代祖神尧第八子讳无名,有令德,封于舒。亲舅藻,宗正少卿,袭嗣舒国。"夫人元和十二年六月七日卒,享年五十七。

李　拭　元和四年(809)

《通鉴·元和四年》:四月,"宗正少卿李拭奏称:承宗不可讨"。

李道古　元和八年(813)

《旧书·宪宗纪下》:元和八年十月,"己巳,以宗正少卿李道古为黔中观察使"。《全文》卷五六三韩愈《昭武校尉守左金吾卫将军李公(道古)墓志铭》:"以选为利、随、唐、睦州刺史,迁少宗正。元和九年,以御史中丞持节镇黔中。"

李孝诚(李诚)　元和八年—十二年(813—817)

《旧书·回纥传》:"[元和]八年四月,回鹘请和亲……乃诏宗正少卿李孝诚使于回鹘,太常博士殷侑副之,谕其来请之意。"《新书·回鹘传上》:"[元和]三年,来告咸安公主丧。……无几,可汗亦死,宪宗使宗正少卿李孝诚册拜爱登里罗汨蜜施合毗伽保义可汗。"又《回鹘传下》:"回鹘之请昏,有司度费当五百万,帝方内讨强节度,故遣宗正少卿李诚、太常博士殷侑往谕不可。""李诚"当即"李孝诚"。

《旧书·殷侑传》:"元和中,累为太常博士。时回纥请和亲,朝廷计费五百万缗。朝廷方用兵伐叛,费用百端,欲缓其期,乃命宗正少卿李孝诚奉使宣谕,以侑为副。……使还,拜虞部员外郎。王承宗拒命,遣侑衔命招谕之。"《新书·殷侑传》:"元和八年,回鹘请和亲,朝廷以仰费广剧,欲纾以期。诏侑、宗正少卿李孝诚使回鹘。"《会要》卷九八:"(元和十一年)十一月,册回鹘可汗……命宗正少卿兼御史中丞李孝诚持节吊祭册立之。"《通鉴·元和十二年》:二月,"命宗正少卿李诚使回鹘谕意。"当即李孝诚。《元龟》卷六六一:"殷侑,宪宗时为太常博士,时回纥请和亲。乃命宗正少卿李孝诚奉使,以侑为副。"又见卷六六二。又卷九七九:元和"十二年,回鹘又遣摩尼僧寺等八人至……诏宗正少卿李诚使于回鹘,太常博士殷有(侑)副之。"又卷九八〇:元和十一年,"十一月,以宗正卿李诚兼御史中丞,充入回鹘使"。

李　宪　　元和十四年—十五年(819—820)

《旧书》本传:"授卫州刺史,迁绛州,所至以理行称。入为宗正少卿,迁光禄卿。穆宗即位,以太和公主降回鹘,命金吾大将军胡证充送公主使,命宪副之。"《新书》本传:"徙绛州……入为宗正少卿,副金吾大将军胡证为送太和公主使。还献《回鹘道里记》,迁太府卿。"《旧书·穆宗纪》《新书·回鹘传下》《会要》卷九八略同。《元龟》卷九七九:"长庆元年五月丙申,回鹘都督宰相公主摩尼等五百七十三人入朝迎公主。……帝即位逾年,至是,乃封第十妹为太和长公主,出降之甲子,以左金吾卫大将军胡证检校户部尚书持节充送公主入回鹘及加册可汗,使光禄寺卿李宪加兼御史中丞,充副使,太常博士殷侑改殿中侍御史,充判官,以前曹州刺史李锐为太府卿兼御史大夫,持节赴回鹘充婚礼使,宗正少卿嗣宁王子鸿兼御史中丞,充副使,以虞部员外郎陈鸿为判官。"

李子鸿　　元和十五年—长庆二年(820—822)

《会要》卷一八:元和"十五年六月敕:……知庙宗正少卿嗣宁王

李子鸿”。《旧书·穆宗纪》:长庆二年,“闰十月戊子朔,入回纥使金吾大将军胡证、副使光禄卿李宪、婚礼使卫尉卿李锐、副使宗正少卿李子鸿等,送太和公主自蕃中回”。《旧书·回纥传》:“长庆二年闰十月,金吾大将军胡证、副使光禄卿李宪、婚礼使卫尉卿李锐、副使宗正少卿李子鸿……送太和公主至自回纥。”《全文》卷六六穆宗《责降宗正少卿李子鸿等敕》:“宗正少卿李子鸿,实司祠事,误进祝文,罪有根源,理难降减,宜停见任。”《元龟》卷五九六:“穆宗元和十五年正月即位,六月敕宗庙之礼,严肃居先。……宗正少卿李子鸿,实司祀事,误进祝文,罪有根源,理难降减,宜停见任。”

李　济　　宝历元年(825)

《隋唐五代墓志汇编》陕西卷第四册《唐故宗正少卿上柱国赐紫金鱼袋李公(济)墓铭并序》(宝历元年闰七月十九日):“元和岁末,镇有师丧,三军将乱……使太师之业复光,仆射之名不坠,得非公之力焉。朝廷擢拜宗正少卿,制词褒称此绩。……公享五十,宝历元年正月十日,寝疾而殁。”

李贞素　　大和中

《新书》本传:“累迁宗正少卿,由将作监改左金吾卫将军。”按同书卷八《文宗纪》:大和九年“十二月壬申,杀左金吾卫将军李贞素、翰林学士顾师邕”。

李从易(李从简)　　大和四年—开成二年(830—837)

《元龟》卷六六二:“李从易为宗正少卿,文宗大和四年,兼御史中丞、赐紫金鱼袋,充入吐蕃答贺正使。”又卷九八〇:大和九年“十一月,以宗正少卿李从简守本官兼御史中丞,持节充入吐蕃答贺正使,仍赐紫金鱼袋”。《会要》卷九七:开成“二年,遣使论监通来朝。先是,遣宗正少卿兼御史中丞李从简入蕃。其年五月至自蕃中”。按“从易”“从简”当为一人。【增订】《大唐西市博物馆藏墓志》四〇四《李从易墓志》:“再除将作少监。鸠工利器,旧有成规,应物多方,加人数等。宰相特令判内外作事。未几，迁宗正少卿。明年，加兼御史中丞，赐紫金鱼袋。奉命西蕃。”

李　恬　　开成五年(840)

新出土《唐华州华阴县李主簿(宗本)墓志并铭》拓片：“父恬，今任宗正少卿。少卿积德行闻于当朝。君即少卿之第三子。……开成五年七月十一日竟终于和平里，享年廿四。”

李师偃　　会昌元年(841)

《旧书·武宗纪》：会昌元年八月，“诏……宗正少卿李师偃往(回鹘)其牙宣慰。”《全文》卷六九八李德裕《遣王会等安抚回鹘制》：“宜令左金吾卫大将军兼御史大夫王会持节充安抚大使，宗正少卿兼御史丞李师偃充副使，专往慰问。”又卷六九九同人《赐回鹘可汗书》：“故遣右金吾卫大将军兼御史大夫王会、副使宗正少卿兼御史中丞李师偃驰往喻怀。”

李元夔　　会昌中

《新表二上》李氏姑臧房：“元夔，宗正少卿。”乃殿中侍御史次公子，杭州刺史幼公侄。李幼公为杭州刺史约在宝历中。其侄之仕历应在武宗前后。

李　汉　　大中时

《新书》本传：“大中时，召拜宗正少卿，卒。”《新书·宗室世系表上》雍王房：“宗正少卿汉，字南纪。”乃东平王韶七代孙，陕府司马李荆子。

李从贞　　咸通中

《新书·宗室世系表上》大郑王房：“宗正少卿从贞。”乃明州刺史李谞之子，兴元节度使李从诲弟。按李从晦咸通三年为兴元节度使，见《旧书·懿宗纪》。

李甚夷　乾符二年(875)

【增订】西安市文物保护考古研究院《唐郭仲恭及夫人金堂长公主墓发掘简报》(《文物》2013年第8期)载《金堂公主墓志》:"乾符□年二月二十六日薨,享寿六十四。……命宗正少卿李甚夷、宗正丞李夷遇,持节册赠凉国大长公主,谥曰定康,礼也。"其卒于乾符时,墓志泐蚀一字。杨军凯《唐郭仲恭及金堂公主墓志考释》(《文物》2013年第8期):"金堂公主于开成二年降于郭仲恭,会昌四年其夫卒后寡居30年,卒于'乾符□年',一字缺失,寿享六十四岁。可推知金堂公主约生于元和六年,卒于乾符二年。"

李龟年　广明元年—中和元年(880—881)

《新书·南蛮中·南诏传下》:"乃以宗室女为安化长公主许婚,拜嗣曹王龟年宗正少卿,为云南使,大理司直徐云虔副之。"《通鉴·广明元年》:六月,"以嗣曹王龟年为宗正少卿充使……诣南诏"。又中和元年:八月,"宗正少卿、嗣曹王龟年自南诏还"。

李　约　中和三年(883)

《新书·南蛮中·南诏传下》:"中和元年,复遣使者来迎主……后二年,又遣布燮杨奇肱来迎,诏检校国子祭酒张谯为礼会五礼使,徐云虔副之,宗正少卿嗣虢王约为婚使。"

李　震　昭宗时

《全文》卷八三七薛廷珪《授孙乘大理少卿李震宗正少卿等制》。按薛廷珪大顺初累迁司勋员外郎、知制诰,正拜中书舍人,乾宁三年改左散骑常侍,光化中复为中书舍人,见《旧书·薛廷珪传》。

李匡文　昭宗时

《新书·艺文志二》:"李匡文《两汉至唐年纪》一卷。"注:"昭宗时宗正少卿。"

待考录

李　篆

《新书·宗室世系表下》蜀王房："郢州刺史、宗正少卿篆。"乃泾阳尉李柖子，浙西长史李嗣金孙。

李　涚

《新书·宗室世系表上》雍王房："宗正少卿涚。"乃江夏王道宗玄孙。

李通元

《新书·宗室世系表上》蔡王房："宗正少卿通元。"乃雅、信二州刺史李岑之曾孙，太子詹事、左散骑常侍李休古之子。

卷六　太仆寺

太仆卿考

权怀恩　　武德元年(618)

《新书》本传:"高祖平京师,擢太仆卿、卢国公,卒。"

宇文明达　　武德元年(618)

《姓纂》卷六河南洛阳宇文氏:"明达,太仆卿。"《新书·高祖纪》:武德元年六月,"太仆卿宇文明达招慰山东"。《元龟》卷一六一:"武德元年六月,遣太仆卿宇文明达招慰山东之地。"武德初,太仆卿宇文明达为河南北招抚,在相州为贼王德仁所害。有子世寿,见《续高僧传》卷一三《静藏传》。

权弘寿　　武德四年(621)

《旧书·权怀恩传》:"祖弘寿……又从平王世充,拜太仆卿,累封卢国公卒。"《隋唐五代墓志汇编》洛阳卷第八册《故袁州刺史右监门卫将军驸马都尉天水权君(毅)墓志铭并序》(景龙三年八月十八日):"祖弘寿,秦王府长史、天水郡开国公、陕东道大行台□□、太仆卿、兵户二部尚书、赠太子少师、卢国公。"《元龟》卷一三八:永徽"五年二月庚申……故太仆卿赠兵部尚书权引寿赠太子少师,……并追录武德功臣也"。"引寿"为"弘寿"之误。

张道源　武德五年—七年(622—624)

《会要》卷七四:“武德五年,太仆卿张道源上表。”又卷四七:“武德七年七月十四日,太史令傅奕上疏,请去释教,高祖付群官详议,太仆卿张道源称奕奏合理。”《元龟》卷六二〇:“张道源为太仆卿,上奏以吏曹文簿繁密,易生奸隐,请议减之。”《旧书·傅奕传》:“七年,奕上疏请除去释教……又上疏十一首,词甚切直。高祖付群官详议,唯太仆卿张道源称奕奏合理。”《新书·傅奕传》:“[高祖]即位,拜太史丞。……是时,太仆卿张道源建言:‘官曹文簿繁总易欺,请减之以钤吏奸。’公卿举不为然,奕独是之。”《旧书》本传:“寻转太仆卿,后历相州都督。武德七年卒官。”《通鉴·武德九年》:四月,“太史令傅奕上疏……上诏百官议其事。唯太仆卿张道源称奕言合理”。年月盖误。

独孤义顺　武德中

《隋唐五代墓志汇编》陕西卷第三册《故洋州刺史独孤府君(思行)墓志铭并序》(开元十四年七月二十六日):“祖义顺,皇朝兵部郎中、户部侍郎、尚书右丞、太仆卿。……父元恺,主客、度支、吏部郎中,给事中,大理少卿。……君即大理卿之五子也。”先天二年六月廿六日卒。《全文》卷三九三独孤及有《唐故朝散大夫颍川郡长史赠秘书监河南独孤公灵表》。《唐仆尚丞郎表》卷七《左丞》:“独孤义顺,武德中,官至左丞,阶光禄大夫。”同书卷一二《户侍》:“独孤义顺,武德中,官民侍,迁左丞。”

于　筠　武德中

《姓纂》卷二京兆于氏:“筠,太仆卿。”武德二年十二月丙申,总管于筠没宋金刚,见《旧书》卷一。八年任将作大匠,见《元龟》卷九九〇。《旧书》卷一八三称陕州总管。又《元龟》卷一二六:“(武德三年)四月丙辰,陕州总管于均自宋金刚所来降。”应为同一人。

杨孝怡　　约武德中

《新表一下》杨氏越公房:"孝怡,膳部郎中,太仆卿。"乃隋荆州总管文纪子。

刘德威　　贞观初

《旧书》本传:"贞观初,历大理、太仆二卿,加金紫光禄大夫。俄出为绵州刺史。"《隋唐五代墓志汇编》陕西卷第一册《大唐故赠司徒虢王妃刘氏墓志铭》(上元二年十二月三日):"考德威,皇朝太仆、大理卿,同、晋等六州刺史,左骁卫大将军,刑部尚书,尚平寿县主,彭城县公,上柱国,谥曰襄公。"妃卒于上元二年五月十四日,春秋四十九。

刘弘基　　贞观十一年(637)

《旧书·长孙无忌传》:"[贞观]十一年,令与诸功臣世袭刺史。诏曰:'……太仆卿、任国公刘弘基可朗州刺史,改封夔国公。'"《姓纂》卷五京兆武功刘氏:"弘基,唐右骁卫大将军、太仆卿、夔国公。"《会要》卷四七:"贞观十一年六月十五日,又以……太仆卿刘弘基为朗州刺史,改封夔国公。"《元龟》卷一二九同。《全文》卷六太宗《功臣世袭刺史诏》:"太仆卿、任国公刘宏基可朗州刺史,改封夔国公。"又卷一五五上官仪《为太仆卿刘基请致仕表》:"虽年非致仕,而力不当官。""刘基"当即"刘弘基"之省。

唐有道　　贞观中

《新表四下》唐氏:"有道,字立仁,太仆卿。"乃殷州太守誉子。按殷州贞观元年废,知殷誉为太守在武德中。唐有道仕历当在贞观中。

张万岁　　贞观末

《通鉴·开元十三年》:"初,隋末国马皆为盗贼及戎狄所掠,唐初才得牝牡三千匹于赤岸泽,徙之关右,命太仆张万岁掌之。万岁善于其职，自贞观至麟德，马蕃息及七十万匹，分为八坊、四十八监，各置使以领之。”《会要》卷七二：“[开元]十三年，张说为陇右群牧使颂云：‘大唐承周隋离乱之后，贞观初，仅得牝牡三千，从赤岸泽徙之陇右，仍命太仆卿张万岁葺其政焉。’”《全文》卷二二六张说《大唐开元十三年陇右监牧颂德碑》：“大唐接周隋乱离之后，承天下征战之弊，鸠括残烬，仅得牝牡三千，从赤岸泽徙之陇右，始命太仆张万岁葺其政焉。而奕代载德，纂修其绪，肇自贞观，成于麟德四十年间。……张氏中废，马官乱政……垂拱之后，二十余年，潜耗大半，所存盖寡。”《隋唐五代墓志汇编》陕西卷第四册《大唐故朝议郎行河南府士曹参军敦煌张公(仲晖)墓志铭并序》(天宝十二年八月十六日)：“曾祖岁，皇金紫光禄大夫行太仆卿。祖思廉，皇太中大夫行太仆卿，赠太子詹事。父景顺，皇太中大夫守太仆卿。”仲晖天宝十二载二月九日卒，享年五十。铭曰：“紫绶金章，一门卿族，累叶周行。”按张万岁为太仆少卿在贞观十五年，其为卿当在贞观末。【增订】《全唐文补遗》第八辑第40页赵骅《韦衡墓志》：“初是贞观中，海内平定，偃革休兵，归马于汧陇之西，其数仅三千余匹，而太仆张万岁修其职焉。自后又有特进王毛仲、太仆少卿张景顺，分彼正倅，更承渥恩。”

李素立　贞观末

《新书》本传：“贞观中，转扬州大都督府司马……历太仆、鸿胪卿，累封高邑县侯。出为绵州刺史。”按《旧书》本传：“为翰海都护……久之，转绵州刺史。永徽初，迁蒲州刺史。”

杨　纂　贞观末

《旧书》本传：“后历太常少卿、雍州别驾，加银青光禄大夫，复为尚书左丞，迁太仆卿，检校雍州别驾，迁户部尚书。永徽初卒。”《隋唐五代墓志汇编》陕西卷第三册《大周朝散大夫行定王府掾独孤府君(思敬)故夫人杨氏墓志铭并序》(长安三年二月十七日)：“祖纂，唐尚书左右丞，吏部侍郎，太常少卿，银青光禄大夫行雍州长史，太仆卿,度支、户部两司尚书,柱国,长平公。"《唐仆尚丞郎表》卷七《左丞》:"杨纂,贞观末,由太常少卿、雍州别驾复迁左丞。时阶银青光禄大夫。二十年正月十四丁丑,以本官巡察四方。旋徙太仆卿,仍检校雍州别驾。"同书卷一一《户尚》:"杨纂,约贞观末,由太仆卿检校雍别驾迁户尚。永徽初,卒官。"按杨纂贞观十六至十八年在太常少卿任。

张大师　永徽五年(754)

《金石文钞》卷三《唐万年宫铭碑阴》:"太仆卿、上柱国、平武县开国男臣张大师。"碑建于永徽五年五月丙午朔。《旧书·张俭传》:"俭兄大师,累以军功仕至太仆卿、华州刺史、武功县男。"《新书·张俭传》:"俭兄大师……太仆卿、华州刺史、武功县男。"孙三锡《昭陵碑考》卷一二《昭陵陪葬考》:"太仆卿、华州刺史、武功县男张大师。……《文献通考》作大将军张世师,《长安志》《旧志》俱作大将军张大师。《万年宫碑阴题名》有太仆卿、上柱国、武平县开国男张大师。新旧史皆作武功县男,当以题名为正。"

李道广　仪凤二年(677)

【增订】新出土刘祎之撰《大唐故太常卿上柱国陇西公李府君(宽)之碑并序》(胡可先藏拓片):"次子银青光禄大夫、殿中监、同中书门下平章事、太仆卿、上柱国、金城县开国侯道广等。"此应为道广于仪凤二年安葬李宽时官职。

蒋　俨　永淳元年(682)

《旧书》本传:"永淳元年,拜太仆卿,以父名卿,固辞,乃除太子右卫副率。"《新书》本传:"永隆二年,以老致仕。未几,复召为太仆卿,以父讳辞官。"《元龟》卷八六三:"蒋俨除太仆卿,以父名卿固辞,改授太子右卫副率。"

元文豪　　高宗时

《隋唐五代墓志汇编》洛阳卷第七册《大周故河东柳府君（怀素）墓志并序》（延载元年七月二十七日）："夫人元氏，昭成帝乐平王孙，唐太仆卿、资州刺史文豪之女。"夫人卒仪凤年间。《姓纂》卷四河南洛阳元氏："文豪，太仆少卿。"乃元思齐、思哲父。作"少卿"，与前异。

杨思止　　高宗时

《隋唐五代墓志汇编》陕西卷第一册《大唐故金紫光禄大夫行鄜州刺史赠户部尚书上柱国河东忠公杨府君（执一）墓志铭并序》（开元十五年九月三日）："考思止，皇司驭、司卫二寺卿，德、潞二州刺史，湖城公。"执一卒开元十四年，享年六十五。按杨思止麟德二年为司稼少卿。

谢　祐　　高宗时

【增订】牛红广《辑补》：河洛藏拓《大唐前朝散大夫行台州临海县令李府君妻故太康县君陈郡谢夫人（令婉）墓志铭并序》："父祐，唐司勋郎中、周王府司马、太仆卿、赵州刺史"谢令婉圣历二年卒，年五十。

史元暕　　垂拱中

《旧书·阿史那苏尼失传》：子忠，"忠以擒颉利功……赐名为忠，单称史氏。……子暕袭封薛国公，垂拱中，历位司仆卿"。《姓纂》卷六河南史氏："晡，宋州刺史。"岑疑晡乃暕之讹。【增订】《订补》云：按，拓本贾彦璋撰《史瓘墓志》："曾祖讳忠，皇朝封怀德郡王、镇军大将军，赠荆州大都督。祖讳元暕，太仆卿、上柱国、薛国公。"墓主天宝六载（747）卒，年七十。其祖年代约在高宗、武后时。由此志可证，《姓纂》作"史晡"者误。"史暕"则为"史元暕"之省文。

刘仁景　　约证圣中

《全文》卷二五七苏颋《司农卿刘公神道碑》："豫博之连谋

也……拜公为齐州长史以镇之，难平，转沂、鄅二州诸军事二州刺史。……迁将作监，寻加银青光禄大夫司仆卿。……大圣天后崇清庙而尊祖，建明堂而配帝，作城洫而量土圭，图山川而铸金鼎……独任于公。……即回舆驾，至则兼领右羽林军。节愍之举兵也……特授镇军大将军……重拜司农卿。"按《旧书·刘弘基传》："从子仁景，神龙初官至司农卿。"又《节愍太子重俊传》："召左羽林将军刘仁景等。"证知为仁景。

张昌宗　　长安元年—四年(701—704)

《旧书·张行成传》："行成族孙易之、昌宗。……以昌宗丑声闻于外，欲以美事掩其迹。乃诏昌宗撰《三教珠英》于内。……加昌宗司仆卿，封邺国公。……俄改昌宗为春官侍郎。"又《桓彦范传》："长安三年，累迁御史中丞。四年，转司刑少卿。时司仆卿张昌宗坐遣术人李弘泰占己有天分，御史中丞宋璟请收付制狱，穷理其罪，则天不许。彦范上疏。"《新书》本传："后知丑声甚，思有以掩覆之，乃诏昌宗即禁中论著，引李峤、张说、宋之问、富嘉谟、徐彦伯等二十六人撰《三教珠英》。加昌宗司仆卿、易之麟台监，权势震赫。"《通鉴·长安二年》：七月，"司仆卿张昌宗兄弟贵盛，势倾朝野"。《旧书·则天皇后纪》：神龙元年正月，"癸亥，麟台监张易之与弟司仆卿昌宗谋反"。又《会要》卷三六："大足元年十一月十二日，麟台监张昌宗撰《三教珠英》一千三百卷成，上之。初，圣历中，上以《御览》及《文思博要》等书，聚事多未周备，遂令张昌宗召李峤、阎朝隐、徐彦伯、薛曜、员半千、魏知三、于季子、王无竞、沈佺期、王适、徐坚、尹元凯、张说、马吉甫、元希声、李处正、高备、刘知几、房元阳、宋之问、崔湜、常元旦、杨齐哲、富嘉谟、蒋凤等二十六人同撰。"昌宗大足元年十一月尚为麟台监，意其为司仆卿当在长安元年或稍后。《元龟》卷五四四："桓彦范为司刑少卿，长安中，司仆卿张昌宗坐遣术人李弘泰占相云……。彦范上疏。"《全诗》卷八〇小传："则天诏昌宗撰《三教珠英》……书成，加昌宗司仆卿，改春官侍郎。"《唐仆尚丞郎表》卷一六《礼侍》："张昌宗，长安四年，由司仆卿迁春侍，神龙元年正月二十二癸卯，诛。”

崔贞慎　长安中

《新书·马怀素传》：“长安中，大夫魏元忠为张易之构谪岭表，太仆崔贞慎、东宫率独孤祎之祖道，易之怒，使人上急变，告贞慎等与元忠谋反。”

刘　藏　高宗、武后时

【增订】曾涧《增补》：《刘默墓志》：“父藏，唐将作少匠，司农、太仆、光禄卿，复州、抚州刺史，上柱国、义成县子。”圣历二年二月卒，年四十七。

杨冲寂　武后时

《新表一下》杨氏观王房：“冲寂，司仆卿。”乃太子舍人思简子，安州都督慦、汝州刺史愿父。

温翁归　约武后时

【增订】牛红广《辑补》：河洛藏拓《唐故明州司马温府君（曦）墓志铭并序》：“祖翁归，历太仆卿，官修其方，群驭知礼。”志主开元十四年卒，年四十二。按温翁归任太仆卿一职，未见于传世文献，《元和姓纂》卷四及《新唐书·宰相世系二中》记温曦为太仆卿。

张思廉　约武后时

【增订】曾涧《增补》：《张仲晖墓志》：“曾祖□（万）岁，皇金紫光禄大夫、行太仆卿。祖思廉，皇太中大夫、行太仆卿，赠太子詹事。父景顺，皇太中大夫、守太仆卿。”（《唐代墓志汇编续集》）天宝十二载卒，年五十。《唐会要》卷七二，贞观初张万岁为太仆卿，注云：“张氏三代典群牧，恩信行于陇右。”正可作墓志注脚。又考《唐会要》卷六六：“仪凤三年十月，太仆少卿李思文，检校陇右诸牧监使，自兹始有使号。其后苏干、夏侯亮、阳道昕、张仁德、张思廉、宗元爽、周履冰、魏元忠……相次为之。”魏元忠长安元年十月为群牧大使,见《新唐书》卷六一,思廉之为陇右诸牧监使当在此前,司职太仆疑即在武后时。

姚 崇 长安四年—神龙元年(704—705)

《旧书·则天皇后纪》:长安四年,“八月,姚元崇为司仆卿,知政事”。又《中宗纪》:神龙元年二月,“太仆卿、同中书门下三品姚元之出为亳州刺史”。《通鉴》同。又见《新书·则天皇后纪》《新书·宰相表上》。《旧书》本传:“长安四年……由是为易之所谮,改为司仆卿,知政事如故,使充灵武道大总管。神龙元年,张柬之、桓彦范等谋诛易之兄弟,适会元之自军还都,遂预谋,以功封梁县侯。”《新书》本传:“圣历三年,进同凤阁鸾台平章事。迁凤阁侍郎,俄兼相王府长史,以母老纳政归侍,乃诏以相王府长史侍疾,月余,复兼夏官尚书、同凤阁鸾台三品。……乃诏改春官,张易之私有请于崇,崇不纳,易之谮于后,降司仆卿,犹同凤阁鸾台三品。出为灵武道大总管。”《全文》卷二〇六小传:“五迁夏官郎中,超迁侍郎同凤阁鸾台平章事,寻迁凤阁侍郎,为张易之所谮,改司仆卿,犹同凤阁鸾台三品,出充灵武道大总管。神龙元年,预谋诛张易之兄弟,以功封梁县侯。”卷二三〇张说《故开府仪同三司上柱国赠扬州刺史大都督梁国公姚文贞公神道碑奉敇撰》:“公讳崇,字元之。……三入中书令,一为礼部尚书,左庶子,又肃政大夫总灵武军兵马,又司仆卿知陇右监牧使,出典亳宋常越许申徐潞扬同十郡。景云初,以藩邸旧僚,封梁国公。”《元龟》卷六二二:“姚元之为司仆卿,则天传位于中宗,王公已下皆欣跃称庆,唯元之呜咽流涕。”

宗楚客 神龙初

《旧书》本传:“神龙初,为太仆卿。武三思用事,引楚客为兵部尚书、同中书门下三品。”《新书》本传:“神龙初,为太仆卿、郢国公。”

纪处讷 景龙元年(707)

《新书·宰相表上》:景龙元年九月,“兼太府卿纪处讷为太仆卿……同中书门下三品”。

阿史那怀道 景龙中

《旧书·突厥下·阿史那步真传》：孙怀道，“神龙年累授右屯卫大将军、光禄卿，转太仆卿，兼濛池都护、十姓可汗”。

郭元振 景云元年—二年（710—711）

《旧书·睿宗纪》：景云二年春正月，“己未，太仆卿郭元振、中书侍郎张说并同中书门下平章事”。又见《新书·睿宗纪》《宰相表上》《通鉴·景云二年》《元龟》卷七二。《旧书》本传：“睿宗即位，征拜太仆卿，加银青光禄大夫。景云二年，同中书门下三品。”《新书》本传：“睿宗立，召为太仆卿。”《全诗》卷六六小传：“中宗神龙中，迁左骁卫将军、安西大都护。睿宗立，召为太仆卿。景云二年，进同中书门下三品。”又《全文》卷二三三张说《兵部尚书代国公赠少保郭公行状》：“公名震，字元振……睿宗即位，征拜太仆卿。……至京，同中书门下三品。”

薛崇简 景云元年（710）

《新书·忠义传上》记功臣有“太仆卿、立节郡王薛崇简”。《新表三下》西祖房薛氏：“崇简，太仆卿、立节王。”乃左散骑常侍、驸马都尉绍子，太常卿崇胤弟。按崇胤为太常卿在景云中。【增订】西安碑林博物馆藏新出土《薛崇简墓志》：“及封燕国公，辅三善于青宫，升六尚于丹禁。植棨悬戫，实典严更；艾绶银章，爰膺宠秩。背江沱而徙邑，平朔易以开疆。属乱逆潜阶，奸回密构。国步盈食蹯之厄，皇舆罹辅袴之灾。虺蜮充於阙庭，枭镜生乎宫掖。皇上振不世之略，鼾滔天之凶。忠实义形，谋惟契叶。佐沧海于萤爝之队，助泰山于卵觳之场。大憝克清，元勋允举。以功封立节郡王，食邑三千户，加上柱国。汉朝异姓，与佐命而疏封；楚国功臣，由覆车而受爵。以古俦今，我则兼之。无何，拜太仆卿、兼太子虞候率，出为蒲州别驾。”

王仁皎　先天元年(712)

《旧书·后妃·玄宗废后王氏传》:“先天元年为皇后,以父仁皎为太仆卿,累加开府仪同三司、邠国公。”《旧书》本传:“玄宗即位,以后父,历将作大匠、太仆卿,迁开府仪同三司。”《全文》卷二三〇张说《赠太尉益州大都督王公神道碑奉敕撰》:“公讳仁皎……上升春宫,后正妃壶,擢将作大匠……转太仆正卿……乃拜开府仪同三司,策上柱国,封祁国公。”开元七年卒,年六十九。《元龟》卷一四一:“玄宗王皇后父仁皎……先天元年,以仁皎为太仆卿,累加开府仪同三司、祁国公。”《通鉴·先天元年》:“丙午,立妃王氏为皇后,以后父仁皎为太仆卿。”【增订】《秦晋豫新出墓志搜佚续编》第538页《大唐故开府仪同三司赠太尉益州大都督王公(仁皎)墓志铭并序》:“爰以大匠作之军旅田役,太仆所赞,复以正卿迁之。勋举垂穆拜国也。”

吕延祚　开元三年(715)

《新书·玄宗纪》:开元三年十月,“壬戌,薛讷为朔方道行军大总管,太仆卿吕延祚、灵州刺史杜宾客副之”。《新书·突厥传上》:“默啜讨九姓,战碛北,九姓溃,人畜皆死,思结等部来降,帝悉官之。拜薛讷朔方道行军大总管,太仆卿吕延祚、灵州刺史杜宾客佐之,备边。”《元龟》卷一一九:玄宗开元三年,“十月壬戌,制曰:……太仆卿吕延祚谋虑经远,才明沉断……并宜充副总管”。《通鉴·开元三年》:十月,“壬戌,以凉州大总管薛讷为朔方道行军大总管,太仆卿吕延祚、灵州刺史杜宾客副之,以讨突厥”。《全文》卷二一玄宗《授薛讷朔方道行军大总管吕延祚杜宾客副总管制》:“太仆卿吕延祚,谋虑经远,才明沈断;右威卫将军兼灵州刺史杜宾客,三军之雄。……并宜充副总管。”《大诏令集》卷五九苏颋《薛讷朔方道大总管制》:“太仆少卿上柱国吕延祚……右威卫将军兼灵州刺史丰安军使上柱国杜宾客……宜并充副大总管节度。……开元三年十月十四日。”作“少卿”,疑“少”字衍。

王希隽　开元三年(715)

《全文》卷二九三张九龄《故太仆卿上柱国华容县男王府君墓志铭并序》:"开元二年,始封华容县男,昭有德也。其明年,有制以公检校太仆卿,训以六驺,正于君仆,日加数马之慎,岁有展軨之勤,无何即真,可谓贵矣。"开元六年卒,年六十一。卷二五一苏颋《授王希隽太仆卿制》:"银青光禄大夫、检校太仆卿、上柱国、华容县开国男王希隽……可太仆卿,勋封如故。"北图藏拓片《唐故潞府参军博陵崔公夫人琅耶王氏墓志铭并序》(元和十四年四月二十六日):"曾王父希儁,皇银青光禄大夫、随遂绵相越五州刺史,京兆尹、太仆卿、华容县开国男,谥曰贞公。"夫人元和十四年四月八日卒,年八十。北图藏拓片《唐故滑州匡城县令王公(虔畅)墓志铭并序》(咸通八年二月一日):"实生希儁,官随遂绵相越五州刺史,有政术,为良二千石,历京兆少尹、太仆卿,封华容县开国男,谥贞公。"虔畅卒咸通七年六月廿二日,享年六十六。《唐两京城坊考》卷三《亲仁坊》:"太仆卿王希隽二宅。隽所居即隋兵部尚书樊子盖宅。"

李　邕　开元初

【增订】《唐研究》第一二卷《唐嗣虢王李邕墓志考》载拓本《嗣虢王邕墓志》:"移虢州刺史,改太仆卿,转卫尉卿,出守贝州刺史。"按,嗣虢王李邕开元十五年(727)薨。

韦　鐬　约开元七年(719)

【增订】《姓纂》卷二东眷韦氏彭城公房:"鐬,太仆卿、驸马都尉。"新出土《大唐故顺妃墓志铭并序》:"妃讳秀,京兆胄贵里人也。……皇考鐬,驸马都尉,尚永寿公主,银青光禄大夫,卫尉卿,太仆卿,右金吾将军,食实封二百户,封彭城郡开国公,食邑二千户,赠兖州都督。"(《唐史论丛》第23辑,第280页)按,韦鐬为卫尉卿在开元六年,见本书卫尉卿考。则其为太仆卿约在开元七年。

王毛仲　　开元七年—十三年(719—725)

《新书·马怀素传》:“怀素卒后,诏秘书官并号修书学士,草定四部,人人意自出,无所统一,逾年不成。有司疲于供拟,太仆卿王毛仲奏罢内料。又诏右常侍褚无量、大理卿元行冲考绌不应选者。”《通鉴·开元七年》:“三月乙卯,以左武卫大将军、检校内外闲厩使、苑内营田使王毛仲行太仆卿。”又《开元九年》:四月,“以太仆卿王毛仲为朔方道防御讨击大使”。《开元十三年》:十一月,“上初即位,牧马有二十四万匹,以太仆卿王毛仲为内外闲厩使,少卿张景顺副之。至是有马四十三万匹,牛羊称是。……上嘉毛仲之功,癸巳,加毛仲开府仪同三司”。

李　讷　　开元十七年前(729 前)

《新书·宗室世系表下》韩王房:“嗣韩王、太仆卿讷。”乃韩王元嘉子。按《旧书·李元嘉传》:“神龙初,追复元嘉爵土,并封其第五子讷为嗣韩王,官至员外祭酒。开元十七年卒。”《隋唐五代墓志汇编》陕西卷第一册《嗣韩王李讷志文并序》(开元十八年六月七日):“神龙启运,天步中兴……拜青州别驾……寻授光禄少卿。……迁左卫将军,转太仆卿,改左千牛将军。”开元十七年十一月七日卒,年四十八。

牛仙客　　约开元二十二年(734)

《旧书》本传:“俄而萧嵩代君㚟为河西节度,又以军政委于仙客。仙客清勤不倦,接待上下,必以诚信。及嵩入知政事,数称荐之。稍迁太仆少卿,判凉州别驾事,仍知节度留后事。竟代嵩为河西节度使,判凉州事。历太仆卿、殿中监,军使如故。开元二十四年秋,代信安王祎为朔方行军大总管。”《全文》卷二八七张九龄《敕河西节度副大使牛仙客书》:“敕河西节度副大使太仆卿摄御史大夫牛仙客。”同书卷二九二张九龄《大唐赠使持节泾州诸军事泾州刺史牛公碑铭并序》:“开元六年随子西征……越五月,寝疾终于伏羌之官舍,时年七十有六,冬十一月,归葬于北原。……十八年,有诏赠泾州长史。

二十二年冬，且有后命，赠使持节泾州诸军事泾州刺史。……嗣子银青光禄大夫、太仆卿、判凉州、持节河西节度使、兼陇西群牧都使、支度营田使陇右采访处置使、摄御史大夫、陇西县开国子仙客。”同书卷三〇九孙逖《授牛仙客殿中监制》：“银青光禄大夫、太仆卿、朔方节度、兼关内道支度兼管营田盐池押诸蕃部落副大使、兼采访处置使……牛仙客……可殿中监。”《元龟》卷一六二：开元“二十三年二月……辛亥，初置十道采访处置使，命御史中丞卢绚为都畿采访使……太常卿、广州事岭南经略使李朝隐为岭南道采访使……太仆卿、兼判凉州都督、持节河西节度等副大使牛仙客为河西道采访使”。据《会要》卷七八：“采访处置使，宰相张九龄奏置。开元二十二年二月十九日，初置十道采访处置使。”

金思兰　　开元二十二年(734)左右

【增订】顾士娟《唐代太仆寺研究》之《两唐书增补》：金思兰，使太仆卿金思兰使新罗。诏与太仆卿金思兰发范阳、新罗兵十万讨之。《新唐书》列传第一四四。

姚　奕　　开元二十四年前(736 前)

《新书》本传：“为睢阳太守，召授太仆卿。后为尚书右丞。”据《唐仆尚丞郎表》卷一六《礼侍》：“姚奕，开元二十四年三月十二壬辰，始移考功贡举于礼部，委侍郎专掌。是年，奕在礼侍任，知二十五年、二十六年两春贡举，放榜。适右丞。”同书卷八《右丞》：“姚奕，开元二十六年，由礼侍迁右丞。天宝元年八月，贬永阳太守。”是其为太仆卿庆在开元二十四年前。

杜　昱　　开元二十五年(736)

北图藏拓片《大唐故大智禅师碑铭并序》(开元二十四年九月十八日)，严挺之撰。碑云：“廿三年秋八月始现衰疾。……明年夏五月，加疾减膳……粤七月六日迁神于龙门奉先寺之北冈。……有太仆卿濮阳杜昱者，与余法利同事，共集禅师众所知见实录，其余传闻,不必尽记。”按其时当为少卿。开元二十六年五月在河南少尹任,撰有《有唐薛氏故夫人实信优婆夷未曾有功德塔铭并序》(开元二十六年五月十五日)。《金石续编》卷七《大智禅师塔铭》,开元二十四年立,称“太仆少卿杜昱撰”。《唐文拾遗》卷一九小传:“开元中官太仆少卿,迁太仆卿,守河南少尹。”又卷五二张□《杜昆吾石龛像铭并序》:“以三昧之力,成众真之妙者,郡司马杜公焉。公名昆吾,字景山,后魏黄门侍郎始平宪公之五代孙,皇朝太仆卿之子。”则其由少卿迁正卿当在开元二十五年后。

裴伷先 约开元二十五年(约737)

《唐研究》第五卷(1999年版)《西安新发现唐裴伷先墓志考述》引《故银青光禄大夫守工部尚书上柱国翼城县开国公赠江陵郡大都督裴府君(伷先)墓志铭并序》(天宝三载闰二月八日):“(公)迁主客郎中,有顷加朝散大夫兼鸿胪少卿。将命西聘,公单车深入,结二国之信,一言慷慨,罢十万之兵。……朝嘉其勋,检校桂州都督。……迁广州都督、五府节度、并本道按察等使。二年,加摄御史中丞,赐紫金鱼袋,迁幽州都督、河北道节度使。无何,以飞语受谤,复授广州都督。天子遽悔前除,爰申后命,立征至京,拜左金吾将军。寻安南反叛,边荒告急,即加公云麾将军兼广州都督。……会亲累,出秦州都督。……贬雅州名山丞,久之,上知无罪,乃尽还封爵,拜右骁卫将军,寻改定州刺史,迁京兆尹。……转太仆卿、右金吾大将军、太府卿,进爵为子。时上怒褚师,公固争无罪,由是忤旨,出为绛州刺史,改蒲州刺史,进爵为伯。俄迁太原尹,兼河东道节度等副使,使停,即授本道采访处置使。……迁工部尚书,东京留守,兼判省事。……诏赐考,进爵为公,征还知京官考使。……以天宝二载九月廿二日薨于永宁里第,春秋八十。”考《旧唐书·玄宗纪》:开元十八年六月,“丙子,命单于大都护、忠王浚为河北道行军元帅,御史大夫李朝隐、京兆尹裴伷先为副,率十八总管以讨契丹及奚等,事竟不行。”开元二十七年裴伷先已在太府卿任,其任太仆卿约在开元二十五年。

王　昱　　开元二十六年(738)

《旧书·吐蕃传上》:“诏以……太仆卿王昱为益州长史、剑南节度使。”《全文》卷三〇九孙逖《授王昱太仆卿制》:“正议大夫守太原尹北都留守……王昱……可守太仆卿兼太原尹。”《通鉴·开元二十六年》:六月,“太仆卿王昱为剑南节度使。”

张景顺　　开元中

【增订】《张仲晖墓志》:“曾祖□(万)岁,皇金紫光禄大夫、行太仆卿。祖思廉,皇太中大夫、行太仆卿,赠太子詹事。父景顺,皇太中大夫、守太仆卿。”(《唐代墓志汇编续集》)天宝十二载卒,年五十。

李　瑾　　开元中

《旧书·李范传》:“一子瑾,封河东郡王,官至太仆卿。冒于酒色,竟暴卒。”《新书·李范传》:“子瑾嗣。瑾落魄不饬名检,沉酒色,历太仆卿,封河东王,暴薨,赠太子少师。天宝中,复以薛王子略阳公珍为嗣岐王。”《元龟》卷二九八:“河东郡王瑾,落拓不修名简,嗜酒色,历官至太仆卿,沉醉暴卒。”

张　暐　　开元中

《旧书》本传:“暐首迁京兆尹……迁太子詹事,判尚书左右丞,再除左羽林大将军,三为左金吾大将军,又为殿中监、太仆卿。二十年,以暐年高,加特进。”

李　琎　　约开元中

《旧书·李宪传》:宪子琎,“琎封汝阳郡王,历太仆卿,与贺知章、褚庭诲为诗酒之交。天宝初,终父丧,加特进。九载卒。”《新书》本传:“封汝阳王,历太仆卿。与贺知章、褚庭诲、梁涉等善。”

郑潜曜　　开元中

《唐文拾遗》卷二二独孤及《郑驸马孝行记》:“特进、驸马都尉荥阳郑潜曜字某,睿宗外孙,玄宗之甥,代国长公主之才子也。……公开元二十八年尚玄宗第十二女临晋长公主。……历太仆、光禄、嗣荥阳郡公。"《英华》作郑瓒,潜曜其字。

独孤琬 开元中

《姓纂》卷一〇京兆独孤氏:"琬,太仆卿,开元中上表请改姓李氏,名備。"《李太白全集》卷二八《崇明寺佛顶尊胜陀罗尼幢颂并序》:"我太官广武伯陇西李公,先名琬,奉诏书改为辅。其从政也,肃而宽,仁而惠,五镇方牧,声闻于天。"又卷二九《虞城县令李公去思颂碑并序》:"父浦,郢海淄唐陈五州刺史,鲁郡都督、广平太守,袭广武伯。"此碑天宝时立。虽未称浦为太仆卿,但浦、備、辅只偏旁之差,容易转讹。且不姓独孤而姓李,与改姓说符。故《太白集》之浦、辅,当即《姓纂》之備,特未知三字孰是耳。

崔 铣 开元中

《新表二下》博陵大房崔氏:"铣,驸马都尉、太仆卿。"乃秘书监行功孙,信王傅鸾父,其父晃,未署官职。按崔行功仕于高宗时,上元二年卒。则其孙仕历约在开元中。

陈知璧 开元中

北图藏拓片《□□大夫洛交郡长史上柱国赵府君(怀琎)墓志铭并述》(至德元年九月二十二日):"天宝十五载三月四日卒……春秋八十有四。"夫人颍川陈氏,敦煌氾氏,皇太仆卿知璧之长女。

杨挹玉 约开元中

《新表一下》杨氏观王房:"挹玉,太仆卿。"乃知什子,集州刺史知亮侄。按杨知亮为集州刺史约在中宗时。

李 字 开元末

《新书·宗室世系表下》鲁王房:"嗣邹王、太仆卿字。"乃宗正卿李道坚子。按两《唐书·李灵夔传》并作“宇”。又李道坚为宗正卿在开元二十五年至二十七年。

李　柏　约开元末

《新书·宗室世系表上》大郑王房：“太仆卿柏，字康干。”乃魏国公幽州大总管文暕之孙。【增订】牛红广《辑补》：河洛藏拓李福《大唐故银青光禄大夫翼王府长史李公(恬)墓志铭并序》：“祖柏，皇任银青光禄大夫、太仆卿，累赠太保。”河洛藏拓王全素《唐陕州硖石县主簿王全素亡妻陇西李氏墓志铭并序》：“夫人姓李氏，其先陇西人也。大王父讳柏，皇朝银青光禄大夫、太仆卿，赠太常卿。”

裴元初　开元末

《全文》卷三〇九孙逖《授裴元初太子宾客制》：“通议大夫、守太仆卿、上柱国、闻喜县开国侯裴元初……可太子宾客。”孙逖撰制当在开元末。

李林宗　开元末

《全文》卷三〇九孙逖《授李林宗太仆卿制》：“中大夫、守太常少卿、上柱国李林宗……可太仆卿。”又卷三三三苑咸《为李林甫谢兄林宗为太仆卿状》：“臣伏承今日恩制，除臣兄太常少卿林寇为太仆卿。……拔自奉常，正于群仆。”“林寇”当为“林宗”之误。又《为李林甫谢赐兄衣服状》：“臣今月某日中使郭全羽至，奉宣圣旨，赐臣兄太仆卿林宗紫衣一副。”孙逖撰制当在开元末。

窦　锷　开元末

《全文》卷三〇九孙逖有《授窦锷等太仆卿制》。锷尚玄宗女昌乐公主，见《会要》卷六。《姓纂》卷九河南洛阳窦氏：“锷，驸马、秘书监同正。”孙逖撰制当在开元末。

范　某　天宝初

【增订】《河洛墓刻拾零》载《唐范公夫人吕氏墓志》,题为"大唐金紫光禄大夫太仆卿前怀州长史上柱国高平郡开国侯范公妻故东平郡君大人吕氏墓志铭并序"。按,墓主卒于天宝十三载(754),大历七年(772)正月祔葬。范公名待考。

萧　衡　天宝六载(747)前

《旧书·萧复传》:"萧复字履初,太子太师嵩之孙,新昌公主之子。父衡,太仆卿、驸马都尉。"《全文》卷五二一梁肃《监察御史李君夫人兰陵萧氏墓志铭》:"自南海三叶至有唐太子太师某,太师生中书侍郎某,以文武之勤,左右帝室,世祚徐国,叠耀台阶,盖夫人之大伯父也。父中书之弟驸马都尉太仆卿讳衡,践修旧德,尚某邑公主,实生夫人。玄宗其外大父也,宣皇其舅也。"夫人卒建中元年九月三日,年四十八。《新表一下》齐梁房萧氏:"衡,太仆卿、驸马都尉。"乃德宗相萧复父。《元龟》卷三〇五:"萧复字履初,新昌公主子,父衡,为太仆卿、驸马都尉。"又卷八一九:"萧复字履初,太子太师高之孙,新昌公主之子。衡,太仆卿、驸马都尉。复生于戚里。"【增订】《全唐文补遗》第七辑庾游方《庾游方妻萧氏墓志》:"曾祖衡,太仆卿。玄宗以太仆胄华鼎铉,优诏降主,选拜驸马都尉,赠司空。"是知萧衡为太仆卿应在玄宗时。曾涧《订正》:"考《唐会要》卷五〇新昌观:'天宝六载,新昌公主因驸马萧衡亡,奏请度为女冠,遂立此观。'《长安志》卷九同。是衡之为太仆卿,必在天宝六载前。"《长安新出墓志》第233页《唐故华州下邽县尉韦府君故夫人陇西李氏墓志铭并序》:"夫人,金吾之第二女,出于萧氏。相国太师嵩,生太仆卿、驸马都尉、赠司空衡,其外王父也,梁宣帝子琮之后。中外帝裔,勋贤接迹,称华盛者,时无与二。"

张去逸　天宝七载(748)

北图藏拓片《大唐故少府监范阳县伯张公(去奢)墓志铭并序》(天宝六载十月七日):"公与元昆左威卫将军去疑、次兄右卫将军去惑、弟太仆卿去逸、驸马都尉去盈，咸能克己励行，嗣徽前烈。”春秋六十，天宝六载三月十二日卒。又《故银青光禄大夫太仆卿上柱国张府君（去逸）墓志铭并序》（天宝七载九月十七日）：“开元初授太子舍人，因封禅扈从，特恩加朝散大夫、尚舍奉御，寻陟升殿中少监。上巡五陵，后二岁，迁金吾将军，明年诏择使匈奴者，以公为专对之选。……加光禄卿。无何……授右卫将军，转太仆卿。因从上祠南郊，恩制加银青光禄大夫焉。”天宝七载八月廿一日卒，春秋五十六。志又载《中国考古学研究》二集。《隋唐五代墓志汇编》陕西卷第四册《唐故庆州军事判官试协律郎张府君（邵）墓铭并序》（乾符二年十月二十一日）：“高祖去逸，皇太仆卿，赠尚书左仆射。”同书陕西卷第二册《唐故检校少府少监驸马都尉赠卫尉卿范阳张府君（怙）墓志铭》（元和十三年十月二十三日）：“祖去逸，历太仆卿，赠左仆射。父清，尚肃宗皇帝第五女郯国公主，累迁太常卿、驸马都尉，赠光禄卿。公即光禄府君之元子也。”元和十三年四月十九日卒，享年六十三。《旧书·后妃·肃宗张皇后传》：“肃宗即位，册为淑妃，赠父太仆卿去逸左仆射。”《元龟》卷一四一：“肃宗张皇后父去逸为太仆卿，肃宗即位，赠左仆射。”《广记》卷一五〇引《纪闻》：“肃宗张皇后祖母窦氏，玄宗之姨母也。……其子去惑、去盈、去奢、去逸。依倚恩宠，颇极豪华。一日，弟兄同猎渭曲，忽有巨蛇长二丈……去逸因纵辔弯弧，一发而中。……去逸自负坐须富贵。不数年，染疾而卒，官至太仆卿。天宝中其女选东宫，充良媛。”《增订唐两京城坊考》卷四《颁政坊》：“银青光禄大夫太仆卿上柱国张去逸宅。1953 年咸阳底张湾北原出土张去逸墓志及兄张去奢墓志。志载：张去逸天宝七载八月二十一日，终于长安县颁政里之私第，天宝七载九月十七日，窆于咸阳县之北原义陵乡（《考古学报》1982 年第 2 期《西安地区唐墓壁画的布局和内容》）。……张去逸墓志陈列于西安碑林。”【增订】《长安高阳原新出土隋唐墓志》第 225 页载《唐李楹嘉妻张氏墓志》：“有唐故鸿胪卿清河张让曾孙，太仆卿去逸元孙。”

安庆宗　天宝十一载—十四载(752)

《旧书·安禄山传》:“长子庆宗,太仆卿。”《新书·安禄山传》:天宝九载,“又求兼河东,遂拜云中太守、河东节度使。……男子凡十一,帝以庆宗为太仆卿,庆绪鸿胪卿”。《元龟》卷一三一:天宝“十一载十一月,以殿中少监安庆宗为太仆卿。庆宗,禄山之子,以父任宠之”。又卷一五二:天宝十四载,“十一月,范阳节度安禄山反兵向阙,是月,斩其男太仆卿庆宗”。《通鉴》同。

安元贞　天宝十四载—至德元载(755—756)

《旧书·哥舒翰传》:“翰之守潼关也,主天下兵权,肆志报怨,诬奏户部尚书安思顺与禄山潜通,伪令人为禄山遗思顺书,于关门擒之以献。其年三月,思顺及弟太仆卿元贞并坐诛,徙其家属于岭外,天下冤之。”《新书·玄宗纪》:天宝十五载三月,“丙辰,杀户部尚书安思顺、太仆卿安元贞”。《全文》卷四五二邵说《代郭令公请雪安思顺表》:“伏见故开府仪同三司兼工部尚书安思顺并弟羽林军大将军兼太仆卿元真等,竭心圣代……哥舒翰与之不叶,因谋陷害。”《元龟》卷一一九:天宝十四年十一月,“范阳节度安禄山称兵向阙,诏以朔方节度副使、兼灵武郡太守、御史大夫安思顺为户部尚书,弟元贞为太仆卿、朔方右厢兵马使”。《通鉴·至德元载》:三月,“丙辰,(安)思顺及弟太仆卿元贞皆坐死,家属徙岭外”。

李　备　天宝中

《新书·李瑛传》:“瑛子五人:俨、伸、倩、俅、备。瑛之废,帝使庆王畜俨等为子。俨封新平郡王。……备,太仆卿。”同书《宗室世系表下》玄宗诸子:“韩国公、太仆卿备。”乃废太子瑛之子。

杨　锜　天宝中

《新表一下》杨氏河中永乐房:“锜,太仆卿、驸马都尉。”乃工部尚书玄珪子,国忠从弟。

许诚言　　天宝末

《姓纂》卷六安陆许氏:“戒言,太仆卿、右武卫大将军。”《新表三上》安陆许氏:“诚言,太仆卿、右卫大将军。”乃梁州都督钦明子。《英华》卷三九七贾至《授许诚言检校太仆卿制》。《广记》卷三三二、卷四六六、卷四九四引《纪闻》:“琅玡太守许诚言。”按据《旧传》,贾至为中书舍人在天宝末。

李　祐　　天宝末

【增订】周玲《辑补》:《秦晋豫》八一七《李亚封墓志》(咸通四年十一月十一日卒,七年八月十八日葬):“君讳亚封,字周启,陇西人。随太师申国明公穆,字显庆八代孙也。曾祖讳祐,太仆卿兼十二闲厩使。祖讳并,左赞善大夫、太府卿。父讳宣,进第书判等,历监察、尚书刑部郎、万年令、吉州刺史,赠左散骑常侍。”按,志主李亚封,咸通四年卒,享年六十八。其曾祖李祐殆为唐玄宗末期任职。

李　祇　　至德元载(756)

《旧书·李恪传》:恪子琨,琨子祇,“天宝十五载二月,授祇灵昌太守……其月,又加兼御史中丞、陈留太守,持节充河南道节度采访使,本官如故。五月,诏以为太仆卿,遣御史大夫虢王巨代之”。《新书》本传:“累迁陈留太守,持节河南道节度采访使。历太仆、宗正卿。代宗大历时,祇既宗室老,以太子宾客为集贤院待制。”《通鉴·至德元年》:五月,“上征吴王祇为太仆卿”。

柳　潭　　至载元载(756)

《隋唐五代墓志汇编》陕西卷第二册《大唐故银青光禄大夫行殿中少监驸马都尉赠工部尚书河东柳府君(昱)墓志铭并序》(贞元二十年十月十九日):“父潭,皇朝太仆卿、驸马都尉、赠尚书左仆射。外祖肃宗皇帝,祖妣章敬皇后。妣和政公主。庚子岁夏四月,公生于常乐里第。……二十年岁在甲申,秋八月二旬有一日,公终于永兴里第,享年四十有五。……五岁丁外艰,九岁重罹酷罚。”又《唐试左武卫仓曹参军丘公夫人河东柳氏墓志铭并序》(大中四年四月十三日):“曾祖潭,皇太仆卿,赠司徒。祖晟,皇检校户部尚书兼左金吾卫大将军,赠太子太傅。父正祐,皇检校太子宾客。夫人即宾客长女也。”大中二年十一月廿一日卒,享年三十三。《姓纂》卷七河南解县柳氏:“潭,驸马、太仆卿。”乃柳岑子。尚肃宗女和政公主,见《旧书》卷一八三,《元龟》卷一七二作“谭”,误。《旧书·柳晟传》:“父潭,官至太仆卿、驸马都尉。”《新书·柳晟传》:“父潭,尚和政公主,官太仆卿。晟年十二,居父丧,为闻孝。代宗养宫中,使与太子诸王受学于吴大瓘并子通玄。”《全文》卷三四四颜真卿《和政公主神道碑》:“天宝九载春三月既望,封和政公主,降于河东柳潭。……秋八月,玄宗至蜀,仍旧邑而册公主,以潭为驸马都尉、银青光禄大夫、太仆卿。属狂将兴祸,称兵向阙,玄宗亲御阛阇,临视诛讨。驸马率领家竖折冲张义童等斗于门中,公主及宁国彀弓迭进。驸马乘胜突刃,所向无前。斩馘擒生,殆逾五十。”《全文》卷七三八沈亚之《为汉中宿宾撰其故府君行状·唐故银青光禄大夫、检校户部尚书、左金吾大将军、兼御史大夫、上柱国、河南县开国公、食邑二千户、赐紫金鱼袋、赠太子少保柳公(晟)行状》:“父潭,皇太仆卿、驸马都尉、赠司空。”“肃宗时诏取儒贤配主,其父以门叶中选,拜太仆卿,尚和政公主,主及太仆继丧,而公年始十二。”元和十三年三月九日卒,年六十九。

李辅国　　乾元元年(758)

《通鉴·乾元元年》:“二月癸卯朔,以殿中监李辅国兼太仆卿。”

崔希庄　　乾元二年(759)

《隋唐五代墓志汇编》洛阳卷第十二册《崔君夫人雁门郡太夫人太原王氏墓志铭并序》(乾元二年九月二十一日):“次子希庄,特进兼太仆卿、博陵郡开国□。”

张孝忠　　宝应元年(762)

《全文》卷四九六权德舆《唐故义武军节度使……张公(孝忠)遗

爱碑铭并序》(贞元七年卒,春秋六十二):“宝应中拜左武卫大将军,加金印紫绶,历左金吾大将军兼太仆卿、殿中监。”

臧希晏　　广德元年(763)

《全文》卷三六四张孚《金紫光禄大夫左金吾卫将军赠扬州大都督臧府君(希晏)神道碑铭》:“无何转庆州刺史……特拜太仆卿兼宁州刺史。”希晏卒于广德二年。

李义忠　　广德二年前(764 前)

《全文》卷三四二颜真卿《唐故开府仪同三司太尉兼侍中河南副元帅都督河南淮南淮西荆南山南东道五节度行营事东都留守上柱国赠太保临淮武穆王李公(光弼)神道碑铭》:“夫人薛国夫人太原王氏,臬长子太仆卿义忠,并先公而逝。次曰太府少卿、太仆卿象、殿中丞汇等。”光弼卒广德二年七月五日。《新表五下》柳城李氏:“义忠,太仆卿。”乃李光弼子。

李　象　　广德二年(764)

《全文》卷三四二颜真卿《唐故开府仪同三司太尉兼侍中河南副元帅都督河南淮南淮西荆南山南东道五节度行营事东都留守上柱国赠太保临淮武穆王李公(光弼)神道碑铭》:“夫人薛国夫人太原王氏,臬长子太仆卿义忠,并先公而逝。次曰太府少卿、太仆卿象、殿中丞汇等。”光弼卒广德二年七月五日。《新表五下》柳城李氏:“象,太仆卿。”乃李光弼子,太仆卿义忠弟。

郑希潮　　永泰元年(765)

《唐文拾遗》卷二二胡詹《大唐故高士荥阳郑府君(忠,字惟忠)之碣》:“年五十七,壬寅岁(宝应元年)夏四月乙亥顷背于挹楼里之私第。……嗣子希潮……以今年十有二月庚申,安神于武清县西北崇仁乡白塔东北原。……嗣子以功骤迁金紫光禄大夫,历太仆卿、文安郡别驾,转殿大监、幽州节度判官、上柱国。”北图拓片《郑忠墓碑》(永泰元年十月十九日):"嗣子希潮。……府君迈德于前,锡羡于后,故嗣子以功骤迁金紫光禄大夫,历太仆卿、文安郡别驾,转殿大监、幽州节度判官、上柱国。"

刘希暹 大历五年(770)

《全文》卷四六代宗《赐刘希暹自尽制》:"开府仪同三司、行太仆卿、兼御史中丞、神策军兵马都虞候、淄川郡王刘希暹,幸以微谬(阙)荣秩,典司禁戎,作我心膂……宜使自尽。"又见《大诏令集》卷一二六,文有"朕临驭万邦,于兹九稔"语,推之在大历五年。《旧书》本传:"[鱼]朝恩用之为神策都虞候,封交河郡王。善候朝恩意旨,深被委信。累迁至太仆卿。"《新书·鱼朝恩传》:"神策都虞候刘希暹魁健能骑射,最为朝恩昵信,以太仆卿封交河郡王。"

吴仲孺 大历八年(778)

《旧书·代宗纪》:大历八年四月,"戊午,以太仆卿吴仲孺为鄂州刺史、鄂岳沔等州团练观察使。"

裴 綧 大历中?

《新表一上》东眷裴氏:"綧,太仆卿。"乃代宗相裴冕弟。

臧 涉 大历末

《全文》卷三三九颜真卿《东莞臧氏纠宗碑铭》:"迨乎今上当宁,而诸孙……金紫太仆卿涉,特进殿中监玠……并不幸早世。……特进鸿胪卿均,特进太常卿彦昭,开府太常卿彦暠……银青鸿胪少卿涣,鸿胪卿赜。"按臧玠大历六年四月据潭州为乱,见《旧书·代宗纪》。

赵 纵 建中三年(782)

《旧书·张镒传》:"建中三年正月,太仆卿赵纵为奴当千发其阴事,纵下御史台,贬循州司马。《新书·张镒传》:"郭子仪婿太仆卿赵纵为奴告,下御史劾治。"《旧书·郭曜传》:"子仪之婿太仆卿赵纵、少府少监李洞清、光禄卿王宰，皆以家人告讦细过，相次贬黜。曜家大恐，赖宰相张镒力为庇护。"《新书·郭曜传》："后卢杞秉政，忌勋族，子仪婿太仆卿赵纵、少府少监李洞清、光禄卿王宰皆以次得罪。……独宰相张镒力保护。"《会要》卷五一："（建中）三年正月，太仆卿赵纵贬循州司马。"《元龟》卷一三四："建中三年五月壬午诏曰：……子仪既薨，其女婿太仆卿赵纵……贬官相属。"又卷三二八："建中年……故尚父郭子仪子婿太仆卿赵纵家奴当千发纵阴事，纵下御史。"

张光晟　　建中四年(783)

《旧书》本传："又降为睦王傅，寻改太仆卿，负才怏怏不得志。贼泚僭逆，署光晟伪节度使兼宰相。"《通鉴·建中四年》：十月，"太仆卿张光晟自负其才，皆郁郁不得志，泚悉起而用之"。《全文》卷四四五小传："建中元年拜右金吾将军，改太仆卿。朱泚僭逆，污伪命为节度使兼宰相，泚败伏诛。"

郭幼冲　　建中四年—兴元元年(783—784)

《姓纂》卷一〇华阴郭氏："幼冲，太仆卿、太子詹事。"乃郭子仪弟。【增订】卢景亮撰《郭幼冲墓志》："建中末，大憝猖狂，六龙巡狩。公乃冒犯锋镝，扈从郊畿。……公自起家，以战功授别将、果毅。肃宗灵武践祚，迁太子右赞大夫，累加银青光禄大夫，试鸿胪卿，上柱国太原郡开国公。自闲居登朝，历太仆少卿，太子少詹事，左庶子，延王傅。奉天行在，除太仆卿，兼御史中丞。逆泚既平，拜太子宾客。"（《唐史论丛》第一六辑，第197页）按，德宗幸奉天在建中四年，平朱泚在兴元元年。

周　皓　　兴元元年—贞元十八年(784—802)

《姓纂》卷五江陵周氏："皓，太仆卿。"《翰苑集》卷一四称皓曾任丹延都团练观察使。《元龟》卷九八〇：兴元元年"八月甲子，以右武卫将军周皓为太仆卿兼御史大夫、宣慰回纥使。"《旧书·五行志》：

“贞元四年二月,太仆寺郊牛生犊,六足,太仆卿周皓白宰相李泌,请上闻,泌笑而不答。”又《窦参传》:“无几,迁御史中丞……是时,郊牛生犊有六足者,太仆卿周皓白宰相请奏,李泌亦戏答以遣之。”《酉阳杂俎》前集卷一二:“薛平司徒尝送太仆卿周皓,上诸色人吏中,末有一老人,八十余,著绯。”《会要》卷四四:贞元四年,“二月,太仆郊牛犊生六足,太仆卿周皓白宰臣李泌,请上闻”。《隋唐五代墓志汇编》陕西卷第四册《唐故静乐寺尼惠因墓志铭并序》(贞元十八年四月二十九日):“父开府仪同三司、检校左散骑常侍、兼御史大夫、太仆卿、上柱国、蔡国公周晧撰。”据上述文献,周晧在太仆卿任至少十八年之久。【增订】《隋唐五代墓志汇编》陕西卷第四册《唐故赞善大夫周府君(晓)墓志铭并序》:“长兄特进、光禄卿、汝南郡开国公晧,次兄朝议郎、守太子仆昉,皆国之良也。”《大唐西市博物馆新藏墓志》二七三《周以悌夫人高氏墓志》:“孝孙长曰晧,特进,光禄卿,汝南郡开国公。次曰昉,朝议郎,守太子仆。以乾元二年七月十八日,迁窆于万年县义善乡凤栖原之西,礼也。”参以前引《惠因墓志》可证史籍所载“周晧”应为“周晧”。

李　优　贞元中

《新书·李玢传》:“玢凡三十六子……优,太仆卿。”按李玢薨于建中元年。则其子仕历约在贞元中。

李　瓒　贞元中

《隋唐五代墓志汇编》陕西卷第四册《唐朝议郎汉州什邡县令京兆田行源亡室陇西李氏墓志铭并叙》(大中八年十一月二十五日):“祖瓒,太仆卿,妣卢氏。父暄,戎、泸二州刺史,妣姜氏。”李氏大中八年四月三日卒,年六十二。

萧　升　贞元中

《新表一下》齐梁房萧氏:“升,太仆卿、驸马都尉。”乃德宗相萧复弟。

李　湑　　元和初

《姓纂》卷二东眷韦氏韦庶人房："湑，太仆卿。"乃元俨子。《新书》卷一八三，湑左羽林将军。《新表》同。按《旧书·顺宗纪》：贞元二十一年夏四月壬寅，"德阳郡王湑封冀王，改名绿"。

杨　宁　　元和八年？（813？）

北图藏拓片《唐故朝议大夫守国子祭酒致仕上骑都尉赐紫金鱼袋赠右散骑常侍杨府君（宁）墓志铭并序》（元和十二年八月十五日）："由是以公为郑州刺史，期而报政，就增御史中丞……由理行高选，迁太仆卿，寻转国子祭酒。……居一年，以疾请老，优诏致仕。得谢之二年，寝疾革。"元和丁酉四月乙卯卒，享年七十四。

李子鸿　　约元和中

《新书·宗室世系表下》让皇帝房："嗣宁王、太仆卿子鸿。"乃让皇帝李宪曾孙，嗣宁王李琳孙，嗣宁王、宗正卿李檝子。

李元贽　　约元和中

《新表二上》李氏姑臧房："元贽，太仆卿。"乃肃宗相李揆孙，河中少尹李佐公子。

郭　铤　　约元和中

《新表四上》华阴郭氏："铤，太仆卿。"乃郭子仪孙，郭暎子。

李士则　　约元和中

【增订】《碑林集刊》第十一辑第58页载《李少赟墓志》："父士则，皇太仆卿。"墓主开成元年（836）七月廿四卒，年七十五。

杜式方　　元和十年—十五年（816—820）

《旧书·穆宗纪》：元和十五年二月，"乙未，以太仆卿杜式方为桂州刺史，充桂管观察使"。《旧书》本传："丁父忧，服阕，迁司农少卿,赐金紫,加正议大夫、太仆卿。时少子悰选尚公主,式方以右戚移病不视事。久之,穆宗即位,转兼御史中丞,充桂管观察都防御使。"《新书》本传:"佑既相,出为昭应令,迁太仆卿。子悰,尚公主。式方以右戚,辄病不视事。穆宗立,授桂管观察使。"【增订】《秦晋豫新出墓志搜佚续编》第1091页《唐杜式方墓志》:"迁少司农,加金印紫绶,遂拜太仆。为太仆凡五年,居公卿之间,名誉益洽。今上即位,迁御史中丞、桂州刺史,充桂管都防御观察处置等使。"墓主长庆二年三月卒。

刘士泾　长庆元年(821)

《旧书·穆宗纪》:长庆元年正月,"己酉,以前检校大理少卿、驸马都尉刘士泾为太仆卿"。《旧书·韦弘景传》:"刘士泾以驸马交通邪倖,穆宗用为太仆卿。弘景与给事薛存庆封还诏书……宰臣不得已,改卫尉少卿。"《新书·韦弘景传》:"再迁给事中。驸马都尉刘士泾赂权近,擢太仆卿,弘景上还诏书,穆宗使喻……弘景固执,帝怒,使宣慰安南。"《新书·刘昌传》:"子士泾,尚云安公主,拜驸马都尉,累迁少卿。家秘财,内结权近。善胡琴,故得幸于贵人。后迁太仆卿,给事中韦弘景等封还制书,以士泾通近倖,不当居九卿。宪宗曰……。弘景等乃奉诏。"吴缜《新唐书纠缪》卷五:"五曰年月时世差互,韦弘景封还诏书事,一以为宪宗一以为穆宗。……此二传,一以为穆宗,一以为宪宗,一则云弘景固执,帝怒,使宣慰安南,一则云弘景等乃奉诏,二说殊不同,未知其孰是。"按应作穆宗是。《全文》卷四八二韦宏景《封还刘士泾授太仆卿诏疏》:"伏以司仆正卿,位居九列……今士泾……忽长卿寺,有渎官常。……其刘士泾新除太仆卿敕,不敢行下。"《旧书》卷一六《穆宗纪》,士泾长庆元年迁太仆卿。按《旧书》卷一五二误作"太府卿"。《全文》卷四九六权德舆《大唐四镇北庭行军兼泾原等州节度度支营田等使……刘公纪功碑铭并序》:"迁至开府仪同三司,于列卿为太仆太常,于御史府为中丞大夫,历太子詹事,左散骑常侍,工部、礼部二尚书,异姓而王。"同书卷六四九元稹《授刘士泾太仆卿制》:"检校大理少卿、驸马都尉刘士泾……可守太仆卿、驸马都尉。"《元龟》卷四六九："韦弘景为给事中，长庆元年正月，以简较大理少卿、驸马都尉刘士泾为太仆卿。弘景与薛存庆封还诏书。……宰臣不得已，请改授卫尉少卿。"

高　瑀　　大和元年前(827前)

《旧书·文宗纪》下：大和元年四月，"庚申，以太仆卿高瑀检校左散骑常侍，充忠武军节度"。《通鉴》《元龟》卷一二〇同。《新书》本传："累迁陈、蔡二州刺史，入为太仆卿。忠武节度使王沛死……会其军表丐瑀，乃检校左散骑常侍，领忠武节度使。"《元龟》卷三二一："(韦)处厚与(裴)度议，以太仆卿高瑀深沉方雅……欲请用瑀，事未闻，陈许表至，果请瑀为帅，乃授检校左散骑常侍、许州刺史、忠武军节度使。"《全文》卷七一六小传："累官太仆卿，出领忠武军节度使。"

郑　注　　大和八年—九年(834—835)

《旧书·文宗纪》下：大和八年十二月，"己卯，以昭义节度副使、检校库部员外郎、赐紫金鱼袋郑注为太仆卿"。又九年八月"丁丑，以太仆卿郑注为工部尚书，充翰林侍讲学士"。《通鉴》同。又《通鉴·大和九年》："四月……癸巳，以郑注守太仆卿兼御史大夫。"《旧书·郭承嘏传》："大和六年，拜谏议大夫。……文宗以郑注为太仆卿，承嘏论谏激切，注甚惧之。本官知匦院事。九年转给事中。"《新书·郭承嘏传》："文宗以郑注为太仆卿，承嘏极论其非，注颇惧。"《旧书》本传："其年(大和八年)十二月，拜太仆卿、兼御史大夫。……九年八月，迁工部尚书，充翰林侍讲学士。"《新书》本传："文宗暴眩，守澄复荐注，即日召入，对浴堂门，赐赍至渥。……俄进太仆卿，兼御史大夫。"《翰苑群书》上《重修承旨学士壁记》："郑注，大和九年八月四日自太仆卿改工部尚书充侍讲学士，九月二十五日，出为检校右仆射、充凤翔陇右节度使。"《元龟》卷四六〇："郭承嘏，大和六年为谏议大夫，频上章言时政得失。寻以郑注为太仆卿，论陈激切，注不敢出。"《唐仆尚丞郎表》卷二一《工尚》："郑注，大和九年八月四日丁丑,由太仆卿兼御史大夫迁工尚、充翰林侍讲学士。九月二十五丁卯,出为检校右仆、凤翔陇右节度使。”

卢元中　约大和中

【增订】《长安高阳原新出土隋唐墓志》第279页载《唐郑佶妻卢氏墓志》:“父元中,进士上弟。……累迁秘书少监、太仆卿。”

段伯伦　开成元年(836)

《旧书·文宗纪下》:开成元年十二月,“壬子,太仆卿段伯伦卒”。又见《元龟》卷一四〇。《旧书》本传:“(大和)八年七月,检校工部尚书,充福建等州都团练观察使,入为太仆卿,卒。”同书《段秀实传》,秀实有子伯伦,卒于大和八年之后,终太仆卿。《新书·段秀实传》:“大和中,子伯伦始立庙……伯伦累官福建观察使,终太仆卿。”《会要》卷二五:“大和八年七月,太仆卿段伯纶卒。”考《旧书·文宗纪下》:大和八年七月,“壬申,以右金吾卫大将军段百伦检校工部尚书,充福建观察使”。可证《会要》言其大和八年七月卒于太仆卿任之误。

田　某　约文宗时

《全诗》卷四九二殷尧藩《寄太仆田卿二首》。同书卷五〇〇姚合《夜宴太仆田卿宅》:“故人九寺长,邀我此同欢。”同书卷五〇一姚合《和太仆田卿酬殷尧藩侍御见寄》。《酬(一本有太仆二字)田卿书斋即事见寄》。同书卷八一三无可《冬晚与诸文士会太仆田卿宅》。

赵　蕃　开成三年—会昌四年(838—844)

《会要》卷六六:“开成三年,太仆卿赵蕃奏:请差少卿一人……”《新书·回鹘传下》:“会昌中,阿热以使者见杀,无以通于朝,复遣注吾合素上书言状。……行三岁至京师,武宗大悦……命太仆卿赵蕃持节临慰其国。”《全文》卷七〇〇李德裕《与纥扢斯可汗书》:“知我两国,永为宗盟,想可汗明智,自有良算,故令太仆卿兼御史中丞赵蕃持节充使，以答深诚。"同书卷七二二小传："武宗时为太仆卿，持节使黠戛斯。"《通鉴·会昌三年》：二月，"辛未，黠戛斯遣使者注吾合索献名马二；诏太仆卿赵蕃饮劳之"。又"三月，以太仆卿赵蕃为安抚戛斯使"。《会要》卷一〇〇：会昌"四年，上命太仆卿兼御史中丞赵蕃持节宣慰"。

浑　偘　　会昌六年(846)

《会要》五七：会昌"六年八月，太仆卿浑侃乘马过都堂门"。《全文》卷七九二路岩《义昌军节度使浑公（偘）神道碑》："武宗时至太仆卿，以谨良选，宣宗即位，改少府监。"

陆　耽　　大中三年(849)

《旧书·宣宗纪》：大中三年正月，"诏太仆卿陆耽往喻旨（吐蕃宰相）"。又见《元龟》卷一七〇。《会要》卷九七："大中三年春，吐蕃宰相尚恐热……以秦原安乐等三州并石门木硖等七关款塞……上命太仆卿陆耽往劳焉。"《新书·吐蕃传下》："大中三年，婢婢屯兵河源……恐热大略鄯、廓、瓜、肃、伊、西等州……乃扬声将请唐兵五十万共定其乱，保渭州，求册为赞普，奉表归唐。宣宗诏太仆卿陆躭持节慰劳。"《通鉴·大中三年》：二月，"吐蕃秦、原、安等三州及石门等七关来降，以太仆卿陆耽为宣谕使。"

卢简辞　　大中三年(849)

【增订】《唐九卿考》卷六原系于"大和中"。所据为《旧唐书·卢简辞传》："大和中，坐事自太仆卿出为衢州刺史。"《新唐书·卢简辞传》："以检校工部尚书为忠武节度使。徙山南东道。坐事贬衢州刺史，卒。"今按，郁贤皓先生《唐刺史考全编》卷一四六："按大中元年至二年简辞为山南东道节度使，见李商隐《上汉南卢尚书启》。今从《新传》。"杜牧有《与浙西卢大夫书》，卢大夫即卢简辞。赵璘《因话录》卷四《角部》："卢尚书弘宣，与弟卢衢州简辞同在京。一日衢州早出，尚书问：'有何除改？'答曰：'无大除改，惟皮遐叔蜀中刺史。'

尚书不知皮是遐叔姓,谓是宗人,低头久之曰:'我弭当家,没处得卢皮遐来。'衢州为辩之,皆大笑。"卢简辞于大中二年尚在山南东道节度使任,故将其贬衢州刺史系于大中三年。

崔彦曾　咸通初

《旧书》本传:"咸通初,累迁太仆卿。七年,检校左散骑常侍、徐州刺史、御史大夫,充武宁军节度使。"《新书》本传:"彦曾,咸通初,繇太仆卿为徐州观察使。"

蔡　京　咸通三年(862)

《通鉴·咸通三年》:"三月,(蔡)京还,奏事称旨,复以京权知太仆卿,充荆襄以南宣慰安抚使。"《全文》卷八三懿宗《授蔡京岭南西道节度使制》:"朝散大夫、权知太仆卿、充荆襄巴南宣慰安抚使、上柱国、赐紫金鱼袋蔡京……可检校左散骑常侍、兼邕州刺史、御史大夫、充岭南西道节度观察处置等使,散官勋封如故。"

孟　彪　咸通十年(869)

《旧书·懿宗纪》:咸通十年正月,"以将军孟彪为太仆卿,充都粮料使"。

支　详　咸通十一年(870)

《新书·南蛮中·南诏传下》:"酋龙进攻成都……于是西川节度使卢耽遣其副王偃、中人张思广约和……懿宗驰遣太仆卿支详为和蛮使。"《通鉴·咸通十一年》:正月,"南诏进军新津……乾廷命知四方馆事、太仆卿支详为宣谕通和使。"

卢简方　咸通十三年(872)

《旧书·懿宗纪》:咸通十三年七月,"以前义昌节度使卢简方为太仆卿"。又十二月,"(李国昌)称病辞军务,乃以太仆卿卢简方检校刑部尚书、云州刺史,充大同军防御等使"。又《通鉴·乾符五年》:二月,“以太仆卿卢简方为大同防御使”。与《旧纪》异。《新书》本传:“擢义昌节度使,入拜太仆卿,领大同节度,久之,徙振武军,道病卒。”

赵 鄂 咸通末

《北梦琐言》卷一〇:“医者意也,古人有不因切脉,随知病源者,必愈之矣。唐崔魏公铉镇渚宫,有富商船居,中夜暴亡,迨晓,气犹未绝,邻房有武陵医士梁新闻之,乃与诊视。……由是方苏。崔魏公闻而异之,召到衙,安慰称奖,资以仆马钱帛入京,致书朝士,声名大振,仕至尚医奉御。有一朝士诣之。梁奉御曰:何不早见示,风疾已深矣,请速归处置家事,委顺而已。朝士闻而惶遽告退策马而归。时有鄜州马医赵鄂者,新到京都。于通衢自榜姓名,云攻医术士。此朝士下马告之。赵鄂亦言疾已危,与梁生所说同矣。谓曰:只有一法,请官人剩吃消梨……或希万一。此朝士又策马归……到家旬日,唯吃消梨,顿觉爽朗,其恙不作。却访赵生感谢,又访梁奉御。具言得赵生教也。梁化惊异,且曰:大国必有一人相继者。遂召赵生,资以仆马钱帛,广为延举。官至太仆卿。”又见《广记》卷二一九。按崔铉咸通四年至五年镇山南东道,遇梁新在此时。赵鄂官至太仆卿当在咸通末之后。

李 峄 乾符元年(874)

《旧书·僖宗纪》:乾符元年五月,“太子右庶子李峄为太仆卿”。

裴德符 乾符中

《全诗》卷六六二罗隐《裴庶子除太仆卿因贺》:“应笑马安虚巧宦,四回迁转始为卿。”裴庶子为裴德符。罗隐又有《雪溪晚泊寄裴庶子》诗:“满眼云山莫相笑,与君俱是受深知。”雪溪在湖州,知裴曾守湖州。《嘉泰吴兴志》卷一四《郡守题名》:“裴德符,咸通十二年七月自绛州刺史授,迁太常少卿。”知其为太常少卿后,又迁太子左(右)庶子,再除太仆卿。

李　琢　广明元年(880)

《通鉴·广明元年》:“四月丁酉,以太仆卿李琢为蔚朔等州招讨都统行营节度使。”

裴　迪　昭宗时

《全文》卷八三七薛廷珪《授裴迪太仆卿元镐京兆少尹卢玭国子司业等制》:“以迪卿材应聘,儒席称珍。”按薛廷珪大顺初累迁司勋员外郎、知制诰,正拜中书舍人,乾宁三年改左散骑常侍,光化中复为中书舍人,见《旧书·薛廷珪传》。

贾　渭　昭宗时

《全文》八三一钱珝《授鸿胪少卿赐紫贾渭太仆卿前太常丞吴方太原少尹制》:“渭比以学文通经之勤,而不得志于壮岁。束带入仕,今至九卿。……诏之就列,以慰其心。……往作亚尹,锡之金章,亦有以嘉于老者矣。可依前件。”

李　涪　昭宗时

《全文》八三一钱珝《授太仆卿赐紫李涪国子祭酒制》:“具官李涪,以尔受爵素高,去朝斯久,奉车亲重,乃以太仆命之。……以尔蕴学之优,当吾选求之要,勉来分职,昭我用才。”

裴　谣　约昭宗时

【增订】《全唐文补遗》第八辑第234页《裴谣墓志》:“检校右散骑常侍、守沂王傅,又拜太仆卿,仍腰金印。”墓主天复三年(903)十二月十三日卒。

待考录

窦叔良

《新表一下》三祖窦氏:“叔良,太仆卿。”乃新津令胥言子。

韩　均

《全文》卷八八六徐铉《唐故中书侍郎光政殿学士承旨昌黎韩公(熙载)墓志铭》:“曾祖均,太仆卿。祖殷,侍御史。考光嗣,秘书少监,淄青观察支使。”

裴　玲

《新表一上》东眷裴氏:“玲,太仆卿、驸马都尉。”乃隋绛州留守文庆曾孙,司列员外郎大方孙,太子少詹事居士子,左赞善大夫虚舟弟。

毛龟范

【增订】《直斋书录解题》卷五引《前蜀纪事》:“后蜀学士毛文锡平珪撰。……文龟,唐太仆卿龟范之子。十四登进士第,入蜀仕建至判枢密院。”

太仆少卿考

李袭誉　　武德元年(618)

《会要》卷六五:“武德元年十月二十四日诏,太仆少卿安康公袭誉……”《大诏令集》卷六四《安康郡公袭誉听合谱宗正诏》:“太仆少卿安康郡公袭誉……特听合谱宗正。……武德元年十月。”《金石录》卷二三《唐太府卿李袭誉墓志跋》:“据墓志云,武德初拜太仆卿,出为潞州总管,寻征拜太府卿。”《大诏令集》卷六四《安康郡公袭誉听合谱宗正诏》:“太仆少卿安康郡公袭誉……特听合谱宗正。……武德元年十月。”《元龟》卷六二一:“唐高祖武德元年十月二十四日诏太仆少卿、安康郡公袭誉,我之同姓,派别枝分,惟厥祖考世敦恭睦,特听合谱宗正恩礼之差,同诸服属。”皆作“少卿”。

许文宝　　武德初

上图藏拓片《唐故正议大夫龙州刺史上柱国许府君(观)墓志

铭》(开元七年闰七月十六日):"祖讳□,字文宝,皇朝启运,授通议大夫、绛郡通守、太仆卿。"观卒开元七年七月二十二日,春秋八十二。《姓纂》卷六太原许氏:"唐太仆少卿,贝州刺史太宝。"《广记》卷一三七引《太原事迹》:"唐武士彟,太原文水县人,微时与邑人许文宝以鬻材为事。……及士彟贵达,文宝依之,位终刺史。"籍同、官同。"文""太"字复相近,当即一人。据前引拓本,知"太宝"乃"文宝"之讹。

裴之隐　　武德初

《全文》卷二八二李迥秀《唐齐州长史裴府君(希惇)神道碑》:"父之隐,随侍御史,上仪同三司,驾、宪二部侍郎,扶风、河南二郡赞治,皇太仆、司农二少卿,武安郡太守,始州刺史,通直散骑常侍,益州长史,会稽县开国男,谥曰安。"考《新书·高祖纪》:武德元年(义宁二年)五月,"司农少卿裴之隐奉皇帝玺绂于唐王"。是裴之隐为太仆、司农少卿均在武德初。

宇文业　　约武德中

《姓纂》卷六河南洛阳宇文氏:"业,唐太仆少卿。"乃宇文虬孙。按宇文虬,《周书》卷二九有传,是其孙业应仕于唐初。

张万岁　　贞观十五年(641)

《会要》卷六六:"贞观十五年,尚乘奉御张万岁除太仆少卿。"《元龟》卷六二一:"唐太宗贞观十五年,以尚乘奉御张万岁为太仆少卿,勾当群牧。"《新书·兵志》:"初,用太仆少卿张万岁领群牧。自贞观至麟德四十年间,马七十万六千。……万岁掌马久,恩信行于陇右。"【增订】《张仲晖墓志》:"曾祖□(万)岁,皇金紫光禄大夫、行太仆卿。祖思廉,皇太中大夫、行太仆卿,赠太子詹事。父景顺,皇太中大夫、守太仆卿。"(《唐代墓志汇编续集》)天宝十二载卒,年五十。

萧　锐　贞观十七年—二十年(643—846)

《通鉴·贞观十八年》:七月,“又命太仆少卿萧锐运河南诸州粮入海”。《元龟》卷一六一:贞观“二十年正月丁丑,遣……太仆少卿萧铣(锐)……等以六条巡察四方”。又卷四九八:“太宗贞观十七年,时征辽东,先遣太常卿韦挺于河北诸州,征军粮,贮于营州。又令太仆少卿萧锐于河南道诸州转粮入海。至十八年八月,锐奏称:海中古大人城西去黄县二十三里。”

裴　勣　贞观中

《全文》卷一四三李百药《隋故益州总管府司马裴君(镜民)碑铭并序》:“君第五子太仆少卿洛州都督□长充上柱国翼城县开国公勣□。”

韦　津　贞观中

《姓纂》卷二东眷韦氏郧公房:“津,隋陇州刺史、黄门侍郎、吏部尚书。唐谏议大夫、太仆少卿、寿光男。”《全文》卷二五八苏颋《刑部尚书韦抗神道碑》:“郧之子太仆少卿、陵州刺史、武阳公讳津,是生银青光禄大夫、太子詹事、赠秦州都督、谥曰贞讳琨,是生司农丞、赠金州刺史讳畅。……公讳抗,字抗,金州府君第二子也。”开元十四年卒,享年六十。又卷三二六王维《韦斌碑》:“曾祖津,陵州刺史、寿光县男。”《旧书》卷九二:津尝判民部尚书。《隋唐五代墓志汇编》陕西卷第三册《大唐前安州都督府参军元琰妻韦志铭并序》(永淳二年正月十八日):“祖津,皇朝太仆少卿、陵州刺史、寿光男。父琬,皇朝成州刺史、寿光男。君即公之小女。”永淳二年正月十一日卒,春秋廿五。又《大周故朝请大夫行洛州陆浑县令韦府君(愔)墓志铭并序》(圣历元年三月二十五日):“祖津,隋内史侍郎、户部尚书、武阳郡开国公,唐谏议大夫、黄门侍郎、太仆卿、陵州刺史。”【增订】《碑林集刊》第一一辑《韦英墓志》:“曾祖津,隋户部尚书、武阳郡公,皇谏议大夫、太仆少卿、寿光县男。”墓主天宝九载(750)八月十二日卒,春秋七十二。其曾祖年代约在贞观中。《洛阳新获墓志二〇一五》

第102页载《大唐益州大都督府功曹参军杜温亡妻韦夫人(三从)墓志铭并序》:"祖津,隋内史侍郎、户部尚书,皇朝太仆卿、陵州刺史。"

赵方海　贞观中

《姓纂》卷七天水赵氏:"海,唐职方郎中、太仆少卿。"北图拓片《周故泗刺史赵府君(本质)墓志铭并序》:"父方海,洛州总监、职方郎中、太仆少卿、晋王府长史,持节诸军事申州刺史。"本质卒天授二年五月三日,十月二十四日葬。当即赵海。海之官历当在贞观时。

许智仁　贞观中

《旧书·许绍传》:"绍次子智仁,初,以父勋授温州刺史,封孝昌县公。寻继其父为硖州刺史,后历太仆少卿、凉州都督。贞观中卒。"王得臣《麈史》收《大唐孝昌公许君墓碑》,其残文为"七年入朝,加授太中大夫使持节冀州刺史","二年,有诏追迁太仆少卿","长史公以仪凤三年正月薨于汾州之官舍,春秋六十有二"等语,曾定碑主为智仁。然《碑》之许君,止生义宁元年,《旧传》则谓武德时破萧铣,拜智仁为温州刺史,委以招慰,是又不可能之事也。墓碑又载《唐文拾遗》卷六三。

柴令武　贞观末

《旧书·柴绍传》:子令武,"尚巴陵公主,累除太仆少卿、卫州刺史,封襄阳郡公。永徽中,坐与公主及房遗爱谋反,遣使收之。行至华阴,自杀,仍戮其尸。公主赐死"。《新书·柴绍传》:"二子:哲威、令武。……令武尚巴陵公主,迁太仆少卿、卫州刺史、襄阳郡公。与房遗爱谋反,贬岚州刺史,自杀。"

韦　整　约永徽中

【增订】《珍稀墓志百品》第75页《大唐故司稼正卿韦公(整)墓志之铭并序》:"公讳整,字思齐,京兆杜陵人也。……转定州司马,兼检校恒州长史。俄征为太仆少卿,又除将作少匠,又转内府少监,检校司农少卿，又迁太府少卿，兼检校尚书右丞。”

于立政 约显庆中

《姓纂》卷二京兆于氏：“立政，吏部郎中、太仆少卿。”乃志宁子。《新表二下》于氏：“立政字匡时，太仆少卿、虢州刺史。”《旧书·于志宁传》：“子立政，太仆少卿。”《全文》卷二三七于知微《明堂令于大猷碑》：“父立政，尚书吏部郎中、国子司业、太子率更令、渠虢二刺史、太仆少卿、上护军。”同书卷二三七于知微小传：“太仆少卿立政子。永徽元年以门荫补宏文生，三年擢进士第，释褐授太子内坊丞，迁秘书郎。累官太子左庶子、太仆少卿，封东海郡侯，除兖州都督。景云二年进封公，检校鸿胪少卿，太极二年卒。”又卷二〇六姚崇《兖州都督于知微碑》：“父立政，皇朝吏部郎中、国子司业、太子率更令、渠虢二州刺史、太仆少卿。”又立政碑，调露元年立，见《金石录》卷四；显庆元年立政刺虢，见《广记》卷三九三引《广古今五行纪》。

尔朱义琛 显庆中

北图藏拓片《唐故宋州录事尔朱府君(旻)墓志铭并序》：“父义琛，唐同州长史、太仆少卿、工部侍郎、大理正卿、定州刺史。”旻卒咸亨四年七月廿三日，春秋五十三。《千唐志》二九七《大唐故银青光禄大夫定州刺史上柱国尔朱府君(义琛)墓志》(上元三年十月十五日)：“又除许王府长史兼行同州长史……俄迁太仆少卿，又除司平少常伯……以龙朔三年诏使持节陇右道巡抚。”【增订】《全唐文补遗》第七辑第337页《大周故秋官尚书秀容县开国男尔朱府君(杲)志石文》：“父义琛，唐司仆少卿、司刑少常伯、司刑卿、银青光禄大夫、定州刺史，赠胜州都督、上柱国。”

裴　皓 龙朔元年(661)

《隋唐五代墓志汇编》山西卷《大唐故宫府大夫兼检校司驭少卿裴君(皓)墓志铭并序》(龙朔三年十月五日)：“永徽元年，以贤良应诏，除尚书兵部员外郎，寻迁守驾部郎中……俄迁兵部郎中，又转吏部郎中……迁太子家令兼检校太仆少卿，寻以官名改刑，授宫府大夫兼检校司驭少卿。”龙朔二年四月十九日卒，春秋五十五。同书洛阳卷第十册《大唐故贝州宗城县丞裴君(宥)墓志铭并序》(开元二十八年正月二十二日)：“皇朝兵部、吏部二郎中、太子家令兼太仆少卿晧之曾孙，殿中少卿、亳州刺史、高平县开国男贞之孙。”宥卒开元二十七年九月十八日，春秋五十一。按《新表一上》东眷裴氏：“浩，太仆少卿。”乃洛州刺史怀节子，亳州刺史裴贞父。按裴怀节为洛州刺史在贞观十七年，见《会要》卷六八。本志称：“父怀节……(贞观)廿一年……告以定公之患。”证知《新表》之“裴浩”应作“裴晧”。

王　思　　龙朔中

《全文》卷二〇四小传：“思，龙朔中官驭仆寺大夫。”

卢师直　　龙朔中

《姓纂》卷三濮阳卢氏：“师直，司仆少卿。”乃晋绛二州刺史卢士良子。按卢士良武德六年五月为河州刺史，见《通鉴》。推知其子仕历应在龙朔中。

鲜于正俗　　乾封元年(666)

《会要》卷六六：麟德“三年正月，太仆少卿鲜于正俗检校陇右群牧监”。又见《元龟》卷六二一。

鲜于匡俗　　仪凤前

《新书·兵志》：“万岁掌马久，恩信行于陇右。后以太仆少卿鲜于匡俗检校陇右牧监。仪凤中，以太仆少卿李思文检校陇右诸牧监使。”

李思文　　仪凤三年—垂拱元年(678—685)

《会要》卷六六：“仪凤三年十月，太仆少卿李思文检校陇右诸牧监使。”《元龟》卷六二一：“仪凤三年十月，以太仆少卿李思文检校陇右诸牧监使。”注：“自此始有使号，其后苏干、夏侯亮、阳道昕、张仁德、张思兼、宗玄爽、周履冰、魏元忠、李道广、贺兰爽、姚元之、宗楚客、宋王成器相次为之。”又卷九三八：“李思文为司仆少卿，垂拱元年表请改姓武氏，则天许之。”《旧书·裴行俭传》：“调露元年，突厥阿史德温傅反，单于管内二十四州并叛应之，众数十万。单于都护萧嗣业率兵讨之，反为所败。于是以行俭为定襄道行军大总管，率太仆少卿李思文、营州都督周道务等部兵十八万……并受行俭节度。”《新书·裴行俭传》：“调露元年，突厥阿史德温傅反……诏行俭为定襄道行军大总管讨之，率太仆少卿李思文、营州都督周道务等部兵十八万。”《旧书·突厥上·泥孰匐传》：“调露元年……又诏礼部尚书裴行俭为定襄道行军大总管，率太仆少卿李思文、营州都督周道务等统众三十余万，讨击温傅。”《新书·突厥传上》：“调露初，单于府大酋温傅、奉职二部反……乃以鸿胪卿单于大都护府长史萧嗣业……讨之……大败……更拜礼部尚书裴行俭为定襄道行军大总管，率太仆少卿李思文……捕击反者。”北图藏拓片《大唐鄜州司仓参军事李君亡妻裴氏墓志铭并序》：“年十有八归于李氏，即司空英武公之孙，太仆少卿饶州使君之第四子也。”夫人永淳元年三月廿六日卒，春秋廿二，四月七日葬。又《大唐冀州刺史息武君墓志铭并序》：“本姓徐氏，皇运肇兴，□□□佐经纶之业，赐以国姓，洎圣母神皇之临天下，其父思文表忠贞之节，又锡同□圣氏，仍编贯帝乡。……曾祖皇朝封济阴郡王，后固辞王，授散骑常侍、陵州刺史、上柱国、舒国公，薨谥节公。祖勣，司空、上柱国、英国公、赠太尉、扬州大都督，谥贞武公。……□历任岚、饶、润等州刺史，再除太仆少卿，兼知陇西事，又加银青光禄大夫、上柱国、卫县开国公、检校并州大都督府长史、清源道总管，除冀州刺史，今见朝集。”墓主以调露元年八月四日卒于陇西大使之馆，春秋一十有五，垂拱四年十二月廿八日改葬。《通鉴·垂拱元年》：正月，“太后以徐思文为忠，特免缘坐，拜司仆少卿”。

赵崇道　高宗时?

《姓纂》卷七天水赵氏:"崇道,太仆少卿、邓州刺史。"乃贞观十二年蒲州刺史元楷子,其仕历当为高宗时。

于知机　高宗时

《姓纂》卷二长安于氏:"知机,太仆少卿,怀德公。"【增订】参鸿胪少卿考"于知机"条。

李敬业　约永淳元年(约682)

《新书》本传:"历太仆少卿,袭英国公,为眉州刺史。嗣圣元年,坐赃,贬柳州司马。"北图藏拓片《故潞州屯留县令温府君李夫人墓志铭并序》(开元五年二月十三日):"祖勣,司空、上柱国、英国公……。父思立,户部尚书、上柱国、卫国公。……夫人即公之第三女也。……文明中,堂兄太仆[少]卿[敬]业……兵起惟扬。"

王方庆　永淳中

《旧书》本传:"永淳中,累迁太仆少卿。则天临朝,拜广州都督。"

温翁念　约永昌元年(约689)

《姓纂》卷四太原祁县温氏:"翁念,左司郎中、太仆少卿。"乃温彦博孙。《新表二中》温氏:"翁念,太仆少卿。"乃太宗相彦博孙。《神泉诗》,垂拱四年立,称左司郎中温翁念,字敬祖。

刘　璿　万岁通天元年(696)

《隋唐五代墓志汇编》洛阳卷第七册《大周故亳州都督彭城刘府君(璿)字如璿墓志铭并序》(长安二年十一月二十七日):"寻加朝散大夫、司仆少卿,十日转司农少卿,一月摄文昌秋官侍郎,寻而正授。"长安元年十二月十五日卒,春秋七十二。《广记》卷二六九引《御史台记》:"刘如璿事亲以孝闻,解褐唐昌尉,累迁乾封尉。为侍御史,转吏部员外。则天朝自夏官郎中左授都城令,转南郑令,迁司仆、司农少卿，秋官侍郎，时来俊臣党人与司刑府史姓樊者不协，诬以反诛之。……流于瀼州。”按神功元年秋官侍郎刘如璿流瀼州，见《通鉴》卷二〇六。《新书》卷五九：“万岁通天元年，僧惠澄上言，乞毁老子化胡经，敕秋官侍郎刘如璿等议状。”《姓纂》卷五诸郡刘氏：“秋官侍郎刘知璿，上邽人。”“知”为“如”之讹。

来俊臣　　神功元年(697)

《旧书·则天纪》：万岁通天二年六月，“司仆少卿来俊臣以罪伏诛”。《新纪》略同。《新书》本传：“长寿中，还授殿中丞，坐脏贬同州参军事……俄召为合宫尉，擢洛阳令，进司仆少卿，赐司农奴婢十人。”《通鉴》卷二〇六：神功元年六月，“司仆少卿来俊臣倚势贪淫，士民妻妾有美者，百方取之；或使人罗告其罪，矫称敕以取其妻，前后罗织诛人，不可胜计。……丁卯，(李)昭德、俊臣同弃市”。《广记》卷一六九引《朝野佥载》：“又问(浮休子)：‘洛阳令来俊臣，雍容美貌，忠赤之士乎?’答曰：‘俊臣面柔心狠，行险德薄，巧辩似智，巧谀似忠，倾覆邦家，诬陷良善，其江充之徒欤！蜂虿害人，终为人所害。’无何，为太仆卿，戮于西市。”同书卷二六七引《御史台记》：“来俊臣，雍人也。……俊臣累坐赃，出同州参军，逼夺同列参军妻，仍辱其母，莫敢言者。……寻授河南尉，累迁太仆卿。则天赐其奴婢十人，当受于司农。”《朝野佥载》卷三：“则天朝，太仆卿来俊臣之强盛，朝官侧目，上林令侯敏偏事之。……后俊臣诛，逐其党流岭南，敏又获免。”又见《广记》卷二七一。《旧书·李昭德传》：“延载初，左迁钦州南宾尉，数日，又命免死配流。寻又召拜监察御史。时太仆少卿来俊臣与昭德素不协，乃诬构昭德有逆谋，因被下狱，与来俊臣同日而诛。”按延载仅一年。《元龟》卷九四二：“唐来俊臣，则天朝历……司仆少卿，恣行罗织，多所陷害。”

宋元爽　　圣历前

《全文》卷二四二李峤《授宋元爽司膳少卿制》：“敕：朝请大夫守司仆少卿宋元爽……参守仆正，以表公勤，可兼检校司膳少卿。”元爽圣历元年官文昌左丞,见《新书·突厥传》。神功元年官洛州长史,见《旧书》卷八九。《姓纂》卷八扶风宋氏:"(元)爽,尚书左丞、秋官侍郎,扬洛二州长史。"诸书所称"太仆卿"当为"太仆少卿"之夺。

慕容知晦　约圣历中

《隋唐五代墓志汇编》洛阳卷第十册《唐中散大夫守秘书监致仕上柱国慕容公(珣)墓志铭并序》(开元廿四年十月廿六日):"考知晦,皇朝太仆少卿、汾州刺史。"珣卒开元廿四年六月廿四日,春秋六十八。北图藏拓片《唐故慕容氏女神□□(护师)墓志铭并序》(天宝十载四月十八日):"祖知晦,皇任太仆卿。父珣,皇任吏部侍郎。"天宝十载四月十一日卒,无享年。今从慕容珣志作"太仆少卿"。按河南博物馆藏圣历二年《夏官郎中慕容君唐故夫人费氏墓志铭并序》称:夫人卒于上元三年。夫人即知晦之妻。

韦承庆　长安初—四年(?—704)

《旧书》本传:"长安初,入为司仆少卿,转天官侍郎,兼修国史。"《隋唐五代墓志汇编》陕西卷第三册《大唐故黄门侍郎兼修国史赠礼部尚书上柱国扶阳县开国子韦府君(承庆)墓志铭并序》(神龙二年十二月二十四日):"又迁虢州刺史……寻迁太仆少卿、天□[官]侍郎,又授凤阁侍郎兼知政事。……忽以非罪殛于循州,天鉴孔明,载从昭雪,制辰州刺史,未拜,转秘书少监。"神龙二年十一月十九日卒,春秋六十七。《全文》卷一八八小传:"长安初为司仆少卿,转天官侍郎。"《唐仆尚丞郎表》卷一〇《吏侍》:"韦承庆,长安四年正月二十六壬子,由司仆少卿迁天侍。……按《韦嗣立传》云:'长安三年,承庆代嗣立为天官侍郎。''三'为'四'之误。"

徐有功　长安二年(702)

《旧书·中宗纪》:神龙元年三月,"辛卯,以故司仆少卿徐有功执法平恕,追赠越州都督"。又见《会要》卷四一、《元龟》卷一三九。《旧书》本传:"久之,转司仆少卿。长安二年卒。"《新书》本传:"起拜左司郎中，转司刑少卿。……改司仆少卿，卒。”《旧书·刑法志》：“中宗神龙元年，制以故司仆少卿徐有功，执法平恕，追赠越州都督，特授一子官。”《全文》卷一六三小传：“武后朝累转司刑少卿，改司仆，长安二年卒。”《唐语林》卷一：“皇甫文备，武后时酷吏。与徐大理有功论狱，诬徐党逆人，奏成其罪，武后特出之。无何，文备为人所告，有功讯之在宽。”此本《大唐新语》卷七，然《新语》仅言“皇甫文备与徐有功同案制狱”，未及大理事。

刘　宪　　武后时

【增订】牛红广《辑补》：岑羲《刘宪墓志》：“年十五擢进士第。……俄除太仆少卿，迁吏部侍郎。……左授渝州刺史。……有顷降敕，驿骑追还，拜太仆少卿兼修国史，俄除兵部侍郎。”按，《旧唐书·刘宪传》：“神龙初，坐尝为张易之所引，自吏部侍郎出为渝州刺史。俄复入为太仆少卿，兼修国史，加修文馆学士。”据墓志，刘宪两度任太仆少卿，第一次是武后时，再次应为神龙中。

武求己　　武后时

《姓纂》卷六沛国武氏：“求己，太仆少卿。”《新表四上》武氏：“求己，太子仆少卿。”“子”为衍文。乃始州刺史士逸孙，零陵令安业子。按《旧书·武士逸传》：“贞观初，为韶州刺史。”则其孙仕历在武后时。

杨　敏　　武后时？

《全文》卷五〇四权德舆《王妣夫人宏农杨氏祔葬墓志铭并序》：“王妣夫人姓杨氏，宏农人。祖敏，皇太仆少卿、交州都督、金乡县公。父晏，湖州武康令。夫人始笄，归于王考府君。”“夫人弃孝养于杭州富阳之行次。”按《新表一下》杨氏观王房有“敏”，乃武后、中宗时宰相杨綝兄。其仕历疑在武后时。

段嗣道　　武后时

《姓纂》卷九武威段氏：“嗣道，司仆少卿、嶲州刺史。”据《旧书》

卷四四:“太仆寺,……光宅为司仆寺,神龙复也。”则嗣道仕武后朝。然唐无裔州,应作商,涉形近而讹也。

张询孝　　武后时

《新表二下》清河东武城张氏作“孝询,太常少卿”;又重出“询孝,太仆少卿”。北图藏拓片《唐故通议大夫持节开州诸军事开州刺史上柱国荥阳郑公(䜣)墓志铭并序》(开元二十四年十一月七日):“夫人清河张氏,祖侍中公文收,父银青光禄大夫行太常少卿赠殿中监询孝。”太仆、太常当有一误,今录于此以俟考。

韦　爽　　约武后时

《新表四上》韦氏郧公房:“爽,太仆少卿。”乃武后、中宗相巨源再从兄弟,齐州刺史湜父。

张　客　　约武后时

【增订】《邙洛碑志三百种》载《唐殷善征墓志》:“夫人中山县君北平张氏,皇侍中、右仆射、北平公行成之侄孙。长安令、太仆少卿望都公客之女。春秋卌有四,以开元三年夏六月一日先公终于长兴道里之私第。”按,张行成永徽四年卒于右仆射任,而墓主卒于开元三年,推张客为太仆少卿时间约在武后时。

赵　谊(赵谊)　　武后末

《全文》卷四九八权德舆《故正议大夫守门下侍郎同中书门下平章事……赵公(憬)神道碑并序》:“王父赠赵州都督谊,历右司郎中,乾封县令、司仆少卿。烈考赠郑州刺史道先,仕至洪州录事参军。”憬卒贞元十三年,年六十一。作“谊”讹。《姓纂》卷七陕郡河北县赵氏:“谊,左司郎中。”《新表三下》:“谊,左司郎中、司仆少卿。”乃高宗相仁本子。《郎官柱》左司郎中有赵谊,在房昶后,陆余庆前。考房昶延载元年为廉察使,见《英华》卷九一四,陆余庆在圣历后为左司郎中,见《新书陆元方传》。推知赵谊为司仆少卿在武后末。

韦嗣立　　神龙元年(705)

《旧书》本传:"寻坐承庆左授饶州长史。岁余,征为太仆少卿,兼掌吏部选事。神龙二年,为相州刺史。"

田归道　　神龙元年(705)

《会要》卷七二:"神龙元年,田归道为殿中监……敬晖之讨张易之、昌宗也……归道先不预其谋。……中宗嘉其壮,拜太仆少卿。"《通鉴》同。《旧书》本传:"敬晖等讨张易之、昌宗也,遣使就索千骑,归道既先不预谋,拒而不与。及事定,晖等将诛之,归道执辞免,令归私第。中宗嘉其忠壮,召拜太仆少卿,骤除殿中少监。"《新书》本传:不豫诛二张,"事平,(桓)彦范欲诛之,以辞直,免还私第。然中宗壮其守,召拜太仆少卿,迁殿中少监"。

崔泰之　　神龙元年(705)

北图藏拓片《大唐故银青光禄大夫守工部尚书……崔府君(泰之)墓志铭并序》:"中兴之际,公有力焉,中宗嘉之,拜太仆少卿,封安平县开国男,兼卫王长史。……出公为洺州刺史。"

刘　宪　　神龙元年

《旧书》本传:"神龙初,坐尝为张易之所引,自吏部侍郎出为渝州刺史,俄复入为太仆少卿,兼修国史,加修文馆学士。"《新书》本传:"坐善张易之,出为渝州刺史。除太仆少卿,修国史,兼修文馆学士,迁太子詹事。"【增订】参武后时第一次为太仆少卿。许景先之母墓志亦已出土,题为《大唐故朝散大夫宣州秋浦令许府君夫人周氏墓志铭并序》云:"有子景先等,昊天罔报。……太仆卿、监修国史、河间刘宪,当朝良史,海内知名,敬托幽词。"墓主神龙元年四月六日卒,享年卅六。拓片见《秦晋豫新出墓志搜佚续编》第482页。参之新、旧《唐书》本传,刘宪神龙元年应仅为"太仆少卿",墓志当省了"少"字。

魏　昇　景龙元年(707)

《姓纂》卷八宋城魏氏:"昇,太仆少卿。"《新表二中》宋城魏氏:"昇,太仆少卿。"乃武后、中宗相元忠子。《旧书·魏元忠传》:"(神龙)三年秋,节愍太子起兵诛(武)三思,元忠及左羽林大将军李多祚等皆潜预其事。太子既斩三思,又率兵诣阙,将请废韦后为庶人,遇元忠子太仆少卿昇于永安门,胁令从己。……昇为乱兵所杀。"《新书·魏元忠传》:"太子已诛(武)三思,引兵走阙下,元忠子太仆少卿昇遇于永安门,太子胁使从战,已而被杀。"神龙二年,昇官卫王府咨议参军,见《元龟》卷一三〇。《通鉴》卷二〇八:景龙元年八月,"初,右仆射、中书令魏元忠以武三思擅权,意常愤郁。及太子重俊起兵,遇元忠子太仆少卿昇于永安门,胁以自随;太子死,并为乱兵所杀"。

韦　鐬　景龙二年—三年(798—709)

《隋唐五代墓志汇编》陕西卷第一册《大唐故魏国太夫人河东裴氏墓志并序》(景龙三年七月十九日):"夫人……卫尉卿京兆韦公之内子也。……神龙元年,我皇应天御历,大造寰宇,卫尉公以懿戚承恩,首绾朱绂,拜河东县君。景龙二年第二子太仆少卿驸马都尉鐬加银青光禄大夫,拜河东□□。……夫人……景龙三年二月廿六日薨于永宁私第之适寝,春秋六十有六,赠魏国夫人。制曰:银青光禄大夫行太仆少卿彭城县开国男驸马都尉韦鐬母裴氏。"景龙三年七月十九日葬。

路　恒　中宗时

《姓纂》卷八平阳路氏:"恒,户部郎中、太仆少卿。"乃隐元子,路愉兄。按《郎官石柱题名》户部郎中有路恒,在纪处讷后,赵履温前。考纪处讷神龙中为侍中,赵履温,见《新书·宗楚客传》;赵履温中宗时为司农少卿,见《旧书·卢粲传》。合参之,路恒为太仆少卿,亦当在中宗时。

于知微　约中宗时

《全文》卷二〇六姚崇《兖州都督于知微碑》："长安二年，改授常州刺史。……乃加银青光禄大夫，改授绛州刺史……乃除太子左庶子，又迁太仆少卿，并累封东海郡侯。……乃除兖州都督。……景云二年封□海郡公，又检校鸿胪少卿……斯须罢职。……以□□二年六月廿五日薨于长安常乐里第。……以开元二年十一月十八日迁祔于京兆府三原县万寿乡长坳原旧茔，礼也。"又卷二三七于知微小传："太仆少卿立政子。永徽元年以门荫补宏文生，三年擢进士第，释褐授太子内坊丞，迁秘书郎。累官太子左庶子、太仆少卿，封东海郡侯，除兖州都督。景云二年进封公，检校鸿胪少卿，太极二年卒。"

韩思复　景云元年(710)

《会要》卷六六："太仆寺……少卿，景云元年八月加一员，韩思复为之。"

韦　涉　约睿宗时

《姓纂》卷二东眷韦氏韦庶人房："涉，太仆少卿。"乃元瑾子。《新表四上》韦氏驸马房："涉，太仆少卿。"乃玄瑾子，隋坊州刺史仁曾孙，太仆卿、驸马都尉濯从弟。按韦濯景云元年参与韦后之乱。

李　僖　开元元年(713)

《新书·宗室世系表下》吴王房："太仆少卿、天水郡王僖。"乃成王李千里子，吴王恪孙。《宝刻丛编》卷八引《京兆金石录》："《唐太仆少卿天水郡王僖碑》，唐苏晋撰，魏思礼正书，先天二年。"先天二年即开元元年。

李令问　开元元年(713)

《旧书·玄宗纪上》：先天二年七月三日，"因以中旨告岐王范……率太仆少卿李令问、王守一、内侍高力士……等亲信十数人”。《通鉴·开元元年》:“七月,魏知古告公主欲以是月四日作乱……上乃与岐王范……太仆少卿李令问、尚乘奉御王守一……等定计诛之。”《新书·太平公主传》:“太子得其奸,召岐王、薛王、兵部尚书郭元振……吏部侍郎崔日用定策。前一日,因毛仲取内闲马三百,率太仆少卿李令问、王守一,内侍高力士、果毅李守德叩虔化门。”

王守一　开元元年(713)

《旧书·玄宗纪上》:先天二年七月三日,“因以中旨告岐王范……率太仆少卿李令问、王守一、内侍高力士……等亲信十数人”。《元龟》卷一二八:“先天二年七月,诛窦怀贞等……下制曰:……太仆少卿王守一为太常卿,封晋国公,食实封五百户。”《新书·王琚传》:“太子(玄宗)已平内难……(李)令问累擢殿中少监,(王)守一太仆少卿。”《新书·太平公主传》:“太子得其奸,召岐王、薛王、兵部尚书郭元振……吏部侍郎崔日用定策。前一日,因毛仲取内闲马三百,率太仆少卿李令问、王守一,内侍高力士、果毅李守德叩虔化门。”《全文》卷二〇玄宗《赏定策功臣制》:“顷者枭獍兴谋,干戈作衅,太上皇命朕除讨。……元恶既翦,物共为新,昌言是图,朕岂忘旧,宜开井邑,永誓河山。元振可封为代国公……太仆少卿王守一为太常卿,封晋国公,食实封五百户。”

王　晙　开元二年(714)

《旧书》本传:“景龙末,累转为桂州都督……晙在州又一年……再转鸿胪大卿,充朔方军副大总管,兼安北大都护。……后转太仆少卿、陇右群牧使。开元二年,吐蕃精甲十万寇临洮军,晙率所部二千人卷甲倍程,与临洮两军合势以拒之。”又《薛讷传》:“开元二年夏……其年八月,吐蕃大将坌达延、乞力徐等率众十余万寇临洮军……诏讷白衣摄左羽林将军、为陇右防御使,与太仆少卿王晙等率兵邀击之。”又《吐蕃传上》:“开元二年秋,吐蕃大将坌达焉、乞力徐等率众十余万寇临洮军……玄宗令摄左羽林将军薛讷及太仆少卿王晙率兵邀击之。”《新书》本传:“迁鸿胪少卿,充朔方军副大总管、安北大都护，丰安、定远等城并授节度。进太仆少卿、陇右群牧使。开元二年……”《通鉴·开元二年》：八月，“乙亥，吐蕃将坌达延、乞力徐帅众十万寇临洮……以右骁卫将军常乐郭知运为副使，与太仆少卿王晙帅兵击之”。“十月，……时太仆少卿陇右群牧使王晙帅所部二千人与(薛)讷会击吐蕃”。《元龟》卷三六六：“王晙，玄宗时为太仆少卿，陇右群牧使，开元二年，吐蕃精甲十万寇临洮军，诏晙与陇右防御使薛纳击之。”又卷一四九：“玄宗开元二年八月，吐蕃寇临洮军……与太仆少卿王晙等率兵击之。”又卷六二一：“玄宗先天中，以鸿胪少卿、朔方军副大总管兼安北都护王晙为太仆少卿、陇右群牧使。”注：“其后王毛仲、席楚珍、薄承祧、韦衢、章仇兼琼、王鉷、安禄山、王凤、唐钦、吕崇贵、李辅国、彭礼盈、乐子昂皆为之。”作先天时，年月疑误。

王　暐　开元二年(714)

《全文》卷二五七苏颋《高安长公主神道碑》：“惟开元二年龙集摄提格夏五月哉生明，高安长公主薨于长安永平里第，享年六十有六。……始封宣城公主，下嫁乎王氏。……天授中，圣后从权革命，驸马非罪婴酷，公主复归于后庭。……三子……长曰暐，银青光禄大夫太仆少卿；仲曰晖，朝请大夫卫尉少卿；季曰暕，尚舍奉御。”

田崇璧　开元二年(714)

《大诏令集》卷一三〇《命姚崇等北伐制》：“太仆少卿田崇璧，鄜州刺史韩思复等，强力从政，精心在公。知无不为，利有攸往。入敷事典，省阁称其闲练；出综务察，吏人畏其严明。崇璧可兼行军长史，思复可兼行军司马。……开元二年二月二十八日。”

李　暠　开元初

《旧书》本传：“开元初，授汝州刺史。……俄入授太常少卿，三迁黄门侍郎，兼太原尹……久之，转太常卿，旬日，拜工部尚书、东都留守。”《新书》本传未及。《全文》卷三一三孙逖《太子少傅李公(暠)

墓志铭》:“神龙兴,复拜通事舍人,其后历尚书工部、司勋员外,屯田郎中,太仆、卫尉、太常三少卿,汝、汴二州刺史,兵部、黄门二侍郎,太原尹,太常卿,工部尚书,东都留守,兵部、吏部尚书,太子少傅。”开元二十八年五月十日卒,春秋五十八。

薛　儆　　开元初

【增订】《全唐文补遗》第七辑第37页《薛儆墓志》:“拜驸马都尉、殿中少监,贶亲也。加银青光禄大夫、太仆少卿、上柱国、汾阴公,邑二千,封五百,懋功也。转岐州刺史。”开元八年(720)十二月七日薨。

崔子仪　　开元初期

《隋唐五代墓志汇编》洛阳卷第九册《大唐故越州诸暨县主簿崔君(齐荣)墓志铭并序》(开元十六年七月二十六日):“考子仪,太仆少卿,楚、陵、道三州刺史。”齐荣卒开元十六年六月廿七日,未言享年。《唐代墓志汇编续集》开元〇八七亦收此志,失志盖及志题。

张景顺　　开元初—十三年(?—725)

《通鉴·开元十三年》:十一月,“上初即位,牧马有二十四万匹,以太仆卿王毛仲为内外闲厩使,少卿张景顺副之。至是有马四十三万匹,牛羊称是。……上嘉毛仲之功,癸巳,加毛仲开府仪同三司”。《全文》卷二二六张说《大唐开元十三年陇右监牧颂德碑》:“上顾谓太仆少卿兼秦州都督监牧都副使张景顺曰:‘吾马几何其蕃育,卿之力也。’”【增订】《全唐文补遗》第八辑第40页赵骅《韦衡墓志》:“初是贞观中,海内平定,偃革休兵,归马于汧陇之西,其数仅三千余匹,而太仆张万岁修其职焉。自后又有特进王毛仲、太仆少卿张景顺,分彼正倅,更承渥恩。”

郑　放　　开元十三年(725)

《新书·许景先传》:“(开元)十三年,帝自择刺史,景先由吏部侍郎为刺史治虢州……太仆少卿郑放定州。”

牛仙客　　开元十五年—约二十二年(727—约734)

《元龟》卷一六二:开元二十三年二月,“辛亥,初置十道采访处置使。……太仆卿兼判凉州都督持节河西节度等副大使牛仙客为河西道采访使”。《旧书》本传:“俄而萧嵩代君奥为河西节度,又以军政委于仙客。仙客清勤不倦,接待上下,必以诚信。及嵩入知政事,数称荐之。稍迁太仆少卿,判凉州别驾事,仍知节度留后事。竟代嵩为河西节度使,判凉州事。历太仆卿、殿中监,军使如故。开元二十四年秋,代信安王祎为朔方行军大总管。”《新书》本传:“萧嵩代节度,复委以军政。仙客清勤不懈,接士大夫以信。及嵩还执政,因荐之。稍迁太仆少卿,判凉州别驾,知节度留后事,俄为节度使,开元二十四年,代信王祎为朔方行军大总管。”《全文》卷三〇〇小传:“王君奥节度河西,召为判官,迁太仆少卿,判凉州别驾,知节度留后事,俄为节度使。”

赵冬曦　　约开元十八年(730)

《隋唐五代墓志汇编》河南卷《赵冬曦志》(天宝十年四月甲申):“转殿中侍御史、集贤院学士,迁考功员外郎,中书舍人,太仆少卿,以亲累贬合州刺史,历眉濮亳许宋等州刺史,弘农、荥阳、华阴等郡太守。”天宝九载二月丁亥卒,年七十四。

杜　昱(杜元道)　　开元二十四年(727)

《金石续编》卷七《大智禅师塔铭》,开元二十四年立,称“太仆少卿杜昱撰”。《唐文拾遗》卷一九小传:“开元中官太仆少卿,迁太仆卿,守河南少尹。”同书卷五二张□《杜昆吾石龛像铭并序》:“以三昧之力,成众真之妙者,郡司马杜公焉。公名昆吾,字景山,后魏黄门侍郎始平宪公之五代孙,皇朝太仆卿之子。”《宝刻丛编》卷八引《京兆金石录》:“《唐太仆少卿杜元道碑》,唐韦述撰,子昆吾书,裴耀卿题讳,殷承业书额,开元二十四年。”《姓纂》卷六京兆杜氏:“元道,将作少监。"《金石苑·杜昆吾石龛像铭》:"公名昆吾,字景山,后魏黄门侍郎。始平宪公之五代孙。""皇朝太仆卿之子。"太仆卿当为"太仆少卿",指元道。

李　晕　　开元中

《新书·宗室世系表上》大郑王房:"太仆卿晕。"乃郑州刺史李瑜之子,太子少傅、郑国公李遵之父。又《李暠传》:弟晕,"晕至太仆少卿"。考《全文》卷三九一独孤及有《唐故特进太子少保郑国李公(遵)墓志铭》:"祖瑜,郑州刺史。"李遵卒于大历二年七月。又李暠仕于开元中。知李晕为太仆少卿应在开元中。《元龟》卷七九二:"李进,太仆少卿晕子。乐善爱才,慕当时名士,与之交结。"又卷八一二:"李进,太仆少卿晕之子。家素丰赡,其于交友能赒贫拯急,繇是知名,位兵部侍郎。"

韦　构　　开元中

《姓纂》卷二东眷韦氏韦庶人房:"构,太仆少卿,鲁公。"《新表四上》韦氏驸马房:"构,太仆少卿、鲁国公。"乃邢州刺史玄俨孙,灌子,宰相韦温侄。韦温景龙三年为相,则韦构仕历在开元时。未知是正员官抑员外置。

窦　毕(窦畢)　　约开元中

《姓纂》卷九河南洛阳窦氏:"毕,太仆少卿。"乃孝俭子。《新表一下》三祖窦氏:"畢,太仆少卿。"乃高祖相窦抗曾孙,简州刺史孝忠侄。"毕""畢"未知孰是。

杨　先　　开元末

《全文》卷三〇九孙逖《授杨先司农少卿仍东都留守制》:"朝议大夫、守太仆少卿、上柱国、朱阳县开国男杨先……可守司农少卿,仍东都留守。"孙逖撰制在开元末。

李彭年　开元末

《全文》卷三〇八孙逖《授李彭年兵部侍郎制》："朝议大夫、守太仆少卿、上柱国、赵郡开国公李彭年……可权判兵部侍郎事。"孙逖撰制在开元末。

韩　赏　天宝元年(742)

北图藏拓片《告华岳府君文》(天宝元年四月十日)："天宝元年岁次壬午四月□□朔十日甲申诸王侍书荣王府司马韩择木书。正议大夫太仆少卿兼太州别驾(下阙)。"注云："韩赏撰。"

宋　昇　天宝初

《姓纂》卷八广平宋氏："昇，祠部员外、太仆少卿。"《新表五上》宋氏："昇，太仆少卿。"《旧书·宋璟传》："子昇，天宝初，太仆少卿。"《新书·宋璟传》："六子：昇、尚、浑、恕、华、衡。昇，太仆少卿。尚，汉东太守。"《全文》卷三四三颜真卿《有唐开府仪同三司行尚书右丞相上柱国赠太尉广平文贞公宋公神道碑铭》："公有七子：复，同州司功，先公而卒；昇，尚书郎、太仆少卿；尚，汉东太守。"

裴　系　天宝初

拓本段谅撰《裴系墓志》："迁国子司业。……迁太仆少卿。……迁河南少尹。"(《书法》2021年第3期)天宝六载五月八日卒，春秋五十九。

韦　述　天宝三载(744)

【增订】《秦晋豫新出墓志搜佚续编》第738页韦述撰《裴光庭夫人武氏墓志》，末题："从外孙太仆少卿知史馆集贤院学士韦述撰。"墓主以天宝三载八月十九日卒，明年正月廿六日葬。

张齐丘　天宝八载(749)

《元龟》卷三三：天宝八载，"九月，命……太仆少卿兼单于安北副太(大)都护张齐丘祭北海。”

赵承先　天宝十载(751)

【增订】《大唐西市博物馆藏墓志》二六《赵何一墓志》:“父承先,正议大夫,行太仆少□,闲厩副使,内园使,内飞龙厩沙苑使,赐紫金鱼袋,上柱国,南阳县开国男。位□□腰佩数印。君即太仆之长子也。”“以天宝十载十二月十六日,卒于永兴里之私第,春秋廿有八。”按,赵何一卒年二十八岁,墓志叙述其父之官职应为当时现官(参丁俊《唐赵何一墓志发微》,《乾陵文化研究》第一〇辑,三秦出版社2016年版)。

窦希瓘　天宝中

【增订】新出土《窦希瓘神道碑》:“公讳瑰,字希瓘,扶风平陵人也。……历太子仆、少府少监,贤人之崇让也。复转卫尉、太仆二少卿,□□八屯,驭兹五辂,经论国体,公实佐之。加金紫光禄大夫、上柱国、毕国公,食实封二百户。执圭胙土,佩玉登朝。比诸侯而争宠,视尚书而益贵。改右□□□□王傅。”(李明、刘呆运《窦希瓘神道碑研究》,《考古与文物》2014年第5期)

慕容相　至德元载—广德元年(756—763)

【增订】《长安碑刻》第164页《慕容瑰墓志铭》:“父相,字千寻,改就字。一子出身,历太仆少卿。属胡逆乱邦,公素□概有略,乃脱朝服,缉本部东讨。旋旆,肃宗以功殊泽越诸将。广德年遇疾,终原州。”

能　灵　肃宗时

《姓纂》卷九京兆能氏:“灵,太仆少卿。”乃元皓子,能昱弟。考《旧书·肃宗纪》:乾元元年,“二月癸卯朔,贼将伪淄青节度能元皓以其地请降,用为河北招讨使,并其子昱并授官爵”。能灵为太仆少卿亦当在其后不久。

王守质　　大历初

北图藏拓片《唐故衢州别驾王府君(守质)墓志》(大历六年十月二十一日):"及河洛再清,淄青节度□希逸失守广国,逊于大梁,而三军将士心怀反侧,都统王公远使宣慰。……封太原县开国男,食邑三百户。五迁太仆少卿,七迁衢州别乘。"大历六年正月五日卒,春秋五十六。

李　余　　大历中

《洛阳新获墓志》七九《唐故银青光禄大夫上柱国上邽县开国子郓州别驾李府君(余)墓志铭并序》:"府君讳余,字余,陇西成纪人也。……其名显大历。太仆少卿掌车马参乘之职,其所务多理。移延王府司马。"按李余卒于大历十四年正月。

韦光宰　　大历中

《姓纂》卷二东眷韦氏郧公房:"光宰,太仆少卿。"按其弟光辅,大历十年任太府少卿,贞元三年为衢州刺史,见《会要》卷六六。

李　琇　　约大历中

【增订】李慧、曹发展《陕西杨陵区文管所四方唐墓志初探》:"《唐故陇西李夫人墓志》,撰于大和五年(831)。志记'夫人皇族也。其曾祖业,册惠仙太子,嗣薛王。祖琇,任太仆少卿。父逢,进士登科,任台州刺史。'"(《考古与文物》2004年第1期,第81页)

陈　汭　　大历十三年前(778前)

北图藏拓片《唐故朝散大夫河南府户曹参军陈府君(诸)墓志铭并序》(贞元十一年四月十二日):"祖希烈,皇朝左相,许国公。父汭,前太仆少卿,兼少府少监,公即少监之长子也。"贞元十年九月二十二日卒,年五十七。至元和四年诸妻独孤氏卒,汭尚亲为志,约其年殆九十矣。北图拓片《大唐故河南府户曹参军陈府君夫人河内县君陇西独孤氏墓志铭并序》(元和四年十月二十四日):"前太仆卿知东都少府少监事陈汭撰。”【增订】《秦晋豫新出墓志搜佚续编》第 900 页《唐张惟丰墓志》,题署:“前朝散大夫太仆少卿少府监上柱国舞阳县开国男陈汭撰。”末题:“大历十三年七月卅日建。”

郭幼冲 约大历末

【增订】卢景亮撰《郭幼冲墓志》:“肃宗灵武践祚,迁太子右赞大夫,累加银青光禄大夫,试鸿胪卿,上柱国太原郡开国公。自闲居登朝,历太仆少卿,太子少詹事,左庶子,延王傅。奉天行在,除太仆卿,兼御史中丞。逆泚既平,拜太子宾客。”(《唐史论丛》第十六辑,第 197 页)按,郭幼冲为太仆卿在建中四年至兴元元年,其为太仆少卿约在大历末。

刘士干 贞元八年前(792 前)

《旧书·德宗纪下》:贞元八年五月,“癸未,前太仆少卿刘士干有罪,赐死,刘玄佐养子也”。

郑叔规 贞元十年(794)

《全文》卷五〇四权德舆《长安主簿李君(少安)墓志铭并序》:“夫人荥阳郑氏,太仆少卿叔规之女。”墓主元和三年卒,年五十。【增订】曾涧《订正》:《宝刻丛编》卷四引《集古录目》:“《唐辨正禅师塔铭》,唐太仆少卿郑权规撰,汜水县令徐岘书并篆额。……碑以贞元十年立。”此郑权规与郑叔规,年代、职衔相同,似为同一人。复检《京兆金石录》,《唐赠户部尚书符令奇碑》,唐郑叔规撰,贞元八年立。新出贞元八年二月《马炫墓志铭》,署名为“中大夫、国子司业、上骑都尉、赐紫金鱼袋郑叔规撰”,“郑权规”或为“郑叔规”之讹。

韦光宪 贞元十三年(797)

【增订】《洛阳新获墓志二〇一五》二五一李埙撰《亡妻京兆韦氏(婉)墓志铭并序》:“大父昭训,太子仆。……有子六人,皆践九列,五为郡守。……第五曰光宪,今太仆少卿。夫人太仆之次女也。”

按，墓主贞元十三年卒，年三十二。韦光宪是时在太仆少卿任。

马　汇　　贞元十七年(801)

《姓纂》卷七临安马氏："汇，太仆少卿。"《新表二下》马氏："汇，太仆少卿。"乃德宗相马燧子。《全文》卷五六七韩愈《唐故赠绛州刺史马府君(汇)行状》："超拜太常丞，赐章服。迁少府少监、太仆少卿。司徒公之薨也，刺臂出血，书佛经千余言，期以报德。庐墓侧，植松柏。终丧，又拜太仆少卿。疾病一年，贞元十八年七月二十五日终于家，凡年四十有五。其弟少府监畅上印绶，求追赠，赠绛州刺史。"

萧　遇　　贞元中

【增订】《秦晋豫新出墓志搜佚续编》第963页《萧遇墓志》，全称为"唐故朝散大夫守太仆少卿上柱国袭彭城县开国男兰陵萧公墓志铭并序"，志云："拜主客员外郎，转屯田郎中，出为信州刺史，入授司封郎中、国子司业、太仆少卿。以贞元十三年三月十六日终于兴化里之私第，享年七十一。"《西安碑林博物馆新藏墓志汇编》载《萧澈亡女墓志》(元和十□年)："王考讳遇，皇国子司业、太仆少卿。"《秦晋豫新出墓志搜佚续编》第1156页《唐萧遇妻卢氏墓志》："唐故太仆少卿赠工部尚书萧公讳遇夫人赠范阳郡太君卢夫人，大历八年五月卅日终。"

张景春　　贞元中

《全文》卷六五四元稹《唐故开府仪同三司检校兵部尚书兼左骁卫上将军充大内皇城留守御史大夫上柱国南阳郡王赠某官(张奉国)碑文铭》："其子岌哭于其党曰……我祖景春，朝请大夫、太仆少卿。"考张奉国元和十三年为鸿胪卿，见《会要》卷七二、《通鉴·元和十三年》，不久即卒于任。景春为奉国之父，其为太仆少卿应在贞元中。

李　温　　贞元中

《新表二上》辽东李氏:"温,太仆少卿。"乃义成节度使澄弟。按李澄贞元二年卒于义成军节度使任,见《旧书·德宗纪上》。

李自仙　　贞元中?

《新书·宗室世系表下》小郑王房:"太仆少卿、楚州别驾自仙。"乃宪宗相李夷简父。

张茂宣　　贞元末

【增订】新出土《张茂宣墓志》:"稍迁虔王傅,虽梁园置醴,而利刃犹匣。改太仆少卿,位亚九列,职司五辂,在公未几,能事已彰,除右羽林军将军。"(李宗俊、周正《唐张茂宣墓志考释》,《中国边疆史地研究》2015年第4期)参"鸿胪卿考"。

李　杆(扞)　　约贞元末

【增订】《大唐西市博物馆藏墓志》载吕让撰《李从易墓志》:"烈考杆,宗正、鸿胪二卿,桂州观察使兼御史中丞,赠尚书左仆射。"墓主开成元年十一月十一日卒,享年五十八。按,李杆,新出土《吕让墓志》作"李扞"。

张克恭　　元和六年(811)

《全文》卷五〇五权德舆《唐故河晋绛慈隰等州节度使支度营田观察处置等使开府仪同三司检校太尉兼中书令河中尹上柱国延德郡王食邑三千户赠太师张公(茂昭)墓志铭并序》:"元和五年冬十二月戊寅,太尉兼中书令延德郡王自河中来朝。明年春二月景子,发疡薨于京师务本里第。……次子太仆少卿克恭……等,泣遵理命,用诚信襄事,举书公之大绩大烈,请刻石以识云。"

房　启　　元和八年(813)

《旧书·宪宗纪》下:元和八年七月,"丁丑,新授桂管观察使房启降为太仆少卿”。《新书》本传:“改桂管观察使。……贬太仆少卿。……贬启虔州长史,死。”《元龟》卷一五三:元和八年九月,“癸亥,贬太仆少卿房启为虔州长史”。

萧　俛　元和九年—十三年(809—814)

《旧书》本传:“(元和)九年,改驾部郎中、知制诰,内职如故。坐与张仲方善,仲方驳李吉甫谥议,言用兵征发之弊,由吉甫而生,宪宗怒,贬仲方,俛亦罢学士,左授太仆少卿。十三年,皇甫镈用事,言于宪宗,拜俛御史中丞。”按李吉甫元和九年十月卒。《新书》本传:“元和六年,召为翰林学士,凡三年,进知制诰。会张仲方以李吉甫数调发疲天下,訾其谥,宪宗怒,逐仲方,而俛坐与善,夺学士,下除太仆少卿。皇甫镈荐为御史中丞。”

郭　钊　元和中

【增订】李虞仲撰《唐故检校司空兼太常卿赠司徒郭公(钊)墓志铭并序》:“释褐,授太常寺奉礼郎,三命至太仆少卿,又三命为左金吾将军,兼御史大夫。”(浙江大学图书馆藏拓片)

范传庆　约元和中

《姓纂》卷七钱塘范氏:“傅(传)庆,太仆少卿。”乃户部员外郎怆子。岑仲勉《四校记》:“《全文》四九五权德舆《画西方变赞》,故户部员外郎、赠给事中范公之孤曰传正、传质。按范公当是怆,但其孤无传庆。《全诗》三函一册刘长卿有《送范伦归安州》诗。又《全文》三一九李华《杭州开元寺新塔碑》,广德三年后作,称兵部员外郎、兼侍御史范公伦。亦犹徐怆,诸书或作徐伦也。”范传正元和七年至十一年为宣歙观察使,其弟亦当仕元和中。

李　溥　长庆元年(821)

《大诏令集》卷三八元稹《嗣虢王溥太仆少卿制》:“正议大夫行宗正丞嗣虢王溥……溥可权知太仆少卿。”又见《全唐文》卷六四八。

卞孝萱《元稹年谱》系于长庆元年。钱大昕《十驾斋养新录》卷六《宗室世系表脱漏》云:"《唐大诏令》载元微之撰《嗣虢王溥太仆少卿制》……此两嗣王之名,《宗室世系表》皆阙而不载。盖唐中叶以后,宗室嗣王入仕之途益狭,谱牒散亡,史家无所征信矣。"

杜　载　长庆二年(822)

《旧书·吐蕃传下》:长庆二年六月,"时吐蕃遣使论悉诺息等随[刘]元鼎来谢,命太仆少卿杜载使以答之"。同书《杜黄裳传》:子载,"载为太子仆,长庆中,迁太仆少卿、兼御史中丞,充入吐蕃使"。《新书·杜黄裳传》:"卒后数年,御史劾奏黄裳纳邠宁节度使高崇文钱四万五千缗,按故吏吴凭及黄裳子载,辞服,帝念旧功,但流凭昭州,原载不问。载终太仆少卿。"又《吐蕃传下》:"虏遣论悉诺息等入谢,天子命左大将军令狐通、太仆少卿杜载答之。"《会要》卷九七:长庆二年,"十月,命太仆少卿兼御史中丞杜载持节充答吐蕃谢会盟使"。《元龟》卷九八〇:长庆二年,"十月辛酉,以太子仆杜载为太仆少卿兼御史中丞,持节充答吐蕃谢会盟礼毕使,仍赐服金紫"。

奚敬则　大和五年(833)

《全文》卷六〇九刘禹锡《唐故朝议郎守尚书吏部侍郎上柱国赐紫金鱼袋赠司空奚公(陟)神道碑》(贞元十五年十月卒):"第二子敬则,历太仆少卿,今为濮州刺史兼御史中丞,赐金紫,以课最就加贵秩,俾视九卿。"按碑作于大和七年,时敬则为濮州刺史。计其为太仆少卿即在大和五、六年。

韦　某　大和六年(832)

《全文》卷六〇三刘禹锡《苏州举韦中丞自代状》:"诸道盐铁转运江淮留后、朝议郎、守太仆少卿、兼御史中丞、上柱国、赐紫金鱼袋韦应物……前件官历掌剧务,皆有美名。"按韦应物与刘禹锡时代不相及。考影宋本《刘宾客文集》卷二二收此文作《苏州举韦中丞自代状》,题下注:"大和六年十二月九日。"("十"字衍文)状云:"伏奉去年十月十二日敕，授使持节苏州诸军事、守苏州刺史。”禹锡为苏州刺史在大和五年十月，故举韦中丞自代即在大和六年。

韦　应　　大和末

【增订】周玲《增补》:《秦晋豫》七四八《韦应墓志》(开成二年九月廿一日卒，十一月十二日葬):“公讳应，字希声，其先京兆人也。……叔祖刑部尚书、赠大师鲁国公真卿。……杨子留后。义(又)欲公之功利及于远，明年改为江淮留后，仍转太仆少卿，擢(擢)入之数，比岁倍息，操事者兼总司计，真授右庶子度支盐铁转运(留后)。”按，志主开成二年卒，享年六十三。其外叔祖是唐代的书法大师颜真卿。据后文“开成初，召入为大理卿，才逾月而狱无冤滞”，可推其任太仆少卿的时间约在大和末。

郑　惨　　大中五年(851)

《全文》卷七四九杜牧《郑惨除大理少卿致仕制》:“朝散大夫、检校太仆少卿、前兼江陵少尹、上柱国郑惨……可守大理少卿致仕，散官勋如故。”按杜牧撰制在大中五年八月至六年间。

王　固　　大中六年(852)

《全文》卷七四八杜牧《马曙除右庶子王固除太仆少卿王球除太府少卿等制》:“前度支河东振武天德等道营田供军使、检校太仆卿兼御中丞马曙等……固比为郡，亦报善政。球倅宾席，得专留事。”

郑　颙　　约大中十年—十一年(856—857)

《嘉泰吴兴志》卷一四《郡守题名》:“郑颙，大中七年九月自舒州刺史授;除太仆少卿。”

崔　础　　大中十一年(857)

【增订】《洛阳新获墓志二〇一五》三四五《唐故太仆少卿崔公墓铭并序》:“寻以府变，退居洛京。……征拜太仆少卿。名未副实，用不遇时,尚屈宏才,奄从隐化。以大中十一年正月十一日薨于东都敦行里之旧宅,享年六十九。”

杜中立 大中时

《新书》本传:“光禄少卿、驸马都尉,尚真源长公主。……转太仆、卫尉少卿,历左右金吾大将军。……迁司农卿。”

崔 元 咸通十三年(872)

《旧书·懿宗纪》:咸通十三年五月,“太仆少卿崔元应州司户,殷裕妻父也”。

刘 略 咸通中

《洛阳新获墓志》一一六《唐故朝请大夫守卫尉卿柱国分司东都赐紫金鱼袋刘公(略)墓志铭并序》(咸通九年闰十二月一日):“迁太仆少卿,转太府少卿。……乞以牧守自效,遂出为洋州、濮州二刺史。……擢授卫尉卿,赐紫金鱼袋。……咸通九年十月十八日薨于永通门外别墅,享年六十有九。”

崔敬嗣 僖宗时

《洛阳新获墓志》一二二《崔敬嗣墓志》:“领殿中少监,转鸿胪少卿,转卫尉少卿,转太仆少卿,迁太子左庶子。”按敬嗣广明二年五月二十五日卒。

待考录

窦 锋

《新表一下》三祖窦氏:“锋,太仆少卿。”乃润州刺史孝谌孙,卫尉少卿希瓘子,隋州刺史昱父。

卷七　大理寺

大理卿考

郎楚之　　武德元年—二年(618—619)

《会要》卷三九:武德元年,“十一月四日,颁下。仍令……大理卿郎楚之……等,更撰定律令”。《元龟》卷一〇九:武德二年,“四月甲辰,遣大理卿郎楚之安抚山东”。又卷六二三:“唐郎楚之为大理卿。雒州人赵弘智学通《三礼》及《史记》《汉书》,隋末为司隶从事。武德初,楚之应诏举授詹事府主簿。”《旧书·赵弘智传》:“武德初,大理卿郎楚之应诏举之。”又《郎余令传》:“祖楚之……武德初为大理卿。”《新书·赵弘智传》:“武德初,大理卿郎楚之白为詹事府主簿。”又《郎余令传》:“祖颖,字楚之。……武德时,楚之以大理卿封常山郡公。”《宝刻丛编》卷六引《集古录目》:“《唐大理卿郎颖碑》,唐中书侍郎李伯药撰,前骠骑大将军宋才书。颖字楚之,历仕隋唐,至大理卿、柱国、恒山公,致仕卒。谥曰平。碑以贞观五年十月立,在真定府北郎氏墓林中。”郎颖即郎楚之。【增订】《八琼室金石补正续编》卷二〇《郎余令残刻造像题记》:“唐故大理卿郎楚之(下泐)……显庆五年中山郎余令字元休为存亡一切眷属等造。”跋云:“右像中山郎余令为祖父兄弟一切眷属等造。郎余令,两《唐书》入《儒学传》。祖颖,字楚之,武德初为大理卿。记称大理卿郎楚之者,以字行也。”

郑善果　　约武德三年(620)

《旧书》本传:"善果在东宫,数进忠言,多所匡谏。未几,检校大理卿,兼民部尚书。"《新书》本传:"送京师,擢太子左庶子,更封荥阳郡公。数为太子陈得失。未几,检校大理卿,兼民部尚书。……诏与裴寂等十人每奏事若侍得升殿。"《唐仆尚丞郎表》卷一一《户尚》:"郑善果,武德二年冬,以左庶子兼民尚。三年二月十日甲辰,见在任。是年免。"

张道源　　武德五年(622)

《旧书》本传:"及平京城,遣道源抚慰山东,燕、赵之地争来款附,高祖下书褒美,累封范阳郡公,后拜大理卿。……寻转太仆卿,后历相州都督。武德七年卒官。"《新书》本传:"会[窦]建德寇河南,间遣人诣朝,请乘虚捣贼心胁。即诏诸将率兵影接。俄而贼平,还,拜大理卿。……天子见其年耆,拜绵州刺史。"按道源武德七年在大仆卿任,其为大理卿在此前,当在五年崔善为前。

崔善为　　武德五年—九年(622—626)

《会要》卷六三:武德"五年十二月二十六日诏:……大理卿崔善为……可修梁史"。又卷四二:"武德九年九月,诏大理卿崔善为考正历数。"《大诏令集》卷八一《命萧瑀等修六代史诏》:"中书令萧瑀、给事中王敬业、著作郎殷闻礼可修魏史……大理卿崔善为、中书舍人孔绍安、太子洗马萧德言可修梁史。……前秘书丞魏徵可修齐史。武德五年十二月。"《全文》卷二收作高祖文。《旧书》本传:"贞观初,拜陕州刺史。……后历大理、司农二卿,名为称职。坐与少卿不协,出为秦州刺史。"《旧书·刑法志》:"(高祖)及受禅,诏纳言刘文静与当朝通识之士,因开皇律令而损益之,尽削大业所用烦峻之法。又制五十三条格,务在宽简,取便于时。寻又敕尚书左仆射裴寂、尚书右仆射萧瑀及大理卿崔善为……等,撰定律令,大略以开皇为准。……至武德七年五月奏上。"又《历志一》:"求日出入所在术。……武德九年五月二日校历人前历博士臣南宫子明,校历人前历博士臣薛弘疑、校历人算历博士臣王孝通、监校历大理卿清河县公崔善为。”又《傅仁均传》：“贞观初，有益州人阴弘道又执孝通旧说以驳之，终不能屈。李淳风复驳仁均历十有八事，敕大理卿崔善为考二家得失。”《新书·艺文志二·刑法类》：“《武德律》十二卷，又《式》十四卷，《令》三十一卷。”注：“尚书左仆射裴寂、右仆射萧瑀、大理卿崔善为……等奉诏撰定。……武德七年上。”又《历志一》：武德“九年，复诏大理卿崔善为与[王]孝通等较定，善为所改凡数十条”。《旧书·令狐德棻传》：“德棻尝从容言于高祖曰：……高祖然其奏，下诏曰：‘……大理卿崔善为、中书舍人孔绍安、太子洗马萧德言可修梁史’。”《新书·令狐德棻传》：“于是诏中书令萧瑀……大理卿崔善为……太史令庾俭及德棻主周。整振论撰，多历年不能就，罢之。贞观三年，复诏撰定。”《新书》本传：“贞观初，为陕州刺史。……历大理、司农二卿，坐与少卿不平，出为秦州刺史。”《元龟》卷一七二：“崔善为尚书左丞，后历太府、大理、司农，陕、秦二州，所在之职，皆名干理，虽频以罪失官，然以相府僚旧，旋被升用。”《全诗》卷三八小传：“贞观中，历大理、司农二卿，出为秦州刺史。”

崔世枢　　武德中

【增订】《邙洛碑志三百种》载《唐崔纬墓志》：“六代祖世枢，皇朝大理卿。生陕州刺史义直。”墓主大和五年(831)正月廿二日卒，年五十四。《全唐文补遗·千唐志斋新藏专辑》第324页张惟素《崔备墓志》：“五代祖讳枢，皇莱济陕等州刺史、大理卿、武城县男。高祖讳义直，长安县令、陕州刺史。”按，《唐刺史考全编》卷五一，系崔枢为陕州刺史在武德中或贞观初，推其为太理卿约在武德中。崔枢因避讳而省“世”字。

李道宗　　贞观二年(628)

《旧书》本传：“贞观元年，征拜鸿胪卿，历左领军、大理卿。时太宗将经略突厥，又拜灵州都督。三年，为大同道行军总管。”《新书》本传：“贞观元年，召拜鸿胪卿，迁大理。太宗方经略突厥，复授灵州都督。三年，为大同道行军总管。”

刘德威　贞观初期

《旧书》本传：“贞观初，历大理、太仆二卿，加金紫光禄大夫。俄出为绵州刺史。”《新书》本传：“贞观初，历大理卿、绵州刺史。……寻检校益州大都督府长史。入为大理卿。”说明刘德威曾两次为大理卿。此为首次。

窦　诞　贞观四年—八年(630—634)

《隋唐五代墓志汇编》陕西卷第三册《大唐故光禄大夫工部尚书使持节都督荆州刺史驸马都尉上柱国萧□□窦公(诞)墓志铭》(贞观二十二年八月)：“武德三年，迁刑部尚书……四年，授太常卿、上柱国……其年遭容公忧……夺情起复太常卿，仍摄□旗军将，判刑部尚书事。……贞观元年，除使持节都督梁集洋巴兴壁六州诸军事梁州刺史……。四年，拜右领军大将军……其年转大理卿。……九年奉敕营太庙……十八年除宗正卿。”《旧书》本传：“从太宗征薛举，为元帅府司马，迁刑部尚书，转太常卿。……出为梁州都督。贞观初，召拜右领军大将军，转大理卿、莘国公。……复为殿中监，以疾解官，复拜宗正卿。”《新书》本传略同。《旧书·睿宗昭成顺圣皇后窦氏传》：“祖诞，大理卿、莘国公。”《元龟》卷一五七：贞观“八年十一月，谓大理卿窦诞曰：法官，卿为长也”。又卷六二五：“唐窦诞为大理卿，诞闲习法令，高祖武德中，附从隐太子，为之回改文案，太宗深责其短。”

刘德威　贞观十一年—贞观十三、四年(637—639、640)

《会要》卷三九：“[贞观]十一年五月，上问大理寺卿刘德威曰：近来刑网稍密，何也？”《元龟》卷六一七：“唐戴胄为大理少卿，前后犯颜执法者数矣。刘德威授大理卿，太宗尝问之曰：‘近来刑网稍密，其过安在？’德威奏言：‘诚在主上，不由臣下。’”又见卷六一八、《通鉴·贞观十一年》。《旧书》本传：“贞观初，历大理、太仆二卿，加金紫光禄大夫。俄出为绵州刺史。……寻检校益州大都督府长史。十一年,复授大理卿。……数岁,迁刑部尚书,兼检校雍州别驾。"《新书》本传:"贞观初,历大理卿、绵州刺史。……寻检校益州大都督府长史。入为大理卿。……后迁刑部尚书,检校雍州别驾。"此再任大理卿。《隋唐五代墓志汇编》陕西卷第一册《大唐故赠司徒虢王妃刘氏墓志铭》(上元二年十二月三日):"考德威,皇朝太仆、大理卿,同、晋等六州刺史,左骁卫大将军,刑部尚书,尚平寿县主,彭城县公,上柱国,谥曰襄公。"妃卒上元二年五月十四日,春秋四十九。《唐研究》第二卷载太子率更令李俨撰《故太中大夫太子家令轻车都尉阎君(庄)墓志铭并序》:"夫人刘氏,彭城县君,皇朝绵豳晋同四州刺史、大理卿、刑部尚书、上柱国、彭城襄公德威之女。"《唐仆尚丞郎表》卷一九:"刘德威,约贞观十三四年,由大理卿迁刑尚,兼检校雍州别驾,时阶盖金紫光禄大夫。"《白居易集》卷四九《许季同可秘书监制》:"敕大理卿许季同:国朝已来,有刘德威、张文瓘、唐临为大理卿。"《大唐新语》卷四《持法第七》:"太宗问大理卿刘德威曰:'近来刑网稍密,何也?'对曰:'诚在君上,不在臣下。'……太宗深纳其言。"

孙伏伽　贞观十四年—二十二年(640—648)

《会要》卷四〇:贞观十四年,"尚书左丞韦悰勾司农木橦七十价,百姓者四十价,奏其乾没,上责有司,召大理卿孙伏伽亟书司农罪"文见《通鉴·贞观十四年》二月。《贞观政要》卷八《持法》第三一:"贞观十六年,太宗谓大理卿孙伏伽曰:'夫作甲者欲其坚,恐人之伤;作箭者欲其锐,恐人不伤。何则?各有司存,利在称职故也。朕常问法官刑罚轻重,每称法网宽于往代。仍恐主狱之司利在杀人,危人自达,以钓声价,今之所忧,正在此耳!深宜禁止,务在宽平。"《元龟》卷一五一:贞观"十七年九月丁卯,帝谓大理卿孙伏伽曰"。《旧书·太宗纪》:贞观"二十年春正月……丁丑,遣大理卿孙伏伽、黄门侍郎褚遂良等二十二人,以六条巡察四方,黜陟官吏"。又见《会要》卷七八、《元龟》卷一六一、卷六五八、《通鉴·贞观二十年》同。《会要》卷七七:贞观"二十二年,正月,遣大理卿孙伏伽等二十二人,以六条巡察四方”。《旧书》本传:“(贞观)十四年,拜大理卿,后出为陕州刺史。”又《太宗纪下》:贞观二十年春正月,“丁丑,遣大理卿孙伏伽、黄门侍郎褚遂良等二十二人,以六条巡察四方,黜陟官吏”。同书《李承乾传》:“贞观十七年,齐王祐反于齐州,承乾谓纥干承基曰……。太宗召承乾幽之别室,命司徒长孙无忌……大理卿孙伏伽……等参鞫之,事皆明验。”《新书·韩琬传》:“太宗朝,司农以市木橦倍价抵罪,大理孙伏伽言……”《元龟》卷九二六:“唐张玄素为太子左庶子。玄素与大理卿孙伏伽在隋,并尝任令史。”《大唐新语》卷七:“大理卿孙伏伽自万年县法曹上书论事,擢侍书御史,即御史中丞也。”《长安志》卷八《进昌坊》:“大理卿孙伏伽宅。”《唐两京城坊考》卷三《大宁坊》:“次南,大理卿孙伏伽宅。”《全文》卷三一四韩琬《上睿宗论时政疏》:“太宗朝,司农以市木橦倍价抵罪,大理孙伏伽言:官木橦贵,故百姓者贱。臣见司农识大体,未闻其过。太宗曰善。”同书卷一三五小传:“太宗即位,赐爵乐安县男,转民部侍郎拜大理卿,出为陕州刺史。”《唐仆尚丞郎表》卷一二《户侍》:“孙伏伽,贞观中,由大理少卿迁民侍。十四年,徙大理卿。”

唐　临　　贞观二十三年(649)

《元龟》卷一五一:“高宗以贞观二十三年即位,九月,帝问大理卿唐临狱系囚之数。”又卷六一八:“唐临为大理卿,高宗初嗣位,尝亲录囚徒。前卿所断者,皆号叫称冤,临所入者独无言。帝怪而问状,囚曰:罪实自犯,唐卿所断皆非冤滥,所以绝意耳。”《通鉴·贞观二十三年》同。《旧书》本传:“高宗即位,检校吏部侍郎。其年,迁大理卿。高宗尝问临在狱系囚之数,临对诏称旨。……永徽元年,为御史大夫。”《新书》本传:“累迁大理卿。高宗尝录囚,临占对无不尽。……永徽元年,拜御史大夫。”《旧书·刑法志》:“高宗即位,遵贞观故事,务在恤刑。尝问大理卿唐临在狱系囚之数。”《大唐新语》卷二《持法》第七:“唐临为大理卿,初莅职,断一死囚。先时坐死者十余人,皆他官所断。”又见《会要》卷六二、《御览》卷二三七引。

姜保安　　贞观中

【增订】牛红广《辑补》:《搜佚》第346页《大周前右卫翊卫云骑尉辛府君(徽之)墓志铭并序》:"父玄挺,朝请大夫,行舒州司马。妣天水姜氏,唐大理卿保安之第二女。"辛徽之久视元年卒,年三十二。

李道裕　　永徽二年—三年(651—652)

《元龟》卷五七:"高宗永徽二年,诏弓月道副总管高德逸市马,而德逸自取骏者,大理卿李道裕奏曰:此马异常,请实中厩。"又见卷一三四、《通鉴·永徽三年》正月。《旧书·李大亮传》:"兄子道裕,永徽中为大理卿。"《新书》本传:"贞观末为将作匠。……终大理卿。"【增订】《西安新获墓志集萃》第101页《李正因墓志》:"父道裕,唐蒲州刺史、大理卿、上柱国、狄道公。"墓主显庆四年卒,年三十二。

段宝玄　　永徽三年—显庆元年(652—656)

《旧书·刑法志》:"三年,诏曰……。于是太尉赵国公无忌……大中大夫守大理卿段宝玄……等,参撰《律疏》,成三十卷,四年十月奏之,颁于天下。"又见《元龟》卷六一二。《会要》卷三九:永徽"三年五月,诏律学未有定疏……宜广召解律人修义疏奏闻,仍使中书门下监定参撰。律疏成……大理卿段宝元……等同撰,四年十月九日上之"。《元龟》卷一五〇:"高宗永徽四年十二月……御史大夫长孙祥、大理卿段宝玄奏言:刘大器包藏祸心。"又卷一六一:"显庆元年正月,令……大理卿段宝玄于畿内诸州巡抚百姓。"又卷六一七:"段宝玄为大理卿,永徽四年十二月,代州都督刘文器坐妄说图谶,情有窥窬,特免死,流配峰州。"《通鉴·显庆元年》:八月,"李义府恃宠用事,洛州妇人淳于氏,美色,系大理狱,义府属大理寺丞毕正义枉法出之,将纳为妾,大理卿段宝玄疑而奏之"。《新书·艺文志二·刑法类》:"《律疏》三十卷。"注:"无忌、李勣、于志宁、刑部尚书唐临、大理卿段宝玄、尚书右丞刘燕客、御史中丞贾敏行等奉诏撰,永徽四年上。"《全文》卷一三六长孙无忌《进律疏议表》:"乃制太尉、扬州都督、监修国史、上柱国、赵国公长孙无忌……太中大夫、守大理卿、轻车都尉段宝元……撰《律疏》三十卷……永徽四年十一月十九日进。"《旧书·李义府传》:"显庆元年,以本官兼太子右庶子,进爵为侯。有洛州妇人淳于氏,坐奸系于大理,义府闻其姿色,嘱大理丞毕正义求为别宅妇,特为雪其罪。卿段宝玄疑其故,遽以状闻,诏令按其事,正义惶惧自缢而死。……二年,代崔敦礼为中书令。"《新书·李义府传》:"永徽六年,拜中书侍郎、同中书门下三品,封广平县男,又兼太子右庶子,爵为侯。洛州女子淳于以奸系大理,义府闻其美,属丞毕正义出之,纳以为妾,卿段宝玄以状闻。"《姓纂》卷九段氏:"宝元,尚书左丞、刑部侍郎、大理少卿。"作少卿盖误。【增订】《秦晋豫新出墓志搜佚续编》第611页《唐段嗣基墓志》:"考宝玄,给事中、刑部侍郎、尚书左丞、银青光禄大夫、大理卿、洛州长史、越州都督。"

袁公瑜　　显庆初

《新书·裴行俭传》:"高宗将立武昭仪,行俭以为国家忧从此始……大理袁公瑜挺语昭仪母,左除西州都督府长史。麟德二年,擢累安西都护。"岑仲勉《元和姓纂四校记》卷四:"龙朔中,公瑜为西台舍人,见《元龟》三三七;永徽六年,官御史中丞(?),见《通鉴》一九九;显庆初官大理,见《旧书》八四;显庆四年中书舍人,见同书二〇〇;《承嘉志》:'父公瑜,唐中书舍人,刑部侍郎,安西副都护。《千唐·相州刺史袁公瑜志》,历官都官、兵部员外、兵部郎中、中书舍人、司刑少常伯、庭州刺史、安西副都护。永隆岁流振州,又徙白州,垂拱元年卒,年七十三,如意初追赠相刺。"

辛茂将　　显庆三年(658)

《旧书·高宗纪》:显庆三年冬十一月,"大理卿辛茂将为侍中"。《新书·宰相表上》:显庆三年十一月,"戊戌,敬宗为中书令,大理卿辛茂将兼侍中"。《元龟》卷七二同,惟"侍中"误作"侍郎"。《通鉴·显庆三年》:十一月,"大理卿辛茂将为兼侍中"。茂将永徽二年官大理少卿,见《法苑珠林》卷七九引《冥报记》。

侯善业　　龙朔二年(662)

《元龟》卷六九:“龙朔二年五月……,司刑少常伯侯善业为守详刑正卿。”《唐仆尚丞郎表》卷二〇《刑侍》:“侯善业,龙朔二年五月八日丙申,由司刑少常伯徙详刑正卿。”【增订】《大唐西市博物馆藏墓志》一六五《侯知一墓志》:“父善业,皇朝刑部侍郎,大理卿,公事降密州刺史,赠安州都督。”

尔朱义琛　　龙朔三年(663)

北图藏拓片《唐故宋州录事尔朱府君(旻)墓志铭并序》(垂拱元年十月十三日):“父义琛,唐同州长史、太仆少卿、工部侍郎、大理正卿、定州刺史。”旻卒咸亨四年七月廿日,春秋五十三。《千唐志》二九七《大唐故银青光禄大夫定州刺史上柱国尔朱府君(义琛)墓志》(上元三年十月十五日):“又除许王府长史兼行同州长史……俄迁太仆少卿,又除司平少常伯……以龙朔三年诏使持节陇右道巡抚……使还,蒙授详刑正卿。”【增订】《全唐文补遗》第七辑第337页《大周故秋官尚书秀容县开国男尔朱府君(杲)志石文》:“父义琛,唐司仆少卿、司刑少常伯、司刑卿、银青光禄大夫、定州刺史,赠胜州都督、上柱国。”

张文瓘　　咸亨三年—上元二年(673—675)

《旧书·高宗纪下》:咸亨三年十月,“黄门侍郎、同中书门下三品张文瓘检校大理卿”。又:上元二年八月,“中书门下三品、大理卿张文瓘为侍中”。《元龟》卷七二同。《新书·宰相表上》:咸亨三年“十月,文瓘为大理卿”。《会要》卷六六:“咸亨三年十月,张文瓘兼大理卿。……上元二年疾卒,大理诸囚,一时恸哭。”又卷八一:上元二年,“大理卿张文瓘,称独知理司之要”。《元龟》卷六一八:“张文瓘为大理卿,旬日决遣疑狱四百余条,其得罪者皆无怨言。”《通鉴·上元二年》:“文瓘时兼大理卿,囚闻改官,皆恸哭。”《旧书》本传:“咸亨三年,官名复旧,改授黄门侍郎,兼太子左庶子。俄迁大理卿,依旧知政事。……上元二年,拜侍中,兼太子宾客。大理诸囚闻文瓘改官,一时恸哭,其感人心如此。"《新书》本传:"改黄门侍郎,兼太子右庶子,又兼大理卿。……后拜侍中,兼太子宾客。"《全文》卷二二九张说《唐故瀛州河间县丞崔君神道碑》:"君讳漪……弱冠以门胄入国学,举进士。母弟汲,以明经同年擢第。大理卿张公文瓘,人伦之表也。目君曰:昔两刘并举,以为骋二龙焉;今两崔齐飞,可谓仪双凤矣。"垂拱元年卒,年六十二。"嗣子日用,景龙中爵安平县子,职兵部侍郎。"《全文》卷一六二小传:"拜东台侍郎、同东西台三品,迁大理卿。上元二年,拜侍中、兼太子宾客。仪凤二年卒。"《白居易集》卷四九《许季同可秘书监制》:"敕大理卿许季同:国朝已来,有刘德威、张文瓘、唐临为大理卿。"《大唐新语》卷七《识量第十四》:"张文瓘为侍中,同列宰相以政事堂供馔珍美,请减其料。……初为大理卿,旬日决遣疑狱四百余条,无一人称屈。"

张楚金　　高宗时

《元龟》卷六一九:"唐张楚金为司刑卿,在官公清,然伤于忍刻,时人鄙之。"按楚金两《唐书》有传,高宗时已至刑部侍郎。故为司刑卿当在高宗时。

尔朱杲　　则天初

【增订】《全唐文补遗》第七辑《尔朱杲志石文》:"转秋官郎中。……改司农少卿、司刑少卿、秋官侍郎、司刑卿、寻有制除秋官尚书。"墓主长寿三年(694)正月二十四日薨。

李游道　　长寿元年(692)

《新书·则天纪》:长寿元年一月,"庚辰,司刑卿李游道为冬官尚书、同凤阁鸾台平章事。"《宰相表》《通鉴》同。是年九月流岭南。

杜景佺(杜景俭)　　神功元年(697)

《旧书·则天纪》:神功元年十月,"司刑卿杜景俭为凤阁侍郎……同凤阁鸾台平章事"。又本传:"延载初,为凤阁侍郎周允元奏景俭党于李昭德，左迁秦州刺史。后累除司刑卿。圣历二年，复拜凤阁侍郎、同凤阁鸾台平章事。”《新书》本传：“会李昭德下狱，景佺苦申救，后以为面欺，左迁溱州刺史。入拜司刑卿。圣历元年，复以凤阁侍郎同凤阁鸾台平章事。”《朝野佥载》卷六：“司刑卿杜景佺授并州长史，驰驿赴任。其夜有大星如斗，落于庭前，至地而没。至并州祈县界而卒。群官迎祭，回所上食为祭盘。”又见《广记》卷一四三。

崔神庆　长安四年(704)

《通鉴·长安四年》：十二月，“辛未，许州人杨元嗣告昌宗尝召术士李弘泰占相……太后命韦承庆及司刑卿崔神庆、御史中丞宋璟鞫之。”《旧书》本传：“俄历司刑、司礼二卿。神庆尝受诏推张昌宗，而竟宽其罪。神龙初，昌宗等伏诛，神庆坐流于钦州。”又《张行成传》：“行成族孙易之、昌宗。……及则天卧疾长生院，宰臣希得进见，唯易之兄弟侍侧，恐祸变及己，乃引用朋党，阴为之备。人有牓其事于路，左台御史中丞宋璟请按之。则天阳许，寻敕宋璟使幽州按都督屈突仲翔，令司礼卿崔神庆鞫之。”《新表二下》南祖崔氏：“神庆，司刑卿、魏县子。”乃武后相神基弟。《新书》本传：“历司刑卿，劾张昌宗狱，颇阔略不尽。”又《张昌宗传》：“昌宗恐后不讳，祸且及，乃引支党日夜与谋为不轨事。……左台御史中丞宋璟亟请按摄，后阳许璟，俄召璟外按幽州都督屈突仲翔，更敕司刑卿崔神庆问状。”《元龟》卷八六六：“崔义玄为御史大夫、蒲州刺史。子神基，司宾卿同凤阁鸾台平章事。神基弟神庆历司刑、司礼二卿。神庆子琳等皆至大官。……琳与弟太子詹事珪、光禄卿瑶俱列棨戟，时号‘三戟崔家’。琳位终太子少保。”

袁　某　约武后时

《全文》卷二一〇陈子昂《为司刑袁卿让官表》：“伏奉某月日敕，授臣某官。”

尹思贞　神龙元年—二年(705—706)

《会要》卷四〇:“神龙元年正月,韦月将上变,告武三思谋逆,中宗大怒,命斩之。大理卿尹思贞,以发生之月,执奏以为不可行刑。”《通鉴》同。《旧书》本传:“神龙初,为大理卿。”《新书》本传:“神龙初,擢大理卿。”【增订】曾涧《订正》:“但检《通鉴》,实书于神龙二年四月,并云‘御史大夫李承嘉附武三思……劾奏思贞,出为青州刺史’。是思贞神龙二年四月,由大理卿出为青州刺史。”

裴　谈　神龙二年(796)

《旧书·桓彦范传》:神龙二年,“是岁秋,武三思又阴令人疏皇后秽行,榜于天津桥,请加废黜,中宗闻之怒……大理卿裴谈奏云……。中宗纳其议……擢拜裴谈为刑部尚书。”又《李朝隐传》:“神龙年,功臣敬晖、桓彦范为武三思所构,讽侍御史郑愔奏请诛之,敕大理结其罪。……时裴谈为大理卿,异笔断斩,仍籍没其家,朝隐由是忤旨。”《新书·桓彦范传》:“大理丞李朝隐执奏:‘彦范等未讯即诛,恐为雠家诬蔑,请遣御史按实。’卿裴谈请即诛斩,家籍没。”《大唐新语》卷二:“桓彦范等既匡复帝室,勋烈冠古,武三思害其公忠,将诬以不轨诛之。大理丞李朝隐请问明状。卿裴谭附会三思,异朝隐判,竟坐诛。谭迁刑部尚书。”《唐仆尚丞郎表》卷一九《刑尚》:“裴谈,神龙二年秋冬或景龙元年,由大理卿迁刑尚。……《通鉴》神龙二年七月纪作大理丞,字误。”

郑惟忠　神龙三年(707)

《会要》卷四〇:神龙三年,“节愍之诛武三思,事变之后,其诖误守门者,并配流未行,有韦氏党,密奏请尽诛之。上令鞫断,大理卿郑惟忠奏曰”。《通鉴》同。《旧书》本传:“中宗即位,甚敬重之,擢拜黄门侍郎。……无何,守大理卿。节愍太子与将军李多祚等举兵诛武三思,事变,伏诛。其诖误守门者并配流,将行,有韦氏党与密奏请尽诛之。中宗令推断,惟忠奏曰……。所全者甚多。俄拜御史大夫。”《新书》本传:“中宗立,擢黄门侍郎。……守大理卿。”《全文》卷一六八小传："中宗立，擢黄门侍郎，进大理卿，拜御史大夫，加银青光禄大夫，封荥阳县男。开元初，为礼部尚书。"《全诗》卷四五小传："中宗即位，拜黄门侍郎，守大理卿，推断大狱，多所全活。"【增订】《洛阳流散唐代墓志汇编续集》第188页《大唐故太子宾客赠太子少保荥阳郡公郑府君墓志铭并序》："公讳烈，字惟忠，荥阳开封人也。……自凤阁舍人拜上柱国，迁黄门侍郎、大理卿、右御史大夫，加金章紫绶，食邑三千户，封本望荥阳郡公。"

崔神基　　中宗初

《旧书·崔义玄传》："子神基袭爵……中宗初，为大理卿。"《新书》本传："中宗初，稍用为大理卿。"

姜师度　　景云元年(710)

《旧书》本传："累迁大理卿。景云二年，转司农卿。"

韩思复　　先天元年？(712?)

《全文》卷三三八颜真卿《通议大夫守太子宾客东都副留守云骑尉赠尚书左仆射博陵崔孝公宅陋室铭记》："睿宗嘉之，特许留司，以遂其孝养。迁祠部员外郎。幸僧有请度人者，公拒不奉诏。迁给事中。大理卿韩思复用法小差，权臣致劾，公特宽之。迁中书舍人。省改紫微，其官仍旧。"按两《唐书》本传皆未及大理卿。颇疑有误。又按开元元年中书省改称紫微省，则其事当在开元前。

张　暐　　开元元年(713)

《大诏令集》卷六三苏颋《加张暐食实封制》："银青光禄大夫、大理卿张暐……可封邓国公，赐实封三百户，余如故。……先天二年七月十九日。"又见《全文》卷二〇玄宗文。《旧书》本传："先天元年，太子即位，帝居武德殿。太平公主有异谋……及太平之败……暐为大理卿。"《新书·王琚传》："太平之诛，张暐召还为大理卿，封邓国公，实封户三百，进京兆尹。"

陆余庆　　开元二年(714)

《新书》本传："开元初，为河南、河北宣抚使。……迁大理卿，终太子詹事。"《全诗》卷七四苏颋《奉和崔尚书赠大理陆卿鸿胪刘卿见示之作》，陆卿即余庆。《全文》卷二五一苏颋《授陆余庆大理卿制》："宗正卿、上柱国、广平郡开国公、判尚书左丞陆余庆……可大理卿，勋封如故。"余庆先天二年官太子右庶子，见《元龟》卷一六二。开元四年官少府监，见同书卷二五八苏颋《李乂碑》。自右丞转洛州长史，见《广记》卷二五九引《朝野佥载》。《广记》卷三二八引《御史台记》："余庆……久视中，迁凤阁舍人，历陕州刺史、洛州长史、大理卿、少府监，主睿宗辒车不精，出授沂州刺史。"《姓纂》卷一〇陆氏："余庆，尚书左丞、太子詹事。"《唐仆尚丞郎表》卷七《左丞》："陆余庆，开元初，四年以前，以宗正卿判在丞事。后换大理卿。……《全唐文》二五一苏颋《授陆余庆大理卿制》：'宗正卿、上柱国、广平郡开国公、判尚书左丞陆余庆……可大理卿，勋封如故。'在《授张暐鸿胪卿制》前。按暐事在开元二三年。颋知制诰亦在开元初，四年十二月为相后不知制诰。则余庆此事不能迟过四年。"《全诗》卷七四苏颋《奉和崔尚书赠大理陆卿鸿胪刘卿见示之作》，按"崔尚书"当指崔日用，本年在吏部尚书任，见《旧书・音乐志》及《唐会要》卷二二。"大理陆卿"指陆余庆，《新书・陆余庆传》："开元初，为河南、河北宣抚使……大理卿。""鸿胪刘卿"指刘知柔，本年由尚书右丞任鸿胪卿。

崔　昇(崔昪)　　开元三年(715)

清魏绍曾《绩语堂碑录》有《大唐大理卿崔公故夫人荥阳县君郑氏墓志铭并序》："光禄卿上柱国常山县开国公马怀素撰。"云墓主崔昪夫人郑氏："以长安三年八月廿四日终于京兆府永乐里之私第，以开元三年十月廿五日窆于恒州之旧茔，礼也。"又引《常山贞石志》："大理卿崔昪夫人郑氏墓志铭，在获麟县北新村三官庙内。马怀素撰，侄璆书。……崔公列衔为大理卿而志不载其名。……《世系表》谓昪官刑部侍郎，《传》作官至尚书左丞，而志题大理卿，盖志墓时，尚在，其刑部侍郎、尚书左丞，当是异日所历之官。”《唐代墓志汇编》开元〇二六《大唐故特进中书令博陵郡王赠幽州刺史崔公墓志铭并序》：“公与舍弟大理卿昇，友于之爱，人伦所极，少时能仕，学古入官，或分房累年，或尽室千里，俸禄所得，内外无私，则郑均之让生产，孔奋之分脂烛，乌足道哉！”墓志崔玄暐卒于神龙中，其弟为大理卿亦当是时。考《旧书·崔玄暐传》：“则天季年，宋璟劾奏张昌宗谋为不轨，玄暐亦屡有谠言，则天乃令法司正断其罪。玄暐弟昪时为司刑少卿，又请置以大辟。其兄弟守正如此。”又云：“玄暐与弟昪甚相友爱，诸子弟孤贫者，多躬自抚养教授，颇为当时所称。昪，官至尚书左丞。”《唐两京城坊考》卷二《永乐坊》：“大理卿崔昪宅。崔昪妻郑氏墓志，终于京兆府永乐里之私第。”“昇”“昪”未详孰是。【增订】《订补》云：陆增祥《八琼室金石补正续编》卷二五《（缺）唐大理卿崔（缺）故夫人荥阳县君郑氏墓志铭并序》，即崔昪夫人。志云：“以长安三年八月廿四日，终于京兆府永乐里之私第，以开元五年十月廿五□□窆于恒州之旧茔，礼也。”[①]据此则崔昪任大理卿的时间当改为“开元五年”。而同一墓志《唐九卿考》据《续语堂碑录》引其卒年在开元三年（715），未知孰是，今录之存参。

姚　异　　开元四年（716）

《新表四下》陕郡姚氏：“异，大理卿。”乃姚崇子。考《通鉴·开元四年》：十一月，“崇子光禄少卿彝、宗正少卿异，广通宾客，颇受馈遗，为时所讥”。【增订】《秦晋豫新出墓志搜佚续编》第 626 页《唐姚异墓志》：“改将作监丞、蒲卫二州司马、京太庙令、太常丞、太子中舍人、太仆少卿，复转光禄、卫尉、太仆少卿，加银青光禄大夫，出特坊许二州。”

崔　沔　　开元五年—六年（717—718）

《旧书·崔傒传》：“祖涛，大理卿孝公沔之弟也。涛生仪甫，终

---

① 《续修四库全书》，第 900 册，第 13 页。

大理丞,即倰之父。”北图拓片《有唐通议大夫守太子宾客赠尚书左仆射崔孝公(沔)墓志》(大历十三年四月八日):“开元廿七年十一月十七日卒,春秋六十七。”“检校秘书少监,遽而正授,前后奉诏再制大理,又知礼部侍郎。”《全文》卷三三八颜真卿《通议大夫守太子宾客东都副留守云骑尉赠尚书左仆射博陵崔孝公宅陋室铭记》:“执事子有不法者,公举之不回,移著作郎,寻迁秘书少监、修图书使。寻判大理卿、礼部侍郎。公既职司典礼,乃删写疏论数百卷,以备阙遗。特加朝散大夫,迁左庶子。丁太夫人忧,征拜中书侍郎,出为魏州刺史。……乙丑岁,元宗东封,知顿使奏课第一。”《唐仆尚丞郎表》卷一六《礼侍》:“崔沔,由秘书少监、判大理卿迁礼侍,开元七年稍前,徙太子左庶子,进阶朝散大夫。”按开元六年十一月元行冲已为大理卿,知崔沔转官必在六年。

元行冲　开元六年(718)

《通鉴·开元六年》:十一月,“[宋璟]又奏:大理卿元行冲素称才行……当事之后,颇非称职,请复以为散骑常侍,以李朝隐代之”。《新书·马怀素传》:“怀素卒后……太仆卿王毛仲奏罢内料,又诏右常侍褚无量、大理卿元行冲考绌不应选者。”《旧书》本传:“四迁大理卿。时扬州长史李杰为侍御史王旭所陷,诏下大理结罪。……俄又固辞刑狱之官,求为散职。七年,复转左散骑常侍。”《新书》本传:“入为右散骑常侍、东都副留守。……四迁大理卿,不乐法家,固谢所居官,改左散骑常侍,封常山县公。”

李朝隐　开元十年(721)

《会要》卷四〇:开元“十年八月,冀州武强县令裴景仙,犯乞取赃积五千匹,事发,上大怒,令集众杀之。大理卿李朝隐奏曰……”。《旧书》本传:“[开元]十年,迁大理卿。”“朝隐俄转岐州刺史,母忧去官。起为扬州大都督府长史,抗疏固辞,制许之……。明年,制又起为扬州长史,不获已而就职,复入为大理卿。累封金城伯,代崔隐甫为御史大夫。”《新书》本传:“擢河南尹……入为大理卿。……朝隐更授岐州刺史，母丧解。召为扬州大都督府长史，固辞，见听。……明年，诏书敦遣扬州就职。还为大理卿。封金城伯，代崔隐甫为御史大夫。”可知李朝隐两次为大理卿，此为第一次。《通鉴·开元十年》：八月，“大理卿李朝隐奏景仙赃皆乞取，罪不至死”。《全文》卷二三六小传：“开元时累官大理卿，封金城伯。拜御史大夫，进太常卿，出为岭南采访处置使兼判广州。二十八年卒。”同书有《让扬州长史起复第三表》：“往年任大理卿，于朝堂闷倒，困殆良久，朝臣共见，自尔已来，数数发动，又丁艰酷，此疹弥加。”【增订】《洛阳新出土墓志释录》第75页《唐程文琬墓志》：“君又精于法理，洞达时宪。属大理卿李朝隐，国之良也，牒吏部，辟君为法官，因拜大理司直。”

韦 抗 开元十一年(723)

《旧书》本传：“［开元］十一年，入为大理卿，其年代陆象先为刑部尚书。”《新书》本传：“坐荐御史非其人，授安州都督，改蒲州刺史。入为大理卿，进刑部尚书，分掌吏部选，卒。”《全文》卷二五八苏颋《刑部尚书韦抗神道碑》：“贬安州都督，寻与之蒲……未几，拜为大理，检校刑部尚书。……上将登封岱山，留眷洛邑……谓公曰：‘……仗公作镇。’还赠武阳伯兼吏部铨。”开元十四年八月卒，享年六十。《全文》卷三〇二小传：“开元中，拜大理卿，进刑部尚书，封武阳伯。十四年卒。”《唐仆尚丞郎表》卷一九《刑尚》：“韦抗，开元十一年，由大理卿迁刑尚。十三年，为东都留守。十二月二十五甲戌，分掌吏部铨事。十四年四月四日壬子，见在刑尚任。八月，卒官。”

源光裕 开元十三年(725)

《新书·许景先传》：“开元十三年，帝自择刺史，景先由吏部侍郎为刺史治虢州，大理卿源光裕郑州。”《元龟》卷六七一所载较详：“源光裕开元十三年以大理卿为郑州刺史，杨承令以尚书左丞为汾州刺史，许景先以吏部侍郎为虢州刺史，寇泚以兵部侍郎为宋州刺史，郑温琦以礼部侍郎为邠州刺史，李昇以宗正卿为邢州刺史，……崔志廉以鸿胪少卿为襄州刺史，蒋挺以国子司业为湖州刺史，裴观以左威卫将军为沧州刺史，崔诚以左司御率府副率为遂州刺史。”又见《全诗》卷三玄宗诗卷。《通鉴·开元十三年》：二月，“上自选诸司长官有声望者大理卿源光裕、尚书左丞杨承令、兵部侍郎寇泚等十一人为刺史，命宰相、诸王及诸司长官、台郎、御史饯于洛滨，供张甚盛。赐以御膳，太常具乐，内坊歌妓；上自书十韵诗赐之。光裕，乾曜之从孙也”。

李朝隐　　开元十七年(729)

《旧书》本传：“[开元]十年，迁大理卿。”“朝隐俄转岐州刺史，母忧去官。起为扬州大都督府长史，抗疏固辞，制许之。明年，制又起为扬州长史，不获已而就职，复入为大理卿。累封金城伯，代崔隐甫为御史大夫。”《新书》本传：“擢河南尹……入为大理卿。……朝隐更授岐州刺史，母丧解。召为扬州大都督府长史，固辞，见听。……明年，诏书敦遣扬州就职。还为大理卿。封金城伯，代崔隐甫为御史大夫。”《全文》卷二三六有《让扬州长史起复第三表》：“往年任大理卿，于朝堂闷倒，困殆良久，朝臣共见，自尔已来，数数发动，又丁艰酷，此疹弥加。”【增订】曾涧《订正》：《山右石刻丛编》卷六《庆唐观纪圣铭碑阴》题名：“大理卿上柱国李朝隐……开元十七年太岁己巳九月己丑朔三日辛卯建。”

蒋钦绪　　约开元十七、八年(约729、730)

《姓纂》卷七东莱胶东蒋氏：“唐吏部侍郎、大理卿蒋钦绪。”按十一月二十二日巡陵恩赦之年，钦绪为魏州刺史，见《广记》卷二八三引《定命录》。据《旧纪》，开元十七年十一月戊申大赦，即廿二日。《隋唐五代墓志汇编》洛阳卷第十三册《唐故太中大夫殿中少监致仕骑都尉琅耶王公故夫人乐安郡太君蒋氏玄堂志》(大和元年二月二十八日)：“祖讳钦绪，皇吏部侍郎、大理卿，累赠至礼部尚书。”《唐语林》卷三：“萧至忠自晋州之入也，大理蒋钦绪即其妹婿，送之曰：‘以足下之才，不忧不见用，无为非分妄求。’至忠不纳。”又见《隋唐嘉话》卷下。《唐仆尚丞郎表》卷一〇《吏侍》：“蒋钦绪，开元十四年，或上年秋冬，由御史中丞迁吏侍。十四年，出为汴州刺史。”【增订】《全唐文补遗·千唐志斋新藏专辑》第296页蒋郫《卢涚墓志铭》：“夫人乐安蒋氏，则我烈祖故大理卿、吏部侍郎、赠礼部尚书钦绪之小女。”《秦晋豫新出墓志搜佚续编》第758页《唐萧谅墓志》：“自裴仆射耀卿、蒋大理钦绪、李少傅暠、王尚书丘、萧太师嵩、崔宾客沔，皆高贤之先达者也。每与公谈名理，释玄言，探物情，议时政，莫不膝之前席，自谓不如。”萧谅天宝六载二月卒，春秋五十有八。

杨　玚　约开元十八年(约730)

《旧书》本传：“十六年，迁国子祭酒……由是生徒为玚立颂于学门之外。再迁大理卿，以老疾辞职。二十三年，拜左散骑常侍。”《新书》本传：“入为国子祭酒……再迁大理卿，以疾辞，改左散骑常侍，卒。”《全文》卷二九八杨玚小传：“开元中历迁国子祭酒，再迁大理卿，拜左散骑常侍。”

袁仁敬　开元二十一年(733)

《会要》卷六六：开元“二十一年七月，大理卿袁仁敬暴卒。系囚闻之，皆恸哭悲歌”。又见《通典》卷二五、《元龟》卷六一八。袁仁敬开元十三年自大理少卿为杭州刺史，见《新书·许景先传》《元龟》卷六七一及《乾道临安志》卷三；二十二年追赠故大理卿袁仁敬为越州刺史，见《元龟》卷一四一。《姓纂》卷四襄阳袁氏：“仁敬，唐尚书左丞。”【增订】《全唐文补遗·千唐志斋新藏专辑》第205页僧湛然《袁氏孝女(梵仙)墓志铭并叙》：“孝女袁氏，字梵仙，有唐故银青光禄大夫、尚书右丞、大理卿陈郡昭公之孙。”《秦晋豫新出墓志搜佚续编》第829页《唐袁恒墓志》：“父仁敬，大理卿。”

李尚隐　开元二十二年？(734?)

《旧书》本传：“历蒲、华二州刺史，加银青光禄大夫，赐爵高邑伯，入为大理卿，代王鉷为御史大夫。”

韦虚心　约开元二十八年(740?)

【增订】《长安高阳原新出土隋唐墓志》第177页载崔宗之撰《唐韦虚心墓志》(开元二十九年):"寻转扬州长史及太原尹,皆兼本道采访使。……征为大理卿。毛玠入朝,素风自化;皋繇在位,不仁者远。……再丁家艰。……丧制毕,又除本官。公审刑章,持狱案,虽有董石之势,中人之托,确乎不拔,莫敢动摇,真可谓王臣之体矣。于是拜工部尚书兼东都留守。"按,韦虚心开元二十九年卒。严耕望《唐仆尚丞郎表》卷二一系韦虚心为工部尚书始于开元二十八年,郁贤皓《唐刺史考全编》卷九〇系韦虚心为太原尹在开元二十九年。故韦虚心为大理卿在开元二十八年或稍前。

崔　翘　开元二十九年(741)

《旧书·玄宗纪下》:开元二十九年冬十月,"戊戌,分遣大理卿崔翘等八人往诸道黜陟官吏"。《元龟》卷一六二:开元"二十九年五月,命大理卿崔翘……分行天下"。《登科记考》卷八:开元二十九年,"知贡举:礼部侍郎崔翘。见《唐语林》。按《旧书》本纪,是年十月,遣大理卿崔翘等往诸道黜陟官吏。盖以知举后改官也"。【增订】拓本《唐故银青光禄大夫礼部尚书上柱国清河县开国男赠江陵郡大都督谥曰成崔府君墓志铭并序》:"公讳翘,字明微,清河东武城人。……乃诏为滑州刺史。于是扬仁恩以风之,敷惠化以雨之,人咸欢康,岁大丰稔。丁内忧,如执文公之丧。服阙,除大理少卿,天下用刑无滥。帝曰:咨二相有能掌我贡品,佥曰我公,乃命为小宗伯往钦哉。惟尔代擅雕龙,克缵文公之业,尔其稽古是训,唯才是与。公乃善诱在兹,奖劝在兹,风化天下,文体一变。帝谓有国家来,未之有也。乃命吏部兵部选曹是则之。三载为大理,用休于前政。寻而黜陟河北,作镇河东,兼采访使,澄清州郡,福蒙京师。入为尚书左丞。……公享年四百有八甲子矣。唐天宝九载冬十二月三日薨于洛师明教里之私第。"(《书法丛刊》2006年第2期,第51页)

强　循　　开元时

《旧书》本传："亦以吏干知名，官至大理卿。"《新书》本传："仕累雍州司士参军。……历大理少卿、太子右庶子。"按开元四年为灵州都督，见《英华》卷四六一、《全文》卷二五三苏颋制；开元七年，户部侍郎强循摄御史中丞，见《旧书》卷一八五下；十年仍在户侍任，见《唐仆尚丞郎表》卷一二。

高　慜　　开元中

北图藏拓片《唐故银青光禄大夫行光禄少卿上柱国渤海郡开国公高府君(慜)墓志铭并序》(开元十八年)："迁都水使者，兼判大理、卫尉两卿，使持节隰州刺史，加银青光禄大夫，换云麾将军，左卫副率，判大理卿。……又除银青光禄大夫，历泽、亳、潞、瀛五州刺史，入为光禄少卿。"开元十七年卒，春秋六十六。其为大理卿共两次。

李道邃　　天宝六载(747)

《旧书・杨慎矜传》："时天宝六载十一月，玄宗在华清宫，林甫令人发之，(云慎矜是隋家子孙，心规克复隋室)，玄宗震怒，系之于尚书省，诏刑部尚书萧隐之、大理卿李道邃、少卿杨璹……同鞫之。"《旧书・李灵夔传》："道坚弟道邃……天宝中为右丞，大理、宗正二卿，卒。"《新书・杨慎矜传》："收慎矜尚书省，诏刑部尚书萧炅、大理卿李道邃、殿中侍御史卢铉、杨国忠杂讯。"《全诗》卷二一三高适《崔司录宅燕大理李卿》："洛阳故人初解印，山东小吏来相寻。上卿才大名不朽，早朝致尊暮求友。"李卿疑即道邃。《唐仆尚丞郎表》卷八《右丞》："李道邃，天宝八载九月，在右丞任。其始任不能早过上年。……据《新传》，右丞当在大理后。考《册府》三三：'天宝八载九月，命(略)尚书右丞李通迁祭河渎。'时间与道邃相当，'通迁'殆'道邃'之形误耳。是始任不能早过七年。"

韦虚舟　　天宝十一载？(752？)

《旧书・韦虚心传》："季弟虚舟……入为刑部侍郎，终大理卿。"

考《全文》卷三一九李华《荆州南泉大云寺故兰若和尚碑》:“名臣韩京兆朝宗、宋兵部鼎、韦刑部虚舟佥契慈缘,而承善诱。……天宝十年(二月)既望……中夜而灭。……刑部韦侍郎时临荆州,躬护丧事。”《唐仆尚丞郎表》卷二〇《刑侍》:“韦虚舟,天宝十载三月至十一载三月间,或至德稍后,官至刑侍。”《全诗》卷一二五王维《晦日游大理韦卿城南别业四声依次用各六韵》:“上卿始登席,故老前为寿。”韦卿即韦虚舟。

张　均　　天宝十三载—十五载(754—756)

《旧书》本传:“既而杨国忠用事,心颇恶之,罢希烈知政事,引文部侍郎韦见素代之,仍以均为大理卿。均大失望,意常郁郁。禄山之乱,受伪命为中书令。”同书《刑法志》:“大理卿张均引至独柳树下刑人处,免死配流合浦郡。”《旧书·肃宗纪》:至德二载十二月己丑制:“前大理卿张均特宜免死,配流合浦郡。”又见《元龟》卷一五二。《新表二下》张氏:“均字均,刑部尚书、大理卿,袭燕公。”乃张说子。《新书》本传:“贬建安太守。还,授大理卿,居常觖望不平。禄山盗国,为伪中书令。”均贬建安太守在天宝十三载,见《旧纪》《通鉴》。《全诗》卷九〇小传:“开元中历官大理卿,受禄山伪命为中书令。”作开元中误。《全文》卷四〇八小传:“九载迁刑部尚书。杨国忠用事,引为大理卿。受禄山伪命。”同书卷四二肃宗《诛受贼伪官达奚珣等诏》:“前大理卿张均特宜免死,长流合浦郡。”《大诏令集》卷一二六《处置受贼伪官陈希烈等诏》:“前大理卿张均特宜免死,长流合浦郡。”《元龟》卷四八一:“张均,玄宗时为刑部尚书,自以才名当为宰相辅,尝为李林甫所抑。及林甫卒……仍以均为大理卿。既大失望,意常郁郁。”又卷九二三:“唐张均为大理卿,均弟垍为太常卿。禄山之乱……均弟兄果受禄山伪命。”

王　璿　　天宝中

《广记》卷二一五:“西京太平坊法寿寺有满师善九宫,大理卿王璿尝问之,师云:公某月当改官,似是中书门下,甚近玉阶。璿自谓黄门侍郎未可得也，给舍又已过矣。后果改为金吾将军，常侍玉阶。”“满公又云：‘王鉷一家，尽成白骨。’”岑仲勉《唐史余渖》卷二有《三王瓒》条：“鉷诛于天宝，则满师是开、天间人。”

严　向　至德二载(757)

《旧书·刑法志》：“两京衣冠，多被胁从，至是相率待罪阙下。而执事者多欲峻刑以取威，尽诛其族，以令天下。议久不定，竟置三司使，以御史大夫兼京兆尹李岘……大理卿严向等五人为之。”《新书·吕諲传》：“帝复两京，诏尽系群臣之污贼者，以御史中丞崔器、宪部侍郎韩择木、大理卿严向为三司使处其罪。”按复两京在至德二载春。《姓纂》卷五冯翊严氏：“宪，大理卿。”乃严宙弟。按《旧书·严善思传》：宙弟向，少宙十岁，乾元中为凤翔尹，宝应中授太常员外卿，未言宪。不知宪、向是否同人。今附于此以俟再考。

权　献(权寅献)　乾元二年(759)

《元龟》卷三一七：“凤翔七马坊押官先为盗劫掠平人，州县不能制，天兴县尉谢夷甫知捕贼擒获决杀之，其妻进状诉。……诏令御史中丞崔伯阳、刑部侍郎李晔、大理卿权寅献三司讯之。……伯阳贬端州高要尉，权寅献郴州桂阳尉。”《旧书·李岘传》：“凤翔七马坊押官，先颇为盗……天兴县令知捕贼谢夷甫擒获决杀之。其妻进状诉夫冤。……诏监察御史孙蓥推之。蓥初直其事。其妻又诉，诏令御史中丞崔伯阳、刑部侍郎李晔、大理卿权寅献三司讯之。……妻论诉不已，诏令侍御史毛若虚覆之，若虚归罪于夷甫，又言伯阳等有情，不能质定刑狱。……伯阳贬端州高要尉，权献郴州桂阳尉，凤翔尹严向及李晔皆贬岭下一尉。”《新书·李岘传》：“乾元二年，以中书侍郎同中书门下平章事。……凤翔七马坊押官盗掠人，天兴令谢夷甫杀之。辅国讽其妻使诉枉，诏监察御史孙蓥鞫之，直夷甫。其妻又诉，诏御史中丞崔伯阳、刑部侍郎李晔、大理卿权献为三司讯之，无异词。”《通鉴·乾元二年》：四月，“凤翔马坊押官为劫，天兴尉谢夷甫捕杀之。……又使御史中丞崔伯阳、刑部侍郎李晔、大理卿权献鞫之。”

崔　涣　上元元年(760)

《旧书·肃宗纪》:上元元年四月,"太子宾客崔涣为大理卿"。《旧书》本传:"乾元三年正月,转大理卿。再迁吏部侍郎、检校工部尚书、集贤院待诏。"《全文》卷七八四穆员《相国崔公(涣)墓志铭》:"领杭州刺史,俄转常州,征拜秘书监、太子宾客、大理卿,坐失系囚移信王府傅,转尚书左右丞、吏部侍郎、御史大夫。"大历三年卒,年六十二。

卢正己　上元元年(760)

《全文》卷四二〇常衮《太子宾客卢君(正己)墓志铭》:"公尝拜蜀郡长史、成都尹、剑南节度采访等使、大理卿、刑部侍郎、工部尚书、东都留守、太子宾客。"据《唐仆尚丞郎表》卷八《右丞》及卷二〇《刑侍》,正己上元二年正月二十八日甲寅在刑侍任。宝应元年九月,仍在任,盖是年末,徙太府卿。知正己为大理卿在上元元年。

裴　某　代宗初

《全诗》卷二五四常衮《和考功员外杪秋忆终南旧宅作》,一作《和大理裴卿杪秋忆山下旧居》。

敬　括　大历元年(766)

《旧书·代宗纪》:大历二年正月甲子,"大理卿敬括为同州刺史、长春宫等使"。《旧书·周智光传》:"大历二年正月……又以大理卿敬括为同州刺史、兼御史大夫、长春宫等使。"《旧书》本传:"天宝末,宰臣杨国忠出不附己者,括以例为果州刺史。累迁给事中、兵部侍郎、大理卿。……大历初,叛臣周智光伏诛,诏选循良为近辅,以括为同州刺史。"《元龟》卷六七一:"敬括为大理卿,志尚简淡。代宗大历初,叛臣周智光复反,诏选循良为近辅,以括为同州刺史。"《全诗》卷二一五小传:"天宝末,以不附杨国忠,出为刺史,迁给事中、兵部侍郎、大理卿。大历初,诏选循良为近辅,以括为同州刺史。"

卢　某　大历八年(733)

《全诗》卷二四四韩翃《送卢大理赵侍御祭东岳兼寄孟兖州》："东岳昔有事，两臣朝望归。驿亭开岁酒，斋舍著新衣。上客钟大理，主人陶武威。"按孟兖州即孟休鉴，《全诗》卷二四三韩翃另有《赠兖州孟都督》《祭岳回重赠孟都督》诗，据《全文》卷四五八裴孝智《文宣王庙新门记》："刺史孟公休鉴，德润尊师，道肥希圣，研精百代，□□□言。……时大历八年十二月一日也。"是孟休鉴大历八年在兖州刺史任，卢某为大理卿亦当在是时。

蒋　沇　建中元年(780)

《旧书》本传："大历十二年，常衮以群议称沇屈，擢拜御史中丞、东都副留守。寻迁刑部侍郎、删定副使。改大理卿，持法明审，号为称职。建中元年冬，銮驾幸奉天，沇奔行在。"《新书》本传："常衮代相，闻士议恨沇屈，故擢御史中丞、东都副留守。再迁大理卿，持法明审，号称职。德宗出奉天，沇奔行在，为贼所拘。"是蒋沇为大理卿应有两次。首次即建中元年。《姓纂》卷七东莱胶东蒋氏："沇，刑部侍郎、大理卿。"《元龟》卷六二二："蒋沅，建中初为大理卿，时德宗幸奉天。"《唐仆尚丞郎表》卷二〇《刑侍》："蒋沇，建中元年五月以前，或大历十三四年，由东都副留守入迁刑侍。是月，以本官充删定格式副使。是年，徙大理卿。"

严　郢　建中二年(781)

《新书·卢杞传》："杨炎与杞俱辅政，炎鄙杞才下，不悦，未半岁，谮罢炎，时大理卿严郢与炎有隙，即擢郢御史大夫以自助，炎卒逐死。"《旧书·杨炎传》："郢为京兆尹，不附炎，炎怒之……罢兼御史中丞。……乃拔[源]休自流人为京兆尹，令伺郢过。休莅官后，与郢友善，炎大怒。张光晟方谋议杀回纥酋帅，炎乃以休为入回纥使，休几为虏所杀。郢寻坐以度田不实，改为大理卿，时人惜之。"《新书·杨炎传》："严郢为京兆尹……罢兼御史中丞。……会张光晟谋杀回纥酋帅，乃使休使回纥。郢坐度田不实，下除大理卿。"《新书》本传:"削兼御史中丞。……人知郢得原,皆迎拜。会秋旱,郢请蠲租税,炎令度支御史按覆,以不实,罢为大理卿。"《通鉴·建中二年》:"九月……杨炎为相,恶京兆尹严郢,左迁大理卿。卢杞欲陷炎,引郢为御史大夫。"《全文》卷三七二小传:"大历末进拜京兆尹,罢为大理卿,迁御史大夫,出为费州刺史。"

蒋　沇　建中四年—兴元元年(783—784)

《新书》本传:"常衮代相,闻士议恨沇屈,故擢御史中丞、东都副留守。再迁大理卿,持法明审,号称职。德宗出奉天,沇奔行在,为贼所拘。"是蒋沇为大理卿应有两次。首次即建中元年,已见前考。又《通鉴·建中四年》:十月,"大理卿胶水蒋沇诣行在,为贼所得,沇绝食称病,潜窜得免"。《元龟》卷一九三:兴元元年"十月……前大理卿蒋沇为右常侍"。是其再任大理卿在建中四年至兴元元年。

王　翃　兴元元年(784)

《旧书》本传:"从幸山南。车驾还京,改大理卿。出为福州刺史、福建观察使。"《新书》本传:"翃挺身走奉天,拜太子詹事。德宗还都,再迁大理卿,出为福建观察使。"《全文》卷四九九权德舆《唐故楚州淮阴县令……王府君(光谦)神道碑铭并序》:"公之才子五人:……次曰翃……历辰、朗、容三州刺史,容管经略使兼御史中丞,河中少尹,朔方节度留后,汾州刺史,单于副都护镇武军使,征拜京兆尹,寻兼御史大夫,再居大理寺卿,为福建观察使,入为太子宾客,贞元十二年检校礼部尚书、东都留守。"

崔　论　约贞元初

《新书·崔液传》:"子论……大历末,迁同州刺史,为黜陟使庾何所按,议者不直何,故复用为衢州刺史。德宗以旧族耆年,擢大理卿,卒。"《旧书·崔湜传》:弟液,"液子论,以吏干称。……大历末,元载以罪诛,朝廷方振起淹滞,迁同州刺史。未几,为黜陟使庾何所按,废免。议者以何举奏涉于深刻,复用论为衢州刺史。秩满,寓于扬、楚间，德宗以旧族耆年，授大理卿致仕卒。"《新表二下》博陵安平崔氏："论，大理卿。"乃刑部员外郎泌子，中宗相崔湜、秘书监涤之侄。

于　颀　贞元四年(788)

《会要》卷二三：贞元"四年八月十三日，兵部侍郎李纾奏：……兼大理卿于颀等四十六人，议同李纾"。又卷六六："贞元四年十月，大理卿于颀奏。"《元龟》卷五八：贞元四年六月，"甲申，中书门下奏：大理卿于颀、太常卿董晋……大理少卿李速"。《大唐郊祀录》卷二作"于硕"，误。

董　晋　贞元五年(789)

《旧书・德宗纪》下：贞元五年二月，"庚子，以大理卿董晋为门下侍郎、同中书门下平章事"。

王　翃　贞元八年(792)

《旧书・德宗纪下》：贞元八年五月，"丙寅，以大理卿王翃为福建观察使"。此再任。

崔　儆　贞元八年—十一年(792—795)

《旧书・赵憬传》：贞元"八年四月……拜中书侍郎、同中书门下平章事。……初，憬廉察湖南，令狐峘、崔儆并为巡属刺史。……及憬为相，拔[崔]儆自大理卿为尚书右丞"。《新书・赵憬传》："及为相，乃擢[崔]儆自大理卿为尚书右丞。"《全诗》卷三二二权德舆《送密秀才吏部驳放后归蜀应崔大理序》，崔大理即崔儆。《全文》卷五七六柳宗元《上大理崔大卿应制举不敏启》："谨奉启以代投刺之礼。"《唐仆尚丞郎表》卷八《右丞》："崔儆，贞元十一年或明年，由大理卿迁右丞。……《旧传》：'父儆，贞元中，官至尚书左丞。'《新传》同，惟名作敬。而《新》七二下《世表》：博陵大房崔氏'儆，尚书右丞'。《旧》一三八《赵憬传》：'崔儆……及憬为相，拔儆自大理卿为尚书右丞。'《新》一五〇《赵憬传》亦同。作右作左不同,今姑作右。按赵憬以贞元八年四月相,十二年八月薨,十一年正月以前卢迈在右丞任,则儆当在十一二年矣。"

于　頔　　贞元十三年(797)

《旧书·德宗纪下》:贞元十三年四月,"己卯,以大理卿于頔为陕州长史、陕虢观察使"。《旧书》本传:"由大理卿迁陕虢观察使。"《新书》本传:"未几,改苏州。……杖前部尉以逞憾,观察使王纬以闻,德宗不省。俄迁大理卿,为陕虢观察使。……益自肆。……贞元十四年,拜山南东道节度使。"

郑云逵　　贞元十三年(797)

《旧书·郑余庆传》:"[贞元]十三年六月,迁工部侍郎,知吏部选事。时有玄法寺僧法凑为寺众所诉……诏中丞宇文邈、刑部侍郎张彧、大理卿郑云逵为三司与功德判官诸葛述同按鞫。……十四年,拜中书侍郎、平章事。"《旧书》本传:"历秘书少监、给事中,寻拜大理卿,迁刑部、兵部二侍郎,迁御史中丞,充顺宗山陵桥道置顿使。"《新书·郑余庆传》:"以工部侍郎知吏部选。浮屠法凑以罪为民诉阙下,诏御史中丞宇文邈、刑部侍郎张彧、大理卿郑云逵为三司,与功德判官诸葛述参按。"《元龟》卷六一九:"宇文邈,德宗时为御史中丞,前万年尉卢伯达上表云:'玄法寺僧法凑与寺众争竞无理,臣已断还俗。……,……令邈与刑部侍郎张彧、大理卿郑云逵为三司使……推案。"《唐仆尚丞郎表》卷二〇《刑侍》:"《旧传》:'拜大理卿,迁刑部、兵部二侍郎。'似由大理迁刑侍者。然前张彧条考证引《旧郑余庆传》及《郑楚相德政碑》,云逵于贞元十三秋冬在大理卿任,十四年正月在卫尉卿任,下距二十年尚远,不知中间改他官否也。"

李正臣　　贞元十八年(802)

《旧书·德宗纪下》:贞元十八年"十二月乙巳,贬大理卿李正臣为卫尉少卿”。《新表二上》江夏李氏："正臣，大理卿。"乃北海太守李邕孙，岐子。【增订】新出土《崔元略墓志铭》："夫人江夏李氏，北海太守邕之曾孙、大理卿正臣之女。"又《崔元略妻江夏李氏墓志铭》："皇考讳正臣，大理卿。夫人大理府君之女也。"（《文物》2005 年第 2 期，第 60、61 页）

韦　渐　　贞元中

《全文》卷六四七元稹《赠韦审规等父制》："而守尚书左司郎中韦审规父大理卿渐等……遂可有司之奏，以锡先臣之命。"按元稹撰制在元和十五年至长庆元年间，其时审规为左司郎中，推其父为大理卿当在贞元中。

裴　儆　　贞元中

《全文》卷五八八柳宗元《唐故万年令裴府君（墐）墓碣》："太尉公讳行俭，实高祖。侍中公讳光庭，实曾祖。刑部员外郎府君讳稹，实祖。大理卿府君讳儆，实父。公由进士上第……刺金州……陟万年令……再谪道州、循州为佐掾，会赦，量移吉州长史，元和十二年七月日病痁泄卒。"又卷五七七柳宗元《裴瑾崇丰二陵集礼后序》："今裴氏太尉公以礼匡义，嗣侍中公以礼议封禅，祠部公以礼承大事，大理公以礼辅东宫，而瑾也以礼奉二陵。……瑾字封叔，其伯仲咸以文学显于世。大理之兄正平节公。"大理即指裴儆。

潘孟阳　　元和元年—三年（806—808）

《通鉴·元和元年》：四月，"甲辰，以孟阳为大理卿。"《旧书》本传："王叔文诛，杜佑始专判度支，请孟阳代叔文为副。时宪宗新即位，乃命孟阳巡江淮省财赋，仍加盐铁转运副使。……及归，大失人望，罢为大理卿。三年，出为华州刺史。"《新书》本传："杜佑判度支，奏以自副。时宪宗新立，诏孟阳驰驿江淮视财赋，加盐铁转运副使，并察诸使治否。……使还，罢为大理卿。……元和三年，出为华州刺史。"《全文》卷五二七小传："元和初为大理卿，终左散骑常骑。"

《通鉴》卷二三七:元和元年夏四月,"潘孟阳所至,专事游晏,从仆三百人,多纳贿赂;上闻之,甲辰,以孟阳为大理卿,罢其度支、盐铁转运副使"。《元龟》卷五一一:"潘孟阳,宪宗初权知户部侍郎时。既诛王叔文,乃以杜佑专度支事,请孟阳为副。帝新即位,乃命孟阳巡江淮省财。……及归,大失人望,罢为大理卿。"《唐仆尚丞郎表》卷一三《度支》:"潘孟阳,永贞元年六月二十一戊午,或七月十一戊寅,以户侍充度支盐铁转运副使。八月二十五辛酉,出充河汴江淮宣慰使。元和元年四月十一甲辰,徙大理卿,罢使职。"

赵　昌　元和四年—五年(809—810)

《会要》卷六〇:"元和四年七月……京兆尹杨凭,前为江西观察使,赃罪及他不法事,敕副御史台刑部尚书李鄘、大理卿赵昌鞫问。……又追捕凭前江西判官监察御史杨瑗系在台,命大理少卿胡珦……同推。"《旧书》本传:"元和三年,迁镇荆南,征为太子宾客。及得见,拜工部尚书、兼大理卿。岁余,让卿守本官。六年,除华州刺史。"《旧书·杨凭传》:"元和四年,拜京兆尹,为御史中丞李夷简劾奏凭前为江西观察使赃罪及他不法事,敕付御史台覆按,刑部尚书李鄘、大理卿赵昌同鞫问台中。"《新书》本传:"宪宗初立,检校户部尚书,迁岭南节度使。降辑陬荒,以劳徙节荆南。召入,再迁工部尚书、兼大理卿。出为华州刺史。"《新书·杨凭传》:"入拜京兆尹。与御史中丞李夷简素有隙,因劾凭江西奸赃及它不法,诏刑部尚书李鄘、大理卿赵昌即台参讯。"《元龟》卷五二〇下:"李夷简为御史中丞,元和四年,奏京兆尹杨凭前为江西观察使赃罪及佗不法事,敕付御史台。刑部尚书李鄘、大理卿赵昌同鞫问,贬凭驾州临贺县尉。"《全文》卷五一四小传:"宪宗朝迁工部尚书,兼大理卿,拜太子少保。元和九年卒。"《唐仆尚丞郎表》卷二一《工尚》:"赵昌,元和四年或前后一年,由太子宾客迁工尚、兼大理卿。岁余,守本官。六年十一月十四乙巳,出为检校兵尚、华州刺史、潼关防御史。"【增订】曾涧《订正》:考《萧鄭墓志》(元和五年四月廿八日):"五年春三月,华有良吏司仓萧君暴疾而卒。太守惊悼,寮友陨泣。……公讳鄭,始以门绪历数任。太守天水公知公之能，遂奏请天子，且以为仓曹。”“太守天水公”即谓赵昌，则赵昌元和五年三月已在华州任上。复考《宝刻丛编》卷七引《集古录目》：“《唐王处士引水记》，唐大理卿武少仪撰……碑以元和五年立。”证知武少仪元和五年已为大理卿，是时昌显已卸任。由此可证，赵昌让卿出刺华州，必在元和五年三月前。

武少仪　　元和五年—八年(810—813)

《旧书·于頔传》：“[梁]正言取[于]頔财贿，言赂[梁]守谦，以求出镇；久之无效，[頔子]敏责其货于正言，乃诱正言之僮，支解弃于溷中。八年春，敏奴王再荣诣银台门告其事，即日捕頔孔目官沈璧、家僮十余人于内侍狱鞫问。寻出付台狱，诏御史中丞薛存诚、刑部侍郎王播、大理卿武少仪为三司使按问，乃搜死奴于其第，获之。”《新书·于頔传》：“宪宗立……拜司空、同中书门下平章事。请准杜佑月三奉朝，诏可。时宦者梁守谦，幸于帝，颇用事。有梁正言者，与頔子敏善，敏因正言厚赂守谦，求頔出镇。久不报，敏怒其绐，责所馈，诱正言家奴支解之，弃溷中。家童上变，诏捕頔吏沈壁及它奴送御史狱，命中丞薛存诚、刑部侍郎王播、大理卿武少仪杂问之。……[頔]贬为恩王傅，子敏窜雷州。”《全文》卷六一三小传：“宪宗朝官国子司业、大理卿。”【增订】《宝刻丛编》卷七引《集古录目》：“《唐王处士引水记》，唐大理卿武少仪撰……碑以元和五年立。”

裴棠棣　　元和九年(814)

《旧书·宪宗纪下》：元和九年三月，“召大理卿裴棠棣男损、前昭应令杜式方男悰见于麟德殿前，各赐绯，许尚公主”。

孔　戣　　元和十年—十二年(815—817)

《旧书》本传：“寻出为华州刺史、潼关防御等使。入为大理卿，改国子祭酒。十二年，岭南节度使崔咏卒……即日授广州刺史、兼御史大夫、岭南节度使。”《新书》本传：“中人愈怒，故出为华州刺史。……历大理卿、国子祭酒。会岭南节度使崔咏死，帝谓裴度曰:……度以戣对,即拜岭南节度使。"《全文》卷五六三韩愈《正议大夫尚书左丞孔公(戣)墓志铭》:"而以华州刺史为大理卿。十二年自国子祭酒拜御史大夫、岭南节度等使。"《元龟》卷七七一:"孔戣,元和中自华州刺史入为大理卿,穆宗长庆中自吏部侍郎为右散骑常侍。弟戢,自汝州刺史为大理卿、湖南观察,为右散骑常侍。"

裴　向　　元和十三年(818)

《旧书》本传:"拜同州刺史,充本州防御使,入为大理寺卿,出迁陕虢都防御、观察使。三岁,拜左散骑常侍,自常侍复为大理。"《元龟》卷八九九:"裴向为大理卿,宰相遵庆之子。……大和中以年过致仕,朝廷优异,乃以吏部尚书致仕于新昌里第。"

张正甫　　元和十三年(818)

《全文》卷六一九小传:"元和八年迁湖南观察使,十三年除大理卿。"

孔　戢　　元和十五年(820)

《旧书·穆宗纪》:元和十五年七月,"甲辰,以大理卿孔戢为潭州刺史、湖南观察使。"《旧书》本传:"迁京兆尹,出为汝州刺史,[迁]大理卿。出为潭州刺史、湖南观察使。"《元龟》卷七七一:"孔戣,元和中自华州刺史入为大理卿,穆宗长庆中自吏部侍郎为右散骑常侍。弟戢,自汝州刺史为大理卿、湖南观察,为右散骑常侍。"

许季同　　元和十五年(820)

《旧书·李渤传》:"穆宗即位,召为考功员外郎。十一月定京官考,不避权幸,皆行升黜,奏曰:'……大理卿许季同……皆以犯赃,或左降,或处死,合考中下。'"《新书·李渤传》:"穆宗立,召拜考功员外郎。岁终,当校考。渤自宰相而下升黜之,上奏曰:'……前考于翚不实,翚以贿死,请降中中。大理卿许季同,任翚者,应考中下;然顷陷刘辟,弃家以归,宜补厥过,考中中。'……奏入,不报。"《白居易集》卷四九《许季同可秘书监制》:“敕大理卿许季同……可秘书监。”季同自大理卿授秘书监。长庆元年十月秘书监许季同为华州刺史。二年十月,华州刺史许季同为工部侍郎。见《旧纪》卷一六。

李奉仙　元和中

【增订】《洛阳新获墓志二〇一五》二九三《唐故朝议郎行茂王府参军上柱国赵郡李君(昌汶)墓志铭并序》:“父讳奉仙,特进、检校左散骑常侍、右羽林将军,兼御史中丞、邠国公、食邑三千户、食实封一百五十户,转右金吾将军,又转天德军都防御使、丰州刺史,兼御史大夫,后以霜露之疾,抗表陈乞授大理卿致仕,赠洪州都督。”按,李昌汶以大和二年闰三月七日卒。按,墓志载李奉仙元和初于润州擒李锜后,入朝掌卫兵事。推其为大理卿致仕当在元和中。

刘元鼎　长庆元年—二年(821—822)

《旧书·吐蕃传》:长庆元年,“九月,吐蕃遣使请盟……乃命大理卿、兼御史大夫刘元鼎充西蕃盟会使。”《新书·吐蕃传下》:“长庆元年,闻回鹘和亲,犯清塞堡,为李文悦所逐。乃遣使者尚绮力陀思来朝,且乞盟,诏许之。……以大理卿刘元鼎为盟会使,右司郎中刘师老副之。”《通鉴·长庆元年》:九月,“庚戌,以大理卿刘元鼎为吐蕃会盟使”。又《长庆二年》:“八月辛酉,大理卿刘元鼎自吐蕃还。”《元龟》卷六六〇:“刘元鼎,穆宗长庆初为大理卿,使吐蕃,路经河州。”又卷六六二:“刘元鼎为大理卿,长庆二年自吐蕃使还,对于麟德殿。”《白居易集》卷四九《太子詹事刘元鼎可大理卿兼御史大夫充西蕃盟会使……制》:“太子詹事刘元鼎等……可依前件。”《全文》卷七一六小传:“元和中,官大理卿,兼御史中丞,摄营田副使。”《洛阳新获墓志》一一六《刘略墓志》:“尚书讳元鼎,卅四举进士,补太原参军事,历官大理卿,兼御史大夫。”

崔元略　长庆四年(824)

《旧书·敬宗纪》:长庆四年七月,“辛未,以大理卿崔元略为京兆尹、兼御史大夫”。《旧书》本传:“长庆四年,入为大理卿。敬宗即位,复为京兆尹,寻兼御史大夫。”《新书》本传:“乃出为黔南观察使,徙鄂岳。久乃拜大理卿。敬宗初,迁京兆尹,兼御史大夫。”《全文》卷七一七小传:“穆宗朝为黔南观察使,徙鄂岳,入拜大理卿。敬宗朝迁户部侍郎。”【增订】新出土《崔元略墓志》:“遂廉于黔中,兼御史大夫。三年政成,受代归阙。除鄂岳观察兼大夫,寻拜大理卿。时属穆皇晏驾,园寝事重,亟换京尹。”志载《文物》2005年第2期,第57页。

刘人古 宝历元年(825)

《元龟》卷一五三:宝历元年九月,“大理卿刘人古役人安再荣、山人刘审等二人续议优奖。”

裴　向 宝历二年(826)

《会要》卷三九:“宝历二年十月,大理卿裴向,进前本寺丞卢纾所撰《刑法要录》十卷。”《旧书》本传:“拜同州刺史,充本州防御使,入为大理寺卿,迁陕虢都防御、观察使。三岁,拜左散骑常侍,自常侍复为大理。”此再任。

李　谅 大和三年(829)

《旧书·文宗纪上》:大和三年,“七月,……以大理卿李谅为京兆尹”。

裴　谊 大和四年(830)

《旧书·文宗纪下》:大和四年九月,“丁丑,以大理卿裴谊检校右散骑常侍,充江西观察使,代沈传师”。《会要》卷三九:“大和四年七月,大理卿裴谊奏……”《唐文拾遗》卷三〇小传:“谊,武宗朝大理卿,江西观察使。”称“武宗朝”,误。

王正雅　　大和五年(831)

《旧书》本传:"出为汝州刺史,充本州防御使。有中人为监军,怙权干政,正雅不能堪,乃谢病免。入为大理卿。会宋申锡事起,狱自内出,卒无证验。……大和五年十一月卒。"《新书》本传:"擢累汝州刺史。属监军怙权,乃谢病去。入为大理卿,会争宋申锡狱,坚甚,申锡得不死。大和中卒。"《旧书·宋申锡传》:"乃罢申锡为庶子,时京城恟恟,众庶哗言……时中外属望大僚三数人廷辩其事。……唯京兆尹崔琯、大理卿王正雅连上疏请出内狱。"《新书·宋申锡传》:"京兆尹崔琯、大理卿王正雅苦请出[豆卢]著与申锡劾正情状,帝悟,乃贬申锡开州司马。"同书《崔琯传》:"宋申锡为谗所危,宦竖切齿,时罕敢辨者。琯与大理卿王正卿固请出狱付外,与众治之,天下重其贤。"《通鉴·大和五年》:"三月庚子,申锡罢为右庶子。自宰相大臣无敢显言其冤者,独京兆尹崔琯、大理卿王正雅连上疏请出内狱付外廷核实。"《元龟》卷六一七:"王正雅,文宗时为大理卿,会宋申赐事起狱,自内出,无支证可验。"

刘遵古　　大和八年(834)

《旧书·文宗纪下》:大和八年十二月,"壬午,大理卿刘遵古卒。"元和四年九月为监察御史,见《会要》卷一八。《姓纂》卷五诸郡刘氏:"监察御史刘遵古云东平人。"则元和七年《姓纂》修后历官。尝官商州刺史,见《白氏集》卷三一。张读《宣室志》卷九《李德初题记》条:"故刑部尚书沛国刘遵古,大和四年节度东蜀军。"《长安志》卷八《宣平坊》:"大理卿刘遵古宅。"又见《唐两京城坊考》卷三。【增订】《洛阳新出墓志二〇一五》载郑愚撰《李行素墓志》:"夫人东平县君刘氏,生公。公外祖述古,进士及第,汝州刺史。汝州之弟遵古,俱登进士第,大理卿、金吾将军、京兆尹,湖南观察、邠宁东川二节度,官巨人伟,闻显于时。"《洛阳流散唐代墓志汇编续集》第654页卢谏卿撰《卢大琰墓志》:"大和丁未岁,故大理卿刘公讳遵古授命湖南之明年,常以公典雅希世,抗论标峻,奏为观察□□。"

罗　让　　大和九年(835)

《旧书·文宗纪下》:大和九年七月,"以大理卿罗让为散骑常侍,以汝州刺史郭行余为大理卿"。又十一月,"以大理卿郭行余为邠宁节度使"。又见《通鉴·大和九年》十一月丙午。

郭行余　　大和九年(835)

《旧书·文宗纪下》:大和九年七月,"以大理卿罗让为散骑常侍,以汝州刺史郭行余为大理卿"。又十一月,"以大理卿郭行为宁节度使"。又见《通鉴·大和九年》十一月丙午。《旧书》本传:"[大和]五年,移刺汝州,兼御史中丞。九月(按应为年),入为大理卿。……十一月,训欲窃发,令其募兵,乃授邠宁节度使。"同书《李训传》:"约以其年十一月诛中官,须假兵力,乃以大理卿郭行余为邠宁节度使。"《新书》本传:"迁楚、汝二州刺史、大理卿,擢邠宁节度使。"《全文》卷七二九小传:"大和初迁楚州刺史,移汝州,入为大理卿。李训谋诛宦官,令募兵,授邠宁节度使。"

卢　商　　大和九年—开成元年(835—836)

《旧书》本传:"大和九年,改京兆少尹,权大理卿事。开成初,出为苏州刺史。"《新书》本传:"累十余迁,至大理卿。为苏州刺史……进浙西观察使。"考《旧书·文宗纪下》:开成二年五月辛未,"以苏州刺史卢商为浙西观察使"。其为大理卿迁苏州刺史,盖在大和九年至开成元年。

韦　应　　开成初

【增订】周玲《辑补》:《秦晋豫》七四八《韦应墓志》(开成二年九月廿一日卒,十一月十二日葬):"公讳应,字希声,其先京兆人也。……开成初,召入为大理卿,才逾月而狱无冤滞。"

卢　贞　　开成四年(839)

《旧书·文宗纪下》:开成四年闰正月,"丙午,以大理卿卢贞为福建观察使”。《全诗》卷四六三小传：“开成中，为大理卿，终福建观察使。”《淳熙三山志》卷二一：“开成四年，卢正（贞）。以李记为观察使，谏官劾罢，乃授大理卿。”

崔　郇　开成四年(839)

《旧书·后妃·穆宗贞献皇后萧氏传》：“开成四年，昭义节度使刘从谏上章，论萧本伪称太后弟……遂诏御史中丞高元裕、刑部侍郎孙简、大理卿崔郇三司按弘、本之狱，具，并伪。”《新表二下》清河小房崔氏：“郇，大理卿。”乃太常卿崔邠、浙西观察使郾弟。

武翊黄　约会昌二年(约842)

《新表四上》武氏：“翊黄，字坤舆，大理卿。”据《登科记考》卷一六，武翊黄为元和元年状元，与李绅同年。又据《唐语林》卷六：“武翊黄，府送为解头，及第为状头，宏词为敕头，时谓‘武三头’，冠于一时。后惑于媵嬖薛荔，苦其冢妇卢氏。虽新昌李相绅以同年蔽之，而众论不容，终至流窜。”李绅由淮南节度使入相在会昌二年二月，三年五月罢为尚书右仆射。武翊黄为大理卿或在其时。

杨敬之　会昌五年(845)

《新书》本传：“未几，兼太常少卿。是日，二子戎、戴登科，时号‘杨家三喜’。转大理卿，检校工部尚书，兼祭酒，卒。”圆仁《入唐求法巡礼行记》卷四：会昌五年，“大理卿、中散大夫、赐紫金鱼袋杨敬之，曾任御史中丞”。《全文》卷七二一小传：“文宗朝为国子祭酒兼太常少卿，转大理卿、检校工部尚书。”按敬之为太常少卿在开成二年，见本书太常少卿考。《全诗》卷五五三姚鹄《虢州献杨抑卿二首》，“抑”下注：“一作‘大’。”杨大卿，当为杨敬之。

孙公乂　会昌六年(846)

《千唐志》一一一三《唐故银青光禄大夫工部尚书致仕上柱国乐安县开国男食邑五百户孙府君（公乂）墓志铭》（大中五年七月三

日):“[会昌]六年五月征入,拜大理卿。……愿假以散秩归洛,天子怜其志,即拜宾护分司。明年春至自上京……当大中三年秋以工部尚书致仕。”大中五年四月二十五日卒,享年八十。《唐代墓志汇编续集》咸通〇八九《唐故御史中丞□州刺史孙公(瑝)墓志铭并序》(咸通十二年十二月五日):“考讳公乂,皇大理卿,礼部尚书致仕,赠太尉。”瑝卒咸通十二年六月三日,享年五十四。

马　植　　会昌六年—大中元年(846—847)

《旧书》本传:“会昌中,入为大理卿。”《新书》本传:“徙黔中观察使。会昌中,召拜光禄卿,迁大理。……宣宗嗣位……故植以刑部侍郎领诸道盐铁转运使,迁户部,俄同中书门下平章事。”《广记》卷一三八引《本事诗》:“唐丞相马植,罢安南都护,与时宰不通,又除黔南,殊不得意。……后自黔南入为大理卿,迁刑部侍郎、判盐铁,遂作相。”又卷二二三引《前定录》:“杜悰通贵日久……马埴(植)罢黔南赴阙,取路至西川……[术士]李生一日密言于悰曰:相公将有甚祸,非马中丞不能救,乞厚结之。悰始惊信。发日,厚币赠之。……埴至阙方知,感悰不知其旨。寻除光禄卿。报状至蜀,悰谓李生曰:贵人至阙也,作光禄勋矣。术士曰:姑待之。稍进大理卿。又迁刑部侍郎,充盐铁使。悰始惊忧,俄而作相。”《唐仆尚丞郎表》卷二〇《刑侍》:“马植,大中元年二月,由大理卿迁刑侍,进阶金紫光禄大夫,充诸道盐铁转运等使。”又卷一四《盐运》:“《通鉴》,大中元年二月,以大理卿马植为刑部侍郎,充盐铁转运使。而《旧纪》,会昌六年四月,‘以中散大夫、大理卿马植为金紫光禄大夫、刑部侍郎、充诸道盐铁转运使。’《会要》八七《转运使》条、又八八《盐铁使》条亦均云:‘会昌六年四月,以大理卿马植为刑部侍郎,充使。’与《通鉴》不同。考《旧》四九《食货志》:‘薛元赏、李执方、卢弘正、马植、敬晦五人于九年之中相踵理之。’《会要》八七《转运盐铁总叙》条全同。《册府》四八三亦同;惟‘卢弘正’作‘卢洪’,盖误。若弘正不误,则是判度支,非盐运使,此误书。……然则薛元赏与马植之间尚有李执方一人。元赏以会昌六年四月罢使职,若如《旧志》,马植即以此月继充使职，则李执方无所安置。今姑从《通鉴》书植于大中元年二月，而书李执方于会昌六年四月。”《旧书·宣宗纪》：会昌六年四月，“以中散大夫、大理卿马植为金紫光禄大夫、刑部侍郎，充诸道盐铁等使”。《会要》卷八七、卷八八同。《通鉴·大中元年》：二月，“命中书侍郎同平章事卢商与御史中丞封敖疏理京系囚。大理卿马植奏称……”又：“以植为刑部侍郎，充盐铁转运使。”

卢　言　　大中二年(848)

《新书·李德裕传》：“白敏中、令狐绹、崔铉皆素仇，大中元年，使党人李咸斥德裕阴事，故以太子少保分司东都，再贬潮州司马。明年，又导吴汝纳讼李绅杀吴湘事，而大理卿卢言、刑部侍郎马植、御史中丞魏扶言：‘绅杀无罪，德裕徇成其冤，至为黜御史，罔上不道。’乃贬为崖州司户参军事。明年卒。”《全文》卷七七六李商隐有《为荥阳郑公与三司使大理卢卿启》：“蒙恩左迁，不任感惧。”《樊南文集补编》卷七注：“卢言也。”

裴　俦　　大中三年(849)

《全诗》卷五二四杜牧《奉送中丞姊夫俦自大理卿出镇江西叙事书怀因成十二韵》《中丞业深韬略志在功名再送一篇兼有咨劝》，据吴廷燮《唐方镇年表》卷五，裴俦大中三年自大理卿出镇江西。

刘　濛　　大中四年(850)

《旧书·宣宗纪》：大中四年，“七月丙子，大理卿刘濛奏”。又见《会要》卷六六。《新书·刘晏传》：子宗经，宗经子濛，“宣宗立，[李]德裕得罪，濛贬朗州刺史，终大理卿”。《新表一上》曹州南华刘氏：“濛字润之，大理卿。”乃杭州刺史刘暹孙。《全文》卷七九一小传：“宣宗朝官大理卿。”

温　璋　　大中五年(851)

《全文》卷八〇六邵朗《兜率寺记》：“洎宣宗皇帝即统祚六年，以三教并行,殊途一致……重降德音,再许置寺。国朝大理卿温公彰莅郡之日,特表奏论,恩赐禅月之额。"按宣宗会昌六年即皇帝位,次年改元大中,是统祚六年应为大中五年。又"温彰"应作"温璋",新、旧《唐书》有传。

裴　识　　大中六年(852)

《新书》本传:"稹平,改司农卿,进湖南观察使。入拜大理卿,袭晋国公半封。为泾原节度使。"《新中国出土墓志》河南卷三七四《唐故邠宁庆等州节度使管内观察营田处置等使银青光禄大夫检校尚书右仆射兼御史大夫□□□□□□□公食邑三千户袭食实封一百五十户赠司空裴公(识)墓志铭并序》(咸通五年八月十八日):"[迁]太常少卿、将作监、司农卿,旋拜检校右散骑常侍兼寿州刺史、本州团练使。……拜大理卿。诏检校工部尚书兼御史大夫,充泾原节度使。"《东观奏记》卷下:"上自党项叛扰。推其由,乃边将贪暴,利其羊马,多欺取之。始用右谏议大夫李福为夏州节度使,刑部侍郎毕诚为邠宁节度使,大理卿裴识为泾原节度使。发日,临轩戒敕。"又见《唐语林》卷二。据《翰苑群书》上《重修承旨学士壁记》,毕诚大中六年六月为邠宁节使。裴识由大理卿为泾原节度当亦在此时。

马　曙　　大中六年—九年(852—855)

《旧书·魏谟传》:"太原节度使李业杀降虏,北边大扰。业有所恃,人不敢非。谟即奏其事,乃移业滑州。加中书侍郎。大理卿马曙从人王庆告曙家藏兵甲,曙坐贬官,而庆无罪。谟引法律论之,竟杖杀庆。进阶银青光禄大夫,兼礼部尚书、监修国史。"《新书·魏谟传》:"迁中书侍郎。大理卿马曙有犀铠数十首,惧而瘗之。"考《新书·宰相表下》:大中六年,"十二月壬午,谟为中书侍郎"。八年,"十二月癸巳,谟罢户部"按《唐仆尚丞郎表》卷一五《礼尚》:"魏谟,大中九年二月二十五甲戌,以中书侍郎、同中书门下平章事兼礼尚,时阶银青光禄大夫。十年十月十八戊子,迁门下侍郎,兼户尚,仍平章事。"据知马曙大中九年尚在大理卿任。

杨师复　　大中中

《旧书·杨於陵传》:"子四人:景复、嗣复、绍复、师复。……师复,位终大理卿。"《新书·杨於陵传》:"四子:……师复,大理卿。"按嗣复大中二年卒,见《旧书》本传。推知师复为大理卿亦当在宣宗大中时。

裴思谦　　约大中末

《新表二下》东眷裴氏:"思谦字自牧,左散骑常侍兼大理卿。"按裴思谦为开成三年状元,见《登科记考》卷二一。计其为大理卿约在宣宗大中末。

蔡　行　　乾符二年(875)

《旧书·僖宗纪》:乾符二年,"秋七月,以大理卿蔡行为丰州刺史、天德军都防御使,大理[少]卿张彦远为大理卿"。

张彦远　　乾符二年—三年(875—875)

《旧书·僖宗纪》:乾符二年,"秋七月,以大理卿蔡行为丰州刺史、天德军都防御使,大理(少)卿张彦远为大理卿"。《新书·张弘靖传》:子文规、次宗。文规"子彦远,博学有文辞,乾符中至大理卿"。《全文》卷七九〇小传:"桂管观察使文规子,乾符中官大理卿。"彦远乾符三年卒于大理卿任,见《张彦远评传》(南京大学出版社 2001 年版)。

殷僧辩　　乾符四年(877)

《旧书·僖宗纪》:乾符四年正月,"明州刺史殷僧辩为大理卿"。

李克勤(李克助)　　乾宁三年(896)

《玉泉子》:"李克勤为大理卿,昭宗在华州时,郑县令崔鋈,有民告举放绝绢价,刺史韩建令计以为赃,奏下三司定罪。御史台、刑部奏罪当绞,大理寺数月不奏。建问李尚书:'崔令乃亲情耶,何不奏?’克勤曰:‘禆公之政也。’韩云:‘崔令犯赃,奈何言我之过也?’李云:‘闻公举放将数万矣。’韩曰:‘我华州节度使。华州民,我民也。’李曰:‘华民乃天子之民,非公之民。若尔,则郑县民,乃崔令之民也。’建服其论,乃舍崔令罪,止责授颍阳县尉。”考《旧五代史·韩建传》:“僖宗在蜀……以建为蜀郡刺史……出为潼关防御使兼华州刺史。”乾宁三年,“七月十五日,昭宗至华下……建寻加兼中书令,充京畿安抚制置等使,又兼京兆尹”。《全文》卷八三一钱珝《授宗正卿嗣郑王逊大理卿李克助宗正卿等制》:“大宗正卿与廷尉,实次奉常焉。易官而处,惟典之章。”又见《大诏令集》卷三八。《广记》卷五〇〇引《闻奇录》:“李克助为大理卿。昭宗在华州,郑县令崔鎏,有民告举放绝绢价,刺史韩建令计以为赃,奏下三司定罪。……大理寺数月不奏。”

李　逊　昭宗时

《全文》卷八三一钱珝《授宗正卿嗣郑王逊大理卿李克助宗正卿等制》:“大宗正卿与廷尉,实次奉常焉。易官而处,惟典之章。”又见《大诏令集》卷三八。

殷盈孙　昭宗时

《新书》本传:“龙纪元年,昭宗郊祠……盈孙奏言……,诏可。时丧乱后,制度凋紊,追补容典,皆盈孙折衷焉。终大理卿。”《全文》卷八一六小传:“僖宗在蜀,擢太常博士,转秘书少监,终大理卿。”

李　坰　昭宗时

《全文》卷九〇昭宗《授大理卿李坰黔中宣慰使制》:“李坰,国朝名相之令嗣也。……顷镇黔江,洽闻善政,四年问俗,五郡怀仁。恩信被于昆夷,盛名振于县道。寻移旌盖,往理桂林,载扬休声,屡著嘉绩。两地遗爱,万人去思。今闻黔巫易帅之时,颇失睦邻之道。……升尔揆路,为吾使星。”

王彦昌　昭宗时

《唐摭言》卷九《敕赐及第》:"王彦昌,太原人,家世簪冕,推于鼎甲。广明岁,驾幸西蜀,恩赐及第,后为嗣薛王知柔判官。昭宗幸石门,时宰臣与学士不及随驾,知柔以京尹判鹾,权中书,事属近辅,表章继至,切于批答,知柔以彦昌名闻,遂命权知学士,居半载,出拜京尹。又左常侍、大理卿。为本寺人吏所累,南迁。"又见《广记》卷一八三。

待考录

李　稹

《大唐郊祀录》卷八称:"大理卿李稹。"

崔　审

《新表二下》博陵安平崔氏:"审,大理卿。"乃崔液曾孙,监察御史崔昪子。

李　诲

《新书·宗室世系表下》代宗诸子:"景城郡王、大理卿诲。"乃恩王连子。

沈　琳

【增订】新出韩瓒撰《大唐杭州钱唐县丞沈府君墓志铭并序》:"君讳易从,字慎言,吴兴人也。……曾祖琳,皇水部郎中、大理卿。"墓志见于网络。

大理少卿考

韩仲良　武德元年(618)

《元龟》卷六一二:"武德元年,既受隋禅,诏纳言,刘文静与当朝通议之士,因开皇律令而损益之,尽削大业所用繁峻之法。是时大理少卿韩仲良言于帝曰:‘周代之律,其属三千,秦汉以来,约为五百。……请崇宽简,以允惟新之望。’”《旧书·韩瑗传》:“父仲良,武德初为大理少卿,受诏与郎楚之等掌定律令。”《全文》卷一四四于志宁《唐故太子少保上柱国颍川定公碑》:“我高祖乘时抚运,出震握图……乃授公银青光禄大夫冯翊郡丞。京师拥叛殷之徒,布□野之众,率怨秦之卒,拒霸上之师……公运制胜之谋,当畴庸之赏,加左光禄大夫,赐物七百段,授大理少卿。……三年奉使入蜀,敕便宜从事。”

刘德威　约武德四年(约621)

《旧书》本传:“[刘]武周获德威,令率其本兵往浩州招慰。德威自拔归朝,高祖亲劳问之。……未几,检校大理少卿。从擒建德,平世充,皆有功,转刑部侍郎。……贞观初,历大理、太仆二卿,加金紫光禄大夫。俄出为绵州刺史。”《新书》本传:“齐王元吉弃州遁,德威总留府事。贼薄城,民皆叛附贼,遂为[刘]武周所获,使率本部徇地浩州,得自拔归,尽上贼中虚实,高祖嘉纳,改彭城县公。未几,检校大理少卿,从平洛阳,有功,转刑部侍郎。”《隋唐五代墓志汇编》陕西卷第一册《大唐故赠司徒虢王妃刘氏墓志铭》(上元二年十二月三日):“考德威,皇朝太仆、大理卿,同、晋等六州刺史,左骁卫大将军,刑部尚书,尚平寿县主,彭城县公,上柱国,谥曰襄。”妃卒上元二年五月十四日,春秋四十九。《唐仆尚丞郎表》卷二〇《刑侍》:“刘德威,武德中,四年稍后,由检校大理少卿迁刑侍。”

胡　演　武德中

【增订】《大唐西市博物馆藏墓志》三六《胡演墓志》:“武德元年,除使持节宁州诸军事,宁州刺史,兼折威军将,追入为大理少卿。皂盖宣条,兼总戎机之重;黄沙贰棘,允应恤刑之寄。出为安州大都督府司马,未之任,检校司农少卿,吏部侍郎。”

戴 胄 贞观元年(627)

《贞观政要》卷五《公平》第十六:“贞观元年,吏部尚书长孙无忌尝被召,不解佩刀入东上阁门,出阁门后,临门校尉始觉。尚书右仆射封德彝议,以监门校尉不觉,罪当死,无忌误带刀入,徒二年,罚铜二十斤。太宗从之。大理少卿戴胄驳曰:‘校尉不觉,无忌带刀入内,同为误耳。夫臣子之于尊极,不得称误,准律云:供御汤药、饮食、舟船,误不如法者,皆死。陛下若录其功,非宪司所决;若当据法,罚铜未为得理。’太宗曰:‘法者非朕一人之法,乃天下之法,何得以无忌国之亲戚,便欲挠法耶?’更令定议。德彝执议如初,太宗将从其议,胄又驳奏曰:‘校尉缘无忌以致罪,于法当轻,若论其过误,则为情一也,而生死顿殊,敢以固请。’太宗乃免校尉之死。”《会要》卷四〇:贞观元年,“温州司户参军柳雄于隋资妄加阶级……大理推得其伪,将处雄死罪,少卿戴胄奏据法止合徒”。《旧书》本传:“贞观元年,迁大理少卿。”《新书》本传:“出为郑州长史,使与王行本守武牢。秦王攻拔之,引为府士曹参军,封武昌县男。大理少卿缺,太宗……即日命胄。”《通鉴·贞观元年》:正月,“上以兵部郎中戴胄忠清公直,擢为大理少卿”。《大唐新语》卷四《持法第七》:“戴胄有干局,明法令。……太宗以为秦府掾,常谓侍臣曰:大理之职,人命所悬,当须妙选正人。用心存法,无过如戴胄者。乃以为大理少卿。”《会要》卷三九:“武德九年九月八日……长孙无忌被召,不解佩刀,入东上阁门,尚书右仆射封德彝议:……大理少卿戴胄驳曰。”又卷六六:“贞观二年二月二十八日……戴胄忠正清直……,于是除大理少卿。”作“武德元年”“贞观二年”皆误。《元龟》卷六一七:“戴胄,大宗贞观初为太常少卿,时吏部尚书长孙无忌不解佩刀,入于东上阁。尚书左仆射封德彝议以监门校尉不觉,罪当死。无忌为误,罚铜二十斤。胄驳之。”又卷六一八:“唐戴胄为大理少卿,前后犯颜执法者数矣。刘德威授大理卿,太宗尝问之曰:‘近来刑网稍密,其过安在?’德威奏言:‘诚在主上,不由臣下。’”又:“戴胄为大理少卿,性既强正,处断明速,议者以为法官称职,事无冤滥,武德以来一人而已。”又卷六二〇:“唐戴胄为兵部郎中,贞观初,太宗谓封德彝曰:

‘大理之职,人命所悬,此官极妙选,公宜陈其堪者。’德彝未对,曰:‘戴胄忠正清直,每事用心,即其人也。’于是除大理少卿。”

胡　演　　贞观元年(627)

《通鉴·贞观元年》正月,“右骁卫大将军长孙顺德受人馈绢……大理少卿胡演曰:‘顺德枉法受财,罪不可赦。”又《贞观二年》:“三月壬子,大理少卿胡演进每月囚帐;上命自今大辟,皆令中书、门下四品已上及尚书议之,庶无冤滥。”《会要》卷四〇:贞观“三年三月五日,大理少卿胡演进每月囚帐。”与《通鉴》异,今从《通鉴》。《旧书·长孙顺德传》:“后顺德监奴受人馈绢事发,太宗……不忍加罪,遂于殿庭赐绢数十匹,以愧其心。大理少卿胡演进曰:‘顺德枉法受财,罪不可恕,奈何又赐之绢?’”《新书·长孙顺德传》:“讨建成余党,食千二百户,赐宫女,诏宿内省,俄以受赇为有司劾发……大理少卿胡演曰:‘顺德以赂破法,不可赦。’……李孝常谋反,坐与交,削籍为民。”【增订】《大唐西市博物馆藏墓志》三六《胡演墓志》:“武德元年,除使持节宁州诸军事,宁州刺史,兼折威军将,追入为大理少卿。皂盖宣条,兼总戎机之重;黄沙贰棘,允应恤刑之寄。出为安州大都督府司马,未之任,检校司农少卿,吏部侍郎。寻除雍州别驾。贞观元年,拜太中大夫,行大理少卿。理官任切,朝难其选。爰以循良,屡典斯职。平反之美,时论称之。其年,转刑部侍郎。”《通鉴》所书“贞观二年”或误。

孙伏伽　　贞观元年—五年(626—631)

《旧书》本传:“贞观元年,转大理少卿。……五年,坐奏囚误失免官。寻起为刑部郎中,累迁大理少卿,转民部侍郎。”《新书》本传:“太宗即位,封乐安县男,迁大理少卿。……后坐奏囚失,免官。起为刑部郎中,累迁大理卿。”《通鉴·贞观元年》:十二月,“青州有谋反者,州县逮捕支党,收系满狱,诏殿中侍御史安喜崔仁师覆按之。仁师至……止坐其魁首十余人,余皆释之。……大理[少]卿孙伏伽谓仁师曰:‘足下平反者多……深为足下忧之。’”“上好骑射,孙伏伽谏……上悦。未几，以伏伽为谏议大夫。”《旧书·崔仁师传》：“贞观初，再迁殿中侍御史。时青州有逆谋事发……诏仁师按覆其事。……大理少卿孙伏伽谓仁师曰……”《新书·崔仁师传》：“贞观初，改殿中侍御史。时青州有男子谋逆，有司捕支党，累系填狱，诏仁师按覆。……大理少卿孙伏伽谓曰……”

李弘节　　贞观七年(633)

《元龟》卷一六一：贞观“七年七月，遣大理少卿李弘节……巡抚岭南”。《隋唐五代墓志汇编》洛阳卷第九册《大夫□晋墓志》(开元十三年十月二十三日)：“祖弘节，皇大理卿、清平公。父道谦，太府卿、清河公。”夫人乃卢藏用之继母，开元十三年七月卒，春秋七十三。又《大唐故交州都督上柱国清平县公世子李君(道素)墓志铭并序》：“父弘节，杭、原、庆三州刺史，大理少卿，桂、交二州都督。……(道素)以贞观十二年随父往桂州都督。”言少卿，与前异。又《朝议郎行并州大都督府太原县令李君(冲)墓志铭》(永昌元年五月十日)：“父弘节，皇朝任杭、原、庆三州刺史，大理卿，尚书工部侍郎并检校工部尚书，金紫光禄大夫，并州大都督府长史，雍州别驾，交、桂二州都督，上柱国，清平县开国公。”李冲卒年六十，永昌元年五月十日葬。是应作大理卿。

孙伏伽　　贞观十四年(640)

《旧书》本传：“贞观元年，转大理少卿。……五年，坐奏囚误失免官。寻起为刑部郎中，累迁大理少卿，转民部侍郎。”《唐仆尚丞郎表》卷一二《户侍》：“孙伏伽，贞观中，由大理少卿迁民侍。十四年，徙大理卿。”此再任。

郑　植　　贞观中

《绩语堂碑录》有《大唐大理卿崔公故夫人荥阳县君郑氏墓志铭》：“祖植，□朝司勋、左司二郎中，长安令，将作少匠，检校大理少卿。”郑氏长安三年卒，年四十五，其祖为检校大理少卿约在贞观时。

按唐初检校官乃任职而未正授之谓,与中唐后不同。

张叡册　永徽元年(650)

《会要》卷六一:"永徽元年十月二十四日,中书令褚遂亮抑买中书译语人史诃担宅……大理丞张山寿断以遂良征铜二十斤,少卿张叡册以为非当。"《元龟》卷五二〇上:"韦仁约为监察御史,高祖(宗)永徽元年十月,劾中书令褚遂良抑买中书译语人宅地,大理丞张山寿断以当征铜二十斤,少卿张叡册以为准估无罪。"《通鉴·永徽元年》:"十月,监察御史阳武韦思谦谥奏中书令褚遂良抑买中书译语人地,大理少卿张叡册以为准估无罪。……是日左迁遂良为同州刺史,叡册循州刺史。"

辛茂将　永徽二年(651)

唐临《冥报记》卷下《唐王璹》条:"尚书刑部侍郎宋行质,博陵人也。性不信佛,有慢易之言,以永徽二年五月病卒。……临闻其事时,与刑部尚书刘燕客、大理少卿辛茂将,在大理鞫狱,请刘召璹至,与辛对问之云尔。"中华书局本校语:"岑仲勉说:'按此文记永徽二年五月事,据《文苑英华》四六四,是年闰九月制见刑部侍郎刘燕客。'又说:'据《旧纪》,显庆三年十一月,大理卿辛茂将为侍中,此年官大理少卿,亦合。'"按岑说见《唐临冥报记之复原》,载《历史语言研究所集刊》第十七本。

李文礼　龙朔二年(662)

《新书·艺文志二·刑法类》:"《留本司行格》十八卷。"注:"永徽三年上。至龙朔二年,诏司刑太常伯源直心、少常伯李敬玄、司刑大夫李文礼复删定,唯改官曹局名而已。"

元大士　龙朔中

《全文》卷二〇四小传:"元大士,龙朔中官详刑寺少卿。"

来公敏　　总章二年(669)

《通鉴·总章二年》:八月,"详刑大夫来公敏独进曰:巡守虽帝王常事,然高丽新平……。未几,擢公敏为黄门侍郎"。

赵仁本　　仪凤二年前(677 前)

《旧书·刑法志》:"至仪凤中,官号复旧,又敕左仆射刘仁轨……等,删缉格式。仪凤二年二月九日,撰定奏上。先是,详刑少卿赵仁本撰《法例》三卷,引以断狱,时议亦为折衷。"又见《元龟》卷六一二。

郑　肃　　开耀二年(682)前后

《隋唐五代墓志汇编》洛阳卷第六册《大唐故朝议大夫守刑部侍郎郑公(肃)墓志铭并序》(嗣圣元年一月二十六日):"除大理正,俄迁少卿。……又迁刑部侍郎。……以永淳二年岁次癸未二月十一日薨于东都私第,春秋七十有六。"【增订】曾涧《增补》:仁恭调露元年为刑部郎中,见《通鉴考异》引《实录》,其为大理少卿约在开耀时。

崔庆复　　约高宗时

《新表三下》清河大房崔氏:"庆复,大理少卿。"乃隋内史舍人儦孙,崔虔子。

独孤元恺　　约高宗时

《隋唐五代墓志汇编》陕西卷第三册《故洋州刺史独孤府君(思行)墓志铭并序》(开元十四年七月二十六日):"祖义顺,皇朝兵部郎中、户部侍郎、尚书右丞、太仆卿。父元恺,主客、度支、吏部郎中,给事中,大理少卿。……君即大理卿之五子也。"先天二年六月廿六日卒。义顺为太仆卿在武德中。考《郎官石柱题名》吏部郎中有独孤元恺,在崔行功后,温无隐前。推元恺之官大理少卿应在高宗时。

骞　基　约高宗时

《隋唐五代墓志汇编》陕西卷第四册《唐故朝议郎行中部郡宜县令骞府君(晏)墓志铭并序》(天宝四年二月十四日):"公随梓州司马暄之曾孙,皇大理少卿基之孙,故益州大都督府士曹参军思泰之子。"开元廿七年十二月十一日卒,享年五十七。

李守约　约高宗时

【增订】《秦晋豫新出墓志搜佚》第637页《大唐故是大夫宁州诸军事守宁州刺史李府君(孟德)墓志铭并序》:"父守约,大理少卿、户部侍郎。"志主长安四年卒,年六十四。

尔朱杲　则天初

【增订】《全唐文补遗》第七辑《尔朱杲志石文》:"转秋官郎中。……改司农少卿、司刑少卿、秋官侍郎、司刑卿,寻有制除秋官尚书。"墓主长寿三年(694)正月二十四日薨。

周　兴　垂拱、永昌中

《通鉴·天授元年》:十一月(即永昌元年十一月),"乙未,司刑少卿周兴奏除唐亲属籍"。《旧书》本传:"累迁司刑少卿、秋官侍郎。自垂拱已来,屡受制狱,被其陷害者数千人。天授元年九月革命,除尚书左丞。"《元龟》卷六一九:"周兴明习法令,为司刑少卿、秋官侍郎,自垂拱已来,屡受制决狱,被其陷害者数千人。"《广记》卷二六八引《神异经》:"周兴累为司刑少卿,上疏请除李家属籍。后徙岭表,为仇人所杀。"《唐仆尚丞郎表》卷二〇《刑侍》:"周兴,垂拱、永昌中,由司刑少卿迁秋侍。天授元年九月,迁左丞。"

郭奉一　载初元年(689)

《元龟》卷六一六:"唐徐有功为司刑丞……少卿郭奉一等所奏苏良嗣作逆先死,准敕免斫棺,矜其籍没。其男践言等缘坐。"考《旧书·徐有功传》:"载初元年,累迁司刑丞。"《全文》卷二一〇陈子昂

《谢免罪表》:“臣某言,月日,司刑少卿郭某奉宣敕旨,以臣所犯,特从放免。”疑即郭奉一。

胡元礼　天授元年(690)

《通鉴·天授元年》:“司刑丞荥阳李日知亦尚平恕。少卿胡元礼欲杀一囚,日知以为不可,往复数四。”《旧书·李日知传》:“天授中,累迁司刑丞。……尝免一死囚,少卿胡元礼请断杀之,与日知往复至于数四。”《新书·李日知传》:“天授中,历司刑丞。……尝免一囚死,少卿胡元礼执不可。”《元龟》卷六一七:“李日知,天授中为司刑丞,时用法严急,日知独宽平,无冤滥。尝免一死囚,少卿胡元礼断请杀之。与日知往复,至于数四。”又卷六一九:“胡元礼为司刑少卿,李日知为司刑丞,元礼法严急,日知独宽平,无冤滥。”《广记》卷二六九引《御史台记》:“元礼,定城人也。……则天朝右台员外监察,寻即真,加朝请大夫,丁忧免起复,寻检校秋官郎中,累迁司刑少卿,滑州刺史,广州都督。”

张德裕　长寿元年(692)

《旧书·李峤传》:“时酷吏来俊臣构陷狄仁杰、李嗣真、裴宣礼等三家,奏请诛之,则天使峤与大理少卿张德裕、侍御史刘宪覆其狱。”《新书·李峤传》:“会来俊臣构狄仁杰、李嗣真、裴宣礼等狱,将抵死,敕峤与大理少卿张德裕、侍御史刘宪覆验,德裕等内知其冤,不敢异。”

皇甫文备　长寿二年(693)

【增订】曾洞《增补》:《皇甫文备墓志》:“长寿二年七月墨制……起复司刑少卿。……九月,又加正议大夫、检校秋官侍郎。十月,奉制……重守司刑卿,旋除营缮少匠。……万岁通天二年,迁守邛州刺史、使持节诸军事。”长安四年卒,春秋七十三。则天光宅元年改司刑少卿为大理少卿,知文备长寿二年七月为大理少卿。碑云“重守司刑卿”,“重守”,盖再为之,文备前为司刑少卿,再为者当也为司刑少卿,碑云“司刑卿”者,乃“司刑少卿”之讹脱。李峤《授皇甫文佾营缮少监制》:“正议大夫行司刑少卿皇甫文佾……可行营缮少监,散官如故。”《唐九卿考》谓“文佾”为“文备”之误,甚是。制云由司刑少卿授营缮少监,既可校《墓志》“卿”为“少卿”之脱,又可与《墓志》互证。曹鹏程增补文备为大理卿,未洽。盖文备两为司刑少卿,一在长寿二年七月至九月,二在长寿二年十月至天册万岁元年。《唐九卿考》仅列文备天册万岁元年为大理少卿,欠确。

徐有功　　证圣中

《姓纂》卷二东海郯州徐氏:“有功,右司郎中、大理少卿。”《新志》作秋官侍郎,误。据本传,有功未历此官。《旧书》本传:“寻起为左司郎中,累迁司刑少卿。……久之,转司仆少卿。长安二年卒。”《新书》本传:“起拜左司郎中,转司刑少卿。……改司仆少卿,卒。”《旧书·刑法志》:“时司刑少卿徐有功常驳酷吏所奏,每日与之廷争得失,以雪冤滥。”《全文》卷一六三小传:“武后朝累转司刑少卿,改司仆,长安二年卒。”同书卷二四二李峤《授徐有功司刑少卿制》:“中散大夫、行文昌左司郎中、东苑县开国男徐有功……可守司刑少卿。”又卷七〇三李德裕《论仪凤以后大臣褒赠状·故赠越州都督徐有功》:“徐有功自司刑丞累迁至司刑少卿,数议大狱,务在平恕。”又卷三四三颜真卿《朝议大夫赠梁都督上柱国徐府君(秀)神道碑铭》:“为御史宋遥关内覆囚判官,公锐精鞫讯,多所全活。宋公以为言,公正色谓之曰:仆从祖父司刑卿,天授中详理冤狱,振雪者七十余家,今子孙犹困于襄陵,岂忍以束湿之事以自便也!”《全诗》卷六五九罗隐《寄大理徐郎中》:“佐棘竟谁同,因思证圣中。……几时潘好礼,重与话清风。”注:“证圣中,徐有功为大理少卿,执法平恕,鹿城主簿潘好礼著论以美之也。”《大唐新语》卷四《持法》第七:“则天朝,奴婢多通外人,辄罗告其主,以求官赏。……(徐)有功曰:‘臣闻鹿走于山林,而命悬于厨者何?势使然也。陛下以法官用臣,臣以从宽行法,必坐而死矣。’则天既深器重,竟授之(侍御史),迁司刑少卿。时周兴、来俊臣等罗告天下衣冠,遇族者数千百家。有功居司刑，平反者不可胜纪，时人方之于定国。”同书卷七《识量》第十四：“徐有功为秋官郎中、司刑少卿，历居法官，数折大狱，持平守正，不以生死易节，全活者千百家。”《元龟》卷六一七：“徐有功为司刑丞，尝于殿庭论奏曲直，则天厉色诘之。……后为司刑少卿，尝谓所亲曰：‘今既躬为大理，人命所悬，必不能顺旨诡辞，以求苟免。’”又卷八一五：“唐徐有功则天时为司刑丞，酷吏周兴、来俊臣、丘神勣等构陷无辜，皆抵极法。诏下大理者，有功皆议出之，前后济活数十百家。累迁司刑少卿。”《全文》卷三一八李华《庆王府司马徐府君（坚）碑》：“王屋生大理卿赠越州都督讳有功，社稷之卫也。高宗弃万国，太后临朝……君即大理之元子。”又卷三四三颜真卿《朝议大夫赠梁州都督上柱国徐府君（秀）神道碑铭》：“为御史宋遥关内覆囚判官，公锐精鞫讯，多所全活。宋公以为言，公正色谓之曰：仆从祖父司刑卿，天授中详理冤狱，振雪者七十余家，今子孙犹困于襄陵，岂忍以束湿之事以自便也！”又卷七二四李骘《徐襄州（商）碑》：“本朝司刑卿追谥忠公讳有功，即公五世祖也。”《旧书·徐彦若传》：“徐彦若，天后朝大理卿有功之裔。”《新书·卫次公传》：“复入为兵部侍郎。故英国公李勣、大理卿徐有功之孙，皆以负不得调，次公召见曰……，即优补而遣。”《元龟》卷一三〇：“中宗神龙元年，赠故大理卿徐有功越州刺史，授一子官。”《广记》卷一六九引《朝野佥载》：“又问[浮丘子]：‘司刑卿徐有功何如？’答曰：‘有功耿直之士也。’”《隋唐嘉话》卷下：“徐大理有功，每见武后将杀人，必据法廷争。尝与后反复，词色愈厉，后大怒，令拽出斩之，犹回顾曰：‘臣身虽死，法终不可改。’至市，临刑得免，除名为庶人。如是再三，终不挫折。朝廷倚赖，至今犹怀之。”又云：“皇甫文备，武后时酷吏也，与徐大理论狱，诬徐党逆人，奏成其罪。武后特出之，无何文备为人所告，有功讯之在宽。或曰：‘彼曩时将陷公于死，今公反欲出之，何也？’曰：‘汝所言者，私忿也；我所守者，公法也。安以私害公。”又见《唐语林》卷三、卷一。按有功官至大理少卿、太仆少卿，未尝为大理卿。以上诸书之“大理卿”均为“大理少卿”之夺。《大唐传载》：“徐大理宥，少蒲州司法参军，为政宽仁。吏感其恩信，递相约曰：‘若犯徐司法杖，必斥罚!'终官不杖一人。”中华书局校点本:“'宥'字或'有功'之误。”

皇甫文备　天册万岁元年(695)　再任

《旧书·豆卢钦望传》:“证圣元年,[李]昭德坐事左迁涪陵尉,则天以钦望等不能执正,又为司刑少卿皇甫文备奏钦望附会昭德,罔上附下,乃左迁钦望为赵州刺史。”《全文》卷二四二李峤《授皇甫文佾营缮少监制》:“正议大夫行司刑少卿皇甫文佾……可行营缮少监。”“文佾”当为“文备”之误。《通鉴·天册万岁元年》:正月,“周允元与司刑少卿皇甫文备奏”。

杜景佺　约大足元年(约701)

《旧书》本传:“延载初,为凤阁侍郎周允元奏景俭党于李昭德,左迁秦州刺史。后累除司刑卿。圣历二年,复拜凤阁侍郎、同凤阁鸾台平章事。……岁余,转秋官尚书。坐漏泄禁中语,左授司刑少卿,出为并州长史。”《新书》本传:“会李昭德下狱,景佺苦申救,后以为面欺,左迁溱州刺史。入拜司刑卿。圣历元年,复以凤阁侍郎同凤阁鸾台平章事。……罢为秋官尚书。坐漏省内语,降司刑少卿。出为并州长史,道病卒。”《广记》卷一四三引《朝野佥载》:“唐司刑卿杜景佺授并州长史,驰驿赴任。”《全文》卷二四二李峤《授杜景佺司刑少卿制》:“银青光禄大夫、守秋官尚书、上柱国杜景佺……守司刑少卿。”《元龟》卷四七八:“杜景佺,则天时为秋官尚书,坐漏泄禁语,左授司刑少卿。出为并州长史,道病卒。”《唐仆尚丞郎表》卷一九《刑尚》:“杜景俭(佺),圣历元年七月十三辛未,由凤阁侍郎、同凤阁鸾台平章事罢为秋尚。不知何时,贬司刑少卿。”按杜景佺圣历二年复相,岁余转秋官尚书,已至圣历三年,亦即久视元年底。又由尚书贬司刑少卿,约即大足元年。

张柬之　长安三年?(703?)

《旧书》本传:“长安中,召为司刑少卿,迁秋官侍郎。”《新书》本传:“长安中,武后谓狄仁杰曰:'安得一奇士用之?'……仁杰曰:'荆州长史张柬之虽老，宰相材也。用之必尽节于国。’即召为洛州司马。……乃授司刑少卿，迁秋官侍郎。”《唐仆尚丞郎表》卷二〇《刑侍》：“张柬之，长安末，或即四年，由司刑少卿迁秋侍。四年十月二十二甲戌，以本官同凤阁鸾台平章事。”《全文》卷一七五小传：“神功初累拜荆州大都督长史，长安中召还，狄仁杰荐为司刑少卿，迁秋官侍郎，寻同凤阁鸾台平章事。”

桓彦范　　长安四年(704)

《通鉴·长安四年》：十二月，“司刑少卿桓彦范上疏，以为昌宗无功荷宠，而包藏祸心”。“玄暐弟司刑少卿昪，处(昌宗)以大辟”。“司刑少卿桓彦范又奏陈之”。《旧书》本传：“长安三年，历迁御史中丞。四年，转司刑少卿。”《新书》本传：“长安中，为司刑少卿。”《旧书·杨再思传》：“长安末，昌宗既为法司所鞫，司刑少卿桓彦范断解其职。”《新书·杨再思传》：“张昌宗坐事，司刑少卿桓彦范劾免其官。”《全文》卷一七五小传：“累转司刑少卿。中宗即位，以诛张易之、昌宗功加银青光禄大夫，拜纳言。”《元龟》卷五四四：“桓彦范为司刑少卿，长安中，司仆卿张昌宗坐遣术人李弘泰占相云……彦范上疏。”又卷六一六：“桓彦范，长安末为司刑少卿，时内史李峤等奏称：往蜀革命之时，人多逆节鞫讯，决断刑狱至严，刻薄之吏恣行酷法。其周兴、兵(丘)勣、来俊臣所劾破家者并请雪免。”又卷六一七：“桓彦范为司刑少卿，凡所奏议，若逢人主诘责，则辞色无渝，争之逾厉。又尝谓所亲曰：‘今既躬为大理，人命所悬，必不能顺旨诡辞，以求苟免。’”

崔　昪(崔日昪)　　长安四年(704)

《旧书·崔玄暐传》：“则天季年，宋璟劾奏张昌宗谋为不轨，玄暐亦屡有说言，则天乃令法司正断其罪。玄暐弟昪时为司刑少卿，又请置以大辟。其兄弟守正如此。”《新书·崔玄暐传》：“[长安]四年，迁凤阁侍郎。……宋璟劾张昌宗不轨事，玄暐颇助璟。及有司正昌宗罪，而玄暐弟昪为司刑少卿，执论大辟。兄弟守正如此。”《元龟》卷六一七:"崔日昇,玄暐之弟,玄暐为鸾台侍郎、平章事,日昇为司刑少卿。则天季年,宋景(璟)劾奏张昌宗谋为不轨,玄暐亦屡有谠言,则天乃令法司正断其罪。"

高士训　约武后时

北图藏拓片《唐故监察御史赐绯鱼袋陇西李府君亡妻□□高夫人墓志铭并序》(长庆三年十一月四日):"夫人五代祖刑部郎中、大理少卿士训。夫人钜鹿魏氏。高祖通事舍人觐王,夫人河东裴氏。曾祖皇朝散大夫润州长史轸,夫人南阳张氏。祖皇洺州参军事琇,祖妣北平阳氏。父皇河南府密县丞岳,妣博陵崔氏。……夫人即密县府君长女也。"长庆三年七月廿八日卒,享年五十四。【增订】《全唐文补遗·千唐志斋新藏专辑》第157页《于尚范夫人高氏墓志铭》:"王父士训,皇朝刑部郎中、大理少卿、衡州刺史。"墓主开元十六年卒。

袁恕己　神龙元年(705)

《元龟》卷七二:神龙元年正月,"以司刑少卿兼相王府司马袁恕己为凤阁侍郎、同凤阁鸾台平章事"。《通鉴》作"司刑少卿桓彦范、相王府司马袁恕己"。《旧书·中宗纪》:神龙元年正月,"凤阁侍郎张柬之……司刑少卿袁恕己等定策率羽林兵诛易之、昌宗,迎皇太子监国,总司庶政。大赦天下"。"司刑少卿兼相王府司马袁恕己为凤阁鸾台平章事"。《旧书》本传:"长安中,历迁司刑少卿,兼知相王府司马事。"《新书·则天皇后纪》:长安五年正月,"癸卯,张柬之、崔玄暐及左羽林卫将军敬晖、检校左羽林卫将军桓彦范、司刑少卿袁恕己……率左右羽林兵以讨乱"。长安五年即神龙元年。《新书》本传:"仕累司刑少卿,知相王府司马。与诛二张,又从相王统南衙兵备非常,以功加银青光禄大夫、中书侍郎、同中书门下三品。"《全诗》卷九九小传:"长安中,历司刑少卿,预诛二张。"

侯善业　　神龙元年(705)

《会要》卷六六:“大理寺少卿……神龙元年加一员,以侯善业为之。”按侯善业龙朔二年已为大理卿,未知《会要》误否?

李元恭(李允恭)　　景龙二年(708)

《旧书·岑羲传》:“再迁吏部侍郎。时吏部侍郎崔湜、太常少卿郑愔、大理少卿李元恭分掌选事,皆以赃货闻,羲最守正,时议美之。”《新书·岑羲传》:“中宗时,武三思用事……由是下迁秘书少监,进吏部侍郎。时崔湜、郑愔及大理少卿李元恭分掌选,皆以贿闻,独羲劲廉,为时议嘉仰。”《全文》卷五二一梁肃《陇西李君(修)墓志》:“曾祖如顺,皇朝太子洗马;生大父元恭,开元中以文学政事历大理卿,判尚书吏部侍郎。侍郎生烈考讷,官至太府寺丞。”大历十二年三月卒。同书卷七八四穆员《京兆少尹李公(佐)墓志铭》:“贞元六年,年六十有一,三月丁巳,终于长安兴仁里。……五代祖礼成,隋礼部尚书、绛郡公。祖元恭,皇大理少卿、知吏部选事。父诵,高名下位,陈州宛邱县。公十岁而孤。”《元龟》卷六三八:“李元恭,中宗时以大理少卿为长宁、安乐二公主所引用,令知吏部侍郎,分往东都掌选事,亦以赃污闻于天下。”《唐仆尚丞郎表》卷一〇《吏侍》:“李元恭,景龙二年冬,以大理少卿与岑羲、崔湜、郑愔分掌选事。元恭知东都选。……《全唐文》七八四穆员《京兆少尹李公墓志铭》:‘祖元恭,皇大理少卿、知吏部选事。’《册府》六三八,李元恭以大理少卿‘知吏部侍郎,分往东都掌选事。’……羲为吏侍,与吏侍崔湜、太常少卿郑愔、大理少卿李元恭分知选事,时在景龙二年冬。是冬西京东都各置两铨侍郎分掌选事,元恭以太理少卿分掌东都选也。又《全唐文》五二一梁肃《陇西李君墓志》:‘君讳修……大父元恭,开元中……历大理卿,判尚书吏部侍郎。’开元中误;卿亦少卿之误。”【增订】新出土《大唐故鸿胪寺丞李君墓志铭并序》:“公讳训,字恒。出自陇西,为天下著姓。……父元恭,大理少卿兼吏部侍郎。”李训开元廿二年六月廿日,以疾终于河南圣善寺之别院,享年五十二岁。载于田卫卫《“朝臣备”:〈李训墓志〉所见遣唐使名字的书写问题》,

《文献》2020年第3期,第138—150页。牛红广《辑补》:河洛藏拓《大唐前恒州司功参军萧君妻李氏墓志铭并序》:"父元恭,正议大夫,大理寺少卿,判东都吏部侍郎,兼掌选事。"

卢怀慎 景龙三年(709)

《会要》卷五〇:"景龙三年四月,大理少卿卢怀慎上疏曰……"

侯令德 景龙三年(709)

《元龟》卷一〇五:景龙三年十月,"以关中旱及水旱,大理少卿侯令德等分道抚问赈给"。

陆景初 景龙三年或四年(709或710)

《全文》卷二五一苏颋《授陆景初大理少卿制》:"朝议大夫守中书舍人上柱国陆景初……可大理少卿,散官勋如故。"【增订】曾涧《订正》:按陆景初即陆象先。《新唐书·陆象先传》:"始,象先名景初,睿宗曰:'子能绍先构,是谓象贤者。'乃赐名焉。"象先既为睿宗赐名,而制目犹称"陆景初",则此制显非苏颋开元二、三年知制诰时作,而作于景龙三、四年为中书舍人时。

王志愔 景云元年—二年(710—711)

《旧书》本传:"景云元年,累转左御史中丞,寻迁大理少卿。二年,制依汉置刺史监郡,于天下冲要大州置都督二十人,妙选有威重者为之,遂拜志愔齐州都督,事竟不行。"《新书》本传:"景云初,以左御史中丞迁大理少卿。"

马怀素 约景云末

《全文》卷九九五阙名《故银青光禄大夫秘书监兼昭文馆学士侍读上柱国常山县开国公赠润州刺史马公(怀素)墓志铭》:"迁中书舍人,与李乂同掌黄画。逾年,检校吏部侍郎。……改授大理少卿。……除虢州刺史。……入为太子少詹事,判刑部侍郎。……转户部侍郎。上以河南蝗旱，令公驰驿赈给。……使回，拜光禄卿，迁左散骑常侍，转秘书监。”开元六年卒，年六十。两《唐书》本传未及。按怀素判刑侍在开元元年，见《唐仆尚丞郎表》卷二〇。

韦　凑　　太极元年(712)

《会要》卷五〇："太极元年四月十七日制：……大理少卿韦凑上表曰……"

李子廉　　先天元年(712)

《咸宁长安两县续志》卷一二："《大理少卿李府君墓志铭》，先天元年十二月，正书。按志，公讳子廉，字孝廉，陇西成纪人。葬于万年县少陵原，石祁泐，字多不辨，存城南兴教寺基公塔内。"(《石刻史料新编》本)

陈　宪　　约开元元年(713)

北图藏拓片《陈宪墓志铭》(开元十四年十一月十六日)："迁给事中、中书舍人，策勋上柱国，除大理少卿，出为虢州刺史，复大理少卿。迁工部侍郎，又出为兖州都督，入拜卫尉少卿。复工部侍郎，又出为蒲州刺史。入拜太子右庶子，迁太子宾客。”开元十三年九月廿五日卒，春秋七十八。又见《萃编》卷七七、《隋唐五代墓志汇编》洛阳卷第九册、《全文》卷九九五阙名卷。《唐仆尚丞郎表》卷二二《工侍》："陈宪，开元初叶，由大理少卿迁工侍，出为兖州都督。后又由卫尉少卿迁工侍，出为蒲州刺史。”此为初任。

班景倩　　开元四年(716)

《通鉴·开元四年》：三月，“扬州采访使班景倩入为大理少卿，过大梁，[倪]若水饯之行，立望其行尘，久之乃返，谓官属曰：‘班生此行，何异登仙？’”《新书·倪若水传》："出为汴州刺史……班景倩自扬州采访使入为大理少卿，过州，若水饯于郊。”《广记》卷四九四引《明皇杂录》："班景倩自扬州采访使，入为大理少卿，路由大梁，倪若水为郡守。”

陈　宪　　开元五、六年(717、718)

北图藏拓片《陈宪墓志铭》(开元十四年十一月十六日):“迁给事中、中书舍人,策勋上柱国,除大理少卿,出为虢州刺史,复大理少卿。迁工部侍郎,又出为兖州都督,入拜卫尉少卿。复工部侍郎,又出为蒲州刺史。入拜太子右庶子,迁太子宾客。”开元十三年九月廿五日卒,春秋七十八。又见《萃编》卷七七、《隋唐五代墓志汇编》洛阳卷第九册、《全文》卷九九五阙名卷。《唐仆尚丞郎表》卷二二《工侍》:“陈宪,开元初叶,由大理少卿迁工侍,出为兖州都督。后又由卫尉少卿迁工侍,出为蒲州刺史。”此为再任。

封全祯　　开元八、九年(728、729)

《隋唐五代墓志汇编》河北卷《大唐故银青光禄大夫行大理少卿上柱国渤海县开国公封公(祯,字全祯)墓志铭并序》(开元九年十一月六日):“累迁泽、括、常三州诸军事,三州刺史,以连最善绩,入为大理少卿。”享年八十二,未言卒年。

张景昇　　开元十二年(724)

《元龟》卷六七一:“王丘开元十二年以黄门侍郎为怀州刺史……张景昇以大理少卿为滑州刺史。”

袁仁敬　　开元十三年(725)

《新书·许景先传》:“开元十三年,帝自择制史,景先由吏部侍郎为刺史治虢州……大理少卿袁仁敬杭州。”又见《元龟》卷六七一及《全唐诗》卷三玄宗诗卷。《乾道临安志》卷三:“袁仁敬,开元十三年,明皇自择刺史凡十一人,大理少卿袁仁敬为杭州刺史。治行,诸宰相、诸王、御史以上祖道洛滨,盛具奏太常乐,帛舫水嬉,命高力士赐诗,帝亲书且给笔札,令自赋。”又见《咸淳临安志》卷四五。二十一年卒于大理卿任,见《会要》卷六六及《通典》卷二五;二十二年追赠故大理卿袁仁敬为越州刺史，见《元龟》卷一四一。《姓纂》卷四襄阳袁氏："唐尚书左丞袁仁敬。"

胡 珪(明珪) 开元十三年—十四年(725—726)

《旧书·张说传》："及东封还，[宇文]融又密奏分吏部置十铨……融乃与御史大夫崔隐甫、中丞李林甫奏弹说引术士夜解及受赃等状。敕宰臣源乾曜、刑部尚书韦抗、大理少卿胡珪、御史大夫崔隐甫就尚书省鞫问。"《通鉴·开元十四年》："四月壬子，[崔]隐甫、[宇文]融及御史中丞李林甫共奏弹[张]说'引术士占星，徇私僭侈，受纳贿赂。'敕源乾曜及刑部尚书韦抗、大理少卿明珪与隐甫等同于御史台鞫之。"按《通鉴严补辑要》改"明"为"胡"。《全文》卷二二玄宗《分遣蒋钦绪等往十道疏决囚徒宣慰百姓制》："仍令中丞蒋钦绪往河南，大理少卿明珪往关内，刑部郎中张樽往河东。"《元龟》卷八五：开元"十三年正月戊子，制曰：……大理少卿明珪往关内……疏决囚徒，宣慰百姓"。又卷五二〇下："崔隐甫为御史大夫，开元十四年，与御史中丞宇文融、李林甫等奏弹右丞相张说……诏宰臣源乾曜及刑部尚书韦杭、大理少卿明珪与隐甫、融等同于御史台详鞫。"

李昇期 开元十四年(726)

【增订】《全唐文补遗·千唐志斋新藏专辑》李昇期《李辿墓志铭》，题署："从弟、大理少卿昇期撰。"墓主开元十四年(726)十一月八日葬。

袁仁敬 开元十五年(727)再任

【增订】牛红广《辑补》：《新获》第 207 页《大唐故大理卿上主国袁府君(仁敬)墓志铭并序》："以持法不挠，朝廷嘉宽裕之。大拜仓部司勋二员外、刑部左司兵吏部四郎中、大理少卿、杭州刺史，复为大理少卿、御史中丞、尚书左丞。"袁仁敬开元二十一年卒于大理卿任上，年七十一，其为杭州刺史之前所任大理少卿及卒年任职，多见于传世文献。新出土墓志披露出袁仁敬曾两度任大理少卿。今以其担任杭州刺史约两年计,其再任系于开元十五年。

宋楚璧　　开元十九年?(731)

《千唐志》七〇五《唐吏部常选荥阳郑公故夫人广平宋氏(练)墓志铭并序》(开元十九年十月二十二日):"父楚璧,大理少卿。"夫人春秋廿七,开元十九年九月廿二日卒。

裴　旷　　开元二十三年前(735 前)

【增订】《洛阳新获墓志二〇一五》一八九王端撰《唐故朝请大夫黔府(旷)墓志铭并序》:"可以独坐而纪纲百辟矣,故授御史中丞;清慎可以明刑,故授大理少卿;忠肃可以柔远,故授黔府都督。以开元廿三年六月廿七日遘疾即代于黔之官舍,春秋六十有四。"同书二〇一张诚撰《御史中丞大理少卿赠高平郡太守裴公(旷)墓志铭并叙》:"移公大理少卿,犹患偪己,乃贬公黔府□□。享年六十四,以开元廿三年夏六月□□□终于黔府。"

徐　峤　　开元二十四年—二十五年(736—737)

《隋唐五代墓志汇编》陕西卷第三册《大唐故金仙长公主志石铭并序》(开元二十四年七月四日):"玉真公主书,中大夫守大理少卿集贤院学士上柱国慈源县开国公臣徐峤奉敕撰。"《新书·李林甫传》:"大理卿徐峤妄言:'大理狱杀气盛,鸟雀不敢栖,今刑部断死,岁才五十八,而乌鹊巢狱户,几至刑措。'群臣贺帝而帝推功大臣,封林甫晋国公,仙客豳国公。""卿"当为"少卿"。《旧书·刑法志》:"又撰《格式律令事类》四十卷,以类相从,便于省览。二十五年九月奏上。……其年刑部断狱,天下死罪惟有五十八人。大理少卿徐峤上言:'大理狱院,由来相传杀气太盛,鸟雀不栖,至是有鹊巢其树。"《旧书·玄宗纪》:开元二十五年,"秋七月己卯,大理少卿徐岵奏……"按"徐岵"当为"徐峤"之误。【增订】拓本《徐峤墓志》:"乃除大理少卿,哀敬折狱,小大以情,至诚所通,在微斯应。有鹊巢于狱户,罪人名在死籍者,羊啗其籍,翔鸟求铺,俯驯阶事。玺书光赞,束

帛副焉。"(《书法丛刊》2005年第3期)

崔　翘　　约开元二十六年(728)

【增订】拓本《唐故银青光禄大夫礼部尚书上柱国清河县开国男赠江陵郡大都督谥曰成崔府君墓志铭并序》:"公讳翘,字明微,清河东武城人。……乃诏为滑州刺史。于是扬仁恩以风之,敷惠化以雨之,人咸欢康,岁大丰稔。丁内忧,如执文公之丧。服阙,除大理少卿,天下用刑无滥。帝曰:咨二相有能掌我贡品,佥曰我公,乃命为小宗伯,往钦哉。惟尔代擅雕龙,克缵文公之业,尔其稽古是训,唯才是与。公乃善诱在兹,奖劝在兹,风化天下,文体一变。帝谓有国家来,未之有也。乃命吏部兵部选曹是则之。三载为大理,用休于前政。寻而黜陟河北,作镇河东,兼采访使,澄清州郡,福蒙京师。入为尚书左丞。……公享年四百有八甲子矣。唐天宝九载冬十二月三日薨于洛师明教里之私第。"(《书法丛刊》2006年第2期,第51页)按,崔翘开元二十九年(741)为大理卿,见《唐九卿考》第366页,前推三年,其为大理少卿应该在开元二十六年(738)。

杨　璹　　天宝六载(747)

《旧书·杨慎矜传》:"时天宝六载十一月,玄宗在华清宫,林甫令人发之,(云慎矜是隋家子孙,心规光复隋室),玄宗震怒,系之于尚书省,诏刑部尚书萧隐之、大理卿李道邃、少卿杨璹……同鞫之。"

李　稹　　天宝十载(751)

《旧书·礼仪志四》:天宝十载正月,"大理少卿李稹祭吴岳山成德公"。《元龟》卷三三:天宝十载,"二月己亥,分遣……大理少卿李祯祭吴岳山成德公"。

崔　器　　天宝末

《全文》卷三六七贾至《授崔器大理少卿制》:"守保定太守崔器……可守大理少卿。"按贾至撰制在天宝末。

蒋　洌　　天宝末

【增订】《洛阳流散唐代墓志汇编续集》第418页《大唐故银青光禄大夫行尚书左丞赠太常卿上柱国汝阳郡开国侯蒋府君墓志铭并序》:“公讳洌,字清源,乐安人。……知兵部选事。属郊丘之礼,封汝阳县开国男,食邑三百户。后失意时宰,徙大理少卿。居数月,迁户部侍郎,除吏部侍郎。因事旁累,出为饶州刺史,改信王府长史。征拜右庶子,迁礼部侍郎、尚书左丞,加银青光禄大夫,累封至开国侯,邑一千户。以广德二年六月廿一日寝疾薨于平康里之私第,享年七十有四。”

程药玉　　玄宗时

【增订】曾润《增补》:《赵君妻程氏墓志》:“曾祖唐大理少卿药玉,药玉生扬州高邮令楚琼,楚琼生长安令绎,夫人长安公之元女也。”(《西安碑林博物馆新藏墓志续编》)元和十年正月卒,年六十有二。

崔　涛　　玄宗时

《新表二下》博陵第二房崔氏:“涛,大理少卿。”乃徐州司马晊子,崔沔从弟。崔沔卒开元二十七年,其从弟亦当仕玄宗时。《全文》卷六五四元稹《有唐赠太子少保崔公(倰)墓志铭》:“沔弟涛,官至大理少卿。涛生仪甫,官至大理丞,赠刑部侍郎。公即刑部之第某子。”长庆三年卒,年七十一。

庾光烈　　至德中?

《姓纂》卷六新野庾氏:“光烈,职祠部郎中、大理少卿。”“职”字衍。《旧书·庾敬休传》:“祖光烈,与仲弟光先,禄山迫以伪官,皆潜伏奔窜。光烈为大理少卿,光先为吏部侍郎。”《新书·庾敬休传》:“祖光烈,与弟光先不受安禄山伪官,遁去。光烈终大理少卿。”北图藏拓片《唐朝散大夫前行尚书司勋员外郎柱国苗绅妻故新野县君庾氏夫人墓志铭并序》(咸通五年六月十八日):“曾祖讳光烈,皇尚书祠部郎中、大理少卿。……祖讳何，皇尚书兵部郎中、澧州刺史。……父讳叔颖，皇秘书郎。”夫人咸通癸未冬季月既望卒，享年四十八。【增订】《大唐西市博物馆藏墓志》四三二《庾二十九女墓志》：“曾祖讳光烈，皇大理少卿。曾妣陈国陈氏。”《秦晋豫新出墓志搜佚续编》第1147页《唐庾敬休墓志》：“祖讳光烈，皇大理少卿，赠晋州刺史。”

张守一　　乾元中

戴孚《广异记·张守一》：“乾元有张守一，为大理少卿。性仁恕，以平反折狱，死囚出免者甚多。”又见《广记》卷三三六、《类说》卷八引。

韦元甫　　宝应元年(762)

【增订】浙江大学图书馆碑帖保护中心藏元载撰《韦元甫墓志》：“拜洪州刺史、江西观察使。历太府、大理二少卿，润州刺史。”据郁贤皓《唐刺史考全编》卷一三七考证：“元甫上元二年正大在洪州都督任；永泰元年已在浙西观察任，时浙西观察治苏州。则其刺润州约在宝应元年至广德二年间。”故系其为大理少卿在宝应元年。

李　勉　　宝应元年(762)

《旧书》本传：“寻迁梁州都督、山南西道观察使。勉以故吏前密县尉王晬勤干，俾摄南郑令，俄有诏处死……而勉竟为执政所非，追入为大理少卿。”《新书》本传：“进梁州刺史。……羌、浑、奴刺寇州，勉不能守，召为大理少卿。然天子素重其正，擢太常少卿。”

阳　济(杨济)　　大历元年(766)

《旧书·吐蕃传下》：“永泰二年二月，命大理少卿兼御史中丞杨济修好于吐蕃。”“杨”应作“阳”。按本年十一月改元大历。北图藏拓片《唐故鸿胪少卿贬明州司马北平阳府君(济)墓志铭并序》(贞元十二年七月十三日)：“太尉表公为密州刺史，加朝散大夫摄侍御史。

未几,丁内艰,毁瘠过制。后拜大理少卿。西戎叛换,又加御史中丞,持节和蕃。”《通鉴·大历元年》:二月,“命大理少卿杨济修好于吐蕃”。《元龟》卷九八〇:永泰三年,“三月,命大理少卿杨济兼御史丞,使于吐蕃,修旧好也”。三年应作二年。

景延之　大历初期

《全文》卷四一二常衮《授景延之大理少卿制》:“朝议大夫、前守河南少尹、骑都尉景延之……称职其难,任在简孚……可守大理少卿,散官勋如故。”又载《制诏集》卷一〇。常衮大历元年至九年为中书舍人。

韦　损　大历五年—六年(770—771)

《全文》卷四一二常衮《授韦损大理少卿制》:“银青光禄大夫、前润州刺史、上柱国、冯翊县开国男韦损……天下之平,属于廷尉,乃立其贰,方求直清。俾之弼教,敬尔繇狱。可行大理少卿,散官勋封如故。”常衮大历元年至九年为中书舍人。【增订】新出土苗发撰《唐故银青光禄大夫行大理少卿冯翊县开国男韦府君(损)墓志铭并序》:“大历二年,丹阳政成,江淮转运使吏部尚书刘公旌公之能,上闻之,诏加银青之阶、冯翊之爵,降玺书褒慰。惟帝念功,命公登朝,以尉司为五刑九辟之本,拜公为少大理,断谳以平,赭衣之人赖焉。大历六年,遘染寒疾,至七月,疾胜医巫,奄然就命,春秋七十有一。”(《碑林集刊》第一三辑,第105页)按,常衮制词有“京江按部,终始六年”语,又据《全唐文》卷三一四《润州丹阳县复练塘颂并序》:“永泰元年……是岁十一月二十三日,拜常州刺史京兆韦公损为润州。”下延五年为大历五年,是韦损始任大理少卿时。

卢幼平　大历八年(773)

《全文》卷九一七清昼《兰亭古石桥柱赞并序》:“山阴有古卧石一枚,即晋永和中兰亭废桥柱也。大历八年春,大理少卿卢公幼平承诏祭会稽山携至。”《嘉泰吴兴志》卷一四:“卢幼年(平),宝应二年自杭州刺史授，迁大理少卿。《统纪》云：永泰元年。”按《统纪》是。《全诗》卷二四四韩翃《送卢大理赵侍御祭东岳兼寄孟兖州》诗，卢大理即大理少卿卢幼平。

独孤屿　大历九年(774)

《姓纂》卷一〇独孤氏：“屿，兼侍御史。”《新表五下》独孤氏：“屿，大理少卿。”乃越州都督峻弟。《毗陵集》卷一〇《独孤屿墓志》：“永业府君五代孙，国朝明威将军文惠府君第二子，越州都督浙江东道节度观察处置使兼御史中丞左金吾大将军峻府君之季弟也。”“大历五年，崔公(昭)受诏持节牧宣歙池三州，府君复为从事。以太子右谕德兼殿中侍御史，迁大理少卿兼侍御史。……春秋五十五而殁，是岁大历九年春三月二十四日也。”

乔　琳　约大历十年、十一年(775、776)

《旧书》本传：“为剑南东川节度鲜于叔明判官。改检校驾部郎中、果绵遂三州刺史、兼御史中丞。入为大理少卿、国子祭酒。出为怀州刺史。”《全文》卷三五六小传：“天宝初举进士，累授大理少卿、国子祭酒，拜御史大夫、平章事。”

裴　翼　大历十二年(777)

《旧书・代宗纪》：大历十二年四月，“大理少卿裴翼、太常少卿王统……等十余人，皆坐元载贬官也”。

马　炫　大历十四年(779)

《全文》卷五一三于公异《代崔冀公贺登极表》：“今月五日寅时，大理少卿马炫至。未时，监军使判官奚官局丞程仙望至。累承恩命，宣慰臣及军府将吏僧道百姓等。……伏惟陛下纂八叶之重熙，叶千龄之广运，以为四海务重，不可以一日而无君。……是以顺先皇三日之诏，允群臣五表之请……以临宝位。”按代宗崩驾与德宗登极均在大历十四年。《旧书》本传：“又出为阆州刺史，入为大理少卿。建中初,为润州刺史。"《隋唐五代墓志汇编》洛阳卷第十二册《唐故银青光禄大夫兵部尚书汉阳郡公赠太子少保马公(炫)墓志铭并序》(贞元八年二月十七日):"征拜检校吏部郎中,俄而出守阆州,复如东平之理,迁大理少卿。……建中初……又命公出典润州。"贞元七年九月二日卒,春秋七十九。

韦光弼　大历中

《姓纂》卷二东眷韦氏郧公房:"光弼,大理少卿。"按其弟光辅,大历十年任太府少卿,贞元三年为衢州刺史,见《会要》卷六六。《新表四上》韦氏郧公房:"光弼,大理卿。"乃衢州刺史光辅兄。"卿"或"少卿"之误。【增订】《全唐文补遗》第七辑第78页刘公舆《韦懿仁墓志》:"父光弼,皇大理少卿,赠刑部侍郎。起草粉闱,详刑棘寺。一成无失于出入,得情必见其哀矜。朝典申恩,追荣宗伯。"

韦光辅　大历中

《姓纂》卷二东眷韦氏郧公房:"光辅,大理少卿。"《新表四上》作衢州刺史。按光辅贞元三年在衢州刺史任,大历十年任太府少卿,见《会要》卷六六。

崔　同　约大历、建中间

《新表二下》南祖崔氏:"同,大理少卿。"乃礼部尚书崔翘子。按崔翘为礼部尚书在天宝八、九载,见《唐仆尚丞郎表》卷一五。推其子仕历约在大历末、建中初。

崔　纵　建中三年(782)

《旧书》本传:"以父贬道州刺史,弃官就养。丁父忧,终制,六迁大理卿、兼御史中丞、汴西水陆运两税盐铁等使。田悦连败,走魏州,婴城自守,诸道兵围之,屡乏食,诏纵兼魏州四节度粮料使,军储稍给。德宗幸奉天,四方握兵,未有至者。纵先知之,潜告李怀光劝令奔命,怀光从之。"《元龟》卷四八三:"崔纵,德宗建中末为大理少卿、汴西水陆运使。及车驾蒙尘，四方握兵未至者。纵先知之，潜告李怀光，说令奔命。怀光从之。”又卷六二二：“崔纵为大理少卿、汴西水陆运使，及德宗蒙尘，四方握兵，未有至者。纵先知之潜告李怀光，说令奔命。”又卷七七一：“崔涣乾元中累迁御史大夫。子纵，德宗建中中为大理少卿、魏州都粮科（料）使，与李怀光同赴奉天，拜京兆尹。”

谢　某　　约贞元初

《全诗》卷二六六顾况《伤大理谢少卿》：“空留封禅草，已作岱宗行。”

李　速　　贞元四年—五年(789—789)

《旧书·德宗纪下》：贞元五年三月乙卯，“以大理[少]卿李速为黔州刺史、黔州观察使”。《元龟》卷五八：贞元四年六月，“甲申，中书门下奏：大理卿于颀、太常卿董晋……大理少卿李速……”。

王　颜　　贞元八年(792)

《全文》卷五四五小传：“贞元中累官大理少卿，拜御史中丞，出为虢州刺史。”又王颜《追树十八代祖晋司空太原王公神道碑铭》：“孱孙颜，由进士官历台省，除洛阳令，移典杭州，入大理少卿，拜御史中丞，出虢州刺史。”考《宋高僧传》卷九《唐杭州径山法钦传》：“(贞元)六年，州牧王颜请出州治龙兴寺净院安置，婉避韩滉之废毁山房也。八年壬申十二月示疾，说法而长逝。……刺史王颜撰碑述德。”又考《旧书·于邵传》：“(贞元)八年，出为杭州刺史。”是贞元八年于邵代王颜刺杭，颜入为大理少卿。又《会要》卷九三，贞元十二年有御史中丞王颜。王颜事迹，参岑仲勉《金石论丛》第156—162页。

郑利用　　贞元中

《全文》卷五八八柳宗元《先君石表阴先友记》：“郑利用，余庆从父兄也。真长者。由大理少卿为御史中丞,复由中丞为大理少卿。”注:“孙曰:‘大历八年进士。’”其两次为大理少卿皆当在贞元中。【增订】《全唐文补遗・千唐志斋新藏专辑》第421页郑峰《郑徽墓志》:“曾王父御史中丞、大理少卿、赠司徒利用。王父大理少卿致仕庠。”

孟　迪　　贞元中

《姓纂》卷九平昌安邱县孟氏:“迪,大理少卿。”乃孟温礼孙、孟皞子。按皞大历十四年十月为京兆尹,见《旧书・代宗纪》。推知其子仕历在贞元中。

李直方　　约贞元中

《新书・宗室世系表上》定州刺史房:“大理少卿直方。”乃肃宗时宰相李麟之孙。

魏　万　　德宗时

【增订】《秦晋豫新出墓志搜佚》七九二《魏湘及夫人李氏墓志并盖》(大中八年十二月六日卒,九年正月二十六日葬):“魏之先与周同姓……曾祖讳崇信,皇左赞善大夫。祖讳万,皇昭义军节度副使、尚书刑部员外郎、大理少卿、御史中丞赐紫金鱼袋。父讳丹,皇朝散大夫、守博州长史兼侍御史。……府君讳湘,字子源。”

崔　锐　　约元和初

《新表二下》南祖崔氏:“锐,大理少卿。”乃汝州长史安石子,岭南节度使护父。按崔护大和三年为岭南节度使,见《旧书・文宗纪上》。是崔锐仕历应在元和初。【增订】新出土《故秘书崔监墓志自序》:“崔咸,字重易,清河东武城人。……烈考讳锐,大理少卿。”崔咸以大和八年十月九日终于上都靖恭里第,享年五十。志载李秀敏《新出唐代诗人崔成夫妇墓志考释》,《古典文献研究》2018年第2期。

柳　登　元和二年(807)

《会要》卷三九："元和二年七月，诏……大理少卿柳登……等，删定开元格后敕。"《旧书》本传："元和初，为大理少卿，与刑部侍郎许孟容等七人，奉诏删定开元已后敕格，再迁右庶子。"《新书》本传："元和初，为大理少卿，与许孟容等刊正敕格。以病改右散骑常侍，致仕。"《新表三上》柳氏："登字成伯，大理少卿。"乃右司郎中、集贤学士芳子。

胡　珦　元和四年—七年(809—812)

《会要》卷六〇："元和四年七月……京兆尹杨凭，前为江西观察使赃罪及他不法事，敕副御史台刑部尚书李鄘、大理卿赵昌鞫问。……又追捕凭前江西判官、监察御史杨瑗系在台，命大理少卿胡珦……同推。"《元龟》卷六一九："李夷简为御史中丞，劾奏京兆尹杨凭前为江西观察使赃罪及他不法事，敕付御史台覆案。刑部尚书李鄘、大理卿赵昌同鞫问台中。又捕得凭前江南判官、监察御史杨瑗系于台，复命大理少卿胡珦、左司员外郎胡证、侍御史韦颉同推鞫之。"《旧书·杨凭传》："元和四年，拜京兆尹，为御史中丞李夷简劾奏凭前为江西观察使赃罪及他不法事，敕付御史台覆按，刑部尚书李鄘、大理卿赵昌同鞫问台中。又捕得凭前江西判官、监察御史杨瑗系于台，复命大理少卿胡珦、左司员外郎胡证、侍御史韦颉同推鞫之。"《昌黎集》卷三〇《胡珦碑》："少府监胡公者讳珦……巽死，迁少大理，改少詹事。元和十二年，朝廷以公年老，能自袛力，事职不懈，可嘉，拜少府监兼知内中尚。"巽，李巽，据《旧书》卷一二三，巽卒元和四年四月。珦于四年七月时为大理少卿，亦见《会要》卷六〇，则《姓纂》修时珦正居少大理之日。《姓纂》卷三乐陵胡氏："今大理少卿胡垧。"按字书无"垧"字，为"珦"讹无疑。

韩重华　元和十五年(820)

北图拓片《唐故楚州宝应县丞韩府君(恒)墓志铭并序》(元和十五年九月三日)："嗣子重华……以元和十五年重华自代州刺史除大

理少卿兼御史中丞,其年九月三日迁袝于洛城北原。"按韩重华即韩约。

王　遂　　元和中

《新表二中》乌丸王氏:"遂,大理少卿。"乃苏州刺史遘兄。按王遂元和十一年为司农少卿,十五年为太府卿。

李　诚　　元和中

《新表二上》赵郡李氏东祖房:"诚,大理少卿。"乃给事中崇德子。考《元龟》卷九七九:元和"十二年,回鹘又遣摩尼僧寺等八人至……诏宗正少卿李诚使于回鹘"。

裴　坰　　约元和中

《新表一上》东眷裴氏:"坰,大理少卿。"乃宪宗时宰相裴垍弟。

杨同逊　　约元和中

【增订】《全唐文补遗·千唐志斋新藏专辑》第334页王起《杨府君墓志铭》:"刺邓、宋二州。再为大理少卿、宫相、卫尉卿、太子宾客。"按,见于《千唐志斋藏志》第1037页《王师正墓志》:"调补汝州郏城县尉,秩谢,邓之守杨公同逊以军从事辟之。"王师正大和二年(828)卒,年卌九。以此合参,杨同逊任大理少理约在元和中。

刘士泾　　元和末

《旧书·穆宗纪》:长庆元年正月,"己酉,以前检校大理少卿、驸马都尉刘士泾为太仆卿"。

韦　顗　　长庆初

《新书》本传:"长庆初,为大理少卿。累迁给事中。"《全文》卷五四九韩愈《举韦顗自代状》:"中散大夫、守大理少卿、骁骑尉韦顗……前件官学识该达,器量宏深……显映班序,十五年余。……屈居少列，未副群情。文昌政本，侍郎官重。尚德之举，颉宜当之。”

吴　丹　　长庆四年(824)

《白居易集》卷六九《故饶州刺史吴府君(丹)神道碑铭并序》：“官历正字……谏议大夫，大理少卿，饶州刺史。”宝历元年卒，同年十一月葬。吴丹宝历元年卒于饶州刺史任，其为大理少卿当在长庆末。

李　繁　　宝历二年(826)

《旧书》本传：宝历二年，“九月，除大理少卿，复加弘文馆学士”。《新书》本传：“敬宗诞日，诏与兵部侍郎丁公著、太常少卿陆亘入殿中，抗老、佛诵论。改大理少卿、弘文馆学士。谏官御史交章弹治，乃出为亳州刺史。”

崔　杞　　大和四年(830)

《会要》卷三九：“大和四年十二月，刑部员外郎张讽、大理少卿崔圮(杞)等奏议亲议贵事。”又卷六六：大中四年“十月，大理少卿崔杞奏”。《新书·刑法志》：“穆宗童昏，然颇知慎刑法，每有司断大狱，令中书舍人一人参酌而轻重之，号‘参酌院’。大理少卿崔杞奏曰……”《南部新书》卷壬：“大中四年，驸马都尉崔杞除大理少卿，在司当职。公式令，诸文武官职事五品已上，致仕身在京者，每季令通事舍人一人巡问奏闻。其在外州者，亦令长吏季别巡问，每年附朝集使闻奏，使知安否。”“大中”乃“大和”之误。《全文》卷七三二小传：“穆宗朝官大理少卿。”亦误。《全诗》卷四九九姚合《题大理崔少卿驸马林亭》诗，崔少卿即崔杞。又卷五〇九顾非熊有《崔卿双白鹭》诗，贾岛有《崔卿池上双白鹭》《崔卿池上鹤》诗，无可亦有咏诗，崔卿亦为崔杞。

郑　某　　大和七年(833)

《全文》卷七一六吕让《楚州刺史厅记》：“大和七年，天子以大理少卿荥阳郑公活无辜当刑者四十余人，殊其绩，命守于楚。”

裴　充　　大和八年—九年(834—835)

《嘉泰吴兴志》卷一四:“裴充,大和元年八月自大理少卿拜,卒官。”按“元年”为“九年”之误。《元龟》卷六一九:“裴充为大理少卿,文宗大和八年十二月癸巳,命充与刑部郎中张讽、侍御史卢弘正充三司使,就御史台推户部钱物事。华州刺史宇文鼎、户部员外郎卢允中、左司员外郎判户部姚康并下御史台推鞫。”按宇文鼎为华州刺史在大和八年。大和元年十一月至二年八月,华州刺史为钱徽。

王茂元　　开成元年?—二年?(836—837)

《樊南文集》卷一《为濮阳公陈许谢上表》:“兰台假号,棘署参荣。奉汉后之园陵,获申送往;掌周王之廪庾,方切事居。”注:“按茂元入朝,当为御史中丞、太常少卿、将作监,转司农卿,迁陈许节度。史多略之。”按棘署当即棘寺,大理寺,故注之太常少卿应为大理少卿。

李　武　　开成二年(837)

《元龟》卷五八:开成“二年八月丙午望日,帝御延英对刑法官。……大理少卿李武、韦纾及大理正丞等自此朔望即对刑法官,以详重轻”。

韦　纾　　开成二年(837)

《元龟》卷五八:开成“二年八月丙午望日,帝御延英对刑法官。……大理少卿李武、韦纾及大理正丞等自此朔望即对刑法官,以详重轻”。大和五年,韦纾由司驾员外郎除处州,见《全文》卷六一三韦纾撰《栝(苍)郡厅壁记》。

李　衢　　开成四年(839)

《会要》卷三六:“开成四年正月,敕大理寺少卿李衢奏修撰《皇后谱牒》。”《元龟》卷一五三:“开成四年七月,贬……大理少卿李衢为光王府长史。”

裴　识　　会昌元年(841)

《新书》本传:“推荫补京兆参军,擢累大理少卿。王师讨刘稹,为供军使。稹平,改司农卿,进湖南观察使。”《新中国出土墓志》河南卷三七四《唐故邠宁庆等州节度使管内观察营田处置等使银青光禄大夫检校尚书右仆射兼御史大夫□□□□□□□公食邑三千户袭食实封一百五十户赠司空裴公(识)墓志铭并序》(咸通五年八月十八日):“丧纪既除,遂拜大理少卿,寻以本官兼御史中丞充泽潞西面(下泐)。”按裴度卒于开成四年三月,以唐时丁忧时间三年,实二十五个月计,裴识除丧服在会昌元年八月。《新书》本传:“推荫补京兆参军,擢累大理少卿。王师讨刘稹,为供军使。稹平,改司农卿,进湖南观察使。”按吴氏《方镇年表》大中二年至五年裴识为湖南观察使。此前当为寿州刺史,按墓志所叙历官次序,寿州刺史前为司农卿,再前为将作监。再前为太常少卿,约在开成末、会昌初。

韩　复　　武宗前

【增订】曾润《增补》:《韩复墓志》:“拜安州刺史……历国子司业、太府少卿、大理少卿、洋州刺史。辞郡经岁未得官,舅左散骑常侍公权见宰座……除舒州刺史,中谢,时言毕,拜不就列,改授左庶子,人谓之美拜。无何有疾……以至大中五年六月十八日捐馆,享年六十九。”(赵力光《新出柳公权撰韩复墓志考释》,《文物》2009年第11期,第91—96页)韩复,元和十二年为唐随节度使掌书记,见《张士陵墓志》(《唐代墓志汇编》)。“左散骑常侍公权”,为唐代著名书法家柳公权,公权大中二年任上,见《八琼室金石补正》卷七四《太子太傅赠司徒刘沔碑》。

李　言　　约大中元年(约847)

《全文》卷七二六崔嘏《授李讷中书舍人李言大理少卿制》:“礼

部郎中知制诰李讷等……讷可守中书舍人,言可大理少卿。”崔瑕撰制在大中元年前后。

杜　牧　　大中四年(850)

《嘉泰吴兴志》卷一四:“杜牧,大中四年十一月自大理少卿授,迁中书舍人。史传:自吏部员外郎,乞为湖州刺史,逾年以考功郎中知制诰,迁中书舍人。唐大中为刺史,遗爱塞路,公退之余,登临赋咏,碧澜消暑,俱有留题。”按杜牧为大理少卿,仅见此处记载,且与史传不合,恐不确,今录此存参。

卢　籍　　大中五、六年(851、852)

《全文》卷七四九杜牧《卢籍除河东副使……等制》:“河东节度副使、朝散大夫、检校大理少卿、摄御史中丞、上柱国卢籍等。”杜牧知制诰在大中五、六年。

吕　让　　约大中七、八年(853、854)

北图藏拓片《唐故中散大夫秘书监致仕上柱国赐紫金鱼袋赠左散骑常侍东平吕府君(让)墓志铭并序》(大中十年四月十三日):“为司农少卿,转大理少卿,迁右庶子。……两贰卿寺,不以冗屑而忘勤恪。”大中九年十月廿四日卒,享年六十三。

韦　宙　　大中十二年(858)

《新书》本传:“出为永州刺史。……还为大理少卿。久之,拜江西观察使。”《全文》卷七九一小传:“出为永州刺史,还为大理少卿,拜江西观察使,迁岭南节度使。”又韦宙《东林寺题名》:“大理少卿、兼御史中丞、赐紫金鱼袋韦宙,大中十二年,准诏岭南宣问,六月二十九日再过此。”“余今年七月,衔命按抚岭南……六十四日,余廉问江西,乃帅襄鄂许蔡四军赴镇。……大中十二年十一月二十七日,江南西道都团练观察处置等使、兼御史中丞韦宙题。”

董　赓　咸通六年—七年(865—866)

《旧书·懿宗纪》:咸通六年二月,“金部员外郎张乂思、大理少卿董赓试拔萃选人”。《全诗》卷六二六陆龟蒙《送董少卿游茅山》,卷七〇二张蠙《送董卿赴台州》,董卿、董少卿均为董赓。《嘉定赤城志》卷八《刺史》:“董赓,咸通七年授。”

康　璙　咸通八年—九年(867—868)

《全文》卷七九五孙樵《唐故仓部郎中康公(璙)墓志铭并序》:“咸通八年,诏拜大理少卿,明年迁尚书仓部郎中,充西川宣谕制置盐铁法使兼西川供军使。”

刘庆初　咸通十年(869)

《唐文拾遗》卷四七张仁瑑《法寺置议狱堂奏》:“臣伏见咸通十年二月二十九日,大理少卿刘庆初奏,请于法寺置议狱堂。”

柳知微　咸通十二年(871)前

【增订】曾涧《增补》:《集古录目》:“《唐孔岑父碑》,唐太子少傅郑絪撰,前大理少卿柳知微书。……碑以咸通十二年立。”知微大中四年为富平县尉,见《颍川陈氏墓记》(《唐代墓志汇编》)。

张彦远　乾符二年(875)

《旧书·僖宗纪》:乾符二年,“秋七月,以大理卿蔡行为丰州刺史、天德军都防御使,大理[少]卿张彦远为大理卿”。

王承颜　乾符四年(877)

《旧书·僖宗纪》:乾符四年正月,“大理少卿王承颜为盐州刺史”。

徐　焕　乾符五年(878)

《山水小牍》卷下《黑水将军灵异》:“乾符戊戌岁,大理少卿徐焕以决狱平允,授弋阳郡。”按戊戌岁为乾符五年。

薛　赡　中和四年(884)

《隋唐五代墓志汇编》江苏卷《唐故淮南进奉使检校尚书工部郎中兼御史中丞骆公(潜)墓志铭》(中和五年八月八日):"朝议大夫、检校左散骑常侍、前大理少卿、兼御史大夫、赐紫金鱼袋薛赡撰。"

李　垌　乾宁二年(895)

《元龟》卷一三六:"昭宗乾宁二年十二月,以前大理卿李垌为黔中宣慰使。"

孙　乘　昭宗时

《全文》卷八七三薛廷珪《授孙乘大理少卿李震宗正少卿等制》。按薛廷珪大顺初累迁司勋员外郎、知制诰,正拜中书舍人,乾宁三年改左散骑常侍,光化中复为中书舍人,见《旧书·薛廷珪传》。

徐　某　昭宗时

《全诗》卷六五九罗隐《寄大理徐郎中》:"佐棘竟谁同,因思证圣中。……几时潘好礼,重与话清风。"注:"证圣中,徐有功为大理少卿,执法平恕,鹿城主簿潘好礼著论以美之也。"

裴　谣　约昭宗时

【增订】《全唐文补遗》第八辑《裴谣墓志》:"又拜太仆卿,仍腰金印。未几,转卫尉卿。间岁,除大司农。"墓主天复三年(903)十二月十三日卒。

待考录

杜　损

《新表二上》洹水杜氏:"损,大理少卿。"隋德军长史正藏曾孙,安福令志静孙,怀州长史侨子。【增订】《全唐文补遗·千唐志斋新藏专辑》李茂元《杜夫人墓志》:“大王父损,皇大理少卿。”

郑　庠

【增订】《全唐文补遗·千唐志斋新藏专辑》第421页郑峰《郑徽墓志》:“王父大理少卿致仕庠。”

卷八 鸿胪寺

鸿胪卿考

刘世龙(刘义节) 武德元年(618)

《旧书·刘文静传》:"文静初为纳言时,有诏以太原元谋立功……吏部侍郎殷开山、鸿胪卿刘世龙、卫尉少卿刘政会、都水监赵文恪、库部郎中武士彟……等十四人,约免一死。"又本传:"从平京城,累转鸿胪卿,仍改名义节。"《新书·裴寂传》:"初,高祖论太原首功,诏……鸿胪卿刘世龙、卫尉少卿刘政会……等十四人恕一死。"《新书》本传:"从平京师,为鸿胪卿。"《会要》卷四五:"武德元年八月六日,诏曰:……鸿胪卿刘世龙……等并恕一死。"

李孝基 武德元年—二年(618—619)

《旧书》本传:"武德元年,封永安王,历陕州总管、鸿胪卿,以罪免。二年,刘武周将宋金刚来寇汾、浍。……复以孝基为行军总管讨之。"《新书》本传:"永安壮王孝基,武德初得王,历陕州总管,鸿胪卿,以罪夺官。二年,刘武周寇太原,夏人吕崇茂以县应贼。诏孝基为行军总管攻之。"

郑元璹 武德四年(621)

《旧书》本传:"颉利后闻高祖遗其财物,又许结婚,始放元璹来还。高祖劳之曰：'卿在虏庭，累载拘系，苏武弗之过也。'拜鸿胪卿。"又《刘世让传》："突厥处罗可汗与高开道、苑君璋合众攻之，甚急。鸿胪卿郑元璹先使在蕃，可汗令元璹来说之。"《新书》本传："颉利立，留帐中数年，帝既许可汗婚，元璹始得还，帝劳曰：……拜鸿胪卿，母丧免。"《元龟》卷六六〇："唐郑元璹，武德中为鸿胪卿。时突厥寇并州，高祖令元璹充使招慰突厥。"又卷六六三："唐郑元璹为太常卿，时突厥始毕可汗弟乙力设代其兄为叱罗可汗。……元璹来还，高祖劳之曰：'卿在虏庭累载拘系，苏武弗过也。'拜鸿胪卿。"又卷三七三："刘世让……累转并州总管，统兵屯于雁门，突厥处罗可汗与高开道、苑君璋合众攻之甚急，鸿胪卿郑元璹先使在蕃，可汗令元璹来说之，世让厉声曰：'大丈夫奈何为夷狄作说客邪！'经月余，虏乃退。及元璹还，述世让忠勇，高祖下制褒美之，赐以良马。"《通鉴考异》：武德五年，"《旧世让传》云：时鸿胪卿郑元璹先使在蕃，可汗令元璹来说之，世让厉声曰：'大丈夫乃为夷狄作说客邪！'经月余，虏乃退，及元璹还，述世让忠贞勇干，高祖下制褒美之。……按高祖称元璹苏武弗之过，安肯为可汗游说！脱或果尔，则元璹唯恐帝知之，安肯称世让忠贞，说之不下邪！据《实录·世让传》无此事，今不取"。

郑元璹　　贞观元年(627)

《通鉴·贞观元年》：十二月，"颉利益衰，国人离散。……鸿胪卿郑元璹使突厥还，言于上曰……"。此为再任。

李道宗　　贞观元年(627)

《旧书》本传："贞观元年，征拜鸿胪卿，历左领军、大理卿。时太宗将经略突厥，又拜灵州都督。三年，为大同道行军总管。"《新书》本传："贞观元年，召拜鸿胪卿，迁大理。太宗方经略突厥，复授灵州都督。"

唐　俭　　贞观三年—四年(629—630)

《元龟》卷三五七:"贞观三年……突厥既败,屯营于碛口,遣使请和,诏鸿胪卿唐俭往赦之。"又见卷三三六。又卷四二〇作"贞观四年"。《旧书·李靖传》:"自破定襄后,颉利可汗大惧……请举国内附。……其年二月,太宗遣鸿胪卿唐俭、将军安修仁慰谕。"同书《李勣传》:"贞观三年,为通汉道行军总管。……突厥败,屯营于碛口,遣使请和。诏鸿胪卿唐俭往赦之。"《旧书·突厥·颉利可汗传》:贞观四年二月,颉利"请举国内附。太宗遣鸿胪卿唐俭、将军安修仁持节安抚之"。《新书·李靖传》:"颉利走保铁山,遣使者谢罪,请举国内附。以靖为定襄道总管往迎之。又遣鸿胪卿唐俭、将军安脩仁尉(慰)抚。"《隋唐五代墓志汇编》陕西卷第三册《大唐故开府仪同三司特进户部尚书上柱国莒国公唐君(俭)墓志铭并序》(显庆元年十一月二十四日):"转卫尉卿,寻为遂州都督。……寻转鸿胪卿,迁户部尚书,加位光禄。贞观十有九年抗表致仕。"显庆元年十月三日卒,享年七十八。同书陕西卷第一册《大唐故殿中少监上柱国唐府君(河上)墓志铭并序》(仪凤三年二月十四日):"父俭,今朝内史侍郎、礼部尚书、天策府长史、遂州都督、鸿胪卿、户部尚书、右光禄大夫、特进、上柱国、莒国公。"河上卒仪凤三年正月六日,春秋六十五。北图藏拓片《唐俭墓碑》(开元二十九年二月):"加鸿胪卿、户部尚书。"又见《全文》卷九九一阙名《唐故特进莒国公唐府君碑》:"贞观□年□使□□都督(阙十五字),加鸿胪卿,户部尚书,□实封八百户。……尚豫章公主。"《通鉴·贞观四年》:二月,"先是,颉利既败……上遣鸿胪卿唐俭等慰抚之。又诏李靖将兵迎颉利。……唐俭脱身得归"。

高表仁　　约贞观初期

《隋唐五代墓志汇编》洛阳卷第六册《唐故朝散大夫行洛州偃师县令高君(安期)墓志铭并序》(光宅元年十一月十九日):"祖表仁,随大宁公主、驸马都尉、渤海郡开国公。皇朝尚书右丞、鸿胪卿、□泾延谷四州刺史,上柱国、郯国公。"安期文明元年卒,春秋四十七。

《旧书·高叡传》:“父表仁,谷州刺史。”

郭嗣本　贞观中

《会要》卷七九《谥法》上:“靖……魏州刺史辛君昌、鸿胪卿、怀仁县公郭嗣本、赠越州都督渭源县侯顾琮、赠太子太师冀国公窦希瓘、赠左散骑常侍路嗣恭、赠太子太傅崔损。”贞观中官司农卿,见《通典》卷一九七。《姓纂》卷一〇京兆郭氏:“嗣本,职方郎中、司农卿、怀仁公。”

冯少师　贞观中

《姓纂》卷一京兆冯氏:“少师,唐驸马、鸿胪卿、青州刺史、陕东行台、右仆射。”《会要》卷六,少师尚高祖女长沙公主。

张宝藏　贞观中

《独异志》卷上《张宝藏因医致贵》条:“唐贞观中,张宝藏为金吾长史,尝因下直归栎阳,路逢少年畋猎,割鲜野食。倚树长叹曰:‘张宝藏身年七十,未尝得一食酒肉如此者,可悲哉!’傍有一僧,指曰:‘六十日内,官登三品,何足叹也。’言讫不见。宝藏异之,即时还京。时太宗苦病痢疾,众医不效……宝藏曾困此疾,即具疏答诏,以乳煎荜茇方进。上服之,立瘥。宣下宰臣,与五品官。魏徵难之,逾月不进拟。上疾复作……复令进之,一啜又平复。……乃厉声曰:‘与三品文官。’立授鸿胪卿,时正六十日矣。”

豆卢揩　贞观中

《隋唐五代墓志汇编》洛阳卷第十一册《唐故岐王府祭酒崔公豆卢夫人墓志铭并序》(天宝四载五月二十七日):“故金紫光禄大夫、光禄卫尉鸿胪三卿、郢城郡开国公揩,夫人大王父也。祖玄俨,集饶二郡太守、上柱国。父志静,大中大夫、坊延二郡太守、袭郢城公。”夫人卒天宝四载三月廿四日,春秋六十六。按豆卢玄俨总章二年在饶州刺史任,则其父揩当仕贞观中。

刘善因　　贞观十四年—十五年(640—641)

《元龟》卷一五七:贞观十五年“八月……谓鸿胪卿刘善固(因)曰:今远方之人,朝贡不绝。”【增订】曾润《订正》:按《杨恭仁墓志》:“维贞观十三年龙集己亥十二月己巳日,特进、观国公薨于京城安定里第,春秋七十二。……使鸿胪卿刘善因策赠开府仪同三司、使持节潭州等七州都督、潭州刺史,谥曰孝公,礼也。有诏陪葬昭陵。粤以十四年三月戊戌朔十二日己酉,安厝真宅。”是善因贞观十四年初已为鸿胪卿。又《刘琰墓志》(总章三年):“祖善因,皇朝金紫光禄大夫、平恩郡开国公、同文大卿。”

阿史那社尔　　贞观十九年(645)

《元龟》卷三八四:贞观“十九年,(阿史那社尔)从太宗征辽,所部兵士人百其勇,师旋,兼授鸿胪卿”。《旧书》本传:“十九年,从太宗征辽……师旋,兼授鸿胪卿。二十一年,为昆丘道行军大总管,征龟兹。”《新书》本传:“从征辽东……还,擢兼鸿胪卿。”

崔敦礼　　贞观二十年(647)

《元龟》卷六五三:“崔敦礼以贞观二十年为兵部尚书兼简较鸿胪卿,翰海都督,回纥吐迷度为其下所杀,诏敦礼持节绥辑之。”按唐初检校官乃任职而未正授之谓。

李素立　　贞观二十一年?(647?)

《新书》本传:“贞观中,转扬州大都督府司马……历太仆、鸿胪卿,累封高邑县侯。出为绵州刺史。”

阎立德　　贞观二十二年(648)

《元龟》卷三一九:贞观二十二年,“七月,(房)玄龄薨……仍令工部尚书阎立德摄鸿胪卿监护”。《全文》卷八太宗《赐房玄龄陪葬诏》:“仍令工部尚书阎立德摄鸿胪卿监护。”

萧嗣业　　显庆三年—龙朔三年(658—663)

《旧书·高宗纪上》:显庆三年十一月,“鸿胪卿萧嗣业于石国取贺鲁至,献于昭陵”。《旧书·礼仪志》:“龙朔二年八月,所司奏:‘司文正卿萧嗣业,嫡继母改嫁身亡,请申心制。”《新书·高宗纪》:“龙朔元年正月戊午,鸿胪卿萧嗣业为扶余道行军总管,以伐高丽。”《通鉴·龙朔元年》同。又:“鸿胪卿萧嗣业为仙萼道行军总管。”《会要》卷三七:“龙朔二年八月,有司奏,同文正卿萧嗣业嫡继母改嫁身亡,请申心制。”《隋唐五代墓志汇编》陕西卷第三册《大唐故开府仪同三司鄂国公尉迟君(敬德)墓志铭并序》(显庆四年四月十四日):“显庆三年十一月廿六日终于隆政里之私第,春秋七十有四。……仍令鸿胪卿琅玡郡开国公萧嗣业监护,光禄少卿殷令名为副。”同书陕西卷第一册《大唐故司徒公并州都督上柱国鄂国公夫人苏氏墓志铭并序》(显庆四年四月十四日):“又遣鸿胪卿琅玡郡开国公萧嗣业监护。复下诏曰:赠司徒并州都督鄂国公敬德故妻苏氏……可赠鄂国夫人,粤以显庆四年,岁次己未,四月丁未,十四日庚申,合葬于昭陵东南十三里安乐乡普济里之所。”《全文》卷一五二许敬宗《唐并州都督鄂国公尉迟恭碑》:“葬事所须,并宜官给。……仍令鸿胪卿琅玡郡开国公萧嗣业监护,光禄少卿殷令名为副使,务从优厚,称朕意焉。”《元龟》卷五八六:“陇西郡王博文为司礼太常伯,龙朔二年八月,司文正卿萧嗣业嫡继母改嫁而卒,请申心制。”【增订】《订补》云:新出土《大唐故新城长公主墓志铭并序》:“以龙朔三年二□□□□□□薨于长安县通轨坊南薗,春秋年卅。……遣同文正卿琅玡□开国公萧嗣业持节护丧事,司元□□伯剡国公张大象为副。”(《唐新城长公主墓发掘报告》,科学出版社 2004 年 4 月,第 135—138 页)《考释》:“两唐书中均记其为鸿胪卿兼单于督护府长史,《新唐书·宰相世系表》中记其为‘鸿胪少卿,琅玡郡公’。新城公主墓志中其为‘同文正卿,琅玡郡开国公’。同文正卿即鸿胪卿,《新唐书·百官志》和《唐六典》卷一八中有记载:龙朔二年改鸿胪寺卿为同文正卿,可纠《新表》中‘鸿胪少卿’之误。”知萧嗣业龙朔三年(663)二月尚在鸿胪卿任。

源直心　　麟德二年(665)

《隋唐五代墓志汇编》陕西卷第一册《大唐[赠]骠骑大将军益州大都督上柱国卢国公程使君(知节)墓志铭并序》(麟德二年十月二十二日):"以麟德二年二月七日遘疾薨于怀德里第,春秋七十有七。……仍令司刑太常伯源直心摄同文正卿监护,奉常丞张文收为副。"

杨　昉　　总章三年(670)

《旧书·李勣传》:"寻薨……陪葬昭陵,令司平太常伯杨昉摄同文正卿监护。"【增订】曾涧《订正》:按勣薨于总章二年,乾封二年尚在世。《旧唐书·高宗纪下》:总章二年"十二月戊申,司空、太子太师、英国公勣薨。"《李勣墓志》:"总章二年十二月三日薨,春秋七十有六。……有诏册赠太尉、使持节、大都督、扬和滁宣歙常润七州诸军事、扬州刺史……并赐东园秘器,仍令司礼太常伯、驸马都尉杨思敬、司稼少卿李行诠监护。粤以三年岁次庚午二月甲辰朔六日己酉陪葬于昭陵。"唐代大臣薨后册赠、赐东园秘器和陪葬皇陵,时日不同,不能混淆,后人读碑志须明了。勣总章二年十二月,薨后册赠太尉、扬州刺史,并赐东园秘器,监护者为司礼太常伯杨思敬、司稼少卿李行诠;总章三年陪葬昭陵,监护者为司平太常伯摄同文正卿杨昉。

卢承庆　　咸亨元年(670)

《全文》卷二三九武三思《大周无上孝明高皇后碑铭并序》:"咸亨元年八月二日崩于九成宫之山第,春秋九十有二。……即以其年庚午闰九月辛丑朔廿一日辛酉迁座于雍州咸阳县之洪渎原。……仍令司刑太常伯卢承庆摄同文正卿充监护大使。"

萧嗣业　　咸亨四年(673)

《通鉴·咸亨四年》:十二月,"弓月南结吐蕃,北招咽面,共攻疏勒,降之。上遣鸿胪卿萧嗣业发兵讨之"。此为再任。

萧嗣业　仪凤元年—调露元年(676—679)

《旧书·突厥上·泥孰匐传》:“调露元年,单于管内突厥首领阿史德温傅、奉职二部落始相率反叛……高宗遣鸿胪卿萧嗣业、右千牛将军李景嘉率众讨之。”《全文》卷二二八张说《赠太尉裴公神道碑》:“公讳行俭,字守约,河东闻喜人也。……调露中,单于可汗伏念外叛,大鸿胪萧嗣业丧律,诏公为定襄道大总管。”《新书·突厥传上》:“调露初,单于府大酋温傅、奉职二部反……乃以鸿胪卿、单于大都护府长史萧嗣业、左领军卫将军苑大智……讨之。”《新书》本传:“擢累鸿胪卿,兼单于都护府长史。”《新书·吐蕃传上》:“上元二年,遣大臣论吐浑弥来请和,且求与吐谷浑修好,帝不听。明年,攻鄯、廓、河、芳四州……乃诏周王显为洮州道行军元帅,率……鸿胪卿萧嗣业等军讨之。”《新表一下》齐梁房萧氏:“嗣业,鸿胪少卿、琅邪郡公。”乃银州刺史嗣德弟。少卿当为卿之误。《通鉴·调露元年》:“十月,单于大都护府突厥阿史德温傅、奉职二部俱反……遣鸿胪卿单于大都护府长史萧嗣业……等将兵讨之。”

杨宝应　调露二年(680)

《新表一下》杨氏越公房:“宝应,华州刺史、鸿胪卿。”乃高宗相弘武三从兄弟。【增订】曾涧《订正》:考《李元祥墓志》(开耀元年十月):“以调露二年七月廿七日遘疾薨于州馆,春秋五十有五。……诏鸿胪卿杨宝应持节赍玺书吊祭,仍监护丧事。”知宝应调露二年为鸿胪卿。其任华州刺史在则天时,见《庞志信墓志》。

柳行满　永淳元年(682)

《唐代墓志汇编续集》永淳〇〇九《大唐故临川郡长公主墓志铭并序》(永淳元年十二月廿五日):“以永淳元年五月廿一日,薨于幽州公馆,春秋五十有九。……仍令秘书少监柳行满摄鸿胪卿监护,相王府咨议殷仲容为副。……即以其年岁次壬午,十二月庚申朔,廿五日甲申,陪葬于昭陵之左。”

杨崇敬　高宗时

《全文》卷二二九张说《赠太州刺史杨公(志诚)神道碑》:“考故常州刺史、工部侍郎、鸿胪卿、金紫光禄大夫、散骑常侍、太子少师、赠仪同三司、上柱国、郑国懿公讳崇敬。”《唐仆尚丞郎表》卷二二《工侍》:“杨崇敬,约高宗世,曾官工侍。”

独孤安诚　高宗时

【增订】《大唐西市博物馆藏墓志》二一三《独孤朏墓志》:“祖讳安诚,皇朝鸿胪卿。”其时代约在高宗时。

元令表　高宗末

《姓纂》卷四河南洛阳元氏:“令表,工部侍郎、司宾卿。”乃元怀子。《唐仆尚丞郎表》卷二二《工侍》:“元令表,约高宗末叶,曾官工侍。”

徐思顺　高宗、武后间

《新表五下》徐氏:“思顺字知通,鸿胪卿。”乃梓州刺史震子,敬业弟。

史务滋　天授元年(690)

《新书·宰相表上》:天授元年九月,“司宾卿史务滋守纳言”。《新纪》《通鉴》同。《新书》本传:“累吏劳,迁司宾卿,进拜纳言。后革命,诏务滋等十人分行天下。”《旧书·则天纪》:载初元年九月,“司宾卿史务滋为纳言”。今从《新书·宰相表》。

崔神基　长寿元年(692)即天授三年、如意元年

《旧书·来俊臣传》:“如意元年,地官尚书狄仁杰……司宾卿崔神基、文昌左丞卢献等六人,并为其罗告。”同书《崔义玄传》:“子神基袭爵。长寿中,为司宾卿、同凤阁鸾台平章事。为相月余,为酷吏所陷,减死配流。”《新书》本传:“神基,长寿中为司宾卿、同凤阁鸾台

平章事。"《全文》卷二四四李峤《为崔神基让司宾卿表》:"伏奉恩制,以臣为司宾卿。"《新书·宰相表上》:长寿元年八月,"司宾卿崔神基、秋官侍郎崔元综……并同凤阁鸾台平章事。"《新纪》《通鉴》同。又《旧书·李义府传》:"长安元年,又赐义府子左千牛卫将军湛及敬宗诸子实封各三百户,义玄子司宾卿基、德俭子殿中监璿实封各二百五十户。""基"当即神基,言长安元年,疑误。《元龟》卷八六六:"崔义玄为御史大夫、蒲州刺史。子神基司宾卿、同凤阁鸾台平章事。神基弟神庆历司刑、司礼二卿。神庆子琳等皆至大官。……琳与弟太子詹事珪、光禄卿瑶俱列棨戟,时号'三戟崔家'。琳位终太子少保。"

豆卢钦望　*长寿元年—二年(692—693)*

《旧书·则天纪》:长寿二年九月,"辛丑,司宾卿豆卢钦望为内史"。《新纪》《宰相表》同。《通鉴·长寿二年》:九月,"辛丑,以文昌左丞、同平章事姚璹为司宾[少]卿,罢政事,以司宾卿万年豆卢钦望为内史"。《旧书》本传:"钦望,则天时累迁司宾卿。长寿二年,代宗秦客为内史。"《新书》本传:"钦望累官越州都督、司宾卿。长寿二年,拜内史,封芮国公。"《旧书·则天皇后纪》:长寿二年秋九月,"辛丑,司宾卿豆卢钦望为内史"。《新书·宰相表上》:长寿二年九月,"司宾卿豆卢钦望守内史"。《嘉泰会稽志》卷二:"豆卢钦望,如意元年自婺州刺史授,召拜司宾卿。"《会稽掇英总集》卷一六:"豆卢钦望,如意元年自婺州刺史授,拜司农卿。"《全文》卷一六九小传:"雍州万年人,累官越州都督、司宾卿,长寿二年拜内史,封芮国公,坐阿附李昭德贬赵州刺史,入为司府卿,迁秋官尚书。"【增订】《全唐文补遗》第七辑第30页李迥秀《豆卢望碑》:"入计拜太府卿,转鸿胪卿。"

田归道　*万岁通天元年(696)*

《旧书·突厥上·默啜传》:"万岁通天元年,契丹首领李尽忠、孙万荣反叛,攻陷营府……默啜至是又索此降户及单于都护府之地,兼请农器、种子,则天初不许,默啜大怨怒,言辞甚慢,拘我使人司宾卿田归道,将害之。"《新书》本传:"突厥默啜请和,武后诏将军阎知微册可汗号,持节往。默啜又遣使谢,知微遇诸道……默啜将至单于都护府,诏归道摄司宾卿往劳。"《新书·突厥传上》:"默啜自立为可汗,篡位数年……默啜又请粟田种十万斛,农器三千具,铁数万斤,后不许,宰相李峤亦言不可。默啜怨,为慢言,执使者司宾卿田归道。于是纳言姚璹等建请与之。……诏淮阳王武延秀聘其女为妃,诏知微摄春官尚书,与司宾卿杨鸾庄持节护送。"《通鉴·万岁通天元年》:九月,"太后遣……左卫郎将摄司宾卿田归道册授默啜左卫大将军、迁善可汗"。《元龟》卷六六一:"田归道为左右卫郎将,武后朝,突厥默啜请入朝,将至单于都护府,乃令归道摄司宾卿迎劳之。"

杨齐庄(杨鸾庄)　　万岁通天元年(696)

《旧书·突厥传上·默啜传》:"万岁通天元年,契丹首领李尽忠、孙万荣反叛,攻陷营府。……其年,则天令魏王武承嗣男淮阳王延秀就纳其女为妃,遣右豹韬卫大将军阎知微摄春官尚书,右武威卫郎将杨齐庄摄司宾卿,大赍金帛,送赴虏庭。"《新书·突厥传上》:"默啜自立为可汗,篡位数年……默啜又请粟田种十万斛,农器三千具,铁数万斤,后不许,宰相李峤亦言不可。默啜怨为慢言,执使者司宾卿田归道。于是纳言姚璹等建请与之。……诏淮阳王武延秀聘其女为妃,诏知微摄春官尚书,与司宾卿杨鸾庄持节护送。"

阿史德元珍　　万岁通天元年(696)

《姓纂》卷五阿史德氏:"通天司宾卿、瀚海侯阿史德元珎。"岑校:"珎,疑当作珍。"《通志》作珍,高宗末附骨咄禄反者有阿史德元珍,与此当同名异人。

于惟谦　　圣历二年(699)

《姓纂》卷二江陵于氏:"惟谦,兵部侍郎、平章事。"《全文》卷二四二李峤行制:"文昌右司郎中于惟谦……可朝请大夫守给事中。"

《唐文拾遗》卷一六陈子昂《荆州大崇福观记》:“司宾卿于惟谦,地官主事鲁玄杰,咸经沐浴邦宪……时龙集己亥,圣历之二年也。”

元善应　　武后时?

《姓纂》卷四河南洛阳元氏:“善应,司宾卿、同州刺史。”乃慈政子。《全文》卷七八五穆员《元盛志》:“魏昭成帝之十二代孙皇朝金紫光禄大夫司膳卿汝阳公善应之曾孙。”盛卒贞元十一年,享年五十五。

武攸止　　武后时

《姓纂》卷六沛国武氏:“攸止,恒安王、司宾卿。”《新表四上》:“攸止,恒安王、司宾卿。”乃魏州刺史弘度子。

武攸宜　　武后时

《全文》卷二〇九陈子昂《为河内王等论军功表》:“右,金吾大将军兼检校洛州长史河内郡王臣懿宗加爵一等,勋五转,司宾卿兼羽林大将军建安郡王攸宜加爵一等,勋七转。臣某等言。”同书卷二二三张说《为建安王让羽林卫大将军兼检校司宾卿表》:“伏承月日敕书,除臣右羽林卫大将军兼检校司宾卿。”

鞠　某　　武后时

《全文》卷二一四陈子昂《送鞠郎将使默啜序》:“盖北夷不羁之日久矣……岁一月,上将恤戎,乃以金章假鞠公为司宾卿,载驰锦车,谕意云幕。”

李重英　　约武后时

《新表五下》柳城李氏:“重英,鸿胪卿,兼檀州刺史。”乃左威卫大将军令节子,左羽林大将军楷洛父,李光弼祖父。《全文》卷三四二颜真卿《唐故开府仪同三司太尉兼侍中河南副元帅都督河南淮南淮西荆南山南东道五节度行营事东都留守上柱国赠太保临淮武穆王李公(光弼)神道碑铭》:"祖鸿胪卿兼檀州刺史府君讳重英。"

甘元柬 神龙二年(706)

《隋唐五代墓志汇编》洛阳卷第十五册《大唐故鸿胪卿兼检校右金吾大将军上柱国赠兵部尚书曹国公甘府君(元柬)墓志文》:"未几,出为凤州刺史。是岁,湟中杂种诱訹西南夷蜂合蚁聚,将陷賨蜀。朝廷骇焉,乃命君持节攘遏……复以君为和亲使,君衔命绝域。……朝廷嘉之,拜鸿胪少卿,乃申前约,吐蕃复羞金帛之礼,随君而还,进位鸿胪卿,兼右金吾卫大将军,封丹阳郡公。"同书洛阳卷第八册《唐赠太子中舍人丹阳甘府君(基)墓志》(神龙二年七月一日):"大唐神龙二年二月,应天皇帝以其孙元柬累竭诚亮,克宣终始,乃下制曰:'鸿胪卿、上柱国、丹阳郡开国公甘元柬祖基等被服诗礼,周旋道德。可赠太子中舍人。……次子鸿胪卿元柬。"《旧书·武三思传》:"又与其所亲兵部尚书宗楚客、将作大匠宗晋卿、太府卿纪处讷、鸿胪卿甘元柬递相引致,干黩时政。"《通鉴·神龙二年》:八月,"时兵部尚书宗楚客、将作大匠宗晋卿、太府卿纪处讷、鸿胪卿甘元柬皆为三思羽翼"。

臧思言 景龙元年(707)

《新书·中宗纪》:景龙元年五月,"丙午,假鸿胪卿臧思言使于突厥,死之"。《旧书·突厥上·默啜传》:"(中宗)又命内外官各进破突厥之策。……默啜于是杀我行人假鸿胪卿臧思言。"《新书·突厥传上》:"中宗始即位,入攻鸣沙……虏遂入原、会,多取牧马。帝诏绝昏,购斩默啜者王以国、官诸卫大将军。默啜杀我行人鸿胪卿臧思言,诏左屯卫大将军张仁亶为朔方道大总管屯边。明年,始筑三受降城于河外,障绝寇路。"

赵承恩 景龙二年(708)

《全文》卷二五七苏颋《章怀太子良娣张氏神道碑》:"粤景龙二载孟夏之月,遘疾弃养于京延康第之寝。洎景云光华,春雨自叶……金紫光禄大夫、行鸿胪卿赵承恩、银青光禄大夫、尚书左丞元暕持节册赠曰章怀皇太子良娣，祔于陵邑，礼也。……乃敕礼部尚书苏颋采询为言。"《姓纂》卷七长平赵氏："承恩，鸿胪卿。"承恩神龙元年官光禄卿，见《通鉴》卷二〇八。

裴　巽　　景龙二年(708)

《全文》卷二八二李迥秀《唐齐州长史裴府君(希惇)神道碑》："粤以景龙二年十月二十六日合葬于咸阳之北原，礼也。……嫡孙巽，鸿胪卿、驸马都尉、上柱国、魏郡开国公。"

李迥秀　　景龙二年—三年(708—709)

《旧书》本传："景龙中，累转鸿胪卿、修文馆学士，又持节为朔方道行军大总管。"《新书》本传："中宗即位，召授将作少监。累迁鸿胪卿、修文馆学士。"《全文》卷二八二小传："景龙中，累转鸿胪卿、修文馆学士，持节为朔方道行军大总管。"《元龟》卷七五六："李迥秀，睿宗时为鸿胪卿，性至孝，事母甚谨。"又卷九一四："李迥秀，中宗朝为鸿胪卿，晚溺于酒，然公事不亏。"【增订】《订补》云：《全唐文补遗》第七辑第30页李迥秀《豆卢望碑》："时景龙三年十一月廿二日，即长安颁政里之私第，春秋八十有六。……敕鸿胪卿李迥秀监护，雍州司马韦铣为副。"《大唐西市博物馆藏墓志》一五五《房先忠墓志》末署："鸿胪卿李迥秀撰，礼部郎中薛稷书。"志云房先忠"以上元元年八月廿二日，终于九城宫百丈门，享年卌三。以景龙二年二月廿七日，合葬京兆，仍陪昭陵先尚书之旧茔，礼也"。由此证知，李迥秀为鸿胪卿的时间可定于景龙二年至三年。

冯仁□　　景龙中

《全文》卷三〇四崔尚《沁州刺史冯公碑》："公讳仁(阙一字)，字太元……景龙(阙一字)年(阙)之诚孝精忠，道士道力，意得元珠，谋参黄石，同心戴舜，以为天子(阙四字)。银青光禄大夫、鸿胪卿、冀国公，实封三百户，银印青绶。"

和逢尧　景云二年(711)

《通鉴·景云二年》:十月,“御史中丞和逢尧摄鸿胪卿,使于突厥”。《旧书》本传:“睿宗时,突厥默啜请尚公主,许之,逢尧以御史中丞摄鸿胪卿充使报命。”《新书》本传:“突厥默啜请尚公主,逢尧以御史中丞摄鸿胪卿,报可。”

张　让　约开元初

【增订】《长安高阳原新出土隋唐墓志》第225页载《唐李楹嘉妻张氏墓志》:“有唐故鸿胪卿清河张让曾孙,太仆卿去逸元孙。”

唐　晙　开元元年(713)

《新书·高宗女太平公主传》:“先天二年,与尚书左仆射窦怀贞、侍中岑羲、中书令萧至忠、崔湜……鸿胪卿唐晙及元楷、慈、慧范等谋废太子。”《通鉴·开元元年》:六月,“太平公主依上皇之势,擅权用事,与上有隙……与……鸿胪卿唐晙……等谋废立”。

崔　忻　开元二年(714)

【增订】陈显昌《唐崔忻题名石刻》:“这里是一幅石刻拓片的照片,字迹清晰可见:‘敕持节宣劳靺鞨使鸿胪卿崔忻井两口永记验。开元二年五月十八日。’”(《求是学刊》1980年第1期)

刘知柔　开元二年—三年(714—715)

《旧书·刘子玄传》:“兄知柔,少以文学政事,历荆扬曹益宋海唐等州长史刺史、户部侍郎、国子司业、鸿胪卿、尚书右丞、工部尚书、东都留守,卒。”《全文》卷二五一苏颋《授刘知柔工部尚书制》:“鸿胪卿、上柱国、彭城郡开国公刘知柔……出膺贤守,则郡国循良;入位名臣,则衣冠准的。……可银青光禄大夫,守工部尚书。”《全文》卷二五七苏颋《高安长公主神道碑》:“惟开元二年,龙集摄提格,夏五月哉生明,高安长公主薨于长安永平里第。……遣大鸿胪彭城侯刘知柔持节赍书赴吊,京兆尹摄大鸿胪邓国公张暐、司农少卿李彦有司帅属护丧。"《全诗》卷七四苏颋《奉和崔尚书赠大理陆卿鸿胪刘卿见示之作》,按"崔尚书"当指崔日用,本年在吏部尚书任,见《旧书·音乐志》及《唐会要》卷二二。"大理陆卿"指陆余庆,《新书·陆余庆传》:"开元初,为河南、河北宣抚使……大理卿。""鸿胪刘卿"指刘知柔,本年由尚书右丞任鸿胪卿。《唐仆尚丞郎表》卷二一《工尚》:"刘知柔,开元三年,由鸿胪卿迁工尚,时阶银青光禄大夫。"

张　暐　　开元三年(715)

《全文》卷二五一苏颋《授张暐鸿胪卿制》:"银青光禄大夫、詹事、兼尚书右丞、上柱国、邓国公张暐……可鸿胪卿,勋封如故。"同书卷二五七苏颋《高安长公主神道碑》:"惟开元二年,龙集摄提格,夏五月哉生明,高安长公主薨于长安永平里第。……遣大鸿胪彭城侯刘知柔持节赍书赴吊,京兆尹摄大鸿胪邓国公张暐、司农少卿李彦有司帅属护丧。"

刘知柔　　开元七年(719)

《元龟》卷三〇三:开元七年,王仁皎卒,"宜令银青光禄大夫、守工部尚书、上柱国、彭城郡开国侯刘知柔摄鸿胪卿监护。"《全文》卷二三〇张说《赠太尉益州大都督王公神道碑奉敕撰》:"公讳仁皎……享年六十有九,开元七年,岁次己未,四月己未朔,廿日戊寅,薨于京师……乃命尚书彭城侯刘知柔摄大鸿胪,俾之监护,京兆少尹崔琬介焉。"又卷二二玄宗《赠王仁皎太尉益州大都督制》:"宜令银青光禄大夫、守工部尚书、上柱国、彭城郡开国侯刘知柔摄鸿胪卿监护。"此为再任。

吴思谦　　开元七年(719)

【增订】曾涧《增补》:《元龟》卷九七四:开元七年,"六月丁卯,靺鞨渤海郡王大祚荣卒,赠特进。……遣左监门率上柱国吴思谦摄鸿胪卿持节充使吊祭"。又见《通鉴考异》引《实录》。

韦　抗　　开元八年(720)

《旧书》本传："[开元]八年，河曲叛胡康待宾拥徒作乱，诏抗持节慰抚。抗素无武略，不为寇所惮，在路迟留不敢进，因坠马称疾，竟不至贼所而还。俄以本官检校鸿胪卿，代王晙为御史大夫，兼按察京畿。"《全文》卷二五八苏颋《刑部尚书韦抗神道碑》："入拜黄门侍郎……上闲燕，顾近臣言：韦抗，朕素知之，何适不允。大鸿胪今典宾客之事，古称行人之职，俾令即序，期以不滥，抗宜兼授，登叶睿图。迁御史大夫，持节朔方军大总管。……贬安州都督。"

萧　嵩　　开元八、九年(720—721)

北图藏拓片《唐故朝散大夫国子司业上柱国开君(休元)墓志铭并序》(开元二十一年十一月九日)："调补梁州兵曹参军，时中令萧公作牧斯郡，按察剑外，唯贤是举……升为判官。……萧公入为鸿胪卿，移按河北，奏君从事如初。……旋以使功擢授国子助教。……除国子博士，属国家有巡享之礼……无何除国子司业。"开元二十一年五月七日卒，年五十五。按萧公为萧嵩，开元十七年始兼中书令，二十一年十二月罢为右丞相，见《新书·宰相表中》。

程行谋　　约开元十年(约722)

《全文》卷二五八苏颋《御史大夫赠右丞相程行谋神道碑》："又迁扬州大都督府长史。……征拜鸿胪卿，即殿中监。……擢拜御史大夫。"享年八十三，开元十四载卒。

袁　振　　开元十三年(725)

《旧书·突厥上·毗伽可汗传》："[开元]十三年，玄宗将东巡……[裴]光庭请遣使征其大臣扈从，则突厥不敢不从，又亦难为举动。[张]说然其言，乃遣中书直省袁振摄鸿胪卿，往突厥以告其意。"《新书·突厥传下》："是时天子东巡泰山，中书令张说谋益屯以备突厥，兵部郎中裴光庭曰……光庭即请以使召其大臣入卫，乃遣鸿胪卿袁振往谕帝意。"

宇文融 开元十六年—十七年(728—729)

《旧书》本传:“[开元]十六年,复入为鸿胪卿,兼户部侍郎。明年,拜黄门侍郎,与裴光庭并兼同中书门下平章事。”《新书》本传:“出融为魏州刺史。……俄兼检校汴州刺史、河南北沟渠堤堰决九河使。……入为鸿胪卿,兼户部侍郎。明年,进黄门侍郎、同中书门下平章事。”《全诗》卷一〇八小传:“进御史中丞,出为魏州刺史。……入为鸿胪卿、兼户部侍郎,转黄门侍郎、同中书门下平章事。”考《新书·宰相表中》:开元十七年六月,“户部侍郎宇文融为黄门侍郎,并同中书门下平章事”。

田宾庭 开元十七年(729)

【增订】曾洞《增补》:《山右石刻丛编》卷六《庆唐观纪圣铭碑阴》题名:“试鸿胪卿柱国田宾庭。”“开元十七年太岁己巳九月己丑朔三日辛卯建。”宾庭,开元中为光禄卿,见两《唐书》本传。开元廿八年为京兆少尹,见《睿宗贵妃豆卢氏墓志》(洛阳市文物工作队《唐睿宗贵妃豆卢氏墓发掘简报》,《文物》1995 年第 8 期,第 37—53 页)。又《韦济墓志》:“春秋六十一,以(天宝)十三载十月十一日终于京城之兴化里第。……其所游者,若吴郡陆景融、范阳张均、彭城刘升、陇西李升期、京兆田宾庭、陇西李道邃、己之族子岘、河东裴侨卿、范阳卢僎等,皆一时之彦也。”(《唐代墓志汇编续集》)

崔 琳 开元十九年(731)

《旧书·玄宗纪上》:开元十九年正月,“辛卯,遣鸿胪卿崔琳入吐蕃报聘。……二月甲午,以崔琳为御史大夫”。《通鉴》同。《全文》卷三〇玄宗《命崔琳使吐蕃诏》:“鸿胪卿崔琳,久历朝序,备晓政途,好谋而成,临事能断。俾衔国命,以赴蕃庭,宜令持节引入吐蕃使,所司准式发遣。”《元龟》卷六五四:“崔琳为鸿胪卿,玄宗开元十九年,以奉使入蕃,特加御史大夫,宠之也。”【增订】魏季随《灵岩寺记》:“时开元十九春三月龙集辛未六□□。使御史大夫、上柱国、魏县开国侯崔琳,判官鸿胪寺丞王攸,判官鸿胪寺主簿□□,判官晋州参军李浑……鸿胪寺府史卫如琳,鸿胪寺府史王曰诜,鸿胪寺府史贾昂□,鸿胪寺府史王兰,鸿胪寺府史巨承贵。”(王万青《炳灵寺石窟摩崖碑刻题记考释》,《敦煌学辑刊》1989年第1期)这篇文章即是记载开元十九年崔琳任鸿胪卿时使蕃情况,故题记是有多位鸿胪寺官员,由此知题字“使御史大夫”前不止缺两字,其缺字中应有“鸿胪卿”三字。

李　某　　开元二十一年(733)

《全文》卷二九一张九龄《大唐金紫光禄大夫行侍中兼吏部尚书宏文馆学士赠太师正平忠献公裴公(光庭)碑铭并序》:“[开元]二十有一年春三月癸卯,遘疾薨于京师平康里之私第,春秋五十八。……使左庶子摄鸿胪寺卿李(阙一字)监护丧事。”

李　岘　　开元二十三年(735)

《全文》卷三一九李华《东都圣善寺无畏三藏碑》:“开元二十三年十一月七日,右胁累足,涅槃于禅室,享龄九十九,僧腊八十。法界凄凉,无心震悼。诏鸿胪卿李岘,威仪宾律师护丧事,以某月日葬于龙门西山。……而乾元之岁,再造天维。”

李　瑗　　开元二十五年(737)

《大诏令集》卷三八《加乐安郡王实封制》:“故惠宣太子男守鸿胪卿乐安郡王瑗等……可共食封一千户,主者施行。开元二十五年七月。”又见《全文》卷二三玄宗文。

冯绍烈　　开元二十七年(739)

《姓纂》卷一京兆冯氏:“绍烈,兵部郎中、鸿胪卿。”按《冯昭泰碑》,开元十八年,绍烈为御史中丞。【增订】《大唐西市博物馆藏墓志》二二七《高婕妤墓志》:“时春秋卌有六,以开元廿七年岁在己卯六月壬戌朔十日辛未,终于西京别宫,移殡于兴宁里。……乃命骠骑大将军兼左骁卫大将军、知内侍、上柱国、虢国公杨思勖,鸿胪卿冯绍烈监护，万年令郑岩副焉。越七月辛卯朔卅日庚申，诏葬于新丰步昌原，礼也。”《西安碑林博物馆新藏墓志汇编》载翟约《大唐五通观威仪兼观主冯仙师墓志铭并序》：“仙师法号得一，长乐冯氏。赠工部尚书昭泰之孙，鸿胪卿绍烈之季女。”

郑嘉祚　开元时

《全文》卷四〇玄宗《再赐三姓葛逻禄书》：“故命鸿胪卿郑嘉祚赍告身袍带等驰往宣慰，便与卿等计会，乘其衰弱，早就翦除。”

长孙守贞　开元时

《新表二上》长孙氏：“守贞，鸿胪卿。”乃宁州刺史训孙，福昌尉钊子，宁州刺史全绪父。

武　忠　开元中

《姓纂》卷六沛国武氏：“忠，鸿胪卿。”《新表四上》武氏：“昕忠，鸿胪卿。”乃司宾卿攸止子，弘度孙。按昕、忠为两人，《新表》误。《英华》卷三九七孙逖《授武三思鸿胪卿制》，劳格《英华辨证补》谓思当作忠，三字衍，引《旧后妃传》为证，其说可信。《全文》卷九六二阙名《授武三思鸿胪卿制》：“金紫光禄大夫、行国子监祭酒武三思，延恩戚里，效职公朝……可行鸿胪卿，散官如故。”按此制《文苑英华》以为孙逖作。考逖知制诰在开元二十四年，时武三思久被诛。且新、旧《唐书》亦不载三思官鸿胪卿。当从劳格说，“三思”乃“忠”之误。

李齐物　天宝元年(742)

《新书·食货志三》：“[开元]二十九年，陕郡太守李齐物凿砥柱为门以通漕……齐物入为鸿胪卿，以长安令韦坚代之，兼水陆运使。”《旧书》本传：“天宝初，开砥柱之险，以通流运，于石中得古铁犁铧，有‘平陆’字，因改河北县为平陆县，加齐物银青光禄大夫，为鸿胪卿、河南尹，齐物与右相李适之善，适之为林甫所构贬官，齐物坐谪竟陵太守。入为司农、鸿胪卿。至德初,拜太子宾客。"《全文》卷二四二颜真卿《金紫光禄大夫守太子太傅兼宗正卿赠司空上柱国陇西郡开国公李公(齐物)神道碑铭》:"迁将作少匠,殿中少监,太府少卿,怀陕二州刺史。……特加银青光禄大夫、鸿胪卿。……拜河南尹、仍水陆运使。……贬竟陵郡太守。……天宝末征拜将作监,重授鸿胪卿。"

王忠嗣　天宝二年(743)

《会要》卷一〇〇:"天宝二年四月二十五日,上因问诸蕃诸国远近,鸿胪卿王忠嗣上言曰……"《新书·地理志七下》:"天宝中,玄宗问诸蕃国远近,鸿胪卿王忠嗣以《西域图》对,才十数国。"

张　倜　天宝三载(744)

《隋唐五代墓志汇编》陕西卷第二册《唐故九华观书□师藏形记》(永贞元年八月廿四日):"侄朝议郎行秘书省著作佐郎上柱国□□张冏撰。叔母谯郡□氏,即睿宗真皇帝之外孙,蔡国长公主之季女。……以总发之年爰归我族大鸿胪卿讳倜,即玉真长公主之次子也。……叔上元中得罪流窜遐荒,茂年倾逝,终于南土。"叔母贞元廿一年六月卒于九华观,年七十六。

王忠嗣　天宝五载(746)

《旧书》本传:"(天宝)五年正月……又权知朔方、河东节度使事。忠嗣佩四将印,控制万里。……寻迁鸿胪卿,余如故。……其载四月,固让朔方、河东节度,许之。……六载,会董延光献策请下石堡城……玄宗大怒,因征入朝,令三司推讯之,几陷极刑。……十一月,贬汉阳太守。"此当再任。

皇甫惟明　天宝五载(746)

《旧书·韦坚传》:"五载正月望夜,坚与河西节度、鸿胪卿皇甫惟明夜游。"

杨　銛　天宝七载(748)

《旧书·杨国忠传》:"是岁,贵妃姊虢国、韩国、秦国三夫人同日拜命,兄銛拜鸿胪卿。八载,玄宗召公卿百僚观左藏库。"《新书·杨国忠传》:"天宝七载,擢给事中、兼御史中丞,专判度支。会三妹封国夫人,兄銛擢鸿胪卿,与国忠皆列棨戟。"《旧书·后妃·玄宗杨贵妃传》:"天宝初,进册贵妃。妃父玄琰,累赠太尉、齐国公……再从兄銛,鸿胪卿。"《新书·后妃上·玄宗贵妃杨氏传》:"天宝初,进册贵妃。……擢叔玄珪光禄卿,宗兄銛鸿胪卿。"《全文》卷二六四李邕《五台山清凉寺碑》:"天宝七载,贵妃兄银青光禄大夫、宏农县开国男、上柱国、鸿胪卿杨銛,奉为圣主写一切经五千四十八卷,般若四教天台疏论二千卷,俾镇寺焉。"

蒋桃椀　天宝十二载(753)

日本池田温《唐研究论文选集》第462页引《延历僧录》:"(开元皇帝)特差鸿胪大卿蒋桃椀送至扬州,看取发别牒淮南,敕处致(置)使魏方进如法供给送遣。"按魏方进为淮南处置使在天宝十二载,见《唐刺史考全编》卷一二三。

李　琳　约天宝时

【增订】曾涧《增补》:《窦希瓘神道碑》(大历七年):"次女适鸿卿、嗣宁王琳。"琳为让皇帝李宪子,天宝三载二月封嗣宁王,见《旧唐书·玄宗纪下》。《旧唐书》卷九五本传:"历秘书员外监。从玄宗幸蜀郡,至德二载卒。"

李齐物　天宝末

《旧书》本传:"天宝初……加齐物银青光禄大夫,为鸿胪卿、河南尹,齐物与右相李适之善,适之为林甫所构贬官,齐物坐谪竟陵太守。入为司农、鸿胪卿。至德初,拜太子宾客。"《全文》卷二四二颜真卿《金紫光禄大夫守太子太傅兼宗正卿赠司空上柱国陇西郡开国公李公(齐物)神道碑铭》:"特加银青光禄大夫、鸿胪卿。……拜河南尹、仍水陆运使。……贬竟陵郡太守。……天宝末征拜将作监，重授鸿胪卿。”其重授鸿胪卿在天宝末。

杨　昢　天宝末

《旧书·杨国忠传》：国忠子“昢为鸿胪卿……昢陷贼被杀”。《新书·杨国忠传》：“四子……昢尚万春公主，位鸿胪卿，陷贼见杀。”《新表一下》杨氏：河中永乐房：“朏，鸿胪卿，驸马都尉。”“朏”应为“昢”之形误。乃玄宗相国忠子。《元龟》卷三〇六：“(杨)昢为鸿胪卿，尚万春公主。”

李　佩　玄宗时

《新书·李琬传》：“琬男女五十八人……佩鸿胪卿。”《新书·宗室世系表下》玄宗诸子：“鸿胪卿佩。”乃静恭太子琬之子。

刘若水　玄宗时

【增订】《大唐西市博物馆藏墓志》二一三《刘感义墓志》：“父若水，唐鸿胪卿。”其时代约在玄宗时。

李宗晖　至德元年(756)

《旧书·李重俊传》：一子宗晖，“至德元年，追赴行在所，授特进、鸿胪卿”。

张九章　至德二年(757)

《全文》卷四四〇徐浩《唐尚书右丞相中书令张公(九龄)神道碑》：“季弟九章，温吉、曹等州刺史、鸿胪卿。”九龄开元二十八年卒，夫人至德二年十月六日卒。《旧书·张九龄传》：“弟九皋……九章，历吉、明、曹三州刺史，鸿胪卿。”《新表二下》始兴张氏：“九章，鸿胪卿。”乃张九龄弟。

田神功　上元中

《新书》本传："(史)思明使与南德信、刘从谏南略江淮，神功袭德信，斩之，从谏脱身走，乃并将其兵，诏拜鸿胪卿。袭敬釭郓州，不克，刘展反，邓景山引神功助讨。"《全文》卷三三八颜真卿《有唐宋州官吏八关斋会报德记》："公名神功……斩德信，走从谏，遂并其众而报焉。肃宗大悦，拜公鸿胪卿。再袭敬釭于郓州，加中丞，讨刘展于润州，斩平之，迁徐州刺史。明年，拜淄青节度使。"

李　巽　乾元元年(758)

《旧书·回纥传》：乾元元年，"秋七月丁亥，诏以幼女封为宁国公主出降。其降蕃日……以堂侄左司郎中巽为兵部郎中、摄御史中丞、鸿胪卿，副之，兼充宁国公主礼会使"。

李　通　乾元二年(759)

《旧书·回纥传》：乾元二年，"夏四月，回纥毗伽阙可汗死。……六月丙午，以左金吾将军李通为试鸿胪卿、摄御史中丞，充吊祭回纥使"。

哥舒曜　肃宗时

《新书》本传："李光弼讨河北，曜请行，拜鸿胪卿，为光弼副。……贞元元年，部将叛，夜焚河南门，曜挺身免。帝以汴州刺史薛珏代之，召入为鸿胪卿。"

王　某　肃宗时

《全文》卷四二九于邵《田司马传》："会安禄山以范阳叛，潼关失守，有诏御史中丞郭英乂专制陇右，未及下车，表渭州陇西县令。……凤翔尹李鼎复兼陇右……遂举知长道县事……时特进鸿胪卿兼刺史太原王公，劳于取人，逸于用人。……遂举摄司马，仍知县事。"按唐代长道县属成州。王某为成州刺史约在肃宗上元时。

袁建康　肃宗时

【增订】《宝邑碑铭》第507页《唐故银青光禄大夫太府卿南阳郡开国公袁府[君](建康)墓志铭并序》:“入为左领军卫将军,拜银青光禄大夫、鸿胪太府卿,时议以为才,命不偶位。……大驾东狩,公素以疾,免适于闽越。会嗣子高为抚州临川令,公因寝疾,受养于兹,以明年十月十七日,薨于邑之官舍。”所谓“大驾东狩”是指广德元年(763)十月吐蕃侵入长安,代宗逃难陕州之事。是袁建康为鸿胪卿、太府卿应在肃宗时。

辛京杲　上元二年(761)

《新书·辛云京传》:“从弟杲……累迁鸿胪卿,召为英武军使。代宗立,封肃国公。”

窦履信　宝应元年(762)

《旧书·后妃·肃宗张皇后传》:“俄而肃宗崩,太子监国,遂移后于别殿,幽崩。……舅鸿胪卿窦履信贬道州刺史。”《姓纂》卷九河南洛阳窦氏:“履信,鸿胪卿。”乃景子。《新表一下》三祖窦氏:“履信,鸿胪卿。”乃梓州刺史履庭弟。

张　潜　宝应元年(762)

《旧书·后妃·肃宗张皇后传》:“俄而肃宗崩,太子监国,遂移后于别殿,幽崩。……弟延和郡主婿鸿胪卿潜贬郴州司马。”

李　遵　广德元年(763)

《全文》卷三九一独孤及《唐故特进太子少保郑国李公(遵)墓志铭》:“肃宗崩,公由太子少傅贬袁州刺史。竟为盗憎,且谗胜故也。宝应二年,拜鸿胪,寻复加太子少保,贬永州司马。大历二年七月某日薨于永州。”《全文》卷四三三小传:“宝应二年拜鸿胪,又贬永州司马。”

李光颜　　广德二年(764)

《新表五下》柳城李氏:“光颜,鸿胪卿。”乃李光弼弟。《全文》卷三四二颜真卿《唐故开府仪同三司太尉兼侍中河南副元帅都督河南淮南淮西荆南山南东道五节度行营事东都留守上柱国赠太保临淮武穆王李公(光弼)神道碑铭》:“弟光炎,并不幸早世。次曰光颜,特进、鸿胪卿,皆以将略见称时辈。”光弼卒广德二年七月五日。

张万福　　广德中

《旧书》本传:“寻真拜寿州刺史、淮南节度副使。为节度使崔圆所忌,失刺史,改鸿胪卿,以节度副使将千人镇寿州,万福不以为恨。”《新书》本传:“累摄寿州刺史……真拜刺史,兼淮南节度副使。而节度崔圆忌之,失刺史,改鸿胪卿,使将千人镇寿州。”《全文》卷五六〇韩愈《顺宗实录四》:贞元二十一年六月,“左散骑常侍致仕张万福卒。万福……为淮南节度崔圆所忌,失刺史,改鸿胪卿,以节度副使将兵千人镇寿州。”

蒋　涣　　永泰元年(765)

《新书·高智周传》:“智周所善义兴蒋子慎……其子缯往见智周,智周方贵,以女妻之。生子挺,历湖、延二州刺史。生子洌、涣,皆擢进士。……涣,永泰初历鸿胪卿。”《全诗》卷二五八小传:“永泰初,历鸿胪卿,日本使尝遗金帛,不受。”《全文》卷四一二常衮《授蒋涣鸿胪卿制》:“银青光禄大夫、检校刑部尚书、知省事、上柱国、汝南县开国公蒋涣……可检校刑部尚书兼鸿胪卿,散官勋封如故。”《咸淳毗陵志》卷一六:“(蒋)涣,历鸿胪卿,终礼部尚书。”

何　某　　大历六年—九年(771—774)

《全文》卷四四三齐论《赵州刺史何公德政碑》:“惟六祀,大鸿胪何公再践诸侯,奉告明命,尹兹赵人。”又见《八琼室金石补正》卷六三,末署:“大历九年七月廿七日,判官通直郎行昭庆县承(丞)齐论述并书。”

巨超俊　大历十一年(776)

北图藏拓片《妒神颂并序》(大历十一年五月十六日):“鸿胪卿巨超俊。”

贾　耽　大历十四年(779)

《旧书·德宗纪上》:大历十四年,“十一月辛未,以鸿胪卿贾耽为梁州刺史、山南西道节度观察使”。又本传:“改汾州刺史,在郡七年,政绩茂异。入为鸿胪卿,时左右威远营隶鸿胪,耽仍领其使。大历十四年十一月,检校左散骑常侍、兼梁州刺史、御史大夫、山南西道节度使。”《新书》本传:“累进汾州刺史,治凡七年,政有异绩。召授鸿胪卿,兼左右威远营使。俄为山南西道节度使。”《全文》卷五〇五权德舆《唐故金紫光禄大夫检校司空兼尚书左仆射同中书门下平章事上柱国魏国公赠太傅贾公(耽)墓志铭并序》:“大历十四年冬十月,由大鸿胪贞师于梁,协力群帅,平夷江汉。……进参六职,节制襄岘,载会兵车,抚征淮右,征诣行宫,真拜冬官。明年,以三后之任,分正洛师。”同书卷四七八郑余庆《左仆射贾耽神道碑》:“迁汾州刺史,在郡七年……征拜鸿胪卿兼左右威远营使。通夷狄之情,序宾客之位,其有素矣。是岁拜梁州刺史兼御史中丞山南西道节度观察度支营田等使。”又卷三九四小传:“天宝中举明经,累授汾州刺史。入为鸿胪卿。大历十四年领山南西道节度使。”

陈　某　大历中

《姓纂》卷三武当陈氏:“□,右司郎中、鸿胪大卿。”乃陈希烈子。《四校记》:“右司郎中、鸿胪大卿。劳考——疑上脱‘生’字。陈校云:‘右司上应脱人名。’按此疑是希烈子所历官而夺其名也。”按希烈天宝六载四月为左相,十三载八月,为太子太师,见《旧纪》。是其子历官约在大历时。

李　诩　大历中

《新书·宗室世系表下》代宗诸子:“晋昌郡王、鸿胪卿诩。”乃韶王暹子。

崔汉衡　　建中三年—兴元元年(782—784)

《旧书》本传:"建中三年,为殿中少监、兼御史大夫,充和蕃使。……期以十月十五日会盟于境上。戊申,以汉衡为鸿胪卿。四年,吐蕃朝贡,加检校工部尚书。"《旧书·吐蕃传下》:"[建中]三年四月,放先没蕃将士僧尼等八百人归还,报归蕃俘也。九月,和蕃使、殿中少监、兼御史中丞崔汉衡与蕃使区颊赞至。……期以十月十五日会盟于境上。以崔汉衡为鸿胪卿,以都官员外郎樊泽兼御史中丞,充入蕃计会使。"《新书》本传:"建中二年,吐蕃请盟,擢殿中少监,为和蕃使。与其使区颊赞俱来约盟。改鸿胪卿,持节送区颊赞归,遂定盟清水。德宗幸奉天,吐蕃以兵佐浑瑊,败贼武功。转秘书监。"《新书·吐蕃传下》:"明年,殿中少监崔汉衡往使……汉衡与其使区颊赞偕来,约盟境上。拜汉衡鸿胪卿,以都官员外郎樊泽为计会使,与结赞约。"《全文》卷六一九小传:"建中三年为殿中少监兼御史大夫,再充和蕃使。改鸿胪卿,转秘书监。俄拜兵部尚书东都淄青魏博赈给宣慰使。明年为幽州宣慰使。贞元四年加检校吏部尚书、晋慈隰观察使。"《通鉴·建中四年》:"二月戊申朔,命鸿胪卿崔汉衡送区颊赞还吐蕃。"《元龟》卷六五四:"崔汉衡为检校礼部员外郎,大历六年为和吐蕃副使,还,迁右司郎中。德宗建中二年吐蕃请盟,诏除殿中少监兼御史大夫,为和吐蕃使。会宰相张镒与吐蕃盟于清水,使还,迁鸿胪卿。四年,吐蕃使朝贡,加检校工部尚书,复使吐蕃。"又见卷六六二。又卷九八〇:建中"四年二月,以鸿胪卿崔汉衡兼御史大夫,持节答蕃使,送区颊赞等归蕃"。【增订】《秦晋豫新出墓志搜佚续编》第957页《崔汉衡墓志》:"诏以公为殿中少监,兼御史中丞,充答蕃使,寻兼大夫,复命称旨。迁银青光禄大夫、鸿胪卿。四年,加检校工部尚书,依前兼御史大夫,又使蕃中,报朝贡也。兴元元年,驾在奉天,转检校兵部尚书,兼秘书监,封博陵郡公,食邑三千户,充西京留守。"

哥舒曜　贞元元年(785)

《新书》本传:"李光弼讨河北,曜请行,拜鸿胪卿,为光弼副。……贞元元年,部将叛,夜焚河南门,曜挺身免。帝以汴州刺史薛珏代之,召入为鸿胪卿。"此再任。

崔　澣　贞元三年(787)

《旧书·吐蕃传下》:贞元三年,"四月,崔澣至自鸣沙。……是日,改崔澣为鸿胪卿,再入吐蕃"。《会要》卷九七:贞元三年四月,"[崔]澣复以鸿胪卿兼中丞,又充入蕃使"。《通鉴·贞元三年》:"夏四月丙寅,澣至长安。辛未,以澣为鸿胪卿,复使入吐蕃。"

郭　锋　贞元五年—六年(789—790)

《新书·回鹘传上》:"贞元五年,可汗死,子多逻斯立,国人号'泮官特勒',以鸿胪卿郭锋持节册拜爱登里逻汩没蜜施俱录毗伽忠贞可汗。"《旧书·回纥传》:"贞元六年六月,回纥使移职伽达干归蕃,赐马价绢三十万匹。以鸿胪卿郭锋兼御史大夫,充册回纥忠贞可汗使。"《会要》卷九八:贞元五年,"以鸿胪卿兼御史中丞郭锋为吊册回鹘使"。《通鉴·贞元五年》:十二月,"戊寅,遣鸿胪卿郭锋册命其(天亲可汗)子为登里罗没密施俱录忠贞毗伽可汗"。《旧书·德宗纪下》:贞元六年十月,"辛亥,回纥吊祭使、鸿胪卿郭锋复命"。十七年七月在麟州刺史任内为吐蕃所杀,见《旧书》卷一三。《姓纂》卷十华阴郭氏:"锋,光禄少卿。"《旧纪》卷一三:贞元六年十月有鸿胪卿郭降,实郭锋之讹。《元龟》卷六六三:"郭降为鸿胪卿,贞元六年奉使册忠贞可汗。可汗为其弟所杀而篡立。"又卷九六五:贞元"五年十二月,诏回纥汨咄禄长寿天亲毗伽可汗梦,以鸿胪卿郭降(锋)充册回纥忠贞可汗使"。《制诏集》卷二〇《咸阳县丞郭君墓志铭》:"父济州刺史崇礼。……公即济州府君之长子也。……嗣子大理丞纵,侍御史绛。"绛当即《姓纂》之降。由此以推,盖郭豫志也。《姓纂》以降为豫孙必误,当为豫子。又见《通鉴·贞元六年》。

王　权　　贞元十二年—永贞元年(796—805)

《旧书·赵憬传》:贞元十二年,"其年八月,遇暴疾,信宿而卒。……德宗尤悼惜之……令鸿胪卿王权充册吊使"。《新书·陈京传》:"贞元十九年,将禘祭……鸿胪卿王权申衍之。"《元龟》卷三一九:赵退翁"贞元十二年八月薨……令鸿胪卿王权充册吊使"。《全文》卷五一六小传:"权,贞元时官鸿胪卿。"同书卷五三德宗《赠赵憬太子太傅诏》:"故门下侍郎同平章事赵憬……可赠太子太傅。所司备礼册命,赐布绢五百端匹,米粟四百石,令鸿胪卿王权充册吊使。"《通鉴·贞元十九年》:三月,"鸿胪卿王权请迁献懿二祖于德明兴圣庙"。《旧书·顺宗纪》:贞元二十一年二月,"以鸿胪卿王权为京兆尹"。

浑　鍊　　永贞元年(805)

《全文》卷四七八郑余庆《左仆射贾耽神道碑》:"以永贞元年十月一日薨于长安光福里之私第,享年七十六。辍朝四日,再赠太傅。诏鸿胪卿浑鍊持节备赙绢一千匹,米粟一千石。"《全诗》卷三五四柳宗元《浑鸿胪宅闻歌效白纻》诗,浑鸿胪即浑鍊。

吴　某　　贞元中

《全文》卷四二七于邵《送蔺舍人兼武州长史序》:"监察御史杨公、特进兼鸿胪吴公,慰相宴接。"又《送蔺侍御使还序》:"大鸿胪吴公,国之良二千石也。必先中权之令,载勤东道之礼。"按于邵仕于德宗时。

张茂宣　　元和七年—八年(812—813)

《会要》卷九八:元和"七年正月,册命可汗为军登里逻骨德密施合毗伽可汗,命检校工部尚书、鸿胪卿、兼御史大夫张茂宣持节吊祭册立之"。《元龟》卷九八〇:元和"七年正月癸未,以鸿胪卿张茂宣充入回鹘使,通事舍人张贾副焉"。【增订】新出土《张茂宣墓志》:"今天子即位,宠三朝之旧,特加御史大夫。而累上表章,亟论边事,拜左金吾将军,转鸿胪卿并兼御史大夫。元和七年春,以本官加检校工部尚书,充持节入回鹘使,奉命星驰,车无停轨,曾未累月,达单于庭。……八年春复命,诏授检校户部尚书兼光禄卿。明年三月廿七日,寝疾,薨于怀远里之私第,春秋四十有六。"(李宗俊、周正《唐张茂宣墓志考释》,《中国边疆史地研究》2015 年第 4 期)

秦　晏　　元和十二年(817)

《隋唐五代墓志汇编》北京卷第二册《唐故府别将秦府君(受)夫人太原王氏墓志之铭并序》(元和十二年九月二十三日):"嗣子晏,不坠严训,精艺弓裘,报效之成,绪以鸿胪卿,赐紫金鱼袋上柱国。"

张奉国　　元和十三年(818)

《会要》卷七二:元和"十三年四月……监军使张奉国、李文悦尝见工徒出入官卫……因白军臣,冀以论谏。……上怒奉国等不自陈……绝其朝请。数月,纳[裴]度之谏,释之。遂授奉国鸿胪卿,文悦左威卫大将军"。《通鉴·元和十三年》:"二月丁卯,以奉国为鸿胪卿。"

张平叔　　长庆二年(822)

《旧书·穆宗纪》:长庆二年正月,"以鸿胪卿、兼御史大夫张平叔判度支"。又三月,"以鸿胪卿、判度支张平叔为户部侍郎充职"。又见《会要》卷五九。《旧书·韦处厚传》:"时张平叔以便佞诙谐,他门捷进,自京兆少尹为鸿胪卿、判度支。"《元龟》卷五一一:"张平叔为鸿胪卿、判度支,长庆二年,因延英对回,诣相府云:面奉恩旨,除户部侍郎。"

张　贾　　大和三年—四年(829—830)

《元龟》卷一三六:"[大和]三年正月,命鸿胪卿张贾往昭义、魏博宣慰。"又卷一五八:大和四年"七月,以鸿胪卿张贾为衢州刺史。"又见卷八六九。《旧书·文宗纪下》:"史臣曰:……中书用鸿胪卿张贾为衢州刺史。”

李　逵　　开成元年—五年(836—840)

《元龟》卷六九:“开成元年四月壬申……又诏……鸿胪卿李逵、司农卿李玘等各问本司事。”又见卷一五八。《旧书·文宗纪下》:开成二年六月,“己亥,以鸿胪卿李逵为天德军都防御使”。【增订】《秦晋豫新出墓志搜佚》第978页李程《李逵墓志》:“宝历初,转陇州兼中执宪,充兵马留后。军声益振,边隙不开。居之四载,入迁右神武大将军,后改右金吾卫将军,复授鸿胪卿。统典属国,即叙者咸遵禀而悦服也。”周玲《增补》:“按:李逵卒于开成五年,享年七十五。据志载‘宝历初,转陇州兼中执宪充兵马留后,军声益振,边隟不开居之四载,入迁右神武大将军,后改右金吾卫将军’。可知李逵担任右金吾卫将军大约在开成元年,之后则被授予鸿胪卿,其时亦大约在开成元年。这一点与《卿考》吻合,但志主开成五年去世,去世之前没有其他职任交代,且墓志清楚表明‘莅职四岁,北陲晏然’,可知李逵担任鸿胪卿的时间应当为开成元年—开成五年(836—840),与《卿考》不符,当改。”

王承荣　　约文宗时

《隋唐五代墓志汇编》洛阳卷第十四册《唐故定州节度使检校尚书右仆射赠太子少保陈公(君赏)夫人王氏墓志铭并叙》(咸通八年十月十四日):“(武俊)生冀州刺史、刑部尚书讳士清,冀州生考鸿胪卿讳承荣。……夫人即鸿胪之长女也。”咸通七年十月七日卒,年六十。

张　贾　　会昌元年—二年(841—842)

《会要》卷九八:“武宗即位……有乌介特勒者,……乃自立为可汗,居塞上,朝廷遣鸿胪卿张贾……往宣谕。”《通鉴·会昌元年》:八月,“时诏以鸿胪卿张贾为巡边使,使察回鹘情伪”。又《会昌二年》:“五月戊申,遣鸿胪卿张贾安抚嗢没斯等。”《全文》卷六九八李德裕《赐回鹘嗢没斯特勤等诏书》:“又虑边境守臣,见卿忽至,或怀疑阻,不副朕心,故遣鸿胪卿张贾驰往安抚。”此为再任。

李　业　　大中元年(847)

《旧书·宣宗纪》:大中元年六月,“命鸿胪卿李业入蕃册拜”。又见《会要》卷一〇〇、《通鉴·大中元年》六月。《新书·回鹘传下》:“至大中元年,卒诏鸿胪卿李业持节册黠戛斯为英武诚明可汗。”《元龟》卷九六五:“宣宗大中元年四月,册默戛斯酋领为英武诚明可汗,国曰坚昆,以鸿胪卿李业充使。”

支　竦　　约大中七年(853)

【增订】《千唐志斋藏志》朱贺撰《支光墓志》:“大历七年六月十二日,年六十一而终。……娶吴兴沈氏,生累赠随州刺史、殿中监讳成,成生鸿胪卿致仕讳竦。”同书朱贺撰《支成墓志》:“次子竦,皇任云、泸、齐、光、邢五州刺史,郓王傅,鸿胪卿致仕。”又《唐代墓志汇编》居立撰《支叔向墓志》:“显考竦,历典云、泸、齐、光、邢五州刺史,东朝亲王傅,鸿胪卿。”同书滕绶撰《支询墓志》:“父讳竦,皇任云、泸、齐、光、邢五郡刺史,郓王傅,鸿胪卿致仕。”又房凝撰《支谟墓志》:“父竦,历郡守王官,分司告老;以鸿胪卿致仕,累赠司空。”(《洛阳大学学报》2006年第1期,第2页)墓主乾符六年十二月卒,年五十一。据《唐刺史考全编》卷一〇三,支竦大中五年在邢州刺史任。再考杜牧《樊川文集》卷一八有《支某除郓王傅卢宾除融州刺史等制》称:“前使持节邢州诸军事、守邢州刺史、兼侍御史、充本州团练使、上柱国支某等。”杜牧大中五年(851)为考功郎中知制诰,大中六年(852)为中书舍人。其制当是时作。则支竦为鸿胪卿致仕约在大中七年(853)或稍后。

崔　鐬　　大中中

【增订】《全唐文补遗·千唐志斋新藏专辑》崔沆《崔鐬墓志》:“先帝时,宗相龟从一日于便殿言府君之屈,即日擢拜权知鸿胪卿,久而得真秩。时黠戛斯遣使朝贡,有称敕使者,府君曰:是必重译之失也。”按，考《新唐书》卷六三《宰相表》：大中四年六月戊申，“户部侍郎、判度支崔龟从守户部尚书、同中书门下平章事”。是崔鏦为权知鸿胪卿在崔龟从大中四年(850)六月拜相后。

崔　骈　　大中末

《玉泉子》：“李德裕退朝，多与亲表裴璟破体笑语，询以新事。李问：‘更有何说？’裴云：‘别无新事，但昨日坡下郎官集送某官出牧湖州，饮饯邮亭，人客甚众，有仓部白员外末至。崔骈郎中作录事下筹，白自以卑秩，人乘凌竞，更不敢固辞。上次酌四大器，白连饮三器讫，饮一器持之，而请第四器名，崔郎中云：‘亦无别事，但何必要到处出头脑？’白踉跄仆于下座。竟不饮而去。坐中有笑者，有缩头者，但不知此官人今日起得未？’李大怒曰：‘何由可耐！弟斯言果有之乎？’曰：‘固然。’又问：‘弟知白员外所止否？’璟曰：‘知其某坊某曲。’李曰：‘为某传语曰：员外请至宅。’白捧命，又忧恐。比至，李曰：‘久欲从容，中外事屏，然旬朔不要出人事。’既而白授翰林学士；崔骈汾州刺史，续改洛州刺史，流落外任，不复更游郎署，终鸿胪卿。”又见《广记》卷二六五引《芝田录》。唯“洛州”作“洺州”。据《山右金石记》卷四引《汾州图牒》：“大中十年，刺史崔骈自孝义移于此。”知其为鸿胪卿当在大中末。

李　琢　　乾符三年(876)

《新书·黄巢传》：“更以陈许节度使崔安潜为行营都统，以前鸿胪卿李琢代[宋]威，右威卫上将军张自勉代[曾]元裕。”据《通鉴·乾符三年》：八月，“(王)仙芝陷阳翟、郏城，诏忠武节度使崔安潜发兵击之”。

萧　宽　　乾符三年(876)

《旧书·僖宗纪》：乾符三年九月，“卫尉卿萧宽为鸿胪卿，充闲厩使”。

景　仙　乾符中

《新书·南蛮中·南诏传下》:"[高]骈以其俗尚浮屠法,故遣浮屠景仙摄使往,酋龙与其下迎谒且拜,乃定盟而还。……诏拜景仙鸿胪卿、检校左散骑常侍。"按高骈乾符二年五年为剑南节度使。南诏属其管辖。

赵温珪　中和间

《全文》卷九二九杜光庭《贺黄云表》:"臣某伏睹鸿胪卿赵温珪奏:今月二十三日,皇帝驾幸得贤楼看阅将士,皇太子自城南阅马帐头回入城。"

待考录

唐　昕

《新表四下》唐氏:"昕,鸿胪卿。"乃唐俭曾孙,洋州刺史嘉会孙,殿中监从心子。

薛昌远

《新表三下》西祖房薛氏:"昌远,鸿胪卿。"乃阳武令正文孙,诞子。

李　栩

《新书·宗室世系表下》让皇帝房:"鸿胪卿栩。"乃让皇帝李宪孙,嗣宁王李琳子。

李绍封

《新书·宗室世系表下》道王房:"鸿胪卿绍封。"乃兵部尚书辟彊子,元庆十二世孙。

李禅徒

《新书·宗室世系表下》蜀王房:“左金吾卫大将军兼鸿胪卿禅徒。”乃良原令李助均子,黔中观察使李国清从弟。

鸿胪少卿考

张侯德(张俟德)　　武德元年(618)

《旧书·李轨传》:“时高祖方图薛举,遣使潜往凉州与之相结……又令鸿胪少卿张侯德持节册拜为凉州总管。”《新书·李轨传》:“武德元年,高祖方事薛举,遣使凉州,玺书慰结,谓轨为从弟。……诏鸿胪少卿张俟德持节册拜轨凉王、凉州总管,给羽葆鼓吹一部。”《通鉴·武德元年》:八月,“命鸿胪少卿张俟德册拜(李)轨为凉州总管,封凉王”。

刘善因　　贞观六年—七年(632—633)

《旧书·突厥传下·咄陆可汗泥孰传》:“贞观七年,遣鸿胪少卿刘善因至其国,册授为吞阿娄拔奚利邲咄陆可汗。”又《阿史那弥射传》:“贞观六年,诏遣鸿胪少卿刘善因就蕃立为奚利邲咄陆可汗。”《新书·突厥传下》:“国人迎泥孰于焉耆,立之,是为咄陆可汗。可汗父莫贺设,本隶统叶护者,武德时来朝,太宗与之盟,约为昆弟。死而泥孰代之,或曰伽那设。既立,遣使诣阙,不敢当可汗号。帝诏鸿胪少卿刘善因持节册号吞阿娄拔利邲咄陆可汗。”《隋唐五代墓志汇编》陕西卷第三册《大唐故金紫光禄大夫宣州刺史上柱国□平县开国公李[君]夫人刘氏墓志铭并序》(总章三年正月八日):“祖善因,皇朝金紫光禄大夫、平恩郡开国公,同文大卿。父植,右金吾将军。”夫人总章二年九月十八日卒,春秋五十五。《全文》卷二二九张说《故括州刺史赠工部尚书冯公神道碑》:“公讳昭泰,字遇圣,长乐人也。……夫人琅琊君,左相邢公及善之女,垂拱二年三十六而夭。后夫人彭城君,鸿胪卿善因之孙女,景龙三年五十有五而逝。……以开元十八年十月壬寅,葬我节公于长安县高阳原,夫人王氏、刘氏祔焉,礼也。"《新书·突厥传上》:"[阿史那]思摩乃行,帝为置酒,引思摩前曰:……思摩泣下,奉觞上万岁寿,且言:……于是赵郡王孝恭、鸿胪卿刘善就思摩部,筑坛场河上,拜受册。"刘善当为刘善因,鸿胪卿亦当为鸿胪少卿。《通鉴·贞观六年》:七月,"丁酉,遣鸿胪少卿刘善因立咄陆为奚利邲咄陆可汗"。

崔仁师　　贞观十七年(643)

《隋唐五代墓志汇编》陕西卷第三册《大唐故长乐公主墓志铭》(贞观十七年九月二十一日):"□□□胪卿、扶阳县开国男,守鸿胪少卿崔仁师为副。"《旧书》本传:"(贞观)十六年,迁给事中。……后仁师密奏请立魏王为太子,忤旨,转为鸿胪少卿,迁民部侍郎。"《新书》本传:"迁给事中。……后密请魏王为太子,失帝旨,左迁鸿胪少卿。稍进民部侍郎。"《通鉴·贞观十七年》:四月,"给事中崔仁师尝密请立魏王泰为太子,左迁鸿胪少卿"。

薛大鼎　　贞观中

《旧书》本传:"贞观中,累转鸿胪少卿、沧州刺史。"

于知机　　乾封六年(666)后

【增订】曾涧《增补》:《李志墓志》:"解褐赵王府签,时年十九。……转扶风尉,历渭南鄠县两尉。……当是时,屡下明制举贤良方正,为鸿胪少卿于知机所举……以甲科除乾封尉。"墓主久视元年卒,年六十七。上逆推之,释褐之年为永徽三年。检《元和郡县图志》卷一〇:"乾封元年,高宗封岳,析长安以置乾封,长安元年废,乃于岱山下改博城县为乾封县,属兖州。"是知机为鸿胪少卿、李志制举登科除乾封尉,当在乾封元年后。《唐九卿考》引《姓纂》卷二:"知机,太仆少卿,怀德公。"署知机名于太仆少卿下,列待考录,今知仕于高宗时。

裴行俭　　乾封中—总章二年(? —669)

《旧书》本传:“麟德二年,累拜安西大都护,西域诸国多慕义归降,征拜司文少卿。总章中,迁司列少常伯。”《新书》本传:“麟德二年,擢累安西都护……召为司文少卿,迁吏部侍郎。”《全文》卷二二八张说《赠太尉裴公神道碑》:“公讳行俭,字守约,河东闻喜人也。……乾封岁征为同文少卿,寻除司列少常伯,官复旧号,为吏部侍郎。”《唐仆尚丞郎表》卷一〇《吏侍》:“裴行俭,总章二年四月一日己酉朔,由司文少卿迁司列少常伯。”

李冲寂　　高宗时

《全文》卷一九六杨炯《李怀州(冲寂)墓志铭》:“寻授驾部员外郎,转金部郎中,又敕公为戎州道支度军粮使。……迁太府、鸿胪二少卿,丁艰去职。……服阕,历青、德、齐、徐四州刺史。”按冲寂卒永淳元年。

长孙涣　　约高宗时

《姓纂》卷七河南洛阳长孙氏:“涣,中(申)州刺史。”《新表二上》长孙氏:“涣,鸿胪少卿、上党郡公。”乃无忌子。

杜敬同　　高宗时

《旧书・杜淹传》:“子敬同袭爵,官至鸿胪少卿。敬同子从则,中宗时为蒲州刺史。”【增订】新出土韦诉撰《唐故扬州江扬县韦府君(儆)继室京兆杜氏夫人墓志铭》:“曾祖讳敬同,皇中书舍人、鸿胪寺卿,袭封东阳公。”(《碑林集刊》第十五辑,第 147 页)《洛阳新获墓志二〇一五》九三《大唐故中书舍人鸿胪少卿东阳郡开国公杜府君(敬同)夫人襄武郡君韦氏(苕华)墓志铭并序》,相互参证,杜敬同应仅为鸿胪少卿,而没有达到鸿胪卿。

李景谌　　光宅元年(684)

《新书・宰相表上》:光宅元年十月,“(李)景谌罢守司宾少卿”。

《通鉴》同。

刘延祐　垂拱时

《旧书·刘胤之传》："弟子延祐，弱冠本州举进士，累补渭南尉。……后历右司郎中，检校司宾少卿，封薛县男。徐敬业之乱，扬州初平，所有刑名，莫能决定，延祐奉使至军所决之。"

武攸绪　天授元年（690）

《新书》本传："累迁扬州大都督府长史、鸿胪少卿。后革命，封安平郡王，从封中岳，因辞官，愿隐居。"

姚　璹　长寿二年—延载元年（693—694）

《新书·宰相表上》：长寿元年，"九月辛丑，（姚）璹罢为司宾少卿"。《旧书·则天纪》：长寿三年，"秋八月，司宾少卿姚璹为纳言"。《新书·则天皇后纪》：延载元年，八月，"己巳，司宾少卿姚璹守纳言。辛丑，司宾少卿姚璹为纳言"。又见《通鉴》。《旧书》本传："长寿二年，迁文昌左丞、同凤阁鸾台平章事。……是岁九月，坐事转司宾少卿，罢知政事。"《新书》本传："擢文昌左丞、同凤阁鸾台平章事。……坐事，降司宾少卿。延载初，拜纳言。"《全文》卷一六九小传："武后临朝，历夏官天官侍郎，迁文昌左丞、同凤阁鸾台平章事。坐事转司宾少卿。证圣初加秋官尚书，复知政事。"

韦巨源　武后时

《旧书》本传："巨源则天时累迁司宾少卿，转司府卿、文昌右丞、同凤阁鸾台平章事。"

甘元柬　神龙元年（705）

《隋唐五代墓志汇编》洛阳卷第十五册《大唐故鸿胪卿兼检校右金吾大将军上柱国赠兵部尚书曹国公甘府君（元柬）墓志文》："未几，出为凤州刺史。是岁，湟中杂种诱讬西南夷，蜂合蚁聚，将陷赉蜀。朝廷骇焉，乃命君持节攘遏……复以君为和亲使。君衔命绝域。……朝廷嘉之，拜鸿胪少卿，乃申前约，吐蕃复羞金帛之礼，随君而还，进位鸿胪卿，兼右金吾卫大将军，封丹阳郡公。”

韦　凑　　景云元年—二年(710—711)

《旧书》本传：“睿宗即位，拜鸿胪少卿，加银青光禄大夫。景龙二年，转太府少卿，又兼通事舍人。时改葬节愍太子，优诏加谥。”“景龙”为“景云”之误。《新书》本传：“睿宗立，授鸿胪少卿。徙太府，兼通事舍人。时改葬太子重俊……凑上言。”《全文》卷九九三阙名《唐太原节度使韦凑神道碑》：“景云元年复入为鸿胪少卿，仍加银青光禄大夫。二年转太府少卿，兼通事舍人。”

甘　昭　　景云二年(711)

《全文》卷二三五沈佺期《册金城公主文》：“维景云二年岁次辛亥二十日癸亥，皇帝若曰……是用命朝散大夫、试司宾少卿、护军、曹国公甘昭充使……持节往册尔为朕长女，依旧封金城公主。”

刘　兴　　景云二年(711)

《会要》卷六六：“鸿胪寺少卿本一员，景云二年十一月四日加一员，以刘兴为之。”

于知微　　景云二年(711)

【增订】《全文》卷二〇六姚崇《兖州都督于知微碑》：“长安二年，改授常州刺史。……乃加银青光禄大夫，改授绛州刺史……乃除太子左庶子，又迁太仆少卿，并累封东海郡侯。……乃除兖州都督。……景云二年封□海郡公，又检校鸿胪少卿……斯须罢职。……以□□二年六月廿五日薨于长安常乐之里第。……以开元二年十一月十八日迁祔于京兆府三原县万寿乡长坳原旧茔，礼也。”又卷二三七于知微小传：“太仆少卿立政子。永徽元年以门荫补宏文生，三年擢进士第，释褐授太子内坊丞，迁秘书郎。累官太子左庶子、太仆少卿,封东海郡侯,除兖州都督。景云二年进封公,检校鸿胪少卿,太极二年卒。"《西安碑林博物馆新藏墓志续编》第267页《於潜主簿元氏于夫人墓志》(开元十三年):"祖辨机,银青光禄大夫,皇唐旧宠,出镇唯(维)杨,行大都督府长史,除太仆卿、鸿胪二少卿。"按,"太仆卿"之"卿"字为衍文。据《新唐书》卷七二下《宰相世系表》,于知微字辨机。

狄光嗣　睿宗时

《全文》卷九九三阙名《大唐赠使持节邛州诸军事邛州刺史狄公碑》:"嫡子故中书令尚书右仆射赠司空梁国文惠公。……有孝孙鸿胪□卿光嗣。"按《新书》本传:"母丧,夺为太府少卿,固让,睿宗嘉其诚,许之。"其为鸿胪少卿约亦在睿宗时。

王　晙　景云中—开元二年(? —714)

《旧书》本传:"景龙末,累转为桂州都督……晙在州又一年……再转鸿胪大卿,充朔方军副大总管,兼安北大都护。……后转太仆少卿、陇右群牧使。开元二年,吐蕃精甲十万寇临洮军,晙率所部二千人卷甲倍程,与临洮两军合势以拒之。"《新书》本传:"迁鸿胪少卿,充朔方军副大总管、安北大都护,丰安、定远等城并授节度。进太仆少卿、陇右群牧使。开元二年……"《全文》卷二〇玄宗《授王晙朔方道行军总管制》:"正议大夫、行鸿胪少卿、上柱国、朔方军副大总管王晙……可持节充朔方道行军大总管,仍兼安北大都护、丰安定远三城等军,及侧近州军,宜依旧例,并受晙节制。"《大诏集集》卷五九收此制,乃苏颋作,末题"开元二年二月五日"。《通鉴·开元二年》:"闰月,以鸿胪少卿、朔方军副大总管王晙兼安北大都护、朔方道行军大总管。"

王仁忠　五年前(717)

《全文》卷二六四李邕《赠安州都督王仁忠神道碑》:"及皇上御极,元妃升后,迁太子仆。……□载波迁鸿胪少卿。……转太常少卿。九乐备陈，三礼大举。观诸侯之会，知天子之尊。除左千牛卫将军。……春秋六十有一，以开元十年三月癸酉朔捐馆宇于京兆兴宁里之私第。”两《唐书》无传。按仁忠为太常少卿在开元五年。

李　颙(李禺)　　开元五年(717)

《元龟》卷三〇三：“窦希瑊……开元五年薨……鸿胪少卿李颙持节充使，赍玺书吊祭。”《全文》卷一〇〇李湛然《太子少傅窦希瑊神道碑》：“开元五年，岁在丁巳，冬十月丁巳朔，二十日丙子，暴薨于东都章善里之私第，春秋五十有四。……仍令将作大匠韦凑充使监护，河南少尹秦守一为副，鸿胪少卿李禺持节赍玺书吊祭。”

萧　嵩　　开元八年(720)

《元龟》卷一六二：开元八年八月，“鸿胪少卿萧嵩充河南道按察使”。

崔志廉　　开元十三年(725)

《新书·许景先传》：“[开元]十三年，帝自择刺史，景先由吏部侍郎为刺史治虢州……鸿胪少卿崔志廉襄州。”《元龟》卷六七一所载较详：“源光裕开元十三年以大理卿为郑州刺史，杨承令以尚书左丞为汾州刺史，许景先以吏部侍郎为虢州刺史，寇泚以兵部侍郎为宋州刺史，郑温琦以礼部侍郎为邠州刺史，李昇(期)以宗正卿为邢州刺史，袁仁敬以大理少卿为杭州刺史，崔志廉以鸿胪少卿为襄州刺史，蒋挺以国子司业为湖州刺史，裴观以左威卫将军为沧州刺史，崔诚以左司御率府副率为遂州刺史。”

裴光庭　　开元十三年—十四年(725—726)

《全文》卷二九一张九龄《大唐金紫光禄大夫行侍中兼吏部尚书宏文馆学士赠太师正平忠献公裴公(光庭)碑铭并序》：“迁鸿胪少卿，以观其能也。是岁，天子有事于岱宗，诸侯会朝于行在。……执正者以公代晓边事，职在行人。……东封还，迁兵部侍郎。”《唐仆尚丞郎表》卷一八《兵侍》:"裴光庭,开元十四年春,或上年十二月,由鸿胪少卿迁兵侍。……《旧传》:'十三年将有事于岱岳……转鸿胪少卿。东封还,迁兵部侍郎。'碑及《新传》同。按东封还在十三年十二月,其迁兵侍盖十四年春。"《新书》本传:"开元中,擢兵部郎中、鸿胪少卿。"【增订】《秦晋豫新出墓志搜佚续编》第622页《裴光庭墓志》:"寻迁兵部郎中。解戈服而蝉蜕,升礼闱而豹变。北溟既化,南图方远。迁鸿胪少卿,加朝议大夫。是岁,天子将有事于岱宗,诸侯毕会。宰臣恐戎狄乘间犯边,问防御之策于公。公对曰:'封禅者所以告成功,方告成而设武备,何以昭文德？备不虞而兴力役,且非安人;谋会同而阻戎心,又非怀远。三者,恩未溥,道非弘。今诸藩之国,匈奴为大,有臣暾欲谷者,为其谋主。今若征以赴会,则高枕有余矣。'闻者叹服,因入言于上而行之。戎狄率从,莫敢贰也。于是具瞻之望,始形于苍生矣。加太中大夫,迁兵部侍郎,特诏知天下兵募。"

李道邃　开元十四年(726)

《旧书·渤海靺鞨传》:开元十四年,"上密遣门艺往安西……俄有泄其事者。……由是鸿胪少卿李道邃、源复以不能督察官属,致有漏泄,左迁道邃为曹州刺史,复为泽州刺史"。《新书·北狄渤海传》:"玄宗开元七年,祚荣死……子武艺立……乃遣弟门艺及舅任雅相发兵击黑水。……门艺惧……武艺使使暴门艺罪恶,请诛之。有诏处之安西……并留使者不遣,别诏鸿胪少卿李道邃、源复谕旨。武艺知之,上书斥言。……帝怒道邃、复漏言国事,皆左除。"《通鉴·开元十四年》:十二月,"上以鸿胪少卿李道邃、源复不能督察官属,致有漏泄,皆坐左迁"。

源　复　开元十四年(726)

《旧书·渤海靺鞨传》:开元十四年,"上密遣门艺往安西……俄有泄其事者。……由是鸿胪少卿李道邃、源复以不能督察官属,致有漏泄,左迁道邃为曹州刺史,复为泽州刺史"。《新书·北狄渤海传》："玄宗开元七年，祚荣死……子武艺立……乃遣弟门艺及舅任雅相发兵击黑水。……门艺惧……武艺使使暴门艺罪恶，请诛之。有诏处之安西……并留使者不遣，别诏鸿胪少卿李道邃、源复谕旨。武艺知之，上书斥言。……帝怒道邃、复漏言国事，皆左除。"《通鉴·开元十四年》：十二月，"上以鸿胪少卿李道邃、源复不能督察官属，致有漏泄，皆坐左迁"。

乔梦松　　开元十六年(728)

《大诏令集》卷一二九《册疏勒国王文》："惟开元十年，岁次戊辰，正月戊戌朔，十四日辛亥……今遣大理正、摄鸿胪少卿乔梦松，册尔为疏勒王。"《全文》卷三九玄宗《册疏勒国王裴安定文》称"开元十六年岁次戊辰"，按开元十六年为戊辰年，证《全文》是。《大诏令集》夺"六"字。《新书·西域上疏勒传》："开元十六年，始遣大理正乔梦松摄鸿胪少卿，册其君安定为疏勒王。"《元龟》卷九六四：开元"十六年正月，封于阗阿摩支知王事……册曰：'……今遣大理正摄鸿胪少卿乔梦松册尔为于阗王。'……又封疏阿摩支裴安之为疏勒国王，册曰：'……今遣大理正摄鸿胪少卿乔梦松册尔为疏勒王。'"

元　复　　开元十七年(729)

《全文》卷二九一张九龄《大唐故光禄大夫右散骑常侍集贤院学士赠太子少保东海徐文公神道碑铭并序》："以开元十七年，龙集己巳，五月丁酉，薨于长安颁政里之私第。……俾鸿胪少卿元复监护葬事。"

郑少微　　约开元二十一年前后(约733前后)

《全文》卷九九三阙名《唐故慈州刺史[赠]光禄卿郑公(曾)碑》："长曰长裕，国子司业。……次子□□，历□部郎中，中书舍人，鸿胪、太常□少卿，□□□侍郎。□□薛伯器标公辅珪璋之特秀，铉翼之良材。粤十有七载(阙五字)，驾谒于园陵。"郑某为郑曾子，郑长裕弟。据《旧书·郑余庆传》：祖长裕，长裕弟少微，为中书舍人、刑部侍郎。按开元二十五年在刑侍任,见《唐仆尚丞郎表》卷二〇。则其为鸿胪少卿约在开元二十一年前后。

邢 璹　开元二十五年(737)

《旧书·玄宗纪下》:开元二十五年,"二月,新罗王金兴光卒,其子承庆嗣位,遣赞善大夫邢璹摄鸿胪少卿,往吊祭册立之"。又见《会要》卷九五。《旧书·新罗传》:"[开元]二十五年,兴光卒,诏赠太子太保,仍遣左赞善大夫邢璹摄鸿胪少卿,往新罗吊祭。"《新书·东夷·新罗传》:"[开元]二十五年,[兴光]死,帝尤悼之,赠太子太保,命邢璹以鸿胪少卿吊祭。"《旧书·王鉷传》:"十一载四月,[王]銲与故鸿胪少卿邢璹子縡情密累年,縡潜构逆谋。"《新书·王鉷传》:"銲与邢縡善,縡,鸿胪少卿璹子也。"

冯 宗　开元中

《姓纂》卷一诸郡冯氏:"鸿胪少卿冯宗,中书舍人冯大和,并长安人。"《四校记》卷一:"开元五年,宗为太常博士,见《会要》一一及《大唐郊祀录》五。《润州江宁县瓦棺寺画像碑》,约睿宗时立,称邑人左补阙冯宗(《全文》二六六)。又韩休行制,通直郎、殿中侍御史内供奉冯宗可侍御史(同前二九五)。"

桓臣范　开元中

【增订】曾润《增补》:《桓臣范墓志》:"转瀛州刺史,以疾辞免。寻授宁王府长史,即拜鸿胪少卿。……帝惜而不遣,允寄腹心,遂除右卫将军。"(《洛阳新出土墓志释录》)开元二十四年卒,年六十四。《会稽掇英总集》卷一八:"桓臣范,开元三年二月,自殿中少监授,改瀛州刺史。"

郑 岩　开元中

【增订】牛红广《辑补》:张均《唐故少府监郑君(岩)墓志铭并序》:"年十四,明经擢第,弱冠署临河尉。识者许之骥足凤毛,必将一举千里。凡更职十五，一干京剧，三徙华光；掌簿鸿胪而践少卿，参掾神州而登亚尹。”郑岩天宝十一年卒，年六十五。《旧唐书·李憕传》记张说开元初为相州刺史，以女妻临河尉郑岩。

萧　谅　　天宝二年(743)

《全文》卷三〇八孙逖《授萧谅御史中丞充京畿采访使制》："鸿胪少卿萧谅……可御史中丞充京畿采访处置等使。"《旧书·杨慎矜传》：天宝二年，"以鸿胪少卿萧谅为御史中丞"。《全文》卷三二二萧颖士《为从叔鸿胪少卿论旱请掩骼埋胔表》："位登四品，官亚九卿。……伏惟开元圣文神武皇帝陛下道格上苍，功深下济，叶两仪之高厚，等四序之运行。"疑即萧谅。《元龟》卷四八二："杨慎矜，玄宗天宝中为御史中丞，知太府出纳。……以鸿胪少卿萧谅为御史中丞。谅出为陕郡太守，林甫复擢慎矜为御史中丞。"【增订】《秦晋豫新出墓志搜佚续编》第758页《唐萧谅墓志》："使回，擢拜监察御史，迁殿中侍御史，比部、司封二员外郎，礼部郎中，长安令，将作少匠，鸿胪少卿，御史中丞，京畿采访处置使。"萧谅天宝六载二月卒，春秋五十有八。

源光誉　　天宝五载(746)

《元龟》卷一六二：天宝五载正月，命"鸿胪少卿源光誉分道巡按天下风俗及黜陟官吏"。

张博济　　天宝十载(751)

《旧书·罗希奭传》："本杭州人也，近家洛阳，鸿胪少卿张博济堂外甥。"同书《李林甫传》："有子二十五人，女二十五人……子婿张博济为鸿胪少卿。"《新书·吉温传》："(李)林甫久当国……先引温居门下，与钱塘罗希奭为奔走，椎锻诏狱。希奭文深虐，其舅鸿胪少卿张博济，林甫婿也，以姻家故，自御史台主簿再迁殿中侍御史。"《隋唐五代墓志汇编》洛阳卷第十一册《唐故赠工部尚书张公(庭珪)墓志铭并序》(天宝十载十月)："嗣子门下省符宝郎博雅……鸿胪少卿博济。”

许戒惑(许诫惑)　　天宝中

《姓纂》卷六安陆许氏:“戒惑,都官郎中、鸿胪少卿。”《新表三上》安陆许氏:“诫惑,鸿胪少卿。”乃梁州都督、安西大都护钦明子。按其弟戒言天宝末为太仆卿。

韦　由　　天宝中

《姓纂》卷二东眷韦氏郧公房:“由,鸿胪少卿。”据《旧书·韦安石传》:天宝五载,“(韦)斌授五品时,兄陟为河东太守,堂兄由为右金吾将军。”

魏　珏　　天宝末

【增订】《秦晋豫新出墓志搜佚续编》第850页《大燕故朝请大夫守河南府少尹饶阳县开国男赐紫金鱼袋巨鹿魏公(珏)墓志铭并序》:“又迁鸿胪、光禄少卿。周掌大宾之礼,汉为郎中之令。……属大燕勃兴,舍过宥罪,特拜公河南府少尹。……以顺天二年四月十七日遘疾终于仁风里之私第,春秋五十四。”按,《新唐书·宰相世系二中》“鹿城魏氏”记“知古,相玄宗”,魏知古有五子,四子“珏,鸿胪少卿”。

郭幼明　　肃宗时

【增订】《大唐西市博物馆藏唐墓志》二八五《郭幼明墓志》:“天宝末臣弄兵,时惟元昆,实统朔方,内孽任奸,玄宗南幸。公将门高名,为贼重购,山藏莽伏,坚明臣节。朝廷既宁,赏唯称首,拜鸿胪少卿。国重申甫之勋,门比荀陈之盛。迁光禄卿,加银青光禄大夫,封太原郡开国公,食邑五百户。”

吴　溆　　大历中

《旧书》本传:“以元舅迁鸿胪少卿、金吾将军。建中初,迁大将军。”《旧书·后妃·肃宗章敬皇后吴氏传》:“后兄溆,鸿胪少卿,封鄄城县公。”《新书》本传：“而溆用盛王府参军进，俄迁鸿胪少卿、金吾将军。建中初，迁大将军。”

王　谅　　约大历中

【增订】《全唐文补遗》第七辑韦庇《王媛墓志》：“祖谅，鸿胪少卿，袭瑯琊郡公。”墓主元和七年(812)卒，年二十五。

阳　济　　大历十一年—建中二年(776—781)

北图藏拓片《妒神颂并序碑阴》(大历十一年五月十六日)：“鸿胪卿阳济。”按拓本建中二年十二月《鸿胪少卿阳济故夫人彭城县君刘氏墓志铭》，太常少卿赐紫金鱼袋樊系撰。是阳济大历十一年不得为鸿胪卿，应为少卿。北图藏拓片《唐故鸿胪少卿贬明州司马北平阳府君(济)墓志铭并序》(贞元十二年七月十三日)：“俄辛京杲至，靖谮害能，贬抚州司马，皇上登极，追念旧勋，拜鸿胪卿兼威远营使。建中末……”贞元元年八月廿九日卒于均州旅次，享年七十二。此“卿”亦为“少卿”之夺。《增订唐两京城坊考》卷二：安仁坊，“鸿胪少卿阳济宅”。

马　畅　　建中中

《旧书》本传：“畅以父荫累迁至鸿胪少卿，留京师。建中三年，燧讨田悦于山东……畅乃遣家人温靖与父书。”《新书》本传：“畅少以荫至鸿胪少卿。建中中，燧讨贼山东，畅留京师。”

韦　俛　　贞元元年(785)

《元龟》卷一四四：“贞元元年五月癸卯……鸿胪少卿韦俛分祷终南、秦岭诸山以祈雨。”或与《姓纂》卷二东眷韦氏南皮公房卫尉少卿韦俛为同一人。

王　锷　　贞元二年—五年(786—789)

《旧书》本传：“及(李)皋为荆南节度使，表锷为江陵少尹，兼中丞。……明年,从皋至京师,皋称锷于德宗……遂拜鸿胪少卿,寻除容管经略使。"《新书》本传:"皋为荆南节度使,欲署府少尹,而上佐鄙其人,乃复檄都虞候。从皋朝京师,皋奏锷文用虽不足,而它可试。德宗擢为鸿胪少卿。……擢容管经略使。"

庾 侹　贞元五年—七年(789—791)

《旧书·回纥传》:"贞元七年五月庚申朔,以鸿胪少卿庾鋌兼御史大夫、册回纥可汗及吊祭使。"《新书·回鹘传上》:"贞元五年……是岁,可汗为少可敦叶公主所毒死……可汗之弟乃自立。……其大臣率国人共杀篡者,以可汗幼子阿啜嗣。……诏鸿胪少卿庾鋌册阿啜为奉诚可汗。"《会要》卷九八:贞元"七年二月,诏册阿啜为奉诚可汗,遣鸿胪少卿御史大夫庾鋌持节吊祭册命之"。《姓纂》卷六新野庾氏:"侹,宋州刺史、鸿胪卿。"《四校记》卷六:"《旧书》一九五:贞元七年庾鋌为鸿胪少卿,吊祭回纥。《会要》九八同,当即此庾侹。鋌、侹未详孰是。"考《隋唐五代墓志汇编》陕西卷第四册《唐左金吾判官前华州司户参军李公故夫人新野庾氏墓志铭并序》(大和六年正月十八日):"王父侹,皇宋州刺史、鸿胪少卿兼御史大夫。父承初,前太子司议郎。"夫人卒大和四年,享年十九。足证作"侹"是。《元龟》卷九六五:贞元"七年二月,以鸿胪少卿康(庾)侹兼御史大夫册回纥可汗及吊祭使"。【增订】《大唐西市博物馆藏墓志》三四九《石解墓志》:"贞元七年夏,鸿胪卿庾侹充册回鹘公主使,奏公为副,授监察御史里行,加章服。"《长安碑刻》第178页《李公妻庾氏墓志铭》:"王父侹,皇宋州刺史,鸿胪少卿,兼御史大夫。"《全唐文补遗》第七辑第135页庾崇《庾游方墓志》:"祖侹,鸿胪少卿。"拓本庾敬休撰《庾承欢墓志》:"父讳侹,皇金紫光禄大夫,历宋、亳、颍三州刺史,拜鸿胪少卿,兼御史大夫。以词华超于群萃,文战再捷;以吏理称于详敏,政成三州。"(《考古与文物》2006年第3期,第64页)按,墓主元和十五年(820)卒,年五十四。推其父为鸿胪少卿约在贞元末年。

张敬诜　贞元十年(794)

《全文》卷六一五薛长孺《唐故鸿胪少卿张敬诜墓志铭》:“皇朝左金吾卫大将军、太常卿元长府君之孙,皇朝中散大夫、抚州长史崇让府君之次子。……以博雅周才授鸿胪少卿,以公忠推德锡金章紫绶。东都副留守、河南尹裴公谞命公为押衙。”贞元十年八月二十三日卒,年六十八,其年九月二十四葬。《唐两京城坊考》卷五《永泰坊》:“鸿胪少卿张敬诜宅。”清武亿《授堂金石跋·金石二跋》卷三有《唐鸿胪少卿张敬诜墓志铭》跋。

王　权　贞元十一年(792)

《全文》卷五〇七权德舆《司徒兼侍中上柱国北平郡王赠太傅马公(燧)行状》(贞元十一年八月十七日卒):“司农卿嗣吴王巘充吊祭使,鸿胪少卿王权为副。”

孙　杲　永贞元年(805)

《新书·回鹘传上》:“永贞元年,可汗死,诏鸿胪少卿孙杲临吊,册所嗣为滕里野合俱录毗伽可汗。”《会要》卷九八:永贞元年十一月,“以鸿胪少卿兼御史中丞孙杲持节充吊祭册立使”。《通鉴》同。《元龟》卷九八〇:“宪宗永贞元年十一月,以通王府长史孙果(杲)为鸿胪少卿兼御史中丞,持节充册立回纥使。其月,以卫尉少卿侯幼平兼御史中丞,充入吐蕃告册立等使。”

李　銛　元和五年(810)

《旧书·吐蕃传下》:元和五年,“七月,遣鸿胪少卿、摄御史中丞李銛为入蕃使”。《新书·吐蕃传下》:“(元和)五年,以祠部郎中徐复往使……复至鄯州擅还,其副李逢致命赞普,复坐贬。……诏宰相杜佑等与议中书,论思邪热拜于廷,佑答拜堂上,复以鸿胪少卿李銛、丹王府长史吴晕报之。”《元龟》卷九八〇:元和五年“七月,以陕州大都督府左司马兼通事舍人李銛为鸿胪少卿,摄御史中丞,持节充入吐蕃使,仍赐紫金鱼袋”。

郭　煦　元和中

《姓纂》卷一〇华阴郭氏:"煦,鸿胪少卿。"《新表四上》华阴郭氏:"煦,鸿胪少卿。"乃少府监、太原公功明子,郭子仪侄孙。

王　稷　元和中

《旧书》本传:"历官鸿胪少卿。"长庆二年被杀。《新书·王锷传》:"子稷,历鸿胪少卿。"长庆二年,用稷为德州刺史。

李　应　约长庆中

《千唐志·唐故监察御史河南府登封县令吴兴沈公(师黄)墓志》(大中八年八月十八日):"公娶鸿胪少卿陇西应之女。"师黄卒大中八年二月丙寅,年六十三。按李应元和十一年至十四年为湖州、苏州刺史,见《唐刺史考全编》。

屈突谦　开成初

《全文》卷七六七郑畋《唐故上都龙兴观三洞经箓赐紫法师邓先生墓志铭》:"开成初,鸿胪少卿屈突谦妻李氏魅狐得孕,厥害滨死,先生以神篆针砭,既服而诞。"

段文楚　大中十年(856)

【增订】曾涧《增补》:《长安志》卷七崇义坊:"赠太尉段秀实宅。"注:"德宗所赐。宣宗大中十年,诏秀实崇义坊宅诸院典在人上,计钱三千四百七十五贯,宜赐庄宅钱收赎。仍令鸿胪少卿段文楚追贴舍人计会。"文楚为秀实孙,大中十二年二月,由邕州刺史迁右金吾卫将军,见《旧唐书·宣宗纪》。

郑汉卿　大中十二年(858)

《会要》卷三八:大中"十二年二月,以前右金吾将军郑汉璋、前鸿胪少卿郑汉卿并起复授本官,以国舅光之子也"。《旧书·宣宗纪》:大中十二年二月,"前鸿胪少卿郑汉卿并起复授本官"。《嘉定镇江志》卷一七《人物》："（郑）汉卿，汉璋弟官鸿胪少卿，义昌军节度使。"

卢　词　大中中

【增订】《秦晋豫新出墓志搜佚》八〇八《李贻休墓志》（咸通四年二月卒，四月廿九日葬）："公讳贻休，字垂裕，其先陇西狄道人也。……尊夫人范阳郡君涿郡卢氏，外祖讳词，皇鸿胪少卿。"又《秦晋豫新出墓志搜佚续编》第1303页《唐故范阳郡夫人卢氏（钚）墓志铭并序》："皇鸿胪少卿讳词之子。"按，卢钚乾符二年十一月八日卒。参合推之，卢词为鸿胪少卿约在大中中。《秦晋豫新出墓志搜佚续编》第1312页李昭撰《唐故金紫光禄大夫刑部尚书上柱国陇西县开国子食邑五百户赠尚书左仆射姑臧李公（当）墓志铭并序》（乾符四年十月十八日）："夫人范阳卢氏，皇鸿胪少卿讳词之长女，累封范阳郡夫人。"

段元昱　咸通六年（865）

《隋唐五代墓志汇编》河北卷《魏博节度使魏州大都督府长史充魏博观察处置等使赠太师庐江何公（弘敬）墓志》："咸通六年……册拜公检校太尉兼中书令，三月辛巳下诏，乙丑公薨于位，癸巳驲骑上闻，皇帝震悼，不视朝三日，遣大宗正胶、鸿胪少卿段元昱驰传莅吊其孤。"

卢知宗　咸通时

北图藏拓片《唐故河中少尹范阳卢府君（知宗）墓志铭并序》（咸通十五年四月二十一日）："时河东公相国瑑镇抚北门，礼遇甚厚。河东公不逾年，征急判计，邀兄为计……除少鸿胪，醝使王公铎以夙旧，闻其淹滞，慰荐于时相，迁少廷尉。……出典隰郡，州人咸歌其来暮。……旋授蒲亚。"咸通十五年正月廿九日卒，享年五十九。

崔敬嗣　乾符中

《洛阳新获墓志》一二二《崔敬嗣墓志》:"领殿中少监,转鸿胪少卿,转卫尉少卿,转太仆少卿,迁太子左庶子。"按敬嗣广明二年五月二十五日卒。

李　崇　昭宗时

《全文》卷八三七薛廷珪《授李崇鸿胪少卿制》。按薛廷珪大顺初累迁司勋员外郎、知制诰,正拜中书舍人,乾宁三年改左散骑常侍,光化中复为中书舍人,见《旧书·薛廷珪传》。

贾　渭　昭宗时

《全文》卷八一三钱珝《授鸿胪少卿赐紫贾渭太仆卿前太常丞吴方太原少尹制》:"渭比以学文通经之勤,而不得志于壮岁。束带入仕,今至九卿。……诏之就列,以慰其心。……往作亚尹,锡之金章,亦有以嘉于老者矣。可依前件。"

待考录

刘全正

《唐文拾遗》卷二九黄粢《朝散大夫使持节韶州诸军事守韶州刺史上柱国陈府君(说)墓志铭并序》:"皇考愻,大理评事,赠兵部郎中。皇妣彭城刘氏,赠彭城郡君。……亲舅全正,鸿[胪]少卿。"

卷九　司农寺

司农卿考

韦云起　　武德元年—四年(618—621)

《姓纂》卷二东眷韦氏彭城公房:“云起,益州行台行兵部尚书、司农卿。”《新表四上》韦氏彭城公房:“云起,司农卿、益州行台仆射。”《旧书》本传:“义宁元年,授司农卿,封阳城县公。武德元年,加授上开府仪同三司,判农圃监事。……四年,授西麟州刺史,司农卿如故。”《新书》本传:“高祖入关,上谒长乐宫,授司农卿、阳城县公。武德初,进上开府仪同三司,判农圃监。”《元龟》卷一三六:武德“三年四月,秦王平并州,帝遣司农卿韦云起劳军”。《全文》卷一三四韦云起小传:“隋大业中官大理司直,高祖入关,谒见长乐宫,授司农卿,封阳城县公,官至益州行台兵部尚书,与窦轨有隙,被杀。”

刘　赡　　武德五、六年(622、623)

《姓纂》卷五诸郡刘氏:“唐司农卿、武陵公刘赡,今居京兆。”《文馆词林》卷四五九李百药《荆州都督刘赡碑铭》:“又以本官检校襄州都督、襄州刺史。寻除司农卿,帝命四子,敬授人时。农曰八政,实惟国本。选众而举,能官攸属。仓廪既实,礼教斯弘。八年以赵王为安州大都督,又以本官检校安州大都督府长史,又权检校荆州大都督府长史,其年又检校襄州都督。贞观二年又检校荆州都督。”据岑仲勉《元和姓纂四校记》卷五,武德元年九月为浩州刺史,封武陵郡开国公,五年顷除司农卿,贞观五年除荆州都督,卒于任。

宇文颖　武德七年(624)

《新书·李建成传》:“帝遣司农卿宇文颖驿召[杨]文干,元吉阴结颖,使告文干,文干遽率兵反。”《通鉴·武德七年》:六月,“遣司农卿宇文颖驰召(杨)文干。颖至庆州,以情告之,文干遂举兵反。……七月……获宇文颖,诛之”。

柏季纂　武德中

《姓纂》卷一〇魏郡柏氏:“季纂,唐司农卿,汝、遂、宜、虞四州刺史,武阳公。”《元龟》卷八九九:“柏季纂为司农卿,以年老屡乞骸骨,不许。久之,拜虞州刺史。”

崔　枢　武德中

《旧书·崔知温传》:“祖枢,司农卿。父义真,陕州刺史。”北图藏拓片《唐故正议大夫行太子右赞善大夫判太子率更令上柱国清河崔府君(孝昌)墓志铭并序》(太极元年二月二十一日):“曾祖枢,皇朝使持节陕州诸军事、陕州刺史、司农卿、散骑常侍、上大将军、武城县开国公。祖义直,皇朝长安县令、纪、越二府长史,使持节陕州诸军事、陕州刺史、武城县开国公。父知温,皇朝英府司马兼尚书右丞、黄门侍郎、同中书门下三品、监修国史、中书令。”孝昌卒景云二年八月卅日,春秋四十三,葬太极元年二月廿一日。又《唐故银青光禄大夫守工部尚书崔府君(泰之)墓志铭并序》(开元十一年十月五日):“曾祖讳枢,皇□□大将军、散骑常侍、司农卿、武城侯。祖义直,纪、越二王长史、陕州刺史,嗣武城侯。”【增订】《全唐文补遗》第八辑第355页《崔谔之墓志》:“公则皇朝司农卿、散骑常侍、陕州刺史、清河郡开国公世枢之曾孙。”则崔枢因避讳而省“世”字。

许　绪　武德中

《千唐志·大周故沧州东光县令许府君夫人清河崔氏合葬铭并序》(证圣元年正月二十九日)："考绪，太原佐命恕死第一等功臣，左侍极，外府司农卿、瓜州都督、豫州刺史、上柱国、真定县开国公。"行本卒高宗上元二年，未言享寿。又《唐太府卿真定郡公许府君(绪)墓志铭并序》(显庆五年)："于时高祖经纶大定……除左武侯长史……历司农、太府卿，转鄂、瓜、豫三州刺史，□入朝，遂□□□。承明谒帝，方献替于紫庐；钧天动心，奄□□于金奏。春秋六十三，追赠灵州都督。"未言卒年。又《潞州长史许行师志》："父绪，唐司农卿、真定郡公。行师卒显庆二年，年五十□。"

窦　静　贞观元年—二年(627—628)

《旧书》本传："太宗即位，征拜司农卿，封信都男，寻转夏州都督。"《新书》本传："太宗即位，授司农卿，封信都县男。赵元楷为少卿，静鄙其聚敛。"《通鉴·贞观二年》：九月，"壬申，以前司农卿窦静为夏州都督。静在司农，少卿赵元楷善聚敛，静鄙之"。《大唐新语》卷三："窦静为司农卿，赵元楷为少卿，静颇方直，甚不悦元楷之为。"《元龟》卷六二三："唐窦静贞观中为司农卿，属赵元楷为司农少卿。静颇方直，甚不悦元楷之为人。"《全文》卷一五六小传："太宗朝授司农卿，封信都县男，改夏州都督。"

崔善为　贞观初期

《旧书》本传："贞观初，拜陕州刺史。……后历大理、司农二卿，名为称职。坐与少卿不协，出为秦州刺史。"《新书》本传："贞观初，为陕州刺史。……历大理、司农二卿，坐与少卿不平，出为秦州刺史。"《元龟》卷一七二："崔善为尚书左丞，后历太府、大理、司农，陕、秦二州。所在之职，皆名干理。虽频以罪失官，然以相府僚旧，旋被昇用。"《全诗》卷三八小传："贞观中，历大理、司农二卿，出为秦州刺史。虽频以罪失官，然以相府僚旧，旋被升用。"

蔺　谟　　贞观初期

《大唐新语》卷七《容恕第十五》:"刘童为御史,东都留台,时蔺谟为留守。……童奏之,诏决谟二十下,谪岭南。童后因他事左授临朐令,时有敕令上佐县令送租。谟已为司农卿,知出纳。谟雅知童清介,不以曩事嫌恶……时人赏谟忠恕。刘名灵童。"按武德五年自太子左卫率为亳州总管,八年为代州都督,见《元龟》卷九九〇。贞观初讨冯盎,见《贞观政要》卷九。

郭嗣本　　贞观十三年(639)

《姓纂》卷一〇京兆郭氏:"嗣本,职方郎中、司农卿、怀仁公。"按嗣本贞观中为司农卿,见《通典》卷一九七。《会要》卷七九称鸿胪卿、怀仁公,谥靖。《旧书·突厥·思摩传》:"及将徙于白道之北,思摩等咸惮薛延陀,不肯出塞,太宗遣司农卿郭嗣本赐延陀玺书曰:……于是命礼部尚书赵郡王孝恭赍书就思摩部落,筑坛于河上以拜之。"《新书·突厥传上》:"[阿史那]思摩,颉利族人也。……太宗以为忠,授右武侯大将军、化州都督,统颉利故部居河南,徙怀化郡王。及是将徙,内畏薛延陀,不敢出塞。帝诏司农卿郭嗣本持节赐延陀书。"是郭嗣本为司农卿亦当在贞观十三、十四年间。《通鉴·贞观十三年》:七月,"上遣司农卿郭嗣本赐薛延陀玺书"。《唐仆尚丞郎表》卷一五《礼尚》:"李孝恭,贞观十三年,由晋州刺史迁礼尚。是年秋,见在任。十四年,卒。"

杨弘礼　　贞观二十一年—二十三年(647—649)

《旧书·龟兹传》:"[贞观]二十年,太宗遣左骁卫大将军阿史那社尔为昆山道行军大总管,与安西都护郭孝恪、司农卿杨弘礼率五将军……以伐龟兹。"《旧书》本传:"[贞观]二十年,拜中书侍郎。明年,加银青光禄大夫,寻迁司农卿,兼充昆丘道副大总管,诸道军将咸受节度。"《旧书·太宗纪下》:贞观二十一年十二月戊寅,"司农卿杨弘礼为昆山道行军大总管,以伐龟兹"。《新书·西域上·龟兹传》:"[贞观]二十一年,两遣使朝贡,然帝怒其佐焉耆叛,议讨之。……乃以阿史那社尔为昆丘道行军大总管，契苾何力副之，率安西都护郭孝恪、司农卿杨弘礼、左武卫将军李海岸等发铁勒十三部兵十万讨之。”《新书》本传：“太宗征辽东，拜兵部侍郎。……还，拜中书侍郎，迁司农卿。”《全文》卷八太宗《伐龟兹诏》：“可遣……金紫光禄大夫行安西都护郭孝恪、司农卿清河郡公杨宏礼、行军总管左武卫将军李海崖（岸?）等，总挈鼋斩蛟之士，帅曳牛佩豕之曹。”《唐仆尚丞郎表》卷一八《兵侍》：“杨弘礼，贞观十八年，由中书舍人擢兵侍。二十年，迁中书侍郎。”【增订】孔祥军《订误举例》考订杨弘礼由中书侍郎改任司农卿在贞观二十一年。是。曾涧《订正》：《旧唐书·龟兹传》作“二十年”，盖“二十一年”之脱。考《金石续编》卷四《和籴粟窖砖文四种》之二云：“贞观廿三年十二月廿九日……纳和籴米四千四是石……司农卿清河公杨礼。”此“杨礼”当即“杨弘礼”，证知弘礼贞观二十三年尚为司农卿。

李　纬　贞观二十一年(647)

《贞观政要》卷三《择官》第七：“贞观二十一年，太宗在翠微宫，授司农卿李纬户部尚书。房玄龄是时留守京城，会有自京师来者，太宗问曰：‘玄龄闻李纬拜尚书，如何?’对曰：‘但云李纬大好髭须，更无他语。’由是改授洛州刺史。”《旧书·房玄龄传》：“二十一年，太宗幸翠微宫，授司农卿李纬民部尚书。……太宗遽改授纬洛州刺史。”《通鉴·贞观二十一年》：六月，“癸未，以司农卿李纬为户部尚书”。《新书·房玄龄传》：“帝在翠微宫，以司农卿李纬为民部尚书，会有京师来者，帝曰：‘玄龄闻纬为尚书谓何?’曰：‘惟称纬好须，无它语。’帝遽改太子詹事。”言改授太子詹事，盖误。《全文》卷二〇一李尚一《开业寺碑并序》：“曾孙纬，皇朝宗正、卫尉、司农三寺卿，金紫光禄大夫、荆州大都督府长史、幽州都督、户部尚书、太子詹事、怀洛蒲三州刺史，袭高都公。”《元龟》卷六九：“唐太宗贞观二十二年，幸翠微宫，授司农卿李纬为民部尚书，房玄龄时在京城留守……帝遽改授纬雒州刺史。”作“贞观二十二年”误。又卷八八三：“李纬自司农卿除民部尚书，时房玄龄在京城留守。”《唐仆尚丞郎表》卷一一

《户尚》:“李纬,贞观二十一年六月二十八癸未,由司农卿迁民尚,不久,改洛州刺史。”

谢叔方　　贞观中

【增订】牛红广《辑补》:河洛藏拓《大唐前朝散大夫行台州临海县令李府君妻故太康县君陈郡谢夫人(令婉)墓志铭并序》:“祖叔方,唐左卫中郎将、司农卿、邢州刺史、兰泸洪广四都督、上柱国。”谢令婉圣历二年卒,年五十。

萧　钦　　永徽五年(654)

《金石文钞》卷上《唐万年宫铭碑阴》:“金紫光禄大夫、行司农卿、宋城县开国伯臣萧钦。”碑建于永徽五年五月丙午朔。

长孙知人　　显庆元年(656)

《全文》卷一四五于志宁《太子少师中书令开府仪同三司并州都督上柱国固安昭公崔敦礼碑》:“以显庆元年岁次□□□月癸巳朔三日乙未薨于□阳里第,春秋六十有一。……仍令兼司农卿长孙知人监护,太府少卿韦思齐为副。”

武惟良　　约显庆中

《新书·韩思彦传》:“司农武惟良擅用并州赋二百万缗,思彦劾处死,武后为请而免。”

韦思齐　　麟德二年(665)

《姓纂》卷二东眷韦氏郧公房:“思齐,司稼正卿。”《新表四上》韦氏郧公房:“思齐,尚书右丞、司稼正卿。”乃隋尚衣奉御匡伯子。《唐仆尚丞郎表》卷八《右丞》:“韦思齐,盖永徽、显庆中,曾官右丞。”按龙朔中改司农卿为司稼正卿。【增订】《珍稀墓志百品》第75页《大唐故司稼卿韦公(整)墓志之铭并序》:“公讳整,字思齐,京兆杜陵人也。……迁太府少卿,兼检校尚书右丞。……至龙朔元年,丁忧去职。……夺情,拜外府少卿,又除司稼正卿。……以麟德二年正月十九日薨于永宁里之私第,春秋六十有三。"

杨思谦　　麟德二年(665)

《唐代墓志汇编续集》乾封〇〇八《大唐太宗文皇帝故贵妃纪国太妃韦氏(珪)墓志铭并序》(乾封元年十二月廿九日):"麟德二年九月廿八日,薨于河南敦行里第,春秋六十九。……诏司稼正卿杨思谦监护丧事,特赐东园秘器,□□吊祭,有优恒典。又遣司平大夫窦孝慈监护灵舆还京。及□日戒期,复令司稼正卿李孝义、司□少卿杨思止监护丧事,特给鼓吹仪仗往还。粤以乾封元年岁次景寅十二月壬辰朔廿九日庚申陪葬于昭陵,礼也。"《隋唐五代墓志汇编》洛阳卷第十一册《唐故房陵郡太守卢府君(全操)夫人弘农郡君杨氏墓志铭并序》(天宝十一载十月二十九日):"祖思谦,皇银青光禄大夫、司宰、司稼卿。"杨氏卒天宝十一载六月廿八日,享年七十一。又北京卷《故司稼寺卿上柱国杨府君杜夫人墓志并序》(长安三年十月十五日):"长安三年五月廿八日终于□州之官第,春秋六十有三。"《咸宁县志》卷一六《金石志》:"《司稼卿上柱国□□□杜夫人墓志》,长安三年十月,正书,篆盖,前泐三字,序以杨家轮毂对杜氏春秋,关西主馈对征南绪胤,则知司稼卿为杨氏,藏长安高阳原,石为咸宁许氏收藏。"(《石刻史料新编》本)清朱士端《宜禄堂收藏金石记》卷二八《故司稼寺卿上柱□□□□夫人墓志》:"以长安三年三月廿八日终于幽州之官第,春秋六十有三,以长安三年十月十五日葬于幽州万年县高阳之原。有子朝议郎、行幽州司功参军事履行。"即杨思谦,据《新表》,思谦有子履忠、履言,唯未及履行。

李孝义　　麟德二年(665)

《唐代墓志汇编续集》乾封〇〇八《大唐太宗文皇帝故贵妃纪国太妃韦氏(珪)墓志铭并序》(乾封元年十二月廿九日):"麟德二年九月廿八日,薨于河南敦行里第,春秋六十九。……诏司稼正卿杨思谦监护丧事,特赐东园秘器,□□吊祭,有优恒典。又遣司平大夫窦孝慈监护灵舆还京。及□日戒期，复令司稼正卿李孝义、司□少卿杨思止监护丧事，特给鼓吹仪仗往还。粤以乾封元年岁次景寅十二月壬辰朔廿九日庚申陪葬于昭陵，礼也。”《全文》卷三七一李轸《泗州刺史李君神道碑》：“烈祖讳孝义，武德初封安永郡王，贞观中改封胶西郡公，银青光禄大夫、司农卿、上柱国、冀贝等州刺史。”《新书·宗室世系表上》大郑王房：“胶西郡公、司农卿孝义。”乃淮南靖王李神通之子。【增订】《偃师碑志选粹》第200页《唐故中散大夫守太子宾客上柱国赐紫金鱼袋赠工部尚书河东薛府君夫人陇西县君李氏(饶)墓志铭》：“皇唐高祖神尧皇帝之从父子河道行台尚书、左仆射、淮安郡王讳神通，王生司农卿、贝冀等州刺史、胶西郡公讳孝义。公生易州刺史、赠平阳太守袭胶西公讳璥，公生虞部郎中、赠郑州刺史、袭胶西公讳孟犨，公生银青光禄大夫、陕虢观察使、宗正卿、陇西县开国子、谥曰敬讳翼，敬公娶东都留守兼河南尹裴公迥之女，实生女子子，是为夫人。”李饶长庆三年卒，年五十七。

扶余隆　乾封元年(666)

《全文》卷一五高宗《祭告孔子庙文》：“维乾封元年，岁次景寅，二月戊戌朔，二日己亥，皇帝遣司稼正卿扶余隆，以少牢之奠，致祭先圣孔宣父之灵。”《元龟》卷一七〇：“仪凤二年二月，司农卿扶余隆为光禄大夫太常员外卿，加授熊浦州都督、带方郡王。”《山左金石志》卷一一：“乾封元年，隆司稼正卿，见《孔庙碑阴》。”《旧书·百济传》：“麟德二年八月，隆到熊津城，与新罗王法敏刑白马而盟……其盟文曰：‘……故立前百济太子司稼正卿扶余隆为熊津都督，守其祭祀，保其桑梓。”《新书·东夷·百济传》：“显庆五年九月，“授[扶余]隆司稼卿。”《通鉴·仪凤二年》：“又以司农卿扶余隆为熊津都督，封带方郡王。”清朱士端《宜禄堂收藏金石记》卷二四：“《祭告文》云：皇帝遣司稼正卿扶余隆。考《旧唐书·职官志》，龙朔二年二月甲子，改百司及官名，以司农为司稼，卿为正卿，亦与碑合。乾封元年诏，令三品一人致祭，司稼正卿即三品也。”按，《扶余隆墓志》见《隋唐五代墓志汇编》洛阳卷第六册，第87页。题为“大唐故光禄大夫行太常卿使持节熊津都督带方郡王扶余君墓志”。

韦弘机　　咸亨三年—调露元年(672—679)

《旧书》本传:“超拜司农少卿……上元中,迁司农卿。……仪凤中,机坐家人犯盗,为宪司所劾,免官。”又《李昭德传》:“上元中,司农卿韦机始移中桥置于安众坊之左街,当长夏门,都人甚以为便,因废利涉桥,所省万计。”又《狄仁杰传》:“仁杰,仪凤中为大理丞,周岁断滞狱一万七千人,无冤诉者。……时司农卿韦机兼领将作、少府二司,高宗以恭陵玄宫狭小,不容送终之具,遣机续成其功。机于埏之左右为便房四所,又造宿羽、高山、上阳等宫,莫不壮丽。仁杰奏其太过,机竟坐免官。”又《元行冲传》:“少孤,为外祖司农卿韦机所养。”又《韦述传》:“韦述,司农卿弘机曾孙也。”《新书·元行冲传》:“少孤,养于外祖司农卿韦机。”又《李昭德传》:“洛有二桥,司农卿韦机徙其一直长夏门,民利之。”《通鉴·调露元年》:正月,“司农卿韦弘机作宿羽、高山、上阳等宫,制度壮丽”。《会要》卷二一:“上元二年八月十九日,葬(孝敬皇帝)……遂遣司农卿韦机续成其功。”又卷三〇:“上元二年,高宗将还西京,乃谓司农少卿韦机曰……”又卷八六:“上元二年,司农卿韦机始移中桥,自立德坊西南置于安众坊之左。”又卷六七:“仪凤元年十一月四日,司农卿韦机为东都留守。”《姓纂》卷二东眷韦氏郿城公房:“弘机,司农卿。”岑仲勉《四校记》卷二:“《载之集》一二及《旧书》一八五上作机,《长安志》一〇:司农卿韦机宅即弘机。《庙碑》:“生司农府君讳机……著《西征记》以献,太宗嘉之,剖符澶州。……三典卿曹。《韦聿志》:‘范之孙机,实居大农。’《全文》九八七《大卢舍那像龛记》:咸亨二[三]年韦机官司农寺卿。”《全文》卷九八七阙名《河洛上都龙门之阳大卢舍那像龛记》:“粤以咸亨三年壬申之岁四月一日,皇后武氏助脂粉钱二万贯……大使司农寺卿韦机……等,至上元二年乙亥十二月三十日毕功。调露元年己卯八月十五日奉敕于大缘南置大奉先寺。”北图藏拓片《大卢舍那像龛记并牒》(开元十年十二月十二日刻):“调露元年□海寺主惠暕、法师□□、司农寺卿韦机。”《唐五代人物传记资料综合索引》:"《旧唐》《旧志》《新志》皆作'韦机',系唐人避太子李弘讳省弘字。"《唐两京城坊考》卷四《普宁坊》:"北门之西,司农卿韦机宅。"《元龟》卷六二五:"韦机为司农卿,兼统将作、少府三百。高宗上元中,始造宿羽、高山等宫。"

王弘福　约高宗末

北图藏拓片《故潞州屯留县令温府君李夫人墓志铭并序》(开元五年二月十三日):"祖勣,司空、上柱国、英国公、赠太尉、扬州大都督、谥英贞武公。……父思文,户部尚书、上柱国、卫国公,右玉钤卫郎将勖,赠荆州大都督。……夫人即公之第三女也。……先适龙门公孙、司农卿王弘福第二子。……堂兄太仆卿业以河山旧勋,载在盟府,见非其种,岂暇先言。兵起惟扬,志怀匡复,夫人口陈祸福,如指诸掌,为言丧败,无违晷刻,故勖死王事,朝廷闻而嘉之。……后适中书侍郎温彦将孙、易州司马瓒第五子潞州屯留县令炜。炜太极元年六月十九日卒于晋阳私第。……季弟沧州刺史,友于伯姊……以开元四年闰十二月三日至于沧州……以其月十九日辛卯终于沧州之官舍,春秋六十有三。"

王　基　垂拱中

《隋唐五代墓志汇编》洛阳卷第七册《大唐故前尚方监兼检校司府少卿中山县开国伯王公(基)墓志铭并序》(长寿二年二月十三日):"以垂拱元年除中大夫、守尚方少监,兼检校东都苑总监……寻加正议大夫中山县开国伯兼检校司府少卿、兼知司农寺,余并如故。……以永昌元年除尚方监,余并如故。……春秋七十有六,以长寿元年十月二日卒于私第。"

武懿宗　天授元年(690)

《旧书·武承嗣传》:"天授元年,于东都创置武氏七庙……于是封承嗣为魏王……司农卿懿宗为河内王。"《新书》本传:"懿宗以司农卿爵为郡王,历怀、洛二州刺史。神功元年,孙万荣败王孝杰兵,诏懿宗为神兵道大总管讨之。"《隋唐五代墓志汇编》陕西卷第三册《大唐故怀州刺史赠特进耿国公武府君(懿宗)墓志铭并序》(景龙元年十一月廿六日):"三为水衡都尉,二为司农卿,一为殿中监。天授建元之初,朝廷从鼎之义,乃分太社,俾侯东藩,封河内郡王。"《元龟》卷三〇一:"天授元年,于东都创置武氏七庙,于是封……司农卿武懿宗为河内王。"

裴宣礼　天授三年(692)

《元龟》卷三〇七:"天授三年一月,御史中丞来俊臣奏言:……司农卿裴宣礼……并谋逆,请诛之。制不许。……准左授……宣礼夷陵令。"《通鉴》作"司礼卿崔宣礼"。《新表一上》洗马裴氏:"恰,滁州刺史。生宣礼,司农卿。"恰乃中宗时宰相裴谈五代孙。

宗晋卿　万岁通天元年—圣历二年(696—699)

《旧书·礼仪志二》:"改元为万岁通天……其年,铸铜为九州鼎,司农卿宗晋卿为九鼎使。"《全文》卷二〇九陈子昂《为朝官及岳牧贺慈竹再生表》:"一昨伏奉恩敕,宣示司农卿宗晋卿所奏,日者王德寿等承使失旨,疟滥无辜,灾感蝗虫,毒痡慈竹。"又卷二四五李峤有《为司农卿宗晋卿进赤觜山鹊表》。《新书·五行志二》:"长安中……武太后从姊之子司农卿宗晋卿家牛生三角。"《新表四上》宗氏:"晋卿,司农卿。"乃武后、中宗相楚客弟。《通鉴·圣历二年》:正月,"文昌左丞宗楚客,与弟司农卿晋卿坐赃贿满万余缗,及第舍过度,楚客贬播州司马,晋卿流峰州。"

刘　藏　高宗、武后时

【增订】曾涧《增补》:《刘默墓志》:"父藏,唐将作少匠,司农、太仆、光禄卿,复州、抚州刺史,上柱国、义成县子。"圣历二年二月卒,年四十七。

李晋客　武后时

《新表三上》赵郡李氏东祖房:“晋客,司农卿,元氏县男。”乃司农卿贞简之父。按《郎考》卷一七仓部郎中作“李晋容”,误。【增订】牛红广《辑补》:《搜佚》第402页夏侯贞实《大唐故左监门率府兵曹参军李君(贞庶)墓志铭并序》:“父讳晋客,司农卿。”河洛藏拓《范阳卢氏(岫)故妻赵郡李夫人墓志铭并序》:“曾祖文正,隋广平郡平恩县令。祖晋客,皇司农少卿。考贞简,唐京兆府法曹。”

李　某　武后时

《全文》卷二一〇陈子昂《为司农李卿让本官表》:“臣某言,伏奉月日恩制,依旧授臣中大夫守司农卿。……横被逆贼徐敬真以私仇架祸诬臣,云与叔孝逸交通逆竖,狱官执法,置以极刑。……不图天地之恩,再生枯骨。……陛下重加宠章,还臣旧职,典司宗伯,以睦周亲。……况臣叔孝逸推使未回,在于臣愚,更深待罪。”

裴思简　约武后时

北图藏拓片《唐故司法参军裴府君(涓)墓志铭并序》(乙卯岁六月十九日卒,年六十二,八月十一日葬):“曾祖德超,皇银青光禄大夫、秦州刺史。祖思简,皇金紫光禄大夫、司农大卿。父休英,皇兖州邹县令。君则邹邑府君之长子也。”德操刺秦疑在贞观初,《新表一上》中眷裴氏:“德超,宁州刺史。”

薛元嗣　武后时

《千唐志·大唐故右领军卫将军上柱国新城县开国伯薛府君(璿)墓志文并序》(开元二十年八月二十日):“大父元嗣,司农、太常卿,岐、贝州刺史,洛州长史。”璿卒开元二十年七月一日,春秋五十二。

阎嘉宾　武后时

《姓纂》卷五河南阎氏:“嘉宾,司农卿。”乃立本子。《新表三下》

阎氏："嘉宾，司农卿。"乃高宗相立本子。

刘仁景　　长安中—神龙初

《姓纂》卷五京兆武功刘氏："仁景，左金吾将军、司农卿、沛公。"《旧书·刘弘基传》："从子仁景，神龙初，官至司农卿。"《全文》卷二五七苏颋《司农卿刘公神道碑》："公讳某，字某，彭城人也。……皇运之纂图也，我先君讳某，仕至江王友、上柱国、袭普安公，追赠陈州刺史者。……公即陈州府君之元子也。……豫博之连谋也……拜公为齐州长史以镇之。难平，转沂、鄘二州诸军事、二州刺史。……迁将作监，寻加银青光禄大夫、司仆卿。……复加将作大匠。长安东幸洛阳，拜公为右卫将军、司农卿，转右金吾大将军，副京师留守。……采鄚侯之典，因营宫室，奏齐令言，即回舆驾，至则兼领右羽林军。节愍之举兵也，谗臣构东朝之隙，上将膺北门之重，难无苟免，谋无苟合。……已而特授镇军大将军，封舒国公，食邑三千户，实封三百户，赐以金带衣物，重拜司农卿，赏厥诚也。……及引年辞事，老而得礼，于是乞骸骨，抗章疏者至于再三，朝廷嘉而遂之矣。……享年七十有七，以景龙三年，太岁癸酉，十二月十五日，薨于长安光德里之私第。"按《旧书·刘弘基传》："从子仁景，神龙初，官至司农卿。"又《节愍太子从俊传》："韦庶人及公主遽拥帝驰赴玄武门楼，召左羽林将军刘仁景等。"证知此司农卿即刘仁景。《增订唐两京城坊考》卷四《光德坊》："司农卿刘公宅。景龙三年太岁癸酉十二月十五日，刘公薨于长安县光德里之私第。葬地当在唐长安城西，'汉宫弘敞，承明在其北；秦岭连属，太白拒其南'（《文苑英华》卷八九九苏颋《司农卿神道碑》）。"

麹　瞻　　景龙二年(708)

《姓纂》卷一〇西平麹氏："瞻，司农卿，常乐公。"乃智谌子，崇裕弟。《四校记》："《新传》有崇裕兄昭，历司膳卿。《纪事》十二有麹瞻《慈恩寺九日应制》诗，景龙二年作。《元龟》八四〇：'麹昭祖为司膳卿，颇以诗咏流誉，有文集二十卷。'昭与昭祖或瞻，未详孰是。又《新书》六〇著录《翙崇裕集》二十卷。崇裕始终为武官,未必有如许卷数之文集,今卷数适同而昭祖集未见著录,《新志》必兄弟误系无疑。”

赵履温　景龙三年—景云元年(709—710)

《姓纂》卷七诸郡赵氏:“司农卿赵履温,万年人。”《四校记》:“神龙初自易州刺史入为司农少卿,见《通监》二〇八。景龙三年为司农卿,见《会要》八六。四年被诛,见《旧纪》七。”《朝野佥载》卷五:“赵履温为司农卿,谄事安乐公主,气势回山海,呼吸变霜雪。客谓张文成曰:‘赵司农何如人?’曰:‘猖獗小人,心佞而险,行僻而骄,折支势族,舐痔权门,谄于事上,傲于接下,猛若饥虎,贪若饿狼。’”又见《广记》一六九、卷二四〇引。《旧书·赵彦昭传》:“景龙四年,金城公主出降吐蕃赞普,中宗命彦昭为使。……司农卿赵履温私谓曰:‘公国之宰辅,而为一介之使,不亦鄙乎?’彦昭曰:‘计将安出?’履温因为阴托安乐公主密奏留之。”又《吐蕃传上》:“景龙三年十一月,又遣其大臣尚赞吐等来迎女,中宗宴之于苑内球场……上又令中书侍郎赵彦昭充使。……司农卿赵履温私谓之曰。”又《裴子余传》:“景龙中,为左台监察御史。时泾、岐二州有隋代蕃户子孙数千家,司农卿赵履温奏,悉没为官户奴婢,仍充赐口,以给贵幸。”同书《后妃·中宗韦庶人传》:“时安乐公主与驸马武延秀、侍中纪处讷、中书令宗楚客、司农卿赵履温互相猜贰,迭为朋党。”《新书·睿宗纪》:景云元年六月,“纪处讷、韦温、宗楚客、将作大匠宗晋卿、司农卿赵履温伏诛”。又《安乐公主传》:“主营第及安乐佛庐,皆宪写宫省,而工致过之。……司农卿赵履温为缮治。”又《赵彦昭传》:“金城公主嫁吐蕃,始以纪处讷为使,处讷辞,乃授彦昭。彦昭顾己处外,恐权宠夺移,不悦。司农卿赵履温曰:‘公天宰,而为一介使,不亦鄙乎!’彦昭问计安出,履温乃为请安乐公主留之,遂以将军杨矩代。”

姜师度　景云二年—先天元年(711—712)

《旧书》本传:“景云二年,转司农卿。”《新书》本传:“神龙初,试为易州刺史、河北道巡察,兼支度营田使。……迁司农卿,出为陕州刺史。"《广记》卷二五五引《朝野佥载》："唐先天中，姜师度于长安城中穿渠。……遂授司农卿。"《大唐新语》卷四《政能》第八："司农卿姜师度明于川途，善于沟洫，尝于蓟北约魏帝旧渠，傍海新创，号曰平虏渠。"

卢万石　先天元年(712)

北图藏拓片《唐故硖州司马荥阳郑府君前夫人范阳卢氏墓志》(大中四年四月一日)："夫人卢氏，范阳人也，皇朝司农卿万石之曾孙，汉州别驾昭之孙，陈州司仓参军修之第二女。"元和五年正月九日卒，年五十。《金石录》卷第五目录第九百二："《唐司农卿卢万石碑》，李义撰，八分书，无姓名，先天元年十月。"《新表三上》第二房卢氏："万石，司农卿、昌平公。"乃峡州刺史卢昭父。

史　献　约开元时

《唐代墓志汇编续集》开成〇〇九《唐故秀士史府君(乔如)墓志铭并序》(开成二年二月廿日)："高祖献，皇司农卿(下阙)国公。"史乔如开成二年卒，年廿。

李贞简　开元时

《新表二上》赵郡李氏东祖房："贞简，司农卿。"乃司农卿晋客子。《芒洛遗文五编》卷六《唐故太子司议郎李府君(璩)墓志铭并序》(咸通十二年八月十一日)："赵郡东祖有丞相崇，显于后魏，谥为文惠公。文惠公其下四世生贞简，为唐司农卿。司农生岗，为谯郡永城令，赠吏部尚书。尚书生元善，为襄州录事参军，赠太尉。太尉生泾，为金州刺史。金州娶博陵崔氏，生府君。"府君卒咸通十二年，享年五十八。《旧书·李绛传》："曾祖贞简。祖刚，官终宰邑。父元善，襄州录事参军。"

秦守一　开元十年(722)

【增订】《西安晚报》2009 年 9 月 28 日《唐高官石椁墓现身长安，

墓葬规模超皇亲国戚》:“考古人员在甬道内还发现了墓志,墓志保存完好,志盖篆书‘大唐故秦府君墓志铭’,据志文可知,墓主秦守一,字膺万,陇西人,祖上因官移籍河南,曾祖被封为南安县开国公,秦守一曾任玄武尉、岐州陈仓令、扶风令、京兆武功令、晋州长史、集州刺史、岐州长史、楚州刺史、万年县令、京兆少尹等职,其最高官职为司农卿,唐玄宗开元十年(722)五月三日薨于东都(即洛阳)尚贤里第,春秋六十有五,开元十二年(724)归葬。”《文物》2019年第7期杨军凯《西安南郊唐吴兴郡夫人沈和墓发掘简报》所载《唐故大司农秦公夫人吴兴郡夫人沈氏墓志铭并序》:“吴兴夫人沈者,故银青光禄大夫、大司农、上柱国、南安公秦府君之嫡夫人也。……夫人讳和,字内则。……以开元廿三年十二月廿一日终于河南府永宁界之客舍,春秋七十有二。”

张　游　　开元十五年(727)

北图藏拓片《唐故朝议郎行蓬州宕渠县令王府君(思齐)墓志铭并序》(开元十五年十月五日):“夫人平原张氏,司农卿游之亲姊。春秋卅三,垂拱元年四月一日卒。”思齐卒景龙二年七月十五日,春秋六十二。

陈思问　　开元二十二年(734)

《旧书·玄宗纪上》:“开元二十二年,“冬十月甲辰,试司农卿陈思问以赃私配流瀼州”。《姓纂》卷三诸郡陈氏:“思门,司农卿。”《四校记》:“《旧纪》八:开元二十二年十月甲辰,试司农卿陈思问以赃私配流瀼州,此作‘思门’,当误。”《旧书·李尚隐传》:“入为大理卿,代王鉷为御史大夫。时司农卿思问多引小人为其属吏。……尚隐又举按之,思问遂流岭南而死。……二十四年,拜户部尚书,东都留守。”《新书·李尚隐传》:“迁广州都督,五府经略使,及还……代王丘为御史大夫。时司农卿陈思问引属吏多小人,乾隐钱谷,尚隐按其违赃累巨万,思问流死岭南。”

张守瑜 约开元末期

《千唐志·大唐故监察侍御史河南元府君(衮)夫人南阳张氏墓志铭并序》(某年十一月十四日):"夫人南阳人也,祖守瑜,司农卿,赠工部尚书。父献恭,吏部尚书,节制山南西道、东都留守,赠尚书左仆射。"按张献恭大历中为山南西道节度使,建中时为东都留守。其父当仕开元末期。

刘 朏 约开元末

《隋唐五代墓志汇编》陕西卷第一册《大唐故洛交郡大同府果毅丘府君夫人彭城刘氏墓志铭并序》(天宝十四载九月二十八日):"祖朏,皇银青光禄大夫、汴州刺史、右金吾将军、司农卿、上柱国、建平郡开国公。父玹,朝议郎,见任将作监主簿。夫人即主簿之长女也。"天宝十四载九月辛未卒,享年三十二。《新中国出土墓志》河南卷一五〇《大晋故刘府君墓志并序》:"上代讳朏,银青光禄大夫、右金吾卫将军、司农卿,曾任一十八正刺史。"按刘朏约开元二十五、二十六年为汴州刺史,见《唐刺史考全编》。

鲜于仲通 天宝十一载(752)

《全文》卷三三七颜真卿《鲜于氏离堆记》:"君讳向,字仲通,以字行。……天宝九载,以益州大都督府长史兼御史中丞持节充剑南节度副大使知节度事、剑南山南西道采访处置使,入为司农少卿,遂作京兆尹。以忤杨国忠,贬邵阳郡司马。十有二载秋八月除汉阳郡太守。"同书卷三四三颜真卿《中散大夫京兆尹汉阳郡太守赠太子少保鲜于公(仲通)神道碑铭》:"至是,遂拜公为蜀郡大都督府长史、兼御史中丞、持节充剑南节度副大使。……属恩敕命召,祗赴京师……俄拜司农卿,将不远而复。十一载拜京兆尹。"【增订】两条资料所载卿与少卿不同,但其前为益州大都督府长史之要职,入为正卿较为合理。

任　干　　天宝十三载前

【增订】拓本《任瑗墓志》:“曾祖干,宗正、司农二寺卿,袭封乐[安]公。”(《中原文物》2000年第6期,第65页)墓主年七十一卒,天宝十三载(754)葬,未详卒于何年。

李齐物　　约天宝十三载(约754)

《旧书》本传:“齐物与右相李适之善,适之为林甫所构贬官,齐物坐谪竟陵太守。入为司农、鸿胪卿。至德初,拜太子宾客。”按齐物重授鸿胪卿在天宝末年,详上文鸿胪卿所考。则其为司农卿应在天宝十三载前后。

王　昕　　约天宝中

《新表二中》乌丸王氏:“昕,司农卿、薛公。”王美畅子。【增订】拓本《唐故大理丞赵郡府君夫人太原王氏合葬铭》:“皇考昕,薛国公,先朝邢汝等州刺史、殿中监、大司农。天宝中冀州刺史弼之兄子也。”(《中原文物》2000年第6期,第68页)

豆卢雄　　约天宝中

《隋唐五代墓志汇编》洛阳卷第十三册《邕州本管经略招□□□□邕州刺史兼御史大夫张公(遵)墓志》(大和五年二月三日):“婚故御史中丞忻王傅豆卢公讳靖女。夫人曾祖光祚,皇丹、延二州刺史。祖雄,皇司农卿,赠左散骑常侍。”按其父豆卢光祚景龙四年在延州刺史任。

窦　鍊　　天宝中

《姓纂》卷九河南洛阳窦氏:“鍊,司农卿。”《全文》卷一〇〇滕王湛然《太子少傅窦希瑊神道碑》:开元五年卒,春秋五十四。称“嗣子朝散大夫行太子典设郎鍊,次子太子内直郎钢等”。《新表一下》三祖窦氏:“鍊,司农卿。”乃润州刺史孝湛孙。

崔　器　至德元载(756)

百川学海本《前定录·裴谞》:“[崔]器后为司农丞,肃宗在灵武,以策称旨,骤拜大司农。及归长安,累奉使,后十余年,竟不至本曹局。”又见《广记》卷一五〇引。

严　庄　至德二载—上元二年(757—761)

《通鉴·至德二载》:十一月,“以严庄为司农卿”。又《上元二年》:建子月,“或告鸿胪卿康谦与史朝义通,事连司农卿严庄,俱下狱”。《新书·安禄山传》:“王入洛阳……王与子仪谋,庄若至者,余党可谕而下,乃约庄赐铁券。庄乃降,乘驲至京师,肃宗引见,释其死,授司农卿。”又《刘晏传》:“京兆尹郑叔清、李齐物坐残挚罢,诏晏兼京兆尹。……会司农卿严庄下狱,已而释,诬劾晏漏禁中语,宰相萧华亦忌之,贬通州刺史。”

李逢年　上元元年(760)

《元龟》卷六二五:“李逢年,肃宗时为司农卿,贪冒黩货。上元元年九月,敕宜除名,长流岭南瀼州,百姓终身勿齿。”《新表二上》赵郡李氏东祖房:“逢年,司农卿。”乃汴州长史昕子。按逢年天宝九载贬乐平员外尉,见《容斋三笔》卷一二及《饶州紫极观钟刻》。

陶　锐　宝应元年(762)

《通鉴·宝应元年》:建辰月,“壬寅,以司农卿陶锐为京兆尹”。

陈景诠　广德元年(763)

《新书·程元振传》:“广德初,吐蕃、党项内侵……帝仓黄出居陕,京师陷……乃下诏尽削元振官爵,放归田里。帝还,元振自三原衣妇衣私入京师,舍司农卿陈景诠家,图不轨。御史劾按,长流溱州,景诠贬新兴尉。”《元龟》卷一三四:“代宗广德元年十二月,宦官程元振先得罪,放归田里,潜诣京师,馆于所昵司农卿陈景铨之第。”

郑　贲　大历初

《全文》卷四一二常衮《授郑贲司农卿制》:“国有大农,实司金谷,兹惟古官之重,难于正卿之拜,朝散大夫试秘书监兼侍御史上柱国赐紫金鱼袋郑贲……可守司农卿,散官勋封如故。”按常衮大历元年至九年为中书舍人。

郑　泌　大历二年(767)

《元龟》卷六二五:“郑泌,代宗时为司农卿。大历二年六月流于业州,坐赃也。”

宋　俨　大历五年(770)

《全诗》卷三一〇于鹄《饯司农宋卿立太尉碑了还江东》:“追立新碑日,怜君苦一身。远移深涧石,助立故乡人。草色荒坟绿,松阴古殿春。平生心已遂,归去得垂纶。”据陶敏《全唐诗人名考证》,司农宋卿疑即宋俨。考《全文》卷三四三颜真卿《有唐开府仪同三司行尚书右丞相上柱国赠太尉广平文贞公宋公神道碑铭》:“大历五年冬十二月,孙俨……以……虽青史传信,实录已编于方册,而丰碑勒铭,表墓愿备于论撰。”《姓纂》卷八广平宋氏:“俨,苏州刺史。”其还江东或即还苏州。

白志贞　大历?年—十四年(大历?年—779)

《旧书》本传:“代宗素知之,[李]光弼薨后,用为司农少卿,迁太卿,在寺十余年。德宗尝召见与语,引为腹心,遂用为神策军使、检校左散骑常侍、兼御史大夫,赐名志贞。”《新书》本传:“及光弼卒,擢累司农卿。在官十年,德宗以为敏,遂倚腹心。进授神策军使,赐今名。”《通鉴·大历十四年》:六月,“甲子,以神策都知兵马使、右领军大将军王驾鹤为东都园苑使,以司农卿白琇珪代之,更名志贞”。

庾　准　大历十四年(779)

《旧书·德宗纪上》:建中元年三月,“甲戌,以前司农卿庾准为江陵尹、兼御史中丞、荆南节度使”。《旧书·杨炎传》:“炎既构刘之罪贬官,司农卿庾准与晏有隙,乃用准为荆南节度使。”又本传:“缙得罪,出为汝州刺史。复入为司农卿,与杨炎厚善。……乃用为荆南节度。”《新书》本传:“得幸于王缙……缙得罪,出为汝州刺史。复入为司农卿。”《新书·邵说传》:“德宗立,擢吏部侍郎。……因荐户部郎中萧定、司农卿庾准自代,不许。”《全文》卷四五二邵说《让吏部侍郎表第二表》:“而臣谬司左职,实用多惭。伏见户部郎中萧定、司农卿庾准,才优识远,望重一时,伏望罢臣,别授定等。”

常　皆(偕)　　约大历中

《新表五下》常氏:“皆,司农卿。”乃三原丞无为子,代宗相衮兄。按,《全文》卷五九一柳宗元《唐故秘书少监陈公(京)行状》:“公之丧凡五十四日,而夫人又没,毁也。夫人之父曰偕,司农卿。……永贞元年八月五日尚书礼部员外郎柳宗元状。”《新书·陈京传》:“京善文辞,常衮称之,妻以兄子。”是知“司农卿”为常偕,与《新表》所载“常皆”为一人。

张光晟　　大历末

《广记》卷三〇四引《集异记》:“贼臣张光晟,其本甚微,而有才用。……后频立战功,积劳官至司农卿。及建中,德宗西狩,光晟奔从。”

段秀实　　建中元年—四年(780—783)

《姓纂》卷九汧阳段氏:“秀实,司农卿,赠太尉,忠烈公,本武威。”《旧书·德宗纪上》:建中元年二月,“以泾原节度使段秀实为司农卿”。又兴元元年,“二月,戊寅,诏故司农卿张掖王段秀实赠太尉”。《元龟》卷三三六:“杨琰,德宗建中初平章事……召(段)秀实为司农卿。”《旧书》本传:“建中元年,宰相杨炎欲行元载旧志,筑原州城,开陵阳渠,诏中使上闻,仍问秀实可否之状。秀实以为方春不可兴土功,请俟农隙。炎以其沮己之谋,遂除司农卿。”又《杨炎传》:

"建中二年二月,奏请城原州,先牒泾原节度使段秀实,令为之具。秀实报曰……炎怒,征秀实为司农卿。"又《吐蕃传下》:建中四年七月,"又命宰相李忠臣、卢杞、关播、右仆射崔宁、工部尚书乔琳、御史大夫于颀、太府卿张献恭、司农卿段秀实……左金吾卫将军浑瑊等与区颊赞等会盟于坛所"。又《李怀光传》:"建中初,泾原四镇节度使段秀实为宰相杨炎所恶,征为司农卿。"又《张献恭传》:"[建中]四年七月,与浑瑊、卢杞、司农卿段秀实与吐蕃尚结赞筑坛于京城之西会盟,如清水之仪。"《新书·德宗纪》:建中四年十月,"庚戌,(朱)泚杀司农卿段秀实及左骁卫将军刘海宾"。《新书》本传:"建中初,宰相杨炎追元载议,欲城原州,诏中使问状,秀实言……炎谓沮己,遂召为司农卿。朱泚反……使骑往迎。"又《吐蕃传下》:"帝命宰相、尚书与虏使者盟长安……于是宰相李忠臣、卢杞、关播、崔宁,工部尚书乔琳、御史大夫于颀,太府卿张献恭,司农卿段秀实,少府监李昌夔,京兆尹王翃,金吾卫大将军浑瑊与区颊赞等同盟京城之右郊。"又《杨炎传》:"于是复议城原州,节度使段秀实谓'安边却敌,宜以缓计,方农事,不可遽兴功'。炎怒,追秀实为司农卿。"《通鉴·建中四年》:九月,"司农卿段秀实上言"。《元龟》卷六二二:"段秀实,建中四年为司农卿,时德宗幸奉天。"又卷六二四:"段秀实,建中初为司农卿,见禁兵寡少,不足以备非常,乃上疏。"又七五六:"段秀实,性至孝。……父没,哀毁过礼,位司农卿。"《全文》卷五一德宗《赠段秀实太尉诏》:"故开府仪同三司、检校礼部尚书、司农卿、上柱国、张掖郡王段秀实……可赠太尉。"又卷五五德宗《赠太尉段秀实纪功碑》同。《全文》卷三七九小传:"德宗立,就加检校礼部尚书,封张掖郡王,除司农卿。"

崔玄胤　约德宗初期

《新表二下》博陵第三房崔氏:"玄胤,司农卿。"乃元和二年邛州刺史贵成父。

姚明歇　　贞元二年(786)

《千唐志·唐故登仕郎常州司士参军袭武城县开国伯崔府君(千里)墓志铭并序》(贞元十九年十月二十日):"时幼弟霸先授江阴县丞,乃请常州司士。座主刘公滋曰:轻名位,重骨肉,公有之矣。遂署之,同趋一郡,连影四年。……司农卿姚公明歇饯诗云:'官屈须推命,时危莫厌贫。城楼近江水,潮退看垂轮。'云云。秩满寻归洛邑,幼弟自江阴解印寄居故林。遘疾有加,薨于客馆。既丧手足,哀恸难胜,不逾一旬,而往江甸,浙西观察使王公纬欲署职江左……。王公佳尚其事而厚赠之。"贞元十二年八月十五日卒,年六十二。按姚明歇建中二年至四年在陕虢观察使任。《南部新书》卷乙:"贞元二年,以右常侍于頔为左千牛卫上将军;少府监李忠诚为千牛卫上将军;司农卿姚明歇为右领军大将军;右庶子裴谞为右千牛卫大将军;参用文武也。"

李　模　　贞元二年(786)

《旧书·德宗纪上》:贞元二年三月,"乙巳,以司农卿李模为黔中观察使"。《新书·宗室世系表上》大郑王房:"司农卿,谥曰敬,模。"乃襄邑恭王神符玄孙,太子宾客、守散骑常侍李词之父。

薛　珏　　贞元二年—五年(786—789)

《旧书》本传:"李希烈自汴州走,除珏汴州刺史,迁河南尹,入为司农卿。……贞元五年,拜京兆尹。"《旧书·德宗纪下》:贞元五年三月乙卯,"司农卿薛珏为京兆尹"。《新书》本传:"刘玄佐表兼汴宋行军司马。李希烈弃汴州走,即拜珏刺史。迁河南尹。入为司农卿。……为京兆尹。"《元龟》卷五八:贞元四年六月甲申,"司农卿薛珏……曾任县令"。又卷六二四:"薛珏,贞元初为司农卿。时诏天下举可任刺史县令者,殆百人,有诏令与群官询考,珏乃延问人间疾苦及胥吏得失。"

李　翼　贞元五年(789)

《旧书·德宗纪下》:贞元五年十二月辛未,"司农卿李翼为陕虢都防御观察使"。

李　模　贞元七年(791)

《会要》卷六六:贞元"七年十月,司农卿李模有罪免官"。《元龟》卷五八:贞元"七年十月,司农卿李模免官"。

李　銛　贞元十年—十一年(794—795)

《旧书·裴延龄传》:"(陆贽)书奏,德宗不悦,待延龄益厚。时盐铁转运使张滂、京兆尹李充、司农卿李銛,以事相关,皆证延龄矫妄。德宗罢陆贽知政事,为太子宾客;滂、充、銛悉罢职左迁。十一年春暮,上数畋于苑中,时久旱,人情忧惴。"《新书·裴延龄传》:"会盐铁使张滂、京兆尹李充、司农卿李銛皆指延龄专以险伪罔上,帝怒,乃罢贽宰相,左除滂等官。"《通鉴·贞元十年》:九月,"群臣畏延龄有宠,莫敢言,惟盐铁转运使张滂、京兆尹李充、司农卿李銛以职事相关,时证其妄"。又《贞元十一年》:二月,"陆贽既罢相,裴延龄因谮京兆尹李充、卫尉卿张滂、前司农卿李銛党于贽。……四月壬戌,贬銛……为邵州刺史"。

李　巘　贞元十一年(795)

《全文》卷五〇七权德舆《司徒兼侍中上柱国北平郡王赠太傅马公(燧)行状》(贞元十一年八月十七日卒):"司农卿嗣吴王巘充吊祭使,鸿胪少卿王权为副。"《元龟》卷三一九:马燧,"十一年八月薨……司农卿嗣吴王巘为吊祭使"。

李　铝　贞元十一年、十二年(795、796)

《全文》卷五〇二权德舆《金紫光禄大夫司农卿邵州长史李公(铝)墓志铭并序》:"贞元二年真拜右庶子,三年夏,以本官兼御史中丞充入蕃使,寻兼御史大夫。……以久迁卫尉卿,秩至金紫。乃命大司农，为国之泉首。公修职惟直是视，无所阿附，终用蔽伤，左迁邵州长史。以十三年十一月寝疾，终于所莅之官舍。"《新书·宗室世系表上》蔡王房："邵州长史、前司农卿铝。"

罗　珦　约贞元十七、十八年（约 801、802）

《全文》卷五〇六权德舆《唐故太中大夫守太子宾客上柱国襄阳县开国男赐紫金鱼袋罗公（珦）墓志铭并序》："征为奉天令，刺庐、寿二州，就加御史中丞，入为司农卿、京兆尹，移疾乞告，改太子宾客。……以材能为九卿，典司金谷。"元和四年冬十一月卒。

李　实　贞元十八年—十九年（802—803）

《全文》卷五九三柳宗元《为李京兆祭杨凝郎中文》："维贞元十九年，岁次癸未，四月辛未朔，某日，检校工部尚书京兆尹、司农卿李实，谨以清酌庶羞之奠，敬祭于故兵部郎中杨公之灵。"《旧书》本传："（李）皋卒，新帅未至，实知[山南东道]留后。……归诣京师，用为司农少卿。因检校工部尚书、司农卿。贞元十九年，为京兆尹，卿及兼官如故。"同书《德宗纪下》：贞元十九年三月，"乙亥，以司农卿李实为京兆尹"。《新书》本传："累进司农卿，擢拜京兆尹，封嗣道王。"又《萧祐传》："司农卿李实督官租，祐居丧，未及输。"《国史补》卷中："李实为司农卿，督责官租。萧祐居丧，输不及期。实怒，召至，租车亦至，故得不罪。"又见《广记》卷二〇二、《唐语林》卷六引。《通鉴·贞元十二年》：十一月，"上自陆贽贬官……所取信者裴延龄……司农卿李实……皆权倾宰相，趋附盈门"。《元龟》卷五一一："李实简较工部尚书司农卿，贞元二十年春夏旱，关中大歉，实为政猛暴，方务聚敛进奉以固恩。"

崔　淙　贞元末

北图藏拓片《冯殖墓志铭》（开成五年二月二日）："服竟，贞元末，以□来陕服，为廉使故大司农崔公淙一见如旧识，署职维焉。"开成四年九月四日卒于陕州陕县。按《全文》卷六三一吕温《银青光禄大夫守工部尚书致仕崔公行状》称:由同州刺史迁陕虢观察使,入为工部侍郎致仕,元和三年卒。未及司农卿。

郑楚客　约贞元末

【增订】《洛阳新获墓志二〇一五》第301页杨无朋撰《郑锴墓志铭》:"祖讳楚客,皇银青光禄大夫、金部郎中,历河南令、司农卿、庆王傅。"郑锴大和四年卒,享年七十二,推其祖为司农卿约在贞元末。

萧季淮　贞元末?

拓本《李郁夫人崔氏墓志》(会昌三年八月廿日):"外祖兰陵萧氏,皇金紫光禄大夫、司农卿季淮。"(志载中国社会科学院考古研究所《偃师杏园唐墓》第341页,科学出版社2001年版)

李上公　元和元年(806)

《旧书·宪宗纪上》:元和元年十一月,"丁未,以司农卿李上公为陕州大都督府长史,充陕虢观察使"。又《李蔚传》:"祖上公,位司农卿,元和初为陕虢观察使。"

李　銛　元和六年—七年(811—812)

《旧书·宪宗纪下》:元和七年正月,"以司农卿李銛为京兆尹"。此再任。

崔　酆　元和八年(813)

《新表二下》清河小房崔氏:"酆,司农卿。"乃太常卿崔邠弟。《全文》卷六一〇刘禹锡《故朝散大夫检校尚书吏部郎中兼御史中丞赠太师崔公(陲)神道碑》:"生才子六人:……次曰澧,至太府卿。……惟夫人……特封清河郡太君……邠为太常,澧为大农,咸白发贵绥,以奉膳羞。……元和八年三月十六日捐馆舍,寿七十九,是岁十月十八日合祔。"

裴　武　　元和八年(813)

《旧书·宪宗纪下》:元和八年八月,"丁亥,以司农卿裴武为鄜坊观察使"。《元龟》卷九四五:"裴武自释褐以吏才称,累迁至太府、司农卿,鄜坊观察使,入为京兆尹,复令大司农,及兼掌钱谷供馈之事,皆粗有劳绩。然善俯仰,能交结权右,雅无清直之称。"

李　翛　　元和九年—十年(814—815)

《旧书》本传:"以庄宪皇后妹婿,元和已来骤阶仕进。以恩泽至坊州、绛州刺史。……召拜司农卿,迁京兆尹。十年,庄宪太后崩,翛为山陵桥道置顿使。"《新书》本传:"宪宗以为才,拜司农卿,进京兆尹。"《元龟》卷三〇六:"李翛,宪宗庄宪皇后妹婿,为司农卿,迁京兆尹。元和十年庄宪太后薨,翛为山陵桥道置顿使。"

裴　武　　元和十年(815)

《旧书·宪宗纪下》:元和十年七月,"乙未,以京兆尹裴武为司农卿,以捕贼驰慢故也"。《元龟》卷六二〇:"裴武为京兆尹,领大司农,其间掌钱谷供馈之事,皆粗有劳绩。"此再任。

皇甫镈　　元和十一年(816)

《新书·食货志二》:"及讨淮西,判度支杨於陵坐馈饷不继贬,以司农卿皇甫镈代之,由是益为刻剥。司农卿王遂、京兆尹李翛号能聚敛,乃以为宣歙、浙西观察使,予之富饶之地,以办财赋。"《旧书》本传:"改吏部郎中,三迁司农卿、兼御史中丞,赐金紫,判度支,俄拜户部侍郎。时方讨淮西。"《新书》本传:"进郎中,累迁司农卿,判度支,改户部侍郎。宪宗方伐蔡,急于用度,镈裒会严亟,以办济师。"《通鉴·元和十一年》:四月,"辛亥,司农卿皇甫镈以兼中丞权判度支。"《唐文拾遗》卷二七小传:"历吏部郎中,迁司农卿。时方伐蔡,急于用度。镈严办济师,帝悦,遂同中书门下平章事。"《唐仆尚丞郎表》卷一二《户侍》:"皇甫镈,元和十一年四月稍后,由司农卿兼御史丞、判度支迁户侍,仍判度支。"

王 遂 元和十一年(816)

《旧书·宪宗纪下》:元和十一年十一月,"庚午,以司农卿王遂为宣州刺史、宣歙池观察使"。《新书·食货志二》:"及讨淮西,判度支杨於陵坐馈饷不继贬,以司农卿皇甫镈代之,由是益为刻剥。司农卿王遂、京兆尹李鄘号能聚敛,乃以为宣歙、浙西观察使,予之富饶之地,以办财赋。"

郭 钊 元和十四年—长庆元年(819—821)

《旧书·穆宗纪》:元和十五年三月,"乙丑,以皇太后兄司农卿郭钊为刑部尚书兼司农卿"。长庆元年正月,"以刑部尚书兼司农卿郭钊检校户部尚书、怀州刺史,充河阳三城怀节度使"。《通鉴·元和十五年》:正月,"初,左军中尉吐突承璀谋立澧王恽为太子,上不许。及上寝疾,承璀谋尚未息;太子闻而忧之,密遣人问计于司农卿郭钊"。《旧书》本传:"九年十一月,检校工部尚书,兼邠州刺史,充邠宁节度使。数岁,检校户部尚书,入为司农卿。……穆宗即位,册皇太后南内,推崇外氏,以钊兼司农卿。未几,检校户部尚书,充河阳三城怀节度使。"又《后妃·宪宗懿安皇后郭氏传》:"穆宗嗣位,闰正月,册为皇太后。……诏皇太后曾祖赠太保……后兄司农卿钊为刑部尚书。"《新书》本传:"累官至左金吾大将军,改检校工部尚书,为邠宁节度使,入为司农卿。宪宗寝疾,宦竖或妄议废立者。……穆宗即位,检校户部尚书兼司农卿。俄为河阳三城节度使。"《全文》卷六四七元稹《郭钊等转勋制》:"而刑部尚书兼司农卿郭钊,实我元舅……锡尔崇勋。"卞孝萱《元稹年谱》系于元和十五年。【增订】李虞仲撰《唐故检校司空兼太常卿赠司徒郭公(钊)墓志铭并序》:"检校工部尚书,节制邠宁,四年政戎,边境无犯。入拜检校户部尚书兼司农卿。累月,迁守刑部尚书。"(浙江大学图书馆藏拓片)

裴 武 长庆元年(821)

《旧书·穆宗纪》:长庆元年十一月,"戊申,以司农卿裴武为镇州行营供军使"。《新书·吐蕃传下》:"长庆元年……以大理卿刘元鼎为盟会使……诏宰相与尚书右仆射韩皋……太常卿赵宗儒、司农卿裴武、京兆尹柳公绰……及吐蕃使者论讷罗盟京师西郊。"《全文》卷六四九元稹《授裴武司农卿制》:"农天下之本也。故国有九列,而司农氏居其一焉。……具官裴武……可检校礼部尚书兼司农卿。"卞孝萱《元稹年谱》:"据吴廷燮《唐方镇年表考证》卷下《荆南》云:'裴武:无罢镇年月。……《元氏长庆集》有《荆南裴武授司农卿制》,以时考之,王潜代武。'《制》当撰于长庆元年正月癸卯王潜为荆南节度使以后。"

杜　悰　　大和五年—六年(831—832)

《旧书·文宗纪下》:大和五年八月,"庚寅,以司农卿、驸马都尉杜悰为京兆尹"。《旧书》本传:"累迁至司农卿。大和六年,转京兆尹。"【增订】《秦晋豫新出墓志搜佚续编》第1137页《唐杜式方妻李氏墓志》:"悰由少奉常、大司农而尹京兆,累振官业,实扬怎政声。"墓主大和七年四月卒,年六十七。

王彦威　　大和八年—九年(834—835)

《旧书·文宗纪下》:大和九年二月,"甲申,以司农卿王彦威兼御史大夫,充平卢军节度使"。《旧书》本传:"左授河南少尹。未几,改司农卿。李宗闵重之,既秉政,授青州刺史、兼御史大夫,充平卢军节度、淄青等观察使。"北图藏拓片《唐故国子监礼记博士赵公(谷旨)墓志铭》(大和九年四月十日):"以大和八年十二月十九日寝疾终于京师通化里,享年五十九。……公故人大司农王公彦威者,实为主其事。"《全文》卷六〇九刘禹锡《唐故监察御史赠尚书右仆射王公(俊)神道碑》:"仆射有三子:……季子彦威,字子美,始以五经登甲科,历太常博士……京兆少尹、谏议大夫、史馆修撰,以直谏出为河南少尹,入为少府监、司农卿,改淄青节度使,征拜户部侍郎判度支。势逼生患,出为卫尉分司东都。寻起为陈许节度使,检校礼部尚书,充汴宋亳等州节度观察处置等使。"《新书》本传:"下迁河南少尹。俄改司农卿。李宗闵执政,雅善之,进拜平卢节度使。"《樊南文集》卷六《为绛郡公祭宣武王尚书文》,即王彦威。

薛元赏　大和九年(835)

《旧书·文宗纪下》:大和九年十二月丁亥,"以司农卿薛元赏权知京兆"。又《武宗纪》:会昌四年,"五月,以司农卿薛元赏为京兆尹"。盖误。《新书》本传:"出为汉州刺史……段文昌代德裕(为剑南节度使),状元赏治当最,迁累司农卿、京兆尹。"《全文》卷七四四小传:"大和时累迁司农卿、京兆尹,出为武宁节度使。"《千唐志·唐故京兆府泾阳县尉范阳卢君(践言)墓铭并序》(大中元年闰三月七日):"遂佐戎于东平府,从检校吏部尚书薛元赏。公入为大司农,自前左监门卫录事参军奏拜太子通事舍人。……洎薛公领内史,又上请为泾阳尉。"会昌六年正月廿九日卒,享年四十八。

李　玘(纪)　开成元年(836)

《元龟》卷六九:"开成元年四月壬申……又诏……鸿胪卿李逵、司农卿李玘等各问本司事。"又见卷一五八,作"李纪"。又一六二:"开成元年二月庚寅,中书门下奏准赦文诸道黜陟使,以……司农卿李纪……分命之。"

王　复　开成二年(837)

《全文》卷六〇九刘禹锡《唐故宣歙池等州都团练观察处置使宣州刺史兼御史中丞赠左散骑常侍王公(质)神道碑》:"犹子前太原府参军扶,执宗长书来请曰:扶也早孤,蒙世父常侍之覆露。今其嗣幼,未任克家,姑封琴书,司管籥,以俟其长。窃惧世父之德音不敭,思有以垂于后者,以诚告于从叔大司农复。命曰俞。"开成元年十二月卒。

李　玘　开成四年(839)

《元龟》卷六二三:"李玘,开成末为司农卿,嫉恶太切,狡吏无所容满,遂加诬谤,谓之苛刻。除福建观察使。谏官风闻,因有章疏,宰想知其冤累，于文宗前明辨，故复旧官。”《旧书·文宗纪下》：开成四年闰正月，“辛丑，以司农卿李玘为福建观察使。谏官论其不可，乃罢之”。此再任。

王茂元　约开成五年（约840）

《樊南文集》卷一《为濮阳公陈许谢上表》：“兰台假号，棘署参谋。奉汉后之园陵，获申送往；掌周王之廪庾，方切事居。”注：“按茂元入朝，当为御史中丞、太常少卿、将作监，转司农卿，迁陈许节度，史多略之。”又《代仆射濮阳公遗表》：“臣又伏思任司农大卿之日，授忠武统帅之时，紫殿承恩，彤庭入对。”《全文》卷七七三李商隐《为汝南公上淮南李相公状》：“获修觐礼，复忝卿曹。位重大农，荣兼左揆。”钱振伦《樊南文集补编》卷二以为“汝南公”应作“濮阳公”，即王茂元。又《樊南文集补编》卷一二《祭外舅赠司徒公文》：“荷紫泥之降数，弛墨车而来急。省揆名在，农官望集。鄙卿曹之四至，小承明之三人。”按王茂元始为陈许节度约在开成五年，代王彦威，见《唐方镇年表》。

周德扶　约文宗时

【增订】《宋史·周克明传》：“曾祖德扶，唐司农卿。祖杰，开成中进士，解褐获嘉尉。历弘文馆校书郎。”

裴　识　会昌四年（844）

《新书》本传：“擢累大理少卿。王师讨刘稹，为供军使。稹平，改司农卿，进湖南观察使，入拜大理卿。”《新中国出土墓志》河南卷三七四《唐故邠宁庆等州节度使管内观察营田处置等使银青光禄大夫检校尚书右仆射兼御史大夫□□□□□□公食邑三千户袭食实封一百五十户赠司空裴公（识）墓志铭并序》（咸通五年八月十八日）：“（迁）太常少卿、将作监、司农卿，旋拜检校右散骑常侍、兼寿州刺史、本州团练使。”按刘稹平在会昌四年八月。

韦正贯 会昌五年(845)

《新书》本传:"迁万年主簿,擢累司农卿。坐尚食乏供,贬均州刺史。久之,进寿州团练使。宣宗立,以治当最,拜京兆尹、同州刺史。"《全文》卷七六四萧邺《岭南节度使韦公(正贯)神道碑》:"历光禄卿、晋州刺史,入拜司农卿。时内尚食供亿县官有阙,为其奏累,贬均州刺史。"《广记》卷二七九引《酉阳杂俎》:"司农卿韦正贯应举时,尝至汝州,汝州刺史柳凌留署军事判官。"【增订】《长安新出墓志》第283页《韦正贯墓志》:"除万年令。泽州刺史狄仆射为太原,奏充副使。未几,夺为太府少卿知出纳、泗州刺史、光禄卿、晋州刺史,入为大司农。以内上食阙供为其诬,累贬均州刺史。"考《旧唐书·文宗纪下》:开成三年十二月"辛丑,以兵部侍郎狄兼谟为河东节度使"。《唐刺史考全编》系其狄兼谟为太原尹在开成三年至五年。系韦正贯贬均州刺史在会昌五年。

浑　偘 约大中元年(约847)

《全文》卷七九三路岩《义昌军节度使浑公(偘)神道碑》:"宣宗即位,改少府监,以缮理称。又拜左金吾卫大将军,肃环卫。明年迁司农卿,练经制,每以处逸乐,悖勤劳,非忠也。求出补吏,不惮剧郡。久之,寿阳岁数饥,有盗贼,上选能理者,丞相举公可用。公至,则猛纠缓化。"按宣宗于会昌六年三月即位,次年改元大中。

裴　及 大中二年?(848?)

《全文》卷七五五杜牧《故邕府巡官裴君(希颜)墓志铭》:"司农卿裴及为邕府经略使,辟君为从事,得南方疾归,大中二年某月日卒于其家,享年若干。"据《唐方镇年表》卷七,裴及会昌六年至大中二年为邕管经略使。其为司农卿当在其后。

郑　助 大中八年(854)

《旧书·宣宗纪》:大中八年"八月,以司农卿郑助为检校左散骑常侍,兼夏州刺史"。

韦　厪　　大中十年(856)

《通鉴·大中十年》：六月，"司农卿韦厪欲求夏州节度使，有术士知之。……九月，上召厪面诘之，具知其冤。……贬厪永州司马"。【增订】《云溪友议》卷中《狂诬讪》："太仆韦卿觐，欲求夏州节度使。有巫者知其所希，忽诣韦门曰：'某善祷祝星神。凡求官职者，必能应之。'……时湖上崔大夫偘充京尹……既当申奏。宣宗皇帝召觐至殿前，获明冤状。"又见《广记》卷二八三。按，《云溪友议》所载有误。《通鉴考异》："今官名从《东观奏记》及《实录》，事采《云溪友议》。"李频有《送孙明秀才往潘州访韦卿》，"韦卿"即韦厪。参陈尚君《道听途说的特殊价值》，载《文汇报》2014 年 11 月 15 日《文汇学人》。

杜中立　　宣宗时

《新书》本传："转太仆、卫尉二少卿，历左右金吾大将军。……迁司农卿。绳吏急，反为中伤，左迁庆王傅。久之，复拜司农卿。……加检校右散骑常侍。京兆尹缺，宣宗将用之，宰相以年少，欲历试其能，更出为义武节度使。"

薛弘宗　　咸通中

《新表三下》西祖房薛氏："弘宗，司农卿。"乃通州刺史均子。按薛弘宗咸通七年在邠宁节度使任。

薛　琼　　咸通十年(869)

《元龟》卷一二三：咸通十年，"二月，诏司农卿薛琼使淮南庐寿楚等州，点集乡兵以自固"。《旧书·懿宗纪》：咸通十年二月，"诏司农卿薛琼使淮南庐寿楚等州，点集乡兵以自固"。

謇宗儒　　咸通中

《南楚新闻》："黔南军校姓謇者，不记其初名……咸通二年蛮寇侵境……仍更名宗儒……战而大破蛮寇，余孽皆遁，黔帅表上其功，授朗州刺史,秩满诣京师,累迁司农卿。”《全文》卷八〇五陈庶《蠡山庙状》:“范大夫庙在龙阳县之赤山。……咸通十一年二月,前使塞(謇)中丞施金帛建庙院。”《广记》卷三一二引《南楚新闻》:“黔南军校姓謇者……咸通二年,蛮寇侵境,廉使阅兵,择将未获,謇忽梦一人,冠服若王者,谓曰:‘吾则仲尼也,愧君每倾心于吾,吾当助若,仍更名宗儒,自此富贵矣。……一战而大破蛮寇,余孽皆遁。黔帅表上其功,授朗州刺史。秩满诣京师,累迁司农卿。”

薛保逊　　约咸通时

《新表三下》西祖房薛氏:“保逊字逊之,司农卿。”乃吏部侍郎庭老子,御史中丞昭纬父。

路　楷　　约咸通时

《姓纂》卷八京兆三原路氏:“楷,司农卿。”乃路异子。按异于长庆后尚自刑部郎中授杭州刺史,则元和七年其子楷未必位至司农卿。非《姓纂》本文也。《新表五下》:“楷,司农卿。”

支　详　　乾符五年(878)

《通鉴·乾符五年》:二月,“乃以司农卿支详为大同军宣慰使”。

杨　迈　　约中和时

《广记》卷四四三引《稽神录》:“司农卿杨迈少好畋猎,自云:在长安时,放鸾于野。”按《新表一下》杨氏越公房:“迈,字嗣古,太仆少卿。”乃同州刺史敬之孙,江西观察使杨戴子。按其父杨戴咸通十二、十三年为江西观察使。

裴　谣　　约昭宗时

【增订】《全唐文补遗》第八辑《裴谣墓志》:“转卫尉卿。间岁,除大司农。”墓主天复三年(903)十二月十三日卒。

王　标　　天祐四年(907)

《全文》卷八二五黄滔《丈六金身碑》:"我公粤天祐三年丙寅秋七月乙丑,铸金铜像一,丈有六尺之高,后二十有三日丁亥,继之铸菩萨二。……其明年正月十有八日乙未,设二十万人斋,号无遮以落之。……座客有右省常侍陇西李公洵,翰林承旨制诰兵部侍郎昌黎韩公偓……大司农卿琅琊王公标。"

待考录

裴宣礼

《新表一上》洗马裴氏:"恰,滁州刺史。生宣礼,司农卿。"恰乃中宗时宰相裴谈五代孙。

浑　特

《新表五下》浑氏:"特,司农卿。"乃永王府参军旻孙,少府监俭子。

薛　诚

《新表三下》西祖房薛氏:"诚字符,司农卿。"乃殿中侍御史正伦子。

司农少卿考

裴之隐　　武德元年(618)

《旧书·高祖纪》:武德元年,"遣使持节、兼太保、刑部尚书、光禄少卿、梁郡公萧造,兼太尉、司农少卿裴之隐奉皇帝绶于高祖。"《全文》卷二八二李迥秀《唐齐州长史裴府君(希惇)神道碑》:"父之隐,随侍御史,上仪同三司,驾、宪二部侍郎,扶风、河南二郡赞治,皇太仆、司农二少卿,武安郡太守,始州刺史,通直散骑常侍,益州长史,会稽县开国男,谥曰安。"考《新书·高祖纪》:武德元年(义宁二年)五月,“司农少卿裴之隐奉皇帝玺绂于唐王。”是裴之隐为太仆、司农少卿均在武德初。

宋遵贵　　武德五年(622)

《姓纂》卷八京兆宋氏:“司农少卿宋遵贵……并京兆人。”遵贵武德五年官此,见《封氏闻见纪》二。武德四年太府卿宋遵贵,见《广记》卷二八〇引《大业拾遗》。

柏季纂　　武德中

《元龟》卷六二〇:“唐柏季纂,武德中,历屯田农圃监,再为司农少卿。每督事,苑内小心畏慎,勤于稼穑,高祖每称善之。”

鹿　裕　　约武德中

《姓纂》卷一〇济阴鹿氏:“愿,唐司农少卿、定陶公。……禄氏:裕,唐司农少卿、定陶公。”又禄氏:“善,隋长春宫监、河内公,生愿、裕、注。裕,唐司农少卿、定陶公。”岑仲勉《四校记》卷一〇:“‘愿’误,依库本作‘愿’。‘愿’之官历,参看《隋书求是》。司农少卿应为裕官,有下文‘禄氏’可证。愿卒隋末,未逮事唐。”是鹿裕之为司农少卿应在唐初,或武德、贞观中。

赵元楷　　贞观元年—二年(627—628)

《元龟》卷六二三:“唐窦静贞观中为司农卿,属赵元楷为司农少卿。静颇方直,甚不悦元楷之为人。”《通鉴・贞观二年》:九月,“壬申,以前司农卿窦静为夏州都督。静在司农,少卿赵元楷善聚敛,静鄙之”。《大唐新语》卷三:“窦静为司农卿,赵元楷为少卿,静颇方直,甚不悦元楷之为。”

萧龄之　　贞观五年前(631 前)

【增订】曾润《增补》:《萧龄之墓志》:“贞观元年,诏为山南道观风俗大使。……拜司农少卿……加散骑常侍。五年,出为深州刺史。……春秋七十，以显庆元年正月十四日遘疾薨于私第。”（《唐史论丛》第十一辑）《萧瓘墓志》（开元五年）：“祖龄之，皇朝散骑常侍、司农卿、邵浙华三州刺史、黔广二府都督、方阳县开国男。”（《西安碑林博物馆新藏墓志续编》）“司农卿”当为“司农少卿”之讹。

李　宽　　贞观十八年(644)

【增订】新出土刘祎之撰《大唐故太常卿上柱国陇西公李府君（宽）之碑并序》：“十八年，授司农少卿，其年拜左屯卫将军。”（胡可先藏拓片）新出土《大唐故太常卿上柱国陇西郡公李府君（宽）墓志铭并序》：“授银青光禄大夫、沙州刺史。十八年，迁司农卿，仍检校苑内营田。其年，拜左屯卫将军，检校屯营飞骑北门上下。是冬，授邢州刺史。”（浙江大学图书馆藏拓片）

达奚怀义　　贞观二十年(646)

《元龟》卷一六一：贞观“二十年正月丁丑，遣……司农卿达奚怀义……等以六条巡察四方”。按《唐代墓志汇编》载《唐故乡贡进士达奚公（革）墓志铭并序》（咸通八年八月十八日）：“自国朝系美者，湖州刺史恕、殿中丞瓘、司农少卿怀义、户部员外郎宝义，皆公之一源。”知《元龟》称“司农卿”，乃“司农少卿”之夺。

长孙知人　　贞观二十二年(648)

《姓纂》卷七河南洛县长孙氏：“和人，司农少卿。”岑仲勉《四校记》卷七：“《崔敦礼碑》有司农卿长孙知人，‘和’乃‘知’之讹。贞观廿年官尚药奉御，见《元龟》一六一。二十二年官司农少卿，见《通鉴》一九九。”《通鉴·贞观二十二年》：九月，“剑外骚然，上闻之，遣司农少卿长孙知人驰驿往观之”。

武士稜　　贞观中

《姓纂》卷六沛国武氏：“士稜，唐司农少卿、宣城公。”《新表四上》武氏：“士稜，唐司农少卿、宣城公。”《全文》卷二四九李峤《攀龙台碑》:“高祖又谓帝曰:朕在并州之日,恒往卿家,今欲使卿一门三公,用微答主人之意也。是日封帝长兄司农卿士稜为宣城郡公。”殆略少字。《旧书·武士䕶传》:“士䕶长兄士稜,性藓顺,勤于稼穑。从起义,官至司农少卿,封宣城县公。常居苑中,委以农圃之事。贞观中卒。”《新书·武士䕶传》:“士䕶兄士稜、士逸。士稜……官司农少卿,宣城县公。”《元龟》卷九九:“武士稜性恭顺,勤于农穑,从起义官至司农少卿,封宣城县公,帝居苑中,委以农圃之事。”《隋唐五代墓志汇编》北京大学卷第一册《大唐故右勋卫宣城公武君(希玄)墓志铭》(永徽元年正月二十日):“祖稜,皇朝司农卿,封宣城县开国公,赠潭州都督。”希玄卒贞观二十年三月廿三日,年三十三。亦夺“少”字。

贾敦颐　贞观中

【增订】曾涧《增补》:《贾敦颐墓志》:“又除洛州大都督府司马。化洽王畿,功最天下。入为司农少卿。以方形周才,出内惟允,又历沧瀛蒲三州刺史。……春秋六十九,以大唐显庆元年七月七日薨于位。”(黄吉军、田建红《唐洛州刺史贾敦颐墓志浅析》,《洛阳考古》2013 年第 2 期,第 93—95 页)《旧唐书·贾敦颐传》:“贞观中,历迁沧州刺史。……二十三年,转瀛州刺史。”

苏　宣　贞观中

《姓纂》卷三郿西苏氏:“宣,司农少卿。”乃世长从弟。

祖孝基　贞观、永徽间

《姓纂》卷六范阳祖氏:“孝基,司农少卿。”北图藏拓片《唐故处士河东裴府君(珣)夫人祖氏墓志铭并序》(天宝七年十月二十三日):“夫人姓祖氏,其先范阳人也。唐司农少卿孝基之季孙,渠州司马义臣之少女,秘书郎流谦之次妹,处士河东裴府君之嫡妻。”夫人天宝七载四月十日卒,春秋七十五。【增订】《河洛墓刻拾零》第 260 页《唐祖好谦墓志》:“祖孝基,皇给事中、太子家令、雍州别驾、司农卿、蕲州刺史、容城男。”按，《唐代墓志汇编》第1622页《唐故处士河东裴府君(珣)夫人祖氏墓志铭并序》:“夫人姓祖氏，其先范阳人也。唐司农少卿孝基之季孙，渠州司马义臣之少女，秘书郎流谦之次妹，处士河东裴府君之嫡妻。”墓主天宝七载(748)四月十日卒。墓志记载先世，例称终官，而此二志相互矛盾。再参以《元和姓纂》卷六范阳祖氏:“孝基，司农少卿。”则疑此志之“司农卿”，为“司农少卿”之误。

田仁汪　显庆元年(656)

《会要》卷三〇:“显庆元年，敕司农少卿田仁汪因旧殿余址，修乾元殿。”又见《元龟》卷一四。《隋唐五代墓志汇编》陕西卷第三册《故兼司卫正卿田君(仁汪)墓志》(乾封元年十一月十日):“寻授洛阳宫总监，又除司农少卿。……授兼司卫正卿。”麟德二年八月廿二日卒。

窦　逊　龙朔二年(662)

《宝刻丛编》卷八引《京兆金石录》:“《唐司农少卿窦逊墓志》，唐贺遂亮撰，龙朔二年。”《姓纂》卷九河南窦氏:“逊，兵部郎中。”《新表一下》:“逊字克让，兵部侍郎。”

梁孝仁　龙朔三年(663)

《会要》卷三〇:“龙朔三年四月，二十五日，始御紫宸殿听政，百僚奉贺，新宫成也。”注:“初，遗司稼少卿梁孝仁监造。”《新书·契苾何力传》:“龙朔中，司稼少卿梁修仁新作大明宫。”当即梁孝仁。《全文》卷二〇四小传:“孝仁，龙朔中官司稼寺卿。”当即少卿之误。《元龟》卷一四:“初，遣司稼少卿梁孝仁监造[蓬]莱宫。”又卷八三二:“契苾何力为左骁卫大将军，时司稼少卿梁孝仁监造新宫于诸庭院列树。何力入中宫纵观，孝仁指白杨曰:‘此木易长，不过二三年，宫中可得荫映。’何力不答，但诵古诗曰:‘白杨多悲风，萧萧愁杀人。’意谓此是冢墓间木也。孝仁遽令拔去，更植梧桐。”《隋唐嘉话》卷中:“司稼卿梁孝仁,高宗时造蓬莱宫,诸庭院列树白杨。将军契苾何力,铁勒之渠率也,于宫中纵观。孝仁指白杨曰:‘此木易长,三数年间,宫中可得荫映。’何力一无所应,但诵古诗云:‘白杨多悲风,萧萧愁杀人。’意谓此是冢墓木,非宫中所宜种。孝仁遽令拔去,更种梧桐也。”又见《唐语林》卷一。“司稼卿”当为“司稼少卿”之夺。

杨思止　麟德二年(665)

《唐代墓志汇编续集》乾封〇〇八《大唐太宗文皇帝故贵妃纪国太妃韦氏(珪)墓志铭并序》(乾封元年十二月廿九日):“麟德二年九月廿日,薨于河南敦行里第,春秋六十九。……诏司稼正卿杨思谦监护丧事,特赐东园秘器,□□吊祭,有优恒典。又遣司平大夫窦孝慈监护灵舆还京。及□日戒期,复令司稼正卿李孝义、司□(稼?)少卿杨思止监护丧事,特给鼓吹仪仗往还。粤以乾封元年岁次景寅十二月壬辰朔廿九日庚申陪葬于昭陵,礼也。”

李行诠　总章二年(669)

《隋唐五代墓志汇编》陕西卷第二册《大唐故司空太子太师赠太尉扬州大都督上柱国英国公勣墓志铭并序》(总章三年二月六日):“以总章二年十二月三日薨,春秋七十有六。……司礼太常伯驸马都尉杨思敬、司稼少卿李行诠监护。”按《唐代墓志汇编续集》总章〇一〇据西安昭陵博物馆藏石录为“李行诠”。

韦弘机　上元二年—仪凤元年(675—676)

《旧书》本传:“显庆中为檀州刺史。……高宗以为能,超拜司农少卿,兼知东都营田。”《新书》本传:“显庆中,为檀州刺史……高宗善之,擢司农少卿……迁司农卿。太子弘薨,诏蒲州刺史李冲寂治陵……帝诏弘机嗣作……弘机即言:‘臣任司农十年,省惜常费。’”《元龟》卷六二〇:“韦机为司农少卿,受诏简较东都督营田园苑之事。高祖谓之曰:‘两都是朕东西二宅也。’”高祖应为高宗。《全文》卷四九七权德舆《唐故光禄大夫检校太尉中书令成都尹剑南西川节度副大使知节度事……南康郡王赠太师韦公先庙碑铭并序》："实生孝恪，雅有文宪，武德初由侍御史为洛州别驾，生司农府君讳机。……太宗嘉之，剖符澶州，修起儒术，三典卿曹。……司农生坊州府君讳余庆。"《唐五代人物传记资料综合索引》："《旧唐》《旧志》《新志》皆作'韦机'，系唐人避太子李弘讳省弘字。"

赵崇素　　高宗时

《姓纂》卷七赵氏："崇素，水部郎中、司农少卿。"乃元楷子。《全文》小传："龙朔中官右武卫兵曹参军。"

韦弘机　　永淳中

《新书》本传："永淳中，帝幸东都……终检校司农少卿事。"又《韦景骏传》："韦景骏，司农少卿弘机孙。"此应为再任。

阎玄邃　　约高宗、武后间

《旧书·阎立德传》："子玄邃，官至司农少卿。"《姓纂》卷五河南阎氏："邃，司农少卿。"乃立德子。《新表三下》阎氏："玄邃，司农少卿、泽州刺史。"《旧书·阎立德传》及《新表》作"玄邃"。《毗陵集》卷一二《阎用之墓志》："立德生元邃……官至泽州刺史。"【增订】《碑林集刊》第十辑第118页《唐故崇文生阎君墓志文》："君讳炅，字季奴。……祖邃，司农少卿，泽州刺史。"参《新唐书》卷七三下《宰相世系表》："玄邃，司农少卿、泽州刺史。"即"阎邃"为"阎玄邃"之省。

张光辅　　约垂拱时

《旧书》本传："累迁司农少卿、文昌右丞。以讨平越王贞之功，拜凤阁侍郎、知政事。"

徐　庆　　约垂拱时

《姓纂》卷二东阳徐氏："庆，右司郎中。"乃仲宗子。则天时，庆官至司农少卿，诬与裴炎通谋应接徐敬业，被诛，见《御览》卷四〇〇。《广记》卷一四三引《广古今五行记》:“唐高宗时,徐庆为征辽判官。……至则天时,庆累至司农少卿、雍州司马。

尔朱杲　则天初

【增订】《全唐文补遗》第七辑《尔朱杲志石文》:“转秋官郎中。……改司农少卿、司刑少卿、秋官侍郎、司刑卿、寻有制除秋官尚书。”墓主长寿三年(694)正月二十四日薨。

鱼承曦(鱼曦)　则天初

《姓纂》卷二冯翊下邳鱼氏:“曦,度支郎中、司农少卿。”按《马怀素志》有润州长史鱼承曦。当即此人。

薛克勤　天授中

《旧书·薛大鼎传》:子“克勤,历司农少卿,为来俊臣所陷伏诛”。

刘如璿(刘璿)　万岁通天元年(696)

《隋唐五代墓志汇编》洛阳卷第七册《大周故亳州都督彭城刘府君(璿字如璿)墓志铭并序》(长安二年十一月二十七日):“寻加朝散大夫、司仆少卿,十日转司农少卿,一月摄文昌秋官侍郎,寻而正授。”长安元年十二月十五日卒,春秋七十二。《广记》卷二六九引《御史台记》:“刘如璿事亲以孝闻,解褐唐昌尉,累迁乾封尉,为侍御史,转吏部员外,则天朝自夏官郎中左授都城令,转南郑令,迁司仆、司农少卿,秋官侍郎,与司刑府史姓樊者不协,诬以反诛之。为来俊臣诬流瀼州。”按神功元年秋官侍郎上邽刘如璿流瀼州,见《通鉴》卷二〇六。《新书》卷五九:“万岁通天元年,僧惠澄上言,乞毁老子化胡经,敕秋官侍郎刘如璿等议状。”《姓纂》卷五诸郡刘氏:“知璿,秋官侍郎,上邽人。”“知”为“如”之讹。

麻仁节　万岁通天元年(696)

《旧书·则天纪》:万岁通天元年五月,“乙丑,命……司农少卿麻仁节等二十八将讨之”。《新纪》《通鉴》同。《旧书·契丹传》:“万岁通天中,[孙]万荣与其妹婿松汉都督李尽忠……据营州作乱……诏令右金吾大将军张玄遇、左鹰扬卫将军曹仁师、司农少卿麻仁节率兵讨之。”《新书·契丹传》:李尽忠、孙万荣反,“武后怒,诏鹰扬将军曹仁师、金吾大将军张玄遇、右武威大将军李多祚、司农少卿麻仁等二十八将击之”。

来俊臣　　圣历中

《旧书》本传:“万岁通天元年,召为合宫尉,擢拜洛阳令、司农少卿。”

徐彦伯　　长安三年(703)

《全文》卷九六高宗武皇后《令武三思等修史敕》:“宜令三思与纳言李峤、正谏大夫朱敬则、司农少卿徐彦伯、凤阁舍人魏知古、崔融、司封郎中徐坚、左史刘知几、直史馆吴兢修唐史,采四方之志,成一家之言。”《会要》卷六三:“长安三年正月一日敕,宜令特进、梁王武三思与纳言李峤、正谏大夫朱敬则、司农少卿徐彦伯……等修唐史。”《元龟》卷五五四:“武三思为特进,则天长安三年正月敕:宜令三思与纳言李峤、正谏大夫朱敬则、司农少卿徐彦伯、凤阁舍人魏知古、崔融,司封郎中徐坚,左史刘知几,直史馆吴兢修唐史,采四方之志,成一家之言。长悬楷则,以贻劝诫。”又见卷五五六。

李晋客　　武后时

《新表二上》赵郡李氏东祖房:“晋客,司农卿、元氏县男。”乃中山王开府谘议仲卿孙,虢州别驾文政子。《郎考》卷一七仓部郎中有李晋容(客),在裴琰之、崔神福后,敬晖、李嗣真前。《千唐志·大唐邓州刺史封公故夫人赵国赞皇郡君李氏(常)墓志铭并序》(开元九年五月二十日):“父晋客,司农少卿。”夫人开元八年九月廿五日卒。北图藏拓片《唐故谯郡永城县令赵郡李府君(岗)墓志》(元和十二年六月二十四日):“祖讳晋客,皇仓部郎中、万年县令、司农少卿,元氏县男。显考讳贞简,皇河南府武临县令。"《隋唐五代墓志汇编》洛阳卷第一四册《唐故大中大夫使持节衢州刺史上柱国赞皇县开国子李公(项)墓志铭并序》(大中三年二月十一日):"五代祖晋客,唐初为司农少卿。……父讳绛,在宪宗时为宰相。"知其应为司农少卿。

杜知谨　　武后时

【增订】曾涧《增补》:《杜知谨墓志》:"年卅有二,以门资为郎,授利州司户参军。……正授司农少卿兼知地官侍郎、尚方少监。……拜使持节邢州诸军事、邢州刺史。……春秋六十,长安四年岁次甲辰四月景辰朔廿五日庚辰无禄于州之官舍。"(《西安碑林博物馆新藏墓志续编》)墓主卅二入仕,即仪凤元年。

冯　礼　　武后时

【增订】《西安新获墓志集萃》第105页《冯颙墓志》:"父礼,本唐通事舍人、雍州富平县令、皇周郑州司马、京苑总监、司农少卿,兼太子仆。"墓主万岁通天元年一月卒,年廿六。

杨　征　　约武后时

《全文》卷四一九常衮《滑州匡城县令杨君墓志铭》:"高祖兵部尚书高都公尚希,尚希生宜州别驾丹川公寿旻,寿旻生司农少卿征,征生正议大夫汉州金堂县令务道。……公,金堂第二子也。"天宝十四年卒,年七十三。

韦德敏　　约武后时

《全文》卷三九二独孤及《唐故吏部郎中赠给事中韦公墓志》:"郎中讳元鲁,字颖叔,司农少卿德敏之孙,衢州刺史鲁县康公璆之子。"元鲁卒大历二年十二月,春秋五十五。《毗陵集》卷一一《元曾墓志》称司农少卿德敏。按德敏为太府少卿,见《姓纂》及《新表》。

冯礼本　约武后时

《姓纂》卷一京兆冯氏："礼本，司农少卿。"乃贞观十三年十二月时少府监冯长命子。

唐同人　约武后时

《新表四下》唐氏："同人，司农少卿。"乃礼部尚书唐俭子。

赵履温　神龙元年—景龙三年(705—709)

《新书·桓彦范传》："易州刺史赵履温者，即彦范之妻兄也，彦范诛易之后，奏言先与履温共谋其事，于是召拜司农少卿。"又《卢粲传》："后安乐公主婿武崇训为节愍太子所杀，特追封为鲁王，令司农少卿赵履温监护丧事。"《新书·武三思传》："司农少卿赵履温、中书舍人郑愔、长安令马构、司勋郎中崔日用、监察御史李悛，托其权，熏炙中外。"《会要》卷二四："至神龙元年，司农[少]卿赵履温希权要，奏请出卖[诸州邸舍]并尽。"又卷二一：神龙三年七月，"武崇训将葬，监护使司农少卿赵履温讽安乐公主奏"。又卷八六："景龙三年，司农卿赵履温奏，请以隋代番户子孙数千家，没为官奴婢。"《通鉴·神龙元年》："易州刺史赵履温，桓彦范之妻兄也，彦范诛二张，称履温预其谋，召为司农少卿。"

韦　凑　景龙二年—三年(708、709)

《旧书》本传："凑，景龙中历迁将作少匠、司农少卿。尝以公事忤宗楚客，出为贝州刺史。"《新书》本传："六迁司农少卿。忤宗楚客，出为贝州刺史。睿宗立，授鸿胪少卿。"《全文》卷九九三阙名《唐太原节度使韦凑神道碑》："二年转司农少卿，三年除贝州刺史。"《全文》卷二〇〇小传："永淳二年解褐婺州参军，六迁司农少卿，加银青光禄大夫，开元时迁右卫大将军。"

王光辅　景龙三年(709)

《说郛》卷四六下引《景龙文馆记》："[景龙三年]四月上巳日，上幸司农少卿王广(光)辅庄。驾还朝后,中书侍郎南阳岑羲设茗,饮葡萄浆,一学士等讨论经史。"《唐诗纪事》卷九《李适》条:"[景龙三年二月]三日,幸司农少卿王光辅庄。是夕,岑羲设茗饮,讨论经史。"

李 㧑 中宗时

《旧书》本传:"神龙元年,加赐实封二百户,通前五百户,迁司农少卿,加银青光禄大夫。睿宗践祚,进封申王。"

尹正义 景云中

《全文》卷四九八权德舆《唐故成德军节度营田副使正议大夫赵州别驾……河间尹府君(锬)神道碑铭并序》:"初都督之祢曰本古,仕至常州武进尉;武进之父曰正义,历许、相、宋三州刺史,司农少卿。司农之父曰良,终沧州司马。司马之父曰文哲,仕隋青泗曹濮陕宋洺相等州刺史本郡太守、大理卿、户部尚书。"《会稽掇英总集》卷一六《唐太守题名记》:"尹正义,景龙三年六月自宋州刺史授,其年便除相州刺史。"其为司农少卿疑当在景云中。

宋庭瑜 先天元年(712)

《姓纂》卷八《广平宋氏》:"庭瑜,度支郎中、司农少卿。"《旧书·列女·宋庭瑜妻魏氏传》:"先天中,庭瑜自司农少卿左迁涪州别驾,魏氏随夫之任。"《新书·武平一传》:"后宴两仪殿,帝命后兄光禄少卿婴监酒……酒酣,胡人袜子、何懿等唱'合生',歌言浅秽,因倨肆,欲夺司农少卿宋廷瑜赐鱼。平一上书谏。"《新表五上》宋氏:"庭瑜,司农少卿。"邛州刺史大辩孙,常州刺史颙父。

李 彦 开元二年(714)

《全文》卷二五七苏颋《高安长公主神道碑》:"惟开元二年,龙集摄提格,夏五月哉生明,高安长公主薨于长安永平里第。……遣大鸿胪彭城侯刘知柔持节赍书以吊。京兆尹摄大鸿胪邓国公张暐、司农少卿李彦有司帅属护丧。"

韦　玢　开元初

《英华》卷三九八苏颋《授韦玢司农少卿制》:"正议大夫、行太常少卿、薛县开国男韦玢……可兼司农少卿,散官勋封如旧,仍分司东都。"《新表四上》东眷韦氏:"玢,司农卿。"乃太府少卿德敏子,尚书右丞元甫父。《长安志》卷九亦作司农卿。疑均误。按苏颋撰制在开元初。

裴玄本　开元初

【增订】《大唐西市博物馆藏墓志》三三四《裴郾墓志》:"高祖玄本,司农少卿。生岚州宜芳县令知久,知久生少府少监安期,安期生左赞善大夫修己。公即赞善之少子也。"

蒋　岑　开元十七年(729)

《姓纂》卷七义兴蒋氏:"岑,膳部员外、司农少卿。"北图藏拓片《唐苏州别驾李公故夫人蒋氏墓志铭并序》(大历五年八月甲子):"先父岑,开元中少司农,赠汾州刺史。"《旧书·宇文融传》:开元十七年,"出为汝州刺史,在相凡百日而罢。裴光庭时兼御史大夫,又弹融交游朋党及男受赃等事,贬昭州平乐尉。在岭外岁余,司农少卿蒋岑举奏融在汴州回造船脚,隐没巨万,给事中冯绍烈又深文案其事实,融于是配流岩州"。《全文》卷三五四齐光义《后汉山亭乡侯蒋澄碑》:"及将军元逊,列于陈史,尚书孝俨,见于实录,无遗德矣。司农岑之尽力王室,克著休勋。……裔孙监察御史晁,即司农第三子。"诸书岑举、岑之当亦即岑。《通鉴·开元十七年》:十月,"司农少卿蒋岑奏[宇文]融在汴州隐没官钱巨万计,制穷治其事,融坐流岩州"。【增订】《全唐文补遗·千唐志斋新藏专辑》第253页殷亮《蒋伦墓铭》:"皇考讳岑,正议大夫、司农少卿、赠汾州刺史。"周玲《增补》:《秦晋豫》七四四《王无悔妻蒋夫人墓志》(开成元年正月八日):"曾祖讳岑,皇司农少卿、赠汾州刺史,娶柳氏女。生祖昆,检校户部员外郎,充淮南节度判官,娶庾氏女。生皇考垣,河中府功曹参军。"

柳　泽　　开元二十年(732)

【增订】《全唐文补遗·千唐志斋新藏专辑》第166页李慎名《司农柳卿女婉墓志铭》:"父泽,朝散大夫、上柱国、司农少卿。"墓主开元廿年(732)十一月廿二日卒,二十一年(733)二月五日葬,年十三。

皇甫惟明　　开元二十五年(737)

《元龟》卷一五八:开元二十五年七月,"司农少卿皇甫惟明简较司农卿"。

杨　先　　开元中

《全文》卷三〇九孙逖《授杨先司农少卿仍东都留守制》:"朝议大夫守太仆少卿上柱国朱阳县开国男杨先……可守司农少卿、仍东都留守。"按孙逖开元二十四年至天宝初为中书舍人。

杨令袆　　约开元中

《新表一下》杨氏观王房:"令袆,司农少卿。"乃商州刺史令深兄。

张之辅　　开元中

【增订】《河洛墓刻拾零》载《唐张之辅墓志》:"升将作少匠。百姓思德,九县建碑,仍立生祠,以存想似。转司农少卿。泉谷有条,薪菜职利,僦市讫息,贸迁流行。擢左卫将军、西京副留守。"墓主开元十九年(731)卒,年五十一。

王　翼　　天宝元年(742)

《会要》卷六六:"天宝元年六月,司农少卿王翼奏。"《唐文拾遗》卷二一小传:"翼,开元中司农少卿。"

徐　浩　　天宝十三载(754)

《全文》卷四四五张式《大唐故银青光禄大夫彭王傅上柱国会稽郡开国公赠太子少师东海徐公(浩)神道碑铭》:"转刑部郎兼司农少

（阙三字）兵部尚（阙五字），幽陵始祸，宇县兴师，公以官在职司，志当静乱，驰驿诣阙，陈谟纳忠。”按徐浩仕历主要在大历中。【增订】曾涧《补正》：近出《张埱墓志》：“朝议大夫、行尚书宪部郎中、摄司农少卿、上柱国徐浩书。”墓主天宝十三载三月卒，十月葬。又徐浩书《李岘妻独孤峻墓志》（天宝十三载五月廿五日），结衔为“宪部郎中、上柱国”，是浩之摄司农少卿在此后。

褚如松（褚松）　天宝中

《姓纂》卷六河南阳翟褚氏：“如松，司农少卿。”乃遂良孙，彦季子。《新表二下》褚氏：“松，司农少卿。”当省“如”字。

韦　山　约天宝中

《全文》卷五八八柳宗元《故宏农令柳府君坟前石表辞》：“唐贞元十九年某月日，孤某奉其先府君洎夫人之丧祔于其位。……府君讳某……为吏部尚书郎……年五十五，建中二年某月日卒于官。……初公娶司农少卿京兆韦山之孙，泾阳主簿迥智之女。”

高忠良　约天宝末

《全文》卷三六七贾至《授高忠良殿中少监制》：“守司农少卿高忠良……亚我九卿，既闻条理，典斯六尚，允谓佥谐，可守殿中少监。”按《旧书》本传，贾至天宝末为中书舍人，此制当撰于天宝末。

裴藏之　约天宝末

《全文》卷三六七贾至《授裴藏之司农少卿制》：“蜀郡司马裴藏之等……可守司农少卿。”按至天宝末为中书舍人，见《旧书》本传。

张伯禽　肃宗时

北图藏拓片《唐故王侍御夫人南阳张氏墓志铭并序》（开成五年二月十三日）：“曾祖重晖，衡州刺史。祖伯禽，银青光禄大夫、司农少卿、兼通事舍人。父凭，卫尉少卿、简王傅、兼通事舍人。”夫人卒元和十二年六月七日,享年五十七。

白志贞　广德二年(764)

《旧书》本传:"代宗素知之,[李]光弼薨后,用为司农少卿,迁太卿,在寺十余年。德宗尝召见与语,引为腹心,遂用为神策军使、检校左散骑常侍、兼御史大夫,赐名志贞。"《新书》本传:"及光弼卒,擢累司农卿。在官十年,德宗以为敏,遂倚腹心。进授神策军使,赐今名。"按李光弼广德二年七月卒。

裴　㝷　大历初

【增订】《大唐西市博物馆藏墓志》二八二《裴㝷墓志》:"宝应岁,迁尚书比部郎中,又转司农少卿,复除成都少尹。明年,迁左庶子。"裴㝷大历六年七月廿九日卒。

韦　寂　约大历时

《新表四上》韦氏逍遥公房:"寂,司农、太府少卿。"乃原州都督韦衡子。

李　琇　大历末

《元龟》卷六二〇:"李琬为幽州刺史、宗正卿,代宗大历六年,赐琬杂彩一百匹,衣一袭,以其职奉陵寝,绩用可称褒之,曰:'琇、珪为司农少卿,在卿曹十余年,德宗以为可任腹心。'"

李　珪　大历末

《元龟》卷六二〇:"李琬为幽州刺史、宗正卿,代宗大历六年,赐琬杂彩一百匹,衣一袭,以其职奉陵寝,绩用可称褒之,曰:'琇、珪为司农少卿,在卿曹十余年,德宗以为可任腹心。'"

郭　曙　建中末

《旧书·李谊传》:建中四年,"前司农少卿郭曙检校右庶子……

制下未行，泾原兵乱而止。”《奉天录一》：建中末有郭曙从驾，即此子仪之子。据《元龟》卷二六九：时官司农少卿。按，《旧书》本传：“曙，代宗朝累历司农卿，居父忧。”《新书》本传：“曙，代宗朝累官司农卿。德宗幸奉天，曙方领家兵猎苑北。”据《旧书·李谊传》及《元龟》，载德宗建中时为司农少卿，故两《唐书》称“司农卿”者实误。

李　坚　贞元五年(789)

《会要》卷六六：“贞元五年，司农少卿李坚，立《太仓石柱记》云：‘贞元五年，四海文明，天子唯谷是恤，思富国便民之事，莫若端本，尊以农事。故廪庾囷仓，尤切圣虑。俾少卿一人，专领其署。’”《唐文拾遗》卷二四引此文，其小传误为“李坚立”。《新书·宗室世系表上》大郑王房：“司农少卿条，字坚。”按，此与贞元十一年司农少卿李条是否一人，俟再考。

张　滂　贞元六年—八年(690—692)

北图藏拓片《唐故中大夫户部侍兼御史大夫诸道盐铁转运等使清河张公(滂)墓志铭并序》(贞元十七年九月二十六日)：“(贞元)六年改司农少卿，专知太仓出纳。……八年除户部侍郎兼御史大夫。”《旧书·班宏传》：“张滂先善于宏，宏荐为司农少卿。及[窦]参欲滂分掌江淮盐铁，询之于宏，宏以滂嫉恶，虑以法绳徐粲，因曰：‘滂强戾难制，不可用。’滂知之。八年三月，参遂为上所疏。”《新书·班宏传》：“张滂先善于宏，荐为司农少卿。及参欲滂分掌江、淮盐铁，宏以滂疾恶，且以法绳粲，因谬曰：‘滂强戾不可用。’滂闻，不喜。”《通鉴·贞元八年》：三月，“山南东道节度判官李实知留后事。……实归京师，以为司农少卿。……初，窦参以为节度转运使，班宏副之。……司农少卿张滂，宏所荐也……以滂为户部侍郎、盐铁转运使。”

李　实　约贞元八年(792)

《旧书》本传：“(李)皋卒，新帅未至，实知(山南东道)留后。……归诣京师,用为司农少卿。”按李皋贞元八年卒。《通鉴·贞元八年》:“三月,山南东道节度判官李实知留后事。……实归京师,以为司农少卿。”

裴延龄　贞元八年—九年(792—793)

《旧书》本传:“窦参作相,用为太府少卿,转司农少卿。贞元八年,班宏卒,以延龄守本官,权领度支。……其年,迁户部侍郎、判度支。”又《权德舆传》:“裴延龄以巧幸判度支,九年,自司农少卿除户部侍郎,仍判度支。德舆上疏。”《新书》本传:“德宗用[窦]参辅政,即擢延龄司农少卿。会班宏卒,假领度支。”《会要》卷五九:贞元八年“七月,司农少卿裴延龄加权判度支”。《旧书·德宗纪下》:贞元九年[六月]甲寅,“以司农少卿裴延龄为户部侍郎、判度支”。《通监·贞元八年》:“七月甲寅朔,户部尚书、判度支班宏薨。……(上)欲用司农少卿裴延龄。……己未,以延龄判度支事。”《广记》卷二三九引《谭宾录》:“唐裴延龄累转司农少卿,寻以本官权判度支。”《全文》卷四七三陆贽《论宣令除裴延龄度支使状》:“司农少卿裴延龄,甚公清有才,宜令判度支,便进拟状来。”《全文》卷四八六权德舆《论度支疏》:“伏见司农少卿权判度支裴延龄,早以文学,累居官次,固而似守,刻而少通。……往者贰大农之卿长,司太仓之出纳,号为称职,盖有恒规。……自延龄受任,已近半载,群议纷然,皆曰非宜。”《会要》卷五九:贞元八年,“七月,司农少卿裴延龄加权判支。十二年三月,改为户部尚书判度支”。《通鉴》同。《元龟》卷五一一:“裴延龄,德宗时为司农少卿。贞元八年安本官权领度支。”《唐仆尚丞郎表》卷一二《户侍》:“裴延龄,贞元九年六月七日甲寅,由司农少卿、权判度支迁户侍、判度支。”

李　条　贞元十一年—十五年(795—799)

《全文》卷五〇二权德舆《朝散大夫守司农少卿赐紫金鱼袋陇西县开国男李公(条)墓志铭并序》:“(贞元)十一年以课最陟为司农少卿,国泉邦用,精力区处,利病陈闻,靡不纤悉。十四年,宸心悯雨,比屋艰食，出其陈陈，以活元元。”十五年三月卒，年五十九。《新书·宗室世系表上》大郑王房：“司农少卿条，字坚。”乃刑部尚书李齐物子。《唐两京城坊考》卷三《胜业坊》：“朝散大夫、守司农少卿、陇西县开国男李条宅。”

李坚立　　贞元中

《唐文拾遗》卷二四小传：“坚立，贞元中为司农少卿。”

赵　计　　贞元中

《洛阳新获墓志二〇一五》二四九王颜撰《唐故朝议大夫守殿中监上柱国天水赵公（计）墓志铭并序》：“迁比部郎中。……恩诏特异，迁司农少卿。爰主钱谷，专乎出纳。上以公才可调护，改右庶子。”按，墓主贞元十四年卒，年七十五。

孟　逢　　约贞元末

《姓纂》卷九平昌安丘县孟氏：“逢，司农少卿。”乃孟温礼孙，孟皞子。孟皞大历四至五年在京兆尹任，其子约仕贞元后期。《郎考》卷一二户部员外有孟逢，在潘孟阳后。

崔　鄷　　元和三年(808)

《会要》卷六六：“元和三年八月，司农少卿崔鄷奏，停太仓一员，监事二员，从之。”又见卷八八。

杜师损　　元和七年(812)

《姓纂》卷六京兆杜氏：“师损，工部郎中、司农少卿。”《新表二上》襄阳杜氏：“师损，工部郎中、司农少卿。”《全文》卷五〇五权德舆《唐丞相金紫光禄大夫守太保致仕赠太傅岐国公杜公（佑）墓志铭并序》：“嗣子司农少卿师损，与其弟昭应县令式方、驾部员外郎从郁等，皆以材能孝谨，为卿大夫之士。”佑卒元和七年。又卷七五五杜牧《唐故复州司马杜君（铨）墓志铭并序》：“司徒岐公赠太师之孙，司农少卿赠给事中之子。"《旧书·杜佑传》:"师损嗣,位终司农少卿。"

杜式方　　元和九年(814)

《旧书》本传:"丁父忧,服阕,迁司农少卿,赐金紫,加正议大夫、太仆卿。"按杜佑卒元和七年,服阕即当九年。【增订】《秦晋豫新出墓志搜佚续编》第1091页《杜式方墓志铭》:"拜昭应令,果有能名。迁少司农,加金印紫绶,遂拜太仆。"

裴　埛　　元和中

【增订】《大唐西市博物馆藏墓志》四七一《裴瑾墓志》:"祖埛,皇任司农少卿,赠吏部尚书。伯祖垍,宪宗朝任以宰衡,良哉之誉,冠绝百代。"

李　经　　约元和中

《新表二上》赵郡李氏东祖房:"经,司农少卿。"乃襄州录事参军元善子。司农卿贞简曾孙。

李　彤　　长庆四年(824)

《旧书·敬宗纪》:长庆四年,"三月庚戌朔,贬司农少卿李彤吉州司马"。

薛元赏　　大和初

《新书》本传:"大和初,自司农少卿,出为汉州刺史。"

元　积　　大和五年(831)

《旧书·元稹传》:"(大和)五年七月二十二日,暴疾,一日卒于镇。……稹仲兄司农少卿积,营护丧事。"《新表五下》元氏:"积,司农少卿。"

罗立言　　大和九年(835)

《旧书》本传:"大和中,为司农少卿。……训将窃发……用立言为京兆少尹,知府事。训败日,族诛。"《新书》本传:"由庐州刺史召为司农少卿,以财事郑注,亦与李训厚善。训以京兆多吏卒,擢为少尹,知府事。"《通鉴·大和九年》八月,"己亥,以前庐州刺史罗立言为司农少卿。"《全文》卷六九二小传:"大和末由庐州刺史召为司农少卿,为京兆少尹知府事,以附李训、郑注诛。"

李正卿　　开成末

《千唐志·唐故绵州刺史江夏李公(正卿)墓志铭并序》(会昌四年十二月十九日):"拜安州刺史……优诏征入,拜司农少卿,历卫尉少卿,复为淄州刺史。……卒岁拜绵州刺史。"会昌四年四月十一日卒,年七十四。

杨敬之　　约文宗时

《全诗》卷七九九小传:"杨德麟,司农少卿敬之之小女也。"其子杨戴,咸通十二至十三年为江西观察使。

吕　让　　大中五、六年(851、852)

北图藏拓片《唐故中散大夫秘书监致仕上柱国赐紫金鱼袋赠左散骑常侍东平吕府君(让)墓志铭并序》(大中十年四月十三日):"洎彭原公南镇岘首,亦请公从。府罢,除膳部郎中,改万年令,疾免。既平,为司农少卿,转大理少卿,迁右庶子。……两贰卿寺,不以冗屑而忘勤恪。"大中九年十月廿四日卒,享年六十三。

卢　籍　　大中十二年(858)

《旧书·宣宗纪》:大中十二年,"闰二月,以司农少卿卢籍为代州刺史,前江陵少尹杜恽为司农少卿"。

杜　恽　大中十二年(858)

《旧书・宣宗纪》:大中十二年,"闰二月,以司农少卿卢籍为代州刺史,前江陵少尹杜恽为司农少卿"。

崔　鐬　约大中时

【增订】《全唐文补遗・千唐志斋新藏专辑》第403页崔沆《崔鐬墓志》:"武宗皇帝……特敕擢授府君殿中丞。……后历太府、光禄、司农三少卿。"当在宣宗大中时。

于　系　咸通中

《新表二下》于氏:"系,司农少卿、知太仓给纳。"乃绛、宋等州刺史、驸马都尉季友子。

周　杰　中和中

【增订】《宋史・周克明传》:"祖杰,开成中进士,解褐获嘉尉。历弘文馆校书郎。中和中,僖宗在蜀,杰上书言治乱万余言,擢水部员外郎,三迁司农少卿。"

待考录

时尝机　显庆五年(659)

【增订】《唐九卿考》原版"《元龟》卷一四:显庆五年,'时尝机为司农少卿,受诏简校东都营田园苑之事。……帝大悦,诏机兼统将作、少府二司。'"孔祥军《〈唐九卿考・司农寺〉订误举例》(山东大学硕士学位论文《唐代司农寺研究》附录):"'时尝机'。《册府元龟》卷一四《帝王部・都邑二》:'时尝机为司农少卿,受诏检校东都营田园苑之事。帝谓之曰:两都是朕东西二宅也,今之宫馆隋代所造,岁序既淹,渐将颓毁,欲有修造,又费财力,如何?机奏曰:臣任司农向以十年,前后省费今见贮钱三十万贯,若以供葺理,可不劳而就也。帝大悦,诏机兼统将作、少府二司使,渐营之。'按:笔者认为'时尝机'

是‘韦弘机’之误。《新唐书》卷一〇〇《韦弘机传》载：‘帝尝言：两都，我东西宅，然因隋宫室日仆不完，朕将更作，奈财用何？弘机即言：臣任司农十年，省惜常费，积三十万缗，以治宫室，可不劳而成。帝大悦，诏兼将作、少府二官，督营缮。’《旧唐书》卷一八五上《韦机传》与《唐会要》卷三〇《洛阳宫》中也都有类似记载。再考虑到《册府元龟》类书的史料性质，可以断定‘时尝机’是‘韦弘机’之误。”孔祥军该段考证合理，现将“时尝机”从正文移入“待考录”中。

卷十　太府寺

太府卿考

崔善为　　武德三年(620)

《元龟》卷一七二:"崔善为尚书左丞,后历太府、大理、司农,陕、秦二州,所在之职,皆名干理,虽频以罪失官,然以相府僚旧,旋被升用。"《唐仆尚丞郎考》卷七《左丞》:"崔善为,武德元年十一月四日乙巳至十二月间,由内史舍人迁左丞。五年十二月已前,徙大理卿。"其任太府卿在大理卿前,疑当在武德四年前,今姑系于三年。

宋遵贵　　武德四年(621)

《新书·艺文志一》:"王世充平,得隋旧书八千余卷,太府卿宋遵贵监运东都……经砥柱舟覆,尽亡其书。"《姓纂》卷八京兆宋氏:"司农少卿宋遵贵……并京兆人。"《广记》卷二八〇引《大业拾遗》:"武德四年,东都平后,观文殿宝厨新书八千许卷将载还京师。……于时太府卿宋遵贵监运。"遵贵武德五年官司农少卿,见《封氏闻见纪》二。

刘　瞻　　武德四年—五年(621—622)

《唐文拾遗》卷一四李百药《荆州都督刘瞻碑铭并序》:"武德元年,以西河为浩州,授公刺史。……绵历三年……进位上柱国,仍除太府卿，以旌功伐也。……五年拜襄州道行台兵部尚书。”又见《文馆词林》卷四五九。

李神符　　武德五年—九年(622—626)

《元龟》卷二九一：“襄邑王神符，武德四年为并州总管，突厥颉利可汗率众来寇，神符出与战于汾水东，败之。……又战其沙河之北……由是召为太府卿。”《旧书》本传：“[武德]四年，累迁并州总管。突厥颉利可汗率众来寇，神符出兵与战于汾水东，败之。……由是召拜太府卿。九年，迁扬州大都督。”《新书》本传：“帝受禅，例王。迁并州总管……召为太府卿。迁扬州大都督。”《唐文续拾》卷一四《大唐司空开府仪同三司扬州荆州二大都督并州大总管上柱国襄邑恭王(神符)之碑铭》：“义宁元年封安吉郡公，食邑二千户，仍拜太府少卿。俄而天地革运，品物咸亨。……武德元年封襄邑郡王，邑三千户，余如故。转雍州司马。……其年除稷州诸军事、稷州刺史。……四年除并汾寿辽大[太]榆七州诸军事并州总管，以善政入为太府卿，加右光禄大夫、检校兵部尚书。……九年，除使持节大都督……扬州刺史。”

许　绪　　武德中

【增订】《姓纂》卷六中山许氏：“绪，太府少卿、蔡州刺史、左常侍。”北图藏拓片《大唐桂州都督府仓曹许君(义诚)墓志铭并序》(开元三年六月十一日)：“祖世绪，唐银青光禄大夫、太府少卿、兵部侍郎、鄂豫二州诸军事、鄂豫二州刺史、真定郡开国公。”义诚开元二年七月六日卒，春秋四十二。“绪”乃“世绪”避讳而省。按，《千唐志》所载《唐太府卿真定郡公许府君(绪)墓志铭并序》(显庆五年)：“于时高祖经纶大宝……除左武侯长史……历司农、太府卿，转鄂、瓜、豫三州刺史，□篱朝，遂□□□。承明谒帝，方献替于紫庐，钧天动心，奄□□于金奏，春秋六十三，追赠灵州都督。”未载其为太府少卿一职。又《潞州长史许行师志》：“父绪，唐司农卿、真定郡公。行师卒显庆二年，年五十□。”《千唐志·大周故沧州东光县令许府君夫人清河崔氏合葬铭并序》(证圣元年正月二十九日):“考绪,太原佐命恕死第一等功臣,左侍极,外府司农卿、瓜州都督、豫州刺史、上柱国、真定县开国公。”行本卒高宗上元二年,未言享寿。《唐代墓志汇编》所载《许行本墓志》:“父绪,皇朝散骑常侍司农太府等卿瓜州都督上柱国真定郡公。”是诸书“太府少卿”应为“太府卿”之误。

刘义节 武德末

《旧书》本传:“再迁太府卿,封葛国公。贞观初,转少府监。”《唐文拾遗》卷五三阙名《武德以来功臣约为三等奏(建中元年九月五日史馆)》:“三十四人第三等:……太府卿葛国公刘义节。”即刘世龙。《会要》卷四五:“至建中元年九月五日,史馆奏,武德已来实封陪葬配飨功臣……第三等:……太府卿葛国公刘义节。”

李大亮 贞观二年(628)

《旧书》本传:“贞观元年,转交州都督。……寻召拜太府卿,出为凉州都督。”《新书》本传:“贞观初,徙交州,封武阳县男。召授太府卿,复出凉州都督。”考《全文》卷七四二刘轲《大唐三藏遍觉法师塔铭并序》:“贞观三年……至凉州,都督李大亮防禁特切,逼法师还京。”三年已在凉州任,其为太府卿必在二年前。

萧　璟 贞观三—七年(629—633)

《会要》卷三三:“祭神州地祇,乐章三,奏顺和之舞,八变。”注:“贞观十七年,太府卿萧璟撰。”《全文》卷一四二李百药《大乘庄严经论序》:“粤以贞观四年,恭承明诏,又敕尚书左仆射、邢国公房元龄,散骑常侍、行太子左庶子杜正伦诠定义学,法师慧乘、慧朗……等于胜光寺共成胜业,又敕太府卿兰陵男萧璟监掌修缉。……以七年献春之始,撰定斯毕,勒成十有三卷二十四品,敕太子右庶子安平男李百药序之云尔。”《全文》卷九〇四慧赜《般若灯论序》:“[贞观]四年六月,移住胜光……尚书左仆射、邠国公房元龄……等,并是翊圣贤臣,佐时匡济,尽忠贞而事主,外形骸以求法……鉴译敕使右光禄大夫太府卿兰陵萧璟，信根笃始，慧力要终。……岁次寿星十月十七日，检勘毕了。”【增订】曾涧《订正》：考《开元释教录》卷八沙门波罗颇迦罗蜜多罗：贞观三年三月于大兴善创开传译，“右光禄大夫、太府卿兰陵男萧璟总知监护。……至四年四月译《宝星经》讫”。知璟贞观三年为太府卿。似璟贞观七年尚为太府卿，疑《会要》“十七年”衍“十”字，为“七年”之讹。周云《唐代太府寺研究》亦补正此条，可参考。

李袭誉　　贞观十三、四年？（639、640）

《旧书》本传：“后历光禄卿、蒲州刺史，转扬州大都督府长史，为江南道巡察大使……召拜太府卿。……寻转凉州都督。”《新书》本传：“擢累扬州大都督府长史、江南巡察大使……召为太府卿。……迁凉州都督。”《金石录》卷二三《唐太府卿李袭誉墓志跋》：“据墓志云，武德初拜太仆卿，出为潞州总管，寻征拜太府卿。”《元龟》卷六二二：“唐李袭誉为太府卿，居家以俭约自处，凡获禄俸，必散之宗亲，其资但写书而已。”又卷八一七：“唐李袭誉为太府卿，每谓子孙曰：‘吾性不好货财，遂至贫乏。然吾近京城有赐田十顷，耕之可以充食，河内有赐桑千树，事之可以充衣，江东所写书，读之可以得官。’”

萧　钦　　贞观十九年（645）

【增订】曾涧《增补》：《金石萃编》卷四六《太宗祭比干文》：“维大唐贞观十九年岁次乙巳二月己亥朔廿日戊午，皇帝敬遣太府卿萧钦、宗正少卿驸马都尉长孙冲等，持节以少牢之奠，祭殷故少师比干之灵。”《旧唐书·太宗纪下》：贞观十九年二月，“赠殷比干为太师，谥曰忠烈，命所司封墓，葺祠堂，春秋祠以少牢，上自为文以祭之”。

侯　以　　贞观中

【增订】牛红广《辑补》：《搜佚》第146页《大唐故天山县令侯府君（仁恺）墓志铭》：“父以，太府卿、雍州治中、上谷县开国男。”侯仁恺贞观二十一年卒，年四十九。

庾　遼　贞观、高宗间

《隋唐五代墓志汇编》洛阳卷第十一册《大唐故赵郡司户参军庾公墓志铭并序》(天宝五载二月三十日)："曾祖遼，皇银青光禄大夫、太府大卿。祖兴宗，皇朝散大夫、蕲州长史。父师寿，皇朝散大夫、莱州司马。"若讷卒天宝四载八月十八日，未言享年。

房遗爱　永徽初？

《旧书·房玄龄传》："次子遗爱，尚太宗女高阳公主，拜驸马都尉，官至太府卿、散骑常侍。"《新表一下》房氏："遗爱，太府卿。"乃玄龄子。

杨弘礼　永徽四年(653)

《旧书》本传："永徽初，论昆丘之功，改胜州都督，寻迁太府卿。四年卒。"《新书》本传："永徽初，追论其功，迁胜州都督，改太府卿。卒。"《新表一下》杨氏越公房："弘礼，中书侍郎、太府少卿。"作"少卿"，与两传异。

来　恒　上元中

【增订】《河洛墓刻拾零》载《唐来景晖墓志》："父恒，进士对策高第，解褐陕雍二州司士参军，迁太子舍人，加朝散大夫、职方郎中、主爵郎中、国子司业、忠陕二州刺史、太子少詹事，知兵部选事，又分掌吏部选事，益州大都督府长史、太府卿、黄门侍郎、同中书门下三品，赠润州刺史，谥懿公，陪葬恭陵。"考《新唐书》卷一〇五《来济传》："济异母兄恒，上元中，为黄门侍郎、同中书门下三品。"同书卷六一《宰相表》上：仪凤元年，"三月癸卯，黄门侍郎来恒、中书侍郎薛元超并同中书门下三品"。按，上元三年(676)十一月改元仪凤元年。其为太府卿在为黄门侍郎前，即应在上元元年(674)或二年(675)间。

韦弘敏　嗣圣元年(684)

《新书·则天皇后纪》：嗣圣元年正月，"癸巳，左散骑常侍韦弘敏为太府卿、同中书门下平章事”。《宰相表上》《通鉴》同。《姓纂》卷二京兆杜陵西眷韦氏：“弘敏，太府卿、平章事。”《隋唐五代墓志汇编》洛阳卷第十三册《右监门卫胄曹参军故夫人京兆韦氏墓志》（宝历元年二月）：“工部侍郎、太府卿、同中书门下三品弘敏四代侄孙，参安定郡军事震之孙，光禄卿、宋郑虢三州刺史屺之季女。”甲辰年（即长庆四年）卒，春秋廿七。【增订】《新唐书·则天皇后纪》：嗣圣元年九月，“贬韦弘敏为汾州刺史”。

欧阳通　垂拱四年（688）

《旧书·则天皇后纪》：垂拱四年二月，“诏司属卿王及善、司府卿欧阳通、冬官侍郎狄仁杰巡抚赈给”。

于思言　载初元年（689）

《姓纂》卷二河南洛阳于氏：“思言，兵部郎中，太府卿。”乃德行子。《新表二下》于氏：“思言，太府卿。”《元龟》卷六一六：“唐徐有功为司刑丞……守司府卿于思言等六十三人议称，依徐有功议者录奏。”考《旧书·徐有功传》：“载初元年，累迁司刑丞。”《全文》卷二一七有则天朝崔融《为朝集使于思言等请封中岳表》。

韩　革　约武后时

《姓纂》卷四昌黎棘城县韩氏：“大敏，中书舍人。曾孙革，太府卿。黄门侍郎生思复。”岑仲勉《四校记》卷四：“据《旧书》一〇一《思复传》：祖伦，思复少袭祖爵，则思复之父，显未跻大位。又据《传》，思复未为太府卿而尝任黄门侍郎。故余以为太府卿一官，似属于革，而黄门侍郎则思复之官也。由是而推，‘生’字应正作‘韩’字。”

豆卢钦望　长寿二年（693）

【增订】《全唐文补遗》第七辑第30页李迥秀《豆卢望碑》：“除越州都督……入计拜太府卿，转鸿胪卿。……左迁赵州刺史。……公以悬车之年，表请骸骨。不许。拜太府卿。……乃迁刑部尚书。”是其曾两次为太府卿。万岁通天元年(696)为第二次。据《会稽掇英总集》卷一六,其为越州都督在如意元年(692),又如意元年九月改元为长寿元年,则首次为太府卿在长寿二年(693)或稍后。

韦巨源　长寿中

《旧书》本传:“巨源则天时累迁司宾少卿,转司府卿、文昌右丞、同凤阁鸾台平章事。三年,转夏官侍郎,依前平章事。”《唐仆尚丞郎表》卷八《右丞》:“韦巨源,长寿中,由司府卿迁文昌右丞。二年九月十五辛丑,以本官同凤阁鸾台平章事。”

豆卢钦望　万岁通天元年(696)

《新书》本传:“贬赵州刺史。入为司府卿,迁秋官尚书。”《全文》卷二四二李峤《授豆卢钦望秋官尚书制》:“新除司府卿、上柱国、芮国公豆卢钦望……可银青光禄大夫、守秋官尚书。”又《授豆卢钦望太府卿制》:“银青光禄大夫、检校司礼卿、上柱国、芮国公豆卢钦望……可太府卿。”《全文》卷一六九小传:“累官越州都督、司宾卿。长寿二年拜内史,封芮国公。坐阿附李昭德贬赵州刺史,入为司府卿,迁秋官尚书。中宗还东宫,拜太子宫尹,进文昌右相同凤阁鸾台三品。”《唐仆尚丞郎表》卷一九《刑尚》:“豆卢钦望,万岁通天元年或明年,由新除司府卿迁秋尚,时阶银青光禄大夫。圣历元年,卸。九月为太子宫尹。……《旧传》:‘……其年,钦望入为司礼卿,迁秋官尚书,封芮国公。’《新传》无年份,而‘司礼’作‘司府’。考《全唐文》二四二李峤《授豆卢钦望太府卿制》:‘银青光禄大夫、检校司礼卿、上柱国、芮国公豆卢钦望……可太府卿。’又《授钦望秋官尚书制》:‘新除司府卿(勋、封)豆卢钦望……可银青光禄大夫、守秋官尚书。’则司礼、司府均不为误。按:钦望贬赵州在证圣元年正月,据《旧传》,其年入为司礼卿,制作检校司礼卿,则在司礼任必不太久,其迁秋尚当即在万岁通天元年也。”

侯知一　　武后时

【增订】《大唐西市博物馆藏墓志》一六五《侯知一墓志》:“入为尚方监,除太子右庶子,食实封二百户。……加渔阳郡公,食邑二千户。转太府卿,除同州刺史,复为太府卿。”

侯知一　　长安中(再任)

《旧书·尹思贞传》:“长安中,七迁秋官侍郎,以忤张昌宗被构,出为定州刺史,转晋州刺史。寻复入为司府少卿。时卿侯知一亦厉威严,吏人为语曰:‘不畏侯卿杖,惟畏尹卿笔。’”《新书·尹思贞传》:“长安中,迁秋官侍郎,忤张昌宗意,出为定州刺史。召授司府少卿。时卿侯知一亦厉威严,吏为语曰:‘不畏侯卿杖,只畏尹卿笔。’加银青光禄大夫。”【增订】《大唐西市博物馆藏墓志》一六五《侯知一墓志》:“入为尚方监,除太子右庶子,食实封二百户。……加渔阳郡公,食邑二千户。转太府卿,除同州刺史,复为太府卿。”

李道谦　　武后时

《旧书·李若初传》:“贞观中并州长史、工部侍郎弘节之曾孙也。祖道谦,太府卿。”北图藏拓片《夫人□晋墓志》(开元十三年十月二十三日):“祖弘节,皇大理卿、清平公。父道谦,太府卿、清河公。”夫人乃卢藏用继母,开元十三年七月卒。北图藏拓片《大唐故朝议郎行河南府陆浑县令上柱国李府君(瑱)墓志铭并序》(开元十年三月十三日):“弘节生道谦,营州都督、太府卿、别封清河郡公。”按弘节贞观中人。《新表二上》赵郡李氏西祖房:“道谦,太府卿。”《元龟》卷八五三:“李若初,太府卿道谦之孙。少孤贫,初为转运使刘晏下散职。”按刘晏为转运使在上元元年至二年。【增订】《全唐文补遗》第八辑第322页《李璋墓志》:“考道谦,周银青光禄大夫、上柱国、袭爵清平县开国公,改封清河郡开国公,豪延邛三州刺史,成鄯营三州都督,司府寺正卿。肃明神而察举,十部风驰;括河海而分司,九功时叙。寻又检校丰州都督营田大使。时西南夷扰乱,改授夔州都督。讨击忠万州夷獠不克,恩敕责除官爵,许随清边军效力。

属王孝杰军败，在阵战亡。”按，王孝杰军败在万岁通天二年，是年李道谦阵亡。

韦 翼 约武后时

《姓纂》卷二东眷韦氏郧公房：“翼，太府卿。”乃韦琨幼子。《新表四上》韦氏郧公房：“翼字从善，太府卿、武阳平公。”按《郎考》卷二二祠外有韦翼，在薛稷、裴怀古后，杨降礼、刘守悌前。【增订】新出土《大唐故通议大夫行仪王府司马上柱国武阳郡开国公京兆韦府君(英)墓志铭并序》：“父翼，皇银青光禄大夫、秘书少监、太府卿、申王傅、武阳平公。”(《碑林集刊》第十一辑，第129页)

张敬之 约武后末

《唐文拾遗》卷二一张晏《大唐清河张府君墓志之铭并序》：“考敬之，侍御史、司勋郎中、乾封县令、汉州刺史、太府卿、礼部侍郎。……公即侍郎公之元子也。”神龙二年十一月十一日卒，享年三十六。天宝十二载葬。《唐仆尚丞郎表》卷一六《礼侍》：“张敬之，武后末叶或稍后，曾官春侍。”

纪处讷 神龙元年—景龙元年(705—707)

《姓纂》卷六天水上邽纪氏：“处讷，地官侍郎、太府卿、平章事、侍中、千乘伯。”《旧书》本传：“娶武三思妻之姊，由是累迁太府卿。神龙中，尝因谷贵，中宗召处讷亲问其故。”《旧书·武三思传》：“又与其所亲兵部尚书宗楚客、将作大匠宗晋卿、太府卿纪处讷、鸿胪卿甘元柬递相引致，干黩时政。”《新书》本传：“其妻武三思妇之姊，纵使通三思，由是款昵，进为太府卿。神龙元年夏，大旱，谷价腾踊，中宗召问所以救人者。”《新书·宰相表下》：景龙元年九月，“兼太府卿纪处讷为太仆卿……同中书门下三品”。《通鉴·神龙元年》：九月，“以左卫将军上邽纪处讷兼检校太府卿。处讷娶武三思之妻姊故也”。又《神龙二年》：八月，“时兵部尚书宗楚客、将作大匠宗晋卿、太府卿纪处讷、鸿胪卿甘元柬皆为三思羽翼”。又《景龙元年》：五月,“上以岁旱谷贵,召太府卿记处讷谋之。”《元龟》卷三〇七:“神龙三年五月己亥,中宗以谷价踊贵,召太府卿纪处讷亲问其故。”又《景龙元年》:九月丁卯,“兼太府卿纪处讷为太府卿,并同中书门下三品。”《新书·宰相表》作“太仆卿”。《旧书·中宗纪》:神龙三年,“九月丁酉,兵部尚书、郢国公宗楚客,左卫将军兼太府卿纪处讷并同中书门下三品”。景龙元年九月庚辰,“吏部尚书韦巨源、太府卿纪处讷并为侍中”。《新纪》《元龟》卷七二同。《元龟》卷六二五:“纪处讷,神龙中为太府卿。遣太史令傅孝忠奏曰:‘有摄提至帝座,王者与贤人相接,大臣纳忠。’时处讷奏事,中宗赏焉。”又:“纪处讷,中宗时为太府卿。神龙中,处讷私铸钱,奏京中许用,恶钱大长奸伪。于今弊之。”《唐仆尚丞郎表》卷一二《户侍》:“纪处讷,武后末,曾官地侍。……《姓纂》六天水上邽纪氏:‘处讷,地官侍郎、太府卿、平章事、侍中。’据传,神龙元年在太府卿任。参之官名,其官地侍必在武后末。”

崔　铣　　景龙初

《新书》本传:“尚定安公主,为太府卿。初,主降王同皎,后降铣。”《新书·中宗女安定公主传》:“神龙时,又嫁韦濯。濯即韦皇后从祖弟,以卫尉少卿诛。更嫁太府崔铣。”

崔谔之　　约景龙中

《隋唐五代墓志汇编》洛阳卷第九册《□□大夫太府卿少府监赠□州都督上柱国赵国公崔府君(谔之)墓志铭》(开元七年十月二十二日):“预谋刘章……封赵国公,食邑□□□,拜卫尉卿、将作少匠、滑州刺史、太府卿、汾州刺史、少府监、检校司农卿、加银青光禄大夫、太府卿兼检校御史中丞,□拜少府监……春秋卌□,以开元七年,岁次己未,八月景戌朔,三日戊□,薨于东都永丰里私第。”此为首任。

韦嗣立　　景龙三年(709)

《旧书·中宗纪》:景龙三年二月,“太府卿韦嗣立为兵部尚书、同中书门下三品”。《元龟》卷七二同。《新纪》《宰相表上》作三月。《通鉴·景龙三年》:“三月,戊午,以宗楚客为中书令,萧至忠为侍中,太府卿韦嗣立为中书令侍郎,同中书门下三品。”《旧书》本传:“神龙二年,为相州刺史。及承庆卒,代为黄门侍郎,转太府卿,加修文馆学士,景龙三年,转兵部尚书、同中书门下三品。”《新书》本传:“坐善二张,贬饶州长史。繇相州刺史入为黄门侍郎。转太府卿、修文馆大学士。”又《宰相表上》:景龙三年三月戊午,“太府卿韦嗣立守兵部尚书、同中书门下三品”。

武攸望　　景龙末年(710)

《新书·武承嗣传》:“韦后败,(武延秀)尚与主居禁中,同斩肃章门。攸望以太府卿贬死春州。诸武坐延秀诛徙者略尽。”按韦后败在景云元年。

李从远　　景云元年(710)

《旧书·李至远传》:“弟从远,景云中历黄门侍郎、太府卿。”《新书·李至远传》:弟从远,“神龙初,历中书令、太府卿,累封赵郡公”。《全文》卷二五一苏颋《授李从远守太府卿制》:“银青光禄大夫、行黄门侍郎、上柱国、常山县开国男李从远……宜回夕拜,式践冬卿。可守太府卿,勋封如故。”同书卷二三八卢藏用《太子少傅苏瓌神道碑》:“天命不祐,暗忽迁殂。……天子悼焉,遣大府卿李从远册书吊祭,辍朝三日。”按苏瓌卒于景云元年十一月。

王承庆　　景云二年(711)

【增订】《西安碑林博物馆新藏墓志汇编》载徐彦伯撰《大唐故淮阳公主墓志铭并序》:“景云二年七月十六日,有制追封淮阳公主,史臣考行谥曰恭懿。国家以久从权窆,宜开宅兆。行启九原,先回六翣。移锦椋于圭台,安颂琴于梓榇。乃敕太府卿李从远与驸马都尉王承庆，驰传洛阳，往迎神柩。”

崔谔之　约开元初

《隋唐五代墓志汇编》洛阳卷第九册《□□大夫太府卿少府监赠□州都督上柱国赵国公崔府君（谔之）墓志铭》（开元七年十月二十二日）：“预谋刘章……封赵国公，食邑□□□，拜卫尉卿、将作少匠、滑州刺史、太府卿、汾州刺史、少府监、检校司农卿、加银青光禄大夫、太府卿兼检校御史中丞，□拜少府监……春秋卌□，以开元七年，岁次己未，八景戌朔，三日戊□，薨于东都永丰里私第。”按《旧书》本传：“神龙初，为将作少匠……开元初，累迁少府监。”此为再任。

萧　璿　约开元三年（约715）

【增订】曾涧《增补》：《萧璿墓志》：“于是加公银青光禄大夫，授广州都督，兼摄御史大夫，知岭南道按察使，兼管内经略使。……考终举善，结课居多。于时天府择卿，河都分守。……拜公太府卿，兼知东都留守，更读内侍，参典文章。……是用擢为左散骑常侍，仍兼留守。……是用命公为京兆尹。……是用转君为河南尹。……享年六十有六，以开元五年五月四日，薨于河南府之官舍。”（《西安碑林博物馆新藏墓志续编》）萧璿，开元四年为京兆尹，见《元龟》卷一一三。则其为太府卿当在开元三年或稍前。

裴友直　开元十四年前（726前）

【增订】《洛阳新获墓志二〇一五》一七四吕向撰《有唐平原夫人墓志铭并序》：“夫人渤海封氏，平原蓚人。先太府卿裴府君友直之妻也。”按，墓主开元十四年八月十七日卒，年五七十岁。

杨隆礼　开元十七年—二十一年（730—733）

《旧书·杨慎矜传》：“父隆礼……开元初，擢为太府少卿……时议以为前后为太府者无与为比。擢拜太府卿，加银青光禄大夫，进封弘农郡公。在职二十年，公清如一。年九十余，授户部尚书致仕。"《新书·杨慎矜传》:"父隆礼……开元初,为太府卿,封弘农郡公。……任职二十年,年九十余,以户部尚书致仕,卒。"同书《食货志一》:"太府卿杨崇礼句剥分铢,有久折渍损者,州县督送,历年不止。其子慎矜专知太府,次子慎名知京仓,亦以苛刻结主恩。"《新表一下》杨氏:"崇礼,太府卿、户部尚书。"乃尚衣奉御正道子。《通鉴·开元二十一年》:"太府卿杨崇礼,政道之子也,在太府二十余年,前后为太府者莫能及。"《广记》卷一四三引《明皇杂录》:"唐杨慎矜,隋室之后。其父崇礼,太府卿,葬少陵原。"《元龟》卷六二〇:"杨崇礼为太府少卿,虽钱帛充牣,丈尺间皆躬自省阅,时议以为称职。擢拜太府卿。"同卷:"杨崇礼,开元初为太府少卿,虽钱帛充牣,丈尺间皆躬自省阅,时议以为称职。擢拜太府卿。"同卷:"杨崇礼,开元初为太府少卿,虽钱帛充牣,丈尺间皆躬自省阅,时议以为称职。擢拜太府卿。"又卷七八三:"杨慎矜父崇礼,太府卿二十余年,时议称职。及崇礼罢太府,玄宗访堪委其父任者,宰臣称慎矜、慎余、慎名三人皆勤恪清白,有父风。时慎矜汝阳令,有能名,因召拜监察御史,知太府出纳;慎余授太子舍人,监仓。寻丁父忧,服阕,累迁侍御史,仍知太府出纳。慎名授大理评事,摄监察御史,充含嘉仓出纳使,甚承恩颜。慎矜在台数年,风格甚高,迁擢判御史中丞,充京畿采访使,太府出纳如故。"【增订】曾涧《补正》:《山右石刻丛编》卷六《庆唐观纪圣铭碑阴》题名:"太府卿弘农县开国侯杨崇礼。""开元十七年太岁己巳九月己丑朔三日辛卯建。"

严挺之　　开元二十二年(734)

《旧书》本传:"[开元]二十年,(王)毛仲得罪赐死,玄宗思曩日之奏,擢为刑部侍郎,深见恩遇,改太府卿。与张九龄相善,九龄入相,用挺之为尚书左丞。"《新书》本传:"召为刑部侍郎,迁太府卿。宰相张九龄雅知之,用为尚书左丞,知吏部选。"《旧书·玄宗纪上》:开元二十二年正月,"辛未,太府卿严挺之、户部侍郎裴宽于河南存问赈给"。

裴伷先　　开元二十二年—二十六年(734—738)

《全文》卷四四〇徐浩《唐尚书右丞相中书令张公(九龄)神道碑》:"御史大夫李公尚隐、太府卿裴伷先不礼中官,皆忤上旨,必在殊谴,公全度焉。"《广记》卷一四七引《纪闻》:"工部尚书裴伷先……及唐室再造,宥裴炎,赠以益州大都督。求其后,伷先及出焉。授詹事丞。岁中四迁,遂至秦州都督。再节制桂广,一任幽州帅,四为执金吾,一兼御史大夫、太原、京兆尹、太府卿。凡任三品官向四十政。"按李尚隐为大理卿约在开元二十二年,当与伷先为太府卿同时。又考《唐研究》第五卷(1999 年版)《西安新发现唐裴伷先墓志考述》引《故银青光禄大夫守工部尚书上柱国翼城县开国公赠江陵郡大都督裴府君(伷先)墓志铭并序》(天宝三载闰二月八日):"(公)迁主客郎中,有顷加朝散大夫兼鸿胪少卿。将命西聘,公单车深入,结二国之信,一言慷慨,罢十万之兵。……朝嘉其勋,寻检校桂州都督。……迁广州都督、五府节度、并本道按察等使。二年,加摄御史中丞,赐紫金鱼袋,迁幽州都督、河北道节度使。无何,以飞语受谤,复授广州都督。天子遽悔前除,爰申后命,立征至京,拜左金吾将军。寻安南反叛,边荒告急,即加公云麾将军兼广州都督。……会亲累,出秦州都督。……贬雅州名山丞,久之,上知无罪,乃尽还封爵,拜右骁卫将军,寻改定州刺史,迁京兆尹。……转太仆卿、右金吾大将军、太府卿,进爵为子。时上怒褚师,公固争无罪,由是忤旨,出为绛州刺史,改蒲州刺史,进爵为伯。俄迁太原尹,兼河东道节度等副使,使停,即授本道采访处置使。……迁工部尚书,东京留守,兼判省事。……诏赐考,进爵为公,征还知京官考使。……以天宝二载九月廿二日薨于永宁里第,春秋八十。"按《全文》卷三〇九孙逖《授裴宽河南尹裴伷先蒲州刺史制》:"使持节绛州诸军事、绛州刺史、上柱国、翼城县开国伯裴伷先……可使持节蒲州诸军事、蒲州刺史。"又考《旧唐书·裴宽传》:"[开元]二十七年,终于都城兴唐寺。……及葬,河南尹裴宽及其妻子,关衰麻列于门徒之次。"知开元二十七年裴宽在河南尹任。裴伷先由太府卿转绛州刺史当在此前。

马玄素　开元中

《唐九卿考》本列为武后时。据《姓纂》卷七西河马氏:"元素,太府卿。"乃元直父。按《通鉴》卷二〇四垂拱四年有莘令马玄素,当即其人。字应作玄,避讳改作元,非父子同名也。【增订】《碑林集刊》第一一辑第129页《韦英墓志》:"父翼,皇银青光禄大夫、秘书少监、太府卿、申王傅、武阳平公。"墓主天宝九载(750)卒,享年七十二。据此推测,其为太府卿约在开元时。

皇甫恂　开元中

《广记》卷三〇二引《通幽记》:"皇甫恂,字君和,开元中,授华州参军。……恂后果为太府卿,贬绵州刺史而卒。"按恂开元初为益州司马,见《旧书·苏颋传》。开元中为相州参军,迁左武卫兵曹参军,数载选授同州司士,见戴孚《广异记·皇甫恂》条。

裴　确　约开元中

《全文》卷五〇一权德舆《唐故朝议郎使持节温州诸军事温州刺史充静海军使赐绯鱼袋河东裴府君(希先)神道碑铭并序》:"祖确,历左右卫、左右金吾卫四大将军,太府卿、太子詹事、平阳郡开国公。"希先贞元六年卒。按裴确祖裴怀节,贞观十七年至二十年为洛州刺史。又《新表一上》东眷裴氏作"裴礭"。

杨国忠　天宝八载—十一载

《旧书》本传:"(天宝)八载,玄宗召公卿百僚观左藏库,喜其货币山积,面赐国忠金紫,兼权太府卿事。国忠既专钱谷之任,出入禁中,日加亲幸。"《新书》本传:"天宝七载,擢给事中、兼御史中丞,专判度支。……明年,帝诏百官观库物,积如丘山,赐群臣各有差,锡国忠紫衣、金鱼,知太府卿事。"《大诏令集》卷四五《授杨国忠右相制》:"银青光禄大夫、御史大夫、判度支事、权知太府卿、兼蜀郡长史、持节剑南节度使、支度营田等副大使、本道兼山南西道采访处置使、两京太府司农出纳监仓祠祭木炭宫市长春九成宫使、关内道及京畿采访处置使、上柱国、宏农县开国伯杨国忠……可守右相兼吏部尚书、集贤殿学士、修国史、崇玄馆大学士、太清太微宫使，仍判度支及蜀郡大都督府长史……并如故。天宝十一载十一月。”又见《全文》卷二五玄宗文。

刘　柱　　约天宝末

《隋唐五代墓志汇编》陕西卷第二册《唐故元从定难功臣金紫光禄大夫行左金吾卫大将军刘府君墓志铭并序》（贞元十三年四月十一日）：“祖讳柱，□□□太府卿。……考为奉进，皇骠骑大将军□开府仪同三司。……府君即开府之第二子也。”贞元十二年卒，春秋七十二。

李　柏　　约天宝末

【增订】《全唐文补遗·千唐志斋新藏专辑》第355页李助撰《李鷃墓志》：“列考讳柏，皇银青光禄大夫、太府卿，赠司空。”墓主兴元元年（784）卒。《洛阳流散唐代墓志汇编》第595页《李恬墓志》：“祖柏，皇任银青光禄大夫、太仆卿，累赠太保。烈考鷃，任泽州刺史，累赠太子少傅。”

袁建康　　广德元年（763）

《洛阳新获墓志》九一《汝南袁府君（德昌）墓志铭并序》（元和十年正月三十日壬寅）：“府君讳德昌……有唐特进、中书令、南阳郡王讳恕己之曾孙，银青光禄大夫、太府卿讳建康之孙。”【增订】《全唐文补遗·千唐志斋新藏专辑》第304页窦牟《袁亮墓志》：“太府卿讳建康之第五子也。”《秦晋豫新出墓志搜佚》第847页窦群《袁齐墓志》：“南阳王讳恕己，中兴五臣，载在盟府，皇中书令，公之王父也。生建康，皇银青光禄大夫、太府卿，袭南阳郡公，持节历守七郡，号称循良。”《宝邑碑铭》第507页《唐故银青光禄大夫太府卿南阳郡开国公袁府[君]（建康）墓志铭并序》：“入为左领军卫将军，拜银青光禄大夫、鸿胪太府卿，时议以为才，命不偶位。……大驾东狩，公素以疾，免适于闽越。会嗣子高为抚州临川令，公因寝疾，受养于兹，以明年十月十七日,薨于邑之官舍。”所谓“大驾东狩”是指广德元年(763)十月吐蕃侵入长安,代宗逃难陕州之事。

卢正己　　广德元年(763)

《全文》卷三六六贾至《授卢正己工部尚书河南尹东都留守制》:“太府卿卢正己……可守工部尚书、东都留守,散官勋封如故。”《唐仆尚丞郎表》卷二一《工尚》:“卢正己,广德元年或上年冬,由太府卿迁工尚,充东都留守。……《墓志》:‘太子宾客卢正己……本讳元裕,以声协上之尊称……改赐焉。’大历五年二月卒。志官历云:‘大理卿,刑部侍郎,工部尚书,东都留守,太子宾客。’又云:‘师宾,居守,小司寇,冬官卿。’考《全唐文》卷三六六贾至《授卢正己工部尚书河南尹东都留守制》:‘太府卿卢正己……可守工部尚书、东都留守。’按:此制已名正己,必代宗时,是不能早过宝应元年四月。然是年自春及九月皆在刑侍任,则此制当行于广德元年,决不能早过宝应元年冬。又贾至于广德元年由中舍迁左丞,则此制又不能迟过元年矣。”

郭幼明　　广德二年(764)

北图藏拓片《郭敬之庙碑阴》(广德二年十一月二十一日):“男……银青光禄大夫、太府卿、上柱国、太原郡开国公幼明。”清朱士端《宜禄堂收藏金石记》卷三九《唐赠太保郭敬之家庙碑》题:“银青光禄大夫、太府卿、上柱国、太原郡开国公幼明。”乃郭敬之子。按《旧书》本传:“以子仪勋业,累历大卿监。大历八年卒。”

吕崇贲　　大历七年(772)

《旧书·代宗纪》:大历七年十月,“丙子,以太府卿吕崇贲为广州都督岭南节度”。《全文》卷四一二常衮《授吕崇贲太府卿制》:“九卿之重,参理于佐邦;六府孔修,颁货于列藏。历代右职,莫非高选。开府仪同三司、行太子宾客、上柱国公吕崇贲……可行太府卿,散官勋封如故。”又见《制诏集》卷一〇。

于　颀　　大历八年(773)

《旧书·代宗纪》:大历八年五月,"以太府卿于颀为京兆尹"。《旧书》本传:"历户部侍郎、秘书少监、京兆(少)尹、太府卿,代杜济为京兆尹。"《元龟》卷九四五:"于颀为太府卿、京兆尹,好任机数,专候权要。朝列中无势利者视之,蔑如也。"

田廷玠　　大历中

《旧书·田弘正传》:"父廷玠,大历中,累官至太府卿、沧州别驾,迁沧州刺史、兼御史中丞,充横海军使。"

董　晋　　大历十四年(779)

《新书》本传:"德宗立,授太府卿。不旬日,为左散骑常侍,兼御史中丞,知台事。"《全文》卷五六七韩愈《故金紫光禄大夫检校尚书左仆射同中书门下平章事兼汴州刺史……董公(晋)行状》:"先皇帝时,兵部侍郎李涵如回纥立可敦,诏公兼侍御史、赐紫金鱼袋,为涵判官。……自回纥归,拜司勋郎中,未尝言回纥之事。迁秘书少监,历太府、太常二寺亚卿,为左金吾卫将军。今上即位,以大行皇帝山陵出财赋,拜太府卿,由太府为左散骑常侍兼御史中丞知台事。……始公为金吾,未尽一月,拜太府,九日又为中丞,朝夕入议事,于是宰相请以公为华州刺史。"

李　并　　代宗时

【增订】《秦晋豫新出墓志搜佚》第1053页《唐故东川节度推官试太常寺协律郎陇西李府君墓铭有序》(咸通四年十一月十一日卒,七年八月十八日葬):"君讳亚封,字周启,陇西人。……曾祖讳祐,太仆卿兼十二闲厩使。祖讳并,左赞善大夫、太府卿。父讳宣,进第书判等,历监察、尚书刑部郎、万年令、吉州刺史,赠左散骑常侍。"

张献恭　　建中三年—贞元元年(782—785)

《旧书》本传:"[建中]三年正月,为太府卿、容州刺史、本管经略招讨使。”又《吐蕃传下》:建中四年七月,“又命宰相李忠臣、卢杞、关播、右仆射崔宁、工部尚书乔琳、御史大夫于颀、太府卿张献恭、司农卿段秀实……与区颊赞等会盟于坛所”。又《袁高传》:“贞元元年,德宗复用吉州长史卢杞为饶州刺史,令高草诏书。……太子少保韦伦、太府卿张献恭等奏:‘袁高所奏至当,高是陛下一良臣,望加优异。’”《新书·吐蕃传下》:“帝命宰相、尚书与虏使者盟长安……于是宰相李忠臣、卢杞、关播、崔宁、工部尚书乔琳、御史大夫于颀、太府卿张献恭、司农卿段秀实、少府监李昌夔、京兆尹王翃、金吾将军浑瑊与区颊赞等同盟京城之右郊。”《全文》卷五〇七权德舆《大中大夫守国子祭酒颍川县开国男赐紫金鱼袋赠户部尚书韩公行状》:“京兆府万年县芙蓉乡龙游里韩洄年六十三状……今上践位,励精理本,征为淮西淮南等道黜陟使,复拜朝议大夫。……未及行,拜权判户部侍郎专判度支,赐金印紫绶。……明年,太府卿张献恭广廪库,以受岁杪量入之数,又于长安、万年二县界,奏贮朱谷数十万石。”《元龟》卷一〇一:“贞元元年正月……太府卿张献恭于紫宸殿前奏。”

裴士安　约贞元初

《新表一上》南来吴裴氏:“士安,太府卿。”乃洛阳尉幼卿子,玄宗相裴耀卿侄。其父天宝时中书判拔萃科。

韦少华　贞元四年—十二年(788—796)

《旧书·裴延龄传》:“时陆贽秉政……贽上书疏其失曰:……延龄务行邪谄,公肆诬欺……其时特宣进止,并依所奏施行。太府卿韦少华抗疏上陈,殊不引伏。”《新书·裴延龄传》:“是时,陆贽为宰相,帝素所信重,极论其谲妄不可任,帝以为排娼,愈益厚延龄。贽上疏列其状,具言:‘……太府卿韦少华劾其妄,陛下纵之不为治,此乃侵削兆民,为天子取怨于下。’”《新表四上》韦氏逍遥公房:“少华,太府卿。”乃洪州都督韦同孙。《全文》卷四六六陆贽《论裴延龄奸蠹书》:“太府少卿韦少华抗表上陈,殊不引伏。确称每月申奏,皆是见在数中，请令推寻，足验奸计。……度支言太府隐漏至多，而少华所任如旧。太府论度支奸欺颇甚，而延龄见信不渝。”作少卿，与诸书不同。《通鉴·贞元十年》：“延龄奏：‘左藏库司多有失落……。’太府少卿韦少华不伏，抗表称……”按陆贽贞元八年四月至十年十二月为相，见《新书·宰相表》。【增订】陆贽为相时，韦少华应为“太府卿”。《大唐西市博物馆藏墓志》三二二《韦少华墓志》：“及领汉州刺史，征为太府少卿。贞元初，诏求循良，将加褒劝。公已去任，郡人永怀，纂其遗芳，陈于封部。廉使上荐，赐一子官，同何武之去思，异王成之加秩。寻守大太府，颁帑臧之政，九赋惟错，百货所臻，至如云屯，出若波逶。干卒供力，明吏典书，计及忽微，质于长卿。匪夫视精不眩，心粹而通；则必用爽毫厘，盗贸犯尘。所差遂远，其耗乃深。公以夙夜会繁，清节儆众，刑弛由正，绩茂在勤。躬行十年，物归一指。间岁加银青之秩，今年兼工部尚书。名器相膺，于是乎在。尽瘁遘疾，沉伏有加，以贞元十二年十月十九日，薨于通化里私第，享年六十八。”是其为太府卿长约十年。据《册府元龟》卷五八，贞元四年韦[少]华在太府少卿任，故定其为太府卿为贞元四年至十二年。

韦渠牟　贞元十三年—十六年(797—800)

《旧书》本传：“居无何，迁太府卿，赐金紫，又转太常卿。贞元十七年卒。”又《卢简辞传》：“太府卿韦渠牟得幸于德宗，(卢)纶即渠牟之甥也。”《旧书·德宗纪下》：贞元十六年十一月，“戊申，以太府卿韦渠牟为太常寺卿”。《全文》卷五〇六权德舆《唐故太常卿赠刑部尚书韦公(渠牟)墓志铭并序》：“维贞元十七年秋七月乙酉，太常韦公讳渠牟，年五十三，启手足于靖恭里。……十二年夏……岁中历右补阙、左谏议大夫……间一岁迁太府卿，锡以命服，又间一岁，迁太常卿。”按渠牟贞元十六年十一月，自太府卿迁太常卿，见《旧书·德宗纪下》。《宝刻丛编》卷一九引《诸道石刻录》称：“《唐新步虚词》十九首，茅山玄静先生门人、朝议郎、守太府卿韦渠牟撰，贞元十七年立。字画清劲。”贞元十二年官右补阙，见《全文》卷四七六崔损

《祭成纪公文》。《元龟》卷六二三:“韦渠牟为太府卿,其甥卢伦为检校金部郎中。渠牟数称伦之才,德宗召之内殿,令和御制诗,超拜户部郎中。”《广记》卷一八八引《嘉话录》:“贞元末,太府卿韦渠牟、金吾李齐运、度支裴延龄、京兆尹嗣道王实,皆承恩宠事,荐人多得名位。”《嘉话录》:“贞元末穆寂应科目,因太府卿韦渠牟而得第。”《全诗》卷八七二《嘲刘师老》:“贞元中,韦渠牟为太府卿,与金吾李齐运皆承恩宠,荐人多得名位。”又卷二七一窦庠《酬谢韦卿二十五兄俯赠辄敢书情》诗,韦卿即韦渠牟,因韦诗有《赠窦五判官》,附见《窦氏联珠集》窦庠传,并署“太府卿韦渠牟”。惟行第“二十五”应为“二十四”。《全诗》卷二七八卢纶有《敬酬大府二十四舅览诗卷因以见示》诗,“大”为“太”之讹。二十四舅即韦渠牟,有《览外生卢纶诗因以示此》。《旧书·卢纶传》:“太府卿韦渠牟得幸于德宗,纶即渠牟之甥也,数称纶之才。德宗召之内殿,令和御制诗,超拜户部郎中,方欲委之掌诰,居无何卒。”卷三二一权德舆《奉和太府(一作常)韦卿阁老左藏库中假山之作》、卷三二六同人《从叔将军宅蔷薇花开太府卿有题壁长句因以和作》,疑即韦渠牟。

沈　冕　贞元中

《全文》卷七三八沈亚之《故太平令李寰墓志铭》:“贞元中,沈氏始以外戚隆贵,而胄得为列卿,掌太府,乃以子女归之府君。”寰元和中卒于太平令官舍。又《沈参军故室李氏墓志铭》:“沈氏之先,继列组冕。……及德宗即位,追尊皇太后。太后昆弟父祖既追封矣,其子侄皆蒙宠荫,遂以房为将军执金吾,冕为卿掌太府,羽为驸马都尉,尚长林主。夫人既嫁三年而卒。”

李幼清　元和初期

《全文》卷五九〇柳宗元《太府李卿外妇马淑志》:“李君为睦州,诋狂寇见诬,左官为循州录,过而慕焉,纳为外妇,偕窜南海上。及移永州,州之骚人多李之旧,日载酒往焉。”考《两浙金石志》卷二《唐李幼清题名》:“睦州刺史李幼清,元和元年十一月二十□日游。”其为太府卿当在此后。

邓　泳　　元和四年(809)

《元龟》卷一三六:元和四年,“十二月,以太府卿邓泳为东道行营诸军宣慰使”。

李少和　　元和五年(810)

《旧书·宪宗纪上》:元和五年六月,“戊寅,以太府卿李少和为洪州刺史、江西观察使”。

裴次元　　元和五年—六年(810—811)

《元龟》卷六二〇:“裴次元为太府卿奏,元和五年上言:‘左藏库置修屋宇,本钱二百万。’从之。”《旧书·宪宗纪上》:元和六年二月,“以太府卿裴次元为福建观察使”。《淳熙三山志》卷二一:“元和六年,裴次元。自太府卿为观察使。《球场记》:朝请大夫、福州刺史、兼御中丞、充福建等州都团练观察使、上柱国、赐紫绯金鱼袋裴次元。”

崔　鄷(崔澧)　　元和八年(813)

《新表二下》清河小房崔氏:“鄷,司农卿。”乃太常卿崔邠弟。《全文》卷六一〇刘禹锡《故朝散大夫检校尚书吏部郎中兼御史中丞赠太师崔公(陲)神道碑》:“生才子六人……次曰澧,至太府卿。……惟夫人……特封清河郡太君……邠为太常,澧为大农,咸白发贵绶,以奉膳羞。……元和八年三月十六日捐馆舍,寿七十九,是岁十月十八日合祔。”《南部新书》卷戊:“博陵崔倕,缌麻亲同爨。贞元以来,言家法者,以倕为首。倕生六子,一登相辅,五任大僚。太常卿邠、太府卿鄷、外台尚书郾、廷尉郇、执金吾鄯、左仆射平章事郸。”又见《唐语林》卷一。【增订】牛红广《辑补》:《搜佚》第985页崔镒《唐故河南府伊阙县令清河崔府君(垍)墓志铭并序》:“太府卿府君鄷之子。”河洛藏拓崔潘《唐故东都安国寺尼清河崔氏墓志铭并序》:“王父朝请大夫、守太府卿府君讳鄷。”周玲《增补》:《秦晋豫》八〇〇《尼广素墓志并盖》(大中十一年十二月九日卒,十二年正月二十二日葬):“师俗姓崔氏,清河人也。……粤我曾祖,吏部郎中兼御史中丞,赠太子少傅府君讳陲;王父朝请大夫、守太府卿府君讳鄷;父河南府伊阙县令府君讳垍。师即垍之第二女也。法名广素,幼衣缁裳,受解于安国寺。”

王　遂　　元和八、九年(813、814)

《旧书·吕元膺传》:“除鄂岳观察使,入为尚书左丞。度支使潘孟阳与太府卿王遂迭相奏论,孟阳除散骑常侍,遂为邓州刺史,皆假以美词。”又《潘孟阳传》:“[武]元衡作相,复召为户部侍郎、判度支。……太府卿与孟阳不协……乃罢孟阳为左散骑常侍。”又本传:“累迁至邓州刺史,以晓达钱谷,入为太府卿。潘孟阳判度支,与遂私憾,互有争论。”《新书》本传:“累迁邓州刺史、太府卿、西北供军使。与度支潘孟阳争营田事,宪宗怒,出遂为柳州刺史。”又《吕元膺传》:“入拜尚书左丞。度支使潘孟阳、太府卿王遂交相恶,乃除孟阳散骑常侍,遂邓州刺史,诏辞无所轻重。元膺上其诏,请明枉直,以显褒惩。”又《潘孟阳传》:“元和三年,出为华州刺史,迁剑南东川节度使。宰相武元衡与孟阳旧,复以户部侍郎召判度支,又兼京北五城营田使。太府王遂为西北供军使,持营田不可,至私忿恨,更请间论列,帝怒,罢孟阳左散骑常侍。”《会要》卷五八:元和十五年三月,“度支使潘孟阳、太府少卿王遂,互相奏论,孟阳除散骑常侍,遂为邓州刺史”。《元龟》卷九一八:“潘孟阳为户部侍郎、判度支,与太府少卿王遂私忿相持,屡请论列上前。群议不可,改为左散骑常侍。”“太府少卿”当为“太府卿”。【增订】周云《唐代太府寺研究》:“据两《唐书·王遂传》和《吕元膺传》,王遂由太府卿贬为柳州刺史时,吕元膺正任尚书左丞。按《唐仆尚丞郎表》卷二云,吕元膺于元和八年冬或次年正月,由鄂岳观察使入迁为尚书左丞;元和九年十月,转为检校工部尚书、东都留守。因此,王遂任太府卿约在元和八、九年间。”

崔　洁　　元和十三年(818)

《广记》卷一五六引《逸史》:“太府卿崔公名洁,在长安,与进士陈彤同往街西寻亲故。……将出,陈君曰:当与足下于裴令公亭餐鲙。”考韩愈有《送陈彤秀才序》,五百家注引韩氏曰:“彤后以元和十三年登第。”

程　异　　元和中

《旧书》本传:“叔文败,坐贬岳州刺史,改郴州司马。元和初,盐铁使李巽荐异晓达钱谷,请弃瑕录用,擢为侍御史,复为扬子留后,累检校兵部郎中、淮南等五道两税使。……入为太府少卿、太卿,转卫尉卿,兼御史中丞,充盐铁转运副使。”

崔　颋　　元和中

【增订】《北京大学图书馆藏金石拓本菁华》第214页《崔颋墓志》:“拜万年县,太府少卿。凡序迁右职,咸以取名立迹,故其官稍大而道亦随茂,由是特拜本寺卿,仍赐紫金鱼袋。累迁河南尹,秘书少监。”崔颋元和十二年七月五日卒,享年八十四。《西安新获墓志集萃》第181页《崔颋夫人郑氏墓志》:“公才用周□,谨于从政。十一迁,至太府卿、河南尹、秘书监、少府监、同州刺史、太子宾客。”墓主元和六年卒,年六十一。

李　锐　　长庆元年(821)

《旧书·穆宗纪》:长庆元年五月,“又以太府卿李锐为入回纥婚礼使”。《旧书·回鹘传下》:“诏以太和公主下降。……以左金吾大将军胡证、光禄卿李宪持节护送,太府卿李说为昏礼使。”又作“李说”,非是。《元龟》卷九七九:“长庆元年五月丙申,回鹘都督宰相公主摩尼等五百七十三人入朝迎公主。……帝即位之逾年,至是,乃封第十妹为太和长公主,出降之甲子,以左金吾卫大将军胡证检校户部尚书持节充送公主入回鹘。加册可汗,使光禄寺卿李宪加兼御史中丞,充副使,太常博士殷侑改殿中侍御史,充判官,以前曹州刺史李锐为太府卿兼御史大夫,持节赴回鹘充婚礼使,宗正少卿嗣宁王子鸿兼御史中丞,充副使,以虞部员外郎陈鸿为判官。"

裴　武　　约长庆元年(约 821)

《白居易集》卷五四有《除裴武太府卿制》:"某官裴武,有通敏之识,有倚辩之才,以兹器用,早膺任使,小大之务,罔不励精,累有勤绩,存乎官次。……尔宜率其官属,钦乃职司。"居易撰制在长庆元年前后。《新表一下》南来吴裴氏:"武,太府卿。"乃耀卿孙,吏部郎中裴综子。《元龟》卷九四五:"裴武自释褐以吏才称,累迁至太府、司农卿,鄜坊观察使,入为京兆尹,复领大司农,及兼掌钱谷供馈之事,皆粗有劳绩。然善俯仰,能交结权右,雅无清直之称。"

李　宪　　长庆元年—宝历二年(821—825)

《旧书》本传:"入为宗正少卿,迁光禄卿。穆宗即位,以太和公主降回鹘,命金吾大将军胡证充送公主使,命宪副之。使还,献《入蕃道里记》,迁检校左散骑常侍,兼太府卿。出为洪州刺史、江西观察使。"又《敬宗纪》:宝历二年八月,"庚戌,以太府卿李宪为江西观察使"。《新书》本传:"入为宗正少卿,副金吾大将军胡证为送太和公主使。还献《回鹘道里记》,迁太府卿。大和初,由江西观察使迁岭南节度使。"《新书·回鹘传下》《会要》卷九八略同。《元龟》卷六五四:"胡证为金吾大将军,穆宗即位,以太和公主出降回鹘,证以本官检校工部尚书,充和亲使,光禄少卿李宪为副使。还,证拜工部侍郎,宪迁检校右散骑常侍,兼太府卿。"

裴弘泰　　大和元年(827)

《旧书·文宗纪上》:大和元年八月,"以太府卿裴弘泰为黔中经略观察使"。《全文》卷六〇三刘禹锡《汝州举裴大夫自代状》:"正议大夫、使持节杭州诸军事、守杭州刺史、上柱国、赐紫金鱼袋裴弘泰……前为九卿,出领两镇,顷因微累,遂有左迁。"九卿即指太府卿。

崔　珙　　大和六年—七年(832—833)

《旧书》本传:"大和初,累官泗州刺史,入为太府卿。七年正月,拜广州刺史。"《旧书·高瑀传》:"[大和]六年,移授徐州刺史、武宁军节度等使。议者以徐泗王智兴之后,军士骄恣,宜得雄帅镇之,乃以太府卿崔珙代瑀,征为刑部尚书。"《旧书·文宗纪下》:大和七年正月,"乙亥,以太府卿崔珙为广州刺史、岭南节度使"。《新书》本传:"累擢至泗州刺史。由太府卿为岭南节度使。"《全文》卷七四一小传:"大和初由泗州刺史入为太府卿,七年拜岭南节度使。"

韩　约　　大和九年(835)

《旧书·文宗纪下》:大和九年十一月,"己未,以太府卿韩约为左金吾卫大将军"。《通鉴》同。《新书》本传:"交趾叛,领安南都护,再迁太府卿。大和九年,代崔鄯为左金吾卫大将军。"《旧书·李训传》:"约以其年十一月诛中官,须假兵力,乃以……太府卿韩约为金吾街使。"《全诗》卷五〇〇姚合《同诸公会太府韩卿宅》诗:"九寺名卿才思雄,邀欢笔下与杯中。"太府韩卿即韩约。

韦　应　　开成元年—二年(836—837)

【增订】周玲《辑补》:《秦晋豫》七四八《韦应墓志》(开成二年九月廿一日卒,十一月十二日葬):"公讳应,字希声,其先京兆人也。……转太府卿,司国帑之入,闻于时。"按,据墓志载,志主韦应因担任大理卿功绩突出,"才逾月而狱无冤滞",即被转和太府卿。志载其担任大理卿的时间在"开成初",而韦应卒于开成二年九月,故其担任大府卿的时间,应在开成一年(836)至开成二年(837)之间。

张　贾　　开成二年(837)

《旧书·文宗纪下》:开成二年七月,"甲申,以太府卿张贾为兖海观察使"。

李弘泽　　开成中

《新书·艺文志二·仪注类》:“李弘泽《直礼》一卷。”注:“林甫孙,开成太府卿。”

李　诸　　文宗时

《新书·宗室世系表下》代宗诸子:“武威郡王、太府卿诸。”乃忻王造子。按忻王造薨于元和六年,则其子仕历当在文宗时。

李　汭　　文宗时

《新书·宗室世系表下》代宗诸子:“清河郡王、太府卿汭。”乃忻王造子。乃昭靖太子邈孙,舒王谊子。

孙　范　　约大中三、四年(849、850)

《全文》卷七八八蒋伸《授孙范青州节度使制》:“守太府卿孙范,文学传家,清贞励己……周旋台阁之间,浃洽休嘉之称。……俾列象河之位,仍司长府之殷,出纳有程,帑藏无耗,念此勤效,爰议酬劳。……可检校左散骑常侍、青州节度使。”

李　峄　　乾符二年(875)

《旧书·僖宗纪》:乾符二年二月,“太府卿李峄为宗正卿”。又:乾符三年六月,“以检校右散骑常、卫尉卿李铎为太府卿”。九月,“以太府卿李峄检校工部尚书、滑州刺史、御史大夫、充义成军节度、郑滑颍观察处置等使”。

李　琢　　广明元年(880)

《新书·僖宗纪》:广明元年,“丁酉,太府卿李琢为蔚、朔招讨都统”。《元龟》卷一二三:“广明元年四月,以前太府卿李琢为蔚朔等州诸道行营都招讨使。”

李　棨　　光启中？

《新书·宗室世系表上》大郑王房："太府卿棨。"乃怀州刺史李巩子，太子太傅同平章事李福侄。

敬　翔　　天复三年—天祐四年(903—907)

《通鉴·天复三年》：二月，"以敬翔守太府卿"。《通鉴·开平元年》：四月，"以宣武掌书记、太府卿敬翔知掌政院事"。

待考录

苏　憻(苏檀)

《姓纂》卷三郿西苏氏："憻，太府卿。"乃践节曾孙。《新表四上》苏氏："檀，太府卿。"即践节曾孙。"憻""檀"未详孰是。

太府少卿考

李袭誉　　武德元年—二年(618—619)

《旧书》本传："会高祖定长安，召授太府少卿，封安康郡公，仍令与兄袭志附籍于宗正。太宗讨王世充，以袭誉为潞州总管。……后历光禄卿、蒲州刺史，转扬州大都督府长史，为江南道巡察大使……召拜太府卿。……寻转凉州都督。"《新书》本传："高祖已定长安，召授太府少卿、安康郡公。伐王世充也，拜潞州总管。……擢累扬州大都督府长史、江南巡察大使……召为太府卿。……迁凉州都督。"《元龟》卷一三三："属段纶为益川总管代袭誉，招抚，袭誉乃入拜右光禄大夫、太府少卿。帝嘉其功，命为三从侄。"《元龟》卷四九八："唐高祖武德初，李袭誉为太府少卿。太宗东讨王充，以袭誉摄潞州总管委之转运，以馈大军。""二年闰二月，太府少卿李袭誉运剑南之米以实京师。"《金石录》卷二三《唐太府卿李袭誉墓志跋》："据墓志云，武德初拜太仆卿，出为潞州总管，寻征拜太府卿。而《传》言'高祖定长安，授太府少卿'者，盖《传》误。"按赵说非是。《大诏令集》卷六四《安康郡公袭誉听合谱宗正诏》:"太仆少卿安康郡公袭誉……特听合谱宗正。……武德元年十月。"《通鉴·武德元年》:十月,"隋末群盗起,冠军司兵李袭誉说西京留守阴世师……世师不能用,乃求募兵山南,世师许之。上克长安,自汉中召还,为太府少卿;乙未,附袭誉籍于宗正。"

李神符　　武德初

《唐文续拾》卷一四《大唐司空开府仪同三司扬州荆州二大都督并州大总管上柱国襄邑恭王(神符)之碑铭》:"义宁元年封安吉郡公,食邑二千户,仍拜太府少卿。俄而天地革运,品物咸亨。……武德元年封襄邑郡王,邑三千户,余如故。转雍州司马。……其年除稷州诸军事、稷州刺史。……四年除……并州总管,以善政入为太府卿,加右光禄大夫、检校兵部尚书。……九年,除使持节大都督……扬州刺史。"

宋世则　　武德五年(622)

【增订】《秦晋豫新出墓志搜佚续编》第337页《大唐故太府寺少卿宋府君墓志铭并序》:"公讳世则,字叔轨,本西河介休人也。因官寓族,今为京兆万年人焉。……武德元年除长安县丞。……俄而拜内史舍人。……寻除太府少卿。……以武德五年拾月叁日终于永嘉里第,春秋五拾有贰。"《西安碑林博物馆新藏墓志续编》载《宋道感墓志》:"父则,皇朝内史舍人、太府寺少卿。"咸亨元年卒,年五十二。"宋则"即"宋世则",因讳而省。参曾润《增补》。

窦师纶　　武德九年(626)

《姓纂》卷九河南洛阳窦氏:"师纶,太府少卿。"《四校记》卷九:"龙朔三年师纶官坊州刺史,见《寰宇记》三五。《历代名画记》一〇:'窦师纶字希言……官至太府卿,银、坊、邛三州刺史。'"《全文》卷二〇四《窦尚义小传》:"尚义,龙朔中太府少卿师纶子,官左崇掖卫长史。"《新表一下》三祖窦氏:"师纶,太府少卿。"乃高祖相窦抗子,道州刺史瓒祖父。【增订】《秦晋豫新出墓志搜佚续编》第 354 页《大唐秦府咨议太府少卿银邛坊三州刺史上柱国陵阳郡开国公窦府君墓志铭并序》:“公讳师纶,字希言,扶风平陵人也。……武德九年,诏授太府少卿。……有表请侍养,词理恳至,诏矜而许之。……服阕,历坊银邛等三州刺史。”咸亨二年十二月卒,年七十八。

陈君宾　贞观二年(628)

《旧书》本传:贞观二年,“入为太府少卿,转少府少监。九年,坐事除名”。《新书》本传:“贞观初,徙邓州……明年,四方霜潦,独君宾所治有年……是岁,入为太府少卿,转少府少监。”《元龟》卷六七三:“唐陈君宾贞观初为邓州刺史。……其年入为太府少卿。”

郭孝恪　贞观中

《旧书》本传:“及破建德,平世充,太宗于洛阳置酒高会诸将。……历迁贝、赵、江、泾四州刺史,所在有能名。入为太府少卿,转左骁卫将军。”

王　怀　约贞观中

《隋唐五代墓志汇编》河南卷《大唐故蒙城公亳鄂二州别驾李君(诞)墓志铭并序》(开元十二年十一月二十八日):“夫人太原祁人,太府少卿陈留郡开国公怀之曾孙,许王长史祁县开国男义立之女。”夫人卒开元十一年十一月六日,春秋六十。

豆卢怀让　贞观末

《隋唐五代墓志汇编》北京卷第一册《大唐故驸马都尉卫尉少卿息豆卢君(逊)墓志铭并序》:“父怀让,驸马都尉,尚辇奉御、卫州刺史、太府、卫尉少卿。……君即卫尉第三子也。”逊卒显庆四年四月十七日,春秋一十七。北图拓片《大唐故银青光禄大夫行太仆卿驸马都尉中山郡开国公豆卢公(建)墓志铭并序》(天宝三载八月十二日):“曾祖皇金紫光禄大夫、行太府卿、驸马都尉、上柱国、芮国公怀让。曾祖母皇长沙公主。祖皇金紫光禄大夫、宗正卿、上柱国、邠国公贞松。祖母皇邠国夫人窦氏。父皇正议大夫丹延坊三州刺史上柱国开国公光祚,母皇万泉县主薛氏,外祖金紫光禄大夫卫尉卿驸马都尉上柱国子绍,外祖母皇镇国太平公主。”建卒天宝三载三月廿四日,享寿三十九。“太府卿”应为“太府少卿”。《宝刻丛编》卷九引《金兆金石录》:“《驸马都尉豆卢怀让碑》,永徽元年立。”年月有误。

李德謇　约高宗初

《新表二上》李氏丹杨房:“德謇,太府少卿。”乃太宗相李靖子。《旧传》称官至将作少匠。新传:“官至将作少匠,坐善太子承乾,流岭南,以试故徙吴郡。”

李淑眘　约高宗初

【增订】《全唐文补遗·千唐志斋新藏专辑》李畲《李允墓志》:“父淑眘,皇朝比部郎中、太府少卿、雍州司马、刑部侍郎、陕州刺史。”墓主垂拱四年(688)卒,卒年六十。

韦思齐　显庆元年(658)

《全文》卷一四五于志宁《太子少师中书令开府仪同三司并州都督上柱国固安昭公崔敦礼碑》:“以显庆元年,岁次□□,□月癸巳朔,三日乙未,薨于□阳里第,春秋六十有一。……仍令兼司农卿长孙知人监护,太府少卿韦思齐为副。”《会要》卷六六:“太府寺少卿,龙朔二年正月十五日加一员,以韦思齐为之。”《全文》卷二〇四小传:“思齐,龙朔中官外府寺卿。”

韦思齐　龙朔元年—二年(661—662)

【增订】《珍稀墓志百品》第75页《大唐故司稼卿韦公(整)墓志之铭并序》:“公讳整,字思齐,京兆杜陵人也。……迁太府少卿,兼检校尚书右丞。……至龙朔元年,丁忧去职。……夺情,拜外府少卿,又除司稼正卿。”按此为再任。

田仁会　麟德元年(664)

《旧书》本传:"入为太府少卿。麟德二年,转右金吾将军。"《新书》本传:"永徽中,为平州刺史。……五迁胜州都督。……入为太府少卿,迁右金吾卫将军。"

元知让　开耀元年(681)

《姓纂》卷四河南洛阳元氏:"知让,虞部郎中、太府少卿。"乃务真子。《全文》卷二一六陈子昂《周故内供奉学士怀州河内县尉陈君(该)石人铭》:"开耀元年制举,太子舍人、太府少卿元知让应制荐君于朝堂,对策高第。"

封道弘　高宗时

《千唐志·唐故大理寺评事封公(无遣)墓志铭并序》(开元三年二月二十一日):"祖道弘,皇朝太府少卿。位列棘司,光荣紫绶。父践一,皇朝扬州都督府法曹参军。"无遣卒开元三年正月二日,春秋五十五。按道弘显庆二年为许州长史,龙朔中为襄州刺史。

李冲寂　高宗时

《全文》卷一九六杨炯《李怀州(冲寂)墓志铭》:"寻授驾部员外郎,转金部郎中,又敕公为戎州道支度军粮使。……迁太府、鸿胪二少卿,丁艰去职。"

袁异度　约高宗时

《姓纂》卷四乐陵东光县袁氏:"德御,度支职方郎中、太府少卿。"乃袁高子。《四校记》卷四:"《新表》袁高后无人,而异弘、异式之间,多一异度,云:'太府少卿。'今郎官石柱未见德御名,旧、新书高传又不著其所出。考《旧纪》一四,元和二年袁恕己孙德师相次叙用。又《刘公嘉话录》:'袁得师,给事中高之子也。'是高有子名德师。又《全诗》八函一册鲍溶有《见袁德师侍御》诗,是德师曾官侍御史。德师既于元和二年以功臣后叙用,则侍御史殆即七年修《姓纂》

时之见官。得此两据,再参诸《新表》,始决《姓纂》前文异弘、异式之间,确夺去异度之名。此节文应校正为:"高生德师,侍御史。异度,职方郎中、太府少卿。'生德'下夺'师侍'两字,原'御史异度'四字,既夺去'异'之一文,故又讹'史'为'支'而错为'御度支'也。《全文》一五一许敬宗《贺隰州等龙见表》:'伏见隰州刺史袁异度表称。'……《元龟》二四:'贞观十二年十月隰州言青龙见。'异度官隰刺,盖即其时。"《新表四下》袁氏:"异度,太府少卿。"乃中宗相恕己父。

姚　璹　垂拱三年(687)

【增订】陆增祥《八琼室金石补正续编》卷二二《法果寺碑并阴侧》:"《大唐定州中山法果寺之碑》,朝议大夫、□□□少卿、检□定州□□、吴兴县开国男、吴兴姚□(下泐)。"碑阴题:"朝议大夫、守司府少卿、检校定州刺史、吴兴县开国男姚璹。"跋引《金石分域编》云:"姚璹撰,鞠处信正书,垂拱三年四月,在唐县岭上村法果寺。"又跋言:"其为司府少卿、检校定州刺史,则璹所自署,不应有误。"(《续修四库全书》第899册第606—616页)按,姚璹长寿二年(693)至延载元年(694)曾为司宾少卿,《唐九卿考》卷八已著录。可参看。

侯知一　垂拱四年(688)

【增订】《大唐西市博物馆藏墓志》一六五《侯知一墓志》:"拜金部郎中,封涞水县开国男。迁太府少卿、检校太子家令。……天后圣帝封中岳礼毕,加银青光禄大夫,授上柱国,进封永乐县侯。"按,武后封中岳在垂拱四年。

王方泰　垂拱时?

《隋唐五代墓志汇编》洛阳卷第十一册《大唐故长安县尉左授襄阳郡谷城县尉又移南阳郡临湍县尉琅琊王公(志悌)祔葬志铭序》(天宝十载十一月五日):"曾祖弘让,随工部宪部郎、中书舍人。祖方泰,皇朝中书舍人、司府少卿。父鸿,皇同州冯翊县丞。"志悌享年五十五，未记卒年。又《大唐故襄州襄阳县尉同州冯翊县丞琅玡王公(鸿)祔葬墓志铭序》(天宝十载十一月五日)："父方泰，皇朝中书舍人、司府少卿。"又《唐故朝散大夫守尚书吏部郎中兼侍御史知杂事上柱国琅玡王府君(衮)墓志铭并序》(大和六年十月二十六日)："弘让生太府卿方泰。太府生鸿，为同州冯翊尉。冯翊生志悌，为长安尉，赠吏部郎中。郎中生汶，殿中少监致仕，赠工部侍郎。工部公少有高志，不乐荣官，致政赠官之命，皆由公显。公讳衮，字景山，本名高，工部公之长子。"大和六年六月哉生明卒，年五十二。《新表二中》王氏："方泰字玄敏，太府少卿。"乃光禄卿方则弟，方庆从兄。按光宅元年改太府寺为司府寺，其从弟方庆仕武后时，疑方泰仕至武后初。

王　基　垂拱中

《隋唐五代墓志汇编》洛阳卷第七册《大唐故前尚方监兼检校司府卿中山县开国伯王公(基)墓志铭并序》(长寿二年二月十三日)："以垂拱元年除中大夫守尚方少监，兼检校东都苑总监……寻加正议大夫中山县开国伯兼检校司府少卿兼知司农寺，余并如故。……以永昌元年除尚方监，余并如故。……春秋七十有六，以长寿元年十月二日卒于私第。"

王　方　约证圣元年(约695)

【增订】《隋唐五代墓志汇编》洛阳卷第十册《唐故幽州都督寿阳县男王府君墓志》(开元二十七年二月十日)："公讳方，字平。……除袁州刺史，转道州刺史。……登司府少卿，迁幽州都督。"长安元年二月三日卒，春秋七十八。参曾润《订正》。

杨元亨　久视元年(700)

《旧书》本传："则天时为司府少卿。"《淳熙严州图经》卷一："杨元亨，久视元年八月十一日自太府少卿拜。"

张昌仪 长安二年(702)

《旧书·张行成传》:“行成族孙易之、昌宗。……长安二年,易之赃赂事发,为御史台所劾下狱,兄司府少卿昌仪、司礼少卿同休皆贬黜。”又《杨再思传》:“再思为御史大夫时,张易之兄司礼少卿同休尝奏请公卿大臣宴于司礼寺。”又《桓彦范传》:“神龙元年正月……斩易之、昌宗于廊下,并就第斩其兄汴州刺史昌期、司礼少卿同休,并枭首于天津桥南。”又见《新书·杨再思传》《则天皇后纪》,《元龟》卷三三九。《新表二下》中山张氏:“昌仪,司府少卿。”乃昌期弟、易之兄。

尹思贞 长安中

《旧书·尹思贞传》:“长安中,七迁秋官侍郎,以忤张昌宗被构,出为定州刺史,转晋州刺史。寻复入为司府少卿。时卿侯知一亦厉威严,吏人为语曰:‘不畏侯卿杖,惟畏尹卿笔。’”《新书·尹思贞传》:“长安中,迁秋官侍郎,忤张昌宗意,出为定州刺史。召授司府少卿。时卿侯知一亦厉威严,吏为语曰:‘不畏侯卿杖,惟畏尹卿笔。’加银青光禄大夫。”

韦德敏 约武后时

《姓纂》卷二东眷韦氏阆公房:“德敏,考功司郎中、太府少卿。”乃韦文宗子。《四校记》卷二:“《新表》只称太府少卿,库本无‘司’字。《毗陵集》一一《元曾墓志》称司农少卿德敏,与此及《新表》异。”《新表四上》东眷韦氏:“德敏,太府少卿。”乃隋赵州长史纲孙,文宗子。【增订】《洛阳新获七朝墓志》第294页王颜《李昂夫人韦氏墓志》:“烈祖德敏,皇考功郎中、太府少卿。”新出土庾承宣撰《韦儆墓志》:“曾祖曰德敏,皇太府卿。”(《碑林集刊》第十五辑,第146页)浙江大学图书馆碑帖保护中心藏元载撰《韦元甫墓志》:“祖德敏,皇太府少卿,赠邓州刺史。”

裴　昭　约武后时

《全文》卷五〇一权德舆《唐故朝议郎使持节温州诸军事温州刺史充静海军使赐绯鱼袋河东裴府君（希先）神道碑铭并序》："曾祖昭，历司门、度支二郎中，卫尉、太府二寺卿。"希先贞元六年卒。按裴昭父怀节贞观十七年至二十年为洛州刺史，见《唐刺史考全编》。《新表一上》东眷裴氏："昭，太府少卿。"乃洛州刺史怀节子。作少卿，与碑异。复考《全文》卷七八四穆员《河南少尹裴公（济）墓志铭》："唐贞元八年冬十月二十有八日，前河南少尹裴公讳济字庄时，春秋五十，卒于京师靖安里之旅舍。……高祖怀节，皇朝洛州刺史，生太府少卿昭。昭生蔡州刺史刚。刚生扶风郡雍县令据。公则雍县府君之长子也。"则应作"少卿"为是。

窦希瑊　景龙元年—二年（707—708）

《全文》卷一〇〇李湛然《太子少傅窦希瑊神道碑》："景龙元年，又迁为太府少卿兼知尚食事。……二年，加银青光禄大夫、殿中监。"

韦行诠　景龙二年（708）

【增订】《全唐文补遗》第七辑崔湜《韦氏墓志铭》："制光禄大夫行礼部尚书□国公韦温、光禄大夫行太子詹事陈国公陆颂、秘书监嗣虢王邕、太府少卿韦行诠等监护。"墓主景龙二年（708）十一月十四日葬。

韦　璿　景龙三年（709）

《大诏令集》卷六三《册赠杨再思并州大都督文》："维景龙三年岁次己酉九月甲寅朔二十三日景子……遣太府少卿韦璿持节备礼册命。"又见《全文》卷一七。

狄光嗣　睿宗时（未赴任）

《新书》本传："母丧，夺为太府少卿，固让，睿宗嘉其诚，许之。"《大唐新语》卷一二："狄光嗣，仁杰长子也，历淄、许、贝等州刺史。

居丧备礼,睿宗朝,起复太府少卿,光嗣频表不赴。”

韦 凑 景云元年—先天元年(710—712)

《旧书》本传:“睿宗即位,拜鸿胪少卿,加银青光禄大夫。景龙(云)二年,转太府少卿,又兼通事舍人。时改葬节愍太子,优诏加谥。”《新书》本传:“睿宗立,授鸿胪少卿。徙太府,兼通事舍人。时改葬故太子重俊……凑上言。”《全文》卷九九三阙名《唐太原节度使韦凑神道碑》:“[景云)二年转太府少卿,兼通事舍人。……先天中又历陕、汝二州刺史。”《全文》卷二〇〇小传:“永淳二年解褐婺州参军,六迁司农少卿,加银青光禄大夫,开元时迁右卫大将军。”《通鉴·景云元年》:十月,“谥故太子重俊曰节愍,太府少卿万年韦凑上书”。《元龟》卷五四五:“韦凑为太府少卿,太极初,睿宗为则天皇后于东都建荷泽寺……凑上疏。”又卷五八八:“唐韦凑为太府少卿,睿宗景云元年十月,太子重俊谥曰节愍,凑上奏。”是其景云元年已迁太府少卿。

崔谔之(崔谔) 先天元年(712)

《会要》卷六六:“太府寺少卿……太极元年十二月十八日,又加一员,分为两京检校,以崔谔为之。”《隋唐五代墓志汇编》洛阳卷第九册《□□大夫太府卿少府监赠□州都督上柱国赵国公崔府君(谔之)墓志》(开元七年十月二十二日):“预谋刘章……封赵国公,食邑□□□,拜卫尉卿、将作少匠、滑州刺史、太府卿、汾州刺史、少府监、检校司农卿、加银青光禄大夫、太府卿兼检校御史中丞,□拜少府监……春秋卌□,以开元七年岁次己未八月景戌朔三日戊□薨于东都永丰里私第。”《全文》卷二五一苏颋《授崔谔之少府监制》:“银青光禄大夫、行太府少卿、上柱国、赵国公崔谔之……可少府监,勋封如故。”

李 畅 开元元年(713)前

【增订】曾润《增补》:《李畅墓志》:“转太子中舍人。……检校太府少卿。……出摄怀州别驾。……朝庭知其屈也，旋拜太子率更令。……出为虔州刺史。”（《唐代墓志汇编续集》）开元十八年卒，年五十二。《通鉴》：开元元年“九月壬戌，以（李）峤子率更令畅为虔州刺史，令峤随畅之官”。又见两《唐书·李峤传》。

沈佺期　开元二年（714）

《会要》卷二二：“开元二年闰二月，诏令祠龙池。……为《龙池篇》乐章共录十首……太府少卿沈佺期。”《旧书·音乐志三》：“《享龙池乐章》十首……第三章，太府少卿沈佺期作。”《全文》卷九二三史崇《妙门由起序》：“故敕……正议大夫、行太府少卿、昭文馆学士、上柱国、吴兴县开国男臣沈佺期……等，集见在道经，稽其本末，撰其音义。”同书卷二五二苏颋《授沈佺期太子少詹事等制》：“正议大夫、太府少卿、昭文馆学士、上柱国、吴兴县开国男沈佺期……正议大夫、行卫尉少卿、上柱国杨崇礼……佺期可太子少詹事，余如故。崇礼可行太府少卿，散官勋如故。”《全诗》卷一二郊庙歌辞《享龙池乐章》第三章注：“太府少卿沈佺期作。”

裴子余　开元初

《长安志》卷八《昭国坊》：“太府少卿裴子余宅。”考《旧书》本传：“景龙中，为左台监察御史。”其为太府少卿当在开元初。【增订】《秦晋豫新出墓志搜佚续编》第746页《唐裴子余墓志》：“知弘文馆事，除太府少卿，加银青光禄大夫，出牧冀州。”裴子余开元十四年正月七日卒，春秋六十有三。

杨隆礼　开元元年—十八年（713—730）

《旧书·杨慎矜传》：“父隆礼……开元初，擢为太府少卿……时议以为前后为太府者无与为比。擢拜太府卿，加银青光禄大夫，进封弘农郡公。在职二十年，公清如一。年九十余，授户部尚书致仕。”《新书·杨慎矜传》：“父隆礼……开元初，为太府卿，封弘农郡公。……任职二十年，年九十余，以户部尚书致仕，卒。”《全文》卷二五二苏颋《授沈佺期太子少詹事等制》:“正议大夫、太府少卿、昭文馆学士、上柱国、吴兴县开国男沈佺期……正议大夫、行卫尉少卿、上柱国杨崇礼……佺期可太子少詹事,余如故。崇礼可行太府少卿,散官勋如故。”《元龟》卷六二〇:“杨崇礼为太府少卿,虽钱帛充牣,丈尺间皆躬自省阅,时议以为称职。擢拜太府卿。”

张　说　开元二十一年(733)

【增订】牛红广《辑补》:赵良玉《大唐故太中大夫使持节同州诸军事同州刺史上柱国张府君(说)墓志铭并序》:“乃贬授衡州刺史。居二年,迁越州都督。……逾年转秦州都督,累日又迁太府少卿。到官未几,拜少府监兼中尚使,后充京副留守兼判都省。”志主开元二十八年卒,年六十六。按《会稽掇英总集》卷一八《唐太守题名记》云越州都督“张说,开元二十年自衡州刺史授,二十一年移秦州都督”,《嘉泰会稽志》与之同,则张说任太府少卿一职当在开元二十一年。

萧　炅　开元二十二年—二十三年(734—735)

《会要》卷五九:“开元二十二年九月,萧炅除太府少卿、知度支事。”又卷八七:开元“二十二年九月,太府少卿萧炅充江淮处置转运使”。《元龟》邦计部:“明年九月,萧炅除太府少卿,知度支事,充江淮处置转运使。”《唐仆尚丞郎表》卷一四《盐铁》:“萧炅,开元二十一年十二月,以河南少尹充江淮河南转运副使。二十二年九月,以太府少卿充江淮转运使。盖二十三年迁户侍,仍充使职,是年或明年,出为岐州刺史。”参何汝泉《唐会要转运使篇订补》(载《唐代转运使初探》,西南师范大学出版社 1987 年版),何言萧炅未曾任转运使。

李元祐　开元二十三年(735)

《会要》卷五九:开元“二十三年八月,李元祐除太府少卿、知度支事”。

李齐物　开元中

《全文》卷三四二颜真卿《金紫光禄大夫守太子太傅兼宗正卿赠司空上柱国陇西郡开国公李公(齐物)神道碑铭》:"迁将作少匠、殿中少监、太府少卿、怀陕二州刺史。……特加银青光禄大夫、鸿胪卿。……拜河南尹,仍水陆运使。……贬竞陵郡太守。……天宝末征拜将作监,重授鸿胪卿。"据《旧书》本传,开元二十四年后,历怀、陕二州刺史。

苗延嗣　开元中

《千唐志·故河南府法曹参军上党郡开国男讳含液苗氏之家胤》(无年月):"父延嗣,太府少卿。……从□昆晋卿,自右扶风迁万□。"按苗延嗣开元八九年在中书舍人任,见《旧书·张嘉贞传》。

萧隐之　天宝初

【增订】曾洵《增补》:孙逖《授萧隐之御史中丞仍充东京畿采访等使制》:"公中大夫、检校太府少卿、东都和籴等使、护军萧隐之……可行御史中丞,仍充东京畿采访处置使,兼充和市和籴等使。"又见《文苑英华》卷三九三。隐之天宝五载正月为御史中丞,见《元龟》卷一六二。

张　瑄　天宝六载(747)

《旧书·食货志下》:"天宝六载三月,太府少卿张瑄奏。"《会要》卷八八:"天宝六载三月二十二日,太府少卿张瑄奏。"《通鉴·天宝六载》:十一月,"太府少卿张瑄,慎矜所荐也,卢铉诬瑄与慎矜论谶,拷掠百端,瑄不肯答辩"。《旧书·杨慎矜传》:"时天宝六载十一月,玄宗在华清宫,林甫令人发之。玄宗震怒……先令卢铉收太府少卿张瑄于会昌驿,系而推之,瑄不肯答辩。……太府少卿张瑄决六十,长流岭南临封郡,亦死于流所。"《新书·杨慎矜传》:"收慎矜尚书省……捕太府少卿张瑄致会昌传舍,劾瑄与慎矜共解图谶,搒掠不服。"《全文》卷三二玄宗《赐杨慎矜等自尽并处置诏》:"其太府少卿张瑄,素以妄庸,专行险诐,比缘慎矜荐引,骤历班荣,因此结交,潜为党援。况犯赃私,情逾难恕,宜决六十,长流岭南临封郡。"又见《大诏令集》卷一二六。《唐文拾遗》卷二一小传:"瑄,太府少卿。"《元龟》卷五〇二:天宝"六载三月二十二日,太府少卿张瑄奏:准四载五月八日并五载三月十六日敕节文"。

崔温之　　天宝十载(751)

【增订】《全唐文补遗·千唐志斋新藏专辑》徐浩《崔藏之墓志》:"季弟太府少卿温之等。"墓主以天宝十载(751)十一月五日葬。

萧　晋　　天宝末

《全文》卷三六七贾至《授萧晋太府少卿等制》:"守西河太守萧晋、阳城太守严向等……宜司长府之剧,式备储闱之选,晋可守太府少卿,向可守太子左庶子。"贾至撰制在天宝末。【增订】《西安碑林博物馆新藏墓志续编》载《萧遇墓志》:"高祖钧,皇朝中书舍人、弘文崇文馆学士,赠常州刺史。学士生国子监丞、赠吏部尚书曰瓘。尚书生卫尉少卿、绛州刺史曰仲豫。绛州生太府少卿、彭州刺史、赠秘书监、彭城县开国男曰晋。……以贞元十三年三月十六日终于兴化里之私第,享年七十一。"

窦庭芝　　约肃宗时

《新表十一下》:"庭芝,太府少卿。"乃青州刺史诚盈子。《姓纂》卷九河南洛阳窦氏:"庭芝,陕州刺史。"《四校记》卷九:"《通鉴》二一七天宝十四载有陕郡太守窦廷芝。……《李泌传》:朱泚之乱,庭芝为陕府观察,降贼,事平,以李泌故减死。按泚乱去禄山之乱几三十年,谓庭芝为陕府观察断不可信,或误禄山之乱为朱泚之乱也。继检《广记》一五〇引《感定录》,则言肃宗收陕府,获刺史窦廷芬。因李泌而免,乃知所见不妄,廷芬亦廷芝之讹。"

韦元甫　　上元二年(761)

【增订】浙江大学图书馆碑帖保护中心藏元载撰《韦元甫墓志》："拜洪州刺史、江西观察使。历太府、大理二少卿，润州刺史。"据《全唐文》卷三八九独孤及《豫章冠盖盛集记》："豫章郡左九江而右洞庭。……岁次辛丑春正月，诸侯之师有事于淮西。……我都督防御观察处置使御史中丞韦公元甫克振远略。"是韦元甫由江西察使为太府少卿应在上元二年或稍后。

李　象　　广德二年(764)

《全文》卷三四二颜真卿《唐故开府仪同三司太尉兼侍中河南副元帅都督河南淮南淮西荆南山南东道五节度行营事东都留守上柱国赠太保临淮武穆王李公(光弼)神道碑铭》："夫人薛国夫人太原王氏，息长子太仆卿义安，并先公而逝。次曰太府少卿、太仆卿象、殿中丞豪等。"光弼卒广德二年七月五日。《新表五下》柳城李氏："象，太仆卿。"乃李光弼子，太仆卿义忠弟。

侯希超　　大历中

《全文》卷四一二常衮《授侯希超太府少卿制》："正议大夫、试太常卿、兼左领军卫将军、上柱国、赐紫金鱼袋侯希超……可行太府少卿，散官勋赐如故。"常衮为中书舍人在大历元年至九年。

韦光辅　　大历十一年(776)

《会要》卷六六："大历十一年十月十八日，太府少卿韦光辅奏称。"《唐文拾遗》卷二三小传："光辅，代宗朝太府少卿。"

韦光宰?　　大历中

《新表四上》韦氏郧公房："光宰，太府少卿。"乃太子仆昭训子，衢州刺史光辅兄。按光辅大历十一年为太府少卿，未知《新表》误否?《姓纂》作太仆少卿。

韦　寂　约大历中

《姓纂》卷二京兆杜陵东眷韦氏:"寂,左司郎[中]、太府少卿。"其父衡,玄宗时为原州都督。《新表四上》韦氏逍遥公房:"寂,司农、太府少卿。"乃原州都督衡子。

董　晋　大历末

《旧书》本传:"历秘书、太府、太常少卿监、左金吾将军。旬日,德宗嗣位,改太常卿。"

韦少华　约兴元元年—贞元四年(784—788)

《元龟》卷五八:贞元四年六月甲申,"中书门下奏,大理卿于颀……太府少卿韦华……曾任县令"。【增订】《大唐西市博物馆藏墓志》三二二《韦少华墓志》:"及领汉州刺史,征为太府少卿。贞元初,诏求循良,将加褒劝。公已去任,郡人永怀,纂其遗芳,陈于封部。"按,韦华当即"韦少华"。

裴延龄　贞元五年(789)

《旧书》本传:"窦参寻作相,用为太府少卿,转司农少卿。"按窦参贞元五年二月始为同中书门下平章事,见《新书·宰相表》。

刘士干　贞元中

《旧书》本传:"刘士干,玄佐养子,前为太府少卿。"

李　并　贞元中

《千唐志·唐故郓州寿张县尉李君(珪)墓志铭并序》(大中七年七月二十日):"曾祖并,皇太府少卿。祖宣,皇吉州刺史。烈考敬彝,皇随州刺史。"珪卒大中七年五月十五日,享年三十五。按李宣元和十一年由屯田郎中被贬为忠州刺史,见《旧书·宪宗纪》。其父李并为太府少卿当在贞元中。又《唐代墓志汇编续集》大和〇四五《李氏殇女墓记》(大和八年五月十六日):"曾祖并,太府少卿。祖宣，吉州刺史。”

张　阌　　约贞元中

北图藏拓片《唐幽州卢龙节度押奚契丹两蕃副使摄蓟州刺史张公（建章）墓志铭并序》（中和三年十月十六日）：“曾祖阌，皇特进、太府少卿，充河北陆运使，封临泾侯。”建章卒咸通七年九月十日，享年六十一。

崔　廷　　元和八年（813）

《千唐志·朝散大夫光禄卿致仕上柱国赐紫金鱼袋崔公（廷）墓志》（长庆四年二月十六日）：“会新罗王死……由是擢拜公为尚书职方员外郎、摄御史中丞、赐紫金鱼袋、充吊祭册立使。期年而返，授太府少卿，酬绝域之功也。其后历河中少尹、除太子詹事，奉诏东洛吊赠故魏博节度使李愬。”长庆三年七月廿八日卒，享年七十。按元和七年崔廷吊新罗王，见两《唐书·东夷·新罗传》。《崇雅堂碑录》卷三：“《光禄卿崔廷墓志》，崔咸撰，正书，长庆四年二月。今藏新安张氏。”《增订唐两京城坊考》卷五《修义坊》：“朝散大夫光禄卿致仕上柱国赐紫金鱼袋崔廷宅。崔廷，字彦实，博陵人。……会新罗王死，选可以宣达国命，抚柔外夷者，由是权拜公为尚书职方员外郎摄御史中丞赐紫金鱼袋充吊祭册立使。期年而返，授太府少卿，酬绝域之功也。其后历河中少尹，除太子少詹事，奉诏东洛吊赠魏博节度使李愬，礼成而旋，坠马伤足，不克复命，遂留洛下。长庆三年七月二十八日，薨于修义里第。（《千唐志》）”

郭　锜　　元和十四年（819）

【增订】曾涧《增补》：《郭锜墓志》：“粤元和十四年三月廿九日是，亚太府卿太原郭公殁于位。……享年卌有七。”（西安市文物保护考古研究院《唐太府少卿郭锜夫妇墓发掘简报》，《文博》2014 年第 2 期，第 10—16 页）乃汾阳王郭子仪之孙，郭曜之子。

张　贾　元和十五年(820)

《会要》卷九七:元和十四年,"十月,以太子中允张贾为太府少卿、摄御史中丞、持节充入蕃答请和好使"。《元龟》卷九八〇:元和十五年,"十月庚午朔,以太子中允张贾为太府少卿,摄御史中丞,持节充入吐蕃答和好使。庚辰,命宰臣留吐蕃使于中书议事,以郯王府长史邵同为太府少卿兼御史中丞,持节入吐蕃充答请和好使"。二书所记不同。且元和十五年为庚子朔,亦不合。参下文邵同事,当作十五年。

邵　同　元和十五年(820)

《旧书·吐蕃传下》:元和十五年,"十月,侵逼泾州。……以太府少卿、兼御史中丞邵同持节入吐蕃,充答请和好使"。《元龟》卷九八〇作"十月庚辰"。《新书·吐蕃传下》:"穆宗即位,遣秘书少监田洎往告,使者亦来。虏引兵入屯灵武,灵州兵击却之。……以太府少卿邵同持节为和好使。"《全文》卷六四九元稹《授邵同太府少卿充吐蕃和蕃使制》:"敕邵同……可守太府少卿兼通事舍人兼御史中丞,持节充入吐蕃答请和蕃使。"《通鉴·元和十五年》:十月,"以郯王府长史邵同为太府少卿、兼御史中丞,充答吐蕃请和好使"。

程　异　元和中

《旧书》本传:"叔文败,坐贬岳州刺史,改郴州司马。元和初,盐铁使李巽荐异晓达钱谷,请弃瑕录用,擢为侍御史,复为扬子留后,累检校兵部郎中、淮南等五道两税使。……入为太府少卿、太卿,转卫尉卿,兼御史中丞,充盐铁转运副使。"《元龟》卷八九七:"程异,初为虞部员外郎,充杨子院留后,坐王叔文党贬柳州司马。元和初复为侍御史,累迁检校兵部郎中、淮南等五道两税使。异自惩往坐,励己在公,江淮钱谷之弊,多所划革。入迁太府少卿。"

崔　颋　元和中

【增订】《北京大学图书馆藏金石拓本菁华》第 214 页《崔颋墓

志》:"拜万年县，太府少卿。凡序迁右职，咸以取名立迹，故其官稍大而道亦随茂，由是特拜本寺卿，仍赐紫金鱼袋。累迁河南尹，秘书少监。"崔颋元和十二年七月五日卒，享年八十四。

裴弘泰　长庆元年(821)

《白居易集》卷五三《裴弘泰可太府少卿知左藏库出纳制》:"敕：前度支河北榷盐使、朝议郎、检校尚书刑部郎中、使持节贝州诸军事、兼权知贝州刺史、侍御史、充本州防御史、上柱国、赐紫金鱼袋弘泰……可守太府少卿、知左藏库出纳，散官勋赐如故。"白居易撰制在长庆元年左右。

浑　偘　文宗时

《全文》卷七九二路岩《义昌军节度使浑公(偘)神道碑》:"擢为左赞善大夫，转太子仆，能勤其官，改太府少卿，始用利器，货泉事聚，不顿锋芒，益为试可。一日，昭献皇帝读国史至咸宁王卒，叹浑氏时无大官者，欲用公未有缘……俄拜金吾将军。……武宗时至太仆卿。以谨良选。宣宗即位，改少府监。"按唐文宗谥号为"元圣昭献皇帝"。

韦正贯　约开成三年(838)

《全文》卷七六四萧邺《岭南节度使韦公(正贯)神道碑》:"又改太原行军司马兼御史中丞，加金紫，从狄仆射之幕，征为太府少卿。改泗州刺史，历光禄卿、晋州刺史，入拜司农卿。时内尚食供亿县官有阙，为其奏累，贬均州刺史。【增订】《长安新出墓志》第283页《韦正贯墓志》:"除万年令。泽州刺史狄仆射为太原，奏充副使。未几，夺为太府少卿知出纳、泗州刺史、光禄卿、晋州刺史，入为大司农。"考《旧唐书・文宗纪下》:开成三年十二月"辛丑，以兵部侍郎狄兼谟为河东节度使"。《唐刺史考全编》系狄兼谟为太原尹在开成三年至五年。

李 顼 开成三年—会昌六年(838—846)

《隋唐五代墓志汇编》洛阳卷第十四册《唐故大中大夫使持节衢州诸军事上柱国赞皇县开国子李公(顼)墓志铭并序》(大中三年二月十一日):“其年遂拜为太府少卿,专左藏库出纳事,居三考……六年春遂拜为衢州刺史。”

韩 复 武宗前

【增订】曾润《增补》:《韩复墓志》:“拜安州刺史……历国子司业、太府少卿、大理少卿、洋州刺史。辞郡经岁未得官,舅左散骑常侍公权见宰座……除舒州刺史,中谢,时言毕,拜不就列,改授左庶子,人谓之美拜。无何有疾……以至大中五年六月十八日捐馆,享年六十九。”(赵力光《新出柳公权撰韩复墓志考释》,《文物》2009 年第 11 期,第 91—96 页)韩复,元和十二年为唐随节度使掌书记,见《张士陵墓志》(《唐代墓志汇编》)。“左散骑常侍公权”,为唐代著名书法家柳公权,公权大中二年任上,见《八琼室金石补正》卷七四《太子太傅赠司徒刘沔碑》。

韦 琡 约大中初

《新表四上》韦氏郧公房:“琡,工部尚书、少府卿。”乃韦陟曾孙,颍州刺史韦允孙,昭义节度判官承素子。《唐仆尚丞郎表》卷二一《工尚》:“韦琡,盖会昌以后,官至工尚。”按唐无少府卿,唯有少府监。此“少府卿”未知是“少府监”之误抑“太府少卿”之误。姑存待考。

王 球 大中五年或六年(851、852)

《全文》卷七四八杜牧《马曙除右庶子王固除太仆少卿王球除太府少卿等制》:“固比为郡,亦报善政。球倅宾席,得专留事。”

崔 鐬 约大中时

【增订】《全唐文补遗·千唐志斋新藏专辑》第 403 页崔沆《崔鐬

墓志》："武宗皇帝……特敕擢授府君殿中丞。……后历太府、光禄、司农三少卿。"当在大中时。

金仁规　咸通三年(862)

《淳熙严州图经》卷一："金仁规，咸通三年十一月二日，自太府少卿拜。"

李行素　咸通七年—八年(866—867)

【增订】新出土郑愚撰《李行素墓志》："授琼州而招讨儋耳朱崖五郡事。哀牢益暴，又以公官御史丞，副邕州节度。寇果围朗宁，王师不振，公亲擐甲开垒而出，首敢死之士，捐不赀之身，奋而走之，褰斩无数。又上其功，加御史大夫。既罢来朝，授太府少卿。未逾月，使西凉州，和断嗢末羌与张议潮，语议潮执笏入觐，奉使称旨。未及返也，除容州经略招讨使。"据《唐都学刊》2016 年第 6 期李宗俊《〈唐故容管经略招讨处置等使李行素墓志〉跋》考证，李行素为太府少卿在咸通七年至八年。

窦　滂　咸通十年(869)

《通鉴·咸通十年》：十月，"定边节度使李师望欲激怒南诏以求功……乾廷征还，以太府少卿窦滂代之"。

冯　岩　咸通十二年(871)

《淳熙严州图经》卷一："冯岩，咸通十二年十二月十三日，自太府少卿拜。"《全诗》卷八三三贯休有《追忆冯少常》诗，冯少常即冯岩。诗云："至今新定郡，犹咏袴襦歌。"知冯岩自睦州刺史入为太府少卿。

刘　略　咸通中

《洛阳新获墓志》一一六《唐故朝请大夫守卫尉卿柱国分司东都赐紫金鱼袋刘公(略)墓志铭并序》(咸通九年闰十二月一日)："迁太

仆少卿,转太府少卿。……乞以牧守自效,遂出为洋州、濮州二刺史。……擢授卫尉卿,赐紫金鱼袋。……咸通九年十月十八日薨于永通门外别墅,享年六十有九。"

支　谟　　乾符三年(876)

《千唐志·唐剑南东川节度副使朝议郎检校尚书屯田员外郎兼侍御史柱国赐绯鱼袋支䜣妻荥阳郑氏墓志铭并序》(乾符三年五月十四日):"仲兄前太府少卿赐紫金鱼袋谟撰。"

李　元　　僖宗时?

《新书·宗室世系表上》郇王房:"太府少卿元。"乃寿州团练使李文通曾孙。

李元实　　乾宁初

《新书·朱朴传》:"乾宁初,太府少卿李元实欲取中外九品以上官两月俸助军兴,朴上疏执不可而止。"

裴　铖　　天祐二年(905)

《旧书·哀帝纪》:天祐二年五月,"太府少卿裴铖徐州司户"。

《唐九卿考(增订本)》人名索引

说明:

1. 为方便读者查稽,特编制本索引。

2. 本索引仅收本书中历任九寺各正卿和少卿的人名。

3. 本索引先列人名,人名后面的数字,“/”前为本书的卷数,“/”后为本书的页码。

4. 本索引依笔划顺序排列。

【韦】

【元】

五　画

【卢】

【史】

【令】

【杨】

【李】

【豆】

八　画

【荔】

【柏】

【柳】

【和】

【段】

【泉】

【皇】

【侯】

十一画

【崔】

十三画

十五画

十六画

原版后记

早在二十世纪七十年代后期，我为了考证李白《玉真公主别馆苦雨赠卫尉张卿二首》中的“卫尉张卿”是谁，曾遍稽典籍，终于在《曲江集》卷一八《故开府仪同三司行尚书左丞相燕国公赠太师张公(说)墓志铭并序》中找到这样一段话：“大唐有天下一百一十三年，开元十有八载，龙集庚午冬十二月戊申，开府仪同三司行尚书左丞相燕国公薨于位，享年六十四。……长子均，中书舍人；次曰垍，驸马都尉，卫尉卿；季曰埱，符宝郎。泣血在疚。”张九龄此文写于开元二十年，可证张垍开元十八年至二十年时正在卫尉卿任。根据郭沫若先生的考证，李白在开元十八年曾首次到长安，于是我写了《李白与张垍交游新证》，作为补充郭沫若先生结论的证据。但我知道，唐代驸马都尉授九卿者多为员外置同正员，很少有正员官。《通鉴·开元二十三年》曰：“驸马皆除三品员外官，而不任以职事。”那张垍究竟是卫尉卿正员官抑卫尉卿员外置同正员？当然这不妨碍李白称其为卫尉张卿，但必须查明其时是否还有另外一个姓张的正员卫尉卿。于是我又进一步查考，证实开元十八年至天宝初没有另外姓张的卫尉卿，这才断定李白诗中的“卫尉张卿”就是张垍，应是正员官。因为“驸马皆除三品员外官，而不任以职事”乃一般情况而言，却有许多例外。在一般情况下，驸马都是青年公子，没有实际办事能力，所以只能授员外官，而不任以职事。而对有较强办事能力的驸马还是有实授正员官的。《新唐书·姜庆初传》：“旧制，驸马都尉鲜有授正员官者，庆初特拜授太常卿。”姜庆初能例外地授太常卿正员官,是因为他有办事能力。而张垍既有文学才华,开元二十六年就充翰林学士;又有办事能力,天宝年间为太常卿正员官,玄宗还当面许他为宰相(见《旧唐书》本传),后来在安禄山叛乱僭位后居然当了伪宰相。既然他能当翰林学士、太常卿正员官、宰相,理所当然地也可当卫尉卿正员官而不是员外置。当时我就想:唐代职官的工具书已有《新唐书·宰相表》《唐仆尚丞郎表》《唐尚书省郎官石柱题名考》《唐方镇年表》,当时笔者已在从事《唐刺史考》的工作,如果有一部《唐九卿考》的工具书,岂不是给学人查稽九卿带来极大的方便,可以免除遍稽典籍之苦。于是自此以后,我就对唐代九卿的资料加以留意,在从事《唐刺史考》工作的同时,凡在史书、集部、野史、杂录、金石、方志当中,遇到唐代九卿的资料,都做成卡片。

八十年代后期,我完成了《唐刺史考》和《元和姓纂(附四校记)》整理(与陶敏合作)两部书之后,就开始集中精力从事《唐九卿考》的工作。但由于杂事纷繁,主要是指导的博士生越来越多,方向不一,必须花很大的工夫;此外,我还把一部分精力放在《唐刺史考》的修订与增补上,一直到 2000 年,由安徽大学出版社出版《唐刺史考全编》。《唐九卿考》我只写完了《太常卿考》《太常少卿考》,还写了《光禄卿考》的一部分,就被搁置起来。1999 年,胡可先君从浙江大学中文系获得博士学位后,进入南京师范大学中国语言文学博士后流动站工作。在此之前,我已深知胡可先君在唐代文史考证方面有很高的造诣,我既作为他的学术联系导师,于是就把我所搜集的唐九卿资料和所做的全部卡片交给他,请他与我合作完成《唐九卿考》这一工作。胡君做工作非常敏捷,首先将我交给他的资料全部输入电脑,接着便从事材料的增补、太常寺以外的八寺正卿和少卿的考订排比,并很快写出了《唐九卿制度述论》初稿。然后他把所有整理的初稿打印出来,又交还给我,我又对九寺正卿和少卿进行再一次排比考订和修改。这样又经过三年多的努力,终于全部杀青,形成了现在这本即将付梓的著作。

必须说明的是,本书还只能说是一部暂定稿,还有不少问题尚待解决。

首先，唐代对九卿的除授非常复杂：除了前面所说的对驸马有正员与员外置同正员两种不同的除授外，对亲王和宗室子弟亦有正员与员外置同正员两种不同的除授；而唐初称“检校某某卿”却往往是实职。如《大诏令集》卷一三〇《破高丽诏》：“又命检校太常卿鄂国公[尉迟]敬德，领黄门之军乐，奏玄云之雅歌。将帅闻而增愤，士卒由其作气。”虽称“检校太常卿”，实为行卿事。但唐代中期以后，将九卿的官名用为虚位加官时才加上“检校”“试”“兼”等字样，多用于节度使及其幕僚。如《旧唐书·后妃·顺宗庄宪皇后王氏传》：“父颜，金紫光禄大夫、卫尉卿。”《新唐书·王难得传》：“子子颜……检校卫尉卿。”作“检校”，说明非实职。北京图书馆藏拓片《张维岳墓志》称其“迁银青光禄大夫、试鸿胪卿……授特进、试太常卿”，两个“试”字，说明两次都非实职。因此，本书对不同情况进行不同处理：凡驸马授“某某卿”者，一般都不收；但其中能力强、学识和地位高的驸马都尉如高履行、王同皎、张垍、姜庆初等则视作实职而予以著录。凡“某某卿”前有“检校”“试”“兼”等字样者，一般都不收；唯唐初九卿官名前有“检校”字样者，因考虑到可能有时会行使实际职事，故予收录。

其次，更为复杂的是：有些官员明明是员外置同正员，或者明明是虚位加官，皆非实职，但在典籍或石刻中却只书“某某卿”，而没有“员外置同正员”或“检校”“试”“兼”等字样。这就很难确定其为正员官抑员外官或虚位加官。本书只能从各方面情况进行推测。如《元龟》卷二七七：天宝十四载十月，“永王男卫尉卿莒国公偵……济王男卫尉卿沛国公佴……梁王男卫尉卿蒲国公佋……荣王男卫尉卿僚……并授上柱国”。四个王子在同一时期都当卫尉卿，显然不可能是正员官，应该都是员外置，故本书并不予著录。又如两《唐书·郭子仪传》都称其为卫尉卿、灵武太守，充朔方节度使，只有《元龟》卷一二九称其为“卫尉卿员外置同正员兼灵武郡太守，摄御史中丞，充朔方节度关内支度副大使，知节度事”，说明非正员官。唐代尚有封域外君主或亲王为“某某卿”者，如《旧唐书·新罗传》：“永徽元年，真德大破百济之众，遣其(春秋)弟法敏以闻。……帝嘉之，拜法敏为太府卿。……龙朔元年，春秋卒，诏其子太府卿法敏嗣位。”此显然是为牢笼域外君主或亲王所施的方法,绝非正员官。还有些碑志和典籍中称"某某卿"者,经查证,却是赠官。如《宝刻丛编》卷九引《集古录目》有《唐太常卿薛收碑》,考《旧唐书》本传:"永徽六年,又赠太常卿,陪葬昭陵。"证知乃赠官,非实职。凡此种种,本书一律不录。还有的官员"以某某卿致仕"者,即以"以某某卿退休",本书亦不收。

第三,由于上述复杂的情况,本书虽经反覆考辨,但仍有一些官员究竟是正员抑员外置无法确定。本书只能姑且著录,以俟今后再考。

第四,本书搜集资料广泛,但不敢说彻底,可能有些资料我们目前还没有看到或无法看到,所以缺漏或错误也就难以避免。敬请方家指正,以便今后再补充和修正。

本书完稿后,承蒙傅璇琮先生、荣新江先生、陈尚君先生向《唐研究基金会丛书》编委会热情推荐,他们对本书的意义和作用都作了极为深刻的阐述和评价。如傅璇琮先生在《推荐书》中说:"唐代九卿,与中书门下尚书三省、御史台、国子监等各有分工而均参预中央政务的机构,又因其与宫廷、宗室关系较近,因此其人选在职能、品阶上都有其特殊性,是唐代不容忽视的中央机构。但过去较长时期,文史学界对此不很重视,主要是研究不够,了解不确。"认为本书"全面辑集、梳理与研究九卿的沿革、职能,以及充职的名单,这不仅对研究唐代官制,而且对研究唐代政治、文化,以及考察文学人物,都极有好处,可以说是填补唐研究的一大空白。因此这课题是很有学术意义与实用价值的"。经三位先生的推荐,又经《唐研究基金会丛书》编委会的慎重审查,终于获得通过,于是送请中国社会科学出版社出版。本书的审稿运作过程得到罗新先生的大力支持,承蒙美国罗杰伟先生唐研究基金会赞助出版,谨此对《唐研究基金会丛书》编委会诸先生一并表示衷心的感谢。在出版过程中,还得到冯广裕先生的大力帮助,亦表示深切谢忱。

郁贤皓

二〇〇三年一月三十日

增订后记

1999 年 9 月，我进入南京师范大学中国语言文学博士后流动站工作，合作导师是郁贤皓先生。郁先生是文史研究的著名学者，也是我至为景仰的前辈学者。作为学术楷模，郁先生在为人为学、道德文章等很多方面对我产生了很大的影响。郁先生的学术成就一直为学界所瞩目，他在诸多领域都有开疆拓土之功，其标志性成果，文学研究方面有《李太白全集校注》《李白丛考》，文献研究方面有《元和姓纂》和《元和姓纂四校记》整理，史学研究方面有《唐刺史考全编》。

郁先生在从事《唐刺史考全编》著述的同时，也在尽力搜集唐代九卿的资料。到了 2000 年 1 月《唐刺史考全编》出版之时，已经做出了《唐九卿考》的大量卡片。出于提携后辈的考虑，加以对我学术上的信任，也就是这一年，郁先生将长年积累的学术卡片，以及已经写好的《太常卿考》《太常少卿考》《光禄卿考》部分交给我，委托我协助完成《唐九卿考》一书。随后我就利用在博士后流动站和南京师范大学文学院工作的时间，全力以赴整理该书，完成以后由傅璇琮、荣新江、陈尚君等著名学者的推荐入选唐研究基金会资助的《唐研究丛书》，由中国社会科学出版社 2003 年出版。出版以后，也得到了学术界很多学者的好评。专门的评论文章就有卞孝萱《填补空白，有功文史：评〈唐九卿考〉》，载《书品》2004 年第 4 期；陶敏、李德辉《郁贤皓、胡可先〈唐九卿考〉》，载《唐研究》第十卷，北京大学出版社 2004 年版。

本世纪初以来,以唐代墓志为大宗的石刻文献大量出土,为唐代文史研究不断增添新的材料,有关唐代九卿的材料也时有所见,对于这些材料,我也随时关注,录于别纸,积累渐多,就写成订补之文,在相关刊物发表。有些材料也得到了学术界的关注,迄今为止,专门订补之作也有多篇。中国社会科学出版社曾有再版的打算,并在2014年年底提议我们进行《唐九卿考》的修订。郁先生专门来电,将修订之事委托我承担。于是我就根据《唐九卿考》初版以后不断搜集的资料,经过一年的整理考订,完成增订工作,大约增订条目300余则,增加字数近七万,约为原书的五分之一。其中新增的部分,我曾经整理成文参加"纪念西安碑林930周年华诞学术研讨会",受到与会文史学者的好评,该文亦被选入三秦出版社2018年出版的《纪念西安碑林930周年华诞学术研讨会论文集》。2020年初,凤凰出版社倪培翔社长致电,谈到明年是郁先生90周岁华诞,拟将《唐九卿考》增订再版,于是我又将新补的材料加入,以成目前新的增订本。考虑到原书版权早已到期,增订本就交由凤凰出版社出版。

郁先生今年高龄八十有九,数十年如一日,笔耕不息,并于2015年出版了巨著《李太白全集校注》,成为清代王琦以来又一部由一人独立完成的里程式著作。目前仍有不少学术研究正在进行,还有一些后学登门请教,先生还是忙得不亦乐乎。先生尽心学术,垦荒不辍,提携后学,诲人不倦,这种精神也一直影响着我。因而在本书出版之际,我首先对郁先生表示崇高的敬意。凤凰出版社先后出版了郁先生的著作《唐刺史考》和《李太白全集校注》等多部,现在又一如既往地支持《唐九卿考》增订本的出版,责任编辑李相东先生付出辛勤劳动,我们深表衷心的感谢。

胡可先

二〇二一年二月十八日